譯註 原本老乞大

정 광

박문사

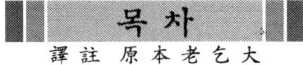

목 차
譯註 原本老乞大

1

책머리에
譯註 原本老乞大

　이 책은 고려시대 말에 당시 원(元) 나라의 서울인 대도(大都), 즉 연경(燕京, 지금의 북경)에서 통용되던 북방 중국어를 학습하기 위하여 편찬된 중국어 학습서이다. 그러나 단순히 중국어를 학습하는 교재가 아니라 지금부터 650여년 전인 1350년경에 중국의 대도(大都)로 고려 상품을 팔러가던 고려 상인 3명이 길에서 우연히 만난 요동성(遼東城) 출신의 중국 상인과 동행하면서 여행 중에 일어난 일을 회화체로 기록한 것이다. 따라서 원대(元代) 중국어의 살아있는 구어(口語)와 더불어 당시 사회의 여러 가지 모습을 생생하게 보여주는 참으로 희한한 책이다.

　우리말과 같은 문법구조의 언어를 사용하던 거란(契丹)과 여진(女眞) 족들은 중원(中原)의 강자였던 당(唐)이 멸망하면서 중국의 북방지역을 차지하고 차례로 요(遼)와 금(金)을 세워서 이 지역을 통치하였다. 이 두 나라가 모두 북경(北京)에 도읍을 정하면서 북경 주변의 언어가 세력을 얻게 되었다. 북경(北京) 지역은 당대(唐代)에 유주(幽州)라 불렀고 후진대(後晉代, 936)에 고조(高祖, 石敬瑭)가 연운십육주(燕雲十六州)를 거란(契丹)에 떼어 주자 거란이 석진부(析津府, 지금의 북경)를 남경(南京)으로 정하고 요(遼) 나라 오경(五京)의 하나로 삼았다.

　이때부터 북경 지역은 중원(中原) 한족(漢族)의 지배권에서 벗어나게 되었고 외족(外族)의 언어와 밀접한 접촉을 가지게 되었으며 중원 지역의 오어(吳語)와는 오히려 소원하게 되었다. 금(金) 나라가 요(遼) 나라를 멸하고 남경(南京)을 연경(燕京)으로 개칭하였는데 금(金)의 제량(帝亮)이 정원(貞元) 원년(1153)에 상경(上京, 지금의 黑龍江省 阿城縣 남쪽)에서 이곳으로 수도를 옮기면서 중도(中都)라 하였다. 역사적으로는 처음으로 이곳이 수도로 정해진 것이다.

몽골의 쿠빌라이 칸(忽必烈汗) 때 이곳을 다시 연경(燕京)이라 부르다가 지원(至元) 원년(1264)에 다시 중도(中都)라 불렀고 몽골이 송(宋)을 멸망시킨 다음 해(1281)에는 대도(大都)로 고쳤다. 그 후 명(明)의 홍무(洪武) 원년(1368)에는 대도로(大都路)를 북평부(北平府)로 고쳤고 영락(永樂) 원년(1403)에 순천부(順天府)를 설치하면서 북경(北京)이라 고쳤다. 명대(明代) 이후에는 이곳을 '대도(大都)'라고 부른 일이 없었다(이상 해제 참조).

이와 같이 거란(契丹), 여진(女眞), 몽골족의 지배하에 있던 북경 주변의 북방 중국어는 교착적인 이들 언어의 영향을 받아 점차 고유의 고립적인 문법구조가 변질되고 교착적 문법요소가 가미된 독특한 중국어로 변하게 되었다. 이렇게 형성된 북방의 중국어를 '한아언어(漢兒言語)', 이를 줄여서 '한어(漢語)'라고 불렀다.

몽골이 중원을 통일하고 역시 북경에 도읍을 정한 다음에는 한어(漢語)는 여러 이민족이 혼효(混淆)된 광대한 원 제국(帝國)의 공용어가 되었다. 그러나 중국어의 역사를 전공하는 연구자들에게는 이러한 언어가 실제로 존재하였다는 사실을 인정하기가 어려울 정도로 자료가 없었다. 다만 『원전장(元典章)』이나 『효경직해(孝經直解)』와 같은 자료에 전해지는 이 언어의 문어(文語)를 '몽문직역체(蒙文直譯體)'라고 불렀을 뿐이다.

원(元) 이전에 한반도에서 접촉한 중국은 주로 당(唐), 또는 송(送) 나라이었으며 고려는 요(遼)나 금(金)과는 적대적 관계에 있었기 때문에 고문(古文)으로 불리는 유교 경전의 한문(漢文)으로 학습한 중국어로 충분히 의사소통이 가능하였다. 그러나 원(元)과의 접촉에서는 새로 등장한 북방의 한어(漢語)를 학습하여 사용하지 않을 수 없었고 그를 위하여 고려에서는 한어도감(漢語都監), 통문관(通文館, 후일에는 司譯院으로 개명함)과 같은 언어 학습기관을 설치하였다.

이때에 편찬된 중국어 학습 교재가 이번에 역주(譯註)된 『노걸대(老乞大)』이고 아직 원본이 발견되지 않는 『박통사(朴通事)』인 것이다. 후자는 조금 어려운 수준의 한어(漢語) 학습 교재이고 그에 비하여 전자는 초급 수준의 교과서였던 것이다. 이 두 책은 고려에서 한어를 교육하던 사역원(司譯院) 등에서 사용하던 회화 교재로서 지금까지 알려진 것은 조선 성종(成宗) 때에 명대(明代)의 관화(官話)로 개정한 것이었으며 이것을 중종(中宗) 때에 최세진(崔世珍)이란 역관이 번역한 것이 세간에 널리 알려졌었다.

그런데 1998년에 고려에서 편찬한 원본으로 보이는 〈노걸대〉가 발굴되어 필자에 의하여 학계에 소개되었다. 대구 어느 고서(古書) 수집가의 집에서 서지학자 남권희 교수에 의하여 발견된 이 책은 남권희 교수와 필자에 의하여 1998년 12월에 국어학회 전국학술대회에 보고되었고 그 이듬해 영인본이 경북대학교 출판부에서 간행되었다. 그러나 이 책의 장차(張次)에 혼란이 있어 다시 이를 바로 잡고 원문을 현대 활자체로 띄어쓰기를 하였으며 해제를 붙였다. 그런 다음 북경발음의 색인을 붙이고 전문을 영인하여 중국의 북경외국어대학교에서 출판하였다(鄭光 主編; 『原本老乞大 [解題・原文・原本影印・索引]』, 外語敎學与硏究出版社, 北京, 2002).

이 책이 학계에 소개되었을 때에 중국과 일본에서는 경악을 금치 못한 듯하며 일본의 어떤 연구자는 이 책을 일간 신문에 소개하면서 '세기(世紀)의 발견'이라고 극찬하였다. 필자는 이 책에 대한 소개를 위하여 일본에 여러 차례 초청되어 강연을 한 일이 있었고 중국에도 두 차례나 다녀왔다. 그러나 정작 이 책의 고향인 서울에서는 아무런 반응이 없었다.

이 책이 발견되었을 때에 당연히 관심을 끈 것은 과연 이 〈노걸대〉의 중국어가 어떤 언어이었을까 하는 문제였다. 왜냐하면 〈노걸대〉는 몇 차례 개정되었기 때문이다. 1998년에 발견된 〈노걸대〉에 대하여 필자는 2003년 10월 17일 중국 북경외국어대학에서 열린 한국 이중언어학회 2003 국제학술대회에서 중국 인민대학(人民大學)의 후밍양(胡明揚) 교수와 함께 "한반도에서의 중국어 교육과 교재"에 대하여 기조강연하면서 〈노걸대〉에 대하여 논의한 바 있다. 후밍양 교수는 1960년대 초에 〈노걸대〉, 〈박통사)에 대하여 논문을 쓴 바가 있어서 필자가 대학원에 다닐 때에 그를 통하여 공부하였기 때문에 이 학회에서 함께 발표를 한다는 것이 필자에게는 대단한 영광이었다.

발표가 끝난 다음 후교수는 갑자기 "〈노걸대〉에 나오는 중국어의 '背起'가 무슨 뜻이냐'고 필자에게 물었다. 중국의 유명한 〈노박〉의 전문가가 거기에 나오는 중국어를 한국 사람에게 묻다니 놀라운 일이었다. 필자가 "한국의 전통적인 서당(書堂) 교육에서는 학생들이 만일 잘못하거나 선생님의 질문에 틀린 대답을 했을 경우, 또는 암기를 못 했을 경우에는 학생을 일으켜서 돌려세운 다음 종아리를 때리는 습관이 있습니다. 아마 얼굴을 마주 보고 때리기가 어려웠던 모양입니다. 그 때에 '돌려 세운다'는 뜻이겠지요." 했더니 파안대소(破顔大笑)를 하면서 "아, 그렇다면 의미가 통합니다! 중국에서는 보통 손바닥을 때리거든요."하시는 것이었다.

북경학회를 마치고 바로 일본의 동경(東京)으로 날라 가서 10월 25일에 열리는 일본 중국어학회 전국대회에서 '漢字音研究の現在'란 전체 회원이 참가하는 심포지움이 있었는데 그곳에서 필자는 "朝鮮漢字音の成立と變遷"이란 제목으로 주제 강연을 하게 되었다. 이 학회는 일본 전역에서 중국어학을 하는 연구자들의 모임으로 그날은 약 400명 넘게 모였는데 필자는 이제까지 일본인 학자들이 수행한 조선한자음 연구는 한국어의 음운사(音韻史)를 고려하지 않은 잘못된 것이라고 일갈(一喝)하였다.

필자의 바로 앞에서 강연을 한 누모토(沼本克明)씨의 발표가 지루했던지 많은 사람들이 얼핏 잠에 들었다가 필자의 엄청난(?) 발표에 눈이 번쩍 떠졌다는 이야기를 학회가 끝난 다음의 간친회에서 여러 번 들었다. 여기에서도 〈노걸대〉의 중국어 학습, 즉 한반도에서는 이미 고전 한문을 통하여 중국어를 학습했음에도 불구하고 고려 후기에는 〈노박〉을 만들어 한어(漢語)를 따로 학습해야 하는 이유가 무엇인가 하는 것이 화제이었다. 역시 중국에서 한자음이 크게 변천한 탓으로 원대(元代)의 한어는 한국

한자음과는 전혀 다른 발음으로 변했기 때문에 별도로 한어음(漢語音)을 학습해야 한다는 필자의 주장을 되풀이 할 수밖에 없었다.

뿐만 아니라 원대(元代)에는 중국의 공용어로 발전한 북경 주변의 한아언어(漢兒言語)가 교착적 문법 구조를 가진 거란어(契丹語), 여진어(女眞語)의 영향을 받아 변질되었기 때문에 유교의 경전(經典)을 통하여 학습한 전통적인 고문(古文)과는 매우 다른 말이었음을 강조하였다. 이것을 일본 학자들은 앞에서 언급한 바와 같이 '몽문직역체'라고 불렀던 것이다.

필자를 중국어학회에 초청하기 위하여 동경(東京)에 있는 대동문화대학(大東文化大學)에서 왕복 여비와 체재비를 부담하였다. 물론 학회로부터도 놀랄만한 금액의 강연료가 나왔으나 대동문화대학 중문과에서는 이왕에 동경에 왔으니 학생들을 상대로 2차례 강연을 하고 교수, 연구자들과 한번 〈노걸대〉에 대한 세미나를 갖자는 요청이 있었다. 비용을 부담하는 대학의 요청이어서 승낙을 하였는데 교수들과의 세미나에서는 우리나라 학계에도 널리 알려진 간노(菅野裕臣) 교수가 토론자로 나와 주었고 멀리 한국에서 은사 한분도 오셔서 참석하셨다. 필자에게는 일본 중국어학회 전국대회의 발표보다도 더 신경이 쓰이는 일이었다.

발표가 끝난 다음 간노 교수가 의외로 필자의 주장에 전적으로 동의한다는 호의적인 평가를 내렸다. 이어서 또 한 분의 토론자인 나카지마(中島幹起) 교수가 〈노걸대〉의 중국어가 몽문직역체의 문장이어서 실제 회화에는 쓰이지 않았다는 주장이 있는데 그에 대한 필자의 생각을 묻는 질문이 있었다. 이것은 3년 전에 일본 경도(京都)에서 〈노걸대〉에 대하여 발표할 때에 이미 거론이 되었던 것이다.

3년 전에 경도(京都)에서 〈노걸대〉를 소개할 때에는 대부분의 일본 학자들은 새로 발견된 {구본}〈노걸대〉의 존재를 반신반의하였다. 그리하여 새로 발견된 〈노걸대〉 구본의 언어가 실제로 구어(口語)로써는 사용된 일이 없는 몽문직역체(蒙文直譯體)의 문장이라고 강변(强辯)하려는 경도대학

중문과의 모(某)교수도 필자와 함께 발표하도록 되어 있었다.

그러나 필자가 고려후기에 설치된 통문관, 즉 사역원은 중국어의 통역을 담당하는 역관들의 교육기관이었으며 여기서 학습하는 언어는 문어(文語)가 아니라 살아있는 구어(口語)임을 강조하였다. 문어는 고려와 조선시대에 한이문(조선吏文, 이두문과 구별하기 위하여 '漢吏文'이라고 한다)이라 하여 별도로 한문도감(漢文都監)이나 승문원(承文院)에서 교육하였음을 누누이 설명하였다. 더구나 〈노박〉을 번역한 조선 중종(中宗)조의 역관 최세진은 그가 번역할 때에 참고했던 구본의 〈노걸대〉, 즉 〈노걸대〉의 원본이 원대(元代)의 한아언어(漢兒言語)로 되어있음을 그가 저술한 〈노박집람(老朴集覽)〉에서 분명히 밝히고 있다는 점을 적시(摘示)하였다(해제 참조). 필자 다음으로 발표순서가 잡힌 그 교수는 끝내 나타나지 않고 그 분의 제자가 준비한 원고를 읽고 말았기 때문에 더 이상의 논전은 이루어지지 않았다.

이번에 역주한 〈노걸대〉의 중국어는 일본학자들이 그동안 몽문직역체라고 부르던 한아언어로서 실제로 사용된 구어(口語)인 것이다. 이 말은 요(遼), 금(金) 때에 북경을 중심으로 한 북방지역에서 사용된 공통어로서 원대(元代)에는 실제로 중국 전역의 공용어(公用語)로서 사용된 언어다. 몽문직역체의 문장은 이 말을 기반으로 형성된 문어이다. 구어(口語)에 기반을 두지 않은 문어(文語)가 일반적으로 존재할 수 없기 때문이다. 이 〈노걸대〉의 언어야 말로 원대(元代)에 공용어로 사용된 중국 북방지방에서 발달한 한아언어(漢兒言語)의 특징을 가장 많이 갖고 있는 언어다.

필자가 이 〈노걸대〉를 원본이라고 인정하는 것은 원대의 한아언어(漢兒言語)를 학습하기 위하여 고려 말에 편찬된 것이며 이 교재가 통문관, 즉 사역원에서 당시 중국어를 학습하기 위한 교과서이었기 때문이다. 또 이 책은 한어(漢語)의 특성을 모두 갖추고 있으며 최세진이 '구본(舊本)'이라고 하여 그가 〈노걸대〉의 산개본(刪改本)을 번역할 때에 참고했던 바로 그 책인 것이다.

물론 이 책이 최초의 수고본(手稿本)으로 볼 수는 없다. 대체로 사역원에서 외국어 교재를 저술하여 편찬하고 간행하는 과정은 필자가 그동안 여러 차례의 논저에서 밝힌 바와 같이 몇 차례의 과정을 거친다. 먼저 매우 유능한 사역원(司譯院)의 외국어 교수(한어의 경우에 '교수'라고 함), 또는 훈도(訓導, 기타 몽고어, 일본어, 만주어의 경우 '훈도'라고 함)가 새로운 교재를 만들어 사용한다. 이들 교회(敎誨, 교수와 훈도를 모두 '교회'라고 함) 가운데는 납치(拉致)되었거나 포로(捕虜)가 되는 등 여러 가지 사정으로 해당국에 오래 체재하면서 그 언어에 매우 숙달된 경우가 있다. 이럴 때에 그 새로 온 교회(敎誨)는 사역원에서 오래도록 사용하여 온 잘못된 교재를 고치거나 새로운 외국어 교재를 저술하는 일이 자주 있었다.

예를 들면 임진왜란(壬辰倭亂) 때에 진주(晉州)에서 납치됐던 강우성(康遇聖)이 10년간 일본에 억류되었다가 돌아와서 역과(譯科) 왜학(倭學)에 합격하여 사역원의 왜학(倭學) 훈도(訓導)가 된 다음 일본어 교재인 『첩해신어(捷解新語)』를 새롭게 저술한 것이나 병자호란(丙子胡亂) 때에 포로로 끌려갔던 조선 병사들이 쇄환(刷還)된 후에 집단으로 『첩해몽어(捷解蒙語)』를 저술한 것 등이 그것이다.

이렇게 저술된 교재는 바로 인쇄되는 것이 아니다. 전술한 강우성의 『첩해신어』도 처음에는 1618년경에 저술하기 시작하여 1636년경에 완성되어 일본어 교재로 사용되었다. 그러나 처음에는 모두 필사하여 사용하다가 활자로 인쇄된 것은 1676년의 일로서 이 책이 완성된 지 40년이 지났고 이미 저자인 강우성은 고인이 되었을 때였다.

〈노걸대〉도 같은 경로로 사역원의 교재로 편찬된 것으로 볼 수 있다. 고려인으로서 원(元) 나라에 오래 체재하다가 귀국하여 사역원의 교회(敎誨)가 된 어떤 인물이 그가 1346년경 중국을 여행한 경험을 토대로 하여 이 책을 저술하였고 이것이 필사되어 사용되면서 여러 차례 수정되었으며 목판본으로 간행된 것은 훨씬 후대의 일로 보아야 한다. 이 책은 조선 건국 초기에 목판본으로 간행된 것으로(해제 참조) 원본의 모습을 대부분 간직하고 있다.

물론 여행자의 인원수가 3명, 혹은 4명으로 혼란되었다든지 팔려고 끌고 간 말의 수효에도 차이가 있는 등의 애매한 점이 있어 이것을 원본이라고 주장하는 필자의 의견에 반대하는 연구자도 있다. 그러나 〈노걸대〉가 어떤 개인의 여행기로 작성된 것이 아니고 어학 교재로 편찬된 것이며 사역원의 교재에는 단독 작성보다는 집단 저술이 많다는 점 등을 감안할 때에 이러한 잘못은 얼마든지 원본에서 나타날 수 있다. 전술한 『첩해신어』의 경우에도 강우성이 일본 여행에서 만난 '김長老'가 '昭長老'로 기록되는 등의 오류가 원본 활자본에서도 나타난다. 따라서 필자는 이 책이 고려 말에 원대(元代) 공용어인 한아언어(漢兒言語)를 학습하기 위하여 편찬된 〈노걸대〉의 원본이라고 본다.

이 한아언어(漢兒言語)의 〈노걸대〉는 조선 성종(成宗) 때에 중국인 갈귀(葛貴) 등에 의하여 북경관화(北京官話)로 산개(刪改)되었으며 영조(英祖) 때에는 청(淸)의 북경 만다린으로 신석(新釋)된다. 그러나 신석본의 중국어가 너무 상고(商賈)의 비속한 언어이어서 이를 아어(雅語)로 개정한 중간본이 있다. 따라서 〈노걸대〉는 원본, 산개본, 신석본, 중간본의 4개 이본이 현전하고 있다(해제 참조). 또 산개본 이후의 것은 모두 훈민정음으로 번역·언해되었다. 이와 같이 이 책의 발견으로 〈노걸대〉의 여러 이본(異本)을 체계적으로 정리할 수가 있었던 것이다.

다음으로 〈노걸대(老乞大)〉란 이 책의 명칭에 대하여 간단히 살펴본다. 북경(北京)을 도읍지로 한 요(遼) 왕조(916~1125)는 10세기 초부터 200여년에 걸쳐 만주 지역과 중국의 북부지역을 지배하던 몽골계의 거란(契丹)족이 세운 나라로 '거란(契丹)'을 북방 민족들은 '契丹 [Kitai, Kitat, 복수형은 Kitan]'이라 불렀고 이것이 요(遼)를 가르치게 되었다. 요(遼)가 멸망하고 이 지역의 새로운 지배자가 된 여진족의 금(金)도 이렇게 불렀으며 원대(元

代)에는 이 명칭이 더욱 일반화되었다. 이에 대한 한자 표기가 명대(明代)의 『화이역어(華夷譯語)』에서는 '乞塔·乞臺·奇塔'이었으며 '걸대(乞大)'는 이의 또 다른 표기로 보인다.

'로(老)'는 중국어에서 '경칭(敬稱), 애칭(愛稱)'으로 쓰여서 '선생님'을 '老師'라고 하고 '老北京'을 '북경통'이라고 하는 것과 같이 〈노걸대(老乞大)〉는 '중국통, 중국인씨'의 의미로 볼 수 있다. 필자는 2003년 2월 17일 미국 일리노이대학(Univ. of Illinois at Urbana- Champaign) 동아시아 및 태평양 연구 센터의 '2003년 봄 세미나'에서 "Mr. Cathayan(a 14th Century Chinese Language Primer in Korea)"이란 이름으로 〈노걸대〉를 소개하였다(Chung, 2003).

이 책의 내용은 어느 고려 상인이(이름은 나오지 않았음, 주인공) 이(李)씨, 김(金)씨라는 이종 사촌 형제 둘과 그리고 같은 마을의 조(趙)씨(그는 중간에 사라진다)와 함께 고려의 특산품인 말과 인삼(人蔘), 모시 베(毛施布), 삼베(帖 裏布)를 팔러 고려 왕경(王京)에서 원(元)의 대도(大都)로 출발한다. 도중에 요양(遼陽, 현재의 遼寧省 요양)을 지날 때에 그곳에 사는 사람으로 역시 말을 팔러 대도(大都)로 가는 한인(漢人) 왕객(王客)을 만나 동행하게 된다. 그는 요양성(遼陽城)에 거주하는 상인이었다.

가는 길에 함께 여관에 묵기도 하고 여관이 없는 곳에서는 민박도 하며 하점(夏店)을 거쳐 대도(大都)에 이른다. 대도(大都)에 도착한 주인공은 우선 그곳에 거주하는 친척을 찾아가서 상품의 가격에 대한 정보를 얻는다. 숙박하는 여관 주인의 소개로 찾아온 중국 상인들에게 먼저 말을 판다. 그리고 탁주(涿州, 현재 河北省 소재)로 장사를 하러 가려는 동행의 왕객(王客)을 따라 다니며 그곳에 가서 팔 양(羊)이나 옷감, 활과 화살, 냄비, 식기 등을 구입하는 것을 본다. 그리고 당시 유행하던 활쏘기 내기 시합도 하고 중국식 요리를 만들어 먹기도 한다. 술을 너무 많이 마신 왕객은 의사의 진찰까지 받았으며 겨우 나아서 탁주로 장사를 떠난다.

왕객이 떠나자 주인공인 고려 상인은 가져온 인삼을 팔고 모시 베와 삼베도 팔아 거금을 마련한다. 이윽고 왕객이 탁주(涿州)에서 장사를 끝내고 돌아오자 그의 안내를 받아 고려에 돌아가서 팔 물품을 사들인다. 이때에 사들인 물건은 서적과 비단, 그리고 바늘, 화장품 등의 일용품인데 지금과 같이 에누리를 많이 하였다. 오늘날 중국에 가서 물건을 살 때에는 반으로 깎은 가격으로 사야 한다고 하는 우수개 소리가 있는데 지금부터 650년 전에도 비슷하였음을 보고 필자는 여러 번 쓴 웃음을 지었다. 더구나 돌아가서 팔 물건은 정말 고급품이 아니라 적당히 싼 것을 골라 가져가라는 왕객의 충고에 몇 백년의 세월이 흘렀어도 사정은 전혀 변하지 않았음을 알 수 있다. 마지막 고려 상인들은 돌아갈 날짜가 어느 날이 길일(吉日)인지 점을 쳐 보고 왕객에게 작별 인사를 하면서 귀로(歸路)에 오르는 것으로 이 책은 끝이 난다.

이상의 이야기는 모두 주인공인 고려 상인을 비롯하여 등장인물 모두의 대사와 약간의 상황 설명으로 생생한 것이 마치 그 자리에서 그들의 대화를 듣는 것처럼 쓰였다. 또한 당시의 중국 일반 민중의 가치관을 반영하는 것처럼 보이는 교훈 이야기나 방탕한 끝에 패가망신하는 버린 자식의 이야기가 삽입되어 있어서 내용은 더욱 다채롭게 되었다. 뿐만 아니라 원대(元代)에 사용되던 보초(寶鈔)라는 지폐의 사용법을 상세하게 설명하여 마치 오늘날의 여행안내서와 같은 역할도 한다. 따라서 이 책은 원대(元代)의 경제사 연구에도 중요한 자료가 될 것이다.

자! 이제 이 책을 읽으면서 650년 전의 북경으로 시간 여행을 떠나자.

이번에 간행하는 이 책은 『역주 원본 노걸대』(서울: 김영사, 2004)의 수정판이다. 처음 이 책을 출판할 때에 너무 졸속으로 진행된 데다가 대중적인 서적을 주로 간행해 온 출판사로부터 한자의 노출에 대한 많은 걱정이 있었고 출판사 자체적으로 이를 빼고 넣게 되었다. 후에 이를 다시 복구하면서 적지 않은 오류와 오자가 생겨났다. 심지어는 역주 범례까지 자의적

인 수정이 있었다. 이제 수정판을 내면서 잘못된 책으로 고생하신 독자
제위에게 사과를 드리며 늦게나마 수정본을 내게 된 것을 다행으로 생각
한다.

2010년 4월 10일 **토요일 늦은 오후에**
佛岩齋에서   역주자 씀

역주범례
譯 註 凡 例

…1…

이 책은 {구본(舊本)『노걸대(老乞大)』로 알려진 {원본(原本)}『노걸대(老乞大)』를 우리말로 풀이하고 난해구를 주석한 것이다. 원문을 띄어 쓰고 구두점을 붙인 저본은 鄭光 主編, 『原本老乞大』 [解題·原文·原文影印·索引], 外語敎學与硏究出版社, 北京, 2002)에 의거하였다.

…2…

원문의 주석은 金文京·玄幸子·佐藤晴彦 譯註, 鄭光 解說, 『老乞大 —朝鮮中世の中國語會話讀本—』(東洋文庫 699, 東京: 平凡社, 2002)에 주로 의존하였고 기타 鄭光; 『譯註 번역노걸대와 노걸대언해』(서울: 신구문화사, 2006)와 諸橋轍次; 『大漢和辭典』(東京: 大修館書店, 1955, 1984년 수정판), 『漢語大詞典』 등 다른 註釋書와 辭書에서도 도움을 받았다.

…3…

역주(譯註) 및 해제(解題)에 자주 등장하는 〈노걸대〉 및 〈박통사〉의 여러 이본(異本)은 다음과 같이 약호로 표시하였다.

〈노걸대〉

{原本}『老乞大』	—〈原老〉	{飜譯}『老乞大』	—〈飜老〉
{刪改}『老乞大』	—〈刪老〉	『老乞大諺解』	—〈老諺〉
『新釋老乞大』	—〈新老〉	『新釋老乞大諺解』	—〈新老諺〉
『重刊老乞大』	—〈重老〉	『重刊老乞大諺解』	—〈重老諺〉

〈박통사〉

{原本}『朴通事』	—〈原朴〉	{飜譯}『朴通事』	—〈飜朴〉
{刪改}『朴通事』	—〈刪朴〉	『朴通事諺解』	—〈朴諺〉
『新釋朴通事』	—〈新朴〉	『新釋朴通事諺解』	—〈新朴諺〉

〈노박집람〉

　　　〔老朴〕〈集覽〉　－〈老朴集覽〉　　〈老乞大〉〈朴通事〉　－〈老朴〉
　　　「單」　　　　　－〈單〉　　　　　　「累字解」　　　　　－〈累〉,
　　　「老乞大集覽」　　－〈老覽〉,　　　　「朴通事集覽」　　　－〈朴覽〉

···4···

　원래 〈노걸대〉 원본의 한어(漢語) 원문(原文)에는 구두점(句讀點), 단락(段落)의 구별, 장면(場面)의 분할 등은 전혀 없으나, 이 책에서는 〈飜老〉의 장면 설정에 따라 106화로 구분하여 제목을 붙였다. 그리고 전체를 6장면으로 나누어 각 장(章)의 내용에 따라 제목을 달았다.

···5···

　우선 〈原老〉의 우리말 풀이를 맨 앞에 실었다.

1 〈노걸대〉의 주인공은 두 사람으로 고려 상인 주인공과 중국 요동성(遼東城) 거주의 중국 상인 '왕객(王客)'이라고 할 수 있다. 원문과 언해문, 우리말 풀이에서는 전자는 '[高]'로 하고 후자는 '[漢]'으로 하였다. 그 외에 민박할 때의 민박집 주인을 '[主](집주인)'으로, 여관에 묵거나 점포에서 물건을 살 때의 여관과 점포의 주인은 '[主](점주인)'으로 하였다. 기타 중개인은 '[牙](중개인)'으로 하고 고려인에게 물건을 사려고 온 사람들은 '[客]', 화자가 분명하지 않은 경우에는 '[甲]', [乙] 등으로 줄여 불렀으며 기타 고려인 가운데 특별히 어떤 사람을 지칭할 때에는 '[李]', 또는 '[金]' 등으로 적당히 약칭하였다.

2 우리말 풀이는 되도록 원문에 충실하게 하였으나, 국어로서 읽기 쉽게 하기 위하여 의역(意譯)한 경우도 있다.

3 장면의 전개를 파악하기 어려운 부분에는 본문에 없는 상황 설명을 [ ]에 묶어서 보충하였다. 원문에 없는 부분을 보충하여 풀이할 때에도 추가한 부분을 [ ]안에 넣었다.

…6…

우리말 풀이를 앞에 두고 다음으로 〈原老〉의 원문을 붙였다. 그리고 이어서 그에 해당되는 〈飜老〉의 원문과 언해문을 실었다.

1 원서의 파손에 인하여 글자가 빠지고 있는 데는 [ ]로 추정의 글자를 보충하였다.

2 분명한 오자로 인정된 경우에는 그 아래에 ( )로 정정(訂正)한 글자를 표시하였다.

3 주(註)의 자체는 일부 원문의 인용을 제외하고, 원칙적으로 상용한자체(常用漢字體)를 사용하였다.

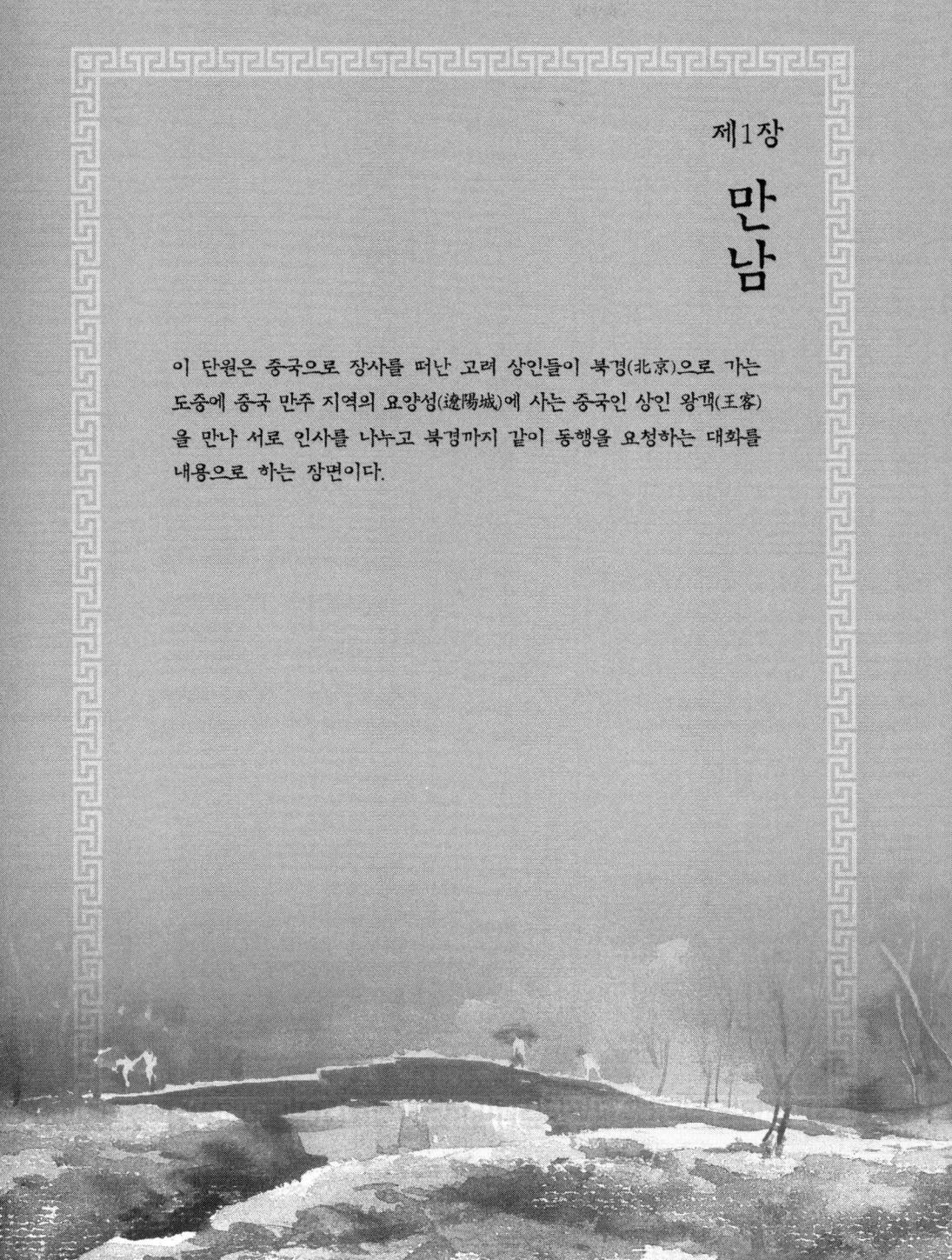

제1장

만
남

이 단원은 중국으로 장사를 떠난 고려 상인들이 북경(北京)으로 가는 도중에 중국 만주 지역의 요양성(遼陽城)에 사는 중국인 상인 왕객(王客)을 만나 서로 인사를 나누고 북경까지 같이 동행을 요청하는 대화를 내용으로 하는 장면이다.

譯註 原本老乞大

제1화 당신네들은 어디서 왔소?

漢 친구들[1], 당신네들은[2] 어디서 오셨소?

高 저희는[3] 고려의 서울(=王京)에서[4] 왔습니다.

漢 이제[5] 어디로 가시는가?

高 저희는 대도(大都)로[6] 갑니다.

漢 당신들, 언제 서울을 떠났소?

高 이 달 초하루에[7] 서울을 떠났습니다.

漢 당신들이 이 달 초하루에 떠났다면 지금이 벌써 반달이나 되었는데, 어째서 겨우 여기까지밖에 못 왔소[8]?

....

[1] 원문 '伴當'은 "일행, 동료", 또는 "종, 노복"의 뜻이 있다. 〈原老〉에서는 일행, 또는 동료의 의미로 사용된 경우가 많으며 "종, 노복"의 뜻으로 사용된 용례는 적다. 〈飜老〉에서는 '火伴'으로 썼다.

[2] 원문 '恁' 이인칭 "너, 당신"을 나타내는 말이다. 역대 『老乞大』 자료 중에서 〈原老〉에만 보인다. 단수와 복수의 구별이 없다. 〈原老〉 이외의 『老乞大』에서는 '您'이라고도 쓰였는데, 현대 중국어에서와 같이 존경의 뜻은 없다.

[3] 원문 '俺'은 일인칭(나, 저)을 나타내는 말로, 현대 중국어의 '恁'과 같이 단수와 복수의 구별이나 겸양(謙讓)의 뜻이 없다. 그러나 여기서는 외국인이 한인을 만나면 어느 정도의 겸양을 보였을 것으로 본다.

[4] 왕경(王京)은 한 나라의 임금이 있는 서울이란 뜻으로 여기서는 고려의 서울 개경(開京)을 말한다. 앞으로는 "고려 서울", 또는 "서울"로 번역하기로 한다.

[5] 원문 '如今'은 "지금"이란 뜻으로 현대 중국어의 '現在'(지금)와 '如今'(昨今)의 의미를 겸한다. 여기서는 '이제'로 번역한다.

[6] 원문 '大都'는 원(元)의 수도 연경(燕京), 즉 지금의 북경(北京)을 말한다. 그러나 원대(元代)에는 '대도(大都)'로 불렸으므로 여기서는 "대도"로 번역한다.

[7] 원문 '初一日'의 '初'는 음력의 1일부터 10일까지의 앞에 붙는 말이다. 〈原老〉의 제57화부터 유추하면 이들이 출발한 것은 7월 1일이 된다.

[8] 원문 '~的'은 '得'과 같다. 완료, 가능의 뜻이 있지만 여기서는 완료의 용법으로 사용되었다. 여기서는 "겨우 여기까지밖에 못 왔소?"로 풀이한다.

📦 일행 중의 한 사람이 늦게 와서 도중에 천천히 가며 기다리고[9] 있어서[10] 늦었습니다.

🀄 그 일행이란 사람은 지금 따라 왔소[11]?

📦 이 사람이 바로 그 사람입니다. 어제[12] 겨우 도착했습니다.

🀄 당신들, 이 달 말에는[13] 대도에 도착할 수 있겠소?

📦 어떻게 알 수 있습니까[14]? 그런 것은 감히 말할[15] 수 없겠지요. 하늘이 돌봐주시어[16] 몸이[17] 건강하면[18] 아마[19] 도착할 수 있겠지요.

제1화 恁從那裏來?

🀄 伴當[20], 恁[21]從那裏來?

....

[9] 원문 '～著'는 동사 뒤에 놓여서 상태를 나타낸다.

[10] 원문 '爲那上'은 "그런고로"의 뜻이다. '爲', '上'은 모두 원인, 이유를 나타내며 흔히 '爲…上'과 같이 호응된다. '漢兒言語'(해제 참조)에서 자주 사용되는 표현이다.

[11] 원문 '不曾'은 현대어의 동사 부정에 사용되는 '沒有'에 해당된다. '沒有'로 동사를 부정하는 것은 명대(明代)부터이며, 이 시기에는 아직 이런 용법이 없었다. 따라서 "따라 오지 못했는가?"로 해석이 될 수 없다.

[12] 원문 '夜來'는 원래 지난밤이란 뜻이지만, 작일(昨日)의 뜻으로도 사용되는데 〈原老〉에서도 '작일(昨日)'의 뜻으로 사용되었다. 현재 중국 산동성(山東省) 연대(烟台) 지방의 방언에 이 용법이 있다.

[13] 원문 '月盡頭'의 '盡頭'는 "끝, 마지막 자리, 최후의 곳"이란 뜻이다. 그러므로 '月盡頭'는 '月末'을 의미한다. 여기서는 '이 달 말'로 번역된다.

[14] 원문 '知他'는 "알 수 있겠는가"라는 뜻이다. '他'는 구체적으로 지시하는 것이 없는 소위 허지(虛指)이며, 독백과 같은 뉘앙스가 있다.

[15] 원문 '道'는 "말하다"의 뜻이다. 〈原老〉에서는 이런 뜻으로 '道'가 많이 쓰였으나 〈飜老〉 이후에서는 '說'로 바뀌었다.

[16] 원문 '可憐見'은 "불쌍히 여기다, 돌봐주다"라는 뜻의 동사.

[17] 원문 '身己'는 두 글자로 "몸"이란 뜻을 나타낸다. '身起'로도 쓴다.

[18] 원문 '安樂'은 "몸이 건강한 것"을 말한다. 제85화 주1 참조.

[19] 원문 '呵'는 "가정(仮定), 조건, 혹은 정돈(停頓)"을 나타내는 조사다. 따라서 여기서는 '아마'로 번역하였다.

[20] '伴當'은 주1 참조.

[21] '恁'은 주2 참조.

高 俺[22]從高麗王京[23]來。

漢 如今[24]那裏去?

高 俺往 大都[25]去。

漢 恁幾時離了王京?

高 俺這月初一日[26]離了王京。

漢 既恁這月初一日離了王京, 到今半箇月, 怎麼才到的[27]這裏?

高 俺有一箇伴當落後了來, 俺沿路上慢慢的行著[28][等]候來, 爲那上[29], 遲了來。

漢 那伴當, 如今赶上來那[30]不曾[31]?

高 這箇伴當便是, 夜來[32]才來到。

漢 恁這月盡頭[33]到的大都那到[不得]?

高 知他[34], 那話怎敢道[35], 天可憐見[36], 身己[37]安樂[38]呵[39], 也到得有。

....

[22] '俺'은 주3 참조.
[23] '王京'은 주4 참조.
[24] '如今'은 주5 참조.
[25] '大都'는 주6 참조.
[26] '初一日'은 주7 참조.
[27] '~的'은 주8 참조.
[28] '~著'는 주9 참조.
[29] '爲那上'은 주10 참조.
[30] '~那~'는 반복 의문의 긍정과 부정 사이에서 사용되는 조사다.
[31] '不曾'은 주11 참조.
[32] '夜來'는 주12 참조.
[33] '月盡頭'는 주13 참조.
[34] '知他'는 주14 참조.
[35] '道'는 주15 참조.
[36] '可憐見'은 주16 참조.
[37] '身己'는 주17 참조.
[38] '安樂'은 주18 참조.
[39] '呵'는 주19 참조.

飜老 제1화 你從那裏來?

漢 大哥、你從那裏來?

高 我從高麗王京來。

漢 如今那裏去?

高 我往北京去。

漢 你幾時離了王京?

高 我這月初一日離了王京。

漢 既是這月初一日離了王京。到今半箇月、怎麼纔到的這裏?

高 我有一箇火伴落後了來、我沿路上慢慢的行着等候來、因此上、來的遲了。

漢 那火伴如今赶上來了不曾?

高 這箇火伴便是、夜來纔到。

漢 你這月盡頭、到的北京麼到不得?

高 知他?那話怎敢說? 天可憐見、身己安樂時、也到。

飜老 제1화 네 어드러로셔브터 온다?

漢 큰형님, 네 어드러로셔브터 온다?

高 내 高麗王京으로셔브터 오라.

漢 이제 어드러 가는다?

高 내 北京 향ᄒᆞ야 가노라.

漢 네 언제 王京의셔 떠난다?

高 내 이 ᄃᆞᆯ 초ᄒᆞᄅᆞᆺ날 王京의셔 떠나라.

漢 이믜 이 ᄃᆞᆯ 초ᄒᆞᄅᆞᆺ날 王京의셔 떠나거니 이제 반 ᄃᆞ리로더 엇디 앗가사 예 오뇨?

高 내 ᄒᆞᆫ 버디 떠디여 올시, 내 길조차 날회여 녀 기들워 오노라 ᄒᆞ니 이런 젼ᄎᆞ로 오미 더듸요라.

漢 그 버디 이제 미처 올가 몯 올가?

高 이 버디 곧 그니 어재 ᄀᆞᆺ 오다.

漢 네 이 ᄃᆞᆯ 그믐ᄢᅴ 北京의 갈가 가디 몯ᄒᆞᆯ가?

高 모ᄅᆞ리로다. 그 마ᄅᆞᆯ 엇디 니ᄅᆞ리오? 하ᄂᆞᆯ히 어엿비 너기샤 모미 편안ᄒᆞ면 가리라.

제2화 누구에게 한어를 배웠소?

漢 당신은 고려 사람인데 어떻게 한어(漢語)를[1] 잘하고 계시는가[2]?

高 저는 중국인한테서 글공부를[3] 하였기[4] 때문에[5] 조금[6]이나마 한어

　를 알[7] 수 있습니다.

漢 당신은 누구한테[8] 배웠소?

高 저는 한인(漢人) 학당(學堂)에서[9] 배웠습니다.

....

[1] 원문 '漢兒言語'는 여기서 '漢語'로 해석한다. '漢兒言語'의 '한아(漢兒)'란
    원대(元代)에 북경 주변에 살고 있던 북방(北方) 민족들을 말하며, 그들이
    사용하는 언어를 '한아언어(漢兒言語)'라고 하였다. 장강(長江) 이남의 '오
    아(吳兒)'가 통어(通語)를 사용함에 비하여 이들의 한아언어는 몽고어가 혼
    입(混入)된 독특한 중국어였다. 후일 북경관화(北京官話)의 모태가 된 언
    어로서 〈原老〉의 원문이 이 언어의 참 모습을 보여준다. 해제 참조.
[2] 원문 '～有'가 문말(文末)에 사용되는 것은 '한아언어(漢兒言語)'의 특유한
    표현으로 몽고어의 영향을 받은 것이다. 〈老朴集覽〉에서는 이미 지금은
    사용하지 않는다는 기록이 있다. 해제 참조.
[3] 원문 '學文書'의 '문서(文書)'는 "서류, 또는 서책"을 말한다. 여기서는 '서책
    (書冊)'의 뜻으로 사용되었다.
[4] 원문 '來'는 완료 혹은 과거를 나타내는 조자(助字)이다. 여기서는 "하였다"
    의 과거 완료로 해석하였다.
[5] 원문 '上頭'는 " …이라서, …이기 때문에"이란 뜻이다.. 第一話 註23 참조.
[6] 원문 '些小'는 조금이란 뜻으로 현대어의 '一點儿'과 같다. 〈飜老〉처럼 '些
    少'라고 쓰는 것이 보통이지만, 〈原老〉에서처럼 '少'를 '小'로 쓰는 경우가
    많다.
[7] 원문 '省的'는 "알다. 이해하다"의 뜻이다. '的'은 '得'과 같다. 제1화 주8
    참조.
[8] 원문 '根底'는 "～ 밑에서, ～가 있는 곳에서"라는 뜻을 갖는다. 이 말도
    '한아언어(漢兒言語)'에서 자주 쓰이는 말인데 다만 이러한 경우는 '～ 로,
    ～ 에'와 같은 격조사로서의 기능을 가지는 경우가 많다. '跟底'라고 쓰이
    는 경우도 있으나, 〈原老〉에서는 '根底'로 통일되었다.
[9] 원문 '學堂'은 원대(元代)에 아동들을 가르치는 민간 학교를 말한다. 『합동
    문자(合同文字)』「잡극(雜劇)」'이절(二折)'의 대사에 "開着個學堂, 教幾個
    蒙童過日 - 학당을 열고, 몇 명의 아이를 가르치며 날을 보낸다 -"라는
    예가 있다. 학교에 대하여는 〈飜朴〉上에도 실렸다.

漢 어떤 책을 공부하였소?

高 『논어(論語)』, 『맹자(孟子)』, 『소학(小學)』을 공부했습니다.

漢 매일 어떤 수업을[10] 하시었는가?

高 매일 아침 일찍 일어나서 학교에 가면 스승한테 가서[11] 책의 배우지 않았던 부분을[12] 배우고 수업이 끝나면 집에 돌아가 밥을 먹고 다시 학교에 돌아가서 습자(習字)를[13] 합니다. 습자가 끝나면 대구(對句)의 연습을 합니다. 대구가 끝나면 시(詩)를 읊고 시를 읊고 나면 스승한테서 배운 책을 강독(講讀)합니다[14].

漢 어떤 책을 강독하는가?

高 『소학(小學)』[15], 『논어(論語)』, 『맹자(孟子)』를 읽습니다.

....

[10] 원문 '工課'는 "수업하다"란 뜻이다. 현재는 '功課'라고 쓰는 것이 보통이다.

[11] 원문 '師傅行'의 '〜行'은 "〜가 있는 곳에, 〜에"라는 뜻이다. 송대(宋代)의 사(詞)에 이미 이런 표현이 보인다.

[12] 원문 '生文書'는 교과서 중에서 "아직 배우지 않은 부분"을 말한다. '생(生)'은 생소하다는 의미다.

[13] 원문 '寫倣書'는 "습자(習字)하다"를 의미한다. 원래의 뜻은 글씨본 위에 종이를 얹고 그에 따라 덧쓰는 영사(影寫)를 말하는데 전술한 『정씨가숙독서분년일정(程氏家塾讀書分年日程)』에 "사자(寫字)를 배우기에 앞서 필히 나흘 가운데 하루를, 지영(智永)의 천자해서(千字楷書)를 영사(影寫)하게 함"이라는 기사가 있다. 또한 이어서 대구(對句)・음시(吟詩)'에 대하여, 위의 책은 "매일 작시(作詩), 작대(作對)를 하는 것은 금함"이라는 기사가 있어 그 당시에는 일반적으로는 '작시(作詩), 작대(作對)'의 수업이 매일 행해졌던 것을 알 수 있다. '음시(吟詩)'는 단순히 시를 읊는 것이 아니라 작시(作詩)를 말하는 것으로 보인다.

[14] 원문 '講書'는 책의 내용을 구두로 설명하는 것으로 '배강(背講), 임강(臨講) 등의 방법이 있다(졸저, 1990). 여기서는 강독(講讀)으로 번역한다. 『정씨가숙독서분년일정(程氏家塾讀書分年日程)』에서는 '설서(說書)'라고 한다.

[15] '小學'은 책이름이다. 주자(朱子)의 편이라고 칭하는데, 실은 주자의 문인의 유자징(劉子澄)이 스승의 지시에 의하여 편찬한 것이다. 아동들에게 예의 범절이나 도덕의 기초를 가르치기 위하여 편찬된 책이며 중국과 한국에서 초학용 교과서로 널리 사용되었다. 원대(元代) 민간 학교의 실태에 대하여 소개한 자료로서 정단례(程端禮)의 『정씨가숙독서분년일정(程氏家塾讀書

제2화 你學甚麼文書來?

漢　恁是高麗人、却怎麼漢兒言語[16]說的好有[17]?

高　俺漢兒人上 學文書[18]來[19]的上頭[20], 些小[21]漢兒言語省的[22]有。

漢　你誰根底[23] 學文書來?

高　我在漢兒學堂[24]裏學文書來。

漢　你學甚麼文書來?

高　讀論語・孟子・小學。

漢　恁每日做甚麼工課[25]?

高　每日淸早晨起來, 到學裏, 師傅行[26]受了生文書[27]。下學到家, 喫飯罷, 却到學裏寫做書[28]。寫做書罷對句, 對句罷吟詩。吟詩罷, 師傅行講書[29]。

漢　講甚麼文書?

高　講小學[30] 論語 孟子。

....

分年日程)』이 있으며, 그에 의하면 당시 서민의 자제들은 여덟 살에 입학한 후에 『소학』, 『대학(大學)』, 『논어(論語)』, 『중용(中庸)』의 순으로 배우게 되었다.

[16] '漢兒言語'는 주1 참조.
[17] '～有'가 문말(文末)에 사용되는 것은 주2 참조.
[18] '學文書'는 주3 참조.
[19] '來'는 주4 참조.
[20] '上頭'는 주5 참조.
[21] '些小'는 주6 참조.
[22] '省的'는 주7 참조
[23] '根底'는 주8 참조.
[24] '學堂'는 주9 참조.
[25] '工課'는 주10 참조.
[26] '師傅行'는 주11 참조.
[27] '生文書'는 주12 참조.
[28] '寫做書'는 주13 참조.
[29] '講書'는 주14 참조.
[30] '小學'은 주15 참조.

....

飜老 제2화 **你誰根底學文書來?**

....

漢 你是高麗人、却怎麼漢兒言語說的好?

高 我漢兒人上學文書、因此上、些少漢兒言語省的。

漢 你誰根底學文書來?

高 我在漢兒學堂裏學文書來。

漢 你學甚麼文書來?

高 讀論語、孟子、小學。

漢 你每日做甚麼工課?

高 每日淸早晨起來、到學裏、師傅上受了文書。放學、到家裏喫飯罷、却到學裏寫做書。寫做書罷對句、對句罷吟詩。吟詩罷師傅前講書。

漢 講甚麼文書?

高 講小學、論語、孟子。

....

飜老 제2화 **네 뉘손디 글 비혼다?**

....

漢 너는 高麗ㅅ사ᄅ미어시니, ᄯ오 엇디 漢語 닐오미 잘 ᄒᆞᄂᆞ뇨?

高 내 漢兒人의손디 글 비호니, 이런 젼ᄎᆞ로 져그나 漢語 아노라.

漢 네 뉘손디 글 비혼다?

高 내 되 혹당의셔 글 비호라.

漢 네 므슴 그를 비혼다?

高 論語 孟子 小學을 닐고라.

漢 네 미실 므슴 이력ᄒᆞᄂᆞ다?

高 미실 이른 새배 니러 혹당의 가 스승님ᄭᅴ 글 듣ᄌᆞᆸ고, 혹당의 노하든 지븨 와 밥 머거 못고, ᄯ오 혹당의 가 셔품 쓰기 ᄒᆞ고, 셔품 쓰기 못고 년구ᄒᆞ기 ᄒᆞ고, 년구ᄒᆞ기 못고 글 이피 ᄒᆞ고, 글 입피 못고 스승님 앏픠 글 강ᄒᆞ노라.

漢 므슴 그를 강ᄒᆞᄂᆞ뇨?

高 小學·論語·孟子를 강ᄒᆞ노라.

제3화 한어 공부는 어땠나?

漢 책을 강독하고[1] 나면 그 다음에 어떤 수업을 하시는가?

高 저녁이 되면 스승한테 가서 제비뽑기를[2] 하여 뽑힌 사람이 책을 암송합니다[3]. 암송을 했으면 스승이 면첩(免帖)을[4] 한 장 주십니다. 암송하지 못하면 당직(當直) 학생한테 일러서 돌려 세워[5] 세 번을 때립니다.

漢 제비를 뽑아서 책을 암송한다니 그것은 어떻게 하는 것이고 면첩이란 무엇인가?

高 길고 가느다란 대나무 막대기 하나에 한 사람씩 학생 이름을 적습니다. 모든 학생 이름을 그와 같이 써서 통에[6] 넣어둡니다. 그 날 당직 학생을 시켜 제비뽑기 통을 흔들고, 그 속에서 제비를 하나 뽑도록 합니다. 그 제비 뽑힌 사람에게 암송을 시킵니다. 암송할 수 있으면 스승이 면첩을 한 장 주시는데 그 면첩에는 "세 번 맞기를 면함"이라

. . . .

[1] 원문 "說書罷"의 '說書'는 '강서(講書)'와 같음. 이에 대하여는 제2화 주14 참조.

[2] 원문 '撤籤'은 "추첨(抽籤)하다"의 뜻이다. 길고 가느다란 대나무에 이름을 쓰고 그것을 제비뽑는 것을 말한다. 『주자어류(朱子語類)』(권6) 제39조에 학교에서 추첨에 의하여 학생들에게 『대학(大學)』을 강독시켰다는 기사가 있다.

[3] 원문 '背念書'는 "책을 암송한다"는 의미다. '배(背)'는 "등진다"는 뜻이 있으므로 "책을 보지 않고 암송하다"는 것이며 배강(背講)과 같은 뜻이다(졸저, 1990). 전술한 『정씨가숙독서분년일정(程氏家塾讀書分年日程)』에 "스승은 昨日의 書를 倍讀함을 시험함"이라는 기사가 있다. '倍'는 '背'와 동음이므로 '배독(倍讀)'도 암송을 가리킨다.

[4] 원문 '면첩(免帖)'은 "벌을 면해준다는 증명서"를 말한다. 당시의 민간 학교에서 이러한 습관이 있었다는 다른 기록은 아직 찾지 못하였다.

[5] 원문 '背起'는 〈飜老〉의 언해문에서는 이것을 '엎드리게 하다'라고 되었으나 여기서는 '돌려세우다'로 번역하였다. '背'에는 "등을 돌리게 한다"는 뜻이 있고 조선시대의 서당(書堂)에서는 학생들의 체벌(體罰)을 반드시 돌려세워서 종아리를 쳤기 때문이다. '책머리에'를 참고할 것.

[6] 원문 '籤筒'은 제비뽑기를 위하여 만든 대나무를 넣는 통을 말함.

고[7] 적혀 있고, 스승이 그 위에 서명합니다[8]. 만일 다음 번 제비에 뽑히어서 암송하지 못하면 그 면첩을 꺼내어 찢어버리고, "앞의 공을 봐서 죄를 사함"[9]이라 해서 맞지 않아도 됩니다. 만일 면첩이 없으면 꼭 세 번 맞게 됩니다[10].

제3화 做甚麼工課?

漢 說書[11]罷, 更做甚麼工課?

高 到晚師傳行撤簽[12] 背念書[13], 背過的師傳與免帖[14] 一箇, 若背不過時, 教當直學生背起[15] 打三下.

漢 怎生是撒簽背念書? 怎生是免帖?

高 每一箇竹簽上寫著一箇學生的姓名, 衆學生的姓名都這般寫著, 一箇簽筒[16]兒裏盛著. 教當直學生將簽筒來搖撼動, 內中撤一箇. 撤著

----

[7] 원문 "免決三下"의 '決'은 판결을 내리고, 벌을 결정하는 것을 의미하는 법률용어이고 '下'는 형벌로서의 곤장을 때릴 때에 횟수를 세는 말이다. '決～下'는 『원전장(元典章)』 등에 보이는 판결문의 상투어다.

[8] 원문 '押字'는 "수결(手決), 즉 서명함"을 말한다.

[9] 원문 '將功折過'는 "공을 세웠으므로 죄를 상쇄(相殺)한다"는 뜻이다. 장공절죄('將功折罪')와 같다.

[10] 원문 "定然喫三下"의 '喫'은 수동을 나타내는 동사로 "당하다"는 뜻이 있다. 〈노박집람〉〈單〉에 "喫; 正音키, 俗音치. 啖也, 喫飯·喫酒. 又被也, 喫打맛다. 字雖入聲而俗讀去聲, 或呼如上聲. 俗省文作吃. -喫(끼)'은 정음(正音)이 '키'이고 속음(俗音)은 '치'이다. '먹다'의 의미이니 "喫飯(끼반)-밥을 먹다, 喫酒(끼쥬)-술을 먹다"와 같다. 또는 '당하다, 입다(被)'의 의미도 있으니 "喫打(끼타)-매를 맞다"와 같다. [하략 번역]"라는 주해가 있어 〈飜老〉에서는 "마조믈 니브리라"로 번역하였다. 여기서는 "세 번을 맞게 되다"로 해석하였다.

[11] '說書'는 주1 참조.

[12] '撤簽'는 주2 참조.

[13] '背念書'는 주3 참조.

[14] '免帖'은 주5 참조.

[15] '背起'는 주5 참조.

[16] '簽筒'은 주6 참조.

誰的, 便著那人背書。 背念過的, 師傳與免帖 一箇。 那免帖上 寫著
免決三下[17]。 師傳上頭畫著押字[18]。 若再撤簽試不過, 將出免帖來
毁了。 便將功折過[19]免了打。 若無免帖, 定然喫[20]三下。

飜老 제3화 甚麼工課?

漢 說書罷、又做甚麼工課?

高 到晚師傳前撤簽背念書。背過的師傳與免帖一箇、若背不過時、教當直的
學生背起、打三下。

漢 怎的是撤簽背念書? 怎的是免帖?

高 每一箇竹簽上 寫着一箇學生的姓名、衆學生的姓名都這般寫着、一箇簽筒
兒裏盛着。教當直的學生 將簽筒來搖動、內中撤一箇。撤着誰的、便着那
人背書。背念過的、師傳與免帖一箇。那免帖上寫着「免打三下」。師傳上
頭畫着花押。若再撤簽試不過、將出免帖來毁了。便將功折過免了打。若
無免帖、定然喫打三下。

飜老 제3화 쏘 므슴 공부 ᄒᆞᄂᆞ뇨?

漢 글 사굠ᄒᆞ기 못고 쏘 므슴 공부 ᄒᆞᄂᆞ뇨?

高 나죄 다ᄃᆞᆯ거든 스승님 앏픠셔 사술 ᄲᅢᅘᅧ 글 외오기 ᄒᆞ야, 외오란 스승님이
免帖 ᄒᆞ나ᄒᆞᆯ 주시고, ᄒᆞ다가 외오디 몯ᄒᆞ야든 딕실션븨 ᄒᆞ야 어피고 세 번
티ᄂᆞ니라.

漢 엇디ᄒᆞᆯ 시 사술 ᄲᅢᅘᅧ 글 외오기며 엇디ᄒᆞᆯ 시 免帖인고?

高 미 ᄒᆞᆫ 대쪽애 ᄒᆞᆫ 션븨 일홈 쓰고 모든 션븨 일후믈 다 이리 써 ᄒᆞᆫ 사술통애
다마, 딕실션븨 ᄒᆞ야 사술통 가져다가 흔드러, 그 둏에 ᄒᆞ나 ᄲᅢᅘᅧ ᄲᅢᅘᅧ니 닉고
ᄒᆞ야, 믄득 그 사ᄅᆞᆷ ᄒᆞ야 글 외오요디, 외와든 스승이 免帖 ᄒᆞ나ᄒᆞᆯ 주ᄂᆞ니,
그 免帖 우희 "세번 마조믈 면ᄒᆞ라" ᄒᆞ야 쓰고 스승이 우희 쳐두ᄂᆞ니라. ᄒᆞ다
가 다시 사술 ᄲᅢᅘᅧ 외오디 몯ᄒᆞ야도 免帖 내여 ᄒᆡ야 ᄇᆞ리고 아리 외와 免帖
타 잇던 공오로 이번 몯 외온 죄를 마초와 티기를 면ᄒᆞ거니와, ᄒᆞ다가 免帖곳
업스면 일뎡 세 번 마조믈 니브리라.

---

[17] '免決三下'는 주7 참조.
[18] '押字'는 주8 참조.
[19] '將功折過'는 주9 참조.
[20] '喫'은 주10 참조.

제4화 무엇 하러 한어를 배우는가?

漢 그대는 고려인인데, 한어 서책 따위를[1] 공부해서 무엇을 하려는가?

高 당신이 말씀하시는 것도 당연하지만, 사람은 각기 모두 자기 생각이[2] 있으니까요.

漢 그대 생각은 어떤 것인가? 이야기 해 보시게. 내 들어 보겠네[3].

高 지금 조정이 천하를 통일하였고[4] 세상에서 통용되고 있는 것은 한어입니다. 우리[5] 고려의 말은 단지 고려 땅에서만[6] 사용되는 것이고, 의주(義州)를[7] 지나 한인(漢人)들의 땅에 들어오면 모두 한어를 사용합니다. (중국에서) 누가 물었는데 한 마디도 말을 못하면 남들이 우리들을[8] 갖다가 어떻게 보겠소?

漢 그대가 이렇게 한인(漢人)의 글을 공부하게 된 것은 자기 스스로 한 것인가, 아니면 부모님이[9] 시켜서 공부한 것인가?

....

[1] 원문 '學他'의 '他'는 허지(虛指)이어서 구체적으로 의미한 바가 없다. 우리 말의 '따위'에 해당하는 뉘앙스를 가졌을 뿐이다.

[2] 원문 '主見'은 "(자신의)주요한 생각"이란 뜻이다. 〈飜老〉에서는 "웃듬 보기"로 직역하였다.

[3] 원문에서 문말(文末)의 '咱'은 "의뢰, 부탁" 등의 어기(語氣)를 나타내는 어기조사(語氣助詞)다. 현대어의 '吧'에 가깝다. 여기서는 "들어 보겠네"로 부탁의 의미를 살렸다.

[4] 원문 '一統天下'는 원(元)이 1279년에 남송(南宋)을 멸망시키고 중국을 통일한 것을 말한다(梁伍鎭, 1999).

[5] 원문 '咱'은 일인칭 대명사로서 '俺'과 같이 '나, 우리'를 지칭한다.

[6] 원문 '高麗田地'는 '고려의 땅'이란 뜻이다. '~田地'는 지명에 붙여 써서 '땅'이란 의미를 갖는다. 현대 중국어는 '~地方', '~地面'이 있으나, 원대(元代)에는 '~田地', '~地面'이 사용되었다.

[7] '義州'는 고려와 원(元)과의 국경인 압록강(鴨綠江) 연안에 있는 도시를 말한다. 한반도에서 중국으로 가는 관문이었는데 철도가 신의주(新義州)를 통과하면서 지금은 작은 마을로 남아있다.

[8] 원문 "咱每"의 '每'는 복수를 나타내며 현대 한어의 '們'에 해당한다.

[9] 원문 '爺娘'의 '爺'는 "아버지", '娘'은 "어머니"를 가리키므로 '爺娘'은 부모를 말한다.

高 부모님께서 나에게 공부하라고 하신 것입니다.

漢 얼마간 공부를 했는가?

高 반년 넘게 공부 했습니다[10].

漢 잘 알 수 있던가? 없던가?

高 매일 한인 학생과 함께 공부해서 조금은 알 것 같습니다.

제4화 學漢兒文書怎麼?

漢 你是高麗人, 學他[11]漢兒文書怎麼?

高 你說的也是, 各自人都有主見[12]。

漢 你有甚麼主見? 你說我試聽咱[13]。

高 如今朝廷一統天下[14], 世間用著的是漢兒言語。咱[15]這高麗言語, 只
是高麗田地[16]裏行的。過的義州[17], 漢兒田地裏來, 都是漢兒言語。
有人問著, 一句話也說不得時, 敎別人將咱每[18] 做甚麼人看?

漢 你這般學漢兒文書呵, 是你自意裏學來那你的爺娘[19]敎你學來?

高 是俺爺娘敎我學來。

漢 你學了多少時?

高 我學半年有餘也[20]。

....

[10] 원문 '也'는 문말(文末)에서 상태의 변화를 나타내는 어기조사(語氣助辭).
문언(文言)의 구말(句末)에서 판단을 표시하는 '也'와는 다르다. 현대어의
'了' 또는 '啦'에 해당된다. 해제 참조.
[11] '他'는 허지(虛指)이다. 주1 참조.
[12] '主見'은 주2 참조.
[13] 문말의 '咱'는 주3 참조.
[14] '一統天下'는 주4 참조.
[15] 인칭대명사 '咱'는 주5 참조.
[16] '高麗田地'는 주6 참조
[17] '義州' 주7 참조.
[18] '每'는 주8 참조.
[19] '爺娘'은 주9 참조.
[20] 문말의 '也'에 대하여는 주10 참조.

漢 省的那省不的?

高 每日和漢兒學生每一處學文書來的上頭, 些小理會的有。

飜老 제4화 學他漢兒文書怎麼?

漢 你是高麗人、學他漢兒文書怎麼?

高 你說的也是、各自人都有主見。

漢 你有甚麼主見? 你說我聽着。

高 如今朝廷一統天下、世間用着的是漢兒言語。我這高麗言語、只是高麗地面裏行的。過的義州、漢兒地面來、都是漢兒言語。有人問着、一句話也說不得時、別人將咱們做甚麼人看?

漢 你這般學漢兒文書時、是你自心裏學來? 你的爺娘教你學來?

高 是我爺娘教我學來。

漢 你學了多少時節?

高 我學了半年有餘。

漢 省的那省不的?

高 每日和漢兒學生們一處學文書來、因此上、些少理會的。

飜老 제4화 漢人의 글 빈화 므슴ᄒᆞ다?

漢 너는 高麗ㅅ사ᄅᆞ미어시니 漢人의 글 빈화 므슴ᄒᆞ다?

高 네 닐옴도 올타커니와 각각 사ᄅᆞ미 다 웃듬으로 보미 잇ᄂᆞ니라.

漢 네 므슴 웃듬보미 잇ᄂᆞ뇨? 네 니ᄅᆞ라 내 드로마.

高 이제 됴뎡이 텬하를 一統ᄒᆞ야 겨시니 셰간애 쓰ᄂᆞ니 漢人의 마리니 우리 이 高麗ㅅ 말소믄 다믄 高麗ㅅ짜해만 쓰는 거시오, 義州 디나 中朝짜해 오면 다 漢語ᄒᆞᄂᆞ니, 아뫼나 ᄒᆞᆫ 마ᄅᆞᆯ 무러든 쏘 디답디 몯ᄒᆞ면 다ᄅᆞᆫ 사ᄅᆞ미 우리를다가 므슴 사ᄅᆞᄆᆞᆯ 사마 보리오?

漢 네 이리 漢人손ᄃᆡ 글 빈호거니, 이 네 므슴ᄆᆞ로 빈호ᄂᆞ디 네 어버ᅀᅵ 너를 ᄒᆞ야 빈호라 ᄒᆞ시ᄂᆞ녀?

高 올ᄒᆞ니. 우리 어버ᅀᅵ 나를 ᄒᆞ야 빈호라 ᄒᆞ시ᄂᆞ다.

漢 네 빈환 디 언머 오라뇨?

高 내 빈환 디 반 ᄒᆡ 남ᄌᆞᆨᄒᆞ다.

漢 알리로소녀? 아디 몯ᄒᆞ리로소녀?

高 미실 漢兒션ᄇᆡ돌콰 ᄒᆞ야 ᄒᆞᆫᄃᆡ셔 글 빈호니 이런 젼ᄎᆞ로 져기 아노라.

제5화 한어 스승은 어떤 사람이었나?

漢 그대의 스승은 어떤 사람이었나?

高 한인(漢人)이셨습니다.

漢 몇 살이셨나?

高 서른다섯 살이었습니다.

漢 참을성 있게[1] 가르쳐 주시던가 아니던가?

高 제 스승은 온후한[2] 분이시고, 정말 잘[3] 가르쳐주셨습니다.

漢 그대들 학생 중에서 한인은 몇 명이었고, 고려인은 몇 명이었나?

高 한인과 고려인이 반반이었습니다[4].

漢 그 중에는 장난꾸러기도[5] 있었는가?

高 물론[6] 장난꾸러기도 있었습니다. 매일 반장이[7] 장난을 심하게 하는

....

[1] 원문 '耐繁'는 "인내심이 많다"는 뜻이다. '耐煩'이라고도 쓴다. 원대(元代) 도종의(陶宗儀)의 『철경록(輟耕錄)』(권8)에 "不耐煩의 三字는 宋書 庚登之의 弟 仲文伝에 보임"이라는 기사가 있어 당시에는 '耐煩' 또는 '耐繁'이란 말이 자주 쓰였음을 알 수 있다.

[2] 원문 '溫克'은 『서상기(西廂記)』 2本 1折 「기생초(寄生草)」에 "性兒溫克, 情兒順 − 성은 온극, 정은 순함−"이라는 기사가 있어, 성격이 온화한 것을 말하는 구어(口語)임을 알 수 있다. 원래는 『시경(詩經)』의 「소아(小雅)」 '소완(小宛)'에 "飮酒溫克"이라는 말에서 나온 것이다. 〈老朴集覽〉〈老覽〉 상 1-1)에 "《詩傳》云: 克勝也. 猶溫恭自持以勝也. − 시전에 말하기를 克은 勝이니라, 溫恭自持로 이김"이라는 구절은 주자(朱子)의 『시경집전(詩經集傳)』에 있는 주석을 옮긴 것이다.

[3] 원문 '好生'은 '상당히, 아주, 또한 확실히, 착실히'라는 뜻이다. 『老朴集覽』 〈單〉의 '生' 항을 참조.

[4] 원문 '高麗中半'은 고려 학생이 반인 것을 말하다. 당시 한인(漢人)과 몽골인 학생을 반씩 가르치는 학교가 있었던 것에 대하여는 해제를 참조할 것. 실제로 고려인과 한인이 반반씩인 학교가 있었는지는 확실하지 않음.

[5] 원문 '頑的'은 "장난꾸러기"임. '頑'은 '頑皮(장난)'와 같은 것으로 보인다.

[6] 원문 '可知'는 "물론 ~다"란 뜻으로 쓰임.

[7] 원문 '學長'은 학생 가운데 연장자, 혹은 반대표에 해당하는 학생을 말함.

학생을 스승에게 보고합니다. 그러나 아무리[8] 맞아도 두려워하지 않고 여전합니다. 한인 아이들은 심한[9] 장난꾸러기가 많지만, 고려인 아이들은 비교적 얌전합니다[10].

제5화 師傅是甚麼人?

漢 你的師傅是甚麼人?

高 是漢兒人有。

漢 多少年紀?

高 三十五歲也。

漢 耐繁[11]教那不耐繁教?

高 俺師傅性兒溫克[12], 好生[13]耐繁教。

漢 恁那衆學生, 內中多少漢兒人? 多少高麗人?

高 漢兒, 高麗中半[14]。

漢 裏頭也有頑的[15]麼?

高 可知[16]有頑的。每日學長[17]將那頑學生師傅行呈著, 那般打了阿, 則是[18]不怕。漢兒小廝每哏[19]頑, 高麗小廝每較爭些箇[20]。

---

[8] '則是'의 '則'은 '只'와 같으며 원곡(元曲) 등에 쓰이는 이 시대의 용자법의 통례이다. 〈原老〉에서도 '則'은 거의 '只'의 의미로 사용되고 있다. 여기서는 "아무리"로 번역하여 그 의미를 살리려고 하였다.

[9] 원문 '哏'은 현대어의 '很'과 같으며 '아주, 매우'라는 뜻이다. 해제 참조.

[10] 원문 '爭些箇'은 "조금 낫다"의 의미. '爭'은 "차이가 있다"라는 뜻에서 "좋다"는 의미로 바뀌었다. '些箇'는 "조금"이란 뜻이다. 제84화 주10을 참조.

[11] '耐繁'은 주1 참조.

[12] '溫克'은 주2 참조.

[13] '好生'은 주3 참조.

[14] '高麗中半'은 주4 참조.

[15] '頑的'은 주5 참조.

[16] '可知'는 주6 참조.

[17] '學長'은 주7 참조.

[18] '則是'는 주8 참조.

[19] '哏'은 주9 참조.

. . . .

飜老 제5화 你的師傅是甚麼人?

. . . .

漢 你的師傅是甚麼人?

高 是漢兒人有。

漢 多少年紀?

高 三十五歲了。

漢 耐繁敎那不耐繁敎?

高 我師傅性兒溫克、好生耐繁敎。

漢 你那衆學生、內中多少漢兒人?多少高麗人?

高 漢兒、高麗中半。

漢 裏頭也有頑的麼?

高 可知有頑的。每日學長將那頑學生師傅上禀了、那般打了時、只是不怕。
漢兒小廝們十分頑、高麗小廝們較好些。

. . . .

飜老 제5화 네 스승이 엇던 사롬고?

. . . .

漢 네 스승이 엇던 사롬고?

高 이 漢人이라.

漢 나히 언메나 흐뇨?

高 설흔 다ᄉ시라.

漢 즐겨 ᄀᄅᄎᄂ녀? 즐겨 ᄀᄅ치디 아닛ᄂ녀?

高 우리 스승이 셩이 온화ᄒ야 ᄀ장 즐겨 ᄀᄅ치ᄂ다.

漢 네 모든 션비 듕에 언메나 漢人이며 언메나 高麗ㅅ사롬고?

高 漢兒와 高麗 반이라.

漢 그 듕에 굴외ᄂ니 잇ᄂ녀?

高 굴외ᄂ니 잇닷 마리아 니ᄅ려. 미실 學長이 굴외ᄂ 學生을다가 스승님ᄭ 솗고
그리 텨도 다함 저티 아닌ᄂᄂ니라. 漢兒 아희들히 ᄀ장 굴외거니와 高麗ㅅ아희
둘흔 져기 어디니라.

. . . .

[20] '爭些箇'는 주10 참조.

제6화 동행합시다.

高 동행이여, 당신은 이제 어디로 갑니까?

漢 나도 대도로 간다오.

高 당신이 대도로[1] 가신다면 우리는 고려인이고, 중국 땅에는 익숙하지 못하니 우리를 동행인으로 같이 데리고 가주면 좋지 않아요[2]?

漢 그러면[3], 같이 갑시다.

高 형님, 성함은 어떻게 되십니까?

漢 왕(王)이라고 하오.

高 댁은[4] 어디에 사시죠?

漢 요양(遼陽)의[5] 시내에 살고 있소.

高 대도에는 무슨 일로[6] 가십니까?

漢 나는 이 몇 필의[7] 말을 팔려고 가는 길이오.

....

[1] 원문 '投'는 '~로 향하여'라는 뜻의 전치사이다. 해제 참조.

[2] 원문 '你把似'의 '把似'는 송대(宋代)·원대(元代)에 걸쳐 사용된 말이며 "~편이 낫다, 만일, ~이라고 해도, ~이라기보다"는 등의 의미가 있는 복잡한 뉘앙스의 말이다. 여기서는 "만일 가능하다면", "당신 혼자 가는 것보다는 같이 가는 것이 좋다"는 원망(願望)을 나타낸다.

[3] 원문 '那般者'는 '그러면'이란 뜻이고, 현대어의 '那麽'에 해당된다. 『원전장(元典章)』 등에 보이는 황제의 성지(聖旨)에서도 많이 사용되었으며 그 자료에서는 '그렇게 하라'라고 하는 명령형으로 쓰였다. 〈原老〉에서도 그렇게 이해할 수 있는 부분이 있으나, 거의가 '그러면'이라는 접속의 용법으로 사용되었다.

[4] 원문 '本家'는 본래 부계(父系)의 살붙이를 가리키며, 모계(母系)의 '친척(親戚)'과는 구별된다. 여기서는 현재 사는 집을 가리킨다.

[5] '遼陽'은 중국의 요대(遼代)에 만들어진 요양로(遼陽路)를 말한다. 이것은 원대(元代)에 일시 동경로(東京路)로 명칭이 바뀌었으나 후일에 다시 요양로(遼陽路)가 되었다.

[6] 원문 '勾當'은 '사항, 사건, 일'의 뜻이다.

[7] 원문 '箇'는 수량의 단위를 나타내는 수량서. 말은 보통 '필(匹)'로 세지만, 〈原老〉에서는 모두 '개(箇)'를 사용하였다. 아마도 '한아언어(漢兒言語)'의 특징일 것이다.

圖 그러면 더욱 잘되었습니다. 우리도 이 몇 마리의 말을 팔려고 하고, 또 말에 싣고 있는 모시(苧麻布)와[8] 삼베(帖裏布)도[9] 같이 팔러 갑니다.

漢 당신들도 말을 팔러 가는 길이라니[10] 우리들이 같이 동무 지어 가는 것이 잘 됐소.

제6화 俺做伴當去?

高 伴當, 恁如今那裏去?

漢 我也往大都去。

高 既恁投[11]大都去時, 俺是高麗人, 漢兒田地裏不慣行。 你把似[12]拖帶俺做伴當去, 不好那?

漢 那般者[13]。 咱每一處去來。

高 哥哥, 你貴姓?

. . . .

[8] '毛施'는 저마(苧麻), 모시를 말한다. 모시는 쐐기풀과의 다년초(多年草)이며 그 줄기의 껍질에서 실을 만든다. '毛施'는 우리말의 '모시'를 한자로 표기한 것이며 그 이외에 '木絲', '沒絲' 등으로도 쓴다. 고려의 특산이기 때문에 중국인도 그 이름으로 부르게 되었다. 〈朴覽〉上 참조. 『어초기(魚樵記)』「잡극(雜劇) 2折의 대사(臺詞)에는 '高麗毲絲布'라고 보인다. 또한 일본어 '가라무시'의 '무시'도 조선어 기원으로 생각된다. 원대(元代) 왕정 (王禎)의 『농서(農書)』「農器圖譜集之二十・布機」 '毛絁布法'에 그 상세한 제조법을 게재하였다.

[9] '帖裏布'는 전술한 왕정(王禎)의 『농서(農書)』에는 '毛施布法' 다음에 '鐵勒布法'과 '麻鐵黎布法'이 있다. '帖裏(tieli)'란 '鐵勒'(tiele) 또는 '麻鐵黎'(matieli)를 말하는 것으로 보인다. 전자는 '雜色苧麻', 후자는 '雜色老火麻'를 재료로 한 것이고, 둘 다 '모시(毛施)'보다 약간 질이 떨어진 마포(麻布)인 것 같다. 그 어원은 중국어가 아닌 것으로 보이며 현재로는 분명하지 않다. 〈飜老〉에서는 모두 삭제되었고 다만 〈飜老〉의 제98화에서 '帖裏布' 대신에 '黃布'로 바꿨다.

[10] 원문 '一就'는 "같이, 하는 김에, 차라리"의 뜻이다.

[11] '投'는 주1 참조

[12] '你把似'는 주2 참조

[13] '那般者'는 주3 참조

漢 我姓王。

高 本家[14]在那裏住?

漢 我在遼陽城[15]裏住。

高 恁大都爲甚麼勾當[16]去?

漢 我將這幾箇[17]馬賣去。

高 那般呵更好。俺也待賣這幾箇馬去,更這馬上馳著的些小毛施[18],帖裏布[19],一就[20]待賣去。

漢 既恁賣馬去呵,咱每恰好做伴當去。

翻老 제6화 做火伴去?

高 大哥、你如今那裏去?

漢 我也往北京去。

高 你既往北京去時、我是高麗人、漢兒地面裏不慣行。你好歹拖帶我 做火伴去。

漢 這們時、咱們一同去來。

高 哥哥、你貴姓?

漢 我姓王。

高 你家在那裏住?

漢 我在遼陽城裏住。

高 你京裏有甚麼勾當去?

漢 我將這幾箇馬賣去。

高 那般時最好。我也待賣這幾箇馬去、這馬上馳着的些少毛施布、一就待賣去。

漢 你既賣馬去時、咱們恰好做火伴去。

[14] '本家'는 주4 참조
[15] '遼陽城'은 주5 참조.
[16] '勾當'은 주6 참조
[17] '箇'는 주7 참조
[18] '毛施'는 주8 참조.
[19] '帖裏布'는 주9
[20] '一就'는 주10 참조

飜老 제6화 벋 지서 가고려

高 큰형님, 네 이제 어듸 가는다?

漢 나도 北京 향ᄒᆞ야 가노라.

高 네 ᄒᆞ마 北京 향ᄒᆞ야 가거니, 나ᄂᆞᆫ 高麗ㅅ사ᄅᆞ미라 한ᄯᅡ해 니기 ᄃᆞᆫ니디 몯ᄒᆞ야 잇노니, 네 모로매 나ᄅᆞᆯ ᄃᆞ려 벋 지서 가고려.

漢 이러면 우리 홈ᄭᅴ 가져.

高 형님 네 셩은?

漢 내 셩이 王개로라.

高 네 지비 어듸셔 사ᄂᆞᆫ다?

漢 내 遼陽잣 안해셔 사노라.

高 네 셔울 므슴 일 이셔 가ᄂᆞᆫ다?

漢 내 아니 여러 ᄆᆞᆯ 가져 폴라 가노라.

高 그러면 ᄀᆞ장 됴토다. 나도 이 여러 ᄆᆞᆯ 폴라 가며, 이 ᄆᆞᆯ 우희 시론 아니 한 모시뵈도 이믜셔 풀오져 ᄒᆞ야 가노라.

漢 네 ᄒᆞ마 ᄆᆞᆯ 폴라 가거니 우리 벋 지서 가미 마치 됴토다.

제7화 대도의 물가

高 형님, 대도의 말 값이 얼마나 하는지 잘[1] 알고 있습니까?

漢 요새 아는 사람이[2] 와서 말하기를 말 값은 요즘[3] 좋다고 하네. 이 말이라면 5정(定)[4] 이상으로 팔릴 것이고, 저쪽 말이라면 4정 이상으로 팔릴 것이네.

高 옷감 값(布價)은[5] 얼마나[6] 하는지 정확히 알고 있습니까?

漢 옷감 값은 예년과 같다네[7].

高 대도의 음식물 값은 어떻습니까?

漢 내 그 친구가 말하는데 자기가 올 때에는 찹쌀 한 말(斗)이[8] 여섯 량,

....

[1] 원문 '曾'은 의문의 뜻을 나타내는 조사. '曾知得'이라면 "확실히 아시는가?"에서의 '확실히'정도에 해당된다. '일찍이'라는 뜻은 없으므로 여기서는 "잘 아시는가?"의 '잘로 번역하였다.

[2] 원문 '相識人'은 아는 사람, 즉 친구를 말한다. 『老朴集覽』〈累〉'相識'항 참조.

[3] 원문 '其間'은 "～때, ～사이"의 뜻이 있다. '這其間'이란 "지금, 현재"라는 뜻이지 "이 사이에"란 뜻은 아니다.

[4] 원문 '定'은 元代의 화폐 단위로서 '錠'의 약자다. 원래는 은(銀)의 무게를 다는 단위였으나 원에서 사용되는 지폐의 단위가 되었다. 1정은 50냥이었는데 중통초(中統鈔)라는 원(元)의 지폐 단위로 사용되었다. 1냥은 중통초의 1관(貫), 1정은 50관을 말한다. 해제 참조. 〈原老〉에서는 '定'과 '錠'이 혼용되고 있으나, 번역에서는 혼란을 피하기 위해 '定'으로 통일하였다. 또한 〈飜老〉에서의 값은 명대(明代)의 은(銀)에 의한 화폐 단위임으로 〈原老〉와 맞지 않는다.

[5] '布價'의 '布'는 고려에서 가져간 모시와 베를 함께 지칭하는 것으로 포가(布價)는 "옷감 값"으로 번역할 수밖에 없었다.

[6] 원문 '高低'는 '얼마' 혹은 '높이'를 말함. 형용사의 반대 개념인 말을 병렬시키면 의문사 혹은 추상명사가 된다. '貴賤'도 '얼마' 혹은 '높이'를 가리킨다.

[7] 원문 '如常'은 "전과 늘 같다"의 뜻이다. '如常'의 '常'은 〈飜老〉처럼 없는 편이 읽기 쉽다. '如常'은 자주 사용되는 말이기 때문에 혼란했던 것으로 보인다.

[8] '一斗'는 '한 말'. 구광명(丘光明) 편(編)의 『중국역대도량형고(中國歷代度量衡考)』(科學出版社, 北京, 1992)에 의하면, 원대(元代)의 '一斗'는 '8. 3리터'라

좁쌀 한 말이 다섯 량이었다고 하네. 그리고 열 냥(兩)으로 밀가루 열세 근(斤)[9], 두 냥 반으로 양고기 한 근 정도를 살 수 있다고 하네.

高 그러면 제가 작년에[10] 대도에 있을 때와 물가가 똑같군요.

第7화 京裏價錢

高 哥哥, 曾[11]知得大都馬價如何?

漢 近有相識人[12]來說, 馬的價錢這其間[13]也好. 似這一等的馬賣五定[14]之上, 這一等的馬賣四定之上.

高 曾知得布價[15]高低[16]?

漢 布價如常[17]往年的價錢一般.

高 大都喫食貴賤?

漢 俺那相識人曾說, 他來時, 六兩一斗[18]粳米, 五兩一斗小米, 十兩十三斤[19]麵, 二兩半一斤羊肉.

高 似那般時, 俺年時[20]也在大都來價錢都一般.

....

고 한다. 우리의 '한 말과 다르나 달리 마땅한 번역어가 없어 한 말이라 하였다.

[9] '斤'은 전술한 『중국역대도량형고(中國歷代度量衡考)』에 의하면 원대(元代)의 '一斤'이 약 650그램이었다고 한다. 역시 지금의 한 근과는 차이가 있다.

[10] 원문 '年時'는 '작년'을 가리킨다. 속된 말로 전년(前年)을 '年時, 上年, 年裏'이라 하고, 지나간 해를 통칭할 때에는 '往年, 舊年'이라고 한다(〈老朴集覽〉). 현재는 일부 방언에 이 용법이 남아 있다.

[11] '曾'은 주1 참조

[12] '相識人'은 주2 참조

[13] '這其間'은 주3 참조

[14] '定'은 주4 참조.

[15] '布價'는 주5 참조.

[16] '高低'는 주6 참조

[17] '如常'은 주7 참조

[18] '一斗'는 주8 참조.

[19] '斤'은 주9 참조

[20] '年時'는 주10 참조.

飜老 제7화 京裏價錢

高 哥哥、曾知得 京裏馬價如何?

漢 近有相識人來說、馬的價錢這幾日好。似這一等的馬賣十五兩以上、這一等的馬賣十兩以上。

高 曾知得布價高低麼?

漢 布價如往年的價錢一般。

高 京裏喫食貴賤?

漢 我那相識人曾說、他來時、八分銀子一斗粳米、五分一斗小米、一錢銀子十斤麵、二分銀子一斤羊肉。

高 似這般時、我年時在京裏來、價錢都一般。

飜老 제7화 셔울 믈갑시 엇더ᄒ고?

高 형님, 일즉 아ᄂᆞ니 셔울 믈갑시 엇더ᄒ고?

漢 요ᄉᆞ시예 사괴ᄂᆞᆫ 사ᄅᆞ미 와 닐오ᄃᆡ, 믈갑시 요ᄉᆞ시 됴호모로 이 ᄒᆞᆫ 둥엣 ᄆᆞᄅᆞᆫ 열닷 냥 우후로 ᄑᆞ오, 이 ᄒᆞᆫ 둥엣 ᄆᆞᄅᆞᆫ 열 냥 우후로 ᄑᆞ리라 ᄒᆞ더라.

高 일즉 아ᄂᆞ니 뵛갑슨 쏘던가 디던가?

漢 뵛갑슨 니건 힛 갑과 ᄒᆞᆫ 가지라 ᄒᆞ더라.

高 셔울 머글 거슨 노던가 흔턴가?

漢 내 뎌 사괴ᄂᆞᆫ 사ᄅᆞ미 일즉 닐오ᄃᆡ, 제 올 저긔 여듧 픈 은에 ᄒᆞᆫ 말 졍미오, 닷 픈에 ᄒᆞᆫ 말 조ᄡᆞ리오, ᄒᆞᆫ 돈 은에 열 근 ᄀᆞ로이오, 두 픈 은에 ᄒᆞᆫ 근 양육이라 ᄒᆞ더라.

高 이러틋 ᄒᆞ면 내 니건 ᄒᆡ 셔울 잇다니 갑시 다 ᄒᆞᆫ 가지로다.

제8화 오늘밤은 어디서 묵어요?

高 오늘밤은 어디서 묵을 것인가요?

漢 여기서 10리[1] 정도 가는 곳에 숙박할 여관이 있다네. 와점(瓦店)이라 고[2] 하는데 우리가 늦게 도착하거나 일찍 가더라도 하여튼 거기서 묵도록 하세. 거기를[3] 지나가면 앞으로는 20리 정도에 인가가 없다네.

高 그럼 "앞으로 가도 마을에 이르지 못하고 뒤 돌아와도 숙소에 도착하 지[4] 못한다"[5]라는 셈이군요. 꼭 거기서 묵어야겠어요.

漢 거기에 비록 일찍 도착해도[6] 상관이 없네. 말을[7] 쉬게 하고, 내일 일찍 출발하도록 하세.

高 여기서 대도까지는 거리가 얼마만큼이 되는가요[8]?

....

[1] 원문 '十里來田地'에서의 1리(里)는 대강 550미터이고 '來'는 대략이란 뜻 으로 사용되었다. '田地'는 거리를 나타내는 원대(元代)의 독특한 용법으로 여기서도 그런 의미로 사용되었다. 제4화 주6을 참조.

[2] '瓦店'은 이 책에 의하면 대도(大都)까지 300킬로미터 좀 못 되는 지점에 있을 것으로 보이나 다른 사료(史料)에는 나타나지 않는다.

[3] 원문 '那壁'은 '那邊'과 같다. "저쪽, 그쪽"의 뜻으로 '那壁廂'이라고도 한다.

[4] 원문 '迭'은 현대어의 '到'와 같고, "~로"의 뜻을 가진 전치사다. '迭'에는 "~에 달하다, ~에 이르다"라는 의미가 있었다. '迭'의 전치사적 용법은 이러한 의미에서 나왔을 것이다.

[5] 원문 '前不著村, 後不著店'으로 해석하면 "앞으로 나아가도 마을에 도착하 지 못하고, 뒤돌아와도 숙소에 도착하지 못하다"는 속담이다. 나그네 길에 서 전후에 인가가 없는 곳에 이르러 망연자실한 모습을 말하는 고사 성어 (故事成語)이며, 소설, 회곡 등의 상투적 표현에 많이 쓰인다. 예를 들면 『벽암록(碧巖錄)』에 "前不搆村, 後不迭店"이라는 표현이 있는데 여기서 '搆', '迭'은 모두 "도달하다"의 뜻이다.

[6] 원문 '便~也'는 "비록 ~여도 …다"의 구문이다.

[7] 원문 '頭口'는 본래 가축(家畜)을 셀 때에 쓰이는 수량사이지만, 구체적으로 는 '말을 헤아릴 때에 이용되는 경우가 압도적으로 많다. 〈朴覽〉上에 "말, 소, 돼지, 양을 셀 경우 돼지와 소는 두(頭)로, 양은 구(口)로, 노루(獐)도 구(口)로 센다. 그래서 가축 전체를 칭할 경우에는 두구(頭口)라고 한다. 牛馬는 또 頭疋이라고도 한다"라는 설명이 있다.

漢 여기서 대도까지는 그저 500리 정도가 되네. 하늘이 가련히 보시어 몸이 건강하면 앞으로 닷새[9] 정도에 도착할 수 있을 것 같네.

高 도착하면 어디서 묵으면[10] 편할까요[11]?

漢 순승문(順承門)[12] 근처의 관점(關店)[13]에 묵도록 하세. 거기라면 말 시장(馬市)에[14] 가는데도[15] 꽤 가깝다네.

高 맞아요. 나도 그렇게 생각하고 있었습니다. 당신이 하는 말이 내 생각과 같네요. 그곳이야말로[16] 제일 좋겠어요.

漢 동쪽에서[17] 온 나그네들은 모두[18] 다른 데서는 머물지 않고 그곳에서

....

[8] 원문 '幾程地'의 '程'은 '역정(驛程)'을 가리키며 역정(驛程)은 역참(驛站, 元代에서는 站赤)에서 측량한 행정(行程)을 말한다.

[9] 원문 '日頭'는 보통 '태양(太陽)'의 의미로 사용되는 경우가 많지만, 여기서는 '날수'(日數)의 의미다. '日頭'를 '日數'의 의미로 사용한 것은 금대(金代)부터 사용되던 '한아언어(漢兒言語)'의 용법이라고 한다.

[10] 원문 '安下'는 숙소에 묵는 것. '下'만으로도 '머물다'는 의미가 된다.

[11] 원문 '便當'은 "편리하다"는 의미이다.

[12] '順承門'은 대도의 서남 쪽 문. 명청대(明淸代)의 북경시 선무문(宣武門)에 해당된다. 명대(明代)의 속칭으로는 '순성문(順城門)'이었으며 『초각박안경기(初刻拍案驚奇)』(권3) 등의 명대 소설에 그 이름이 보인다.

[13] '關店'은 〈飜老〉에서 '官店'으로 번역되었다. 아마도 "관청이 경영하는 숙소"라는 의미로 쓰인 것 같다. 관공서에서 사용하는 "인감(印鑑)의 관방(官防)"을 '關防'이라고도 쓴다. 혹은 '關廂'(성밖의 거리)에 있는 숙소라는 의미일 수도 있다. 제51화 주4, 제54화 주9를 참조.

[14] '馬市'는 '말 시장'. 원대(元代) 大都의 地理書인 원(元) 웅몽상(熊夢祥)의 『석진지(析津志)』(『析津志輯佚』北京古籍出版社, 1983에 의함) '성지가시(城池街市)'에 '마시(馬市)'는 "양각시(羊角市) 일대에 있었다"고 기록되었다. 즉 "安富坊은 順承門의 羊角市에 있음"이라는 기사가 있어 '순승문(順承門)'에 가까웠음을 알 수 있다. 제55화 주2 참조.

[15] 원문 '就便'은 '~ 하는 김에'의 뜻이다. 여기서는 "가는데도"로 해석한다.

[16] 원문 '則除'는 '只除'와 같이 근세 한어에서 자주 사용되는 말로서 "오직~만이, 그것이야말로"의 뜻이다.

[17] 원문 '直東'의 '直'은 방향을 표시하는 접두어. 위를 '直上', 아래를 '直下'라고 한다. 제9화, 60화, 67화에 '直南'이 보이며, 원간본(元刊本) 『장천체살처(張千替殺妻)』 잡극(雜劇) 일절(一折)의 대사에 "哥哥往直西去, 早半年

묵는 것 같구면.

高 나도 지난해에 그곳에 묵었는데 매우 편리했어요.

제8화 那裏宿去?

高 咱每今夜那裏宿去?

漢 咱每往前行的十里來田地[19]裏有箇店子, 各喚瓦店[20]。咱每到時, 或早或晚則那裏宿去。若過去了呵, 那壁[21]有二十里地無人家。

高 既那般呵, 前不著村後不著店[22]也。咱每則迭[23]那裏宿去。

漢 到那裏便早時也[24]好, 咱每歇息頭口[25], 明日早行。

高 這裏到大都有幾程地[26]?

漢 這裏到大都, 則是有五百里之上。天可憐見, 身己安樂呵, 更著五箇日頭[27]到也者。

高 咱每到時, 那裏安下[28]去便當[29]?

漢 咱每則投順承門[30]關店[31]裏下去來。那裏就便[32]投馬市[33]裏去哏

....

－ 형님은 '直西'에 가서 벌써 반년이 되었네－"가 있고 또한 『대원마정기(大元馬政記)』의 지원(至元) 6년 조에 "直北의 蒙古 千戶, 百戶, 牌甲"이라는 기사가 있다. 당시, 대도를 중심으로 사방을 이렇게 불렀던 것으로 보인다. 따라서 '直東'은 요동(遼東)이나 고려 방면을 말할 것이다. 금대(金代)의 『동서상(董西廂)』에서도 이 말이 사용되었다.

[18] 원문 '但是'는 '모두'이다.
[19] '十里來田地'는 주1 참조.
[20] '瓦店'은 주2 참조.
[21] '那壁'은 주3 참조.
[22] '前不著村, 後不著店'은 주5 참조.
[23] '迭 '은 주4 참조.
[24] '便～也'는 주6 참조.
[25] '頭口'는 주7 참조.
[26] '幾程地'의 '程'은 주8 참조.
[27] '日頭'는 주9 참조.
[28] '安下'는 주10 참조.
[29] '便當'은 주11 참조.

近。

高 你道的是, 我也心裏那般想著有。 你說的恰和我意同, 則除[34]那裏好。

漢 但是[35]直東[36]去的客人每, 別處不下, 都在那裏安下。

高 俺年時也在那裏下來, 哏便當。

飜老 제8화 那裏宿去?

高 咱們今夜那裏宿去?

漢 咱們往前行的十里來田地裏有箇店子、名喚瓦店。咱們到時、或早或晚只那裏宿去。若過去了時、那邊有二十里地沒人家。

高 既那般時、前不着村後不着店。咱們只投那裏宿去。

漢 到那裏便早時也好、咱們歇息頭口、明日早行。

高 這裏到京裏有幾程地?

漢 這裏到京裏、還有五百里之上。天可憐見、身子安樂時、再着五箇日頭到了。

高 咱們到時、那裏安下好?

漢 咱們往順城門官店裏下去來。那裏就便投馬市裏去却近些。

高 你說的是、我也心裏這般想着。你說的恰和我意同、只除那裏好。

漢 但是遼東去的客人們、別處不下、都在那裏安下。

高 我年時也在那裏下來、十分便當。

飜老 제8화 어듸 가 자고 가료?

高 우리 오늜바미 어듸 가 자고 가료?

漢 우리 앒푸로 나사가 십리만 짜해 흔 덤이 이쇼더 일호믈 瓦店이라 ᄒᆞ야 브르ᄂᆞ니, 우리 가면 혹 이르거나 혹 늣거낫 듕에 그저 뎨 가 자고 가져. ᄒᆞ다가

[30] '順承門'은 주12 참조.
[31] '關店'은 주13 참조.
[32] '就便'은 주15 참조.
[33] '馬市'는 주14 참조.
[34] '則除'는 주16 참조.
[35] '但是'는 주18 참조.
[36] '直東, 直~'은 주17 참조.

디나가면 뎌 녀긔 싀십 릿 짜해 人家ㅣ 업스니라.

高 흐마 그러흐면 앏푸로 촌애 다둗디 몯흐고 뒤후로는 뎜에 다둗디 몯흐리니 우리 그저 뎨 드러 자고 가쟈.

漢 뎨 가 곧 일어도 ᄯᅩ 됴흐니, 우리 ᄆᆞ쇼 쉬워 닉실 일 녀져.

高 예셔 셔울 가매 몃 즘겟 길히 잇는고?

漢 예셔 셔울 가매 당시론 五百里 우호로 잇ᄂᆞ니, 하놀히 어엿비 너기샤 모미 편안흐면 열닷쇄만 두면 가리라.

高 우리 가면 어듸 브리여ᅀᅡ 됴홀고?

漢 우리 順城門읫 뎜에 가 브리엿져. 뎨셔 곧 물져제 감도 ᄯᅩ 갓가오니라.

高 네 닐오미 올타. 나도 ᄆᆞᅀᆞ매 이리 너기노라. 네 닐오미 내 ᄠᅳᆮ과 ᄀᆞᆮ다. 다ᄅᆞᆫ 게만 됴흐니 믈읫 遼東으로셔 간 나그내돌히 년 ᄃᆡ 브리디 아녀 다 뎨 가 브리ᄂᆞ니, 나도 젼년희 뎨 브리엿다니 ᄀᆞ장 편안흐더라.

제9화 말먹이 값은 얼마?

漢 자네들, 이 몇 마리 말이 매일 저녁에 먹는 먹이(草料)는[1] 값이 모두 몇 초(鈔)나[2] 되나?

高 이 여섯 마리의 말은[3] 한 마리에 곡물이 다섯 되(升)씩에다가[4] 말꼴이 한 단씩이 필요하니 합해서 계산하면 다섯 냥의 돈이 들어가네요[5].

漢 이 여섯 마리는 매일 저녁에 먹는 꼴이 제각기 다를 것일세. 말꼴이 비싼 데서는 6, 7냥이고 싼 데서는 4, 5냥으로 충분하다네. 이 말도 잘 달리는가?

高 물론 빠르죠[6]. 이 말 이외의 다른 말은 별로 안 좋지만.

....

[1] '草料'는 말꼴(馬草)과 곡식을 말함. 말의 먹이에는 마초(馬草) 이외에 '검은 콩'(黑大豆)나 '서속(玉蜀黍)' 등의 곡식도 주는데 이를 일괄하여 '料'라고 한다. 〈老朴集覽〉〈單〉에 "料; 凡人飼馬, 或用小黑豆, 或用蜀黍雜飼之. 故凡稱飼馬穀豆曰料. 又該用物色雜稱曰物料. 造屋材木曰木料, 入畵彩色曰顏料. 又量也, 又理也.-'料(료)', 일반적으로 사람들이 말을 사육할 때 작은 검정콩이나 수수를 섞어서 먹인다. 그러므로 무릇 말에게 먹이는 곡식이나 콩을 '料(료)'(사료)라고 부른다. 또는 해당하는 무엇에 쓰이는 잡다한 물건을 '物料(재료)'라고 한다. [예를 들면] 집을 짓는데 사용되는 나무를 '木料'(목재)라고 하고 그림을 그리는데 사용되는 물감을 '顏料'(안료)라고 한다. 또는 '헤아리다', 또는 '처리하다'의 뜻도 있다."라고 하여 '料'가 말먹이 전체를 가리키는 말임을 알 수 있다.

[2] '鈔'는 보초(寶鈔), 즉 원대(元代)에 유통하였던 지폐를 가리킨다. 해제 참조.

[3] 원문 '六箇馬'은 〈飜老〉에서는 매일 저녁의 '초료(料草)'가 일정한 여섯 마리와 그렇지 않은 여섯 마리, 합 열두 마리의 말이 있는 것처럼 언해하였으나, 제14화에 의하면 고려인과 중국인이 가지고 있는 말은 전부 해서 열한 마리이기 때문에 계산이 안 맞는다. 여기서는 여섯 마리가 고려인의 것으로 보고 이 말들의 먹이 값에 차이가 있음을 중국인이 충고해주는 것으로 해석하였다.

[4] '升'은 곡식류의 양을 되는 기구로서 원대(原隊)의 1升을 전술한 『중국역대도량형고(中國歷代度量衡考)』에서 찾아보면 현재의 836dℓ이다.

[5] 원문 '盤纏'은 원래는 여비, 생활비를 가리켰는데, "비용을 쓰다"라고 하는 동사에도 사용된다. 여기도 동사의 예이다. 〈朴覽〉上 참조.

[6] 원문 '慢竄'은 그 의미를 파악하기 힘들다. '慢'은 "느리다"이고 '竄'은 "빠르

漢 자네들 이 말과 천을 대도에 가서 팔고 나면 어떤 물품을 사서 고려 땅으로 돌아가 팔 생각인가?

高 저는 남방(南方)의[7] 제녕부(濟寧府)[8], 동창(東昌)[9], 고당(高唐)[10]에 가서 깁 비단(絹子)이나[11] 무늬가 있는 비단(綾子)[12], 목화를 구입해서

···

다"인데 반대 개념의 조어법에 의하여 형성된 어휘다. 그 의미는 그 한쪽만을 취하여 강조한 것으로 보이는데 여기서는 '窗' 쪽에 주의미가 있다고 보아 "빠른 것"으로 일단 해석하였다. 〈飜老〉에서는 "걸음은 느리지만 빠르다"라고 어색한 언해를 하였다.

[7] 원문 '直南'의 '直~'은 제8화 주17을 참조할 것. 〈飜老〉의 언해처럼 산동(山東) 일대를 가리키는 것으로 볼 수 있다.

[8] '濟寧府'는 지금의 산동성(山東省) 서남부에 있는 제녕시(濟寧市)와 그 일대를 말한다. 원 지원(至元) 8년(1271)에 제녕부(濟寧府)를 설치하고 동 16년에 제녕로(濟寧路)로 승격시켰다. 그 치소(治所)는 거야(鉅野, 현재의 巨野縣)와 그 동쪽의 임성(任城, 현재의 濟寧市) 사이에서 종종 이동이 있었으나, 원말(元末)의 제녕로(濟寧路)의 총관부(總管府)는 거야(鉅野)에 있었다(『元史』 권58 '地理志'). 그러나 임성(任城, 당시의 호칭으로는 濟州)은 남북을 관통하는 대운하(大運河)의 일부인 제주하(濟州河)에 인접한 상업도시였다. 마르코 폴로의 『동방견문록(東方見聞錄)』에도 'Sinjumatu(濟州馬頭, 濟州의 埠頭를 의미함)'로서 등장하기 때문에 주인공이 가려고 하는 곳도 이쪽일 가능성이 있다. 이 일대가 비단의 명산지였던 것은 『동방견문록』의 '동평(東平, 濟寧의 바로 북쪽)조'에 보인다.

[9] '東昌'은 현재의 산동성(山東省) 요성현(聊城縣)을 말한다. 제녕(濟寧)의 북쪽에 있으며 역시 제주하(濟州河)에 인접해 있다. 원 지원(至元)13년에 박주로(博州路)가 동창로(東昌路)로 개명되었다(『元史』 '地理志').

[10] '高唐'은 지금의 산동성(山東省) 고당현(高唐縣)을 말함. 동창(東昌)에서 더 북쪽에 위치한다. 원 지원(至元) 7년에 고당현(高唐縣)에서 고당주(高唐州)로 승격되었다(『元史』 '地理志'). 〈老朴集覽〉에는 "在東昌府域東北一百二十里. 本春秋時齊之高唐邑, 元改爲州, 今仍之."(〈老集〉上1a-8)이라 하여 동창부(東昌府)에 속하며 동북쪽으로 120리 지역에 있다고 하였다. 다만 이 책의 주인공은 실제로는 이들 땅에 가지 않고 대도에서 직접 귀국하였다.

[11] 깁(絹子)은 비단의 일종으로 〈原老〉에서는 견자(絹子), 능자(綾子)를 구별하였고 〈新老〉와 〈重老〉에서는 이 외에 주자(紬子)까지 구별하였다. 즉 〈新老〉의 "收買些絹疋綾子凉花紬子"(4뒤, 7~8행)가 그것인데 이에 대하

서울에 가서 팔 생각입니다.

漢 자네들이 그곳에 가도 이익이 생기겠는가?

高 그것도 그런 대로 괜찮지요. 작년에 중국인 동행을 따라[13] 고당(高唐)에 가서, 무명이나 깁 비단을 구입해서 서울로 가져가 팔았는데, 조금은 돈을 벌었소[14].

제9화 草料多少錢?

漢 你這幾箇頭口, 每夜喫的草料[15]通該多少鈔[16]?

高 這六箇馬[17]每一箇五升[18]料, 草一束, 通筭過來, 盤纏[19]著五兩鈔。

漢 這六箇馬每夜喫的草料不等。草料貴處, 盤纏六七兩鈔, 草料賤處, 盤纏四五兩鈔。這箇馬也行的好?

高 可知有幾步慢竄[20]。除了這箇馬, 別箇的都不甚好。

漢 你這馬和布子到大都賣了時, 却買些甚麼行貨, 廻還高麗田地裏賣去?

高 俺往直南[21]濟寧府[22], 東昌[23], 高唐[24], 收買些絹子[25], 綾子[26], 綿子

·····

여 언해문은 "져기 깁과 綾과 소옴과 비단을 거두어 사"(〈重老諺〉상 11앞)로 언해하여 견자(絹子)는 '깁'으로 능자(綾子)는 '능(綾)'으로, 주자(紬子)는 '비단'으로 풀이하였다. 그러나 〈飜老〉와 〈老諺〉에서는 견자(絹子), 능자(綾子)의 둘로 구분하였다. 여기서는 견자(絹子)를 '깁'으로, 능자(綾子)를 "무늬가 있는 비단"으로 풀이한다. 제10화의 주1 참조.

[12] '綾子'는 윤자(綸子)를 말함. 무늬가 있는 비단으로 매끄럽고 광택이 있다.

[13] 원문 '根著'의 '根'은 "따르는 것, 따라가는 것"이란 의미. 현대라면 '跟'이라고 써야 한다.

[14] 원문 '覓'은 구한다는 뜻인데, 이 시대에는 "돈을 벌다"는 의미로 쓰였다. 『유강지(曲江池)』「잡극(雜劇)」'이절(二折)'의 대사에 "不肯覓錢 - 돈을 벌려고 하지 않는다-"라는 대사가 있다.

[15] '草料'는 주1 참조.

[16] '鈔'는 주2 참조.

[17] '六箇馬'는 주3 참조.

[18] '升'은 주4 참조.

[19] '盤纏'은 주5 참조.

[20] '慢竄'은 주6 참조.

廻還王京賣去。

漢 到恁那地面裏也有些利錢麼?

高 那的也中。俺年時根著[27]漢兒伴當, 到高唐收買些綿絹, 將到王京賣了, 也覓[28]了些利錢。

飜老 **제9화** 草料多少錢?

漢 你這幾箇頭口、每夜喫的草料通該多少錢?

高 這六箇馬、每一箇五升料一束草、通筭過來、盤纏着二錢銀子。

漢 這六箇馬、每夜喫的草料不等。草料貴處、盤纏三四錢銀子、草料賤處、盤纏二錢銀子。

這箇馬也行的好?

高 可知有幾步慢竄。除了這箇馬、別箇的都不好。

漢 你這馬和布子到北京賣了時、却買些甚麼貨物、迴還高麗地面裏賣去?

高 我往山東濟寧府、東昌、高唐、收買些絹子、綾子、紬子迴還王京賣去。

漢 到你那地面裏也有些利錢麼?

高 那的也中。我年時跟着漢兒火伴、到高唐收買些紬絹、將到王京賣了、也尋了些利錢。

飜老 **제9화** 딥과 콩이 대되 언머만 젼이 드는고?

漢 네 이 여러 ᄆ쇼돌히 밤마다 먹는 딥과 콩이 대되 언머만 젼이 드는고?

高 이 여슷 ᄆ리 민 ᄒ나히 콩 닷 되, 딥 ᄒᆫ ᄆᆺ곰 ᄒ야 통히 혜요니 은 두 돈을 ᄡ고,

漢 이 여슷 ᄆ리 밤마다 먹는 딥과 콩이 ᄒᆞ미 아니니, 콩딥 논 된 서너 돈 은을 ᄡ고, 콩딥 혼혼 던 두 돈 은을 ᄡᄂᆞ니라.

---

[21] '直南'은 주7과 제8화 주17 참조.
[22] '濟寧府'는 주8 참조
[23] '東昌'은 주9 참조.
[24] '高唐'은 주10 참조.
[25] '絹子'는 주11 참조.
[26] '綾子'는 주12 참조.
[27] '根著'는 주13 참조.
[28] '覓'은 주14 참조.

이 물도 거르미 됴코나.

高 그리어니. 여러 거름곰 즈늑즈늑호더 재니라. 이 물 외예 년근 다 됴티 아니타.

漢 네 이 물와 뵈를 北京의 가 풀오, 또 므슴 훙졍ᄀᆞᆷ 사, 高麗ㅅ 따해 도라가 프ᄂᆞ뇨?

高 내 山東, 濟寧府엣 東昌, 高唐 근쳐돌해 가, 깁과 고로와 소음돌 거두워 사, 王京의 도라가 풀라 가노라.

漢 네 짜해 가, 져그나 니쳔 잇ᄂᆞ녀?

高 긔ᅀᅡ 잇ᄂᆞ니라. 내 젼년회 되번 조차 高唐의 가, 소음과 깁둘 거두워 사, 王京의 가져가 프라, 져기 니쳔 어두라.

제10화 비단과 무명 값

漢 당신들은 무늬가 있는 비단과 깁과 그리고 솜을[1] 현지에서[2] 얼마에
사오고 王京에 가서 얼마로 파는가?

高 우리들이 사들인 값은 얇은 깁이 한 필에[3] 열일곱 량씩인데 분홍색[4]
물을 들여 안감으로 합니다. 무늬가 있는 비단이라면 한 필에 스물다
섯 량씩인데 아청(鴉靑)[5] 색이나 분홍색으로 물들입니다. 깁은 한 필
에 염색 값이 석 냥이고 비단은 한 필을 염색하는데 아청 색을 드린다
면 다섯 냥이고 분홍색이라면 석 냥입니다. 또 솜은 매 한 근의[6] 값이

....

[1] 원문 '綾絹綿子'는 "무늬 있는 비단과 깁 비단, 그리고 솜"을 말한다. 제9화
의 주11처럼 중국 비단의 종류를 '능자(綾子), 견자(絹子), 주자(紬子)'의 셋
으로 크게 나누었으나 〈原老〉의 제10화에서는 능(綾)과 견(絹)만을 구별
하였고 이에 대하여 〈飜老〉에서는 이들을 각기 '고로', '깁'으로 번역하였
다. 주(紬)는 〈原老〉에 '면주(綿紬)'로 나타나는데 오늘날의 '명주'는 여기
에서 기원한 것으로 보인다. 원래 견(絹)은 현대국어의 비단과 같이 모든
견직물(絹織物)을 총칭하지만 〈노걸대〉에서는 위의 셋을 모두 구분하여
사용하였다. 여기서도 이러한 구별을 위하여 '능(綾)', 또는 "능자(綾子)"를
"무늬가 있는 비단"으로, '견(絹)', 또는 '견자(絹子)'를 "깁", 또는 "깁 비단"으
로 구별하여 풀이하기로 한다.

[2] 원문 '地頭'는 '그 땅', '현지'의 뜻이다. 『속어고원(俗語考原)』에 "지금의 속
어에서는 소재의 땅을 일러 地頭라고 한다"라는 풀이가 있다.

[3] 원문 '疋'은 옷감을 재는 단위 '필'을 말한다. '匹'이라고도 쓰지만 후자는
말이나 소를 셀 때에 쓴다. 한 필(疋)은 4장(丈)으로 약 12미터 길이의 옷감
을 말한다.

[4] 원문 '小紅'은 진홍(眞紅)색의 '大紅(다홍)'에 대하여 엷은 붉은 색, 즉 분홍
색을 말할 때에 사용된다.

[5] '鴉靑' 색은 "검은 빛을 띤 푸른색"을 말하며 '아청'으로도 불린다. 『철경록
(輟耕錄)』(권11) '채회법(采繪法)'에는 여러 가지 안료(顔料)를 열거한 가운
데 "아청(鴉靑)은 소청(蘇靑)으로 돋보이게 하고, 나청(螺靑)으로 덮는다"라
는 구절이 있다. 또한 원나라 시대의 새 지폐를 '아청료초(鴉靑料鈔)'라고
불렀는데 돈의 문자가 이 색으로 인쇄되었기 때문이다.

[6] 원문 '每兩'의 '兩'은 화폐의 단위가 아니라 솜의 무게이며 한 냥은 약 40그
램이다. 여기서는 화폐 단위의 '냥'과 구별하여 '근(斤)'으로 번역하였다.

한 냥 두 돈 반입니다. 이것을 고려의 서울에 갖고 가면 깁은 한 필이 오종포(五綜布, 다섯 새 베)[7] 세 필 값에 팔리고 이것을 원나라의 중통초(中統鈔)[8]라는 돈으로 환산하면[9] 삼십 냥이 됩니다. 얇은 깁 한 필은 아청 색이 한 필에 베 여섯 필을 받을 수 있고 이것을 돈으로 환산하면 육십 냥이 되는데 분홍색이라면 베 다섯 필에 팔리고 돈으로 치면 오십 냥이 됩니다. 솜 네 근은 베 한 필에 팔리며 돈으로 치면 열냥이 됩니다. 이것을 전부 다[10] 계산하면 중개료와 세금을[11] 결산하고도[12] 오할(五割)의[13] 돈이 이익으로 남습니다.

....

[7] 원문 '五綜麻布'는 마포(麻布), 즉 베의 한 종류다. 이 베가 화폐로 쓰였음은 『고려사(高麗史)』(권 79) '식화(食貨) 2·화폐(貨幣)'조에 인용된 공양왕(恭讓王) 3년(1391) 도평의사사(都評議使司) 상주(上奏)에 "우리 동방의 돈(錢)으로 삼한중보(三韓重寶), 동국통보(東國通寶), 동국중보(東國重寶), 해동중보(海東重寶), 해동통보(海東通寶) 같은 것은 아마도 이것을 중국의 전적에 게재하여야 할 것이다. 근고(近古)에 또 은병(銀瓶)을 만들어 화폐로 하고 모두 베 필(布匹)과 자모상권(子母相權)한다. 후에 법이 소용없게 되었으므로 엽전과 은병은 공히 폐하게 되어 사용되지 않고, 드디어 오직 다섯 새 베(五綜布)를 사용해서 화폐로 삼다"라고 있어, 당시 고려에서는 '다섯 새 베(五綜布)'가 화폐로서 사용되었던 것을 알 수 있다. '종(綜)'은 실의 단, 또는 베틀로 실을 교차시켜 짜는 장치를 말한다. 하여튼 베를 짜기 위해 사용한 실의 양을 말하는 것이겠지만 상세한 것은 알 수 없다. 『고려사』의 같은 곳에는 '오승포(五升布)'라고도 표기되었다. 또한 제98화에 '모시포(毛施布)'의 종류로서 "十一綜", "九綜"이라고 보인다. 제98화 주1 참조.

[8] 중통초(中統鈔)는 원대(元代)에 통용되던 지폐이다. 해제와 제7화 주4, 제67화 주7을 참고할 것.

[9] 원문 '折鈔'는 "돈으로 환산하다"는 뜻으로 원대(元代)의 지폐인 중통초(中統鈔)로 계산한다는 뜻이며 '折錢'이라고도 한다. '折'은 "환산하다"는 뜻이다.

[10] 원문 '通滾'은 "전부 합쳐서, 통산하여"의 뜻이다. 원(元) 위초(魏初)의 『청애집(靑崖集)』(권 4) '주의(奏議)'의 지원(至元) 5년 7월 15일조에 "上戶와 通滾에 品答均科함"이라는 구절이 보인다.

[11] 원문 '牙稅'는 '아인(牙人)'(중개인)에게 지불하는 '아전(牙錢)'(즈름 값, 수수료)과 관청에 납부하는 세금(稅金)을 말함.

[12] 원문 '繳計'의 '격(繳)'은 "일의 결말을 내다"는 뜻이고, 上司에게 보고하는

제10화 綾絹錦子價錢?

漢 恁那綾絹綿子[14], 就地頭[15]多少價錢買來? 到王京多少價錢賣?

高 俺買的價錢, 薄絹一疋[16]十七兩, 打染做小紅[17]裏絹, 綾子每疋二十
五兩染做鴉靑和小紅, 絹子每疋染錢三兩, 綾子每疋染錢, 鴉靑[18]的
五兩, 小紅的三兩。更綿子每兩[19]價錢一兩二錢半。到王京, 絹子一
疋賣五綜麻布[20]三疋, 折鈔[21]三十兩。綾子一疋, 鴉靑的賣布六疋,
折鈔六十兩。小紅的賣布五疋, 折鈔五十兩。綿子每四兩賣布一疋, 折
鈔十兩。通滾[22]筭著, 除了牙稅[23]緻計[24]外, 也覓了加五利錢[25]。

....

것을 '격보(緻報)'라고 한다〈老朴集覽〉. '緻'에는 '납입하다'는 뜻도 있으니
납입해야 할 세금 등을 결산하는 것을 말하는 것으로도 생각할 수 있다.

[13] 원문 '加五'은 5할의 증가, 즉 배의 이익을 말한다. 10分을 밑천으로 5分의
이익을 올리면 10分 이외에 5分이 더해지는 계산이 되어 '가오(加五)'라고
한 것이다. 기타 '加一', '加二'라고 하는 경우도 있다〈老朴集覽〉. 본문에
의하면 깁은 20냥으로 사서 30냥으로 팔고, 야청색의 비단은 30냥으로
사서 60냥으로 팔았으며, 분홍색의 비단은(小紅綾子) 28냥으로 사서 50냥
으로, 솜은 1냥 2전 반으로 사서 10냥으로 팔았으니 명주 이외는 모두
두 배 이상의 값으로 판 것이다. 수량이 불명하므로 정확히는 모르겠으나,
'아세전(牙稅錢)'을 제외하면 5할의 이익이 될 것이다.

[14] '綾絹綿子'는 주1 참조.
[15] '地頭'는 주2 참조.
[16] '疋'은 주3 참조.
[17] '小紅'은 주4 참조.
[18] '鴉靑'은 주5 참조.
[19] '兩'는 주6 참조.
[20] '五綜麻布'는 주7 참조.
[21] '折鈔'는 주9 참조.
[22] '通滾'은 주10 참조.
[23] '牙稅'는 주11 참조.
[24] '緻計'는 주12 참조.
[25] '加五'는 주13 참조.

··

飜老 제10화 綾絹綿子多少價錢?

··

漢 你那綾絹緜子、就地頭多少價錢買來? 到王京多少價錢賣?

高 我買的價錢、小絹一匹三錢、染做小紅裏絹、綾子每匹二兩家、染做鴉靑
和小紅、絹子每匹染錢二錢、綾子每匹染錢、鴉靑的三錢、小紅的二錢。
又緜子每一斤價錢六錢銀子。到王京、絹子一匹賣細疏布兩匹、折銀一兩
二錢。綾子一匹、鴉靑的賣布六匹、折銀子三兩六錢。小紅的賣布五匹、
折銀子三兩。緜子每四兩賣布一匹、折銀子六錢。通滾筭着、除了牙稅繳
計外、也尋了加五利錢。

··

飜老 제10화 고로와 깁, 소옴의 값

··

漢 네 뎌 고로와 깁과 소옴돌홀 밋짜해셔 언멋 갑소로 사, 王京의 가 갑슬 언머의
포논다?

高 내 사는 갑슨 효근 깁 흔 피렌 세 돈 주고 사 쇼훙믈 드려 안깁 삼고, 고로논
미 흔 피레 두 량식 주고 사 야쳥과 쇼훙 드리노라. 깁 미 흔 피레는 믓갑시
두 돈이오, 고로 미 흔 피레 믓갑슨 야쳥앤 세 돈이오, 쇼훙앤 두 돈이오, 쏘
소옴 미 흔 근에 갑슨 엿 돈 은이니, 王京의 가 깁 흔 피레는 가는 뵈 두
피레 포라 은 흔 량 두 돈애 헤오, 고로 흔 피렌 야쳥의는 뵈 엿 비레 포라
은 석 량 엿 돈애 헤오, 쇼훙앤 뵈 닷 비레 포라 은 석 량에 헤오, 소오믄
미 넉 량의 뵈 흔 피레 포라 은 엿 돈애 헤느니, 뫼화 헤니 즈릆갑과 세 무는
것돌 마몰와 헤니 말오, 그 외예 허릐우논 니쳔을 언노라.

제11화 대도에서 얼마나 머물겠소?

漢 당신들은 대도 와서 물품을 팔고 나면 다시 솜이나 비단을 구입하여 서울에 돌아가서 파는데 그 전후에 얼마나 걸렸는가?

高 저는 작년 정월에 말과 옷감을 갖고 대도에 와서 팔았으며 5월에는 고당(高唐)에 가서 솜과 명주를 샀고 다시 직고(直沽[1], 지금의 天津)에 가서 배를 타고 바다를 건너 10월에는 서울에 도착했소이다. 연말까지 물품을 모두 팔고, 또 이 말과 옷감을 사서 여기에 온 것입니다.

제11화 京裏

漢 你自來到大都賣了行貨, 却買綿絹, 到王京賣了, 前後住了多少時?

高 俺從年時五月裏將馬和布子到大都賣了。五月裏到高唐, 收起綿絹, 到直沽[2]裏上舡過海, 十月裏到王京。投到年終行貨都賣了。又買了這些馬並毛施布來了。

飜老 제11화 京裏

漢 你自來到京裏賣了貨物、却買縣絹、到王京賣了、前後住了多少時?

高 我從年時正月裏將馬和布子到京都賣了。五月裏到高唐、收起縣絹、到直沽裏上船過海、十月裏到王京。投到年終貨物都賣了、又了這些馬并毛施布來了。

---

[1] '直沽'는 지금 중국의 천진(天津)으로 원대(元代)에는 남방(南方)에서 해로(海路)로 곡물(穀物) 등을 대도(大都)에 운반하는 해상수송의 요충(要衝)이었다. 연우(延祐) 3년(1316)에 해진진(海津鎮)으로 개칭되었는데 이후에도 이 이름은 통칭으로 남았다. 〈老覽〉에 "在武昌縣東南, 衛河、白河、丁字沽合流于此, 入于海。≪質問≫云: 海口也。離京南去四五日程天津衛地方, 南來河水, 北去河水, 俱東入海。－武淸(昌으로 잘못함)縣의 東南이고, 衛河와 白河, 丁字沽가 여기서 합류하여 바다로 들어간다－"〈老集〉(上1뒤)라고 한 것은 『대명일통지(大明一統志)』(권1)의 기사를 인용한 것이다.

[2] '直沽'는 주1 참조.

. . . .

飜老 제11회 언메나 오래 머므는다?

漢 네 본디 셔울 가 쳔량 또라 또 소옴 깁 사, 王京의 가 또노라 흐야, 前後에 언메나 오래 머므는다?

高 내 젼년 正月에브터 몰와 뵈 가져 셔울 가 다 풀오, 五月에 高唐의 가 소옴과 깁돌 거두워 直沽애 가, 비 타 바다 건너 시워레 王京의 가 年終애 다드라 포믈돌 다 풀오, 또 이 몰와 모시뵈 사오노라.

제12화 동행 세 사람은 누구인가?

漢 이 세 사람의 동행들은 당신의 친척인가, 아니면 남들끼리 같이 온 것인가? 이름이 뭐라고 하는지도 아직 듣지 못했네.

高 이 사람은 성이 김(金)가 이고, 저와는 고종사촌 형님이며[1] 이쪽은 성씨가 이(李)가라고 하고 소인의 이종사촌 동생입니다[2]. 이쪽은 성씨가 조(趙)가 이고 우리 동네[3] 사람입니다.

漢 당신들이 사촌 형제[4] 사이라면 어느 쪽이 외숙부의 아들이고, 어느 쪽이 이모의 아들인가[5]?

高 소인(小人)이[6] 이모네 아들이고, 저쪽은 외숙부의 아들입니다.

....

[1] 원문 '姑舅哥哥'이며 "고종사촌 형"을 말한다. 중국어에서는 부계(父系)의 자매에 해당되는 고모를 '姑姑', 모계(母系)의 형제에 해당되는 외숙을 '舅舅'라고 한다. 한 쪽의 부친과 또 한 쪽의 모친이 형(兄)과 매(妹), 자(姉)와 제(弟)의 관계가 되는 사촌을 고구형제(姑舅兄弟)라고 한다. '哥哥'는 형(兄)을 가리킨다. 여기서는 주인공의 어머니와 김(金)의 아버지가 자(姉)와 제(弟) 또는 매(妹)와 형(兄)의 관계인 것을 다음에 오는 대사를 통하여 알 수 있다. 즉, 주인공은 김(金)의 아버지를 '舅舅', 金은 주인공의 어머니를 '姑姑'라고 부르는 관계인 것이다.

[2] 원문 '兩姨兄弟'로서 이종사촌 동생을 말함. 어머니끼리 자매 사이인 사촌을 양이형제(兩姨兄弟)라고 한다. '고구(姑舅)'와 '양이(兩姨)' 사이의 사촌은 성씨가 같지 않다는 점에서 부친끼리 형제인 동성(同姓)의 사촌과 구별된다. 중국에서도 동성혼(同姓婚)을 타부시하지만 성씨가 다르면 사촌끼리도 결혼할 수 있다. 따라서 주인공의 성씨는 김(金)도 이(李)도 아님을 알 수 있다. 또한 여기에서의 '兄弟'는 이 시대의 구어(口語)로 '동생'을 가리키며, 오늘날처럼 형제(兄弟)를 뜻하지는 않는다. 『老朴集覽』〈累〉의 '大哥' 항 참조.

[3] 원문 '街坊'은 "근처, 동네", 또는 "그 곳에서 사는 사람"을 말한다. 『老朴集覽』〈老覽〉 참조.

[4] 원문 '弟兄'은 구어(口語)로 형제를 가리킨다. '兄弟'가 동생의 뜻으로 사용되기 때문에 어순이 전도되었을 것이다.

[5] 원문대로 직역하였으나 의역하면 "누가 고종사촌형이고 누가 이종사촌 동생인가?"라는 뜻이다.

[6] '小人'은 자신을 낮추어서 말하는 일인칭임. 지금까지 '俺, 나'이라고 말했

漢 당신 둘은 이모끼리의 사촌 사이라고 하는데 어머니끼리는 친자매인
가, 아니면 육촌 사이인가[7]?

高 어머니끼리는 친자매이고, 내 어머니가 언니, 저쪽의 어머니가 동생입
니다[8].

漢 당신들은 사촌 사이인데, 어째서 가는 길에 서슴없이 말을 놓는가[9]?

高 고려의 관례에는[10] 친형제 사이에서도 말을 높이는 법은[11] 없지요.
더구나 사촌 사이라면 더욱 신경을 쓰지 않습니다.

제12화 三箇伴當

漢 這三箇伴當, 是你親眷那, 是相合來的? 都不曾問姓甚麼。

高 這箇姓金, 是小人姑舅哥哥[12]。這箇姓李, 是小人兩姨兄弟[13]。這箇
姓趙, 是俺街坊[14]。

....

던 주인공이 여기서 갑자기 '소인(小人)'으로 말을 낮춘 것은 친족관계를
설명하기 위해서일 것이다.

[7] 원문 '房親兩姨'는 사촌간이 아니라 육촌간을 말하는 것임.

[8] 원문 '姉妹'는 언니와 동생이 아니라 "여동생"을 가리킨다.

[9] 원문 '穢語'은 천한 말씨, 특히 욕하는 말(罵言)을 말한다. 『속자치통감장편
(續資治通鑑長編)』(권 504)에 "소주(蘇州)의 장관이었던 가청(賈靑)이 포고
를 내어 '예어(穢語)'를 사용한 사람한테서 벌금을 걸었더니 빈민 중에서
자살하는 이가 나타났다"고 하는 기사를 실었다. 중국어에는 욕(罵言)에
비어(鄙語)가 많으며, 특히 '入他娘'(빌어먹을, 모친을 겁탈한다는 뜻)과 같은
성적 금기에 관한 것도 있어서 가족간에서는 사용하지 못하게 하였을 것이
다.

[10] 원문 '體例'는 공사(公私)에서 널리 통행되고 있는 관례를 말한다. 〈朴覽〉
上의 "體例; 謂官私通行格例曰体禮.- '體例(체례)', 官家(관가)와 私家(사
가)에서 통행되는 격식의 예를 '體禮(체례)'라고 한다."를 참조.

[11] 원문 '隔話'는 연령이나 신분 등의 차이에 의하여 말을 공대한다는 뜻으로
보이나 다른 자료에서는 나타나지 않는 어휘다. 아마도 중국어에는 경어
법이 없기 때문일 것이다.

[12] '姑舅哥哥'는 주1 참조

[13] '兩姨兄弟'는 주2 참조

[14] '街坊'은 주3 참조

漢 你是姑舅弟兄[15]。誰是舅舅上孩兒? 誰是姑姑上孩兒?

高 小人[16]是姑姑生的，他是舅舅生的。

漢 恁兩姨弟兄，是親兩姨那是房親兩姨[17]?

高 是親兩姨弟兄。俺母親是姐姐，他母親是姊妹[18]。

漢 恁旣是姑舅兩姨弟兄，怎麼沿路穢語[19]不迴避。

高 俺高麗體例[20]，親弟兄也不隔話[21]，姑舅兩姨更那裏問?

飜老 **제12화** 三箇火伴

漢 這三箇火伴是你親眷那是相合來的?都不曾問 姓甚麼。

高 這箇姓金、是小人姑舅哥哥。這箇姓李、是小人兩姨兄弟。這箇姓趙、是我街坊。

漢 你是姑舅弟兄、誰是舅舅上孩兒?誰是姑姑上孩兒?

高 小人是姑姑生的、他是舅舅生的。

漢 你兩姨弟兄、是親兩姨那是房親兩姨?

高 是親兩姨弟兄。我母親是姐姐、他母親是妹子。

漢 你旣是姑舅兩姨弟兄、怎麼沿路穢語不迴避?

高 我一們不會體例的人、親弟兄也不隔話、姑舅兩姨更那裏問?

飜老 **제12화** 이 세 버디 네 아슴가?

漢 이 세 버디 이 네 아슴가? 이 몯드라 오니가? 다 일즉 묻디 아니ᄒᆞ야 잇다니 셩이 므스것고?

高 이는 셩이 金개니 이는 내 아븨 동ᄉᆡᆼ 누의와 어믜 동ᄉᆡᆼ 오라븨게 난 형이오, 이는 셩이 李개니 이는 우리 어믜 동ᄉᆡᆼ의게 난 아ᄋᆡ오, 이는 셩이 趙개니 이ᄂᆞᆫ 내 이우지라.

---

[15] '弟兄'은 주4 참조.
[16] '小人'은 주6 참조.
[17] '房親兩姨'는 주7 참조.
[18] '姊妹'는 주8 참조.
[19] '穢語'는 주9 참조.
[20] '體例'는 주10 참조.
[21] '隔話 '는 주11 참조.

漢 네 異姓四寸兄弟어시니 누구는 어믜 오라븨게 난 ᄌᆞ식, 누구는 아븨 누의게
  난 ᄌᆞ식고?
高 小人은 아븨 누의게 나니오, 뎌는 어믜 오라븨게 나니이다.
漢 너희 兩姨에셔 난 형뎨라 ᄒᆞ니, 이 친동ᄉᆡᆼ 兩姨가? 이 동셩 륙촌 兩姨가?
高 이 친동ᄉᆡᆼ 兩姨에셔 난 형뎨로니, 우리 어미ᄂᆞᆫ 형이오 뎌의 어미ᄂᆞᆫ 아ᅀᆞ라.
漢 너희 ᄒᆞ마 姑舅兩姨에셔 난 형뎨로디 엇디 길 조차셔 더러운 말소믈 회피티
  아니ᄒᆞ는다?
高 우리 ᄒᆞᆫ가짓 ᄉᆞ례 모ᄅᆞᄂᆞᆫ 사ᄅᆞᆷ들히 친동ᄉᆡᆼ 형뎨도 말ᄉᆞᆷ 즈ᅀᅳᆷ 아니ᄒᆞᄂᆞ니 姑舅
  兩姨 ᄉᆞᅀᅵ예 ᄯᅩ 어듸 무르료?

제2장

와점(瓦店)에서의 숙박

이 단원은 중간 기착지인 와점(瓦店)에서 일행들이 여관에 머물면서 말에 먹이를 주기도 하고 밥도 지어먹으며 하룻밤을 지내는 장면을 대화로 엮은 것이다.

譯註 原本老乞大

제13화 말먹이 값

漢 자, 우리들 잡담은 그만 합시다. 저기[1] 보이는 상점이 와점(瓦店)일세[2]. 깨끗한 여관을 찾아 짐을 풀고 말을 쉬게 합시다.

거리의 북쪽에 있는 저 여관은 나의 단골 여관일세. 우리들 거기서 짐을 풉시다.

주인장, 안녕하셨는가?[3]

主 아이고, 왕씨 형님이 아니십니까? 오래간만입니다. 건강하시고요, 잘 계셨습니까? 여기 같이 오신 분들은 어디서부터 동행하셨습니까?[4]

漢 우리가 오는 길에 동행이 되었는데 함께 대도로 가는 길일세.

당신네 이 여관에는 말먹이가 있는가?

主 마초(馬草)도 곡식도 모두 있습니다. 곡식은 검은콩이고, 말꼴은 서속 짚[5]입니다.

漢 서속 짚이라니 좋군. 만일 볏짚[6]이라면 이 말들이 잘 먹지 않으려고 하니 말일세. 그런데 검은콩은 한 말에 얼마이고, 말꼴은 한 뭇에 얼마

----

[1] 원문 '兀那'는 원래는 지시사(指示詞)로서 "그것, 저것"이란 의미지만, 무엇인가를 가리키거나 사람을 부를 때에 사용된다. 우리말의 "여보, 여보시오"와 같은 어감이다.

[2] 와점(瓦店)은 지명이 아니라 대도로 가는 길에 있는 무명의 여관으로 기와집이었던 것 같다.

[3] 원문 '拜揖'은 원래는 머리 숙여 절한다는 뜻이지만, 원대(元代)에는 인사말로 사용되었다. 『악양루(岳陽樓)』雜劇 三折의 대사에 "社長, 拜揖了"(면장님, 안녕하세요), 또 『朴通事』上에도 "拜揖, 哥哥那裏去來"(안녕하세요, 형님 어디로 가십니까?)라는 예가 있다.

[4] 원문 '廝合'은 "합류해서, 만나서"의 뜻이다. '廝'는 '相'과 같은 뜻이며 제12화의 '相合'과 같이 사용된다.

[5] 원문 '稈草'의 '稈'은 농작물의 줄기, 특히 중국 북방에서는 좁쌀, 즉 서속의 줄기를 말한다(〈朴覽〉中). 『동경몽화록(東京夢華錄)』(권1) '외제사(外諸司)'에 '粟稈草'가 바로 서속 짚으로 간초(稈草)와 같은 뜻이다.

[6] 원문 '稻穰'은 벼의 줄기, 즉 볏짚을 말한다. 명(明) 초횡(焦竑)의 『속서간오(俗書刊誤)』(권11)에 "稻草를 穰草라고 일컬음"이라는 구절이 있다.

인가?

囯 검은콩은 한 말에 2냥 반이고 말꼴은 한 뭇에 1냥입니다.

漢 그게 정말인가? 속이는 거는 아니겠지?

囯 나리, 무슨 말씀을 그렇게 하십니까? 나리께서는 단골손님으로 저희 가족과 같으니 제가 어찌 거짓말을 하겠습니까? 만일[7] 믿지 못하신다 면 어서 다른 여관에 가서 물어보시죠[8].

漢 됐네[9]. 그냥 그렇게 말해본 것뿐일세.

제13화 多少草料

漢 咱每閑話且休說。兀那[10]店子便是瓦店[11], 尋箇好乾淨店裏下去來, 歇住頭口者。

　街北這箇店子是俺舊主人家, 咱每則這裏下去來。

　拜揖[12] 主人家哥。

囯 噯, 却是王大哥! 多時不見, 好麼? 好麼? 你這幾箇伴當從那裏廝合[13] 將來?

漢 俺沿路相合著, 做伴當大都去。你這店裏草料都有那沒?

---

[7] 원문 '怕'은 "무서워하다"가 원래의 뜻이지만, 여기서는 "아마" 라는 의미를 갖고 있어서 "만일"로 번역하였다.

[8] 원문 '商量'은 "상의한다, 헤아려 생각하다"는 뜻인데 〈原老〉에서는 값의 교섭을 하는 뜻으로 사용되고 있다.

[9] 원문 '儘教'는 송(宋)·원대(元代)의 일상용어에서 "설사 ～어도", 또는 "～ 대로"라는 뜻으로 사용되는 것이 일반적이다. 바로 뒤에 구(句)가 따르지 만 여기 〈原老〉에서는 독립된 말로서 과감한 결단을 내렸을 때에 나오는 말로 사용되었다. 번역하면 "에잇 할 수 없다!"라든지, "괜찮겠지!" 정도의 뜻이다. 이러한 용법은 다른 자료에서는 보이지 않는다. 〈老朴集覽〉〈單〉 에서는 '儘教, 므던타(괜찮다)'라는 어구 풀이가 있다.

[10] '兀那'는 주1 참조.

[11] '瓦店'은 주2 참조.

[12] '拜揖'은 주3 참조.

[13] '廝合'은 주4 참조.

国 草料都有。料是黑豆，草是稈草[14]。

漢 是稈草好。若是稻穰[15]時，這頭口每多有不喫的。黑豆多少一斗？草
多少一束？

国 黑豆二兩半一斗，草一兩一束。

漢 是眞箇麼？你却休瞞俺。

国 這哥哥甚麼言語？你是熟客人，咱每便是自家裏一般。俺怎麼敢胡
說？怕[16]你不信時，別箇店裏試商量[17]去。

漢 儘教[18]，俺則是這般道。

飜老 제13화 **草料多少**

漢 咱們閑話且休說。那店子便是瓦店、尋箇好乾淨店裏下去來、歇頭口着。
街北這箇店子是我舊主人家、咱們只這裏下去來。
拜揖、主人家哥。

国 噯、却是王大哥、多時不見、好麼？好麼？你這幾箇火伴 從那裏合將來？

漢 我沿路相合着、做火伴北京去。你這店裏草料都有阿沒？

国 草料都有。料是黑豆、草是秆草。

漢 是秆草好。若是稻草時、這頭口們多有不喫的。黑豆多少一斗？草多少一
束？

国 黑豆五十箇錢一斗、草一十箇錢一束。

漢 是眞箇麼？你却休瞞我。

国 這大哥甚麼言語？你是熟客人、咱們便是自家裏一般。我怎麼敢胡說？怕你
不信時、別箇店裏試商量去。

漢 我只是這般說。

飜老 제13화 **콩은 언머의 흔 마리며 딥픈 언머의 흔 뭇고?**

漢 우리 잡말 안직 니르디 마져. 뎌 뎜이 곧 瓦店이니 조흔 뎜 굴히여 브려셔

----

[14] '稈草'는 주5 참조.
[15] '稻穰'은 주6 참조
[16] '怕'는 주7 참조.
[17] '商量'은 주8 참조.
[18] '儘教'는 주9 참조.

즘승 쉬우져.

거릿 북녀긔 잇는 뎜은 이 내 녯 쥬신 지비니 우리 그저 여긔 브리져.

읍ᄒ노이다. 쥬신 형님!

主 애 쏘 王가 형님이로괴여. 오래 몯 보왜.

이대 이대, 너희 이 여러 벋둘히 어듸브터셔 모다 오뇨?

漢 우리 길 조차 서르 모다 번 지어 北京으로 가노라. 네 이 뎜에 콩 딥 다 잇는가 업슨가?

主 콩 딥 다 잇다. 콩은 거믄 콩이오 딥픈 좃딥히라.

漢 좃딥피사 됴ᄒ니, ᄒ다가 볏딥피면 이 즘승돌히 먹디 아니ᄒ리 만ᄒ니라. 콩은 언머의 ᄒ 마리며 딥픈 언머의 ᄒ 뭇고?

主 콩은 쉰 낫 돈애 ᄒ 마리오, 딥픈 열 낫 돈애 ᄒ 무시라.

漢 이 올ᄒ녀? 네 쏘 날 소기디 말오려.

主 이 형님 므슴 말오? 너는 니기 ᄃ니는 나그내니 우리 곧 내 집 ᄒ 가지니 내 어듸쏜 간대옛 말 ᄒ리오? 너옷 믿디 몯ᄒ야 ᄒ거든 다룬 뎜에 의론ᄒ야 보라.

漢 가ᄃ려, 나는 그저 이리 닐오리라.

제14화 말꼴의 준비

漢 우리는 전부 합쳐 11마리의 말이니[1] 곡식 여섯 말과 말꼴 열한 뭇을 헤아려주게.

이 작두[2]는 둔해서[3] 잘 안 잘리는구먼. 이 많은[4] 꼴을 언제 다 자를 수 있겠단 말인가?

주인아저씨, 딴 데서 잘 드는 작두를 하나[5] 빌려 오시오.

主 그렇다면 빌리러 가겠습니다.

[작두를 빌려와서]

主 이 작두는 소인의 친척집에서 겨우[6] 애걸하여 빌려 왔습니다[7]. 매우 날카로운 칼날이니까[8] 주의해서 사용하시고 남의 것이니 부시지는 마십시오.

··

[1] 원문 '十一箇馬'는 열 한 마리의 말인데 제9화에서 고려인의 말은 6마리였기 때문에, 중국인 왕(王) 상인의 말은 5마리가 된다.

[2] 원문 '鏝刀'는 작두를 말하는 것으로 보인다. 다만 '鏝'의 원래의 뜻은 미장이가 흙벽을 칠 때에 사용하는 흙손을 가리키지만 문맥으로 보아 여기서는 맞지 않는다. 혹은 '鍘'(작두)의 誤字일 수도 있다.

[3] 원문 '快'는 "칼날이 잘 날카롭다"는 뜻으로 사용되었다. '快刀亂麻'의 '快'와 같고 반대말은 '鈍'이다. 따라서 원문 '不快'를 "둔하다"로 풀이한다.

[4] 원문 '若干'은 원래는 부정수(不定數)를 표시하지만 여기서는 "많이"의 의미로 쓰인 것 같다.

[5] 원문 '一箇'는 "칼 하나"라는 뜻이다. 칼은 '把'로 세지만 여기서는 말의 경우와 같이 '箇'가 사용되었다.

[6] 원문 '不付能'은 "겨우"라는 뜻으로 '不甫能'이라고 쓰는 것이 옳다. '不'를 붙이지 않아도 같은 의미가 된다.

[7] 원문 '借將來'의 '將'은 근세 한어에서 자주 사용된 말이다. 동사와 방향동사 사이에 사용되며 실제의 뜻은 별로 없다. 현대어에서 동사와 방향동사 사이에 사용되는 '了'와 같은 기능을 가진다. 여기서는 "빌려왔다" 정도로 해석하였다.

[8] 원문 '風刀'는 날카로운 칼날이다. "잘 잘리다"를 '風快'라고도 하니까 "바람에 휙 날리는 것처럼 싹 잘리다"라고 하는 데에서 왔을 것이다.

[고려인이 말꼴을 자르는 것을 보고]

🈟 이봐요, 친구, 당신이 자른[9] 말꼴은 너무 길어서 말이야, 이러면 말이 어떻게 먹을 수 있단 말인가? 좀 더 꼭 짧게 잘라야지.

[또 다른 고려인이 곡식을 삶는 것을 보고]

🈟 이쪽 친구는 아마도[10] 곡식 삶는 방법을[11] 모르는가 보네. 당신 말이야, 냄비가 끓기 시작하면 콩을 넣고[12] 끓어 넘치면 곧 바로[13] 이 자른 말꼴을 콩 위에 넣은 다음에 불을 끄고 김이 빠지지 않도록 하는 것일세. 그렇게 하면 저절로 익는다네.

제14화 切草料

🈟 俺通是十一箇馬[14], 量著六斗料與十一束草者。這鍘刀[15]鈍不快[16], 若干[17]草幾時切得了? 主人家別處快鍘刀借一箇[18]去。

🈟 那般者, 我借去。

　　這鍘刀是俺親眷家的, 不付能[19]哀告借將來[20], 風刃[21]也似快, 恁小

....

[9] 원문 '過'에는 "자르다"라는 뜻이 없다. 혹 '撾'(zhua)로 썼어야 하는 것을 잘못 쓴 것이거나 아니면 '鍘'(zha)에 대한 借字로 볼 수 있다.

[10] 원문 '敢'은 "아마도"의 뜻으로 추정(推定)을 나타내며 "일부러"라는 뜻은 아니다.

[11] 원문 '法度'는 "방법"을 말한다. 『수호전(水滸傳)』 제28회에 "還有甚麽法度 害我－나를 해치는 어떤 방법이 또 있구나!"라는 구절이 보인다.

[12] 원문 '下上豆子'는 "콩을 넣다"는 뜻이다. '下'가 동사로서 "넣다"는 뜻이며 '上'은 방향동사이고 동작의 완성을 나타내고 있다.

[13] 원문 '一霎兒'는 "잠깐 사이, 곧 바로"의 뜻이 있다. 〈노박집람〉〈累〉'一霎兒' 항 참조.

[14] '十一箇馬'는 주1 참조.

[15] '鍘刀'는 주2 참조.

[16] '快'는 주3 참조.

[17] '若干'은 주4 참조

[18] '一箇'는 주5 참조

[19] '不付能'은 주6 참조

[20] '借將來'의 '將'에 대하여는 주7 참조.

[21] '風刃'은 주8 참조.

心些使, 休損了他的。

漢 這伴當, 你過[22]的草莁黀, 頭口每怎生喫的? 好生細細的過者。

這伴當, 你敢[23]不會煮料的法度[24]。你燒的鍋滾時, 下上豆子[25]。但滾的一霎兒, 將這切了的草, 豆子上蓋覆了, 休燒火, 氣休教走了。自然熟也。

飜老 **제14화** 切草料

漢 我共通十一箇馬、量着六斗料與十一束草着。這刀不快、許多草幾時切得了? 主人家別處快 刀借一箇來。

主 這們時、我借去。

這刀是我親眷家的、他不肯、我哀告借將來、風刃也似快、你小心些使、休壞了他的。

漢 這火伴、你切的草莁黀、頭口們怎生喫的? 好生細細的切着。

這火伴、你敢不會煮料。你燒的鍋滾時、下上豆子。但滾的一霎兒、將這切了的草、豆子上盖覆了、休燒火、休教走了氣、自然熟了。

飜老 **제14화** 한 디플 어느 제 사홀료?

漢 우리 대되 열 흔 낫 므리니, 혜어든 엿 맔 콩과 열흔 뭇 디피로다. 이 쟉되 드드 아니 흐느다. 하나한 디플 어느 제 사홀료? 쥬신하 다른 더 드는 쟉도 흐나 비러 오고려.

主 이러면 내 빌라 가마.

이 쟉도는 이 우리 아슴의 짓 거시니, 뎨 즐겨 주디 아니커늘 내 몰이 닐어 비러 오니, ㅂ롬눌웃티 쾌흐니 네 조심흐야 쓰고 느미 것 흐야브리디 말라.

漢 이 버다! 네 사흔 논 딥피 너므 굵다. 즘승돌히 엇디 머그료? ㄱ장 ㄱ느리 사홀라.

이 버다! 네 콩 숨기 아디 몯흐는 돗흐고나. 네 가마의 블 디더 ㄱ장 글커든 콩 녀허 두고, 믈읫 ㄱ장 것글후미 흔 디위만 흐거든 이 사흐론 디플다가 콩 우희 둡고, 블 딛디 말오 김 나게 말라. ㅈ연히 니그리라.

---

[22] '過'는 '摣'(zhua), 또는 '鍘'(zha)의 借字가 아닌가 한다. 주9 참조.
[23] '敢'은 주10 참조.
[24] '法度'는 주11 참조.
[25] '下上豆子'는 주12 참조.

제15화 저녁밥을 지어라.

主 손님들, 식사 준비할까요[1]? 아니면 그만 두시겠어요?

漢 우리가 밥을 먹지 않다니 굶으란 말인가[2]? 주인, 빨리[3] 밥을 5인분 마련해 주게.

主 손님들은 무엇을 드시겠습니까?

漢 우리 다섯 사람에게 밀가루 세 근 분의 떡(餅)을[4] 만들어 주게. 반찬은[5] 우리가 사올 테니.

主 반찬을 사러 가신다면 옆집[6] 정육점에[7] 돼지고기를 사시는 게 좋을 겝니다. 오늘 막 잡은 좋은 돼지고기거든요.

漢 한 근에 얼만가?

主 한 근에 한 냥 반입니다.

漢 저기 주인아저씨, 차라리 당신이 사러 가면 안 될까? 고기 한 근만 사다주시게. 두꺼운[8] 비계는[9] 필요 없고 뼈가 붙은 갈비 살을[10] 사서

---

[1] 원문 '打火'는 여행 도중에 식사 준비를 하는 것이다. 『사림광기(事林廣記)』 (和刻本)「경집(庚集)」(권2) '여행잡기(旅行雜記)'에 "午炊를 속된 말로 打火라고 한다"라는 기사가 있다.

[2] 원문 '喝風'는 먹을 것이 없음을 표현하는 관용구이다. 『서상기(西遊記)』 제8회에 "若依你, 叫我喝風－너의 말대로 하면 굶어죽는다"라는 구절이 있다. 또 '喝西風', '喝西北風'이라고도 한다.

[3] 원문 '疾快'는 "빨리, 급히, 서둘러"의 뜻이다. '快' 한 글자로 이런 의미를 나타내는 것은 당대(唐代)부터이다. '疾快'로서 이 뜻을 나타낸 것은 약간 늦어서 송원(宋元) 때부터인 것 같다. 『영낙대전(永樂大典)』「戱文三種·錯立身」에 "是必敎他疾快來－꼭 서둘러 오게 하라ㅡ"라는 구절이 있다.

[4] '餅'은 밀가루를 반죽하여 얇게 만들어 굽거나 찐 것이다. 보통 우리가 말하는 "떡"이란 뜻은 아니다.

[5] 원문 '下飯'은 밥을 먹기 위한 반찬이다. '下酒'는 술안주이다.

[6] 원문 '間壁'은 "이웃"이란 뜻이다. 현대어의 '隔壁'과 같다.

[7] 원문 '肉案'은 "정육점"이다. 원래는 고기를 늘어놓는 탁자이었으나 점차 정육점의 의미를 갖게 되었다. 『동경몽화록(東京夢華錄)』(권4) '육행(肉行)'에 "坊巷橋市에 모두 肉案이 있음"이란 구절이 보인다.

[8] 원문 '底似'는 "대단히, 상당히"라는 뜻으로, 원래는 '抵死'라고 쓴다. "필사

크게 잘라 볶아주게[11].

제15화 打火

主 客人每, 恁打火[12]那不打火?

漢 俺不打火, 喝風[13]那甚麼? 你疾快[14]做著五箇人的飯者。

主 恁喫甚麼飯?

漢 俺五箇人打著三斤麵的餅[15]者, 俺自買下飯[16]去。

主 那般者, 你買下飯去時, 這間壁[17]肉案[18]上買猪肉去, 是今日殺來的好猪肉。

漢 多少一斤?

主 一兩半一斤。

漢 恁主人家一就與俺買去, 買著一斤肉者。休要底似[19]肥[20]的, 帶脇條[21]肉買者。大片兒切著將來爨[22]者。

....

적으로"의 뜻이었으나, 거기서 정도가 심하다는 것을 뜻하게 되어, 宋詞 등에서는 '底死'라고도 쓰인다. 그러나 '底似'라고 쓴 예는 〈原老〉 이외에는 발견되지 않는다. 여기서는 "두꺼운 [비계]"로 하였다. 해제 참조.

[9] 원문 '肥'는 고기의 비계를 말하며, '肥肉'이다. 살코기는 '瘦肉'이라고 한다.

[10] 원문 '脇條'는 갈빗대를 가리키는 것으로 보이지만, 다른 용례는 찾을 수 없었다.

[11] 원문 '爨'은 이 글자대로라면 "물로 삶다"는 뜻이다. 그러나 제16화에서는 우선 기름으로 볶아서 삶는 것으로 되어 있다. 이러한 요리법은 당시 '爝'라고 하였으나(中村喬『宋代の料理と食品』中國藝文硏究會, 1995년, 96쪽) 여기서의 '爨'은 아마도 그 借字일 것이다.

[12] '打火'는 주1 참조.

[13] '喝風'은 주2 참조.

[14] '疾快'는 주3 참조.

[15] '餅'은 주4 참조.

[16] '下飯'은 주5 참조.

[17] '間壁'은 주6 참조.

[18] '肉案'은 주7 참조.

[19] '底似'는 주8 참조.

[20] '肥'는 주9 참조.

飜老 제15화 打火

- 主 客人們、你打火那不打火?
- 漢 我不打火、喝風那? 你疾快做着五箇人的飯着。
- 主 你喫甚麼飯?
- 漢 我五箇人打着三斤麵的餅着、我自買下飯去。
- 主 你買下飯去時、這間壁肉案上買猪肉去、是今日殺的好猪肉。
- 漢 多少一斤?
- 主 二十箇錢一斤。
- 漢 你主人家就與我買去、買一斤肉着。休要十分肥的、帶肋條的肉買着。大 片兒切着、炒將來着。

飜老 제15화 네 샐리 밥 지스라.

- 主 나그내네, 네 블디디 ᄒᆞᆫ다? 블디디 몯ᄒᆞᆫ다?
- 漢 내 블디디 몯ᄒᆞ고 ᄇᆞ름마시려! 네 샐리 다숫 사ᄅᆞ미 밥 지스라.
- 主 네 므슴 밥을 머글다?
- 漢 우리 다숫 사ᄅᆞ미 서 근 ᄀᆞᄅᆞᆯ 골잇 떡 밍ᄀᆞᆯ라. 나는 차반 사라 가마.
- 主 너 차반 사라 가거든 이 ᄇᆞ름 스싯 짒 도마 우희 도틔 고기 사라 가라. 이 오ᄂᆞᆯ 주긴 됴ᄒᆞᆫ 도틔 고기라.
- 漢 언머의 ᄒᆞᆫ 근고?
- 主 스므 낫 돈애 ᄒᆞᆫ 근시기라.
- 漢 너 쥬쉰하! 즉재 날 위ᄒᆞ야 사라 가라. ᄒᆞᆫ 근 고기를 사ᄃᆡ ᄀᆞ장 술지니란 말오, 녑발치 죠ᄒᆞᆫ 고기를 사다가 편 굵게 사ᄒᆞ라 봇가 오라.

----

[21] '肋條'는 주10 참조.
[22] '爨'은 주11 참조.

제16화 고기 볶는 방법

漢 주인아저씨, 시간이 늦을 것 같으면[1] 우리 동행 가운데 한 사람에게 고기 볶는 것을 시키시오.

高 우리는 고려 사람이라 다들 고기 볶는 것을 모릅니다.

漢 뭐 어려울 게 있나? 솥을[2] 솔로 씻고 불을 때어서 솥이 뜨거워지면 참기름을[3] 반 잔쯤 붓고 기름이 뜨거워지면 고기를 넣고 소금을 조금 쳐서 젓가락[4]으로 뒤집는다네. 볶은 것이 반쯤 익으면 된장 국물과[5] 생파, 양념을[6] 넣고 다시 젓게. 그리고 솥뚜껑을 덮고 김이 빠져나가지 않게 한 다음 강한 불을 때면 금방 익는다네.

高 고기는 다 익었소. 맛 좀 뵈주겠소. 소금은 더 안 넣어도 될까요?

漢 그럼 맛을 봐보세. 약간 맛이 싱겁군. 좀 더 소금을 넣게.
주인아저씨, 떡(餠)은 다 되었는가?

主 이제 곧 됩니다.[7] 상을 펴서 먼저 드십시오. 드실 때쯤에는[8] 이쪽도

....

[1] 원문 '迭不得'은 "시간에 대지 못하다"는 뜻이나 여기서는 문맥에 맞추어 "늦을 것 같다"로 번역하였다. 제8화 주4 참조.

[2] 원문 '鍋者'는 현대어에서 냄비(鍋)가 맞겠으나 당시에는 솥밖에 없었을 것이므로 "솥"으로 번역하였다.

[3] 원문 '淸油'은 아마도 식물성 기름을 말하는 것으로 보이며 여기서는 〈飜老〉와 같이 "참기름"으로 번역하였다.

[4] 원문 '筋子'는 '箸'를 말한다. '箸'라고 쓰기도 하지만 원·명대(元·明代)에서는 '筋'로 쓰는 경우가 많았다. 또한 현대어의 '筷子'가 사용되는 것은 좀 더 늦은 일로서 16세기 이후의 일이고, 처음에는 '快子'라고 썼다.

[5] 원문 '醬水'은 "된장의 국물"로 보인다. 명(明) 高濂(고렴)의 『준생팔전(遵生八錢)』(권11) '소골어(酥骨漁)'에 "생선을 처리한 후, '醬水'와 술, 紫蘇의 잎 등을 넣고 삶는다"는 기사가 있다. 이 책에는 '醬油'도 있어서 이것이 간장을 가리키는 것으로 보면 '醬水'는 "된장 국물"로 볼 수밖에 없다.

[6] 원문 '料物'은 조미료, 양념이다.

[7] 원문 '待'는 현대어의 '要'와 같아서 "이제 곧 ~가 되다"라는 뜻이다. '待要'라고 쓰기도 한다.

[8] 원문 '比及'은 "(그 때쯤)이 될 때까지"의 뜻이다.

다 될 것입니다.

제16화 炒肉

漢 主人家迭不得[9]時，咱每伴當裏頭教一箇自爨肉。

高 俺是高麗人，都不會爨肉。

漢 有甚麼難處？刷了鍋者[10]，燒的鍋熱時，著上半盞清油[11]，將油熟過，下上肉，著些塩，著筋子[12]攪動。炒的半熟時，調上些醬水[13]，生葱，料物[14]打拌了。鍋子上蓋覆了，休著出氣。燒動火，暫霎兒熟也。

高 這肉熟也。恁試嘗，鹹淡如何？

漢 我試嘗，微微的有些淡，著上些塩者。

主人家，餅了也那不曾？

主 待[15]了也。恁放卓兒先喫，比及[16]喫了時，俺也了也。

- -
飜老 제16화 炒肉
- -

漢 主人家迭不得時、咱們火伴裏頭教一箇自炒肉。

高 我是高麗人、都不會炒肉。

漢 有甚麼難處？刷了鍋着、燒的鍋熱時、着上半盞香油、將油熟了時、下上肉、着些塩、着筋子攪動。炒的半熟時、調上些醬水、生葱、料物拌了。鍋子上盖覆了、休着出氣。燒動火、一霎兒熟了。

高 這肉熟了。你嘗看、鹹淡如何？

漢 我嘗得微微的有些淡、再着上些塩着。

主人家、餅有了不曾？

....
 [9] '迭不得'은 주1 참조.
[10] '刷了鍋者'는 주2 참조
[11] '淸油'는 주3 참조
[12] '筋子'는 주4 참조
[13] '醬水'는 주5 참조
[14] '料物'은 주6 참조
[15] '待'는 주7 참조.
[16] '比及'은 주8 참조.

主 將次有了。你放卓兒先喫、比及喫了時、我也了了。

飜老 제16화 고기 봇기

漢 쥬신하, 밋디 몯ᄒᆞ거든 우리 버디 듕에 ᄒᆞ나 ᄒᆞ야 제 고기 봇게 ᄒᆞ라.

高 나ᄂᆞᆫ 高麗ㅅ사ᄅᆞ미라. 다 고기 봇기 모로노라.

漢 므슴 어려운 고디 이시리오? 가마 싯고, 가마예 블 디더 덥거든 반 잔만 ᄎᆞᆷ기름 두워, 기르미 닉거든 고기 녀허 두의저티며 소곰 두고 져로 두의저텨 봇가, 반만 닉거든 쟝믈와 파와 약둘 빠 노하 젓고, 가맛 우홀 둪고 김 나게 말오, 블 디더 두면 아니 한 ᄉᆞ예 닉ᄂᆞ니라.

高 이 고기 닉거다. 네 맛보라 ᄣᅥ녀? 슴거우녀? 엇더ᄒᆞᆫ고?

漢 내 맛보과라. 져기 슴거운 주리 잇다. 다시 져기 소곰 두라. 쥬신하 떡 잇ᄂᆞ녀? 몯ᄒᆞ얏ᄂᆞ녀?

主 쟝ᄎᆞᆺ 이시리라. 네 상 노코 몬져 머그라. 머글 만 다ᄃᆞᆯ면 나도 ᄆᆞ츠리로다.

제17화 숙박료의 계산

漢 주인아저씨, 우리는 내일 아침 3시경에[1] 일찍 출발할 터이니, 숙박료와 식대를[2] 계산합시다. 우리 하룻밤 묵었는데 사람과 말이 모두 얼마가 되는가?

主 밀가루를 세 근을 썼으니 한 근에 돈이 일곱 돈 반씩이니까 합치면 두 냥 두 돈 반이고, 돼지고기를 한 근 사온 것이 한 냥 반이며. 사람 네 분의[3] 일인당 식대와 숙박료가 한 냥이니 합쳐서 넉 냥입니다. 검은콩이 여섯 말인데 한말에 두 냥 반이니 합쳐서 열다섯 냥이고, 말꼴은 열한 뭇인데 한 뭇이 한 냥이니 합계 열한 냥이며 모두 합쳐서 서른 석 냥 일곱 돈 반이 되겠습니다.

漢 말꼴과 곡식, 그리고 밀가루는 모두 당신네 것을 샀는데 조금 깎아주면 어떤가?

主 그럽시다. 우수리[4] 석 냥 일곱 돈 반을 깎아서 서른 냥만 받겠습니다.

漢 그러면 동행분들, 당신들 세 사람이 함께 다 내시게. 액수를 적어 두었다가 대도에 도착하면 같이[5] 계산하기로[6] 하지.

....

[1] 원문 '更頭'는 "경쯤"이다. 경(更)은 하루 밤을 2시간씩 다섯으로 나누고, 1경에서부터 5경까지 센다. 오경(五更)은 밤이 끝날 무렵, 즉 오전 3시부터 5시 사이를 말한다. '更頭'는 경(更)의 구어적인 말투이거나 혹은 오경(五更)의 첫머리라는 뜻으로 사용된 것일지 모른다.

[2] 원문 '房火錢'은 '房錢'(방 값)과 '打火錢'(연료비)을 가리킨다. 연료비는 식사의 재료값을 따로 지불했기 때문에 주로 땔나무 값을 말하는데 여기서는 "식대"로 번역하였다. 다음의 '打火房錢'도 마찬가지다.

[3] 원문 '四箇人'은 고려인 3명과 중국인 1명으로 계산한 것으로 보인다. 제12화에서는 고려인 주인공과 그의 고종사촌 김(金), 이종사촌 이(李), 그리고 동네 사람 조(趙)가 있어 고려인이 4명이고 왕(王)이란 중국인이 하나있어서 모두 다섯이었다. 여기서 한 사람 모자란 것은 고려인 주인공과 동네 사람인 조(趙)씨가 추가된 것을 잊었기 때문인지 모른다. 제58화 참조.

[4] 원문 '零的'은 "단수(端數)", 즉 "우수리"이다. '零'에는 "작달막한"이란 의미가 있다.

[5] 원문 '一發'은 "같이, 더더욱, 차라리" 등의 의미가 있으나 여기서는 "같이"

高 그럼 우리가 다 냅시다.

제17화 盤纏

漢 主人家，俺明日五更頭[7]早行也。咱每筭了房火錢者[8]。俺這一宿人馬，盤纏通該多少？

主 恁稱了三斤麵，每斤七錢半，計二兩二錢半，切了一斤猪肉，該一兩半，四箇人[9]每人打火，房錢一兩，計四兩，黑豆六斗，每斗二兩半，計一十五兩，草十一束，每束一兩，計十一兩，通該三十三兩七

漢 錢半。俺草料麵都是你家裏買來的。你減了些箇如何？

主 儘教。去了那三兩七錢半零的[10]者。只將三十兩來。

漢 既這般的呵，伴當，恁三箇一就都出過者。記著數目，到大都時，一發[11]打筭[12]。

高 那般者，俺都與他。

飜老 제17화 盤纏

漢 主人家、我明日五更頭早行。咱們筭了房錢火錢着。我這一宿人馬、盤纏通該多少？

主 你稱了三斤麵、每斤十箇錢、該三十箇錢、切了一斤猪肉、該二十箇錢、四箇人每人打火、房錢十箇錢、該四十箇錢、黑豆六斗、每斗五十箇錢、該三百箇錢、草十一束、每束十箇錢、該一百一十錢、通該五百箇錢。

漢 我草料麵都是你家裏買來的。你減了些箇如何？

主 罷！罷！只將四百五十箇錢來。

라는 뜻으로 사용되었다.

[6] '打算'은 "계산하다"는 뜻으로 현대어의 '打算'(~할 작정)과는 다르다.

[7] '更頭'는 주1 참조.

[8] '房火錢'은 주2 참조

[9] '四箇人'은 주3 참조

[10] '零的'은 주4 참조.

[11] '一發'은 주5 참조.

[12] '打算'은 주6 참조.

漢 旣這般時、火伴你三箇一發都出了着。記着數目、到北京時、一發筭除。

高 那般時、我都與他。

飜老 **제17화** 우리 집삭시며 밥 지은 갑돌 혜져.

漢 쥬신하! 내 너실 오경두에 일 가리라. 우리 집삭시며 밥 지은 갑돌 혜져. 우리 이 ᄒᆞᄅᆞᆺ밤 자기에 사룸과 물돌해 쓴 거시 모도와 언맨고?

主 네 ᄃᆞ로니 서 근 굴이 미 ᄒᆞᆫ 근에 돈 열시기면 ᄒᆞ요니 돈이 셜ᄒᆞ니오, 사ᄒᆞ로니 ᄒᆞᆫ 근 猪肉에 ᄒᆞ요니 돈 스므 나치오, 사룸 네헤 미 ᄒᆞᆫ 사ᄅᆞ미게 집갑 븘갑시 돈 열히니 ᄒᆞ요니 돈 마슨 나치오, 콩 엿 마래 미 ᄒᆞᆫ 마래 돈 쉰시기니 ᄒᆞ요니 돈 삼ᄇᆡᆨ 나치오, 딥 열 ᄒᆞᆫ 무세 미 ᄒᆞᆫ 무세 돈 열시기니 ᄒᆞ요니 돈 일ᄇᆡᆨ 열히로 소니, 대되 돈 五百 나치로다.

漢 우리 딥과 콩과 굴을 다 네 지븨 와 산 거시니, 네 져그나 더로더 엇더ᄒᆞ뇨?

主 두워! 두워! 돈 四百 쉰 낫만 가져오라.

漢 이믜 이러면 버다 너희 세히 홈믜 다 내오, 수 뎌거 둣다가 北京의 가면 홈믜 혜여 덜 거시라.

高 그리면 내 다 뎌룰 주마.

제18화 말먹이는 법

🈐 동행들, 말먹이의 (삶은) 콩을[1] 건져내어 찬물에 담가주게.[2] 말은 충분히 쉬게 하면서[3] 천천히 먹여야 되네. 처음 먹이를 줄 때에는 꼴과 콩 삶은 물을[4] 섞어서 주고, 오경(五更)이 되면 콩도 같이 먹이는 것일세. 그렇게 하면 말들은 의외로 듬뿍 먹고 배부르게 된다네. 만일 처음부터 콩을 주어버리면 말들은 콩만 골라 먹고 꼴은 다 흩뿌려 버리는 법일세. 그리고 말이 지쳐있을 때에는 물을 마시게 해서는 안 되네. 한동안 꼴을 먹고 나서 조금 있다가[5] 마시게 하는 것이 좋을 걸세.

우리 각자 조금씩 잡시다. 그래야 차례대로 일어나 먹이를 잘 줄 수가 있으니. 오늘은 스무 이틀이니까 오경(五更)에는 마침 달빛이 있을 걸세. 닭이 울면 일어나서 바로 출발하도록 하지.

주인아저씨, 등불 좀 가져다주게. 잘 자리를 치워야[6] 하니.

[1] 원문 '料'는 '초료(草料)'의 '료(料)'를 말하는데 말먹이는 꼴과 곡식을 함께 주는 것으로 제17화에서 계산할 때에 곡식은 흑두(黑豆), 즉 검정콩이었으니 여기서는 그렇게 번역한다. 이 사람들은 서속짚의 꼴과 검정콩의 곡식을 함께 삶아서 여물을 쑤어 말먹이로 하였음을 알 수 있다. 여기서는 이렇게 쑨 여물을 먹이는 방법을 설명하고 있다.

[2] 원문 '拔'은 삶은 콩을 건져내어 식히기 위해 물에 살짝 담그는 것을 말한다.

[3] 원문 '控'은 여기서 말을 "쉬게 한다"는 뜻으로 보인다. 『四聲通解』에 "지금 휴식하는 것을 속된 말로 控이라 한다"는 설명이 있다. 다만 '控'은 "말의 고삐를 잡는다"는 뜻인데 그것이 어찌 "쉰다"는 뜻으로 되었는지는 알 수 없다.

[4] 원문 '料水'는 곡식을 삶은 물이다. '料水'에 꿀을 섞어 여물을 만드는데 이 문장에서는 꼴(草)이 빠졌다. 〈朴通事〉上에 "爲頭兒只半筐兒草, 着攪草棍拌饋他些料水喫 — 처음은 반 바구니의 꼴을 넣고 꼴을 젓는 막대기로 '곡식 삶은 물'(料水)과 뒤섞어서 먹이다—"라는 설명이 있는 것으로 보아 마초(馬草)가 빠졌음을 알 수 있다. 여물은 꼴에 곡식 삶은 물을 섞어 말이 먹기 좋도록 한 것이다.

[5] 원문 '一和'는 현대어의 '一會儿'(오래간만)과 같으나 여기서는 문맥상 "잠시, 조금"으로 풀이한다.

[6] 원문 '拂綽'은 "청소하다, 닦다, 치우다"의 뜻이다. 『여춘당(麗春堂)』「잡극

主 여기 있소[7], 등불 왔습니다.

漢 벽에 걸어두게. 이런 흙이 맨으로 드러난[8] 온돌 위에서 어찌 잘 수 있단 말인가? 거적자리라도 없는가? 있다면 몇 장 가져다주게.

主 마누라[9], 거적자리와 돗자리를 가져와서 손님들에게 깔아드려요.

漢 돗자리는 없어요. 자! 거적자리를 석 장을 드리죠. 당신들이 깔아보세요.

제18화 **碾馬草, 鋪藁薦**

漢 伴當, 你將料[10]撈出來, 冷水裏拔[11]著, 等馬大控[12]一會, 慢慢的喂者。初喂時, 則將料水[13]拌與他, 到五更一發都與料喫。那般時, 馬每分外喫得飽。若是先與料呵, 那馬則揀了料喫, 將草都抛撒了。更困裏休飮, 等喫一和[14]草時飮。咱每各自睡些箇, 厮輪著起來勸喂馬。今日是二十二, 五更頭正有月明也。雞兒叫, 起來便行。主人家, 點箇燈來。俺拂綽[15]睡處。

主 兀的[16]燈來也。

....

(雜劇)」4折의 '안아락(雁兒落)'에 "你與我拂綽了白象床－너의 흰 상아 침대를 치워달라－"는 구절에서 이 용례를 볼 수 있다. 그러나 〈飜老〉에서는 "整理"로 바뀌었다.

[7] 원문 '兀的'은 "옜다"라고 물건을 건네면서 하는 말이다. 제13화 주1 참조.

[8] 원문 '精'은 "드러남"이란 뜻으로, "순수한"이란 의미에서 변한 것이다.

[9] 원문 '大嫂'의 '嫂'는 형수를 말하고 '대수(大嫂)'는 맏형수라는 뜻인데 원곡(元曲) 등에 보이는 원대(元代) 한어(漢語)에서는 자신의 처를 '대수(大嫂)'라고 부른다. 자기 동생 입장에서 처를 부르는 셈이다. 한국에서 자기 남편을 아이 입장에서 "아빠"라고 부르는 것과 같은 이치다.

[10] '料'는 주1 참조

[11] '拔'은 주2 참조

[12] '控'은 주3 참조

[13] '料水'는 주4 참조

[14] '一和'는 주5 참조

[15] '拂綽'은 주6 참조

[16] '兀的'은 주7 참조

漢 壁子上掛者。這般精[17]土炕上怎生睡? 有甚麼菖薦, 將幾箇來。

主 大嫂[18], 將菖薦席子來, 與客人每鋪。

嫂 席子無, 兀的三箇菖薦, 與恁鋪。

飜老 제18화 碾馬草, 鋪藁薦

漢 火伴、你將料撈出來、冷水裏拔着、等馬大控一會、慢慢的喂着。初喂時、只將料水拌與他、到五更一發都與料喫。這般時、馬們分外喫得飽。若是先與料時、那馬只揀了料喫、將草都抛撒了。勞困裏休飮水、等喫一和草時飮。咱們各自睡些箇、輪着起來勤喂馬。今日是二十二、五更頭 正有月明。雞兒叫、起來便行。主人家、點箇燈來。我整理睡處。

主 這的燈來了。

漢 壁子上掛着。這般精土炕上怎的睡?有甚麼藁薦、將幾領來。

主 大嫂、將藁薦席子來、與客人們鋪。

漢 席子沒、這的三箇藁薦、與你鋪。

飜老 제18화 물 달홀 기들워 날회여 머기라.

漢 버다! 네 콩을 건뎌내여다가 춘 므레 거텨, 므리 흔 디위 フ장 쉬어든 기들워 날회여 머기라. 처엄 머길 저긘 다믄 콩므를다가 버므려 주고, 오경의 다드거든 흠믜 콩을 다 주워 머기라. 이리ᄒᆞ면 물들히 분외로 머구믈 비브르려니와 ᄒᆞ다가 몬져 콩을 주면 그 므리 다믄 콩만 골히여 먹고 딥프란 다 허텨 더디ᄂᆞ니라. ᄌᆞ가ᄒᆞᄂᆞᆫ 딘란 믈 머기디 말라. 흔 번 버므린 딥 머거든 기들워 믈 머기라. 우리 각각 져그나 자고 돌여 니러 브즈러니 물 머기져. 오ᄂᆞ리 스므 이트리로소니 새배 졍히 둘 볼フ리로다. 둙 울어든 니러 즉재 가쟈. 쥬신하! 블 혀 가져 오고려. 우리 잘 디 서러 보아지라.

主 이 블 오나다.

漢 ᄇᆞᄅᆞ매 걸라. 이런 민 훍 구드레 엇디 자료? 아므란 딥지즑 잇거든 두어 닙 가져오라.

主 믈 아즈미! 지즑과 돗 가져다가 나그내네 주워 질에 ᄒᆞ라.

嫂 돗근 업거니와 이 세 지즑을 너 주어든 ᄭᆞ라스라.

제19화 다리의 수리, 도적

漢 주인아저씨, 불씨를 묻어주오[1]. 우린 내일 새벽 3시경에 일찍 출발할 터이니.

主 그럼 손님들, 쉬십시오. 소인은 문단속을 하고 자도록 하겠습니다.

漢 잠깐 잠깐, 아직 가지 말게. 당신에게 묻고 싶은 게 있다네. 우리가 전에 대도에 갔었을 때에 당신의 이 여관에서 서쪽으로 20리 정도 간 곳의 한 다리가 무너져 있었는데 지금은 고쳤는가?

主 오래 전에 고쳤습니다. 예전보다 두 자나[2] 높고, 석 자가 넓어져서 규격에 맞추어 훌륭해졌습니다[3].

漢 그러면 내일 아침은 안심해서 출발할 수 있겠구나.

主 그렇게[4] 일찍 가시는 것은 제발 그만두십시오. 잘은 모르겠으나 그쪽 길은 위험하다고[5] 들었습니다.

漢 왜 그런 나쁜 놈들이 있는가?

主 이런, 전혀 모르셨군요. 작년부터 가뭄으로 흉년이 들어서 기근이 대단합니다. 그래서 나쁜 놈들이 생겨난 것이죠.

漢 뭐 신경 쓸 게 있나? 우린 이 말 몇 마리만 데리고 있지 밑천[6] 같은

---

[1] 원문 '種著火'은 "불씨를 재에 묻어서 언제든지 불을 만들 수 있도록 해두는 것"이다. 『신노아(神奴兒)』「잡극(雜劇)」, 2折 '목양관(牧羊關)'에 "我與你種着火, 停着殘燈 — 당신을 위해 불을 묻어, 燈(등불)을 남겨두겠습니다 —"라는 대사가 있다

[2] 원문 '二尺'의 1척(尺)은 약 30센티미터다. 제74화 주4 참조.

[3] 원문 '如法'은 "격에 맞아 훌륭하고 아름다운 것"을 말한다. 금대(金代)의 이야기(판소리 같은 것)를 모아놓은 『동서상(董西廂)』(권5)에 "結束得極如法 — 옷차림은 격에 맞아 아주 훌륭함 —"이라는 구절이 있다.

[4] 원문 '底似'는 "그와 같이 대단히, 그렇게 아주"의 뜻이다. 제15화 주7 참조. 다만 15화와 '底似'의 위치가 다르다. 여기서도 "休底似的旱行 — 그렇게 아주 일찍 가지 마라"의 뜻으로 쓴 것으로 보인다.

[5] 원문 '澀'은 "사물이 정체하여 어려움을 겪는다"는 뜻이다. 가는 길이 '澀'이라고 하는 것은 위험하다는 것을 말한다.

큰돈이 있는 것도 아닌데, 놈들이 우리를 어찌하겠단 말인가?

主 제발 그런 말씀 마시오. 돈이 있고 없음을 도둑들이 어찌 알겠습니까? 조심하는 게 제일 좋습니다[7].

제19화 修橋, 賊

漢 主人家, 恁種著火[8]者。俺明日五更頭早行也。

主 那般者, 客人每歇息。俺照覰的門戶, 睡也。

漢 來! 來! 且休去! 我問你些話。我先番大都來時, 你這店西約二十里來地, 有一坐橋塌了來, 如今修起來那不曾?

主 早修起了也。更比在前高二尺[9], 闊三尺, 如法[10]好有。

漢 那般呵, 俺明日早則放心的去也。

主 你底似[11]的休早行, 俺聽得前頭路澁[12]有。

漢 爲甚麼這般的歹人有?

主 恁偏不理會的。從年時天旱, 田禾不收, 飢荒的上頭, 生出歹人來。

漢 碍甚事? 俺則是赶著這幾箇馬, 又無甚麼錢本[13], 那廝每待要俺甚麼?

主 休那般說。賊每怎知你有錢沒錢? 小心必勝[14]。

....

[6] 원문 '錢本'은 "돈, 밑천"이란 뜻으로 '本錢'과 같이 쓴다.

[7] 원문 '小心必勝'은 "조심하면 반드시 잘 된다"라는 의미의 성어(成語)이다. 『朴通事』(卷中)에 "常言道 小心必勝－상말에 조심하면 반드시 이긴다－"라는 구절이 보인다. 여기서는 "조심하는 것이 제일 좋다"로 번역하였다.

[8] '種著火'는 주1 참조

[9] '二尺'은 주2 참조

[10] '如法'은 주3 참조

[11] '底似'는 주4 참조

[12] '澁'은 주5 참조

[13] '錢本'은 주6 참조

[14] '小心必勝'은 주7 참조

飜老 제19화 修橋, 賊

- 漢 主人家、你種着火。我明日五更頭早行。
- 主 那般着、客人們歇息。我照覰了門戶睡也。
- 漢 來！來！ 且休去！ 我問你些話。我先番北京來時、你這店西約二十里來地、有一坐橋塌了來、如今修起了不曾?
- 主 早修起了。比在前高二尺、闊三尺、如法做的好。
- 漢 這們時、我明日早只放心的去也。
- 主 你十分休要早行、我聽得前頭路澁。
- 漢 爲甚麼有這般的歹人?
- 主 你偏不理會的。從年時天旱、田禾不收、飢荒的上頭、生出歹人來。
- 漢 碍甚麼事? 我只是赶着這幾箇馬、又沒甚麼錢本、那廝們待要我甚麼?
- 主 休這般說。賊們怎知你有錢沒錢?小心些還好。

飜老 제19화 드리 이제 고텨 잇ᄂᆞᆫ가? 도즉들.

- 漢 쥬신하! 네 블 무드쇼셔. 우리 너실 오경두에 나가리라.
- 主 그리호마. 나그내네 쉬라. 내 문들 보숣피고 자리라.
- 漢 오나라! 오나라! 안직 가디 말라! 내 너ᄃᆞ려 말ᄉᆞᆷ 무러지라. 내 몬젓 버늬 北京의 녀러올 제, 네 이 뎜 셧녁 겨틔 거스 시십 릿 ᄯᅡ해 ᄒᆞᆫ 곧 드리 믈어디여 잇더니, 이제 고텨 잇ᄂᆞᆫ가? 몯ᄒᆞ얏ᄂᆞᆫ가?
- 主 ᄇᆞᆯ셔 고텨 잇ᄂᆞ니, 아ᄅᆡ두곤 두 자히 놉고 석 자히 어위오, 법다이 밍ᄀᆞ로믈 됴히 ᄒᆞ엿ᄂᆞ니라.
- 漢 이러면 우리 너실 므슴 노하 가져.
- 主 네 ᄀᆞ장 일 가기 말라. 내 드로니 앏픽 길 어렵다 ᄒᆞᆫ다.
- 漢 엇디ᄒᆞ야 이런 아니완ᄒᆞᆫ 사ᄅᆞ미 잇ᄂᆞᆫ고?
- 主 네 독벼리 모ᄅᆞᄂᆞᆫ고나. 젼년브터 하ᄂᆞᆯ히 ᄀᆞᄆᆞ라 뎐회 거두디 몯ᄒᆞ야 간난ᄒᆞᆫ 젼ᄎᆞ로 아니완ᄒᆞᆫ 사ᄅᆞ미 낫ᄂᆞ니라.
- 漢 므던ᄒᆞ니, 내 다ᄆᆞᆫ 이 아니 여러 ᄆᆞᆯ 모라가며 ᄯᅩ 아ᄆᆞ란 쳔도 업스니 그놈들히 날 ᄒᆞ야 므슴ᄒᆞ료?
- 主 이리 니르디 말라. 도즉들히 네의 쳔 이시며 쳔 업슨 주를 엇디 알리오? 조심ᄒᆞ미ᅀᅡ 됴ᄒᆞ니라.

제20화 강도(1)-큰 돌로 머리를 치다.

[主] 우리 작년[1] 6월에 여기서 어떤 나그네가 혼자 전대(纏帶)에[2] 종이 한 두루마리를 넣고 허리에 찬 채, 길가의 나무 밑에 서늘한 곳에서 쉬면서 자고 있었습니다. 거기에 강도가 나타나서 그것을 보고 허리의 찬 전대는 틀림없이 돈이라고[3] 지레짐작했는가 봐요, 나쁜 마음이 생겨서 근처에 있던 큰 돌덩이를 들어서 그 사람 머리 위를 내려 쳤어요. 그 사람은 뇌가 튀어나와 죽어 버렸습니다. 그 강도가 전대를 풀어보았더니 "뭐야 종이었구먼!"하고 그 자리에 버려두고 도망갔습니다. 관에서 시신을 검시(檢屍)도 하였지만 진범을[4] 못 잡았지요. 애매한[5] 땅임자(地主)나 무고한[6] 근처 사람을 의심하여 고문까지 하였습니다. 나중에 다른 곳의 관아(官衙)에서 그 강도를 잡아 이곳으로 데려왔지만 금년에 감옥에서 죽었습니다.

제20화 賊(1)-就那裏拿起一塊大石頭, 投那人頭上打了

[主] 俺這裏前年[7]六月裏, 有一箇客人纏帶[8]裏裝著一卷紙, 腰裏絟著, 在

[1] 원문 '前年'은 "지난 해, 작년"의 뜻이고 '年時'로도 쓰인다. 제7화 주10 참조.
[2] 원문 '纏帶'는 긴 주머니로서 허리에 매고 돈이나 작은 물건을 넣어두는 것이다. 명대(明代) 이실(李實)의 『촉어(蜀語)』, 『수호전(水滸傳)』 제24회 등에 쓰인 것으로 보아 원(元)·명대(明代)에 널리 쓰인 어휘로 보이며 우리말에도 차용되어 '전대(纏帶)'란 발음으로 사용되었다.
[3] 원문 '錢物'은 돈이다. 『수호전(水滸傳)』 제22회에 "朱소은 스스로 약간의 錢物을 모아 閻婆에게 把與함"이라는 대목이 있다.
[4] 원문 '正賊'은 진범인(眞犯人)이다. 『원사(元史)』(권103) '형법(刑法)'에 "무릇 有司, 財物을 받아서 일부러 正賊을 놓아주고, 죄 없는 사람을 誣執하여 非法으로 拷訊함" 운운의 기사가 있다.
[5] 원문 '乾'은 "쓸데없이, 애매하게" 등의 뜻으로 쓰였다.
[6] 원문 '平人'은 "죄 없는 사람"이란 뜻이다.
[7] '前年'은 주1과 제7화 주10 참조.
[8] '纏帶'는 주2 참조.

路傍樹底下歇凉睡。被一箇賊到那裏見了, 則道是腰裏纏帶裏是錢物[9], 生起夕心來。就那裏拿起一塊大石頭, 投那人頭上打了一下, 打出腦漿來死了。那賊將那人的纏帶解下來看呵, 却是紙, 就那裏撇下走了。官司檢了屍, 正賊[10]捉不住, 乾[11]把地主幷側近平人[12]涉疑打拷。後頭別處官司却捉住那賊, 發將來, 今年就牢裏死了。

飜老 **제20화** 賊(1)-就那裏拿起一塊大石頭、把那人頭上打了一下

国 我這裏前年六月裏、有一箇客人纏帶裏裝着一卷紙、腰裏絟着、在路傍樹底下歇凉睡。被一箇賊到那裏見了、只道是腰裏纏帶裏是錢物。生起夕心來、就那裏拿起一塊大石頭、把那人頭上打了一下、打出腦漿來死了。那賊將那人的纏帶解下來看時、却是紙、就那裏撇下走了。官司檢了屍、正賊捉不住、乾把地主幷左近平人涉疑打拷、後頭別處官司却捉住那賊、發將來、今年就牢裏死了。

飜老 **제20화** 강도(1)-큰 돌올 머리 우희다가 호 번 티다-

国 우리 여긔 젼년 류워릐, 흔 나그내 젼대예 흔 권 죠히를 녀허 허리예 미오, 깃ㄱ샛 나모 미틔 이셔셔 서늘흔 디 쉬며셔 자더니, 흔 도즈글 맛나 게 와 보고 닐오디, 허리옛 젼대예 쳐나라 흐고 모딘 ᄆᆞᆷ 내여, 즉재 게셔 흔 무적 큰 돌 가져다가, 그 사르미 머리 우희다가 흔 번 텨 골치 내여 죽거늘, 그 도즈기 그 사르미 젼대 가져다가 글어내여 보니 쏘 죠히어늘 즉재 게셔 ᄇᆞ리고 도망커늘, 구의 屍身을 검시흐고 진짓 도즈그란 잡디 몯흐고 쇽졀업시 짯님자와 겨릿 펴ᇰ신올다가 의심흐야 텨 져주니, 후에 다른 딋 마ᅀᆞ리 쏘 그 도즈글 자바 보내니 올히 옥애셔 주그니라.

---

[9] '錢物'은 주3 참조
[10] '正賊'은 주4 참조
[11] '乾'은 주5 참조
[12] '平人'은 주6 참조

제21화 강도(2)-강도가 화살을 쏘다.

[主] 작년에 또 다른 나그네가 당나귀를 한 마리 몰고 바구니 두 개에 대추를 가득 담아 싣고 갔는데 뒤에서 말을 탄 강도 하나가 활과 화살을 들고 따라왔습니다. 사람이 뜸한 대추나무 숲에 이르렀을 때에 그 강도가 나그네의 등에 화살 하나를 쏘아서 나그네는 거꾸러졌습니다. 도둑은 틀림없이 죽었을 것이라고 여기고 그 당나귀를 끌고 앞으로 가 버렸습니다. 그러나 그 나그네는 화살을 맞고 잠깐 정신을 잃었을 뿐이고, 다시 깨어났습니다. 마침 운 좋게 포도관(捕盜官)이[1] 그 곳을 순시하고 있어서 나그네가 이를 고발하였더니 포도관이 활을 가진 포졸을[2] 데리고 앞으로 쫓아가 20리 정도 간 곳에서 그 도둑을 따라붙었습니다. 그래서 잡으려고 하니 도둑이 한 궁수(弓手)에게 화살을 쏘아 말에서 떨어뜨리고 서쪽으로 말을 달리어 도망가 버렸습니다.

제21화 賊(2)-客人被箭射傷

[主] 年時又有一箇客人赶著一頭驢, 著兩箇荊籠子裏盛著棗兒, 馳著行。後頭有一箇騎馬的賊, 帶著弓箭根著。行到箇酸棗 林無人處, 那賊將那客人脊背上射了一箭, 那人倒了, 那賊則道是死了, 便赶著那驢往前行。那客人射的昏了, 蘇醒廻來。恰好有捕盜官[3]那裏巡警, 那客

---

[1] 원문 '捕盜官'은 원대(元代)의 경찰 관계를 담당하는 지방관을 말한다. 원대(元代) 서원서(徐元瑞)의 『이학지남(吏學指南)』(拙編, 2002년, 태학사) '관칭(官稱)'에 "捕盜官은 失盜의 去處 當該 관리를 말함"이라고 설명하였다. 구체적으로는 현(縣)의 경찰 사무 담당관인 '현위(縣尉)'와 '순검(巡檢)'을 총칭하여 포도관이라 부른다. 『원전장(元典章)』「吏部」(권3) '官制·捕盜官' 참조.

[2] 원문 '弓兵'은 병역(兵役)의 일종으로 민간인이 징집되어, '순검(巡檢)' 밑에서 지방의 치안 유지에 임하는 병사를 말한다. 〈老乞〉에 군역의 세금에 상응한 인가(人家) 내에서 '궁병(弓兵)'을 선발하여 군역에 응하도록 하였다. 우리의 捕卒에 해당될 것이다.

人就告了。捕盜官将著弓兵[4]往前赶, 到約二十里地赶上那賊。捉拿
其間, 那賊便將一箇弓手放箭射下馬來, 那賊往西走馬去了。

飜老 **제21회** 賊(2)-客人被箭射傷

年時又有一箇客人赶着一頭驢、着兩箇荊籠子裏盛着棗兒、馳着行。後頭
有一箇騎馬的賊、帶着弓箭跟着行、到箇酸棗林兒無人處、那賊將那客人
脊背上射了一箭、那人倒了。那賊只道是死了、便赶着那驢往前行。那客
人射的昏了、蘇醒迴來。恰好有捕盜的官來那裏巡警、那客人就告了。捕
盜官將着弓兵、往前赶到約二十里地赶上那賊。捉拿其間、那賊便將一箇
弓手放箭射下馬來、那賊往西走馬去了。

飜老 **제21회** 강도(2)-그 도즈기 살 혀 노하 뽀다.

전년희 또 혼 나그내, 혼 나귀를 모라 두 채룽애 대초 다마 시러 가거늘, 뒤헤
혼 물 톤 도즈기 화살 츠고 미조차 가, 산초림이라 홀 짜해 사룸 업슨 딕 가,
그 도즈기 그 나그내의 등의 혼 사를 뽀니, 그 사룸미 구으러디거늘 그 도즈기
닐오딕, 주그니라 ᄒᆞ고 곧 그 나괴를 모라 앞포로 가니, 그 나그내 뾔여 어즐ᄒᆞ
얏다가 ᄭᅢ야 나니, 마치 捕盜官 와셔 거긔 와 술피거늘, 그 나그내 즉제 고ᄒᆞ니
捕盜官이 弓兵 더블오 나ᅀᅡ가 거의 싀십 리만 짜해 다ᄃᆞ라 그 도즈글 미처
가 자불 ᄉᆞᅀᅵ예, 그 도즈기 즉재 혼 弓手를 살 혀 노하 뽀니 물게 ᄂᆞ려디니,
그 도즈기 셧녁으로 물 들여 니거늘.

---

[3] '捕盜官'은 주1 참조.
[4] '弓兵'은 주2 참조.

제22화 강도(3)-강도는 잡히다.

主 포도관이 몰래 뒤를 쫓아가서[1] 어느 마을에 이르러 백 명이나 되는 건장한 젊은이를[2] 징발하여[3] 활과 화살, 그리고 무기를[4] 갖추게 하고 강도를 한 산골짜기에 둘러싸서 겨우 붙잡아 왔습니다. 그리고 화살을 맞은 병사를 보니 왼 쪽 팔뚝에 살을 맞아 다쳤을 뿐이고 생명에는 지장이 없었습니다. 지금 그 강도는 실제로 관청의 감옥에 갇혀 있습니다.

漢 그렇게 길이 어렵다면 우리가 아무런 급한 일이 있는 것도 아니니 일부러 일찍 갈 필요가 있겠나? 날이 새는 것을 기다려 천천히 가도 무슨 두려워할 일이 있는가?

高 그 말이 옳소. 당신이 말대로 날이 새고 나거든 가도록 합시다.

제22화 賊(3)-捕盜

主 捕盜官襲[5]將去, 到箇村裏, 差[6]了一百箇壯後生[7], 將著弓箭器械[8], 把那賊圍在一箇山峪裏, 纔拿著廻來。覷那射著的弓手, 那人左肐膊上射傷, 不曾傷了性命。如今那賊現在官司牢裏禁著有。

漢 既這般路澁呵, 咱每又無甚忙勾當, 索甚麽早行? 等到天明時, 慢慢的去, 怕甚麽?

高 道的是。依著恁天明時行。

....

[1] 원문 '襲'은 종이나 북을 치지 않고 몰래 뒤를 쫓아가 습격하는 것이다(〈老覽〉).
[2] 원문 '後生'은 젊은이를 뜻한다.
[3] 원문 '差'는 官이 민간에서 징집(徵集)하는 것. '差發'이라고도 한다.
[4] 원문 '器械'는 칼, 창 등의 무기의 총칭이다.
[5] '襲'은 주1 참조.
[6] '差'는 주3 참조.
[7] '後生'은 주2 참조.
[8] '器械'는 주4 참조.

飜老 제22회 賊(3)-捕盜

主 捕盜官襲將去、到箇村裏、差了一百箇壯漢、將着弓箭器械、把那賊圍在一箇山峪裏、纔拿着迴來。看那射着的弓手、那人左肐膊上射傷、不曾傷了性命。如今那賊現在官司牢裏禁着。

漢 既這般路澁時、咱們又沒甚麼忙句當、要甚麼早行？等到天明時、慢慢的去、怕甚麼？

高 說的是。依着你天明時行。

飜老 제22회 강도(3)-도즈글 ㅼ 자바 도라오니라

主 捕盜官이 디종ᄒᆞ야 가, 촌애 가 장ᄒᆞᆫ 사롬 일ᄇᆡᆨ을 시겨, 화살 연장 가지고 그 도즈글 ᄒᆞᆫ 고래 에워, ㅼ 자바 도라오니, 그 살 마즌 弓手를 보니, 그 사ᄅᆞ미 왼 풀독애 살 마자 샹ᄒᆞ얏고, 셩명은 샹티 아니ᄒᆞ돗더라. 이제 그 도즈기 구읫 옥애 이셔 가톗ᄂᆞ니라.

漢 ᄒᆞ마 이리 길히 어렵거니, 우리 아ᄆᆞ란 밧븐 일 업거니, ᄆᆞ스므려 일 녀리오? 하ᄂᆞᆯ 붉거든 기들워 날회여 간ᄃᆞᆯ ᄆᆞ스기 저프리오?

高 닐오미 올타. 하ᄂᆞᆯ 붉거든 가리라.

제23화 우물에서 물을 긷다.

主 편히 쉬시오[1]. 손님들 모두 안녕히 주무십시오.

漢 주인아저씨, 아직 가지 마시오. 일이 하나 더 있었는데 잊고 있었네. 말들에게 물을 먹이지 않았거든요. 잠시 쉬게 하고 나서 물을 마시게 하러 가고 싶은데, 우물은 어디에 있는 가?

主 저기 보세요. 이 집 뒤에 우물이 있습니다.

漢 녹로는[2] 있는가?

主 얕은 우물이라서 새끼줄로 물을 길으면[3] 되겠지요. 우물가에는 말이 물을 마실 수 있는 돌로 된 구유(石槽)도[4] 있습니다.

漢 그러면 당신은 두레박과[5] 우물에서 물 푸는 줄을[6] 마련해주게[7].

主 우물가에는 두레박과 두레박줄도 다 있습니다. 제가 잠깐 당부의 말씀을 드리면, 당신이 흔들 줄을 몰라서 두레박에 불이 들어가지[8] 않으면

....

[1] 원문 '安置'는 "쉬다, 자다"라는 동사이지만, 송대(宋代) 이후에는 "편히 쉬시오"라는 인사말로 사용되었다.

[2] 원문 '轆轤'은 두레박을 끌어올리는 활차(滑車)를 말한다. 중세국어에 차용되어 우리말에서도 "녹로"가 쓰였다. 〈老乞〉에는 그 만드는 방법부터 사용법까지 자세한 해설이 있다.

[3] 원문 '拔水'는 "물을 긷는다"는 뜻이다. 제26화에서도 "拔上兩帖落水也"라는 구절이 보인다.

[4] 원문 '石槽兒'은 가축이 여물이나 물을 마실 수 있도록 돌로 만든 구유를 말한다.

[5] 원문 '帖落'은 몽고어의 한자표음으로 우물의 통 즉 "두레박"을 말한다. 두레박의 '두레'가 그 차용으로 '박'을 붙여 고유어로 사용하였다. 〈老覽〉에 "물을 긷는 용기. 버드나무 가지로 짜여진 것은 '柳罐'이라 하고, 元代의 말로는 '帖落'이라 한다"라는 설명이 있다. 『四聲通解』에 "元의 말로는 '鐵落'이라고 한다"라는 해설이 있고 '鐵落'의 예는 『철괴이(鐵拐李)』「잡극(雜劇)」3折에 보인다.

[6] 원문 '井繩'은 우물에서 두레박을 끌어올리는 줄을 말한다.

[7] 원문 '收拾'은 "마련하다"는 뜻으로 사용되었다. 이 어휘의 원래 의미는 "정돈하다"인데 어떤 행위를 마친 경우에는 "치운다"는 뜻이 되고 앞으로 행하는 행위를 위해서는 "준비한다, 마련하다"는 뜻이 된다.

두레박에 벽돌을 하나 매달면 좋을 것입니다.

漢 그 정도는 나도 할 줄 아네. 일부러 당신이 가르쳐주지 않아도 되었네.

제23화 井

主 安置, 安置[9], 客人每好睡者。

漢 主人家且休去, 俺又忘了一件勾當。俺這馬每不曾飮水裏。等一會
控到時飮去, 井在那裏有?

主 兀那家後便是井。

漢 有轆轤[10]那無?

主 淺淺的井兒, 則著繩子拔水[11]。井邊頭更有飮馬的石槽兒[12]。

漢 旣這般呵, 你收拾[13]帖落[14], 井繩[15]出來。

主 井邊頭帖落, 井繩都有。我更囑咐恁些話, 那帖落不喫水[16]。恁不會
擺時, 帖落上絟著一塊塼頭者。

漢 那的俺自會的。索甚麼你教?

- -

飜老 제23화 井

主 安置、安置、客人們好睡着。

漢 主人家、且休去、我又忘了一件句當。我這馬們不曾飮水裏、等一會控到
時飮去、那裏有井?

主 那房後便是井。

漢 有轆轤那沒?

- -

 [8] 원문 '喫水'는 "물이 들어가다"는 뜻이다.
 [9] '安置'는 주1 참조.
[10] '轆轤'는 주2 참조
[11] '拔水'는 주3 참조
[12] '石槽兒'는 주4 참조
[13] '收拾'은 주7 참조.
[14] '帖落'은 주5 참조.
[15] '井繩'은 주6 참조.
[16] '喫水'는 주8 참조.

主 淺淺的井兒、只着繩子拔水。井邊頭有飮馬的石槽兒。

漢 旣這般時、你收拾洒子、井繩出來。

主 井邊頭洒子、井繩都有。我又囑咐你些話、那洒子不沉水。你不會擺時、洒子上絵着一塊塼頭着。

漢 這的我自會的。不要你敎。

飜老 제23화 우므레 믈 기러 내ᄂ니라.

主 이대, 이대, 나그내네 됴히 자쇼셔.

漢 쥬신하! 안직 가디 마ᄅ쇼셔. 내 ᄯᅩ ᄒᆞᆫ 일 니젓다이다. 우리 이 ᄆᆞᆯ돌히 믈 아니 머것더니, ᄒᆞᆫ 디위 쉬요ᄆᆞᆯ ᄀᆞ장 ᄒᆡ야든 기들워 머기라 가져.
어듸 우믈 잇ᄂ뇨?

主 뎌 집 뒤히 곧 우므리라.

漢 믈 기를 자쇄 잇ᄂ녀 업스녀?

主 얼가온 우므레 노호로 믈 기러 내ᄂ니라. 우믌ᄀᆞ새 ᄆᆞᆯ 믈 머기ᄂ 돌구싀 잇ᄂ니라.

漢 이믜 이러면 네 드레와 줄 서러 내여 오고려.

主 우믌ᄀᆞ애 드레와 줄 다 잇ᄂ니라. 내 ᄯᅩ 너ᄃ려 말ᄉᆞᄆᆞᆯ 당부ᄒᆞ노니, 그 드레ᄆᆞᆯ 좀디 아니ᄒᆞᄂ니, 네 두의티기옷 모ᄅᆞ거든 드레 우희 ᄒᆞᆫ 무싁 벽을 ᄆᆡ라.

漢 이ᄂ 나도 아노니, 네 ᄀᆞᄅᆞ치디 마오려.

제24화 여물은 밤에 주라.

漢 자, 순서대로 일어나서 말에게 부지런히 먹이를 주세. 상말에도 "말은 밤에 여물을 먹지 않으면 살찌지 않고, 사람은 횡재하지 않으면 부자가 되지 못 한다"[1] 라고 하지 않는가? 구유가 평평한[2] 대로 날을 새지 않도록 해야지. 자, 말이 여물을 버무려서 한참 먹었으면 물을 먹이러 가세.

啇 꼴을 담는 광주리도 없는데, 어떻게 마초(馬草)를 나르겠습니까?

漢 없으면 웃옷의 앞자락에 풀을 안아 가시오. 나는 콩 삶은 물을 나를 테니까.

여기 주인은 어찌 이렇게 칠칠치[3] 못한가? 여물을 젓는 막대기가[4] 하나도 없잖소. 빨리 장대라도[5] 갖고 와서 여물을 버무립시다.

자! 잠시 방에 가서 쉬세[6]. 좀더 있다가 말이 여물을[7] 다 먹으면 물을

[1] 원문 "馬不得夜草不肥, 人不得橫財不富"의 사용은 원대(元代) 희곡의 『후정화(後庭花)』「雜劇」2折 '일지화(一枝花)'에 "馬無夜草不肥, 人不得外財不富 — 말은 밤 꼴이 없으면 살찌지 않고 사람은 딴 재물을 얻지 못하면 부자가 못된다 — "라는 대사가 있고, 또 『박통사(朴通事)』(권上)에 "人不得橫財不富, 馬不得夜料不肥 — 사람은 횡재하지 않으면 부자가 못되고 말은 밤 여물을 머지 않으면 살찌지 않는다 — "라는 구절이 있어 이것이 당시에 널리 쓰이던 속담임을 알 수 있다.

[2] 원문 '槽兒平'은 확실하지 않으나 "구유에 넣은 여물이 구유가 평평한 대로, 즉 말이 먹지 않은 상태로 날이 밝다"는 뜻으로 보았다

[3] 원문 '整齊'는 "필요한 것이 완비되어 있다"라는 뜻이다. 여기서는 문맥상 "칠칠하다"로 번역하였다.

[4] 원문 '攪料棒'은 "여물을 젓는 막대, 또는 주걱"이란 뜻이다. 여기는 마초(馬草)와 곡식 삶은 물(料水)을 섞기 때문에 '攪草棒'이어야 할 것 같은데 이 시대는 이 말이 통용된 것으로 보인다. 제18화 주4 참조.

[5] 원문은 '柱棒'으로 여기서 '柱'는 '拄'의 잘못으로 보인다. 의미는 "받쳐주는 것"으로 우리나라에서 흔히 쓰던 빨래줄의 버팀목, 즉 장대를 말하는 것으로 해석하였다. 〈飜老〉의 '拄杖'은 지팡이를 가리킨다.

[6] 원문 '坐的'은 '坐地'라고도 쓴다. 이 두 글자로 "앉다"를 표시함. 단 여기서는 쉰다는 것을 말한다. 『老朴集覽』「單字解」'坐'항 참조.

먹이러 갑시다.

高 이제 여물을 다 먹었겠지요. 물을 먹이러 갑시다.

제24화 喂馬

漢 咱每厮輪著起來，勤喂馬。常言道「馬不得夜草不肥，人不得橫財不富」[8]。却休槽兒平[9]直到明。咱每拌上，馬喫一和草時，飮水去。

高 盛草的筐兒也沒，著甚麼將的草去？

漢 既沒時，且著布衫襟兒抱些草去。我將料水去。

這主人家好不整齊[10]。攪料棒[11]也沒一箇。疾快取將咱每柱棒[12]來攪料。

且房子裏坐的[13]去來。一霎兒馬喫了這和草[14]，飮水去。

高 馬敢喫了草也，飮去來。

- - - - - - - - - - - - - - - - - - - -

飜老 제24화 喂馬

漢 咱們輪着起來、勤喂馬。常言道 ‘馬不得夜草不肥、人不得橫財不富’。却休槽兒平直到明。咱們拌上、馬喫一和草時、飮水去。

高 盛草的筐兒也沒、着甚麼將的草去？

漢 既沒時、且着布衫襟兒抱些草去。我將料水去。

這主人家好不整齊。攪料棒也沒一箇。疾快取將咱們的拄杖來攪料。

且房子裏坐的去來。一霎兒馬喫了這和草、飮水去。

高 馬敢喫了草也、飮去來。

- - - - - - - - - - - - - - - - - - - -

[7] 원문 '和草'는 '料水'(콩 삶은 물)와 '꼴'(馬草)을 버무린 말의 여물을 말한다.
[8] '馬不得夜草不肥, 人不得橫財不富'는 주1 참조
[9] '槽兒平'은 주2 참조
[10] '整齊'는 주3 참조
[11] '攪料棒'은 주4 참조
[12] '柱棒'은 주5 참조
[13] '坐的'은 주6 참조
[14] '和草'는 주7 참조

飜老 제24화 ᄆᆞ리 밤 플 몯 머그면 솔지디 아니ᄒᆞ다.

漢 우리 돌여 니러 ᄇᆞᄌᆞ러니 몰 머기져. 상녯 말소매 닐오ᄃᆡ, ᄆᆞ리 밤 플 몯 머그면 솔지디 아니ᄒᆞ고 사ᄅᆞ미 ᄩᆞᆫ 천곳 몯 어드면 가ᄉᆞ며디 몯ᄒᆞᄂᆞ니라. ᄯᅩ 구ᅀᅵ예 펑케 주어 ᄀᆞᆺ 새배 다ᄃᆞᆫ게 말라. 우리 ᄆᆞ롤 ᄒᆞᆫ 번 딥 섯거 버므려 주워 머거든 믈 머기라 가져.

高 딥 다믈 광조리도 업다. 므스거소로 딥 가져가료?

漢 하마 업거니 안직 뵈옷 쟈락으로 딥 가져가라. 내 콩 ᄉᆞᆯ믄 믈 가져가마.
이 쥬신이 ᄀᆞ장 졍졔티 아니ᄒᆞ다. 콩 버므릴 막대 ᄒᆞ나토 업다. 섈리 우리 딥 퍼온 막대 가져다가 콩 버므리라.
안직 방의 안자시라 가져. ᄒᆞᆫ 디위 ᄆᆞ리 이 버므린 딥 머거든 믈 머기라 가져.

高 ᄆᆞ리 딥 머근 ᄃᆞᆺᄒᆞ다. 믈 머기라 가져.

제25화 누가 방을 지키나?

漢 우리가 다 가 버리면 이 방에 사람이 없으니까 좋지 않아요[1]. 누가 한 사람 남아서 방을 보고 나머지 사람들이 말을 끌러 갑시다.

高 무슨 일이 있겠어요? 이 여관의 문은 모두 닫혔는데 누가 들어온답니까?

漢 그런 말씀을 하지 마시게. 조심하는 게 좋단 말일세. 속담에도 "항상 도둑 마음을 조심하고, 남의 물건은 넘보지 말라"고[2] 하지 않았는가? 당신들 내 말을 들어서 방을 보게 사람 하나를 남깁시다.

高 그럼 방보는 사람으로 누구를 둘 것이오?

漢 당신들 세 사람 중에서 가장 나이 많은 분에게 방보기를 부탁하세. "세 사람 같이 가면 젊은 사람이 수고하는 법"[3]이네. 우리 셋이서 갑시다.

제25화 看房子

漢 咱每都去了時, 這房子裏沒人, 敢不中[4]。留一箇看房子, 別箇的牽馬

---

[1] 원문 '敢不中'의 '敢'은 "아마, 아마도"의 뜻이다. '中'은 문언(文言)에서의 '宜'와 같고, '不中'은 "적당하지 않다, 좋지 않다"는 뜻으로 쓰였다. 『사천향(謝天香)』「잡극(雜劇)」 1折의 대사에 "敢不中麼ㅡ아마도 좋지 않겠죠ㅡ"를 비롯하여 많은 다른 원곡(元曲)에서 상용(常用)으로 표현되는 말이다.

[2] 원문 '常做賊心, 莫偸他物'은 "항상 도둑의 마음을 경계해야 하고 타인의 물건을 넘봐서는 안 된다"는 뜻이다. 이 말은 『朴通事』(中)에 "常防賊心, 莫偸他物"이라는 구절이 있어서 "도둑에게 틈을 보여서는 안 된다"는 뜻임을 알 수 있다. 운율의 평측(平仄)은 보면 '방(防)'보다 '做(주)'가 옳다.

[3] 원문 '三人同行小的苦'은 "세 사람이 행동을 같이 하면 젊은 사람이 불리한 제비를 뽑는다"는 원대(元代)의 속담을 말한다. 『호접몽(胡蝶夢)』「잡극(雜劇)」 2折 '하신랑(賀新郎)'에도 같은 속담이 있다. 원래는 『역경(易經)』 '익(益)'의 괘(卦)에 "세 사람 가면 바로 한 사람이 손해를 보다"라는 것에 의거한 것으로 보인다. 여기서 가장 나이 많은 사람이란 주인공의 고종사촌형인 김(金)일 것이다. 제12화 참조.

去來。

高　 碍甚事? 這店裏都閉了門子也。待有甚麽人入來?

漢　 休那般說, 小心必勝。常言道「常做賊心, 莫偸他物」[5]。你自依著我, 留一箇看房子。

高　 那般者, 咱每留誰看房子?

漢　 恁三箇裏頭, 著這老的看者。三人同行小的苦[6]。咱每三箇去來。

飜老 제25화 **看房子**

漢　 咱們都去了時、這房子裏沒人、敢不中。留一箇看房子、別箇的牽馬去來。

高　 碍甚麽事? 這店裏都閉了門子了。怕有甚麽人入來?

漢　 休那般說、小心的還好。常言道 '常防賊心 莫偸他物'。你自依着我、留一箇看房子。

高　 那般着、咱們留誰看房子?

漢　 你三箇裏頭、着這老的看着。三人同行、小的苦。咱們三箇去來。

飜老 제25화 **우리 누를 두워 방 보라 ᄒ료?**

漢　 우리 다 가면 이 방의 사ᄅᆷ 업스니 맛당티 아닌 ᄃᆺᄒ다. ᄒ나 두워 방 보라 ᄒ고, 다ᄅᄂᆞ니 ᄆᆞᆯ 잇그러 가라 ᄒ져.

高　 므던ᄒ니. 이 뎜에 다 문 다ᄃ면, 므슴 사ᄅᆞ미 드러오료?

漢　 그리 니ᄅ디 말라. 조심호미 됴ᄒ니라. 샹녯 말소매 닐오ᄃᆡ "댱샹 도죽 ᄆᆞᅀᄆᆞᆯ 막고 ᄂᆞ미 것 도죽 말라" ᄒ느니, 네 내 말 드러 ᄒ나 두워 방 보게 ᄒ라.

高　 그리ᄒ져. 우리 누를 두워 방 보라 ᄒ료?

漢　 너희 세희 듕에 이 늘그니 ᄒ야 보라 ᄒ야라. 세히 ᄒᆞᆫᄃᆡ 길 녀매 져므니 슈고ᄒ느니라. 우리 세히 가져.

-----

[4] '敢不中'은 주1 참조.

[5] '常做賊心, 莫偸他物'은 주2 참조

[6] '三人同行小的苦'는 주3 참조

제26화 물 긷기

漢 이 골목길은[1] 좁아서 많은 말을 끌고는 지나 갈 수가 없네. 두 번으로[2] 나누어서 끌고 가세.

高 그럽시다. 당신은 아마도 물 긷기를[3] 잘할 것 같아요. 나는 물 긷기에는 익숙하지 못하니까 당신이 먼저 물을 길으러 가세요. 우리 둘이 말을 끌고 가겠습니다.

漢 그렇게 하세. 내가 물을 길으러 가겠네. 당신들은 말을 끌고 오게.

[물을 긷고 나서]

漢 나는 방금 이 물구유(水槽) 안에 두레박으로 두 번 물을 길어 놓았네. 말부터 마시게 하세.

高 이 말은 물을 잘 마시는데, 이쪽 말은 물을 마시는 게 적어요.

漢 물이 줄어들었으니 한 두레박 더 길어야겠네.

高 두레박을 주시오. 내가 시험 삼아 해봅시다.

[물을 길으려고 해서]

이 두레박이 전혀[4] 물에 들어가지 않네. 어찌하면 뒤집을 수 있어요?

漢 내가 가르쳐 주겠네. 두레박을 이렇게 물 위에서 들어 올리고 흔들게. 다음에 뒤집어서 물 속에 집어넣어야 물에 들어가네.

高 참 그렇습니다. 정말로 예전에는 사람이 물을 긷는 것을 보기만 하고 결국은 끝내 배우지 못했는데, 오늘부터는 이치를 알 수 있게 되었네요.

....

[1] 원문 '胡洞'은 "골목길"이란 뜻이다. 현재는 보통 '胡同'이라고 쓰며, 원래는 몽골어로 우물을 의미하는 'huduk'에서 온 말이다.
[2] 원문 '遭兒'는 "번"으로 번역하였다. '遭兒'는 횟수를 세는 수량사(數量詞)로서 현대중국어의 "회(回)", "차(次)"에 해당된다.
[3] 원문 '打水'는 "물을 긷다"는 뜻이다.
[4] 원문 '是'는 "확실히"라는 뉘앙스로 쓰인 것 같다. 여기서는 '전혀'로 해석하고자 한다.

제26화 打水

漢 這胡洞[5]窄, 牽著馬多時, 過不去。 咱每做兩遭兒[6]牽。

高 那般者, 你敢慣打水[7], 俺不慣打水。 你先打水去, 俺兩箇牽馬去。

漢 那般者, 我打水去, 恁將馬來。
　我恰纔這槽兒裏頭, 拔上兩帖落水也。 著馬喫。

高 這箇馬好喫水。 這箇馬喫水細。

漢 這水小, 再打上一帖落者。

高 將帖落來, 我試學打。 這帖落是[8]不喫水, 怎生得倒?

漢 我教與你。 將帖落提起來, 離水面擺動, 倒撞入水去, 便喫水也。

高 這般時, 眞箇在前曾見人打水, 終不曾學, 從今日理會得也。

飜老 제26화 打水

漢 這衚衕窄、牽着馬多時、過不去。 咱們做兩遭兒牽。

高 那般着、你敢慣打水、我不慣打水、你先打水去。 我兩箇牽馬去。

漢 那般着、我打水去、你將馬來。
　我恰纔這槽兒裏頭、拔上兩洒子水也。 着馬喫。

高 這箇馬快喫水。 這箇馬喫水少。

漢 這水少、再打上一洒子着。

高 將洒子來、我試學打。 這洒子是不沉水、怎生得倒?

漢 我教與你。 將洒子提起來、離水面擺動、倒撞入水去、便喫水也。

高 這般時、眞箇在前曾見人打水、不曾學、從今日理會得了。

飜老 제26화 믈 기리

漢 이 고리 조브니 믈 잇기 만ᄒᆞ면 나가디 몯ᄒᆞ리라. 우리 두 번의 잇거 가져.

高 그리ᄒᆞ져. 네 믈 기리 니근 ᄃᆞᆺᄒᆞ고나. 내 믈 기리 닉디 몯ᄒᆞ라. 네 몬져 믈

기르라 가라. 우리 둘히 물 잇거 가마.

漢 그리호마. 나는 믈 기르라 가노라. 네 물 가져 오라.

내 앗가 이 구쉬 안해 두 드렛 믈 기러 잇다. 물둘흘 머기라.

高 이 무리 믈 잘 먹느다. 이 무른 믈 머기 좌다.

漢 이 무리 좌다. 쏘 흔 드레만 기르라.

高 드레 가져오라. 내 기리를 비화지라. 이 드레 믈 둠디 아니흐느다. 엇디흐야 구으리혀료?

漢 내 너ᄃᆞ려 ᄀᆞᄅᆞ춈마. 드레를 드러 믈 우희 쯰워 베텨 구으리혀, 므레 맛바다 드러가면, 즉재 믈 먹느니라.

高 이러면 진실로 앏픠 사ᄅᆞ미 믈 긷거늘 보다니 일즉 비호디 아니호니 오늘우터 알와라.

제27화 고려의 우물

漢 당신네들 고려 땅에는 우물이 없는가?

高 우리 고장의 우물은 이런 우물이 아닙니다. 이 우물은 안벽을 벽돌로 쌓은 것이라 적어도 두 길(丈)의[1] 깊이는 되는데, 우리 쪽 우물은 다 돌을 쌓은 것으로 아무리 깊어도[2] 한 길(丈)이 되는 것이 없고 기껏해야 7, 8자(尺)정도의 깊입니다. 우리는 남자가 물을 긷지 않고 여자만 물을 긷기 때문에 구리로 만든 동이에[3] 물을 담아 머리에 입니다. 각자 물을 긷는 바가지를[4] 갖고 있는데 바가지에는 한 줄의 가느다란 끈이 매여 있어서 이쪽의 두레박에 줄을 매어 물을 푸는 것과 같습니다.

漢 저런, 어찌 그렇게 물을 길을 수가 있단 말이오?

高 글쎄, 모르겠습니다.

漢 나는 당연히 이쪽과 물 긷는 것이 똑같다고 생각했네.

제27화 高麗井

漢 你高麗田地裏無井那怎麼?

高 俺那裏井不似這般井。這井是磚甃的井, 至小有二丈[5]深。俺那裏井都是石頭壘的, 最深殺的[6]沒一丈, 都是七八尺來深有。俺那裏男子漢不打水, 則是婦人打水。著箇銅盔[7], 頭上頂水, 各自將著箇打水的

[1] 원문 '二丈'의 '丈'은 높이를 재는 단위로서 우리말에 '길'에 해당된다. 한 장(丈)은 10척(尺)이고, 약 3미터가 된다. 우리말의 '길'보다는 더 높은 단위다.

[2] 원문 '最深殺的'은 "가장 깊은 것이라도"라는 의미이며, '～殺'은 정도가 심함을 나타내어 거기서 또 "설령 ～하더라도"라는 뜻이 된다. 여기서는 "아무리 깊어도"로 해석한다.

[3] 원문 '銅盔'의 '盔'는 "투구", 또는 "깊게 만든 물동이"를 말한다.

[4] 원문 '瓢兒'는 '瓢(박)'을 반으로 쪼개어 물 등을 푸는 데 사용하는 도구를 말한다. 우리말의 '바가지'에 해당함.

[5] '二丈'은 주1 참조

[6] '最深殺的'은 주2 참조.

瓢兒[8], 瓢兒上絟著一條細繩子, 却和這裏井繩, 帖落一般取水有。

漢 却怎麽那般打水?

高 我不理會得。

漢 我則道是和俺這裏一般打水有。

飜老 제27회 高麗井

漢 你高麗地面裏沒井阿怎麽?

高 我那裏井不似這般井。這井是塼砌的井、至小有二丈深。我那裏井 都是石頭疊的、最深殺的沒一丈、都是七八尺來深。我那裏男子漢 不打水、只是婦人打水。着箇銅盆、頭上頂水、各自將着箇打水的瓢兒、瓢兒上絟着一條細繩子、却和這裏井繩、洒子一般取水。

漢 却怎麽那般打水?

高 我不理會得。

漢 我只道是和我這裏一般打水。

飜老 제27회 네 高麗ㅅ짜해 우믈

漢 네 高麗ㅅ짜해 우믈 업스녀 엇디오?

高 우리 뎻 우므른 이런 우믈 곧디 아니니, 이 우므른 벽으로 무슨 우므리라, ᄀ장 쟈가아 二丈 기픠옴 ᄒ거니와, 다 돌호로 무슨 거시라, ᄀ장 기프니도 ᄒ 닶 기픠 업서, 다 닐굽 여듧 잣 기픠라. 우리 거긔는 남지니 믈기리 아니ᄒ고 다믄 겨집비 믈기리 ᄒᄂ니, 동희로 머리 우희 므를 이ᄂ니, 각각 믈 기를 박 가지고 박 우희 ᄒ 오릿 ᄀ는 노홀 미얏ᄂ니, ᄯ 여긧 줄 드레 ᄒ 가지로 믈 긷ᄂ니라.

漢 ᄯ 엇디 그리 믈 긷ᄂ뇨?

高 내 모로리로다.

漢 내 그저 닐오디, 우리 예 ᄒ 가지로 믈 긷ᄂ다 ᄒ야 니ᄅ노라.

---

[7] '銅盆'는 주3 참조.

[8] '瓢兒'는 주4 참조.

제28화 말 끌어오기

🔳 당신들은 이 말들을 끌고 돌아가서 다른 말을 끌고 와 물을 먹이게. 이쪽 말들은 벌써 다 먹였네.

🔳 이렇게 어두운 데서 변소에 가기 싫어요. 이 뒤뜰에 가서 대변을 누어 도[1] 되겠어요?

🔳 내가 말을 잡고 있을 테니까 당신은 볼일 보러 가게. 나는 꼭 갈 필요 가 없네. 당신은 길에서 떨어진 곳에다 하고 길가에다가는 볼일을 보 지 않도록 하게. 내일 사람들이 욕하고 갈 테니까.

[원래 장소로 돌아가서 동행인 고려 사람끼리 말함]

🔳 한 사람이 두 마리씩을 끌고 가도록 하자[2].

[물 마시는 장소에 말을 끌고 가서 말함]
단단히 묶어야 해.

🔳 이 물 구유(水槽)는[3] 꽤 폭이 넓구나. 좀 멀리 띄여서 묶어야겠네. 밧줄 이 얽히는 게 걱정이야.

[물을 다 주고 나서]

🔳 자, 빨리 꼴과 콩을[4] 버무려 주게.

....

[1] 원문 '大淨手'은 "대변을 보다"는 뜻이다. '淨手'는 변소에 가는 것을 가리키 는 완곡 표현으로 현대 우리말의 "화장실에 가다"는 표현과 같다.

[2] 원문은 '一箇人牽着兩箇去 – 한 사람이 두 마리씩을 끌고 간다–'인데 여 기 이하는 누가 어떤 상황에서 말하고 있는지 판단하기 어렵지만, 일단 다음과 같이 해석하였다. 즉 남은 말을 끌어오려고 되돌아간 두 사람의 고려인이 파수로 남아 있던 사람(아마도 연장자인 김씨)과 같이 한 사람이 두 마리씩 끌고 간 것으로 보인다. 따라서 이번에는 여섯 마리, 그 전에는 다섯 마리의 말을 끌고 간 셈이 된다. 그 다음에 "물 구유(水槽)의 폭이 넓다" 운운한 것은 처음 말한테 물을 먹인 탓으로 익숙하지 못했던 방 보던 사람 김(金)의 말일 것이다.

[3] 원문 '槽道'는 물을 담아 두는 말구유를 말한다. 아마도 돌로 만든 물 구유 (水槽)가 세로로 길기 때문에 이렇게 말했을 것이다.

金 에이, 어찌되든 될 대로 되어라. 이대로 먹이자.

漢 자, 자러 가세.

제28화 牽馬

漢 恁牽廻這馬去, 再牽將別箇的來飮. 這馬都飮了也.

高 這般黑地裏, 厠屋裏難去. 咱每則這後園裏大淨手[5]不好那?

漢 我拿著馬, 恁淨手去, 我不索淨手. 恁離道兒者, 休在路邊淨手下.
明日著人罵去裏.

高 咱每一箇人牽著兩箇去[6].
綆的牢者.

金 這槽道[7]好生寬有, 厮離的較遠些兒綆, 又恐怕繩子厮扭著.

漢 疾快將草料[8]來拌上者.

金 儘敎, 則敎喫者.

漢 咱睡去來.

飜老 제28화 牽馬

漢 你牽迴這馬去、再牽將別箇的來飮. 這馬都飮了.

高 這般黑地裏、東厠裏難去. 咱們只這後園裏去淨手不好那?

漢 我拿着馬、你淨手去、我不要淨手. 你離路兒着、休在路邊淨手. 明日着
人罵.

高 咱們一箇人牽着兩箇去.
綆的牢着.

金 這槽道好生寬、離的遠些兒綆、又怕繩子紐着.

漢 疾快將草料來拌上着.

----

[4] 원문 '草料'는 "여물"이다. 물을 마시게 한 뒤, 마지막으로 검은콩을 꼴에
섞은 여물을 먹인다. 제18화 주1 참조.

[5] '大淨手'는 주1 참조

[6] '一箇人牽着兩箇去'는 주2 참조

[7] '槽道'는 주3 참조.

[8] '草料'는 주4 참조.

金 儘着他喫着。

漢 咱睡去來。

飜老 제28화 몰 잇거 가져오다.

漢 네 이 몰 잇거 도라가, 쏘 다른니 잇거 가져와 믈 머기라. 이 몰돌 다 머겨다.

高 이런 어두은 싸해 뒷간의 가미 어렵다. 우리 그저 이 뒷터해 가 뒤돈뇨미 아니 됴ᄒ녀?

漢 내 몰 자바쇼마. 네 뒤보라 가라. 나는 뒤보기 마다. 네 길흘 ᄯ워 ᄒ고 길ᄭ애 셔 뒤보기 말라. 너일 ᄂ미 구지람 든ᄂ니라.

高 우리 ᄒ나히 둘콤 잇거 가, 미요몰 구디 ᄒ라.

金 이 구싯터히 ᄀ장 어위다. ᄯ우믈 멀즈시 미라. 쏘 노히 버믈가 저헤라.

漢 ᄲᆯ리 딥과 콩돌 가져다가 버므려 주라.

金 제 ᄆ숨ᄭ장 먹게 ᄒ져.

漢 우리 자라 가져.

제29화 우리 떠납니다.

■ 동행들 일어나시오. 닭이 세 번 울었으니까 이제 곧 날이 샐 것일세. 우리 서둘러 빨리 짐을 정리해요. 말에 안장을 얹노라면[1] 하늘이 밝을[2] 걸세.

주인한테 하직하러 갑시다.

주인아저씨, 허물 마시오. 우린 이제 떠납니다.

主 당신들이야말로 허물 마시고 조심히 잘 가십시오.[3] 돌아오실 때에 우리 집에 또 와서 묵으십시오.

[숙소를 떠나서 작년에 무너졌던 다리에 도착했다.]

■ 이 다리가 어제 밤 내가 말했던 다리일세. 예전보다 훨씬 좋아졌네. 예전에는 그냥 흙을 쌓은 다리이었는데[4] 지금은 모두 판자로 덮었고[5] 다리 들보(橋梁)와 다리 기둥(橋脚)도 예전보다 훨씬 튼튼하게 되었네. 이러면[6] 10년이 이르도록 무너지지 않을 것이로세.

....

[1] 원문 '轎'은 "말에 안장을 얹는 것"을 이르며 '備'라고도 쓴다.
[2] 원문 "大明也"의 '大'는 같은 음의 '待', 혹은 '天'의 잘못인 것 같다. '待明'이라면 "밝기를 기다리다"이고 '天明'이라면 "날이 밝다"인데 여기서는 "날이 샐 것"으로 해석한다.
[3] 원문 '好去者'는 "조심해서 가십시오"의 뜻이다. 여행을 떠나는 사람이나 집을 나서는 사람에게 하는 인사말이다. 반대말은 "好住者－안녕히 계세요"이다. 현대 우리말의 작별 인사 "잘 가"와 "잘 있어"는 이에 대응된다.
[4] 원문 '土搭橋'은 흙을 덮은 다리를 말한다.
[5] 원문 '板幔'은 "판자로 덮다"의 뜻으로 명(明)의 서광계(徐光啓)가 편한 『농정전서(農政全書)』(권45) 「一定倉式」에 "그 倉庫 위에는 方木을 서까래로 하여, 서까래 위에 板幔을 사용함"이라는 기사가 보인다. '幔'은 덮는 장막을 가리키므로 '板幔'은 덮개로 사용하는 얇은 판자를 말할 것이다. 다만 여기서는 동사로 사용되고 있다.
[6] '阿的'은 '兀的'과 같은 뜻이지만, 보다 옛날식 표현이다. 여기서는 "이러면"의 듯으로 보인다. 제18화 주7 참조.

제29화 俺去也

漢 伴當每, 起來。雞兒叫第三遍也, 待明去也。咱急急的收拾了行李, 鞴[7]了馬時, 大[8]明也。

辭了主人家去來。

主人家哥休怪, 俺去也。

主 恁休怪, 好去者[9]。迴來時, 却來俺店裏下來。

漢 這橋便是我夜來說的橋, 比在前哏好有。在先則是土搭的橋[10]來, 如今都是板幔[11]了。這橋梁, 橋柱比在前哏牢壯。阿的[12]涯十年也壞不得。

. . . .

飜老 제29화 我去也

漢 火伴們、起來。雞兒叫第三遍了、待天明了也。咱急急的收拾了行李、鞁了馬時、天亮了。辭了主人家去來。

主人家哥休怪、我去也。

主 你休怪、好去着。迴來時、却來我店裏下來。

漢 這橋便是我夜來說的橋、比在前十分好。在先只是土搭的橋來、如今都是板鞁了。這橋梁、橋柱比在前忒牢壯。這的捱十年也壞不得。

. . . .

飜老 제29화 우리 가노이다.

漢 벋돌하 닐어라. 둙기 우런 디 세 홰어다. ᄒᆞ마 하늘도 불ᄀ리로다. 우리 ᄲᆞᆯ리 짐둘 설어즈라. 물 기르마 진노라 ᄒᆞ면 하놀히 불그리로다.

쥬ᅀᅵᆫ손ᄃᆡ 하딕ᄒᆞ라 가져.

쥬ᅀᅵᆫ 형님! 허믈 마라쇼셔. 우리 가노이다.

主 네 허믈 말오. 이대 가쇼셔. 도라 오실 제 ᄯᅩ 와, 우리 뎜에 브리쇼셔.

. . . .

[7] '鞴'는 주1 참조.
[8] '大明也'는 주2 참조.
[9] '好去者'는 주3 참조.
[10] '土搭橋'는 주4 참조.
[11] '板幔'은 주5 참조.
[12] '阿的'은 주6 참조.

漢 이 드리는 곧 내 어제 니르던 드리니, 아리두곤 フ장 됴타. 앏픠는 그저 홁
텨 밍フ 드리러니, 이제는 다 널 꼬라 잇고, 이 드릿보와 기동돌히 아러 치와
견조면 너므 굳다. 이거시 십년을 디나도 히야디디 아니호리로다.

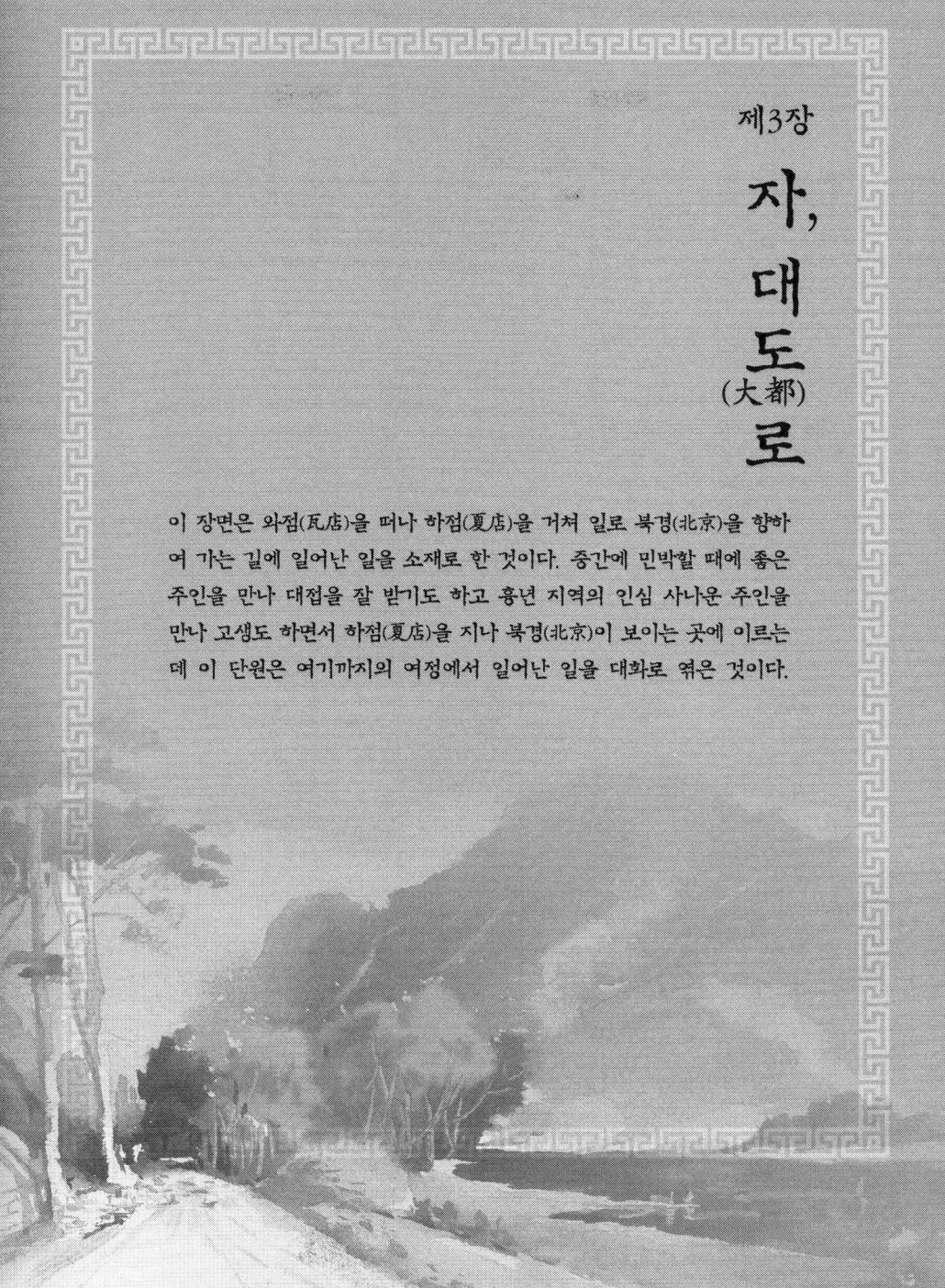

제3장

자, 대도(大都)로

이 장면은 와점(瓦店)을 떠나 하점(夏店)을 거쳐 일로 북경(北京)을 향하여 가는 길에 일어난 일을 소재로 한 것이다. 중간에 민박할 때에 좋은 주인을 만나 대접을 잘 받기도 하고 흉년 지역의 인심 사나운 주인을 만나 고생도 하면서 하점(夏店)을 지나 북경(北京)이 보이는 곳에 이르는데 이 단원은 여기까지의 여정에서 일어난 일을 대화로 엮은 것이다.

譯註 原本老乞大

제30화 아침밥을 지어먹다.

■ 해가 이렇게 높아졌고, 앞으로 가도 이렇다 할만한 상점이 없으니 우리 저 집에 가서 쌀을 사서[1] 밥을 지어먹읍시다.

■ 그렇게 하지요. 배도 많이 고픕니다. 자, 어서 갑시다.

■ 이 말의 짐을 모두 내리고, 말의 복대를 느슨하게 풀고 재갈도[2] 빼낸 다음 길가에 풀어주어 풀을 뜯어먹게 하세. 한 사람이 지키게 하고 나머지는 저 집으로 물어보러 가보세.

제30화 飯喫

■ 日頭這般高也。前頭又無甚店子，咱每則投兀那人家，糴[3]些米自做飯喫去來。

■ 那般者。肚裏好生飢也，咱每去來。

■ 這馬都卸下行李，鬆動肚帶，取了嚼子[4]，這路傍邊撒了，著喫草者。教一箇看者，別的都投這人家問去來。

- -

飜老 제30화 飯喫

- -

■ 日頭這般高了。前頭又沒甚麼店子、咱們只投那人家糴些米、自做飯喫去來。

■ 那般着。肚裏好生飢了、咱們去來。

■ 這馬都卸下行李、鬆了肚帶、取了嚼子、這路傍邊放了、着喫草着。教一箇看着、別的都投這人家問去來。

- -

[1] 원문 '糴'은 쌀을 구입하는 것을 의미한다. 제35와 주1 참조.
[2] 원문 '嚼子'는 말의 입에 물리는 재갈을 말한다. 제75화에서는 '閘口'라고 하고 있다. 제75화 주9 참조.
[3] '糴'은 주1 참조.
[4] '嚼子'는 주2 참조.

飜老 **제30화** 손조 밥 지어 먹고 가져.

漢 히논 이리 놉고 얇픠 아모란 덥도 업스니, 우리 그저 뎌 신가의 가, 뿔 밧고와 손조 밥 지어 먹고 가져.

高 그리ᄒᆞ져. 비 ᄀᆞ장 곱프다. 우리 가져.

漢 이 ᄆᆞᆯᄃᆞᆯ 짐 브리우고 오랑 느추고 마함 벗기고, 이 긼ᄀᆞ새 노하 플 먹게 ᄒᆞ고, ᄒᆞ나홀 히야 보게 ᄒᆞ고, 다ᄅᆞ니는 다 이 신가의 드러가 무르라 가져.

제31화 나그네를 불쌍히 여기다.

漢 주인 어른, 우리 이 몇 사람은 길가는 나그네입니다. 이렇게 늦었는데 아직 아침밥을 먹지 못했고 앞에도 이렇다 할 상점이 없습니다. 일부러 찾아뵙게 된 것은 어떻게 쌀 조금 나눠주셔서 밥을 지어먹을 수 없나 해서입니다.

主 쌀을 나눠드릴 것도 없습니다. 마침 밥을 막 지었습니다. 손님들, 드시고 가시죠.

漢 그러면 댁의 진지가 부족하게 되지 않습니까?

主 괜찮습니다. 설사 부족하게 되면 또 지으면 되죠.

[하인 흥아(興兒)에게]

主 상을 갖고 와서 손님들에게 이 차일(遮日)[1] 밑에 앉아서 식사를 드시게 마련 하거라. 변변치 못한 음식[2]이지만, 어쨌든 참고 드시게 하거라[3]. 그리고 반찬이 될 것이 무어라도 있으면 갖다가 이분들에게 드려라. 만일 없으면 무나 파, 또 가지를 갖고 오너라. 가는 길에 간장도 가져오고.

興[4] 다른 반찬은 아무 것도 없습니다. 저 소금에 조린 오이를[5] 손님들에게 드릴까요?

主 그래 할 수 없구나, 그거라도 가져오너라.

　 손님들, 허물 마시고 요기나 하십시오.

....

[1] 원문 '棚'은 집안의 뜰 가운데에 임시로 세운 차일이나 천막을 말한다. 여기서는 '양붕(凉棚)', 즉 햇빛을 막기 위한 '차일(遮日)'을 말하는 것으로 보인다.

[2] 원문 '淡飯'은 "찬 없는 밥"이란 뜻이다.

[3] 원문 '胡喫'은 "대충 먹다, 그저 요기나 하다"는 뜻이다. 따라서 원문 '淡飯胡喫些箇'은 "찬 없는 밥을 대충 요기나 하시라"는 의미다.

[4] '興'은 제33화에 나오는 하인 흥아(興兒)를 가리킨다. 제33화 주1 참조.

[5] 원문 '塩瓜'은 "저린 호박"이겠으나 이보다는 "저린 오이"가 더 일반적인 반찬이어서 이 쪽을 택했다.

漢 소인들은 갑자기 찾아왔는데[6], 형님께서 이렇게 호의를 갖고 후하게[7] 식사를[8] 대접해주십니다. 허물하다니 당치도 않습니다.

主 기껏[9] 해야 이 정도인데 아무렇지도 않습니다. 제가 여행을 떠나지 않았으니 말이지, 만일 저도 여행을 떠났다면 역시 손님들과 똑같습니다.

漢 주인 말씀이 옳습니다. "일찍이 여행에 익숙한 자는 특별히 나그네를 동정하며 자기가 술꾼이라면 주정뱅이의 마음을 안다"[10]는 셈이군요.

제31화 慣曾出外偏憐客

漢 主人家哥, 俺幾箇行路的人。這早晚不曾喫早飯, 前頭又無甚店子。俺特的來, 怎生糴與些米做飯喫。

主 索甚麼糴米? 俺的飯熟也, 客人每喫了過去。

漢 這般時, 敢少了恁飯。

主 不碍事。便小時, 俺再做些箇便是。

....

[6] 원문 '驀面間'은 확실하지는 않지만 "갑자기 얼굴을 맞대다"는 뜻인 것으로 보아 여기서는 "갑자기 찾아오다"로 풀이하였다. 다만 이 말은 약간 부자연스러운데, '面'은 혹시 '而'의 잘못일지도 모른다. 원간본(元刊本)『마합라(魔合羅)』「극(劇)」1折 '작도지(鵲踏枝)'曲에 "略而間"(잠시)이라고 있는데 이것도 그와 같은 어형일 것이다.

[7] 원문 '重意'는 "심심한 배려의 마음을 가지고, 후하게"란 뜻이다.『금전기(金錢記)』「雜劇」3折의 대사에 "小生有德能, 着老相公這等重意管待也 －소생에게 무슨 덕이 있어, 상공께서 이렇게 후하게 대접해주십니까?－"라는 구절이 있다.

[8] 원문 '茶飯'은 먹는 것을 통틀어서 이르는 말이다(〈老朴集覽〉〈累〉). '식사'로 해석한다.

[9] 원문 '量'는 "기껏 해서 이 정도"라는 뉘앙스의 말이다.

[10] 원문 '慣曾出外偏憐客, 自己貧盃惜醉人'은 "같은 경우에 있는 자, 같은 경험을 가진 자는 서로의 마음을 잘 알 수 있다"는 뜻의 당시의 속담이다.『구풍진(救風塵)』雜劇 3折「곤수구(滾繡球)」曲에 "第二來慣曾爲旅偏憐客, 第三來自己貧盃惜醉人"이라고 보인다.

將卓兒來, 敎客人每則這棚[11]底下坐的喫飯。 淡飯[12]胡喫[13]些箇。
有甚麼熟菜蔬, 將些來與客人喫。 怕無時, 有蘿蔔, 生葱, 茄子將來。
就將些醬來。

興[14] 別箇菜都無, 兀的有塩瓜[15]兒與客人喫。

主 也好, 將來。

客人每休怪, 胡喫。

漢 小人每驀面間[16]廝見, 哥哥便這般重意[17]與茶飯[18]喫, 怎麼敢怪。

主 量[19]這些淡飯係甚利害, 偏俺不出外。 出外時, 也和恁一般。

漢 哥哥道的是。 '慣曾出外偏憐客, 自己貪盃惜醉人'[20]。

飜老 제31화 慣曾出外偏憐客

漢 主人家哥、我幾箇行路的人、這早晚不曾喫早飯、前頭又沒甚麼店子。我
特的來、怎生糶與些米做飯喫。

主 要甚麼糶米? 我的飯熟了、客人們喫了過去。

漢 這般時、敢少了你飯。

主 不妨事。便少時、我再做些箇便是。

將卓兒來、敎客人們只這棚底下坐的喫飯。淡飯胡亂喫些箇。有甚麼熟菜
蔬、將些來與客人喫。怕沒時、有蘿蔔、生葱、茄子將來。就將些醬來。

興 別箇菜都沒、只有塩瓜兒與客人喫。

主 也好、將來。人們休怪、胡亂喫些。

漢 小人們驀面間廝見、大哥便這般重意與茶飯喫、怎麼敢怪?

[11] '棚'은 주1 참조.
[12] "淡飯胡喫些箇"의 '淡飯'은 주2 참조.
[13] '胡喫'은 주3 참조.
[14] '興'은 주4 참조.
[15] '塩瓜' 주5 참조.
[16] '驀面間'은 주6 참조.
[17] '重意'는 주7 참조.
[18] '茶飯'은 주8 참조.
[19] '量'은 주9 참조.
[20] '慣曾出外偏憐客, 自己貪盃惜醉人'은 주10 참조.

主 量這些淡飯打甚麼緊? 偏我不出外、出外時、也和你一般。

漢 大哥說的是。慣曾出外偏憐客、自己貪盃惜醉人。

飜老 **제31화** 나그내를 에엿비 너기다.

漢 쥬신 형님! 우리 여러 길 녈 사르미 이 느즌 듸 일즉 아춤밥을 몯 머거 잇고, 앏픠는 쏘 아므란 뎜도 업슬시, 우리 부러 오소니 아므려나 져기 쁘롤 밧괴여 주어든 밥 지서 머거지라.

主 므스므려 쁘를 밧고려 ᄒᆞᄂᆢ? 우리 바비 니거 잇ᄂᆞ니, 나그내네 먹고 디나가라.

漢 이러ᄒᆞ면 네 밥이 쟈글 둧ᄒᆞ고나.

主 므던ᄒᆞ니. 믄득 쟉거든 우리 다시 져기 ᄒᆞ면 곧 긔어니ᄯᆞ나.
상 가져오라. 나그네돌 ᄒᆞ야 그저 이 가개 아래 안자셔 밥 먹게 ᄒᆞ져. 민 바블 간대로 머그라. 아므란 니근 ᄂᆞ므새 잇거든 져그나 가져다가 나그내네 주워 먹게 ᄒᆞ라. ᄒᆞ다가 업거든 댓무수와 파와 가지 잇거든 가져오라. 이믜셔 쟝조 쳐 가져오라.

興 녀느 ᄂᆞ므새는 다 업거니와 다믄 져린 외옷 잇다. 나그내네 주어 머기져.

主 그도 됴타. 가져오라. 나그내네 허믈 마오. 간대로 머그라.

漢 小人둘히 과그른 ᄂᆞ치 서르 보와셔 큰형님이 이리 듕흔 쁘드로 차반 주어 머기시거니 엇디 외오 너길고?

主 혜어든 이맛감 뷘 바비 므스거시 긴홀고? 독벼리 내라 ᄒᆞ야 외방의 나ᄃᆞ리 아니홀가. 외방의 나가면 쏘 너와 ᄒᆞᆫ가지어니ᄯᆞ나.

漢 큰형님 니르샤미 올ᄒᆞ시이다. 일즉 인방의 나ᄃᆞ니기 니그면 일편도이 나그내를 에엿비 너기고, 나옷 수울 탐ᄒᆞ면 취흔 사ᄅᆞᄆᆞᆯ 앗기ᄂᆞ니라.

제32화 배불리 드셨나요?

围 당신들, 밖에 또 동행이 있소이까?

漢 한 사람이 짐을 보면서 말을 풀어 놓고 있습니다.

围 그 사람의 식사는 어떻게 합니까?

漢 걱정 안 하셔도 됩니다. 우리가 다 먹으면 가져다줄 것입니다. 사발이 있으면 하나 빌려 주시오. 이 많은 밥에서[1] 한 사발 분을 담아 저 친구한테 갖다 주겠습니다.

围 놔두고[2] 당신들만 모두 드시오. 집에는 아직 밥이 남았으니 다 먹고 나서 갖다주면 되겠군요. 사양 말고[3] 천천히 많이 드시오.

漢 우리는 길가는 나그네입니다. 무슨 사양을 하겠습니까?

围 배불리 드셨나요? 못 드셨나요?

漢 우리 모두 충분히 먹었습니다.

[興兒에게]

围 식기를 치워라.

제32화 喫得飽那不飽?

围 恁外頭更有伴當麼?

漢 有一箇看行李, 就放馬裏。

围 他喫的飯却怎生?

漢 儘教。俺喫了時, 與他將些去。有椀與一箇, 這般裏[4]盛出一椀飯, 與

---

[1] 원문 '這般裏'의 '般'은 의미가 통하지 않는다. '盤'(큰 접시)의 잘못이거나 혹은 〈飜老〉와 같이 '飯'이어야 할 것이다. 여기서는 〈飜老〉에서와 같이 '飯'으로 보았다. '般'과 '飯'은 현재 우리 한자음으로는 동음(同音)이 된다.

[2] 원문 '由他'는 "놔두다, 마음대로 하게 하다"(〈老朴集覽〉 〈累〉)란 의미가 있는데 이로부터 "괜찮다"의 의미로 사용되었다. '他'에는 指示性이 없다.

[3] 원문 '做客'은 "사양하다"는 뜻이다.

[4] '這般裏'은 주1 참조

那箇伴當。

主 由他[5], 恁都喫了者。家裏更有飯裏。喫了時將去。恁休做客[6], 慢慢喫的飽者。

漢 俺是行路的客人, 更待做甚客。

主 喫得飽那不飽?

漢 俺好生飽了,

主 收拾椀楪者。

飜老 제32화 喫得飽那不飽?

主 你外頭還有火伴麼?

漢 有一箇看行李、就放馬裏。

主 他喫的飯却怎生?

漢 我們喫了時、與他將些去。有椀與一箇、這飯裏盛出一椀飯、與那箇火伴。

主 由他、你都喫了着。家裏還有飯裏。喫了時將去。你休做客、慢慢喫的飽着。

漢 我是行路的客人、又肯做甚麼客。

主 喫得飽那不飽?

漢 我好生飽了。

主 收拾椀楪着。

飜老 제32화 머구미 브르녀 아니 브르녀?

主 네 밧긔 그려도 버디 잇느녀?

漢 ᄒ나히 짐 보느니 이셔셔 게셔 ᄆᆞᆯ 노하 머기ᄂᆞ니.

主 뎌의 머글 밥온 ᄯᅩ 엇디ᄒ려뇨?

漢 우리 먹고 뎌 위ᄒᆞ야 져기 가져가져. 사발 잇거든 ᄒ나 다고라. 이 밥애셔 ᄒᆞᆫ사발만 다마 내여 뎌 버들 주져.

主 제대로 두라. 너희 다 머그라. 지븨 당시론 바비 잇다. 머기 ᄆᆞ차든 가져 가라. 너희 손 도읜 양 말오, 날회여 ᄇᆡ브르 머그라.

....

[5] '由他'은 주2 참조
[6] '做客'은 주3 참조

漢 우리는 길 녀는 나그내어니 ᄯᅩ 므슴 소니론 양 ᄒ리오.

主 머구미 브르녀, 아니 브르녀?

漢 우리 ᄀ장 브르이다.

主 사발 뎝시 설어즈라.

제33화 나그네 대접은 세상인심

主 손님 중에 한 사람이 말을 돌보고 있어서 아직 식사하러 오지 않으셨네. 흥아(興兒)야[1], 너 따로 밥 한 사발을 담고, 통에[2] 국을 떠서 손님들을 따라가 그 동행 분에게 드리고 오너라. 드시고 나면 그릇을[3] 잘 치워야 한다.

漢 주인아저씨! 허물 마십시오. 소인들이 여기 와서 폐만 끼쳤습니다[4].

主 무슨 폐가 되는 일이 있겠습니까? 찬 없는 밥을 조금 드신 것뿐이고 이렇다 할 만한 좋은 식사도 아니지 않습니까.

漢 그런 말씀 마십시오. 당치 않습니다[5]. "굶었을 때의 한 입이 배부를 때의 한 말보다 낫다"라[6] 하더니 마침 우리가 한참 배고프고 목말라 있을 때에 주인께서 이렇게 식사를 대접해주셨으니 어찌 당신을 잊을 수가 있겠습니까?

主 그런 말씀 마시오. 저도 나그네길을 떠나면 설마 집을 머리에 이고

....

[1] '興兒'는 이 집의 하인 이름인 것으로 보인다. '興兒'는 원대(元代)에는 자주 남자 하인에 이런 이름을 붙였다. 『합한삼(合汗衫)』「극(劇)」에도 주인공의 하인 이름에 '興兒'가 있다.

[2] 원문 '㼻'은 '罐'과 같은 뜻으로 물이나 국 등을 퍼 담는 통 모양의 그릇을 말한다.

[3] 원문 '家事'는 "식기, 용구류"를 말한다. '家火', '家生'이라고도 한다.

[4] 원문 '定害'는 "방해하다, 폐를 끼치다"의 뜻이다(〈老朴集覽〉〈累〉). '玎害'라고도 쓴다.

[5] 원문 '不當'은 "맞지 않다, 타당하지 않다, 그런 말을 듣는 자격이 없다"의 뜻이 있다.

[6] 원문 '飢時得一口, 强如飽時得一斗'는 "굶었을 때라면 조금만의 식사가 무엇보다 고맙다"는 의미다. 이 말은 "배고플 때에 조금 얻어먹는 음식이 배부를 때에 많이 먹는 음식보다 좋다"는 뜻의 원대(元代) 속담으로 널리 쓰였다. 원문의 '强如'는 '勝如'와 같이 "우월하다"의 뜻이다〈老朴集覽〉〈累〉). '口'(kou)와 '斗'(dou)가 운(韻)을 맞춘다. 원(元) 고명(高明)의 『비파기(琵琶記)』 제17구 「의창지제(義倉脹濟)」에 "正是飢時得一口, 强似飽時得一斗"라는 구절이 보인다.

가는 것도 아니니[7] 역시 인가에 들려 부탁해서 밥을 먹어야 합니다.

"천리(千里)를 여행하는 나그네를 돌봐주면 그 이름은 반드시 만리(萬里)에 옮긴다"[8]라고 하지 않습니까?

제33화 好者千里客 萬里要傳名

国 客人每有一箇看著馬, 不曾來喫飯。興兒[9], 你另盛一椀飯, 礶[10]兒裏將些湯, 根著客人去, 與那箇伴當。喫了時, 却收拾家事[11]來。

漢 主人家哥休怪, 小人每這裏定害[12]。

国 有甚麼定害處? 喫了些淡飯, 又沒甚好茶飯。

漢 休那般說, 不當[13]有。飢時得一口, 强如飽時得一斗[14]。俺正飢渴時, 主人家這般與茶飯喫, 怎生忘的恁?

国 休那般說。偏俺出外呵, 頂著房子行[15]那? 也索投人家尋飯喫裏。却不說'好者千里客, 萬里要傳名'[16]。

....

[7] 원문은 "頂着房子行－집을 머리에 이고 가다"로 여행을 떠나면 남의 신세를 지게 된다는 의미의 상투적인 표현이다. 『수호전(水滸傳)』 '제2회'에 나그네 길에서 사가촌(史家村)에 묵은 왕진(王進)에 대하여 태공(太公)이 "如今世上人那個頂着房屋走哩－지금 세상에서 사람이 멀리에 집을 이고 걸어 다니는 사람이 있겠습니까?"라고 하는 대사가 있다.

[8] 원문 '好者千里客, 萬里要傳名'은 나그네를 돌봐주는 일은 힘들지만 실은 자신의 명성을 널리 퍼지게 하여 결국 자신에게 큰 이익이 된다는 의미의 속담이다. 『남극등선(南極登仙)』 劇(「고본전명잡극(孤本全明雜劇)」) 3折의 대사에 "可不道－～라고 말하지 않는가－"를 앞에 붙이고 같은 말이 쓰인다. 또 명 (明) 장사유(張四維)의 『쌍열기(双烈記)』 제8구에서도 "好者千里客, 萬里去傳名"이란 구절이 있다.

[9] '興兒'는 주1 참조.

[10] '礶'은 주2 참조

[11] '家事'는 주3 참조

[12] '定害'는 주4 참조

[13] '不當'은 주5 참조

[14] '飢時得一口, 强如飽時得一斗'는 주6 참조.

[15] '頂着房子行'은 주7 참조

飜老 제33화 好者千里客, 萬里要傳名

主 客人們有一箇看着馬的、不曾來喫飯。興兒、你另盛一椀飯、罐兒裏將些湯、跟着客人去、與那箇火伴。喫了時、却收拾家事來。

漢 主人家哥休怪、小人們這裏定害。

主 有甚麼定害處? 喫了些淡飯、又沒甚麼好茶飯。

漢 休那般說、不當。飢時得一口、强如飽時得一斗。我正飢渴時、主人家這般與茶飯喫、怎生忘的你?

主 休那般說。偏我出外時、頂着房子走? 也要投人家尋飯喫裏。却不說、'好看千里客 萬里要傳名'。

飜老 제33화 쳔 리옛 나그내를 됴히 보와 보내다.

主 나그내네! ᄒ나히 물 보ᄂᆞ니 잇다 ᄒᄃ려 와 밥 먹디 아니ᄒᆞ얏ᄂᆞ니, 훙싀야 네 닫티 ᄒᆞᆫ 사발만 밥 담고 귄ᄌᆞ애 탕 써 가져, 나그내 조차가 뎌 벋다가 주고, 머구믈 ᄆᆞ차든 ᄯᅩ 그릇돌 설어저 오라.

漢 쥬신 형님! 허믈 마ᄅᆞ쇼셔. 小人돌히 예 와 해자ᄒᆞ고 넏이과이다.

主 므슴 해자 널인 고디 이실고? 뷘 밥 먹고 ᄯᅩ 아ᄆᆞ란 됴ᄒᆞᆫ 차반도 업더니 그리 니ᄅᆞ디 말라.

漢 不敢當히. 골픈 제 ᄒᆞᆫ 입 어더머구미 브른 제 ᄒᆞᆫ 말 어둠두곤 더으니, 우리 졍히 ᄇᆡ 골프고 목 ᄆᆞᆯ라 이신 저긔, 쥬신이 이리 차반 주워 머기니, 엇디 너를 니ᄌᆞ리오?

主 그리 니ᄅᆞ디 말라. 별히 내라 외방의 나가면 집 이고 ᄃᆞ니려. ᄯᅩ 人家로 드러가 밥 어더 머글 거시니 ᄯᅩ 아니 니ᄅᆞᄂᆞ녀. "쳔 리옛 나그내를 됴히 보와 보내여 만 리예 일후믈 옴골디니라."

---

[16] '好者千里客, 萬里要傳名'은 주8 참조

제34화 다음에는 꼭 저희 집에!

漢 주인 아저씨, 소인들이 여기서 너무 폐를 많이 끼치고도[1] 아직 성함조차 여쭙지 못했습니다. 높은 이름을 무엇이라고 하십니까?

主 내 성은 장(張)가이오. 장 이장(里長)[2]입니다. 그러면 손님, 당신의 이름은 뭐라고 합니까?

漢 소인은 왕(王)이라 하옵고 동경성(東京城)[3]의 각북가(閣北街)[4] 동쪽에 살고 있습니다. 아저씨께서 무슨 일로 동경에 오실 일이 있고 만일 소인을 싫어하지 않으신다면 꼭[5] 저희 집에 들려주십시오.

....

[1] 원문 '渰踐'은 "폐를 끼치다, 방해를 하다"라는 뜻이다. '混踐'이라고도 쓴다.

[2] 원문 '社長家'의 '社長'은 원대(元代)에 50호(戶)를 1사(社)로 하고 그 우두머리를 '사장(社長)'이라 하였다〈朴覽〉上 '社神'). 현재 우리의 '리(里)'에 해당된다.

[3] '東京城'은 요양성(遼陽城)의 옛 이름이다. 금대(金代)에 동경(東京)이라고 하였고 원(元)의 지원(至元) 6년(1269)에 동경총관부(東京總管府)를 두었다. 그러나 원(元) 지원(至元) 25년에 이를 '요양로(遼陽路)'로 개칭하였다.(『원사(元史)』 권59 '地理' 참조). 요양(遼陽)을 동경(東京)으로 호칭한 것으로 보아 지원(至元) 25년(1289) 이전에 이곳을 여행한 사람에 의해서 이 책의 초고가 작성되었을 가능성이 있다. 고려시대에 한어와 몽고어의 학습기관인 통문관(通文館), 즉 후일의 사역원(司譯院)이 설치된 것은 충렬왕(忠烈王) 2년(1276)의 일이다.

[4] '閣北街'는 요양(遼陽)에 있는 존경각(尊經閣) 북쪽의 거리를 말한다. 요양(遼陽)은 일명 요동(遼東), 또는 동경(東京)이라고도 하며 이곳의 반궁(泮宮)에 존경각(尊經閣)이 있었다. 반궁(泮宮)은 옛날 제후(諸侯)들이 건립한 학교를 말하였으나 후일에는 학교를 일반적으로 지칭하였는데 요양성(遼陽城)의 반궁(泮宮)은 성내의 동남쪽에 있었다〈老覽〉. 원명대(元明代)에는 부학(府學, 부에 설치된 지방의 학교)의 서고(書庫)를 일반적으로 존경각(尊經閣)이라 불렀다. 다만 청대(淸代)에 편찬된 『성경통지(盛京通志)』(권43)의 '요양주유학(遼陽州儒學)'조에 명(明)의 경태(景泰) 4년(1453)에 존경각을 세웠다는 기사가 있어 원대(元代) 지원(至元) 연간에도 존경각이 있었는지는 알 수 없다.

[5] 원문 '是必'은 두 글자로 "꼭, 반드시"라는 뜻을 나타낸다.

主 그럽시다. 혹시 갈 일이 있을 때에는 댁을 찾아가도록 하겠습니다.

漢 설마 모르는 척은 안 할 것입니다.

제34화 是必家裏來

漢 主人家哥, 小人這裏瀝踐[6]了, 姓也不曾問。哥哥貴姓?

主 俺姓張, 是張社長家[7]。伴當, 你却姓甚麼?

漢 小人姓王, 在東京城[8]裏閣北街[9]東住。哥哥因事到東京, 不棄嫌小
人呵, 是必[10]家裏來。

主 那般者, 去時節, 便尋恁家裏去。

漢 俺偏背你那。

- -

飜老 제34화 是必家裏來

漢 主人家哥、小人這裏攪擾了、姓也不曾問。大哥貴姓?

主 我姓張、是張社長家。客人你却姓甚麼?

漢 小人姓王、在遼東城裏住。大哥因事到我那裏、不棄嫌小人時、是必家裏
來。

主 若能勾去時節、便尋你家裏去。

漢 我偏背你。

- -

飜老 제34화 모로매 지부로 오고라.

漢 쥬신 형님! 小人이 예 와 널이슨오더, 성도 묻즙디 아니ᄒ얏다니, 큰형님 성이
므스거신고?

主 내 성이 댱개로니, 이 댱샤댱 지비로다. 나그내여, 너는 ᄯᅩ 성이 므스고?

漢 小人의 성은 王개로니 遼東ᄌᆞᆺ 안해서 사노라. 큰형님 아ᄆᆞ란 일 인ᄒᆞ야 우리

- -

[6] '瀝踐'은 주1 참조.
[7] '張社長家'의 '社長'에 대하여는 주2 참조. '家'는 '主人家'의 '家'와 같으며
의미가 없는 접미사다.
[8] '東京城'은 주3 참조.
[9] '閣北街'는 주4 참조.
[10] '是必'은 주5 참조.

뎌긔 오나든, 小人을 브리디 아니커시든, 모로매 지부로 오고라.

主 힝혀 유여히 갈 시겨리면 곧 네 집 ᄎᆞ자 가마.

漢 내라 독벼리 너를 브리려.

제35화 말 매고 짐 싸기

漢 여보게, 저 집에 아까 쌀을 얻으러 갔었는데[1] 쌀은 팔지 않고 이미 지은 밥을 우리에게 주어 먹게[2] 하셨소. 그리고 또 자네에게 갖다 주게도 하셨네. 자네가 다 먹었으면 이 아이한테[3] 식기를 가져가도록 하게.

高 이 친구, 말을 몰아오시오. 짐을 쌉시다. 우리들이 짐 꾸리는 일이[4] 끝날 때쯤에는[5] 그 사람도 밥을 다 먹었을 터이니 그러면 바로 출발 해요.

漢 이 말은 어찌 이렇게 다루기 힘든가?

高 원래 그렇습니다.

漢 이렇게 손이 가고 애를 태운다면 다시 한 번 단단히[6] 묶어두세.

高 예전에는 항상 묶어두었는데, 오늘을 매는 것을 잊었소이다. 다들 앞 에서 에워싸서 붙잡아 맵시다[7].

漢 짐 꾸리기가 모두 끝났네. 자 출발합시다.

....

[1] 원문 '糶'은 "쌀을 팔다"의 뜻이다. 제30화 주1 참조.
[2] 원문 '見飯'은 "이미 되어 있는 밥, 지은 밥"이란 뜻이다.
[3] 원문 '小的'은 하인을 부를 때 쓰는 말이며 복수로 하여 '小的每'라고도 한다.
[4] 원문 '打馳駄'는 "말에 짐을 얹어 묶는 것"이라는 뜻이다. '馳'는 〈老覽〉에 서 "말에 짐을 등에 지게 하는 것"으로 설명하였고 '駄'는 "등에 맨 짐을 가리킴"이라 하였다. 여기서는 그 전에 또 '打'가 있으므로 '馳駄'로 명사가 되었다.
[5] 원문 '比及'은 [그럴 때개 될 때까지]의 뜻이 있다. 제16화 주7 참조.
[6] 원문 '著絆'의 '著'는 동사 앞에 붙어 "단단하게"라는 뉘앙스를 나타낸다.
[7] 원문 '邀當'의 '邀'는 "앞에서 맞이하듯이 막는 것"이란 뜻이고 '當'은 동사 뒤에 붙는 접미사, 또는 '擋'과 같고 역시 "막는 것"이라고도 생각될 수 있다. 즉, "앞에서 맞이하듯이 막는 것"이란 뜻이므로 "앞에서 에워싸서 잡는다"는 뜻이다.

[興兒에게]

애야, 그릇을 가져가겠니? 고생했다[8]. 허물 말거라.

제35화 打馳馱

漢 兀那人家, 俺恰纔糴米去來, 不肯糴[9]與, 他每做下的見飯[10], 與俺喫了, 更與你將來。你喫了時, 與這小的[11]椀楪將去。

高 伴當, 你赶將馬來, 咱每打馳馱[12]。比及[13]馳了時, 他也喫了飯也, 咱每便行。

漢 這箇馬怎麼這般難拿?

高 元來這般的。

漢 既這般夕時, 再來著絆[14]者。

高 俺在前絆著來, 今日忘了不曾絆。咱每衆人邀當[15]著拿住者。

漢 馳馱都打了也。咱每行者。小的你將椀楪, 礶兒去。生受[16]你, 休怪者。

飜老 제35화 打馳馱

漢 那箇人家、我恰纔糴米去來、不肯糴與我、他們做下見成的飯與我喫了、又與你將來。你喫了時、與這小的椀楪將去。

高 火伴、你赶將馬來、咱打馳馱。比及馳了時、他也喫了飯也、咱們便行。

漢 這箇馬怎麼這般難拿。

---

[8] 원문 '生受'는 "고생시키다"는 뜻이다. '生'은 "쉽사리", "또는 간단히"를 의미하며 '受'는 "노고를 입다"는 뜻이다.
[9] '糴'은 주1 참조.
[10] '見飯'은 주2 참조.
[11] '小的'은 주3 참조.
[12] '打馳馱'는 주4 참조.
[13] '比及'은 주5, 제16화 주7 참조.
[14] '著絆'은 주6 참조.
[15] '邀當'은 주7 참조.
[16] '生受'는 주8 참조.

高 元來這般的。

漢 既這般夕時、再來着絆着。

高 我在前絆着來、今日忘了不曾絆。咱們衆人攔當着拿住。

漢 馳駃都打了也。咱們行着。小的、你將椀楪、罐兒家去。生受你、休怪着。

飜老 제35화 네 물 모라. 오라 우리 짐 싣져.

漢 뎌 지븨 내 앗가 ᄌ 뿔 밧고라 갓다니, 나를 밧괴여 주디 아니ᄒ고, 저희 지어 잇는 밥을 우리 주워 머기고, ᄯ 너 주라 ᄒ야눌 가져 오니, 네 먹고 이 아ᄒᆡ를 사발 뎝시 주워 가져가게 ᄒ라.

高 버다! 네 물 모라 오라. 우리 짐 싣져. 짐 시로믈 ᄆᆞ챳 글와 뎌도 밥 머기 ᄆᆞᄎᆞ리로다. 우리 즉재 길 녀져.

漢 이 ᄆᆞ리 엇디 이리 잡디 어려우뇨?

高 본디 이러ᄒ니라.

漢 ᄒ마 이리 아니완츌ᄒ거든 노의란 지달 쓰라.

高 내 아ᄅᆡ는 지달 쓰다니 오ᄂᆞᆫ 닛고 지달 쓰디 아니호라. 우리 모든 사ᄅᆞ미 애워 막쟈. 자바다.

漢 짐시리 다 ᄒ야다. 우리 녀져. 아ᄒᆡ야 네 사발 뎝시 권즈 가져 지븨 가라. 너 슈고ᄒ연뎌, 허믈 말라.

제36화 오늘밤 잘 곳을 찾자.

漢 날이 벌써 이렇게 늦었구나. 여기서 하점(夏店)[1]까지는 아직[2] 10리(里) 이상이 남았으니 거기에 도착하기는 어렵겠소. 이 거리의 북쪽에 있는 저기 저 집에 가서 하룻밤 자기를 부탁하세.

高 그럼 가보지요.

漢 우리가 다들 가면 저 집에서 사람이 많은 것을 보고 묵게 하기를 주저할지도 모르니 두 사람은 짐을 보고 있고 우리 둘이 물어보러 가세.

제36화 尋箇宿處

漢 日頭却早這早晚也, 這裏到夏店[3], 演裏[4]有十里來地, 到不得也。則投這路北兀那人家, 尋箇宿處去來。

高 那般者, 咱每去來。

漢 都去時, 那人家見人多時, 不肯教宿。著兩箇看行李, 俺兩箇問去。

....

[1] '夏店'은 북경에 가는 도중에 있는 역(驛) 이름이다. 삼하현(三河縣)에 속하며(〈老覽〉)『석진지집일(析津志輯佚)』의 「大都東西館馬步站·天下站名」에 "大都에서 동서(東西)로 40이라면 통주(通州)에 이르고, 60이라면 하점(夏店)이다"라는 기사가 있다. 또 청대(淸代) 고염무(顧炎武)의 『일지록(日知錄)』(권31) 「하겸택(夏謙澤)」조에도 이 역명이 보인다. 예부터 북경에 가는 사행의 숙박지로 유명한데 조선 선조(宣祖) 7년(1574)에 사행(使行)의 일원으로 북경에 간 허봉(許篈)의 기행일기 『하곡선생조천기(荷谷先生朝天記)』와 홍대용의 『을병연행록』 등 조선시대의 연행록(燕行錄)에도 사행이 여기에 묵었다는 기사가 보인다.

[2] 원문 '演裏'는 다른 자료에서 예를 찾을 수 없는 어휘이다. 전후관계와 〈飜老〉와 〈刪老諺〉의 예를 보면 "또, 아직"이란 의미를 가진 것으로 보인다. 원래는 중국어가 아닌 것으로 생각되며 어원은 아직 미상이다. 해제 참조.

[3] '夏店'은 주1 참조.

[4] '演裏'는 주2 참조.

飜老 제36화 尋箇宿處

漢 日頭却又這早晚也。這裏到夏店、還有十里來地、到不得也。只投這路北
那人家、尋箇宿處去來。

高 那般着、咱們去來。

漢 都去時、那人家見人多時、不肯敎宿。着兩箇看行李、我兩箇問去。

飜老 제36화 잘 디 어드라 가져.

漢 히 ᄒ마 이리 늣도고나. 예셔 夏店에 가매 당시론 十里ㅅ짜히 이시니 가디
몯ᄒ리로다. 그저 이 길 븍녁 人家의 드러가 잘 디 어드라 가져.

高 그리ᄒ져.

漢 우리 가져. 다 가면 뎌 人家ㅣ 사ᄅ미 만흔 주를 보면 즐겨 자게 아니ᄒ리니,
둘흘 ᄒ야 짐 보게 ᄒ고, 우리 둘히 무르라 가져.

제37화 민박(1)-하룻밤 신세집시다.

漢 인사 올립니다. 주인아저씨! 우리는 나그네들인데 오늘은 너무 늦었으니 댁에서 하룻밤 얻어 자고 싶습니다.

主 우리는 집이 좁아서 묵을 데가 없소이다. 당신들 다른 데를 알아보시오.

漢 당신네 이렇게 큰집에서 기껏 우리 두세 나그네들을 어찌 묵을 수 없다고 하십니까[1]? 댁의 좋은 방에서 우리를 재우지 못한다면 그저 이 문 앞의 차방(車房, 수레를 두는 차고)에서 하룻밤 자게 하면 어떻겠습니까?

主 내가 당신들을 묵게 할 수 없다고는 하지 않았습니다. 관아에서 집집마다 벽을 하얗게 칠하고[2] 쓰기를 '낯 선 범죄자를 묵게 할 수 없다'고 하였습니다. 당신들이 어디서 온 나그네인지 내가 어찌 알 수 있겠습니까? 또 예전부터 알고 있는 사이도 아니고, 어찌 좋은 사람인지 악한 사람인지 알 수 있겠습니까? 그러니 어찌 쉽게 집에 머물게 하여 묵어가게 할 수 있단 말입니까?

제37화 民泊(1)-恁房子裏覓箇宿處

漢 拜揖, 主人家哥。俺是客人。今日晚也。恁房子裏覓箇宿處。

主 俺房子窄, 無處安下, 恁別處尋宿處去。

漢 你這般大人家, 量俺兩三箇客人, 恰便[3]下不得那? 恁好房子裏不敎俺

....

[1] 원문의 '恰便'은 "마침, 좋게"의 뜻이 있다. 여기서는 역설적으로 사용하고 있어 "넓은 집에 두세 사람을 묵게 할 수 없는 좋은 이유라도 있는가"라고 비꼬아 말하는 어기(語氣)가 있다.

[2] 원문 '排門粉壁'은 "집집마다(排門) 벽을 분칠하고"의 뜻이다. '排門粉壁'에서 알 수 있듯이 범죄자를 수사할 때에 거리의 각 집에 대문이 있는 벽에 분을 발라서 "이 집에서는 범죄자를 은닉하지 않았음" 등과 같이 적게 하였다(〈老覽〉). 『元田章)』「刑部」(권19) '諸禁‧禁乞養過房販賣良民'조에 "所屬에 遍行하고 排門粉壁하여 밝히 타이르다"라는 기사가 있는 등 원대(元代)의 법령문서(法令文書)에 종종 이런 구절이 보인다.

宿時, 則這門前車房裏, 教俺宿一夜如何?

主 俺不是不教恁宿。官司排門粉壁[4], 不得安下面生歹人。恁知他是那裏來的客人? 自來又不曾相識, 怎知是好人歹人。便怎麼敢客留安下恁?

飜老 제37화 民泊(1)-你房子裏 尋箇宿處

漢 拜揖、主人家哥。我是客人、今日晚了、你房子裏尋箇宿處。

主 我房子窄、沒處安下、你別處尋宿處去。

漢 你這般大人家、量我兩三箇客人、却怎麼說下不得? 你好房子 不教我宿時、只這門前車房裏、教我宿一夜如何?

主 我不是不教你宿。官司排門粉壁、不得安下面生歹人。自來又不曾相識、怎知是好人歹人? 便怎麼敢容留安下?

飜老 제37화 민박(1)-네 지븨 잘 ᄃᆡ 어더지이다.

漢 읍ᄒᆞ노이다. 쥬신 형님! 내 나그내라니, 오늘 졈그러 네 지븨 잘 ᄃᆡ 어더지이다.

主 우리 지븨 조바 브릴 ᄃᆡ 업세라. 네 다ᄅᆞᆫ ᄃᆡ 잘 ᄃᆡ 어드라 가라.

漢 네 이리 큰 지븨 혜어든, 우리 두세 나그내를 쏘 엇디 브리디 몯ᄒᆞ리라 니ᄅᆞᄂᆞᆫ다? 네 됴ᄒᆞᆫ 방의 우리를 재디 몯ᄒᆞ거든, 그저 이 문 앏 술윗방의 우리를 ᄒᆞᄅᆞᆺ밤 재게 호미 엇더ᄒᆞ뇨?

主 우리 너희를 자디 몯게 ᄒᆞ는 주리 아니라, 구의로 모ᄉᆞᆯ 집 문마다 ᄇᆞᄅᆞᆷ매 분칠ᄒᆞ고 써쇼ᄃᆡ, 가ᄂᆡ예 잡사ᄅᆞᆷ 업다 ᄒᆞ야 잇ᄂᆞᆫ 거긔, 눗선 잡사ᄅᆞᆷ믈 브리워 두디 몯홀 거시니, 네 어딋 나그낸 둘 알리오? 본ᄃᆡ로 쏘 서르 사괴디 몯ᄒᆞ던 거시니 엇디 됴ᄒᆞᆫ 사ᄅᆞᆷ 아니완ᄒᆞᆫ 사ᄅᆞᆷ 알리오? 엇디 머믈워 브리워 두료?

---

[3] '恰便'은 주1 참조.
[4] '排門粉壁'은 주2 참조.

제38화 민박(2)-우리 집에서는 묵지 못합니다.

漢 주인아저씨, 우리는 나쁜 사람이 아닙니다. 소인은 동경성(東京城)[1]에 살고 있는데요, 실은 관청의 확실한 도장이 찍힌 통행증서[2]도 가지고 있습니다.

主 당신은 동경(東京) 거리의 어디쯤[3] 살고 있소?

漢 동경 시내의 각북가(閣北街)[4] 동쪽에 살고 있습니다.

主 각(閣)에서 얼마나 떨어져[5] 있는가?

漢 각에서 백보(百步)[6] 정도의 거리입니다. 큰길에서 북쪽의 골목길을 들어가면 길가에 잡화점 가게가 있는데 그것이 우리 집입니다.

主 그 가게가 당신네 것이라고요? 남쪽으로 두 집을 건너서 술집이 있는데 거긴 내가 아는 사람이 있는데, 당신도 알고 있어요?

漢 그건 유청보(劉淸甫)의 술집입니다. 내 이웃이니 어찌 모를 리가 있겠습니까?

....

[1] 원문 '東京城'한 요양성(遼陽城)을 말한다. 이에 대한 자세한 설명은 제34화 주3 참조.

[2] 원문은 '印信文引'으로 〈老乞〉의 주석에 의하면 '路引'이라고 불리는 통행증서임을 알 수 있으며 관청에서 관인을 찍어 발행한 문서(文書)다. 『원전장(元典章)』 「호부(戶部)」(권7) '잡례・별리가색전량(雜例・別里哥索錢糧)'에 "명백한 인신문인(印信文引)이 없으면 주지 말라"라는 예문이 있다. 또한 같은 책 「형부(刑部)」(권14) '사조현인(詐雕縣印)'에 "거짓으로 녹읍현(鹿邑縣)의 인(印)을 파고, 문인(文引)을 사도(寫到)하여 강을 건너간 죄범(罪犯)"이란 예문도 있다. 〈老乞〉에서는 이것을 "지금의 속된 말로 노인(路引)이라고 한다"라는 설명을 붙였다. 여기서 '路引'은 일종의 통행증서(通行證書)를 말한다. 『원전장(元典章)』 「형부(刑部)」(권13) '방도(防盜)' 참조.

[3] 원문은 '那些箇'로 "어디"란 뜻이다. '那些兒'와 같다.

[4] 원문 '閣北街'의 '閣'은 요양성(遼陽城)에 있는 존경각(尊經閣)을 말한다. '閣北街'는 제34화 주4 참조.

[5] 원문은 '近遠'으로 "거리"를 말한다.

[6] '步'는 길이의 단위이다. 원대(元代)에는 1보(步)가 5자(尺)이며 미터로 환산하면 약 1.5미터가 된다. 따라서 백보(百步)는 약 150미터의 거리다.

主 그건 그렇지만, 집이 정말 좁아서 묵게 할 수가 없소이다.

제38화 民泊(2)-宿不得

漢 主人家哥, 俺不是夕人。小人在東京城[7]裏住。現將印信文引[8]。

主 恁在東京城裏那些箇[9]住?

漢 小人在東京城裏閣[10]北街東住。

主 離閣有多少近遠[11]?

漢 離閣有一百步[12]地。向街那北巷裏。向街開雜貨鋪兒便是。

主 那雜貨鋪兒是恁的那? 近南隔著兩家兒人家有箇酒館, 是我相識的, 你認的麼?

漢 那箇是劉淸甫酒館, 是俺街坊, 怎麼不認的。

主 雖然這般呵, 房子委實窄, 宿不得。

飜老 제38화 民泊(2)-宿不得

漢 主人家哥、我不是夕人。小人在遼東城裏住。現將印信文引。

主 你在遼東城裏那些箇住?

漢 小人在遼東城裏閣北街東住。

主 離閣有多少近遠?

漢 離閣有一百步地。北巷裏向街開雜貨鋪兒便是。

主 那雜貨鋪兒是你的那? 近南隔着兩家兒人家有箇酒店、是我相識的。你認的麼?

漢 那箇是劉淸甫酒館、是我街坊、怎麼不認的?

主 雖然這般時、房子委實窄、宿不得。

....

[7] '東京城'은 주1 참조.
[8] '印信文引'은 주2 참조.
[9] '那些箇'는 주3 참조.
[10] '閣'은 주4 참조.
[11] '近遠 '은 주5 참조.
[12] '步'는 주6 참조.

飜老 제38화 민박(2)-자디 몯ᄒ리라.

漢 쥬신 형님! 우리 아니 완혼 사ᄅ미 아니라, 小人이 遼東잣 안해셔 사노니, 인 틴 글위를 번드기 가져 잇노라.

主 네 遼東자새 어느 녀긔셔 사ᄂ뇨?

漢 小人이 遼東잣 안햇 閣으론 븍녀기오, 거리론 동녀긔셔 사노라.

主 閣애셔 뿌미 언메나 갓가온가, 먼가?

漢 閣애셔 뿌미 일빅 보 짜만 흔 디, 븍녁 고래 거리 향ᄒ야 잡효근 것 젼 나는 디 곧 긔라.

主 그 상자리 젼이 네 하가? 남녀 므즉 두 집 즈슴ᄒ야 흔 수울 ᄑᄂ 뎜 잇ᄂ니, 이 내 버디니 네 아는다?

漢 그ᄂ 劉淸甫의 수울 ᄑᄂ 館이니, 이 내 이우지니 엇디 모ᄅ리오?

主 비록 이러ᄒ나, 지비 진실로 조브니 자디 몯ᄒ리라.

제39화 민박(3)-제발 하룻밤만 재워주세요!

漢 주인께서 불쌍하다고 여기시고 이해를 해주시오[1]. 이런 늦은 시간에 해도 저물어 가는데 어디에서 숙소를 찾으란 말씀이십니까? 어찌 됐든 나는 여기서 꼭 하룻밤 묵어야겠습니다[2].

主 이 나그네가 어찌 이렇게 고집을 부리나요[3]? 지금 관아에서는 가장 엄중하게 알리기를[4] 낯선 외인을 묵게 해서는 안 된다고 합니다. 당신 은 비록 동경성의 사람이라고 하지만 내가 감히 보증할 수도 없고요. 또 당신과 동행하는 사람들의 모습[5]은 중국인도 아니고 몽골인[6]도

....

[1] 원문 '恁識者'는 "알아주다, 이해하다"로 풀이된다. 이 표현은 『원전장(元典章)』의 직역체 문장이나 원대(元代)의 백화비문(白話碑文)에 자주 등장하는 몽골어에서 번역한 것이다. '識'은 단순히 안다는 것 이상으로 "사태의 불합리함을 잘 인식하여 대처하는 것"까지를 의미함(田中謙二 '元典章文書の研究' 第1章 '識者・識也者'의 항목, 『田中謙二著作集』 第二卷, 汲古書院, 1995).

[2] 원문 '不揀怎生'은 "꼭 ～을 해야 하는"의 뜻이다. 즉, 선택의 여지가 없이 꼭 해야 하는 일을 의미한다. '不揀'은 '不管', '無論' 등과 같은 의미이다.

[3] 원문은 '硬廝戰'으로 "자기주장을 굽히지 않는 것"을 말한다. '硬'은 강제로, '廝'는 '相'과 같으나, 이 경우에는 "서로"가 아니라, 단지 상대가 있음을 가리킨다. 『병유천(病劉千)』「잡극(雜劇)」(『고본원본잡극(孤本元明雜劇)』) 2 折「紫花兒序」에 "俺兩個硬廝併暗廝算 - 우리 둘이 고집을 부려 어둠을 타고 습격함 - "이라는 예가 있다. 〈飜老〉의 '왜시전(歪廝纏)'은 "이유 없이 엉터리로 투정을 부리는 것"이란 뜻으로 〈原老〉보다 의미가 강해졌다. 『거안제미(擧案齊眉)』「잡극(雜劇)」3折,『금병매사화(金瓶梅詞話)』제11 회 등에도 위와 같은 예문이 있으며, 또『악양루(岳陽樓)』「극설자(劇楔子)」에서는 '歪死纏'이라고도 표기되었다. 〈原老〉의 '戰'은 '纏'과 동음이어서 차자(借字)된 것으로 보인다. 제40화에서도 〈飜老〉의 '纏張'을 〈原老〉에서는 '戰張'이라고 표기하였으나 그 〈老覽〉에 '纏은 去聲'이라고 있어, '戰'과 동음이었음을 암시하였다.

[4] 원문의 '省會'는 "알리다"라는 의미의 이어(吏語)로서, 즉 관청 문서용어이다(〈老朴集覽〉〈累〉).

[5] 원문 '樣範'은 "모양, 모습"이다. 원(元) 교길(喬吉)의 산곡(散曲) 가운데「투암순(鬪鵪鶉)」'가희(歌姬)'에 '宮妝樣範'이란 예가 있다.

아니니 어떤 사람인지 알 수가 있나요? 그러니 어떻게 당신들을 묵게
할 수 있겠습니까?

당신은 잘 모르겠지만, 요즘[7] 근처의 어느 집에서 나그네를 몇 사람
묵게 한 일이 있었어요. 그런데 나그네들이 돌아간 다음에 일이 벌어
졌답니다. 그들은 몽골인 집에서 도망친 노예[8]였는데 그로 인하여
그 집도 연루되어 처벌을 받게 되었다고 합니다. 지금 이 지역의 관아
가 도망친 노예를 추적해 찾는[9] 책임을[10] 지게 되었습니다. 그처럼
연좌된 집도 있는데, 어찌 감히 당신들을 묵어가게 할 수 있겠습니까?

제39화 民泊(3)-俺宿一宿

漢 恁可憐見。恁識者[11]。這早晚日頭落也。敎俺那裏尋宿處去? 不揀
怎生[12], 俺宿一宿。

主 這客人怎麼這般硬廝戰[13]。如今官司好生嚴省會[14], 人家不得安下

....

[6] 원문은 '達達'로 몽고의 한 부족인 "타타르인"을 가리키는 말이었으며 중국
인들은 몽고 사람을 총칭하는 말로 사용하였다. 『사림광기(事林廣記)』(和
刻本)「경집(庚集)」(권10) '至元譯語'에 "達達, 蒙古夕"라는 구절이 있어 몽
고인을 중국어로 '達達'이라고 말하였음을 알 수 있다.

[7] 원문은 '新近'으로 "요즘, 최근"의 뜻이다. 원곡(元曲)에서는 '新近來'의 형
태로 자주 보인다.

[8] 원문은 '躯口'로서 '躯口'는 '驅口, 軀口'라고도 쓰며, 전쟁으로 포로(捕虜)
가 되어 노예(奴隷)가 된 사람을 말한다. 『철경록(輟耕錄)』(권17) '奴婢'에
"지금 蒙古, 色目人이 臧獲한 것 가운데 남자는 노(奴)라고 하고, 여자는
비(婢)라고 하며, 이들을 통틀어 躯口라고 말한다"라는 설명이 있다.
『원전장(元典章)』「형부(刑部)」(권18) '字蘭奚逃驅不得隱藏'에 도망간 노
예를 숨기는 것에 대한 금령이 있다.

[9] 원문의 '根尋'은 '跟尋'과 같으며, "추적 수사하다"는 뜻이다.

[10] 원문은 '著落'이다. "(책임을 지고) ~을 시키다"라는 뜻의 이어(吏語)이다〈老
朴集覽〉〈累〉참조). 『원전장(元典章)』「刑部」(권18) '人口不得寄養'에 "만일
(노예)가 도망하였으면, 著落하여 根尋하게 함"이라는 구절이 있다.

[11] '恁識者'는 주1 참조.

[12] '不揀怎生'은 주2 참조.

面生歹人。恁雖說是東京人家，我猶自不敢保裏。更恁這幾箇伴當樣範[15]又不是漢兒，又不是達達[16]，知他是甚麼人。我怎麼敢留恁宿。恁不理會的。新近[17]這裏有一箇人家，則爲敎幾箇客人宿來，那客人去了的後頭，事發。那人每却是達達人家走出來的歹口[18]。因此將那人家連累，官司見著落[19]根尋[20]逃歹有。似這般帶累人家，怎麼敢留恁宿？

- -

飜老 제39화 **民泊(3)-着我宿一夜**

- -

漢 你可憐見。你是有見識的。這早晚日頭落也、敎我那裏尋宿處去？不揀怎生、着我宿一夜。

主 這客人怎麼這般歪廝纏？如今官司好生嚴謹、省會人家不得安下面生歹人。你雖說是遼東人家、我不敢保裏。你這幾箇火伴的模樣又不是漢兒、又不是達達、知他是甚麼人。我怎麼敢留你宿？

你不理會的。新近這裏有一箇人家、只爲敎幾箇客人宿來、那客人去了的後頭、事發。那人們却是達達人家走出來的。因此將那人家連累、官司見着落跟尋逃走的。似這般帶累人家、怎麼敢留你宿？

- -

飜老 제39화 **민박(3)-우리를 ᄒᆞᄅᆞᆺ밤만 자게 호디여.**

- -

漢 네 에엿비 너기고라. 너는 일 아는 사ᄅᆞ미어니, 이 느즌 ᄃᆡ 히도 디ᄂᆞᆫ다. 우리를 ᄒᆞ야 어듸 가 잘 ᄃᆡ 어드라 가라 ᄒᆞᄂᆞ뇨? 아므라나 마나 혜디 말오 우리를 ᄒᆞᄅᆞᆺ밤만 자게 호디여.

主 이 나그내, 엇디 이리 간대로 싯고ᄂᆞ뇨? 이제 구의 ᄀᆞ장 嚴謹ᄒᆞ야 人家ᄃᆞᆯ흘 뫼외여 ᄂᆞᆺ선 아니완흔 사ᄅᆞᆷ올 브티디 몯ᄒᆞ게 ᄒᆞᄂᆞᆫ디, 네 비록 遼東人이로라

- -

[13] '硬廝戰'은 주3 참조.
[14] '省會'는 주4 참조.
[15] '樣範'음 주5 참조.
[16] '達達'은 주6 참조.
[17] '新近'은 주7 참조.
[18] '歹口'는 주8 참조.
[19] '著落'은 주10 참조.
[20] '根尋'은 주9 참조.

혼돌 내 믿디 몯흐얘라. 네 이 여러 번돌히 양지 쏘 漢人도 아니오 쏘 다대 아니니, 모로리로다 어듯 사롬고? 내 엇디 너를 머믈워 재리오?

네 모르ᄂ괴나. 요제예 혼 사ᄅ미 지븨셔 다믄 아니 여러 나그내네를 흐야 잰 젼ᄎ로 그 나그내 간 후에 일 나니, 그 사롬돌히 쏘 다대 사르미 도망흐야 나가니어늘, 이 젼ᄎ로 그 사라미 지블다가조차 버므러 구의 이제 져 흐야 도망흐니를 츄심흐라 흐ᄂ니, 이리 人家를 버므리ᄂ니 엇디 너를 머믈워 재리오?

제40화 민박(4)-수상한 자가 아닙니다.

漢 주인 아저씨, 무슨 말씀을 하십니까? 좋은 사람과 나쁜 사람의 구별이 안 갑니까? 이 동행인은 고려 사람이니 고려 땅에서 왔습니다. 고려 땅의 국경을 지키는 관문이나[1] 강을 건너는 곳에서는[2] 관아의 검사가 여기보다[3] 훨씬 엄하답니다. 통행증서를 조사하고 자세한 사정을 이것저것 심문한 다음에[4] 통과할 수가 있는 겁니다. 저들이 만일 수상한 놈이고 내력도 분명치 않았다면 어찌 여기에 올 수 있겠습니까? 사실 확실한 통행 증서를 가지고 고려의 말을 끌면서 대도로 물품 장사를 하러 가는 겁니다. 한어를 유창하게[5] 못하니까 말을 안 하는 것이지 정말로 수상한 놈은 아닙니다.

主 그렇다면 말다툼은[6] 그만둡시다. 안방은 좁고 가족[7]도 많으며 늙으

....

[1] 원문은 '把口子'이며 "관문을 지키다"는 뜻이다. 『원사(元史)』(권100)「병지·둔전(兵志·屯田)」조에 "南山把口子巡哨軍人八百戶"라는 예가 있다.

[2] 원문은 '渡江處'로 아마도 원과 고려의 국경인 압록강(鴨綠江)을 건널 때를 지적한 것으로 보인다.

[3] 원문 '比~更~'는 비교의 '比'가 강의부사(強意副詞)와 함께 사용되는 조기의 용례이다. 〈飜老〉에서는 '比~一般'(~과 같음)이라고 되어 있어 이러한 고쳐 쓰기를 통하여 중국어의 시대적 차이를 엿볼 수 있다.

[4] 원문의 '盤問'은 "몇 번이나 詰問(힐문)하는 것"이란 의미를 가졌다. 〈老覽〉에 『이학지남(吏學指南)』을 인용하여 "再三窮詰함"이라고 설명하였다.

[5] 원문의 '底似'는 제15화 주7, 제19화 주4를 참조. 여기서의 '底似'는 부사적으로 쓰인 것이 아니라 다음에 오는 '漢兒言語'를 형용하여 "유창한 한어"라는 의미를 나타내는 것 같다.

[6] 원문은 '戰張'이다. 〈老覽〉에서 ≪音義≫에서 말하기를 '纏'은 '去聲', '纏張'은 또한 '雜談'이라 함과 같다. 원본은 "'戰張'으로 바꾸어 썼다"라는 설명을 붙였다. '戰'은 '纏'의 동음으로 차자한 것일 것이다. 또 『수호전(水滸傳)』 제18회에 있는 송강(宋江)의 대사에도 '纏障'이란 어휘가 있는데 "언제까지나 따라붙고 방해를 한다"는 의미로 쓰였다. '張'은 '障'의 음을 차자한 것일지도 모른다. 여기에서는 주인과 나그네 사이의 설전을 가리킨다.

[7] 원문은 '老小'로 "老人과 아이", 즉 "가족"을 말한다.

신 어머님[8]의 몸도 좋지 않으니[9] 당신들이 추운 것을 싫어하지 않는 다면 저기 수레 두는 헛간에 묵으면 어떠시겠는가?

漢 그럽시다. 우리는 수레 두는 차고에서 묵겠습니다.

제40화 民泊(4)-他每委實不是歹人

漢 主人家恁說那裏話? 好人歹人更不認的那? 這幾箇伴當, 他是高麗人, 從高麗田地裏來. 他每高麗田地把口子[10], 渡江處[11], 官司比咱每這 裏更[12]嚴, 驗了文引, 仔細的盤問[13]了, 纔放過來. 他每若是歹人來 歷不明呵, 怎生能勾到這裏來? 他見將文引, 赶著高麗馬, 投大都做買 賣去. 底似[14]的漢兒言語說不得的上頭, 不敢言語. 他每委實不是 歹人.

主 旣這般的呵, 休則管的戰張[15]. 後頭房子窄, 老小[16]更多. 又有箇老 娘娘[17]不快[18]. 你不嫌冷時則這車房裏宿如何?

漢 那般者, 俺則車房裏宿.

飜老 제40화 民泊(4)-他們委實不是歹人

漢 主人家、你說那裏話? 好人歹人怎麼不認的. 這幾箇火伴、他是高麗人、

---

[8] 원문은 '老娘娘'으로 손아래 사람이 노부인(老婦人)을 존경하여 부르는 존칭(尊稱)이다〈老覽〉. 여기서는 주인의 모친을 가리킬 것이다.
[9] 원문은 '不快'로 "몸 상태가 안 좋다, 병들었다"는 뜻이다. 송(宋)의 조흥시(趙興時)의 『빈퇴록(賓退錄)』(권9)에 "有疾曰不快"라는 예가 있다.
[10] '把口子'는 주1 참조.
[11] '渡江處'는 주2 참조.
[12] '比~更~'은 주3 참조.
[13] '底似'는 주5 참조.
[14] '盤問'은 주4 참조.
[15] '戰張'은 주6 참조.
[16] '老小'는 주7 참조.
[17] '老娘娘'은 주8 참조.
[18] '不快'는 주9 참조.

從高麗地面裏來。他們高麗地面、守口子、渡江處的官司比咱們這裏一般
嚴、驗了文引、仔細的盤問了、纔放過來。他們若是歹人來歷不明時、怎
生能勾到這裏來? 他見將文引、赶着高麗馬、往北京做買賣去。他漢兒言
語說不得的、因此上、不敢說語。他們 委實不是歹人。

主 既這般的時、休只管的纏張。後頭房子窄、老少又多、又有箇老娘娘不
快。你不嫌冷時只這車房裏宿如何?

漢 這般時、我只在車房裏宿。

飜老 **제40화** 민박(4)-진실로 잡사룸 아니라 ᄒ마.

漢 쥬신하! 네 어븟 마룰 니ᄅᄂ뇨? 됴ᄒᆫ 사룸 아니완ᄒᆫ 사룸을 엇디 모ᄅ리오?
이 여러 버든 뎌ᄂᆫ 高麗ㅅ 사ᄅ미니 高麗ㅅ ᄯᅡᄒᆞ로셔 오니, 저희 高麗ㅅ ᄯᅡ해
ᄂᆫ 구ᄌᆞ앳 느ᄅ ᄀᆞᄉᆞ마ᄂᆞᆫ 구의 우리 예 ᄒᆞᆫ가지로 엄졍ᄒᆞ야, 글월 보고 ᄌᆞ셰히
문져주고ᅀᅡ ᄯᅩ 노하 보내ᄂᆞ니, 제 만이레 잡사ᄅ미며 러려기 ᄯᅩᄯᅩ디 아니ᄒᆞ면
엇디 눙히 여긔 오료? 제 이제 글월 가지고 高麗ㅅ ᄆᆞᆯ 모라, 븍경 셔울로 훙졍
ᄒᆞ라 가ᄂᆞ니, 제 漢語를 니ᄅ디 몯ᄒᆞᆯ시, 이런 젼ᄎᆞ로 말 니ᄅ디 몯ᄒᆞᄂᆞ니라.
저희네ᄂᆞᆫ 진실로 잡사룸 아니라 ᄒ마.

主 이러ᄒᆞ면 술이여 힐후디 말라. 뒤헤 방이 좁고 아ᄒᆡ 겨집돌 만ᄒᆞ고 ᄯᅩ 늘그시
니 편안티 몯ᄒᆞᅀᅡ시니, 네 ᄎᆞᆫ 줄 아쳐라 아니커든, 이 술윗방의 자디 엇더ᄒᆞ뇨?

漢 이러면 내 술윗방의셔 자마.

제41화 민박(5)-죽으로 요기하다.

漢 주인 아저씨, 소인이 드릴 말씀이 또 하나 있는데 말씀드려도 되겠습니까?

主 무슨 일이 있소? 말해보시오.

漢 이렇게 밤이 늦어 어두운데 실은 우리가 배가 고프고 게다가 말도 몇 마리가 있습니다. "한 사람의 나그네는 두 사람의 주인에게 폐를 끼치지 않는다"[1]라고 합디다. 당신은 부디 불쌍히 여기시고 우리에게 밥한 끼의 쌀과 말먹이를 나눠주시면 어떻겠습니까?

主 우리는 금년에 여름에는 가뭄이 들었고 가을에는 홍수가 져서 곡식을 추수하지 못했소이다. 우리들도 겨우겨우 때마다 사다가 먹고사는[2] 실정이니 어디에 쌀을 파는 곳이 있겠소?

漢 아침에[3] 밥을 조금 먹었고 이렇게 늦게까지 밥을 먹지 못했으니 몹시 배가 고픕니다. 사놓았던 쌀에서 조금만 나눠주시면[4] 우리들이 죽을 만들어서 먹겠습니다. 자, 이 두 냥 반(二兩半)의 돈[5]으로 당신이 생각

....

[1] 원문은 '一客不犯二主'로 한 사람에게 이것저것 부탁을 할 때에 쓰는 상투 문구다. 『서유기(西遊記)』 제3회에 손오공(孫悟空)의 대사에도 이 구절이 보인다.

[2] 원문 '俺也旋糴旋喫裏'의 '旋~旋~'은 "~하고는 바로 ~하다", "~하자 곧 ~하다"의 뜻으로 여기서는 "우리도 쌀을 사서는 쌓아두지 못하고 바로 사서 먹는다"란 의미로 쓴 것이다. 현대어에서는 보통 '現'을 사용한다.

[3] 원문 '早起'는 아침을 말한다.

[4] 원문 '那與'의 '那'(nuo)는 '挪'와 같다. "나누다, 옮기다"의 뜻이다〈老朴集覽〉〈單〉).

[5] 원문의 '二兩半鈔'는 중통초(中統鈔) 지폐 두 냥 반을 말하는 것으로 한 냥(一兩)은 지폐 한 관(一貫)을 가리킨다. 따라서 2관 500문(文)의 지폐란 말인데, 실제로는 그러한 액면의 지폐는 존재하지 않는다. 이것은 원(元) 지원(至元) 24년(1287)에 지원초(至元鈔)가 발행되었음에도 1/5로 가치절하된 기존의 중통초(中統鈔)로 계산하였기 때문으로 보인다. 즉 지원초(至元鈔)의 500문(文)짜리 지폐 한 장을 중통초(中統鈔)의 값으로 2관(貫, 兩으로 표시) 반(半)이라고 말했을 것이다. 해제 참조.

하는 만큼만 주십시오.

㊋ 두 냥 반 보초로 얼마나 주면 되겠소?

㊙ 당신 마음대로 주실 만큼 주시오[6].

㊋ 금년은 가뭄과 홍수로 수확이 없었소. 열 냥(十兩)의 돈으로 쌀 한 말밖
에 못 산단 말이오. 본래 나눠줄 쌀도 없지만 나그네들이 그다지 떼를
쓰니까[7] 사놓은 쌀 중에서 석 되(3升)만 나눠주겠소. 죽을 만들고 우선
배고픔을 달래 보시오.

제41화 民泊(5)-煮粥胡充飢

㊙ 主人家哥, 小人更有一句話, 敢道麽?

㊋ 有甚麽事? 你說。

㊙ 這早晚黑夜, 俺其實飢也, 又有幾箇馬。一客不犯二主[8], 怎生可憐
見, 糶與俺一頓飯的米和馬草料如何?

㊋ 俺這裏今年夏裏天旱了, 秋裏水澇了, 田禾不收的上頭, 俺也旋糴旋[9]
喫裏。那裏將糶的米來?

㊙ 俺從早起[10]喫了些飯, 到這早晚不曾喫飯裏, 好生的飢也。你糴來的
米裏頭, 那與[11]些箇, 俺則熬些粥喫。兀的二兩牛鈔[12], 從恁意與些
箇。

---

[6] 원문은 '但與的是數'로 여기서 '但'은 "모두"라는 뜻을 갖는다. 직역하면
"준 것 모두가 그 분량이다"가 되는데, "네가 주는 것이 모두 그 액수에
합당한 분량이다"를 말한 것이다. '但'은 '凡'과 같다.
[7] 원문 '厮央'의 '央'은 원래 "폐를 끼친다"는 뜻에서 "부탁하다"로 의미가
변한 것으로 '殃'(禍)이라고도 쓴다. '厮'는 '相'과 같다. 여기서는 "부탁하
다"의 강한 표현인 "떼를 쓰다"로 번역해 보았다. '央及'이라고도 말한다.
[8] '一客不犯二主'는 주1 참조.
[9] '旋~旋~'은 주2 참조.
[10] '早起'는 주3 참조.
[11] '那與'는 주4 참조.
[12] '二兩牛鈔'는 주5 참조.

主 二兩半鈔, 與恁多少呵是?

漢 由你。但與的是數[13]。

主 今年爲旱澇不收, 十兩鈔糴的一斗米。俺本無糴的米, 既恁客人則管的廝央[14], 俺糴來的米裏頭, 那與恁三升, 煮粥胡充飢。

飜老 제41화 **民泊(5)-煮粥胡亂充飢**

漢 主人家哥、小人又有一句話、敢說麼?

主 有甚麼事? 你說。

漢 這早晚黑夜、我其實肚裏飢了、又有幾箇馬。一客不犯二主、怎麼   可憐見、糴與我一頓飯的米和馬草料如何?

主 我這裏今年夏裏天旱了、秋裏水澇了、田禾不收的。因此上、我也旋糴旋喫裏。那裏有糴的米?

漢 我從早起喫了些飯、到這早晚不曾喫飯裏。好生的飢了。你糴來的米裏頭、那與我些箇、我只熬些粥喫。這的一百箇錢、隨你意與些箇。

主 一百箇錢、與你多少的是?

漢 隨你與的是

主 今年爲旱澇不收、一百箇錢糴的一斗米、我本沒糴的米、既是客人只管的央及、我糴來的米裏頭、那與你三升、煮粥胡亂充飢。

飜老 제41화 민박(5)-죽 쑤워 골픈디 머그라.

漢 쥬신 형님하! 쇼신이 또 흔 마리 이시니 닐엄즉 홀가?

主 므슴 이리 잇는고? 네 니르라.

漢 이 느즌 바미 내 진실로 비 곫패라. 또 여러 무리 이시니 흔 나그내 두 쥬신 저치디 몯홀 거시니 엇디 흐려뇨? 어엿비 너겨 우리를 흔 밥 뿔와 물 머글 딥과 콩을 밧괴여 주디 엇더흐고?

主 우리 여긔 올히 녀르메 하늘히 ᄀ몰오, ᄀ술히는 므리 채여 뎐회 거두디 몯ᄒ니, 이런 젼ᄎ로 우리도 즉재 밧고와다가 즉재 먹ᄂ니, 어듸 밧괴일 ᄡᆞᆯ이 이시리오?

漢 내 새배 져기 밥 머근 후에 이 늣도록 다드라도 바블 먹디 몯ᄒ야시니 ᄀ장

----

[13] '但與的是數'는 주6 참조.
[14] '廝央'는 주7 참조.

비 곫패라. 네 밧고아 왓는 ᄡᆞ래셔 나롤 져기 논힐훠 다고려. 우리 져기 죽을
쑤워 머거지라. 이 일빅 낫 돈내 네 므슴조초 져그나 다고려.

主 일빅 낫 돈애 너를 언메나 주워야 홀고?

漢 네 므슴모로 주미 므던커니ᄯ니.

主 올히 ᄀᆞ몰락 믈 씨이락 ᄒᆞ야 거두디 몯훈 젼ᄎ로, 일빅 낫 돈애 밧고믈 훈
말 뿔옴 ᄒᆞ니, 내 본디 밧괴일 ᄡᆞ리 업건마른 ᄒᆞ마 나그내네 다하 빌시, 우리
밧고와 온 ᄡᆞ래셔 너를 서 되만 논힐훠 주리니 죽 쑤워 아ᄆᆞ라나 마나 골픈디
머그라.

제42화 민박(6)-흉년이라 힘들어요.

[主] 나그네 손님들 허물 마시오. 실제로 금년은 가난하기 때문이라오. 만일 예년 같이 수확이 좋았다면 당신들 두세 사람만이 아니라 열 몇 명의 나그네한테도 모두 식사를 대접할 수 있었는데…….

[漢] 주인아저씨의 말씀이 옳습니다. 금년에 이쪽이 흉작이었다는 얘기를 저희도 들었습니다. 그럼 주인아저씨, 소인들과 안쪽으로 죽을 만들러 들어갑시다.

이런 시간에 캄캄한 곳을 드나드는 것이 불편하고, 또 댁의 개들이 사나워[1] 보이니 당신이 제발 우리들 대신 죽을 좀 만들어 주시면 어떻겠습니까?

[主] 그만 두시오. 할 수 없지. 당신들 손님은 거기 수레 두는 차고에서 잘 수 있게 준비하시오. 나는 애들을 시켜서 당신들이 먹을 죽을 만들어 오게 하겠소.

[漢] 네, 네, 좋습니다. 대단히 고맙습니다.

제42화 民泊(6)-其實來今年生受

[主] 客人每休怪。其實來今年生受。若是似往年好收時, 休道恁兩三箇人, 便是十數箇客人, 也都與茶飯喫。

[漢] 主人家哥說的哏是。俺也打聽得今年這裏田禾不收。既這般呵, 主人家哥, 小人每待後頭熬粥去。

這早晚黑地裏出入不便當, 更恁這狗每乖[2]。不揀怎生, 恁與俺做些箇粥如何?

[主] 儘教, 恁客人則這車房裏安排宿處。我著孩兒每做將粥來與恁喫。

[漢] 好好, 多謝多謝。

....
[1] 원문은 '乖'로 '乖劣'과 같이 "사납다"는 뜻이다.
[2] '乖'는 주1 참조.

飜老 제42화 民泊(6)-其實今年艱難

主 客人們休怪。其實今年艱難。若是似往年好收時、休說你兩三箇人、便是十數箇客人、也都與茶飯喫。

漢 主人家哥說的正是。我也打聽得 今年這裏田禾不收。旣這般時、主人家哥、小人們待要後頭熬粥去。
這早晚黑地裏 出入不便當、又你這狗子利害。不揀怎麼、你與我做些箇粥如何?

主 罷、罷、你客人只這車房裏安排宿處。我着孩兒們做將粥來與你喫。

漢 好好、多謝多謝。

飜老 제42화 민박(6)-올히 간난ᄒᆞ얘라.

主 나그내네, 허믈 말라. 진실로 올히 간난ᄒᆞ얘라. 그리 전년ᄀᆞ티 됴히 거두면 너희 두서 사ᄅᆞᆷ만 니ᄅᆞ디 말려니와 곧 여라믄 나그내라도 ᄯᅩ 다 음식 주워 머길 거시라.

漢 쥬신형님 닐오미 졍히 올타. 나도 드로니 올히 여긔 뎐호를 거두디 몯ᄒᆞ다 ᄒᆞᄂᆞ다. ᄒᆞ마 이러ᄒᆞ거니 쥬신 형님하 小人ᄃᆞᆯ히 뒤헤 쥭 ᄡᅮ라 가고져 ᄒᆞ니, 이 ᄣᅢ 어두은ᄃᆡ 나ᄃᆞ리 쉽사디 아니며 ᄯᅩ 네 이 가히 모디니, 아ᄆᆞ라나 마나 네 나를 져기 쥭 ᄡᅮ워 주디 엇더ᄒᆞ뇨?

主 두워, 두워, 너희 나그내네 그겨 이 술윗방의 잘 디ᄒᆞ야 이시라. 내 아ᄒᆡ돌 ᄒᆞ야 쥭 ᄒᆞ야 가져다가 너희 주워 머규마.

漢 됴토다, 됴토다, ᄀᆞ장 깃게이다.

제43화 민박(7)-말먹이는 어떡하나?

漢 주인아저씨, 부탁이 하나 더 있는데요. 사람이 먹을 것은 일단 조금 있다고 하지만 이 말들은 또 어떻게 할까요? 하는 김에 말먹이를 조금 나눠주시면 안 되겠습니까?

主 손님들, 무슨 말을 하는거요? 사람이 먹을 것도 없다는데 하물며 말먹이가 어디에 있단 말이오? 우리 집 앞과 뒤에 풀밭이 얼마든지 있소이다. 당신이 식사가 끝나면 두 사람이 말을 끌고 가서 거기다가 풀어두면 밝을 때까지는[1] 배부르게 먹지 않겠소? 무엇 하러 말먹이를 사려고 하는 거요?

漢 그렇다면 주인 말씀대로 하겠습니다. 우리가 잘 수레 두는 차고에 가는데 아무런 불도 없네요. 아이들을 시켜서 등불을 가져오게 해주십시오.

主 그럽시다. 지금 가져오게 하겠소.

漢 밥을 다 먹었으면 두 사람은 여기 남아 짐을 지키고 두 사람은 먼저 말을 풀어주러 가시오. 한밤중이 되면 여기 있던 둘이 교대해서 돌아가면 다들 잠을 잘 수 있으니까 내일은 졸리지 않겠지[2].

제43화 民泊(7)--就那與些草科如何?

漢 主人家哥, 更有一句話。人喫的且有些箇, 這馬每却恁生? 一就那與些草科如何?

主 客人每說甚麽話? 人喫的也沒, 更那裏將馬的草料來? 俺這家前院後有的是草傷。恁喫了飯時, 著兩箇赶著馬那裏放去, 頭明[3]不喫的飽了那? 索甚麽糴草料?

....

[1] 원문은 '頭明'으로 "밝을 때까지"의 뜻이다. '頭'는 '投'(~까지)와 통한다(〈老朴集覽〉〈單〉).

[2] 원문은 '不渴睡'로 "졸리지 않다"의 의미이다. '渴睡'는 "선잠이 들다, 졸리다"라는 뜻으로 '瞌睡'라고도 쓴다.

[3] '頭明'은 주1 참조.

🔲 那般者，哥哥道的是。俺車房裏去，無甚明火，教小孫兒將些箇燈來。

🔲 那般者，如今教將來。

🔲 咱每喫了般時，這裏留兩箇看行李，先著兩箇放馬去。到半夜前後，却著這裏的兩箇替廻來。大家得些睡呵，明日不渴睡[4]。

飜老 제43화 民泊(7)-一發那與些草料如何?

🔲 主人家哥、又有一句話。人喫的且有些箇、這馬們 却怎生? 一發那與些草料如何?

🔲 客人們說甚麼話? 人喫的也沒、又那裏將馬的草料來? 我這院子後頭、有的是草場。你喫了飯時、着兩箇赶着馬那裏放去、頭到明 不喫的飽了? 不須糴草料。

🔲 這們時、哥哥說的是。我車房裏去、沒甚麼火、教小孩兒拿箇燈來。

🔲 這們時、如今敎將來。

🔲 咱們喫了飯時、這裏留兩箇看行李、先着兩箇放馬去。到半夜前後、却着這裏的兩箇替廻來。大家得些睡時、明日不渴睡。

飜老 제43화 민박(7)-이 물둘흔 또 엇디 호려뇨?

🔲 쥬신 형님하! 또 흔 마리 이셰이다. 사롬 머글 거슨 안직 져그나 잇거니와 이 물둘흔 또 엇디 호려뇨? 이믜셔 져기 딥과 콩을 논힐휘 주디 엇더흔고?

🔲 나그내네, 므슴 마롤 니른느뇨? 사롬 머글 것도 업슨디 또 어디 가 몰 머글 콩딥 가져오료? 우리 이 터 뒤헤 잇マ졋 초댱이니, 네 밥 머기 뫼차든 둘흘 호야 몰 모라 게다가 노흐라 가라. 새도록 이시면 아니 머겨도 비 브르리니 구틔여 콩딥 밧고디 말 거시어니쏜나.

🔲 이러면 형님 닐우미 올타. 내 술윗방의 가거니와 아무란 브리 업스니 아히 호야 둥잔쓸 가져오게 호고라.

🔲 이러면 이제 히여곰 가져오게 호마.

🔲 우리 밥 머기 뫼차든 여긔 둘흘 머믈워 짐둘 보게 호고, 몬져 둘흘 호야 몰 노흐라 보내오, 밤쯤만 다듣거든 또 옛 둘흘 호야 マ라 도라오게 호야, 대가흔디 져그나 줌곳 자면 뇌실 줌 낟브디 아니 흐리라.

---

[4] '不渴睡'는 주2 참조.

제44화 민박(8)-교대로 말 돌보기

王 자, 등불을 가지고 왔고, 죽도 가지고 왔소이다. 숟가락과 그릇도 다 있으니 드시오.

漢 자 이제 밥도 먹었으니 당신들 둘이서 먼저 말을 풀어주러 가게. 밤중에 우리 둘이 교대하러 가겠네.

[잠을 자고 나서]

漢 아까 잠에서 깨어났네[1]. 일어납시다. 삼태성(三台星)이[2] 높이 올라간 것을 보니 아마도 한밤중이겠소. 내가 먼저 가서[3] 저 두 사람이 돌아와 잠잘 수 있게 교대할 터이니 당신은 그 다음에 저쪽으로 오게. 우리 둘이서 말 보기를 하세.

高 그럼 먼저 가시오.

[말 파수를 하고 있는 두 사람이 있는 곳으로 가서]

漢 당신들 두 사람은 가서 조금 자는 게 좋겠소. 그쪽에 가면 그 동무한테 오도록 말해 주시게.

[고려인 동행이 오다.]

자네 왔는가? 말을 모아서 한 자리에 있게 하게. 그러면 돌보는 것도

---

[1] 원문은 '睡覺'인데, 현대 중국어에서는 "잠자다"이다. 이 시대에서는 "잠에서 깨어나다"의 뜻으로 쓰였다.

[2] 원문은 '參兒'뿐이다. 오리온자리 중앙의 세 별을 말한다. 삼태성(三台星), 쟁기별(唐鋤星), 이성(犁星) 등의 이름으로 불린다. 〈老覽〉에서는 "'參'은 별 이름이다. 삼(參)은 11월의 동지(冬至)에는 三更에 南中하며, 10월의 立冬에는 四更에 南中하고, 9월의 寒露에는 五更에 南中한다. 지금 參이 높아서 半夜라고 하니 이때는 아마도 9, 10월일 것이다"라고 설명하고 있으나, 제1화 주7에서 살펴본 것처럼 이들이 여행 중인 때는 7월이어서 모순이 된다.

[3] 원문은 '我先去'이다. 자기가 먼저 가고 한 사람을 남긴 것은 아마도 짐을 지키기 위한 것으로 보인다.

쉽지. 달이 어두워 져서 만일 말이 어디 헤매다가 길을 잃어버리기라
도 하면 출발이 늦어질 걸세.

제44화 民泊(8)-睡覺

〔主〕 兀的燈來, 更有粥將來也。匙椀都有。你則喫者。

〔漢〕 咱每飯也喫了。恁兩箇先放馬去, 到半夜裏, 俺兩箇却替恁去。

〔漢〕 我恰纔睡覺[4]了, 起去來。參兒[5]高也, 敢到半夜也。我先去,[6] 替那
兩箇來睡。你却來那裏, 咱每兩箇看著馬。

〔高〕 那般者恁去。

〔漢〕 恁兩箇去睡些箇。到那裏時, 教那箇伴當來者。
你來也。你邀過馬來在 一處者, 容易照覰。月黑也, 恐怕迷失走了,
悮了路子。

翻老 제44화 民泊(8)-睡覺

〔主〕 這的燈來了, 若有粥將來, 匙椀都有。你喫着。

〔漢〕 咱們飯也喫了。你兩箇先放馬去、到半夜裏、我兩箇却替你去。

〔漢〕 我恰纔睡覺了、起去來。參兒高也、敢是半夜了。我先去、替那兩箇來
睡。你却來那裏、咱們兩箇看着馬。

〔高〕 這們時你去。

〔漢〕 你兩箇去睡些箇。到那裏時、教那箇火伴來着。
你來了。你趕過馬來在一處着、容易照管。月黑了、恐怕迷失走了、悮
了走路。

翻老 제44화 민박(8)-너희 둘히 몬져 몰 노흐라 가라.

〔主〕 이 블 혀니 오나다. 죽 잇느니 가져오라. 술와 사발 다 잇다. 네 머그라.

〔漢〕 우리 밥도 머거다. 너희 둘히 몬져 몰 노흐라 가라. 밤쯤 다둘거든 우리

---

[4] '睡覺'은 주1 참조.
[5] '參兒'는 주2 참조.
[6] '我先去'는 주3 참조.

둘히 너희 골라 가리라.

漢 내 앗가 又 좀 씨와다. 니러 가져, 습성 별도 놉거다, 밤쑹인 둣ᄒ다. 내 몬져 가, 뎌 둘홀 ᄀ라 와 자게 ᄒ리니, 네 쏘 뎌러로 오나라. 우리 둘히 몰둘 보쟈.

高 이러면 네 가라.

漢 너희 둘히 가 져그나 자라. 게 니거든 뎌 버들 ᄒ야 오게 ᄒ라.

네 오난다. 네 몰둘 모라다가 ᄒ 듸 잇게 ᄒ라. 수이 보슯필 거시라. 두리 어두으니 일커나 드라나커나 ᄒ야 갈 길 머믈울가 졉페라.

제45화 민박(9)-짐 꾸려 싣자.

漢 계명성(啓明星)[1] 높이 떴으니 하늘도 이제 곧 밝아질 걸세. 자, 말을
몰아갑시다. 잔 곳[2]에 가서 짐을 꾸리면 바로 날이 새겠지.
이 말들을 꼭 묶어 두세. 저 두 사람을 깨웁시다.

[묵고 있던 수레 두는 차고에 가서]

高 당신들 둘은 빨리 일어나서 짐을 정리하고 말에 실어요.

漢 우리들 짐만 완전하게 수습하고[3] 주인집 물건을 잘못 가져가지 않도
록 해야 하네.

高 짐 싣는 것은 다 끝났소. 주인을 불러서 인사하고 떠납시다.

漢 주인아저씨, 허물 마시오. 우리는 갑니다만 당신께는 폐를 끼쳤습니다.

主 무슨 폐를 끼친 것이 있겠소? 어쨌든 당신들은 나쁘게 생각하지 말고
잘 가시오.

제45화 民泊(9)-收拾行李

漢 明星[4]高也, 天道待明去也。咱每赶將馬去來, 到下處[5]收拾了行李
時, 恰明也。
這馬每都銓住者。教那兩箇起來。

高 恁 兩箇疾快起來, 收拾行李, 打馳馱。

漢 但是咱每行李收拾到[6]者。主人家的東西休錯將去。

．．．．．．．．．．．．．．．．．．．．．．．．．．．．．．．

[1] 원문은 '明星'인데 이 별은 새벽의 보이는 샛별을 말한다. '계명성(啓明星)'
이라고 하여 새벽을 여는 별로 여겨왔다. 〈老覽〉에서는 "해보다 먼저 나
타나는 데에서 '啓明'이라 부른다. 사람들이 같은 별을 저녁에는 '長庚'(저
녁의 明星)으로 하는 것은 잘못이다. 속된 말로 이것을 '曉星'이라고도 한
다"는 설명이 있다.
[2] 원문은 '下處'로 "묵고 있는 곳"을 말하며 '下'는 "묵다, 머문다"의 뜻이 있다.
[3] 원문 '收拾到'의 '到'는 "동작의 완료, 완성"을 가리킨다.
[4] '明星'은 주1 참조.
[5] '下處'는 주2 참조.

高 駞馱都打了也。叫喚主人家辭了去來。

漢 主人家哥，休怪，俺去也。這裏定書了恁。

主 有甚麼定書處? 恁休怪，好去者。

老乞 제45화 民泊(9)-收拾行李打駞馱

漢 明星高了。天道待明也。咱們赶將馬去來、到下處收拾了行李時、恰明也。
這馬們都絟住着。教那兩箇起來。

高 你兩箇疾快起來、收拾行李、打駞馱。

漢 但是咱們的行李收拾到着。主人家的東西休錯拿了去。

高 駞馱都打了。叫主人家辭了去來。

漢 主人家哥、休怪、我去也、這裏定書了。

主 你有甚麼定書處? 你休怪、好去着。

老乞 제45화 민박(9)-자븐 것 설어저 짐시리 ᄒᆞ라.

漢 새벼리 놉거다, 하눌도 ᄒᆞ마 ᄇᆞᆯ가 가ᄂᆞ다. 우리 ᄆᆞᆯ 모라 가, 하쳐에 가 짐돌 설엇노라 ᄒᆞ면, 마치 ᄇᆞᆯᄀᆞ리로다. 이 ᄆᆞᆯ돌 다 ᄆᆡ야 두라. 뎌 둘흘 ᄒᆡ야 닐에 ᄒᆞ라.

高 너희 둘히 ᄲᆞᆯ리 니러 자븐 것 설어저 짐시리 ᄒᆞ라.

漢 믈읫 우리 짐돌홀 설어주믈 지그기 ᄒᆞ고, 쥬ᅀᅵᆫ짓 거스란 그르 자바가디 말라.

高 짐시리 다 ᄒᆞ야다. 쥬ᅀᅵᆫ 블러 하딕ᄒᆞ라 가져.

漢 쥬ᅀᅵᆫ 형님하! 허믈 마ᄅᆞ쇼셔. 우리 가노이다. 여긔 닐이패이다.

主 너희 므슴 닐인고디 이시리오? 너희 허믈 말오 됴히 가라.

[6] '收拾到'는 주3 참조

제46화 하점(夏店)까지는 30리

🈔 앞으로 가서 하점(夏店)까지 도착하면 밥을 사먹지. 저녁 늦게는 대도 (大都)에 도착할 수 있을 걸세.

🈟 여기서 하점까지 얼마만한 거리인가요?

🈔 아마도 30리[1] 남짓 될 것일세.

🈟 당신 어제 밤에는 10리 정도의 거리라고 하지 않았소? 오늘은 또 어찌 30리라고 하시오?

🈔 내가 어제 밤에는 착각했었네. 오늘 다시 생각해 보니 30리 정도의 거리일세. 자, 꾸물대지 말고[2] 서늘하고 저 말들이 배부르게 먹은 사이에[3] 서둘러 갑세나.

🈟 해가 이렇게 올랐으니 벌써 늦은 시간이 되어 버렸네.

🈔 저기 봐, 저기 바라보이는 무성한 숲이 하점일세.

🈟 여기서 저기까지는 아직[4] 7, 8리 길이 남아 있잖소. 당신, 예전에 대도에 가본 적이 있다면서 어찌 잘 모르시오?

🈔 이 하점에는 한두 번 지나갔을 뿐이라서 다 잊어버렸네. 그걸 기억할 수가 있겠는가?

제46화 夏店有三十里多地

🈔 咱每前頭到夏店時, 買飯喫了。儘晚到大都去也。

🈟 這裏到夏店有多少近遠?

🈔 敢有三十里多地。

....

[1] 원문은 '三十里多地'로서 30리는 약 12킬로미터 정도의 거리를 말한다.
[2] 원문은 '休磨拖'인데 '磨拖'는 "꾸물거리는 것"을 말한다. '磨陀'라고도 쓰며, 옛날에는 유유자적(悠悠自適)한 모습을 의미했다. 여기에서 '休磨拖'는 "꾸물대지 말라"는 뜻으로 보았다.
[3] 원문은 '就~時'로 "~ 하는 사이에"란 뜻이다.
[4] 원문은 '演裏'로 "아직"이란 뜻이다. 제36화 주2 참조.

高 你夜來怎麼說十里來近遠? 今日却怎麼說三十里地?

漢 我夜來錯記了來。今日再想起來, 有三十里多地[5]。咱每休磨拖[6], 趁淸凉, 就馬每喫的飽時[7], 赶動者。

高 日頭却早這早晩也。

漢 兀那望著的黑林子便是夏店。

高 這裏到那裏演裏[8]有七八里路。你在先也曾大都去來, 怎麼不理會的?

漢 這夏店俺是曾走了一兩遭, 都忘了。那裏記得來?

飜老 제46화 夏店有三十里多多地

漢 咱們前頭到夏店時、買飯喫了。儘晚到了京城。

高 這裏到夏店有多少路?

漢 敢有三十里多地。

高 你夜來怎麼說十里來路? 今日却怎麼說三十里地?

漢 我夜來錯記了。今日再想起來、有三十里多地。咱們休磨拖、趁凉快、馬又喫的飽時、赶動着。

高 日頭又這早晩了。

漢 那望着的黑林子便是夏店。

高 這裏到那裏還有七八里路。你在先也曾北京去來、怎麼不理會的?

漢 這夏店我曾走了一兩遭、都忘了。那裏記得?

飜老 제46화 민박(9)-예셔 하뎜은 三十里 남죽

漢 우리 알프로 하뎜에 가든 밥 사먹고, 그장 졈글어든 잣 안해 드러가져.

高 예셔 하뎜에 가매 언멋 길히 잇느뇨?

漢 三十里 남죽 혼 싸히 잇는 듯후다.

高 네 어제 엇디 십리 맛값 길히라 후더니, 오느론 쏘 엇디 三十里 싸히라 니르는

----

[5] '三十里多地'는 주1 참조.
[6] '休磨拖'는 주2 참조.
[7] '就~時'는 주3 참조.
[8] '演裏'는 주4 참조.

다?

漢 내 어제 그르 싱각ᄒ돗더라. 오늘 다시 싱각ᄒ니 三十里 남즈기 잇ᄂ 짜히로다. 우리 믄그스디 말오 서늘ᄒᆫ 적 미처, 몰도 ᄯᅩ 머건 디 빅 브른 저긔 모라 녀져.

高 히 ᄯᅩ 이리도록 늣도다.

漢 뎌 ᄇ라ᄂᆫ 어득ᄒᆫ 수프리 곧 하뎜이라.

高 예셔 뎨 가매 당시론 칠파릿 길히 잇고나. 네 아리 일즉 셔울 녀러 오나시니 엇디 모로ᄂ다?

漢 이 하뎜에 내 아리 ᄒ두 번 ᄃ녇마론 다 니즈니, 어듸 싱각ᄒ야 이시리오?

제47화 夏店에서(1)-음식점에서 식사

漢 음식점에 이제 곧 도착하겠네. 자, 무슨 음식을 먹으면 좋을까?

高 우리 고려 사람은 젖은 국수는[1] 먹는데 익숙하지 않으니 마른 것을[2]
먹는 게 어떻소?

漢 그럼 우리 구운 떡과[3] 고기를 사서 볶아[4] 먹세나.

자 여기에 말을 잡아매어 두게. 짐을 내렸으면 저 식당으로 들어가지.
식당 아저씨[5], 우선 뜨거운 물을 갖다 다오. 얼굴을[6] 씻을 테니까.

······················

[1] 원문은 '濕麵'인데 '면(麵)'은 햇볕을 쬐어 말린 것과 그렇지 않은 것이 있다.
말려서 뜨거운 물을 부어 불게 한 다음 먹는 것을 '쾌면(掛麵)'이라고 하며
말리지 않는 것을 '습면(濕麵)'이라고 한다〈老乞〉). 원대(元代)에 편찬된
일용유서(日用類書) 『거가필용사류전집(居家必用事類全集)』의 「庚集」 '食
類'조에 '습면식품(濕麵食品)'이 있어 '수활면(水滑麵)·색면(索麵)·경대면
(經帶麵)' 이하 '혼둔피(餛飩皮)'에 이르기까지 14종에 달하는 식품과 그 제
조법이 기재되었다. 그에 의하면 '습면(濕麵)'이란 보통 면류(麵類) 이외에
수제비나 만둣국 같은 것까지도 포함한 총칭인 것으로 보인다. 또한 송원
대(宋元代)의 의학서에는 '습면(濕麵)'에 의한 소화불량의 처방이 종종 보
인다.

[2] 원문은 '乾物事'이며 "말린 것, 국물이 없는 것"을 말한다. '物事'는 현대어
의 '東西'와 같고 물건을 가리킨다. 상해어(上海語)에서는 지금도 사용한
다. 여기서는 특히 식품을 말한다. 원(元) 이야(李冶)의 『경제고금주(敬齊
古今黈)』에 "농가는 조와 보리(粟麥)의 음식을 物事라고 부른다"라는 기사
가 있다. 『거가필용사류전집(居家必用事類全集)』(庚集) 「식류(食類)」에 '습
면식품(濕麵食品)'에 이어 '건면식품(乾麵食品)'이 있으나, 거기에 나오는 식
품은 모두 단팥이 들어간 만두(饅頭)류이다.

[3] 원문은 '燒餅'로 전술한 『거가필용사류전집(居家必用事類全集)』(庚集) 「식류
(食類)」의 '종식품(從食品)'조에 '소병(燒餅)'에 대한 설명이 있다. 그에 의하
면 밀가루에 기름과 소금을 조금씩 섞어 냉수로 반죽한 다음 그것을 납작
하게 펴서 난로에 표면이 바싹 바싹할 때까지 구운 것을 말한다. 中村喬,
『宋代の料理と食品』(1995) '제2장'의 燒餅類에 의하면 단팥을 속으로 넣
은 것도 있었던 것 같으나, 여기에서 양고기와 같이 먹는 것은 팥이 들어
가지 않은 것으로 보인다.

[4] 원문은 '爨'으로 "볶다"는 뜻이다. 제15화 주11 참조.

問 손님들이 다 씻으셨네. 애야[7], 상을 닦아라. 손님, 무엇을 드시겠습니까?

漢 우리 네 사람에게 한 냥 반의 양고기를 볶아주고 두 냥 반의 구은 떡을 주시오.

이 국물은[8] 싱겁군. 간장이 있으면 갖다다오. 우리가 간을 맞추어서 먹을 테니까.

이 구은 떡이 반은 차갑고 반은 뜨겁네. 뜨거운 것은 나두시오. 먹을 거니까. 이쪽의 차가운 건 당신이 가져가서 화덕에[9] 데워서 가져오게.

高 자, 밥도 다 먹었고, 밥값을 지불하세.

애야, 계산할까[10]? 전부 해서 얼마인가?

賣 두 냥의 구은 떡에 한 냥 반의 양고기니 합쳐서 석 냥 반입니다.

高 여기 다섯 냥의 지폐다. 한 냥 반의 거스름을[11] 다오.

....

[5] 원문은 '問客'으로 손님에게서 주문을 받는 종업원을 말한다. 〈飜老〉에서는 가게의 종업원으로 '過賣'라는 호칭 하나만 나타나지만 〈原老〉에서는 손님에게서 주문을 받는 '문객(問客)'과 그 밑에서 일하는 '매물(賣物)'이 나뉘어 분업하고 있다. 다만 이 두 호칭은 다른 자료에서는 찾을 수 없다. '과매(過賣)'는 음식점의 점원으로서 송(宋) 오자목(吳自牧)의 『몽양록(夢粱錄)』(권16) 등에 나타난다.

[6] 원문 '面皮'는 얼굴을 가리킨다. 배(腹)를 '肚皮'라고 하는 것과 같다. 『수호전(水滸傳)』제31회에 "張都監을 보니, 面皮를 바꾸었다"라는 구절이 있다.

[7] 원문 '賣物'은 종업원으로 '問客'의 밑에서 일하는 사람이다. 주5 참조.

[8] 원문은 '這湯'이다. 이것은 '분갱(粉羹)'(春雨의 국물)인데 소병(燒餅)이나 만두(饅頭)를 먹을 때에 꼭 따라 나오는 국물로서 이것을 마시고 갈증을 없앤다.

[9] 원문은 '爐裏'이며 '노(爐)'는 '오(鏊)'를 가리킨다. '오(鏊)'는 소병(燒餅)을 굽는 기구이며 검은 쇠로 만들었다. 뚜껑과 바닥이 있으나 위아래가 같다. 소병(燒餅)을 안에 놓고, 뚜껑 위에 불을 붙이면 저절로 구워진다. 우리말에 '화덕'에 해당하며 속된 말로 '爐(노)'라고 한다(〈老瞽〉).

[10] 원문은 '來廻鈔'인데 이때의 '廻'는 "돈을 지불하는 것"을 말한다. '還'이라고도 한다. 사들인 물건의 대가로서 돈을 돌려준다는 발상에서 이렇게 말하는 것 같다. 원곡(元曲)『초소공(楚昭公)』「劇」3折의 대사에 "我還你的船錢 - 우리가 당신의 뱃삯을 냅니다 -"라는 대사가 있다.

[거스름을 받고 나서]

　이 한 냥 반짜리[12] 지폐는 글자 쓰인 면이[13] 잘 안 보이는데, 쓸 수

있겠소[14]?

■ 좋은 돈입니다. 이 지폐는 대도에선 새 돈으로[15] 쓸 수 있습니다.

제47화 夏店(1)-茶飯

■ 店子待到也。咱每喫些甚麽茶飯好?

■ 俺高麗人不慣喫濕麵[16], 咱每則喫乾物事[17]如何?

■ 那般者, 咱每買些燒餅[18], 爨[19]些肉, 喫了過去。

....

[11] 원문은 '貼'으로 "(거스름을) 주다"는 뜻이 있다.

[12] '一兩半'짜리 보초(寶鈔)는 지원초가 아니라 중통초로 계산 한 것이다. 즉
　　지원초(至元鈔) 300문(文)의 지폐를 중통초(中統鈔)의 값으로 계산하여 1관
　　(貫) 500문(文)으로 사용한 것이다. 제41화 주5 참조.

[13] 원문 '眉眼'은 원래의 뜻이 "얼굴의 생김새, 용모"를 말하지만 여기서는
　　지폐의 자면(字面)을 말하는 것으로 보인다. 제50화에서는 "자(字)가 없다"
　　는 대화가 있다. 자면(字面)이 안 보이게 닳아버린 초(鈔)가 바로 '혼초(昏
　　鈔)'이다. 『원전장(元典章)』「호부(戶部)」(권6) '초법·혼초(鈔法·昏鈔)'의
　　'倒換昏鈔體例'조에 "字貫이 공히 각각 昏爛해서 분간하기 어려워도 邊欄
　　의 꽃 모양으로 분간할 수 있는 지폐는 교환될 수 있다"고 규정하였다.

[14] 원대(元代)에 통용하던 지폐인 보초(寶鈔)는 오래된 경우 자면(字面)이 잘
　　보이지 않아서 통용에 문제가 있었던 것으로 보인다. 원대(元代)에 鄭介夫
　　가 대덕(大德) 7년(1303)에 올린 상주(上奏)(明 楊士奇『歷代名臣奏議』권 67)
　　에 보초(寶鈔)가 유통하기 힘든 배경을 말하고, "지금 窮山僻壤에서는 鈔
　　는 이미 얻기 어렵고, 설령 10貫짜리 1張을 얻어도 抵拽가 열리지 않으며
　　(잔돈으로 바꾸지 못하며), 만일 물건을 사서 鈔를 주어도 즉 零(거스름)을
　　貼함을 수긍하지 않으며, 鈔를 다하여 물건을 사기를 원해도 곧 바로 많이
　　사용할 수 있는 데가 없다"라는 기사가 보인다.

[15] 원문은 '料鈔'인데, 새 돈을 말한다.

[16] '濕麵'는 주1 참조.

[17] '乾物事'는 주2 참조.

[18] '燒餅'은 주3 참조.

[19] '爨'은 주4 참조.

咱每這裏當住馬絟者，卸下行李，這飯店裏去來。

問客[20]，先將一椀溫水來。俺洗面皮[21]。

🀫 客人每洗了面也。賣物[22]，抹卓兒。客人喫些甚麼茶飯？

🀥 俺四箇人爨著一兩半羊肉，將二兩燒飯來。

這湯[23]淡，有塩醬將些來，俺自調和喫。這燒餅一半兒冷，一半兒
熱。熱的留下者，俺喫。這冷的，你將去爐裏[24]熱著將來。

🀣 咱每飯也喫了也，與了飯錢去來。賣物，來廻鈔[25]。通該多少？

🀫 二兩燒餅，一兩半羊肉，通是三兩半。

🀣 兀的五兩鈔，貼[26]一兩半[27]來。

這一兩半沒些眉眼[28]，使的麼？

🀫 好鈔有。你將去，這鈔大都做料鈔使。

🀨老 제47화 **夏店(1)-甚麼茶飯好？**

🀥 店子待到也。咱們喫些甚麼茶飯好？

🀣 我高麗人不慣喫濕麵、咱們只喫乾的如何？

🀥 這們時、咱們買些燒餅、炒些肉、喫了過去。

咱們這裏當住馬絟着、卸下行李着、飯店裏去來。

過賣、先將一椀溫水來、我洗面。

🀫 客人們洗面了。

🀥 過賣、抹卓兒。

🀫 客人喫些甚麼茶飯？

🀥 我四箇人炒着三十箇錢的羊肉、將二十箇錢的燒餅來。

---

[20] '問客'은 주5 참조.
[21] '面皮'는 주6 참조.
[22] '賣物'은 주7 참조.
[23] '這湯'은 주8 참조.
[24] '爐裏'는 주9 참조.
[25] '來廻鈔'는 주10 참조.
[26] '貼'은 주11 참조.
[27] '一兩半'은 주12 참조.
[28] '眉眼'은 주13 참조.

這湯淡、有塩醬拿些來。我自調和喫。這燒餠一半兒冷、一半兒熱。熱的留下着、我喫。這冷的、你拿去爐裏熱着來。

高 咱們飯也喫了。與了飯錢去。過賣、來會錢。通該多少?

賣 二十箇錢燒餠、三十箇錢羊肉、通是五十箇錢。

飜老 **제47화** 夏店(1)-우리 므슴 음식을 머거아 됴홀고?

漢 뎜도 ᄒᆞ마 다드르리로다. 우리 므슴 음식을 머거아 됴홀고?

高 우리 고렷사ᄅᆞᆷ 즌 국슈 머기 닉디 몯ᄒᆞ얘라. 우리 므ᄅᆞ니 머구디 엇더ᄒᆞ뇨?

漢 이러면 우리 쇼빙 사고, 고기 봇가 먹고 디나 가져.

우리 여긔 몰 자바 미오, 짐 브리우고 음식 ᄑᆞᄂᆞᆫ 뎜에 가져.

음식 ᄑᆞᄂᆞᆫ 뒷 사ᄅᆞ마! 몬져 ᄒᆞᆫ 사발만 ᄃᆞᄉᆞᆫ 믈 가져오라. 내 ᄂᆞ치 시서지라.

閏 나그내네 ᄂᆞ치 시서다. ᄒᆞ닐 사ᄅᆞ마! 샹 스서라. 나그내네 므슴 음식 머글고?

漢 우리 네 사ᄅᆞ미 돈 셜흔 나챗 양의 고기 봇고, 돈 스므 나챗 쇼빙 가져오라.

이 탕이 슴겁다. 소곰쟝 잇거든 져기 가져오라. 내 손조 섯거 머거지라. 이 쇼빙이 바ᄂᆞᆫ 츳고 바ᄂᆞᆫ 덥다. 더우니 두라. 우리 머고리라. 이 츤니란 네 가져가 화로애 데워오라.

高 우리 밥도 머거다. 밥갑 주고 가져.

음식 풀리야! 와 돈 모도라. 대되 언머고?

賣 스므 낫 돈앳 쇼빙, 셜흔 낫 돈앳 양육, 모도니 쉰 낫 돈이로다.

제48화 夏店에서(2)-술집에서 한 잔

漢 자, 짐을 싣고 갑시다.

高 해가 머리 위에 있으니 정오[1]네요. 조금 덥습니다. 아침에 국물이 없는 것을 먹었더니 조금 목이 마르기도 하고요.

漢 여기서 그리 멀지 않은 곳에 주막집이[2] 있네. 거기에 가서 술 몇 잔을 마셔서 갈증을 풀고 말도 쉬어 물을 먹이세.

高 잠시 동안 짐을 내리고 술을 몇 잔 마신 다음에 가도록 합시다.

[주막에 도착해서]

漢 술집 아저씨[3], 두 냥 어치 술을 갖다 주게.

畵 손님들, 여기 두 냥 어치 술이 왔습니다.

漢 좋은 술인가?

畵 좋은 술이죠. 손님 맛을 보세요. 술이 좋지 않으면 술값은 안 주셔도 됩니다.

漢 그런 대로 좋군. 무언가 좋은 안주가 있으면 조금 가져오게.

....

[1] 원문 "晌午"의 '晌'은 '晌(정오, 대낮, 낮의 어느 무렵, 나절)'이라고 쓰는 것이 옳다. 제51화 주1 참조.

[2] 원문은 '草店'인데 이때의 '草'는 "초라한, 시골의"라는 뉘앙스가 있어 "주막"이라고 번역하였다. 원(元) 예찬(倪瓚)의 『청비각전집(淸閟閣全集)』(권2)에 게재된 '梅花道人原韻' 詩에 "草店의 달은 回合하고, 村路는 우회하여 더욱 길다'라는 구절이 있다.

[3] 원문은 '量酒'로 양주(量酒)는 술집의 지배인을 말한다. 〈飜老〉에서는 '賣酒'로 되어 있다. '量酒'는 "술을 헤아려 파는 사람"이란 뜻에서 온 말이다. 『동경몽화록(東京夢華錄)』(권2) '음식과자(飮食果子)'에 "보통 가게 내에서 酒廚子를 파는 사람을 茶飯量酒博士라고 한다"라는 설명이 있고, 또 『경세통언(警世通言)』(권14) '一窟鬼癩道人除怪'에 "却不是別人, 是淨慈寺對門酒店裏量酒-또 다른 사람이 아니라 정자사(淨慈寺) 맞은편 술집의 양주(量酒)였다-"라든지 『금병매(金瓶梅)』 제56회에 "常時節拉了到店裏坐下, 量酒打上酒來, -常時節을 끌고 가게에 가서 앉아 있으면 양주(量酒)가 술을 팔러 오고-" 등의 예도 보인다.

 그러면 소금에 저린 오이가 있으니 지금 바로 가져오겠습니다.
　손님들, 술은 덥게 해드릴까요, 아니면 차갑게 드십니까?

漢 됐네. 데우지[4] 말게. 차갑게 먹겠네.

제48화 夏店(2)-喫酒

漢 咱每打馳馸行。

高 日頭正晌午[5]也。有些熱。早來喫了乾物事, 有些乾渴。

漢 前頭不遠有箇草店[6]兒。到那裏咱每喫幾盞酒解渴, 歇住頭口者。

　暫時間, 卸下行李來, 喫幾盞酒, 便過去。

　量酒[7], 打將二兩鈔的酒來。

 客人每, 兀的有二兩鈔的酒。

漢 好酒麼?

 好酒。你試嘗, 酒不好, 不迴鈔。

漢 胡喫的過去。有甚麼好菜蔬, 將些箇來。

 那般者, 有塩瓜兒。如今便將來。客人每, 熱喫那涼喫?

漢 儘敎。休旋[8]去, 俺則涼喫?

飜老 제48화 夏店(2)-咱們喫幾盞酒

漢 咱們打馳馸行。

高 日頭正晌午也。有些熱。早來喫了乾物事、有些渴。

[4] 원문은 '休旋'이다. 여기서 '旋'은 술을 양푼에 담아 뜨거운 물에 돌려서
　데우는 것을 말한다. '鏇'은 술 등을 데우는 쇠로 된 그릇을 말하는데 원(元)
　대동(戴侗)의 『육서고(六書故)』에 "鏇은 溫器니라. 이것을 뜨거운 물에 旋
　하여 이것으로 술을 데운다"라는 설명이 있다. 원곡(元曲) 등에서는 동사
　로도 사용되었다.

[5] '晌午'는 주1 참조.

[6] '草店'은 주2 참조.

[7] '量酒'는 주3 참조.

[8] '休旋'는 주4 참조.

漢 前頭不遠有箇草店兒。到那裏、咱們喫幾盞酒解渴、歇住頭口着。

高 暫時間、卸下行李來、喫幾盞酒、便過去。

漢 賣酒的、拿二十箇錢的酒來。

圖 客人們、這二十箇錢的酒。

漢 酒好麼?

圖 好酒。你嘗看、酒不好時不要還錢。

漢 將就喫的過。有甚麼好菜蔬、拿些箇來。

圖 這們時、有塩瓜兒。如今便將來。客人們、熱喫那涼喫?

漢 罷、罷、休旋去。我只涼喫。

飜老 **제48화** **夏店**(2)-우리 두어 잔 수를 먹자.

漢 우리 짐 시러 녀져.

高 히 졍히 나지니 져기 덥다. 아ᄎᆞ미 ᄆᆞ론 것 머그니 목 ᄆᆞ론 줄 잇다.

漢 앏ᄑᆡ 아니 머리 ᄒᆞᆫ 초개로 지은 뎜이 잇ᄂᆞ니, 뎌 가 우리 두어 잔 수를 머거 목 ᄆᆞ론 ᄃᆡ 헤왇고 즘ᇰ 쉬오ᄃᆡ, 잠깐 더디나 짐 브리왓다가, 두어 잔 술 먹고 ᄆᆞᆮ득 디나가져.
술 ᄑᆞ리여! 스므 낫 돈앳 술 가져오라.

圖 나그내네, 이 스므 낫 돈앳 수리라.

漢 수리 됴ᄒᆞ녀?

圖 됴ᄒᆞᆫ 수리니 네 머거보라. 수울옷 됴티 아니커든 갑슬 갑디 말라.

漢 둘워, 먹져. ᄆᆞ슴 됴ᄒᆞᆫ ᄂᆞᄆᆞ새 잇거든 져기 가져오라.

圖 이러면 ᄀᆞ틴 외 잇ᄂᆞ니, 이제 즉재 가져오마. 나그내네, 더우니 머글다, ᄎᆞ니 머글다?

漢 두워, 두워, 데우라 가디 말라. 우리 ᄎᆞ니 머구리라.

제49화 **夏店에서(3)-형님 연세는 얼마?**

高 형님, 먼저 한 잔 하세요. 형님, 수례(受禮)의[1] 잔을 받으십시오.

漢 당신들이 아마도 연상이겠거니 내가 어찌 수례의 잔을 받을 수 있겠소?

高 형님, 연세는 어떻게 되십니까?

漢 소인은 서른다섯 살이오.

高 소인은 이제 막 서른둘이 되었습니다. 형님, 당신이 연상이군요. 수례
　의 잔을 받으세요.

漢 소인이 나이는 많다고 해도 어찌 수례의 잔을 받을 수 있겠소? 다들
　일어서 있으면 서로 마음이 편하지 않거늘.

高 그러면 수례의 잔을 받으라고 했는데 끝까지 승낙하지 않으시려는가
　봅니다. 그럼 한 잔 가득 채워 건배합시다. 잔 바닥에 술을 남겨서는
　안 됩니다.

漢 다들 격식 차리지 말고 한 잔 마시세.

高 술도 다 먹었으니 술값을 지불하고 갑시다.

제49화 **夏店(3)-你貴壽?**

高 哥哥, 先喫一盞, 哥哥, 受禮[2]。

漢 你敢年紀大, 怎麼受禮?

高 哥哥, 你貴壽?

漢 小人年紀三十五歲。

....

[1] 원문은 '受禮'이다. 『계차청전(啓箚靑錢)』「前集」(권9)에 술을 마시는 법을
　적어 놓은 '파잔체례(把盞體例)'가 있는데 그에 의하면 윗사람에게 술을
　권할 때에는 잔을 들고 앞으로 다가가 반만 무릎을 꿇고 상대에게 드린다
　고 한다. '受禮'란 이와 같이 예를 갖추어 주는 잔을 받는 것을 말한 것이
　다. 나중에 '다들 일어서서'라고 하는 것도 이와 관련된 것으로 모두 일어
　서서 윗사람에게 반만 무릎을 꿇고 잔을 드리려고 준비하는 모습을 말한
　것이다.

[2] '受禮'는 주1 참조.

🔲 小人纔三十二也。哥哥, 你年紀大, 受禮。

🔲 小人雖年紀大, 怎麼便受禮。咱每都起來, 大家容易。

🔲 那般者, 教你受禮, 堅執不肯。滿飲一盞。休留底酒。

🔲 咱每都休講禮, 喫一盞酒。

🔲 喫了酒也, 廻了酒錢去來。

飜老 제49화 夏店(3)-你貴壽?

🔲 大哥、先喫一盞。大哥、受禮。

🔲 你敢年紀大、怎麼受禮?

🔲 大哥、你貴壽?

🔲 小人年紀三十五歲。

🔲 小人纔三十二歲。大哥你年紀大、受禮。

🔲 小人雖年紀大、怎麼便受禮? 咱們都起來、大家自在。

🔲 那般時、教你受禮、堅執不肯。滿飲一盞。休留底酒。

🔲 咱們都休講禮、喫一盞酒。

🔲 喫了酒也、會了酒錢去來。

飜老 제49화 夏店(3)-형님, 네 나히 언멘고?

🔲 큰형님! 몬져 ᄒᆞᆫ 잔 자쇼.
　　큰형님! 몬져 례 받죠.

🔲 네 나히 한 둣ᄒᆞ니, 어ᄂᆞ 내 슈례ᄒᆞᆯ고?

🔲 형님! 네 나히 언멘고?

🔲 小人은 나히 셜흔 다숫 설.

🔲 小人은 앗가ᅀᅡ 셜흔 두 설. 큰형님 네 나히 하도다.
　　슈례ᄒᆞ쇼셔.

🔲 小人이 비록 나히 하나 어ᄂᆞ 슈례ᄒᆞᆯ고?
　　우리 다 니러ᅀᅡ 대되 므슴 노ᄒᆞ리로다.

🔲 그러면 너 ᄒᆞ야 슈례ᄒᆞ게 ᄒᆞᆯ 거시로고나 ᄒᆞ야ᄂᆞᆯ, 구디 잡고 듣디 아니ᄒᆞ다.
　　ᄒᆞᆫ 잔 ᄀᆞᄃᆞ기곰 먹고 수울 흘리디 마져.

🔲 우리 다 례수 ᄎᆞ리디 말오 ᄒᆞᆫ 잔 수울 먹져.

🔲 수울 머거다. 수욼갑 혜라 가져.

제50화 夏店에서(4)-술값 계산

髙 술집 아저씨, 오시오. 돈 내겠소. 자, 두 냥 반(二兩半)짜리[1] 지폐일세. 5전(錢)의[2] 거스름을 주게.

□ 손님, 좋은 돈 한 장을 주세요. 이 지폐는 글자가 안 보입니다. 어떻게 사용합니까?

髙 이 지폐의 어디가 마음에 안 든단 말인가? 글자도 그림도[3] 분명하지 않은가? 왜 쓰지 못한다는 겐가?

□ 손님 지폐를 식별하지 못하면 다른 사람에게 봐달라고 하면 어떻습니까?

髙 왜 내가 지폐를 식별하지 못 해? 무엇 때문에 남에게 봐달라고 해야 하는가?

□ 지폐를 바꿔주기만[4] 하면 되는데요. 손해를 보는 것도 아니고요.[5]

....

[1] '두 냥반(二兩半)'짜리 지폐는 앞의 예처럼 지원초(至元鈔)의 500문(文)을 정통초(正統鈔)의 2관(貫) 반(半)짜리 지폐를 말한다. 제47화 주12 참조.

[2] 원문 '五錢'은 500문(文), 즉 지원초(至元鈔)로 환산하면 100문(文)이다. 또한 이에 의하여 두 냥 어치 술을 마시고 두 냥 반 짜리 지폐를 내어 5전의 거스름으로 받았으니 소금에 저린 오이는 공짜로 먹은 것임을 알 수 있다.

[3] 원문의 '字兒·伯兒'는 원대(元代)의 지폐인 보초(寶鈔)의 형태를 말한다. 원대의 지폐는 상하(上下) 두 개의 난으로 나누어 윗 란에는 '이관문성(貳貫文省)' 등의 액면 가격이 표시되었고 그 아래에는 액면가에 해당하는 엽전 다발을 그렸다. 아래 난에는 위조자(僞造者)에 대한 처벌 규정이나 발행 관아의 이름이 인쇄되었다. 한편, 『원전장(元典章)』「호부(戶部)」(권6) '초법·혼초(鈔法·昏鈔)'의 '도환혼초체례(倒換昏鈔體例)'조에는 "貳貫文省 등의 문자와 관백(貫伯)이 보이면 '鈔張의 下載'(지폐의 下欄)이 파손되었어도 새 돈과 교환할 수 있다"는 기사가 있다. 이에 의하면 '貫伯'이란 아래 난에 그려진 엽전 그림을 가리키는 것임을 알 수 있다. '貫'은 엽전 천(千) 닢을 끈으로 꿴 모습이고, '伯'은 '百'과 통하여 엽전 백 닢이 원래 뜻이다. 따라서 여기서 말하는 '字兒'는 액면가 표시이고 '伯兒'는 '貫伯' 즉 액면가를 엽전 그림으로 그린 것을 의미할 것이다. 이 둘이 제대로 보이면 교환이 가능하고, 지폐로서 통용되기 때문이다.

[4] 원문은 '換鈔'로서 손님에게 갖고 있는 다른 지폐와 바꿔 달라는 것을 의미

다른 지폐로 바꿔서 한 장 주시면 되는데 말다툼을 할[6] 필요가 없지 않습니까?

高 여보 술집 아저씨 웬 불평이 그렇게 많소. 이런 지폐를 못 쓴다니. 옜다, 한 냥 반(一兩半) 지폐 한 장과 5전(錢)짜리 지폐 한 장이야. 가져 가게.

▨ 이 한 냥 반짜리 지폐도 흐리게 보이는데요[7].

高 함부로 짓거리는 것이 아니야. 오늘 아침 밥 먹은 데서 거스름돈으로 받은 지폐라니까.

▨ 됐어요. 어쨌든 두고 가시죠. 쓰지 못해도 할 수 없지.

高 당신 말을 그렇게 하는 것이 아니야. 쓰지도 못하는 것을 당신이 달라 고 하겠어?

제50화 夏店(4)-廻鈔

高 量酒, 來, 廻鈔。兀的二兩半[8]鈔, 貼五錢[9]來。

▨ 哥哥, 與一張兒好的, 這鈔無了字兒, 怎麼使的?

高 這鈔嫌甚麼? 字兒, 伯兒[10]分明都有, 怎麼使不得?

▨ 你不識鈔時, 教別人看去。

....

한다. 정식으로 관아에서 새 돈과 교환하려면 '공묵전(工墨錢)'(수수료)이 얼마간 필요하다. 제98화 주6 참조.

[5] 원문 '折本'은 "자본(資本)을 줄이다"는 뜻으로 "손해를 보다"는 의미이다.

[6] 원문 '合口'는 "말다툼을 하다, 구론(口論)하다"의 뜻이다.

[7] 원문의 '昏'은 昏鈔를 가리킨다. 제47화 주13 참조. 또 〈飜老〉에서는 "오 늘 아침 거스름으로 받은 銀子"라고 하였는데 제47화에는 그에 해당되는 이야기가 없기 때문에 의미가 분명하지 않다. 원대(元代)의 중통초(中統 鈔), 지원초(至元鈔) 등의 지폐가 명대(明代)에는 없어지고 은자(銀子)로 바 뀌었음으로 〈飜老〉에서는 이 부분의 대화가 은자(銀子)에 관한 것으로 얼 버무렸다.

[8] '二兩半'은 주1 참조.

[9] '五錢'은 주2 참조.

[10] '字兒·伯兒'는 주3 참조.

高 我怎麼不識鈔? 索甚麼教別人看去?

圖 換鈔[11]不折本[12]。你自別換、與一張兒便是也。索甚麼合口[13]?

高 這量酒也纏的壞了。阿的般鈔使不得。

　　兀的一箇一兩半。一箇五錢 將去。

圖 這一兩半也昏[14]。

高 你却休謊。恰早來喫飯處貼將來的鈔。

圖 儘教。胡留下者、便使不得也罷。

高 你要那話怎麼? 使不得阿, 你肯要那?

飜老 **제50화** **夏店**(4)-會錢

高 賣酒的、來、會錢。這的五分銀子、貼六箇錢饋我。

圖 大哥與些好的銀子、這銀只有八成銀、怎麼使的?

高 這銀子嫌甚麼?細絲兒分明都有、怎麼使不得?

圖 你不識銀子時、教別人看。

高 我怎麼不識銀子?要甚麼教別人看去?

圖 換錢不折本。你自別換與五分好的銀子便是。要甚麼合口?

高 這賣酒的也快纏、這們的好銀子怎麼使不得?

　　今早起喫飯處貼將來的銀子。

圖 罷、罷、將就留下着。便使不得也罷。

高 你說甚麼話?使不得時、你肯要麼?

飜老 **제50화** **夏店**(4)-돈 혜여 바드라.

高 수울 폴리여! 돈 혜여 바드라. 이 닷 분 은이니, 돈 여슷 낫만 거스려 날 다고려.

圖 큰형님! 됴흔 은으로 다고려. 이 은이 다믄 바품 은이로소니 엇디 쓰료?

高 이 은을 므스글 썰이는다? ᄀᆞᄂᆞ 시리 분명이 다 잇ᄂᆞ니 엇디 쓰디 몯ᄒᆞ료?

圖 네 은곳 모르거든 녀느 사ᄅᆞᆷ ᄒᆞ야 보게 ᄒᆞ라.

---

[11] '換鈔'는 주4 참조.
[12] '折本'은 주5 참조.
[13] '合口'는 주6 참조.
[14] '昏'은 주7 참조.

高 내 엇디 은 모ㄹ리오? 므슴ᄒ려 다ᄅ니 ᄒ야 뵈라 가리오?

■ 돈 밧고와도 믿디디 아니면 ᄒᆞᆯ 거시니, 네 각벼리 닷 분만 됴ᄒᆞᆫ 은을 밧고와 주면 곧 올커니ᄯ나, 므스므라 입 힐후리오?

高 이 수울 ᄑᆞᆯ리여, 싯구기 잘 ᄒᆞᄂ다. 이런 됴ᄒᆞᆫ 은을 엇디 ᄡᅳ디 몯ᄒᆞ료? 오ᄂᆞᆯ 아ᄎᆞ미 밥 먹던 뎌셔 팀 바다 가져온 은이라.

■ 두워, 두워, 둘워 두져. ᄡᅳ디 몯ᄒᆞ야도 므던타.

高 네 므슴 마를 니ᄅᄂ다? ᄡᅳ디 몯ᄒᆞᆯ 거시면 네 즐겨 바돌다?

제4장

대도(大都)에서의 생활

이 장면은 하점(夏店)을 거쳐 북경(北京)에 도착한 일행이 여관을 잡고 고려인들과 중국 동행이 함께 가져 온 말을 먼저 판다. 그리고 중국인 동행은 다시 다른 곳에 가서 장사를 하려고 여러 가지 물건을 산다. 고려인들은 그 동안 먼저 대도(大都)에 와 있던 고려인 친척에게 고국의 소식도 전하고 고려에 돌아가서 팔 물건을 찾아보는 등, 북경(北京)에서의 생활을 그렸다. 한편 중국인 왕씨는 친척을 모아 잔치를 하다가 병이 나서 치료를 받고 그 후에 고려인들과 음식이나 술을 사먹기도 한다. 또 이들은 활쏘기 시합도 구경하면서 북경(北京)에서의 생활을 즐긴다. 그런 의미에서 이 단원은 〈노걸대〉의 가장 중요한 부분이다.

譯註 原本老乞大

제51화 순승문(順承門) 앞 관점(關店)

🈟 짐을 꾸려 싣고 출발하세. 해는 벌써 저녁이네[1]. 여기서 대도 성내까지는 5리의 거리일세. 두 사람은 나중에 말을 몰고 오도록 하게. 나와 또 한 동행은 먼저 가서 좋은 여관을 찾아 묵을 곳을 정하면[2] 다시 와서 그대들을 마중하겠네.

🈟 전에 의논해서 정한 순승문(順承門)의[3] 관점(關店)에[4] 묵읍시다.

🈟 그럼[5] 당신들 둘은 먼저 가시오. 우리 둘은 뒤에서 천천히 말을 몰아서 가겠소.

🈟 서둘러 가세[6]. 거기서 숙소를 찾았을 때쯤이면 저 두 사람도 도착할 것일세.

....

[1] 원문은 '後晌'인데 "저녁"을 가리키는 것 같다. 길을 서둘러 가는 것은 그 때문일 것이다. '晌'은 '晌'과 같아서 하루의 어느 나절을 말한다(제48화 주1). 『원전장(元典章)』「호부(戶部)」(권2) '官吏'조에 "海靑兔鶻, 早晨二兩, 後晌三兩"이라는 구절이 있어 '後晌'이 '早晨'(아침)과 대응되고 있으니 저녁을 말한다.

[2] 원문 '安下處'의 '安下'는 "묵으면, (여관을) 잡으면, (짐을) 풀면"의 의미로 보인다. '處'는 '時' 또는 〈飜老〉의 '着'과 같고, "～하면"이란 뜻을 갖는 것 같다. 혹은 '安下處' 전체가 "묵는 곳"이란 뜻으로 바로 앞의 '好店'과 동격일지도 모른다.

[3] '順承門'은 대도(大都)의 서남쪽에 있는 문을 말한다. 명대(明代)의 속칭은 '순성문(順城門)'이었으며 〈飜老〉에는 순성문으로 되었다. 제8화 주12 참조.

[4] '關店'은 〈飜老〉에서는 '官店'으로 되었다. 아마도 원대(元代)에는 관청에서 직영하는 여관을 관점(關店)이라 한 것으로 보인다. 제8화 주13 참조.

[5] 대화 첫 말의 '那般者'는 주인공 이외의 두 사람의 고려인 가운데 한 사람의 말일 것이다. 일단 고려인 세 사람 가운데 가장 연장자인 金으로 하였다.

[6] 원문은 '行動'인데 "서둘러 가는 것"을 말한다. '行動'은 "걷는 것"을 말하지만 원대(元代)에는 그 자체에 "서두르다"의 뜻이 있었던 것으로 보인다. 『호두패(虎頭牌)』「劇」3折의 대사에 있는 "行動些－서둘러라－"라는 구절처럼 원곡(元曲)에서는 특히 죄인을 압송(押送)하면서 길을 서둘러 가는 경우에 자주 사용하였다.

제51화 順承門 關店

[漢] 打了馳馱著行, 日頭後晌[7]也。這裏離城有的五里路。著兩箇後頭赶將頭口來。我和一箇伴當先去尋箇好店安下處[8], 却來迎恁。

[高] 咱每先說擬定的 則投順承門[9]關店[10]裏下去。

[金] 那般者[11], 你兩箇先去。俺兩箇後頭慢慢的赶將頭口去。

[漢] 咱每疾快行動[12]者。比及到那裏尋了店時, 那兩箇到來了也。

飜老 제51화 順城門官店

[漢] 打了馳馱着行、日頭後晌也。這裏離城有的五里路。着兩箇後頭赶將頭口來。我和一箇火伴先去、尋箇好店安下着、却來迎你。

[高] 咱們先說定着、只投順城門官店裏下去。

[金] 那們時、你兩箇先去。我兩箇後頭慢慢的赶將頭口去。

[漢] 咱們疾快行動着。比及到那裏尋了店時、那兩箇到來了也。

飜老 제51화 順城門官店에 드러가 브리져.

[漢] 짐 시러 녀져. 나리 낫 계어다. 예셔 잣 벙으로미 오릿 길히 잇다. 둘흐란 흐여 뒤헤 즘숭 모라오게 흐고, 나와 흔 번과 흐야 몬져 가, 됴흔 덤 어더 브리고, 또 와 너 마자 가리라.

[高] 우리 몬져 닐어 일뎡흐져. 順城門官店에 드러가 브리져.

[金] 그러면 너희 둘히 몬져 가라. 우리 둘흔 뒤헤 날회여 즘숭 모라 가마.

[漢] 우리 샐리 녀져. 뎌 가 덤 어들 질와 더 둘토 오리라.

---

[7] ‘後晌’은 주1 참조.
[8] ‘安下處’는 주2 참고.
[9] ‘順承門’은 주3 참조.
[10] ‘關店’은 주4, ‘順承門關店’은 제8화 주12, 13 참조.
[11] ‘那般者’는 주5 참조.
[12] ‘行動’은 주6 참조.

제52화 당신 여관에 숙박할 수 있소?

漢 여관 주인 아저씨, 뒤에 또 동행인이 말을 몰고 오는데 당신네 여관에 묵을 수 있소?

主 당신들 모두 몇 분입니까? 말은 몇 마리인데요?

漢 우리들은 모두 네 사람이고 말은 10마리요[1].

主 수레는 있으십니까?

漢 수레는 없소.

主 그렇다면 묵으실 수 있습니다. 저기 동쪽 끝의 구석방이[2] 하나 비었습니다. 가서 보십시오.

漢 당신이 데리고 가서 보여주게.

主 바빠서 그럴 여유가 없습니다. 손님들만 보러 가십시오.

漢 별로 복잡한 것도 아니고, 가서 보고 좋은 방인지 아닌지 우리가 말하겠네.

主 그러면 가십시다.

[방을 보고 나서]

漢 이 방이라면 묵을 수 있겠네. 식사는 어떻게 하는가?

主 식사는 말이죠. 우리 여관의 젊은 주인이[3] 요즘 나가 계셔서 사실은 식사를 마련할 사람이 없습니다. 손님들끼리 직접 만들어 드십시오.

....

[1] 원문 '十箇馬'의 말 열 마리는 11마리의 잘못으로 보인다. 제14화 주1 참조.
[2] 원문 '稍房子'는 '稍房', 또는 '稍間'이라고도 쓴다. '稍'는 물건의 끝 부분을 가리킨다. 본 채의 양쪽 끝에 있는 방이어서 현관과 멀어 그렇게 좋은 방은 아니다. 여기가 수레를 두는 차고인 것은 제58화에 의하여 알 수 있다. 『쟁보은(爭報恩)』「雜劇」3折의 대사에 "白日在那街上討飯吃, 到晚來在那店家稍房裏安下－낮에는 거리에서 밥을 빌어먹고 밤이 되면 여관 구석방에서 뒹구네－"라는 구절이 있다.
[3] 원문은 '小主人'이다. 이것을 보면 이 말을 하는 사람이 여관의 실제 주인이 아님을 알 수 있다. 〈飜老〉의 "家小－집 사름미"는 아내와 자식을 말한다.

漢 그럼 우리가 직접 만들어 먹겠네. 솥, 부뚜막[4], 그릇과 접시는 다 있는가?

主 그건 안심하십시오. 다 있습니다.

漢 그럼 됐네. 우리는 동행인을 마중하러 나갈 것이네.

主 다녀오십시오.

제52화 這店裏下俺麼?

漢 店主人家哥, 後頭更有幾箇伴當赶著幾箇馬來也。你這店裏下的俺麼?

主 你通幾箇人? 幾箇馬?

漢 俺通四箇人, 十箇馬[5]。

主 車子有麼?

漢 車子沒。

主 這般的時, 下的恁。兀的東壁上有箇稍房子[6]空者裏。你看去。

漢 你引俺看去來。

主 俺忙, 沒功夫去。你則看去者。

漢 悞了你多少功夫, 到那裏看了房子中不中, 俺說一句話。

主 那般者去來。

漢 這房兒也下的俺。茶飯如何?

主 茶飯呵, 俺店裏小主人[7]家新近出去了, 委實無人打火[8]。你客人每

....

[4] 원문 '鍋竈'는 "솥을 거는 도구"를 말하는 것으로 쇠로 만든 것도 있다 (〈老覽〉). 이 설명에 의하면 '竈'라고 해도 부뚜막과 같이 고정된 것이 아니라 현대의 가스레인지와 같이 이동할 수 있는 것으로 보인다. 다만 〈飜老〉에서는 '鍋'와 '竈'를 별도로 하여 '가마와 노굿자리'로 언해하였다. 여기서도 이 언해에 따라 "솥과 부뚜막"으로 번역한다.

[5] '十箇馬'는 주1 참조.

[6] '稍房子'는 주2 참조.

[7] '小主人'은 주3 참조.

[8] '打火'는 제15화 주1 참조.

自做飯喫。

漢 那般者，俺自做喫。鍋竈[9]椀楪都有麼？

主 那的恁放心，都有。

漢 那般呵，俺迎伴當每去。

主 你去者。

飜老 제52화 你這店裏下的我麼？

漢 店主人家哥、後頭還有幾箇火伴、赶着幾匹馬來也。你這店裏下的我麼？

主 你通幾箇人?幾箇馬？

漢 我共通四箇人、十箇馬。

主 車子有麼？

漢 車子沒。

主 這們的時下的你。那東邊有一間空房子。你看去。

漢 你引我看去來。

主 我忙、沒功夫去。你自看去着。

漢 悮了你多少功夫?到那裏看了房子中不中、我說一句話。

主 這們時去來。

漢 你這房兒也下的我。茶飯如何？

主 茶飯時、我店裏家小新近出去了、委實沒人整治。你客人們自做飯喫。

漢 我們自做飯喫時、鍋竈椀楪都有麼？

主 那的你放心、都有。

漢 這們便我迎火伴去。

主 你去着。

飜老 제52화 이 덤에 우리를 브리울가?

漢 덤 쥬신형님! 뒤헤 쏘 여러 버디 여러 무를 모라 오ᄂ니, 네 이 덤에 우리를 브리울가?

主 너희 대되 몃 사ᄅ매 몃 몰오?

漢 우리 대되 네 사ᄅ매 열 무리라.

主 술위 잇ᄂ녀?

---

[9] '鍋竈'는 주4 참조.

漢 술위 업다.

主 이러면 너희를 브리우라. 뎌 동녁 겨틔 흔 간 뷘 방 잇느니 네 보라 가라.

漢 네 날 다려 보라 가져.

主 내 밧바 겨를 어더 가디 몯ᄒ리로다. 네 보라 가라.

漢 네 언멋 공부를 머믈우료? 게 가 방이 뺨즉ᄒᄃᆝ 몯 뺨즉ᄒᄃᆝ 보고ᅀᅡ 내 흔 마롤 니ᄅ고져 ᄒ노라.

主 이러면 가마.

漢 네 이 지븨 우리를 브리우거니와, 차바ᄂᆞᆫ 엇디 ᄒ려뇨?

主 음식은 우리 뎜에 집 사ᄅᆞ미 요제 나가니, 진실로 사ᄅᆞ미 달호리 업세라. 너희 나그내네 손조 밥 지서 머그라.

漢 우리 손조 밥 지서 머그면, 가마와 노곳자리와 사발와 뎝시왜 다 잇느녀?

主 글란 네 므슴 노하시라. 다 잇다.

漢 이러면 내 벋 마즈라 가마.

主 네 가라.

제53화 방금 도착했지.

高 너희 두 사람이 여기 온 지 얼마나 됐어?

金 우리는 방금 도착했지. 마침 찾으러 가려고 했더니 네가 온 거야. 숙소
　는 어딘가?

漢 저기 서쪽 끝에 있네.

高 짐을 다 옮겨 넣고 말들도 굴레를 벗깁시다.

漢 안장은 아직 떼지 말게. 당신 주인한테 가서 돗자리나 멍석을 몇 개
　받아오게. 또 빗자루를 가져다가 깨끗하게 청소하세. 짐은 잠시 넣지
　말고 돗자리나 멍석을 깔고 나서 한꺼번에 넣도록 하세.

제53화 俺纔到這裏

高 恁兩箇到這裏多少時也?

金 俺纔到這裏, 恰待尋恁去來, 你却來了. 店在那裏?

漢 兀那西頭有.

高 行李都搬入來者. 把馬每鬆動者.

漢 且休摘了鞍子. 你去問主人家, 索幾箇席子蒿薦來. 就待[1]箇笤箒來
　拂綽[2]. 行李且休搬入去. 等鋪了席薦時, 一就搬入去.

飜老 제53화 我纔到這裏

高 你兩箇到這裏多少時?

金 我纔到這裏、待要尋你去來、你却來了. 店在那裏?

漢 那西頭有.

高 行李都搬入來着. 把馬們都鬆了.

漢 且休摘了鞍子. 你去問主人家、要幾箇席子藁薦來. 就拿笤箒來掃地、行
　李且休搬入去. 等鋪了席薦時、一發搬入去.

[1] '待'는 '等'(가지다)의 잘못으로 보인다.
[2] '拂綽'(청소하다, 치우다)는 제18화 주6 참조.

飜老 제53화 우리 곧 예 오라 ㅎ마.

高 너희 둘히 예 오난 디 언머 오라니오?

金 우리 곧 예 오라 ㅎ마. 너희 츠즈라 가려 ㅎ다니, 네 쏘 오나다. 뎜이 어디 잇ᄂ뇨?

漢 뎌 셧 녁 그테 잇ᄂ니라.

高 짐돌 다 옴겨 드려오고, 믈돌 다 오랑 서우니 ㅎ고.

漢 안직 기르마 벗기디 말라. 네 가 쥬쉰ᄃ려 무러 여러 돗과 지즑 달라 ㅎ야 가져오디, 이믜셔 밋븨 조쳐 가져다가 싸 ᄭᆞᆯ라. 지므란 안직 옴겨드리디 말오, 돗과 지즑 ᄭᆞ라든 기들워 흠끠 옴겨 드리라.

제54화 이 말은 팔 건가?

主 손님, 이 말은 파실 겁니까?

高 물론 팔 겁니다.

主 파실 생각이시라면 시장에 끌고 가실 필요가 없습니다. 이 숙소에 계시면 제가 살 사람을[1] 찾아서 다 팔아드리지요[2].

漢 그만 두시게. 내일 다시 이야기하세. 우리 이 말들은 올라올 때에 매일 길에서 걷느라고[3] 고생하고 먹이도 충분히 주지 못했으니까 모두 많이 살찌지[4] 못했네. 만일 시장에 끌고 가도 시장 상인들이 좋은 값을 주지는 못할 걸세. 말먹이를 잔뜩 투자해서[5] 며칠 충분히 먹이고 나서 팔아도[6] 늦지는 않겠지.

高 당신 말이 맞아요. 나도 마음으로 그렇게 생각하고 있었습니다. 우리에게는 또 인삼과 모시와 삼베의 옷감도 있어요. 내일은 그쪽 값을 물으러 갑시다. 값이 좋으면 팔고 만일 너무 싸면 잠시 놔둡시다[7].

漢 어디로 물으러 갈 건가?

高 사부점(師傅店)에[8] 아는 사람이 있어요. 거기로 물으러 갈거요.

....

[1] 원문 '主兒'는 '買主', 즉 살 사람을 가리킨다.
[2] 원문은 '都賣'로 "다 파는 것"을 가리킨다. 우리말 都賣(도매)는 여기서 온 말이다.
[3] 원문 "每日供路子"의 '供'은 의미를 알 수 없다. 〈飜老〉의 '走'라면 걷는 것이니 의미가 통한다. 여기서는 〈飜老〉의 '走'에 대응하는 의미로 보았다.
[4] 원문 '脿息'은 '膘息'과 같다. 가축이 살쪄서 커진 것이란 뜻이다. 원 (元) 마치원(馬致遠)의 산곡(散曲) 『차마(借馬)』 「要孩子」에 "逐宵上草料數十番, 喂飼得膘息胖肥 - 매일 저녁 말먹이를 수십 번 먹이고 키워서 살찌게 하였다 - "라는 대사가 있다.
[5] 원문 '捨'는 "마음먹고 손해를 감수하면서 돈을 지불, 또는 투자하는 것"이란 뜻이 있다. '割捨'라고도 한다.
[6] 원문 '發落'은 "처리하다, 처치하다"하다는 뜻이다(『吏學指南』). 여기서는 팔려고 내놓는 것을 말한다.
[7] 원문 '停'다 "보내지 말고 유보해 두다"라는 의미이다.
[8] '師傅店'은 〈飜老〉에서 '吉慶店'으로 바꾸었다. 아마도 당시 고려인들이

漢 그럼 내일은 같이 가세.

[다음 날이 되어]

高 당신들 둘은 말을 봐 주게. 우리 둘은 성 안으로[9] 들어갔다가 금방
돌아올 테니까.

제54화 你這馬待要賣那?

主 客人每, 你這馬待要賣那?

高 可知俺賣。

主 你既賣時, 也不索你將投市上去。則這店裏有者。俺與恁尋主兒[10]
都賣[11]了。

漢 儘教。到明日再說話。咱這馬每路上來每日供[12]路子生受, 喂不到,
都沒甚脹息[13]。便將到市上, 市上人也出不上價錢。咱每捨[14]著草
料, 好生喂幾日發落[15], 也不遲裏。

高 你道的是。我也心裏那般想著有。俺更有人蔘, 毛施, 帖裏布。明日
打聽價錢去來。有價錢時賣了者。怕底似的賤時, 且停[16]些時。

漢 你那裏打聽去?

高 師傅店[17]裏有俺相識, 那裏問去。

漢 那般者, 到明日咱每一處去。

....
잘 다니던 상점인 것 같으나 현재로는 더 이상 알 수 없다.
 [9] 원문은 '到城裏去'로 이 대사를 보면 주인공들이 묵고 있는 숙소는 大都의
    성 밖에 있는 것 같다. 제8화 주13의 '關店'을 참조.
[10] '主兒'는 주1 참조.
[11] '都賣'는 주2 참조.
[12] '供'의 의미는 알 수 없다. 주3 참조.
[13] '脹息'은 주4 참조.
[14] '捨'는 주5 참조.
[15] '發落'은 주6라 해제 참조.
[16] '停'은 주7 참조.
[17] '師傅店'은 주8 참조.

高 你兩箇看著頭口。俺兩箇到城裏去[18]便來。

飜老 제54화 **你這馬要賣麼?**

- -

主 客人們、你這馬要賣麼?

高 可知我要賣裏。

主 你既要賣時、也不須你將往市上去。只這店裏放着。我與你尋主兒都賣了。

漢 罷、罷、到明日再說話。咱這馬們路上來每日走路子辛苦、喂不到、都沒甚麼脿。便將到市上、市上人也出不上價錢。咱們捨着草料、好生喂幾日發落、也不遲裏。

高 你說的是、我也心裏這們想着。我又有人蔘、毛施布。明日打聽價錢去來。有價錢時賣了着。怕十分的賤時、且停些時。

漢 你那裏打聽去?

高 吉慶店裏有我相識、那裏問去。

漢 這們時、到明日咱們同去。

高 你兩箇看着頭口。我兩箇到城裏去便來。

飜老 제54화 이 무롤 풀오져 ᄒᆞᄂ녀?

- -

主 나그내네! 네 이 무롤 풀오져 ᄒᆞᄂ녀?

高 그리어니, 내 풀오져 ᄒᆞ노라.

主 네 ᄒᆞ마 풀오져 ᄒᆞ거니, 또 굿 네 가져 져제 가디 말오, 그저 이 뎜에 두라. 내 너 위ᄒᆞ야 님자 어더 다 ᄑᆞ로마.

漢 두워, 두워, 리실 다시 말ᄒᆞ져. 우리 이 ᄆᆞᄅ둘히 길헤 오노라 미실 길 ᄃᆞ녀 슈구ᄒᆞ고, 머규믈 ᄀᆞ장 몯ᄒᆞ야 이시니, 다 아ᄆᆞ란 술진 주리 업스니, 즉재 가져 져제 가면, 져젯 사ᄅᆞᆷ도 갑슬 도다내디 아니ᄒᆞ리니, 우리 딥콩 ᄇᆞ려, ᄀᆞ장 여러 날 머겨 디쳐ᄒᆞ야도 또 늣디 아니ᄒᆞ리라.

高 네 닐오미 올타. 나도 ᄆᆞᅀᆞ매 이리 너기노라. 내 또 人蔘과 모시 뵈 이셰라. 리실 갑 들보라 가고려. 갑곳 잇거든 풀오, ᄒᆞ다가 ᄀᆞ장 디거든 안직 머추워 두어든.

漢 네 아모디나 들보라 가고려.

- -

[18] '到城裏去'는 주9 참조.

190 譯註 原本老乞大

高 吉慶店에 내 사괴ᄂ니 잇더니 뎌긔 무르라 가마.

漢 이러면 린실 우리 홈ᄭ긔 가져.

高 너희 둘혼 즘승 보라. 우리 둘혼 자새 가 즉재 오리라.

제55화 고려에서 찾아온 친척

[주인공이 대도에 먼저 와 있던 고려인 친척을 찾아 여관으로 가다.]

高 안녕 하십니까? 주인아저씨. 이 여관에 모시 천을 파는 고려 손님 이
(李)씨가[1] 묵고 있나요?

主 그 사람을 찾아서 무엇 하려고?

高 저는 그 사람 친척인데 고려에서 이제 왔거든요.

主 아까 나갔는데, 말 시장(羊市角頭)에[2] 갔네. 금방 돌아온다고 했으니까
당신은 잠깐 나갔다가 잠시 후에 다시 오게.

高 말 시장에 갔다면 멀리 간 것도 않으니 여기서 기다릴게요.

主 당신 마음대로 하게.

高 그 사람은 어느 방에 묵고 있어요?

主 저길 보게, 저 서남쪽 모퉁이의 대나무 울타리 남쪽에 있는 작은 널빤

....

[1] 원문 '李舍'의 '舍'는 원래 관직명(官職名)인 '사인(舍人)'의 준말이고, 성씨
뒤에 붙여 존칭의 의미를 갖는다. 우리말의 '~씨'에 해당된다. 따라서 원
문 '李舍'는 "이씨"란 뜻이다. 〈飜老〉에서는 '이가(李家)'로 언해하였다. 이
씨는 주인공 고려 상인의 손아래 친척일 것이다.

[2] 원문은 '羊市角頭'로서 이 말은 제8화 주14에서 언급한 대도(大都) '양각시
(羊角市)'의 '마시(馬市)'를 말한다. '角頭'에 대하여는 〈노박집람〉 〈朴覽〉
(上 5앞)에 "音義》 云: 東南西北往來人煙湊集之處。今按, 角頭, 卽通逵
達道, 要會之衝。傭力求直之人坌集之所。然漢俗呼市廛亦曰角頭, 謂
歸市者必指角頭而去, 故云尒。-'角頭(각두)'는『음의(音義)』에 의하면 동
남서북에서 왕래하는 사람들이 모이는 곳이다. 지금 생각하건대 '각두(角
頭)'는 길이 통달하는 요충지다. 힘을 빌려주고 돈을 벌려고 하는 일꾼들이
모여 드는 곳이다. 그런데 한인(漢人)들은 '시장'을 속된 말로 '각두(角頭)'
라고 부르기도 한다. 시장으로 가는 사람들은 반드시 '각두'를 향하여 가므
로 이렇게 말을 하는 것이다."라는 설명이 있다. 현재 북경시(北京市)의
서성구(西城區), 서사남대가(西四南大街)를 중심으로 조등우로(趙登禹路),
부성문내대가(阜城門內大街), 태평교대가(太平橋大街)의 삼로(三路)가 교차
하는 곳의 서북쪽 일대가 당시의 말 시장이다. 특히 서사남대가(西四南大
街)를 양의 머리로 해서 우측으로 퍼진 모퉁이, 즉 현재의 서안문대가(西安
門大街)가 원래의 양시각두(羊市角頭)이었다고 한다.

지 문이[3] 그 방일세.

高 나가고 나서 방지키는 사람은 있나요?

主 젊은 사람이 한 사람 있었는데 지금은 안 보이네. 나갔는가 보지.

제55회 高麗客人

高 拜揖, 哥哥, 這店裏賣毛施布的高麗客人李舍[4]有麼?

主 你尋他怎麼?

高 俺是他親眷, 纔從高麗田地來.

主 恰纔出去了, 投羊市角頭[5]去了. 他說便來, 你且出去, 等一會再來.

高 既他羊市角頭去呵, 又不遠, 俺則這裏等.

主 由你等者.

高 他在那箇房子裏下?

主 兀那西南角上芭子門[6]南壁小板門兒便是.

高 他出去了, 看家的有那沒?

主 有箇後生來, 這裏不見也. 敢出去了.

飜老 제55회 高麗客人

高 拜揖、大哥、這店裏賣毛施布的高麗客人李舍有麼?

主 你尋他怎麼?

高 我是他親眷、纔從高麗地面來.

主 恰纔出去了、往羊市角頭去了. 他說便來、你且出去、等一會再來.

高 既他羊市角頭去時、又不遠、我只這裏等.

[3] 원문 '芭子門'은 〈飜老〉에서는 '芭籬門'으로 되었는데 아마도 '笆籬門'이라
해야 할 것으로 보인다. '笆籬'는 대나무를 엮어 만든 울타리를 말한다.
한편, 〈飜老〉의 언해 '바즈문'은 '芭(笆)子門'에서 왔으니 이 말의 어원이
한어(漢語)에 있음을 알 수 있다.

[4] '李舍'는 주1 참조.

[5] '羊市角頭'는 주2 참조.

[6] '芭子門'은 주3 참조.

主 隨你等着。
高 他在那箇房子裏下?
主 那西南角上芭籬門南邊小板門兒便是。
高 他出去了、看家的有麼?
主 有箇後生來、這裏不見。敢出去了。

飜老 **제55화** 高麗ㅅ 나그내

高 읍ᄒ노이다. 큰형님! 이 덤에 모시뵈 풀 高麗ㅅ 나그내 李개 잇ᄂ녀?
主 네 뎌를 ᄎ자 므슴 ᄒ다?
高 내 뎌 소니 아ᅀᄆ라니, 앗가 ᄯ 高麗ㅅ싸호로셔 오라.
主 앗가 ᄯ 나가니 羊뎌제 가ᄂ라. 제 닐오더 즉재 오려 ᄒ더니, 네 안직 나갓다가 ᄒ 디위 기드려 다시 오나라.
高 ᄒ마 제 羊뎌제 니거니, ᄯᅩ 머디 아니커니 내 그저 예셔 기들오리라.
主 네 ᄆ스모로 기들워라.
高 제 어느 방의 브리여 잇ᄂ뇨?
主 뎌 西南 모해 바ᄌ문 남녁 죠고맷 널문이 긔라.
高 제 나 니거니 집 보리 잇ᄂ녀?
主 ᄒ 져므 니 잇더니 예 몯 보리로다. 나간 ᄃᆺᄒ다.

제56화 물건 값

[대도 상점에서 물건 값을 알아보다.]

商 당신네, 고려에서 어떤 물건을 가져왔는가?

高 말을 몇 마리 끌고 왔소이다.

商 다른 것은 어떤 것이 있는가?

高 특별한 것은 없지만, 인삼과 모시와 삼베 옷감이 조금 있소이다. 지금 값은 어떻소?

商 값은 평소와 같다네. 인삼은 마침 물건이 떨어져서 좋은 가격일세.

高 지금 팔면 얼마 정도나 받을 수 있을까요?

商 예전에는 한 근에 열 다섯냥(15兩)밖에 안 되었는데, 지금은 파는 물건이 없어서 반정(半定)[1]에 사겠다고 해도 어디에도 없다네. 당신 인삼은 어디 인삼인가?

高 내 것은 신라삼(新羅蔘)[2]입니다.

商 신라삼(新羅蔘)이라면 더욱 좋지. 파는 데에 무슨 걱정인가?

제56화 甚麼行貨?

商 恁高麗田地裏將甚麼行貨來?

高 俺將的幾箇馬來。

商 更有甚麼行貨?

高 別沒甚麼。有些人蔘, 毛施, 帖裏布。如今價錢如何?

商 價錢如常, 人蔘正闕著, 哏好價錢。

....

[1] 중통초(中統鈔) 반정(半定)은 25냥(兩)이다.
[2] '新羅參'은 고려 인삼(人蔘)의 일종이다. 『격치경원(格致鏡原)』(권26) 「제약(諸藥)」에 "新羅蔘은 황색이 나고 맛이 싱겁다"라는 기사가 있다. 송(宋) 장식(張栻)의 신라삼(新羅蔘)을 부(賦)하는 시(詩)가 있다(『남헌집(南軒集)』 권3). 또한 『경정건강지(景定建康志)』(권50)에 빈사(瀕死)의 아이가 관음보살(觀音菩薩)의 지시로 신라삼(新羅蔘)을 복용해서 살아났다는 이야기가 전해온다.

高 如今賣的多少?

商 往年時則是一斤十五兩。如今爲沒賣的, 半定[3]也沒處尋裏。你那
　蔘那裏蔘?

高 俺的是新羅蔘[4]。

商 新羅蔘呵, 更好。愁甚賣?

飜老 제56화 如今價錢如何?

商 你高麗地面裏、將甚麼貨物來?
高 我將的幾疋馬來。
商 再有甚麼貨物?
高 別沒甚麼。有些人蔘、毛施布。如今價錢如何?
商 價錢如常、人蔘正缺着裏、最好價錢。
高 如今賣的多少?
商 往年便只是三錢一斤。如今爲沒有賣的、五錢一斤家、也沒處尋裏。你那
　蔘那裏蔘?
高 我的是新羅蔘。
商 新羅蔘時又好。愁甚麼賣?

飜老 제56화 갑시 엇더ᄒᆞ뇨?

商 네 高麗ㅅ싸해셔 므슴 쳔을 가져 온다?
高 내 여러 필 ᄆᆞᆯ 가져 오라.
商 ᄯᅩ 므슴 쳔 잇ᄂᆞ뇨?
高 별히 아못것도 업거니와 져기 人蔘과 모시뵈 잇다. 이제 갑시 엇더ᄒᆞ뇨?
商 갑시 샹녜 ᄀᆞᆮ다. 人蔘은 졍히 그처시니 갑시 ᄀᆞ장 됴ᄒᆞ니라.
高 이제 언머의 ᄑᆞᆯ고?
商 아리ᄂᆞᆫ 그저 세 돈애 ᄒᆞᆫ 근시러니, 이제ᄂᆞᆫ ᄑᆞᆯ 리 업수모로 닷 돈애 ᄒᆞᆫ 근시기
　라도 ᄯᅩ 어들 듸 업스니라. 네 그 人蔘이 어딋 人蔘고?
高 내 해 新羅ㅅ人蔘이라.
商 新羅ㅅ人蔘이면 ᄯᅩ 더욱 됴커니ᄯᅡ나. 므슴 ᄑᆞᆯ 일 근심ᄒᆞ리오?

---

[3] '半定'은 주1 참조.
[4] '新羅蔘'은 주2 참조.

제57화 가족들은 다 잘 있습니까?

[이씨가 여관에 돌아왔다.]

主 저기 이씨가 오지 않나?

[대도에 먼저 와 있던 이씨와 주인공이 만나서]

李 안녕하세요? 잘 지냈습니까? 언제 오셨어요? 가족들은 다 잘 있습니까?

高 다들 무사히 잘 있네.

李 제가 묵고 있는 방으로 들어갑시다.
자, 자, 어서 안으로 들어오세요. 아저씨 언제 서울을 떠났습니까?

高 7월 초에[1] 떠났네.

李 그럼 왜 이제야 겨우 여기에 도착했어요?

高 오는 길에 천천히 와서 그렇다네.

李 집에서 온 편지는 있어요?

高 있고 말고.

李 이 편지에는 자세한 이야기를 아무 것도 안 썼어요. 아저씨가 떠날 때에 우리 아버지, 어머니, 큰아버지, 작은아버지, 큰 고모, 작은어머니,[2] 누나, 매형, 둘째 형님, 셋째 형님, 형수님, 그리고 여동생과 남동생들은 모두 잘 있었습니까?

高 잘 있었지.

李 그럼 됐습니다. "황금이 귀하다고 하지 마라, 무사한 것이야말로 돈과는 바꿀 수 없다"라는[3] 셈이지요. 어쩐지 유별나게[4] 오늘 아침 까치

---

[1] 원문 '七月初頭'는 7월 1일을 말한다. 제1화 참조.
[2] 원문은 '嬸子'이다. '嬸子'는 송(宋) 장뢰(張耒)의 『명도잡지(明道雜志)』에 의하면 '妗'이 '舅母'의, '嬸'은 '世母'의 두 글자가 각각 줄어서 된 것이라고 한다〈老朴集覽〉. "작은어머니", 즉 '숙모'를 말한다〈老朴集覽〉.
[3] 원문은 '休道黃金貴, 安樂最直錢'이다. 원대(元代)에 유행한 말로 『추호회처(秋胡戲妻)』「잡극(雜劇)」 1折의 '卜兒(老婆 역) 詩'에 "꽃은 다시 피는

가 시끄럽게 울었고[5] 게다가 재채기도 난다고[6] 했더니 과연 아저씨
가 찾아오셨네요. 그리고 편지까지. "집에서 온 편지(家書)는 만금(萬金)
의 값"이라고[7] 합니다. 저희 집사람과 애들도 잘 있었습니까?

高 다들 잘 있었네. 자네 막내딸이 홍역에[8] 걸렸었는데, 내가 떠날 때에
는 완전히 나았더라고[9].

제57화 家裏都好麼?

主 的不李舍來也?

李 好麼, 好麼? 幾時來? 家裏都好麼?

高 都安樂好有。

李 投俺下的房子裏去來。

....

날이 있어도, 사람에게는 소년(少年)이 다시 오지 않는다. 황금(黃金)이 귀
하다고 하지 마라. 안락(安樂)이 가장 돈의 가치가 있느니라"라는 구절이
있으며, 원곡(元曲), 소설(小說)에 이 시구(詩句)가 자주 나타난다.

[4] 원문 '怪殺'의 '殺'은 정도가 심함을 나타내는 조사(助詞)이다. 제27화 주2
참조.

[5] 원문은 '喜鵲兒噪'인데 속설(俗說)에 까치가 기쁘게 울면 손님(旅人)이 온다
는 말(《老朴集覽》)을 의미한다. 출전(出典)은 『서경잡기(西京雜記)』이지만,
『거가필용사류전집(居家必用事類全集)』「丙集」(권6)에서 인용될 정도로
잘 알려진 속신(俗信)이다. 원곡(元曲) 등에도 다수 예가 있다.

[6] 원문 '噴噴來'는 "재채기를 하다"는 뜻인데, 옛날부터 전해오는 속신(俗信)
에 따르면 남이 자기 이야기를 하고 있기 때문이라고 한다. 원래 『시경(詩
經)』「패풍·종풍(邶風·終風)」의 '정전(鄭箋)'(漢 鄭玄의 註)에 "지금 속인
(俗人)들은 재채기를 하면 남이 나를 말한다고 한다. 이것이 옛날의 유어
(遺語)다"라는 기사가 있다.

[7] 원문 '家書直萬金'은 "집에서 온 편지가 만금의 가치가 있다"라는 뜻으로
당(唐) 두보(杜甫)의 '춘망(春望)'이란 시(詩)에 '烽火가 三月에 이어지니 家
書가 萬金의 값이로다'라고 하는 유명한 시구(詩句)가 있다.

[8] 원문은 '出班子'로서 몸에 열꽃이나 물집, 반점이 생기는 것을 말한다. 이
로 보아 홍역(紅疫)에 걸린 것을 알 수 있다. '出班子'의 '班'은 '斑' 또는
'瘢'으로 써야 한다.

[9] 원문 '痊疴'는 "병이 낫는 것"을 말한다.

請, 請, 裏頭坐的。 你從幾時離了王京?

高 俺七月初頭[10]離了。

李 却怎麼這時間纔來到?

高 俺沿路慢慢的來。

李 俺家裏書信有那沒?

高 書信有。

李 這書上寫著無甚備細。你來時, 俺父親, 母親, 伯父, 叔父, 伯娘, 嬸子[11], 姐姐, 姐夫,二哥, 三哥, 阿嫂, 姊妹, 兄弟[12]每, 都安樂好麼?

高 都安樂。

李 那般好呵。休道黃金貴, 安樂最直錢[13]。怪殺[14]今日早起喜鵲兒噪[15], 更有噎噴來[16], 果然有親眷來。更有書信, 却道「家書直萬金[17]」。小人拙婦和小孩兒每都安樂那?

高 都安樂。你那小女兒出班子[18]來, 俺來時都完痊疴[19]了。

飜老 제57화 家裏都好麼?

主 那箇不是李舍來了?

李 好麼、好麼、幾時來?家裏都好麼?

高 都安樂來。

李 我下處去。請、請、裏頭坐的。你從幾時離了王京?

高 我七月初頭離了。

李 却怎麼這時間纔來到?

----

[10] ‘七月初頭’는 주1 참조.
[11] ‘嬸子’는 주2 참조.
[12] ‘姊妹・兄弟’는 제12화 주2, 8 참조.
[13] ‘休道黃金貴, 安樂最直錢’은 주3 참조.
[14] ‘怪殺’은 주4 참조.
[15] ‘喜鵲兒噪’는 주5 참조.
[16] ‘噎噴來’는 주6 참조.
[17] ‘家書直萬金’은 주7 참조.
[18] ‘出班子’는 주8 참조.
[19] ‘痊疴’는 주9 참조.

高 我沿路慢慢的來。

李 我家裏有書信麽？

高 有書信。

李 這書上寫着沒甚麼備細。你來時、我父親、母親、伯父、叔父、伯娘、嬸子、姐姐、姐夫、二哥、三哥、嫂子、妹子、兄弟們、都安樂好麽？

高 都安樂。

李 那般好時、休道黃金貴、安樂直錢多。怪道今日早起喜鵲兒噪、又有嚏噴來、果然有親眷來。又有書信、却不道'家書直萬金'。小人拙婦和小孩兒們、都安樂麽？

高 都安樂。你那小女兒、出疹子來、我來時都完痊疴了。

飜老 제57화 지븨셔 다 이대 잇던가?

主 뎨 아니 李개 오느녀?

李 이대, 이대, 언제 오뇨? 지븨셔 다 이대 잇던가?

高 다 이대 잇더라.

李 내 햐츄에 가쟈. 쳥ᄒᆡ뇌 안해 와 안ᄌᆞ쇼셔. 네 언제 王京의셔 떠난다?

高 내 七月ㅅ 초싱애 떠나라.

李 ᄯᅩ 엇디 이 ᄌᆞᄉᆞ메ᅀᅡ ᄀᆞᆺ 온다?

高 내 길조차 날회여 오라.

李 우리 지븨 유뮈 잇ᄂᆞ녀?

高 유뮈 잇다.

李 이 유무에 써쇼미 아ᄆᆞ란 ᄌᆞ셔혼 주리 업다. 네 올 저긔 우리 아바님, 어머님, 몯아ᄌᆞ바님, 아ᅀᆞ 아ᄌᆞ바님, 몯아자비 겨집, 아ᅀᆞ 아자비 겨집, 몯누의, 몯누의 남진, 둘잿 형, 세잿 형, 형의 겨집, 아ᅀᆞ 누의, 아ᅀᆞ돌히 다 이대 잇던가?

高 다 이대 잇더라.

李 그리 이대 이시면, 황금이 귀ᄒᆞ다 니ᄅᆞ디 말라. 편안호미ᅀᅡ 빋소미 하니라. 괴이홀셔, 오눌 아츠미 가치 울오 ᄯᅩ ᄌᆞ치임ᄒᆞ다니, 과연 아ᅀᆞ미 오고 ᄯᅩ 유뮈 오나다. ᄯᅩ 아니 니ᄅᆞᄂᆞ녀? "집 유뮈 일만 량 금이 ᄡᅡ다" ᄒᆞᄂᆞ니라. 小人의 겨집과 아히둘히 다 이대 잇던가?

高 다 편안ᄒᆞ더니, 네 그 져믄 ᄯᅡ리 되야기 내여 잇더니, 나 올 제 다 됴ᄒᆞ야 암그럿더라.

제58화 동행하신 분은 누군가요?

李 아저씨, 어떤 물건을 갖고 오셨어요?

高 말을 몇 마리 끌고 왔네. 거기다가 인삼과 모시와, 삼베 옷감이 조금 있다네. 지금 값은 어떤가?

李 말 값과 옷감 값은 이전과 같아요. 인삼 값은 아주 좋습니다.

高 역시 그렇군. 아까 숙소에 있던 상인도 그렇게 말하네.

李 아저씨 일행은 몇 분입니까?

高 나 말고 또 두 사람의 동행이 있네. 둘 다 친척일세. 한 사람은 이종 사촌 형님이고, 또 한 사람은 고종 사촌 동생일세[1].

李 어디에 묵으세요?

高 순승문(順承門) 관점가(關店街)의 북쪽 수레집 하나에 묵고 있네.

李 언제 오셨어요?

高 어제 밤에 막 도착했네.

李 동행하신 이 분은 누구십니까?

高 동경(東京)에 도착해서 그 때부터 함께 다니네. 이 분도 말이 몇 마리 있어서 같이 몰고 왔다네. 중국인이고 동경 시내에 사신다고 하데. 우리가 길을 따라 오면서 도움을 꽤 많이 받았네[2]. 나는 중국어를 잘 모르니까 오는 길에 식사나 말들의 먹이, 그리고 묵는 곳까지 이 형님이 다 수고를 해주셨네.

李 그렇겠습니다.

제58화 這伴當是誰?

李 你將甚麼行貨來?

高 俺將著幾箇馬來。更有些人蔘, 毛施, 帖裏布。如今價錢如何?

---

[1] 원문은 '姑舅哥哥・兩姨兄弟'로서 이에 대하여는 제12화 주1, 2 참조.
[2] 원문은 '得~濟'이다. 이는 "~의 도움을 얻다"는 뜻의 구문이다.

李 馬的價錢和布價則依往常。人蔘價錢哏好有。

高 道的是。恰纔這店裏那客人也這般說。

李 你有幾箇伴當。

高 更有兩箇伴當, 都是親眷, 一箇是姑舅哥哥[3], 一箇是兩姨兄弟[4]。

李 在那裏下?

高 在順承門關店街北一箇車房裏下著有。

李 從幾時來到?

高 俺則夜來到。

李 這伴當是誰?

高 到東京這壁廂廝合著。他也有幾箇馬, 一處赶將來。他是漢兒人, 在東京城裏住。俺沿路來時好生多得他濟[5]。俺漢兒言語不甚理會的。路上喫的馬匹草料, 以至安下處, 全是這哥哥生受。

李 道的是。

·····························

飜老 제58화 這火伴是誰?

·····························

李 你將甚麼貨物來?

高 我將着幾疋馬來。又有些人蔘、毛施布。如今價錢如何?

李 馬的價錢和布價只依往常。人蔘價錢十分好。

高 說的是。恰纔這店裏那客人也這般說。

李 你有幾箇火伴?

高 又有兩箇火伴、都是親眷。一箇是姑舅哥哥、一箇是兩姨兄弟。

李 在那裏下?

高 在順城門官店街北一箇車房裏下着。

李 從幾時來到?

高 我只夜來到。

李 這火伴是誰?

·····························

[3] '姑舅哥哥'는 제12화 주1 참조.
[4] '兩姨兄弟'는 제12화 주2 참조.
[5] '得~濟'는 주2 참조.

高 到遼東這邊合將他來。他也有幾疋馬、一處赶將來。他是漢兒人、在遼東城裏住。我沿路來時、好生多得他濟。我漢兒言語不理會的。路上喫的馬疋草料幷下處、全是這大哥辛苦。

李 說的是。

飜老 제58화 이 버든 누고?

李 네 므슴 쳔 가져 온다?

高 내 여러 필 몰 가져 오니, 坐 人蔘과 모시뵈도 잇다. 이제 갑시 엇더ᄒ고?

李 물갑과 뵛갑시 그저 네 곧거니와 人蔘곳 ᄀ장 됴타.

高 닐오미 올타. 앗까 ᄀᆺ 이 뎜엣 뎌 나그내도 이리 니ᄅ더라.

李 네 몃 버디 왓ᄂ뇨?

高 坐 두 버디 잇ᄂ니 다 아ᅀ미라. ᄒ나흔 이성ᅀ춘 형이오, ᄒ나흔 어믜 겨집동ᅌᅵᆼ의게 난 아ᅀ.

李 어듸 브리여 잇ᄂ고?

高 거릿 북녁 ᄒᆫ 술윗지븨 브리여 잇노라.

李 언제 오뇨?

高 내 어제 오라.

李 이 버든 누고?

高 遼東 이녀긔 와 모다 오라. 뎌 坐 여러 필 ᄆᆞᄅᆞᆯ 가져 ᄒᆞᆫ디 모라 오라. 뎌는 漢人이니 遼東자새셔 사더라. 내 길 조차 올 시져릐 ᄀ장 만히 뎌의 거리치믈 니부라. 나는 漢兒의 마를 모ᄅᆞᆯ모로, 길헤 머글 거시며 ᄆᆞᆯ들히 草料ㅣ며 하츄돌히 젼혀 이 형님이 슈고ᄒᆞ더니라.

李 닐오미 올타.

제59화 다시 만나세.

高 나는 일단 숙소로 돌아갈 테니까 우리 다시 만나세.

李 잠깐 기다리세요. 우리 술 한 잔 하시지요. 노독(路毒)을 씻을 수는[1] 없겠지만.

高 아니, 오늘은 바쁘네. 내일 다시 만나서 술을 마셔도 늦지는 않겠지.

李 그럼 내일 제가 숙소로 찾아가겠습니다. 가는 김에 같이 온 친척들과 같이 한 잔 하지요. 제가 아저씨 배웅하러 밖에까지 나가겠습니다.

高 뭘 하러 나를 배웅하려는가? 자네 방에는 아무도 없고 그럴 필요 없네.

李 그럼 섭섭하게 생각하지 마세요. 제가 아무런 손님대접도[2] 못했습니다.

高 무슨 말을 그렇게 하나? 우리는 같은 집안 식구이지 남이 아니지 않나.

제59화 再厮見

高 俺且到下處去。再厮見。

李 且停些時, 咱每聊且喫一盞酒, 不當洗塵[3]。

高 不索, 今日忙, 明日再厮見喫酒, 也不遲裏。

李 那般呵, 明日就店裏尋你去。一就和那親眷每, 一處喫一兩盞。我送到你外頭去[4]。

....

[1] 원문 '洗塵'은 "[여행의] 때를 씻다"는 의미로 나그네의 노독(路毒)을 풀기 위해 위로연(慰勞宴)을 여는 것을 말한다. '接風', '拂塵'이라고도 한다.

[2] 원문 '館待'는 "[손님을] 대접하다"는 뜻이다. 일반적으로 '관대(管待)'라고 쓴다. 『삼조북맹회편(三朝北盟會編)』(권203) 소흥(紹興) 10년조에 "館待의 具를 排辨(정리)함"이라는 기사가 보인다. 외국의 사절(使節)을 영빈관(迎賓館)에서 대접하는 역할을 '관반(館伴)'이라고 하였으며 『조선왕조실록』에 많이 보인다. 이것은 '館'과 '管'이 같은 발음이기 때문에 통용하게 된 것으로 보인다.

[3] '洗塵'은 주1 참조.

[4] "我送到你外頭去"의 구문에서 '你'의 위치가 정상이 아닌데 〈飜老〉에서는 "我送你到外頭去"로 바뀌었다. 오기(誤記)가 아닌가 한다.

高 索甚麼你送？你這房裏無人，不索去。

李 那般者，你却且休怪，小人沒一禮館待[5]。

高 怪甚麼？咱每一家裏，又不是別人。

飜老 제59화 再廝見

高 我且到下處去。再廝見。

李 且停些時、咱們聊且喫一盃酒。不當接風。

高 不要。今日忙、明日再廝見喫酒、也不遲裏。

李 這們時、明日就店裏尋你去。一發和那親眷們、一處喫一兩盃。我送你到
　外頭去。

高 不要你送。你這房裏沒人、不要去。

李 這們時、你却休怪、小人沒甚麼館待。

高 怪甚麼?咱們一家人、又不是別人。

飜老 제59화 다시 서르 보져.

高 내 안직 햐츄에 가노라. 다시 서르 보져.

李 아직 머므러든 우리 잠깐 흔 잔 먹져. 마지 아니 홀 것가?

高 마다. 오느리 밧브니 리실 다시 서르 보와 수울 머거도 늣디 아니커니ᄯ나.

李 이러면 리실 店에 너 츠자 가셔, 이믜셔 아ᄉᆞᆷ둘조쳐 흔 더셔 흔두 잔 수을
　머고리라. 내 너 보내라 밧끠 가마.

高 네 보내기 말라. 네 이 방의 사롬 업스니 가디 말라.

李 이러면 네 ᄯᅩ 허믈 마오려. 小人은 아ᄆᆞ란 이받논 일도 업스니.

高 므스글 허믈ᄒᆞ료? 우리 흔 짓 사ᄅᆞ미며 ᄯᅩ ᄠᅳᆫ 사롬 아니어니 ᄯ나.

제60화 말 파시오.

[잠시 후에 주인공이 숙소에 돌아오니 여관 주인과 세 사람의 상인이 서서[1] 말을 보고 있다. 숙소의 주인이 말한다.]

主 이 세 분 친구들은 두 분이 말을 사실 손님이고, 한 분은 중개인(仲介人)[2]입니다.

당신의 이 말들 말인데요, 이분들이 한꺼번에 사서 남쪽으로[3] 팔러 가고 싶다고 하시네요. 시장에 끌고 가도 마찬가지인데[4], "조금씩 따로따로 흩어져 있는 천 무더기보다는 한 개의 큰 무더기가 낫다"[5]라고 합죠. 오히려 한꺼번에 이 분들에게 파는 게 손쉽습니다.

客 당신이 이미 팔 생각이 있다면 상담(商談)합시다. 이 검푸른 말은[6] 젊은가, 아니면 늙었는가?

漢 당신이 손으로 입을 잡고 이빨 뿌리를 보세요.

客 봤네. 아래는 없고 위에는 끝 부분만 있네. 꽤 나이를 먹었구먼.

漢 당신은 이빨을 보고 말의 나이를 아는 법을[7] 모르는가 보네. 이 말이

....

[1] 원문은 '立地'이다. '立地'는 "일어서는 것"을 말하고, '立的'이라고도 쓴다. 앉는 것을 '坐地(的)'라고 하는 것과 같다.

[2] 원문은 '管牙人'이다. 언해에서는 '즈름'으로 번역하였다. 즈름, 거간, 또는 거간꾼을 말한다. 일반적으로 〈飜老〉에서처럼 '牙子', 또는 '牙人'이라고 하지 '管牙人'이라고 쓴 예는 아직 찾아 볼 수 없다. 〈老朴集覽〉에 의하면 '牙'는 원래 '互'이었으나, 당대(唐代)에 '互'와 '牙'의 글자 모양이 유사하였으므로 잘못하여 '牙'라고 쓴 것이 그대로 정착되었다고 한다〈朴覽〉上).

[3] 원문은 '直南'인데 제8화 주17에서 설명한 것처럼 남방(南方)을 말한다. 그러나 여기서 남쪽은 어디인지 분명하지 않다. 〈飜老〉에서는 '山東'으로 팔러 간다고 되었다.

[4] 원문은 '兀的是'로 "이렇다"라는 뜻이다. 즉 "시장에 가도 이것과 같다"는 뜻으로 다만 약간 비유적인 표현이다.

[5] 원문은 "千零不如一頓"이다.

[6] 원문은 '靑馬'이다. '靑馬'의 '靑'은 거의 검은색에 가까운 파란색을 말한다.

[7] 원문은 '馬齒歲'이다. 말은 나이에 따라 이빨이 새로 나기 때문에 이것으로 말의 나이를 알 수 있다.

어떤가? 이번 봄에 거세(去勢)한[8] 것이라서 건강한 말일세.

客 좋은 것도 나쁜 것도 한꺼번에 상담합시다.

제60화 賣馬

[不多時却到店裏, 見店主人和三箇客人立地[9]看馬。店主人道]

主 這三箇伴當, 兩箇是買馬的客人, 一箇是管牙人[10]。

你這馬, 他每都一發買將直南[11]賣去。便將到市上也則兀的是[12]。

千零不如一頓[13], 則不如都賣與他每倒快也。

客 既你待賣時, 咱每商量。這箇靑馬[14]後生那老?

漢 你則拿著觀牙根底。

客 我覰了也。下頭沒, 上頭邊兒有, 哏老有。

漢 你敢不理會的馬齒歲[15]。這箇馬如何? 今春新騸[16]了的, 哏壯馬。

客 這好的歹的都一發商量。

翻老 제60화 賣馬

[不多時却到店裏、見店主人和三箇客人立地看馬。店主人說]

主 這三箇火伴、兩箇是買馬的客人、一箇是牙子。

你這馬、他們都一發買將山東賣去。便到市上、也只一般。千零不如一頓、倒不如都賣與他。

客 你旣要賣時、咱們商量。這箇靑馬多少歲數?

---

 [8] 원문은 '騸'이다. '騸'은 『본초강목(本草綱目)』 「獸類 一」에 "去勢를 騸이라고 말함"이라는 설명이 있다. 즉 말의 불을 까서 성질을 온순하게 하는 것을 말한다.
 [9] '立地'는 주1 참조.
[10] '管牙人'은 주2 참조.
[11] '直南'은 주3 참조.
[12] '兀的是'는 주4 참조.
[13] '千零不如一頓'은 주5 참조.
[14] '靑馬' 주6 참조.
[15] '馬齒歲'는 주7 참조.
[16] '騸'은 주8 참조.

漢 你只拿着牙齒看。

客 我看了也。上下齒都沒有、十分老了。

漢 你敢不理會的馬歲。這箇馬如何?今春新騸了的十分壯的馬。

客 這好的歹的都一發商量。

飜老 제60화 몰 폴다.

[아니 오라 쏘 뎜에 가 보니, 店主人과 세 나그내 셔셔 몰 보더니, 店主人이 닐오듸]

主 이 세 버디 둘흔 몰 살 나그내오 ᄒ나흔 즈름이러라.
  네 이 ᄆᆞᆯ 뎌 사ᄅᆞ미 다 홈의 사, 山東짜ᄒ로 폴라 가져 가리니, 져제 가도
  쏘 ᄒᆞᆫ가지니, 즈믄 똔 거시 ᄒᆞᆫ 무들기만 곧디 몯ᄒᆞ니, 도ᄅᆞ혀 뎌 사ᄅᆞᄆᆞᆯ 다
  ᄑᆞ라 줌만 ᄀᆞᆮ디 업스니.

客 네 ᄒᆞ마 ᄑᆞ로려 ᄒᆞ거니 우리 헤아리져. 이 ᄎᆞᆼ이ᄆᆞ리 나히 언멘고?

漢 네 니 자바 보라.

客 내 보과라. 아라웃 고리 다 업다. ᄀᆞ장 늙도다.

漢 네 ᄆᆞᆯ 나흘 모ᄅᆞ는 듯ᄒᆞ다. 이 ᄆᆞ리 엇더ᄒᆞ고? 읇보믜 새로 션ᄒᆞᆫ ᄀᆞ장 장실ᄒᆞᆫ
  ᄆᆞ리라.

客 이 됴ᄒᆞ니 사오나오니 다 ᄒᆞᆫ듸 헤아리져.

제61화 말의 종류

🔷 이 말들을 보면 이 말은 종마(種馬)[1]이고 이 말들은 거세(去勢)한 말[2],

....

[1] 원문은 '曳刺馬'이며 종마(種馬)를 가리킨다. '曳刺馬'의 '曳刺'(yela)는 거란어(契丹語)로 병사(兵士)를 가리킨다. '移刺', '拽刺'라고도 쓴다. 일본에서 인간한(和刻本) 『사림광기(事林廣記)』「경집(庚集)」(권10) 「지원역어(至元譯語)」'안마문(鞍馬門)'조에 "移刺馬, 阿只兒海"이란 기사가 보인다. 이 말은 동 북경도서관(北京図書館)·대만고궁본(台湾故宮本)에는 모두 '曳刺馬'이란 이름으로 소개되었는데 '阿只兒海'는 몽고어 'aJirgai'의 음차(音借)라고 한다(長田夏樹; "元代の中·蒙 對譯語彙『至元譯語』",『神戸外大論叢』제4권 2·3号, 1953년, 이 논문은 『長田夏樹論述集』上, 中西屋出版, 2000년에 재록되었다. (Louis Ligeti, G. Kara; Un Vocabulaire Sino-Mongol des Yuan Le Tche-Yuan Yi-Yu, Acta Orientalia Academiae Scientiarum Hung. XLIV. 1990에 의함). 따라서 〈飜老〉에서 '兒馬'에 대응시킨 언해문 '아질게물'은 종마(種馬)를 가리킨다. 『대원마정기(大元馬政記)』「화매마(和買馬)」(말의 강제 매입에 관한 기사)의 지원(至元) 20년 조에 "騸馬는 每疋 上等이 5錠, 中等이 4錠, 下等이 3錠. 曳刺馬는 每疋 上等이 4錠, 中等이 3錠, 下等이 2錠 20兩"이란 기사가 있다. 그리고 "軍, 民, 站赤(잠치, 驛站)의 諸色戶計, 및 和尙, 先生(道士), 也里可溫(에리카온, 기독교도를 말함), 答失蛮(다시만, 회교도를 말함), 斡脫(올독, 위글 商人을 말함) 등의 가구에 약 세 살 이상의 騸馬, 曳刺馬, 小馬가 있다면 肥瘦에 관계없이 수를 다하여 관청에서 수납하고 실제로 쓰임에 따라 価鈔를 給付함"이라는 기사가 있다. 또 『요사(遼史)』(권46) 「백관·북면군관(百官·北面軍官)」에 "走卒, 이것을 拽剌라고 말한다"라는 기사가 있다. 『호두패(虎頭牌)』「잡극(雜劇)」 3折의 대사에 "關西의 曳刺"가 있고 또 『촌락당(村樂堂)』「잡극(雜劇)」(『고본원명잡극(孤本元明雜劇)』) 2折에서는 정말(正末, 주역)이 '曳刺'로 분장하여 "在這薊州当身役, 与這同知相公做着個後槽, 喂着一塊子馬－薊州에서 관직에 임하여 副知事님을 위해 마구간에서 말을 기르고 있습니다－"라는 대사를 읊었는데 아마도 말을 돌봐주기로 한 것으로 보인다. 왕국유(王國維)의 「고극각색고('古劇脚色考')」(平凡社 東洋文庫 『宋元戲曲考』에 수록) 참조.

[2] 원문은 '騸馬'이며 이에 대하여는 제60화 주8 참조. 전술한 『사림광기』의 「지원역어(至元譯語)」'안마문(鞍馬門)'조에 '騸馬, 阿急苔'이라고 있다. '阿急苔'은 蒙古語의 'aqda'의 음차이고, 〈飜老〉의 언해문 '악대물'의 '악대'에 대응하며 따라서 '악대물'은 "불깐 말(去勢馬)"을 가리킨다.

붉은 말[3], 누런 말[4], 제비색 말[5], 밤색 말[6], 검은 갈기의 말[7], 흰
말[8], 검은 말[9], 회색 말[10], 황토색말[11], 발에 문신이 있는 말[12] 볼이

----

[3] 원문은 '赤馬'이다. 전술한 「지원역어(至元譯語)」 '안마문(鞍馬門)' 조에 "赤
馬, 折兒及木里"라는 설명이 있다. '木里'는 몽고어 'morin'의 음차(音借)이
며 말을 가리킨다. '折兒及'은 몽고어의 'jägärdä, jērde'의 음차이고, 〈飜
老〉의 언해문 "절다물"의 '절다'에 대응하며 붉은 색을 가리킨다. '折兒及'
의 '及'은 '夕'의 잘못이다.

[4] 원문은 '黃馬'이다. 이 말은 전술한 「지원역어(至元譯語)」 '안마문(鞍馬門)'
조에 '黃馬, 黃兀兒木里'라는 설명이 있다. '黃兀兒'는 몽고어 'qongɣur'의
음차이고, 〈飜老〉의 언해 "공골물"의 '공골'에 해당되며 누른 색(黃色)의
말을 가리킨다.

[5] 원문 '鷰色馬'는 "제비색 말(燕色馬)"을 말한다. 〈飜老〉의 언해문 '오류마'는
아마도 "오류마(烏騮馬)"(庚信 「謝滕王 馬啓」 등에 보임)를 가리키는 것으로
보인다. '烏騮'의 '騮'는 갈기와 꼬리가 검고 몸통이 붉은 말을 말한다.

[6] 원문은 '栗色馬'로 밤색과 같이 진한 갈색의 말을 가리킨다. 전술한 『대원
마정기(大元馬政記)』의 천력(天曆) 2년 조에 털 색깔이 특이한 말을 열거하
면서 "黑玉面, 五明, 桃花, 黑花, 赤花, 赤玉面, 栗色玉面馬"라 하여 '栗色
玉面馬'가 끼어있다. 〈飜老〉의 '구렁물'의 '구렁'은 몽고어 'qüreng(栗色)
을 말한다(이기문; 국어사개설, 민중서관, 1961, 서울).

[7] 원문은 '黑鬃馬'이다. 이 때의 '鬃'은 〈飜老〉처럼 '鬃'으로 하는 것이 옳을
것이다. 검은 갈기를 가진 말을 가리키는 것으로 〈飜老〉의 언해문 "가리
운물"의 '가리운'은 갈기로 얼굴을 가린 말이란 뜻인 것 같다.

[8] 원문은 '白馬'이다. 전술한 「지원역어(至元譯語)」 '안마문(鞍馬門)' 조에 "白
馬, 苔罕木里"이란 설명이 있다. '苔罕'은 몽고어 'jaqān'의 음차이고, 흰색
을 가리킨다. '苔'은 '茶'의 잘못으로 보인다. 〈飜老〉의 '白馬'에 대한 언해
문 '셜아물'은 '雪兒馬'를 말하는 것으로 보인다.

[9] 원문 '黑馬'는 전술한 「지원역어(至元譯語)」 '안마문(鞍馬門)' 조에 "黑馬, 合
刺木里"라는 설명에 의하면 'qala morin'임을 알 수 있다. '合刺'는 몽고어
'qala'의 음차이고, 〈飜老〉의 언해문 "가라물"의 '가라'는 이것을 전사한
것이다. 몽고어 'qala'는 '검다, 黑'을 가리킨다.

[10] 원문 '灰馬'에 대하여 전술한 「지원역어(至元譯語)」 '안마문(鞍馬門)' 조에
"灰馬, 速魯"라는 설명이 있다. '速魯'는 몽고어 'suru'의 음차이고 회색(灰
色)을 가리킨다. 〈飜老〉에서는 이 말이 없고 '초라청마(鎖羅靑馬)'를 넣었
으며 언해는 '쥬마물'로 번역되었다.

[11] 원문 '土黃馬'는 〈飜老〉에서 '고라물'로 언해되었는데 '고라물'은 몽고어의

하얀 말[13], 오명마(五明馬)[14], 도화마[15], 청총마(靑驄馬)[16], 코를 짼 말[17], 암 말[18], 새끼 밴 말[19], 양쪽 눈이 하얀 말[20], 난폭한 말[21],

....

'qula morin'의 차용으로 황토색의 말을 말한다.

[12] 원문은 '繡膊馬'이다. 송(宋) 손소원(孫紹遠)의 『성화집(聲畫集)』(권7)의 '次韻蘇子由詠李伯時所藏韓幹馬'라는 시(詩)에 "繡膊은 동쪽 靑海로부터 달려온다"라는 구절이 있다. 아마도 말의 종류를 말하는 것으로 보이며 "繡膊馬'의 '繡'는 문신, '膊'은 팔이므로, 발에 문신과 같은 모양이 있는 말이 아닌가 한다. 〈飜老〉의 "쇠ᄂ래 브튼 물"이란 이름으로부터 "쇠로 된 날개를 발에 붙인 말"로도 볼 수 있다.

[13] 원문의 '白臉馬'는 "볼이 하얀 말"을 가리킨다. 〈飜老〉에서는 '破臉馬'로 하고 '간쟈물'로 언해를 했으나 의미는 같다. 서함(徐咸)의 『상마서(相馬書)』(『說郛』권107) 「보금가(宝金歌)」에 "破臉孤蹄는 참으로 吉 되지 아니하고, 耳白腰花는 실로 凶이로다"라는 구절이 있어 얼굴에 하얀 점이 있는 말은 길하지 않는 것으로 보았다. 〈飜老〉의 '破臉馬 – 간쟈물'의 '간쟈'는 몽고문어의 'qalǯan'을 옮긴 것이다(이기문, 개정판『국어사 개설』1972, 서울:민중서관, pp.100~101).

[14] '五明馬'는 명(明) 양신(楊愼)의 「팔준(八駿)」(『升庵集』권81)에 "山子는 (중략) 지금의 五明馬, (중략) 太白의 詩의 소위 五花馬이다. 옛날에는 이것을 奇로 보았으나, 지금은 이것을 忌로 본다. 破面孤蹄는 鬼도 타지 않는다고 한다'라는 해설을 붙였다. 〈飜老〉에 "가라 간쟈 ᄉ족빅(四足白)"이란 언해로부터 '이마와 네 발이 하얀 점이 있는 검은 말을 가리키는 것 같다. 원(元) 황송포(黃松瀑)에 '題高麗五明馬'라는 시(『元風雅』後集 권5)가 있다. 또한『대원마정기(大元馬政記)』천력(天曆) 2년조에 '黑玉面馬, 五明馬, 桃花馬'의 세 가지 털 색을 가진 말에서 골라 조정(朝廷)에 헌납(獻納)하였다는 기록이 보인다.

[15] '桃花馬'는 『이아(爾雅)』의 '駁'(노란색과 하얀 털이 섞인 말)의 郭註에 "지금의 桃花馬"라는 설명이 있어 노랗고 하얀 털이 섞여있는 말을 말하는 것으로 보인다. 또 원(元) 마백용(馬伯庸)의 '도화마(桃花馬)'란 시(詩)(『元風雅』「前集」권4)에 "하얀 털과 붉은 점을 교묘하게 安排하여, 春風을 勾引하고 背上에 온다"라는 구절이 있어 꽃말(花馬)을 말하는 것임을 알 수 있다.

[16] '靑驄馬'는 푸르고 흰털이 섞여 있는 말을 말한다. 한대(漢代)의 옛 시 '爲焦仲卿妻作'에 "躑躅한 靑驄馬, 流蘇金鏤의 鞍"이란 구절이 있다. 〈飜老〉에서는 '靑白馬'로 바뀌었고 언해는 "털청총이"로 되어 털이 청총(靑驄)한, 푸르고 흰털이 섞여있는 말임을 알 수 있다.

[17] 원문은 '豁鼻馬'이다. '豁'은 "열다, 쪼개다"이므로 '豁鼻馬'는 "달릴 때에

연훈마(烟薰馬)[22], 이 말은 소걸음으로 비틀거리는구나[23]. 빠른 말[24],

....

숨을 쉬기 쉽도록 코를 쨴 말'을 말한다. 이러한 습관은 몽고인이 시작한
것 같다. 원(元) 방회(方回)의 『속고금고(續古今攷)』(권31)에 "豁鼻의 일은
大蒙古國에서부터 시작했다. 契丹, 女眞은 아직 없었다. 割勢하지 않고
豁鼻하지 않은 것을 生馬라고 한다. (중략) 코를 이미 쨔면 잘 달려서 숨은
쉬어도 헐떡이지 않는다"라는 설명이 있다.

[18] 원문 '騍馬'는 "암컷 말"을 말한다. '課馬'라고 쓰는 것이 옳다. 『철경록(輟耕
錄)』(권7) '과마(課馬)'조에 "속된 말로 牝馬를 불러 課馬라고 한다"라는 설
명이 있다. 그 이유로서 당대(唐代)에 어린 암말을 과세(課稅)로서 조정(朝
廷)에 납입하였기 때문이라고 하였는데 後에 '騍馬'라고 쓰게 되었다. 청
(淸) 조익(趙翼)의 『해여총고(陔余叢考)』(권43) '騍馬'의 조에 이에 대한 고
증이 있다. 〈原老〉의 예는 그 가장 이른 시기의 것 중에 하나가 될 것이다.

[19] 원문은 '懷駒馬'. '새끼 밴 말'을 가리킨다. 전술한 『대원마정기(大元馬政記)』
'화매마(和買馬)'의 지원(至元) 14년 조에 "수습하여 들여온 말의 마리 수
안에서 '盲者, 瘤者, 嗓者, 懷駒者'는 印烙이 끝나면 本主에게 分付함"이
라는 기사가 있다.

[20] 원문 '環眼馬'는 "고리 눈을 가진 말" 또는 "눈이 하얀 말"을 말하며 말
가운데 하등으로 쳤다고 한다. 송(宋) 육전(陸佃)의 『비아(埤雅)』(권12)에
"두 눈이 하얀 것을 魚라고 하고, 魚는 지금 이것을 環眼馬라고 하며, 말
가운데 最下인 것이다"라는 설명이 있다. 〈飜老〉에서는 "골회눈이"로 언
해되었다.

[21] 원문 '乖驕馬'는 '乖劣馬'와 같으며 "난폭한 말"을 의미한다. 〈飜老〉에서는
"골외는 물"로 언해되었다.

[22] '烟薰馬'는 현재로서는 불명이다. '煙熏'이라면 연기 빛 털 색깔의 말로
생각할 수 있다. 〈飜老〉에서는 이 말은 삭제되었다.

[23] 원문 '花搭步'의 '花搭'은 '花踏'과 같을 것이다. 말이 탄 사람의 말을 안
듣고 마구 걷는 것이다. 송(宋) 허기(許顗)의 『허언주시화(許彦周詩話)』에
"兩驂(두 마리의 말)이 춤추는 것 같이 걷은 것은 장(馹, 말 仲買人)의 말로
소위 花踏羊行이라고 한다. 兩驂手와 같은 것은 駆(중개인의 은어)에서
소위 熟使喚(사용하는 데 익숙하다)이라고 한다"라는 예가 있다. 『간전노(看
錢奴)』 「잡극(雜劇)」 1折 「요편(么篇)」에 '찬행화답(竄行花踏)'이라는 것은
"말을 마구 달리게 하는 것"을 의미한다.

[24] 원문 '竄行馬'는 "빨리 달리는 말"을 말한다. 전술한 「지원역어(至元譯語)」
안마문(鞍馬門) 조에 '躥行·住刺'라는 설명이 있다. '住刺'는 몽고어 'jura'
의 음차이며 그 뜻은 경쾌하게 달리는 말을 가리킨다.

느린 말[25], 자꾸 놀라는 말[26], 뒷발로 차는 말[27], 앞으로 잘 넘어지는 말[28], 말을 안 듣는 말과 말을 잘 듣는 말[29]이 있도다.

이 말들 중에서 좋지 않은 게 10마리인데, 한 마리는 눈이 안 보이고, 한 마리는 절름발이며 한 마리는 발굽이 비뚤어졌도다. 그리고 또 한 마리는 발굽이 깨졌고[30] 한 마리는 등이 닳았으며 한 마리는 다리를 저는데다가[31] 한 마리는 옴에 옮았으며 세 마리는 말랐으니 좋은 말

[25] 원문 '鈍馬'는 '느린 말'을 말한다. 『법원주림(法苑珠林)』(권100)「책수(策修)」에 "두 사람이 같이 한 방향으로 가는데, 하나는 疾馬를 타고, 하나는 鈍馬를 탄다. 鈍馬에 탔다고 해도 먼저 출발하였기 때문에 먼저 도착할 수도 있다"라는 구절이 있다.

[26] 원문 '眼生馬'는 "낯선 것에 놀라기 쉬운 말"이란 뜻이다. '生'은 '陌生'과 같고, 낯설다는 의미이다. 『여춘당(麗春堂)』「잡극(雜劇)」2折의 이규(李圭) 대사에 "可不是射不着, 我那馬眼生, 他躱一躱, 把我那箭擦過去了 − 화살이 맞지 않은 것이 아니라 제 말이 낯선 것에 놀라 피했기 때문에 화살이 빗나갔습니다−"라는 대사가 있다. 또한 같은 극의 1折에서는 이 부분을 '眼叉'라고 말하였다.

[27] 원문 '撒蹶的馬'는 "자꾸 뒷발로 차는 말"을 의미한다. '撒'은 "마음대로 하는 것", '蹶'은 "뒷발로 차는 것"이니 자주 뒷발로 차는 말을 의미한다. 이 어휘는 원곡(元曲) 등에 자주 보이는 '비밀(秘密)의 노정(露呈), 또는 결열(決裂)'을 의미하는 '蹶撒', '決撒'과 관계가 있을 것이다.

[28] 원문의 '前失的馬'는 "앞으로 잘 고꾸라지는 말"을 말하며 이 때의 '前失'은 말이 발이 걸려 앞발을 구부리는 것을 말한다. 『삼국지연의(三國志演義)』제7회에 "그 말이 前失하여, (公孫) 瓚은 몸이 날려 坡下로 떨어졌다"라는 구절이 있다.

[29] 원문 '口硬馬, 口軟馬'의 '口硬'은 "말의 입에 재갈을 물려도 말을 듣지 않는 것"을 말한다. '口軟'은 그 반대의 뜻이다. 당(唐) 이하(李賀)의 '馬詩二十三首·其二'에 "아직 입의 硬軟을 알지 못하는 것이라도 우선 능형의 재갈을 擬함"이란 구절이 있다.

[30] 원문 '馬硯'은 〈飜老〉의 언해에 "발굽이 깨진 말"이라고 언해되었 있다. 말을 벼루(硯)와 비유한 예로 송(宋) 고사손(高似孫)의 『현전(硯箋)』(권1)에 "褪墨硯은 數字에 한 번 磨하는 것이 鈍馬를 타고 數步에 一鞭하는 것과 같고, 瓦硯은 驢를 타는 것과 같다"라는 것이 있다.

[31] 원문 '熟蹶'은 〈飜老〉의 "熟癢(절뚝발이)"와 같은 것이 아닌가 한다. 다만 '熟'의 의미는 알 수 없다. 또 여기서는 말이 15마리 있는 것으로 되어

은 다섯 마리뿐이로다.

제61화 馬

客 這曳刺馬[32], 騸馬[33], 赤馬[34], 黃馬[35], 鷰色馬[36], 栗色馬[37], 黑綜馬[38], 白馬[39], 黑馬[40], 灰馬[41], 土黃馬[42], 繡膊馬[43], 白臉馬[44], 五明馬[45], 桃花馬[46], 青驄馬[47], 豁鼻馬[48], 騍馬[49], 懷駒馬[50], 環眼馬[51], 乖驕馬[52], 烟薰馬[53], 這馬牛行花塔步[54], 竄行馬[55], 鈍馬[56],

....

있어서 앞부분과 수가 맞지 않는다. 제14화 첫 구절의 "전부 합쳐서 11마리 말이니"를 참조.

[32] '曳刺馬'는 주1 참조.
[33] '騸馬'는 주2 참조.
[34] '赤馬'는 주3 참조.
[35] '黃馬'는 주4 참조.
[36] '鷰色馬'는 주5 참조.
[37] '栗色馬'는 주6 참조.
[38] '黑綜馬'는 주7 참조.
[39] '白馬'는 주8 참조.
[40] '黑馬'는 주9 참조.
[41] '灰馬'는 주10 참조.
[42] '土黃馬'는 주11 참조.
[43] '繡膊馬'는 주12 참조.
[44] '白臉馬'는 주13 참조.
[45] '五明馬'는 주14 참조.
[46] '桃花馬'는 주15 참조.
[47] '青驄馬'는 주16 참조.
[48] '豁鼻馬'는 주17 참조.
[49] '騍馬'는 주18 참조.
[50] '懷駒馬'는 주19 참조.
[51] '環眼馬'는 주20 참조.
[52] '乖驕馬'는 주21 참조.
[53] '烟薰馬'는 주22 참조.
[54] '花搭'은 주23 참조.
[55] '竄行馬'는 주24 참조.
[56] '鈍馬'는 주25 참조.

眼生馬[57], 撒蹶的馬[58], 前失的馬[59], 口硬馬‧口軟馬[60], 這些馬裏
頭夕的十箇, 一箇瞎, 一箇跛, 一箇蹄歪, 一箇磨硯[61], 一箇打破脊梁,
一箇熟蹶[62], 一箇疥, 三箇瘦, 則有五箇好馬。

翻老 제61화 馬

[審] 這兒馬、騸馬、赤馬、黃馬、鷰色馬、栗色馬、黑鬃馬、白馬、黑馬、鎖
羅青馬、土黃馬、繡膊馬、破臉馬、五明馬、桃花馬、青白馬、豁鼻馬、
騍馬、懷駒馬、環眼馬、劣馬、這馬牛行花塔步、又竄行的馬、鈍馬、眼
生馬、撒蹶的馬、前失的馬、口硬馬、口軟馬。這些馬裏頭、夕的十箇、
一箇瞎、一箇跛、一箇蹄歪、一箇磨硯、一箇打破脊梁、一箇熟瘸、一箇
疥、三箇瘦、只有五箇好馬。

翻老 제61화 몰

[審] 이 아질게몰, 악대몰, 절다몰, 공골몰, 오류마, 구렁몰, 가리운몰, 셜아몰, 가라
몰, 츄마몰, 고라몰, 쇠ᄂᆞ래브튼몰, 간쟈몰, 가라 간쟈 ᄉᆞ죡빅, 도화쟘불몰, 털
쳥춍이, 고 뛴 몰, 아몰, 삿기 빈 몰, 골회눈이, 굴외ᄂᆞᆫ 몰, 이 ᄆᆞ리 쇠거름
ᄀᆞ티 즈늑즈늑기 건ᄂᆞᆫ ᄆᆞ리로다. ᄯᅩ 잘 건ᄂᆞᆫ 몰, ᄠᅳᆫ 몰, 놀라ᄂᆞᆫ 몰, 볘ᄂᆞᆫ 몰,
앏 거티ᄂᆞᆫ 몰, 아귀 센 몰, 고개 므ᄃᆞᆫ 몰, 이 몰들 듕에 사오나오니 열히로소니,
ᄒᆞ나ᄒᆞᆫ 눈 멀오, ᄒᆞ나ᄒᆞᆫ ᄒᆞᆫ 발 졀오, ᄒᆞ나ᄒᆞᆫ 굽 기울오, ᄒᆞ나ᄒᆞᆫ 굽 ᄀᆞ리ᄂᆞᆫ 몰,
ᄒᆞ나ᄒᆞᆫ 둥 헌 몰, ᄒᆞ나ᄒᆞᆫ 지폐딘 몰, ᄒᆞ나ᄒᆞᆫ 비로 오론 몰, 세흔 여윈 몰, 다믄
다ᄉᆞ시 됴ᄒᆞᆫ ᄆᆞ리로다.

----

[57] '眼生馬'는 주26 참조.
[58] '撒蹶的馬'는 주27 참조.
[59] '前失的馬'는 주28 참조.
[60] '口硬馬‧口軟馬'는 주29 참조.
[61] '馬硯'은 주30 참조.
[62] '熟蹶'은 주31 참조.

제62화 말 값

客 당신네 이 말들, 좋은 말, 나쁜 말, 큰 말, 작은 말 전부 다 해서 얼마로
할 것이요?

[한 마리씩[1] 값을 매겨서]

高 전부 다 해서 보초(寶鈔) 120정(定)일세.

客 당신 그런 값을 부른다면 어떻게 흥정을 하겠단 말이오? 당신은 그저
팔 값을 말해보시오. 터무니없이[2] 그런 비싼 값을 매기다니 어쩔 셈이
오? 나는 엉터리 장사꾼이 아니라오. 당신 말이 알맞다면 두세 마디로
흥정이 이루어질 수도 있는 거요. 쓸데없이[3] 이런 엉터리 값을 매긴다
면 어떻게 돈을 내란[4] 말이오?

[중개인이 말한다.]

牙 이보시오. 손님들, 당신은 너무 많이 받으려고 하는 게 아닙니다. 두
분[5] 모두 헛수고를 하는 것이고 상담은 성립되지 않습니다. 나는 중개
인이니까 사는 사람의 편도 파는 사람의 편도 들지 않겠습니다. 오직
본분대로 중립적인 입장에서 말하는 건데, 당신이 120정(定) 달라고
한 것은 이 다섯 마리 좋은 말과 열 마리 하등 말을 얼마로 값을 친
것입니까?

高 나는 여기 다섯 마리 좋은 말을 50정(定), 그리고 저기 열 마리 하등
말을 70정(定)으로 값을 매겼소.

....
[1] 원문 '一箇家'의 '家'는 '價'라고도 쓰며 "~마다, ~씩"의 의미가 있다.
[2] 원문 '無來由'는 "이유도 없이, 엉터리로"의 뜻이다.
[3] 원문 '不淨'의 '淨'은 '奈'와 같으며 '어떻게'라는 의미를 갖는다. 따라서 '不
淨'의 원래 의미는 "어떻게 할 수가 없다"인데 그 다음에 좋지 않은 상황을
가정할 때에 쓰는 말이다. 여기서는 "쓸데없이"로 번역하였다.
[4] 원문 '還'은 "돈을 지불하다"의 뜻이다. 제47화 주10 참조.
[5] 여기서 원문 '兩箇'의 두 분은 중국인 동행 왕(王)씨와 고려인 주인공 이(李)
씨를 말한다.

牙 그런 값을 매길 것 같으면 절대로 팔릴 리가 없습니다[6]. 내가 지금 실제 값을 당신에게 말할 테니까, 두 분[7]은 모두 내가 말하는 값대로 매매[8]하면 어떠십니까?

제62화 馬價

客 你這馬, 好的, 歹的, 大的, 小的, 相滾著, 要多少價錢?

[一箇家[9]評了價錢]

高 通要一百二十定鈔。

客 你說這般價錢怎麼厮合的? 你則說賣的價錢, 無來由[10]這般高索甚麼? 俺不是矯商量的。你道的是呵, 兩三句話便成了交易。不爭[11]你這般胡索價錢, 怎生的還[12]呵是?

[牙人道]

牙 伴當每, 恁底似的休多索。恁兩箇[13]柱了, 成合不得。我是箇牙人, 也不向買主, 也不向賣主。我則依本分的中間說, 你索一百二十定鈔呵, 這五箇好馬, 十箇歹馬, 恁評多少?

高 這五箇好馬, 俺評五十定, 這十箇歹馬, 俺評七十定。

牙 似這般價錢, 其實著落不得[14]。我依著如今實直的價錢說與恁。兩

---

[6] 원문 '著落不得'의 '著落'은 결판을 내리는 것으로 여기서는 매매의 성립을 말한다.

[7] 원문 '兩家'의 두 분은 말을 파는 사람과 사는 사람을 말한다.

[8] 원문 '倒的去'의 '倒'는 "교환한다"는 뜻으로 여기서는 상품과 돈과의 교환, 즉 매매를 말한다.

[9] '一箇家'는 주1 참조.

[10] '無來由'는 주2 참조.

[11] '不淨'은 주3 참조.

[12] '還'은 주4 참조.

[13] '兩箇'는 주5 참조.

[14] '著落不得'은 주6 참조.

家[15]依著我說, 倒的去[16]如何?

飜老 제62화 馬價

客 你這馬、好的、歹的、大的、小的、相滾着、要多少價錢? 一箇家說了價錢。

高 通要一百四十兩銀子。

客 你說這般價錢怎麼?你只說賣的價錢、沒來由這般胡討價錢。我不是矯商量的。你說的是時、兩三句話交易便成了。不要你這般胡討價錢、怎麼還你的是?

[牙子說]

牙 客人們、你不要十分多討。你兩箇枉自成不得。我是箇牙家、也不向買主、也不向賣主。我只依直說、你要一百四十兩銀子時、這五箇好馬、十箇歹馬、你筭多少?

高 這五箇好馬、我筭的該六十兩、這十箇歹馬、我筭的該八十兩。

牙 似這般價錢、其實賣不得。如今老實的價錢說與你。兩家依着我說、交易了如何?

飜老 제62화 물 풀 값

客 네 이 ᄆᆞᄅᆞᆯ 됴ᄒᆞ니, 사오나오니, 크니, ᅑᅡ그니, 모도와 언메나 갑슬 받고져 ᄒᆞᄂᆞᆫ다? ᄒᆞ나콤 갑슬 니ᄅᆞ라.

高 대되 一百 四十兩 銀을 바도리라.

客 네 이리곰 갑슬 닐어 므슴 ᄒᆞᆯ다? 네 그저 풀 갑슬 니ᄅᆞ라. 쇽졀 업시 간대로 갑슬 바도려 ᄒᆞᄂᆞ 괴여. 내 너므 혜아리디 아니ᄒᆞ노라. 네 닐옴곳 올ᄒᆞ면 두어 마래도 흥졍을 즉재 ᄆᆞ출 거시니, 네 이리 간대로 갑슬 바도려 말라. 엇디 너를 주어ᅀᅡ 올홀고?

[즈르미 닐오ᄃᆡ]

牙 나그내네! 네 ᄀᆞ장 너므 바도려 말라. 너희들히 쇽졀업시 일우디 몯ᄒᆞ리로다. 나는 즈르미니 ᄯᅩ 살 님자도 셔디 아니ᄒᆞ며, 풀 님자도 셔디 아니ᄒᆞ야 내 바른 대로 닐오리라. 네 一百 四十 兩 銀을 바도려 ᄒᆞ거시니, 이 다숫 됴흔 ᄆᆞᆯ와

---

[15] '兩家'는 주7 참조.
[16] '倒的去'는 주8 참조.

열 사오나온 물게 네 언메나곰 혜눈다?

高 이 다숫 됴흔 물게는 내 혜요믄 예슌 량이오, 이 열 사오나온 물게는 내 혜요믄 여든 량이라.

牙 이런 갑새는 진실로 프디 몯흐리라. 이제 고디시근 갑슬 너드려 닐오마. 둘히 내 말 조차 흥졍호디 엇더흐뇨?

제63화 사겠소, 말겠소?

高 내 당신이 정한 값이란 것을 한번 들어보겠소.

牙 이 다섯 마리의 좋은 말은 한 마리가 7정(定)으로 합이 35정(定)이며, 이쪽 열 마리의 하등 말은 한 마리가 5정(定)으로 합이 50정(定)이니 전부 합쳐서 85정(定)으로 결정합시다.

高 당신처럼 그렇게 값을 매기면 고려 땅에 가서도 살 수 없어요. 정말로 말을 사려는 것이오? 그냥 놀리는 거요?

客 이 친구, 당신 무슨 말을 그렇게 하시오? 사지 않는다면 내가 미친병에 걸렸소[1]? 무엇 하러 여기까지 와서 상담을 하겠소?

제63화 商量價錢

高 我試聽你定的價錢。

牙 這五箇好馬, 每一箇評七定, 計三十五定, 這十箇歹馬, 每一箇評五定, 計五十定。通做八十五定, 成了去。

高 似你這般定價錢, 就高麗田地裏也買不得。那裏是實買馬的? 則是胡商量的。

客 這箇伴當你說甚麼話? 不買時害風[2]那, 做甚麼來這裏商量?

飜老 제63화 商量價錢

高 我且聽你定的價錢。

牙 這五疋好馬、每一疋八兩銀子、通該四十兩。這十箇歹馬、每一箇六兩銀子、通該六十兩。共通一百兩、成了罷。

高 似你這般定價錢、就是高麗地面裏也買不得、那裏是實要買馬的? 只是胡商量的。

[1] 원문 '害風'의 '風'은 '瘋'과 같고 '害'는 "병에 걸리다"이니 "미친병에 걸리다, 정신 나간 것" 등의 뜻을 갖는다.
[2] '害風'은 주1 참조.

客 這箇客人、你說甚麽話? 不買時害風那、做甚麽來這裏商量?

飜老 제63화 진실로 물 사고져 ᄒᆞᄂᆞ니고?

高 내 안직 네 일뎡ᄒᆞᆫ 갑슬 드로마.

牙 이 됴ᄒᆞᆫ 몰 닷 피레, 미 ᄒᆞᆫ 피레 은 여듧 량곰 ᄒᆞ면 대되 마ᄋᆞᆫ 량이오, 이 열 사오나온 몰게ᄂᆞᆫ, 미 ᄒᆞ나히 은 엿 량시기면 대되 예슌 량이니, 모도니 一百 兩이로소니, 흥졍 ᄆᆞ차도 ᄆᆞ던ᄒᆞ다.

高 네 이리 일뎡ᄒᆞᆫ 갑시ᄉᆞ 곧 高麗ㅅ따히라도 ᄯᅩ 사디 몯ᄒᆞ리로다. 어듸 진실로 물 사고져 ᄒᆞᄂᆞ니고? 젼혀 간대로 혜아리ᄂᆞ다.

客 이 나그내, 네 므슴 말 니ᄅᆞᄂᆞᆫ다? 사디 아니ᄒᆞ면 ᄇᆞ롬 ᄲᅬ이라 오려? 므스므라 예 와셔 혜아리리오?

제64화 거간꾼

高 이 말에 붙인 방금 중개인의 값으로는 역시 우리가 손해요.

實 이런 값으로도 팔지 않는다니, 당신네들 더 이상 무엇을 원하시오?

牙 당신들 둘 다 오로지 자기 말만 떠들어대는 게 아닙니다. 사는 쪽은 좀 더 올리고, 파는 쪽은 좀 더 깎아야 하지요. 다시 5정(定)을 더하여 90정(定)으로 거래한다면 천지(天地)를 걸고 공평합니다[1]. 사는 쪽은 값을 올리지 않으면 못 사는 것이고, 파는 쪽은 너무 많이 바라도 팔지 못합니다.

[옆에서 서서 구경하고 있는 사람이 말한다.]

人 이 중개인이 말하는 값이 원래 정당한 값이라오.

漢 할 수 없네[2]. 이 중개인 말대로 흥정을 마치도록 하세.

高 그럼 이쪽이 큰 손해인데요.

제64화 牙家

高 這馬恰纔牙人定來的價錢, 猶自虧著俺有。

實 這般價錢不賣, 你更待想甚麼?

牙 你兩家休自管叫喚。買的更添些箇, 賣的減了些箇。更添五定, 做九十定成交呵, 天平地平[3]。買主, 恁不著價錢也買不得。賣主多指望價錢也賣不得。

---

[1] 원문 '天平地平'은 "매우 공정하다"는 뜻이다. 『월절서(越絶書)』(권13)에 "聖人은 위로 하늘을 알고, 아래로 땅을 알며, 가운데로 사람을 안다, 이것을 천평지평(天平地平)이라고 한다"라는 구절이 있고 또 『오정회원(五灯會元)』(권19)에 "天平地平, 同明同暗"이라는 기사가 있다.

[2] 원문 '罷, 罷'는 "할 수 없다"는 뜻이다. 〈原老〉에서는 이런 경우 '儘敎'를 많이 썼으나 여기서는 〈飜老〉 같이 "罷, 罷"를 썼다.

[3] '天平地平'은 주1 참조.

[邊頭立地閑看的人道]

人 這牙家說的價錢, 哏是本分的言語。

漢 罷, 罷[4]。咱則依牙人的言語, 成了者。

高 既這般時, 價錢哏虧著俺。

飜老 제64화 牙家

高 這馬恰纔牙家定來的價錢、還虧着我了。

客 你這般的價錢不賣、你還要想甚麼?

牙 你兩家休只管叫喚。買的添些箇、賣的減了些箇。再添五兩、共一百零五兩、成交了罷、天平地平。買主、你不添價錢也買不得。賣主、多指望價錢也賣不得。

[邊頭立地閑看的人說]

人 這牙家說的價錢、正是本分的言語。

漢 罷、罷、咱們只依牙家的言語、成了罷。

高 既這般時、價錢還虧着我。

飜老 제64화 즈름

高 이 모리 앗가 즈르미 일뎡훈 갑시 다하 내게 셜웨라.

客 네 이런 갑새 프디 아니ᄒᆞ고 네 다하 므스글 ᄉᆞ랑ᄒᆞᄂᆞᆫ다?

牙 너희 둘히 다하 짓글히디 말오, 사리 져기 더으고, 폴리 져기 덜오, 다시 닷 량만 더으면 대되 一百 兩이오, ᄠᅵ니 닷 량이로소니 흥졍 ᄆᆞ차도 므던ᄒᆞ도소니, 하ᄂᆞ리 편ᄒᆞ며 ᄯᅡ히 편훈 ᄃᆞᆺᄒᆞ도다. 살 님재야! 네 갑슬 더으디 아니 ᄒᆞ야도 ᄯᅩ 사디 몯ᄒᆞ리며, 폴 님재 갑슬 만히 ᄇᆞ라도 ᄯᅩ 프디 몯ᄒᆞ리라.

[ᄀᆞ새 셔셔 놀며 보는 사ᄅᆞ미 닐오디]

人 이 즈르믜 니르논 갑시 졍히 고돈 마리로다.

漢 두워, 두워, 우리 그저 즈르믜 말소ᄆᆞᆯ 드러 ᄆᆞ초디 므던ᄒᆞ다.

高 이믜 이러ᄒᆞ면 갑시 다하 내게 셜웨라.

----

[4] '罷, 罷'는 주2 참조.

제65화 헌 돈은 필요 없소.

高 다만 조건 하나 있어요. 헌 돈은[1] 필요 없으니 좋은 지폐를 주시오.

客 그렇고말고. 헌 돈 같은 건 없어요. 내 것은 다 좋은 지폐뿐입니다.

高 좋은 것이라면 먼저 지폐를 확인하고 나서 계약서를 씁시다.

客 그럼 주머니에서 지폐를 꺼낼 테니까 모두 확인해 보시오.

高 중개인이 먼저 확인해 주시오.

牙 당신이 파는 사람이니 스스로 확인하시오. 이 가운데 나쁜 것은 한 장도 없소.

高 이 지폐는 다 확인해보았는데, 위조지폐인지는[2] 나는 모르니까 당신이 도장을 찍어주시오. 나중에 만일 못쓰게 되면 중개인한테 바꿔달라고 할 것이오.

牙 그러면 도장을 찍읍시다. 언제든지 반드시[3] 바꿀 수 있어요.

제65화 爛鈔不要

高 只是一件, 爛鈔[4]不要, 與俺好鈔。

客 那般者。爛鈔也沒。俺的都是好鈔。

高 旣是好呵, 咱先撿了鈔, 寫契。

客 那般者, 布伐裏鈔將來, 都撿了。

高 著牙人先撿了。

牙 你賣主自撿。裏頭無一張兒夕的。

....

[1] 원문 '爛鈔'는 '昏鈔'와 같이 불량지폐를 말하지만 '昏鈔'가 지폐의 문자 등이 흐려진 것임에 비하여 '爛鈔'는 특히 파손된 지폐를 말한다. 여기서는 "헌 돈, 찢어진 돈"으로 풀이한다. 제50화 주7, 제47화 주12 참조.

[2] 원문 '仮僞'는 "위조지폐"를 뜻한다. 위조지폐는 완전히 가짜인 '위초(僞鈔)'와 진짜에 손을 가한 '도초(挑鈔)'가 있었다. 『원전장(元典章)』「호부(戶部)」(권6) '초법(鈔法)'의 '위초(僞鈔)'와 '도초(挑鈔)' 항목 참조.

[3] 원문 '管'은 "반드시, 보증하건데"의 뜻이다.

[4] '爛鈔'는 주1 참조.

高 這鈔雖是撦了，假僞[5]俺不識。恁使了記印者。已後使不得時，俺則問牙人換。

牙 那般者，使著印兒也。不揀幾時管[6]換。

飜老 제65화 低銀子不要

高 只是一件、低銀子不要與我. 好銀子與我些。

客 咳、低銀我也沒、我的都是細絲官銀。

高 既是好銀時、咱先看了銀子、寫契。

客 這們便布帒裏取銀子來。

高 着牙人先看。

牙 你賣主自家看。裏頭沒有一錠兒低的。

高 這銀子雖是看了、眞假我不識。你記認着。久後使不得時、我只問牙家換。

牙 我有認色了。不揀幾時要換。

飜老 제65화 늣가온 은으란 날 주디 말오.

高 오직 흔 가짓 늣가온 은으란 날 주디 말오, 됴흔 은을 날 다고려.

客 해 늣가온 은이 나도 업다. 내 해 다 실 ᄀᆞ는 구의나깃 은이라.

高 흥마 됴흔 은이라 ᄒᆞ거니, 우리 몬져 은 보고 글월 쓰져.

客 이러면 뵈잘의 은 가져다가,

高 즈르믈 몬져 뵈라.

牙 너 풀리 손조 보라. 소개 흔 뎡도 늣가오니 업스니라.

高 이 은을 비록 보나 진짓 치 거즛 치 내 모로노니, 네 보람 두라 후에 쓰디 몯ᄒᆞ면, 내 그저 즈름ᄃᆞ려 무러 밧고리라.

牙 내 보라믈 둣노라. 아모제라 업시 밧고리라.

---

[5] '仮僞'는 주2 참조.
[6] '管'은 주3 참조.

제66화 매매 계약서를 쓰다.

髙 계약서는 누가 씁니까?

漢 중개인이 쓰는 겁니다.

牙 이 계약서는 전부 함께[1] 쓸까요? 아니면 한 분씩 각각 씁니까?

客 한꺼번에 쓰지 마시오. 다 함께 쓰면 어떻게 처분[2]하겠소? 각각 따로
따로 써 주시오.

牙 당신네 이 말들이 한 사람의 것이오. 아니면 각자의 것입니까?

漢 한 사람이 주인이 아닙니다. 이 네 분의 친구가 각각 네 사람의 말
주인이오. 각자가 말 몇 마리씩 갖고 있어요. 당신은 맨 처음에 내
계약서를 먼저 쓰시오.

牙 당신의 이 말은 집에서 키운 것이오[3]. 아니면 원래 산 것입니까[4]?

漢 내 것은 산 것이오.

牙 당신 어디에 살고 있습니까? 성함은 무어라고 하지요?

漢 나는 요양성(遼陽城) s안에 살고 있소. 성은 왕(王)이라고 하고. 왕객(王
客)이라고 써주시오.

....

[1] 원문 '一總'은 "다 함께, 같이, 한꺼번에"의 뜻이다. 『설인귀(薛仁貴)』 「잡
극(雜劇)」 1折에 "一總過海平遼 — 다 함께 바다를 건너 요(遼)를 평정하였
다—"라는 대사가 있다.

[2] 원문 "怎麼發落"의 '發落'은 "처리하다, 분배하다"의 뜻이다. 『이학지남(吏
學指南)』(권6) 「체량(體量)」 조에 "明白散附也 — 명백하게 나누어 주다, 처
분하다—"라는 뜻풀이가 있어 '분배하다, 분명하게 처분하다'의 뜻으로 사
용됨을 알 수 있다. 이에 대하여는 정광·정승혜·양오진의 『이학지남(吏
學指南)』(서울: 태학사, 2002)을 참고. 제101화 주4 참조.

[3] 원문 '家生'은 자기 집에서 키운 가축이나 또는 자기 집 노비(奴婢)에서
태어난 씨종을 말한다. 『철경록(輟耕錄)』(권17) 「노비(奴婢)」 조에 "奴婢가
낳은 아이를 家生孩兒라고 말한다"라는 설명이 있다.

[4] 원문 '元買'는 "지금은 자기 것이지만, 원래는 산 것"이라는 의미이다.

제66화 寫文契

高 文契著誰寫?

漢 牙家就寫。

牙 這契寫時, 一總[5]寫那一箇家分開著寫?

舍 休總寫。總寫時, 怎麼發落[6]? 你各自寫者。

牙 恁這馬是一主兒那是各自的?

漢 一主兒的不是[7]。這四箇伴當是四箇主兒。這馬裏頭各自有數目。
你從頭寫我的馬契。

牙 你的馬是家生[8]的那元買的?

漢 我的是元買的。

牙 你在那裏住, 姓甚麼?

漢 我在遼陽城裏住, 姓王。寫著王客者。

飜老 제66화 文契着誰寫?

高 文契着誰寫?

漢 牙家就寫。

牙 這契寫時、一總寫麼、分開着寫?

舍 休總寫。總寫時、怎麼轉賣與人? 你各自寫着。

牙 你這馬是一箇主兒的那是各自的?

漢 這馬是四箇主兒的。各自有數目。你從頭寫我的馬契。

牙 你的馬是家生的那元買[9]的?

漢 我的是元買的。

牙 你在那裏住、姓甚麼?

....

[5] '一總'은 주1 참조.
[6] '發落'은 주2 참조.
[7] '一主兒的不是'는 문법에 맞지 않는다. 이것도 '不是一主兒的'이어야 중국
　　어 본래의 어법에 맞는다. 〈飜老〉에는 이 부분이 삭제되어 있다.
[8] '家生'은 주3 참조.
[9] '元買'는 주4 참조.

漢 我在遼東城裏住、姓王。寫着王某着。

飜老 제66화 글위를 눌ᄒ야 쓰이료?

高 글위를 눌 ᄒ야 쓰이료?

漢 즈르미 즉재 쓰라.

牙 이 글위를 쓰면 ᄒ 디 쓸가? 빼혀 쓸고?

客 모도와 쓰디 말라. ᄒ 디 쓰면 엇디 옴겨 ᄑ라 ᄂᆞᆷ 주리오? 네 각각 쓰라.

牙 네 이 ᄆᆞ리 ᄒ 닙자가? 이 각각 치가?

漢 이 ᄆᆞ리 네 닙자읫 거시니 각각 제 수 잇ᄂᆞ니라. 네 첫 ᄀᆞ투로 내 ᄆᆞᆯ ᄑᆞ는 글월 쓰라.

牙 네 ᄆᆞ리 지븨셔 내니가? 본ᄃᆡ 사니가?

漢 내 해 본ᄃᆡ 사니라.

牙 네 어듸셔 사ᄂᆞᆫ다? 셩이 므스기신고?

漢 내 遼東잣 안해셔 사노라. 셩이 王개로니 王 아뫼라 ᄒ야 쓰라.

제67화 말 매매 계약서

牙 내 이 한 계약서는 다 썼소. 읽을 테니 들어 보시오.

요양성(遼陽城)에 사는 사람 왕객(王客)은 지금 쓸 돈이 필요하지만 따로 얻을 곳이 없어서 드디어 자기 것으로 사들인 붉은 색의 불간 말 한 마리를 파는데 이 말은 5살이고[1] 왼쪽 다리 위에 인기(印記)가[2] 있다. 대도(大都) 양시각두(羊市角頭)[3] 거리의 북쪽에 살고 있는[4] 중개 상인 마이(馬二)를[5] 거간으로 하여, 남방(南方)[6] 상인 장오(張五)에게 팔아 영원한 소유자로 정하겠음. 쌍방 의견의 일치를 보아 가격은 중통초(中統鈔)[7] 7정(定)으로 하였음. 그 대금은 계약서를 작성한 날에 모두 일시 지불하여 따로 외상은 없음. 말의 좋고 나쁨에 대하여는

....

[1] 원문 '騸馬一疋, 年五歲'는 "거세마 한필, 나이 5세"인데 원(元) 지정(至正) 20년(1360)에 나온 명령으로는 4세 이상의 불간 말(去勢馬)은 모두 관(官)에 공출(供出)하도록 되어 있다(제61화 주1). 따라서 여기서 5세난 거세마(去勢馬)의 매매가 가능한 것은 이 계약서가 그 이전에 작성되었음을 말한다.

[2] '印記'는 낙인(烙印)을 가리킨다. 원대(元代)에는 군마(軍馬), 역마(驛馬) 등의 확보를 위해 말의 소유, 매매는 엄격하게 제약되었다. 『대원마정기(大元馬政記)』에서는 정부가 화매(和賣, 강제로 매입하는 것), 구쇄(拘刷, 강제로 징용하는 것) 등의 수단으로 민간인에게서 모아온 말에 낙인(烙印)을 찍었다. 또 쓰지 못하게 된 말을 민간에게 매각하는 경우에도 퇴인(退印)을 찍었는데 여기의 인기(印記)는 그 가운데 어느 하나를 말할 것이다.

[3] '羊市角頭'는 북경의 거리 이름이다. 자세한 위치는 제55화 주2 참조.

[4] 원문 '住坐'는 "살고 있는 것"을 말한다. 원대(元代)의 상용어로서 원곡(元曲) 등에 많이 보인다.

[5] 원문 '馬二'와 같은 이름의 중국인이 있는 것 같지는 않고 두 번째 말 중개상이라는 의미로 쓰인 것 같다. 〈飜老〉에서는 '장삼(張三)'으로 바뀌었다.

[6] 원문 '直南府'는 남쪽의 고을이라는 의미이다. '直南府'라는 지명은 물론 없다. 또는 '濟南府'의 오자로 보인다. 제8화 주17 참조.

[7] '中統鈔'는 원대(元代)에 사용되던 지폐를 말한다. 『대원마정기(大元馬政記)』「화매마(和買馬)」'지원(至元) 20년'조에 "馬匹의 價値는 中統鈔를 원칙으로 함"이라는 규정이 있다. 해제와 제7화 주4, 제10화 주8 참조.

산 사람이 스스로 보았으며 만일 말의 내력이 분명하지 않을 경우에 판 사람이 혼자 그 책임을 지기로 함. 거래가 성립한 후에는 각자 무를 수[8] 없음. 만일 먼저 무르자고 할 때에는 중통초(中統鈔) 10량을 벌금으로 하여 무르자고 하지 않은 쪽에 주어 쓰도록 하여도 할 말 없음. 나중에 증거 없다고 할까보아 이 계약서를 작성하여 후일 사용할 수 있도록 하였음.

모년모일(某年月日).
계약인(契約人) 왕객(王客) 서명(署名)
중개인(仲介人) 마이(馬二) 서명(署名)

牙 다른 말들의 매매계약서도[9] 모두 썼습니다.

제67화 馬契

牙 我寫了這一箇契也。我讀, 你試聽

遼陽城裏住人王客, 今爲要錢使用, 別無得處, 逐將自己元買到赤

---

[8] 원문 '番悔'는 "계약이나 약속을 한 후에 생각이 바뀌어 무르거나 파기하는 것"을 말한다.

[9] 원문 '馬契'는 말의 매매계약서이다. 원대(元代)에 작성된 마계(馬契)의 실물을 흑수성(黑水城, 內蒙古自治區의 阿拉善盟額濟納旗, 元代의 亦集乃路 터)에서 출토(出土)된 자료 가운데 찾을 수 있다. 이 마계(馬契)를 『흑성출토문서(黑城出土文書)』「한문문서권(漢文文書卷)」(科學出版社, 北京, 1991) 188쪽에서 인용하면 "'立賣馬文契人何敎化, 見在亦集乃路正街住坐. 今爲端錢使用, 別無得處, 今□主買到這烈特扁馬壹疋, 年当十歲, 当衆面議, 依時価錢中統宝鈔漆拾伍貫, … 与同街住人李拜延數木爲主. 其馬好歹主…馬來處不明, 賣主一面承当, 并不干買主之事. 一賣已後兩無番悔, 如…'"이므로 〈노걸대〉의 마계(馬契)와 기본적으로 같은 문면(文面)이다. 그러므로 이 자료의 불명한 곳이나 파손된 곳을 이 마계(馬契)에 의해서 보충할 수 있다. 또한 『계차청전(啓箚靑錢)』「外集」(권11)의 '공사필용(公私必用)'에도 '매마계식(買馬契式)'이 있지만, 그 문면(文面)은 이것과 매우 다르다.

色驑馬一疋, 年五歲[10], 左腿上有印記[11], 憑大都管牙人羊市角頭[12]
街北住坐[13]馬二[14]作牙人, 賣與直南府[15]客人張五, 永遠爲主。兩言
議定, 價錢中統鈔[16]七定, 其錢立契日一倂交足, 外無懸欠。如馬好
歹, 買主自見, 如馬來處不明, 賣主一面承當。成交已後, 各不許番
悔[17]。如先悔的, 罰中統鈔一十兩與不悔之人使用無詞。恐後無憑,
故立此契爲用者。

某年月日
立契人 王客 押
管牙人 馬二 押

牙 其餘的馬契[18]都寫了也。

- -

飜老 제67화 馬契

牙 我寫了這一箇契了。我讀、你聽。

遼東城裏住人王某、今爲要錢使用、遂將自己元買到赤色驑馬一疋、年
五歲、左腿上有印記、憑京城牙家羊市角頭街北住坐張三作中人、賣與山
東濟南府客人李五、永遠爲主。兩言議定、時値價錢、白銀十二兩、其銀
立契之日、一幷交足、外沒缺少。如馬好歹、買主自見、如馬來歷不明、
賣主一面承當。成交已後、各不許番悔。如先悔的、罰官銀五兩 與不悔之
人使用無詞。恐後無憑、故立此文契爲用者。

某年月日
立契人 王某 押

- -

[10] '驑馬一疋, 年五歲'는 주1 참조.
[11] '印記'는 주2 참조.
[12] '羊市角頭'는 주3 참조.
[13] '住坐'는 주4 참조.
[14] '馬二'는 주5 참조.
[15] '直南府'는 주6 참조.
[16] '中統鈔'는 주7 참조.
[17] '番悔'는 주8 참조.
[18] '馬契'는 주9 참조.

牙人 張某 押

牙 其餘的馬契都寫了也。

飜老 제67화 물 글월 쓰과라.

牙 내 이 혼 글월 쓰과라. 내 닐고마. 네 드르라.

遼東자새셔 사는 사롬 王 아뫼, 이제 돈 쓰고겨 호야 투록, 내 본디 사온 절다악대물 혼 피리 쉬 다솟 서리오, 왼 뒷다리 우회 인 마즌 보라미 잇노니, 셔울 즈름호는 羊市 져제 거릿 북녁의셔 사는 張三을 의빙호야 둙신 사마, 山東濟南府엣 나그내 李五의게 포라 주워 니르리 님자 도의여, 두 녁 말로 의뎡호야 시디갑스로 시픈은 열두 량애 호야, 그 은을 글월혼 나래 흠쎅 주믈 초게 호고, 쏘로 쩌디기 업게 홀디니, 호다가 무리 됴홈 구주므란 살 님재제 보고 호다가 무리 來歷이 不明혼 일라는 포눈 님재 호은자 맛드리니, 흥졍 무촌 후에 각각 므르기를 듣디 마져. 호다가 몬져 므르리란 구의나깃 은 닷 량을 벌로 내여 므르져 아니 호는 사롬 주워 쓰게 호야도 잡말 몯호리니, 호다가 후에 미들 고디 업슬가 호야 부러 이 문긔 밍그라 쓰져.

아모 히 아모 둘 아모 날
글월 밍근 사롬 王 아뫼 일홈 두고
즈름 張 아뫼 일홈 두엇다

牙 그 나믄 물 글월도 다 써다.

제68화 중개료와 세금

牙 자, 우리 중개료와 세금을 계산합시다. 규정에 따르면 산 사람이 세금을 내고 판 사람이 중개료를 부담하는 것으로 되었습니다. 당신들 각자 자기의 중개료와 세금을 계산해 보시오.

高 내가 받은 85정(定)[1] 중에서 중개료와 세금은 얼마가 됩니까?

牙 자신이 계산해 보시오. 1냥은 3분(分)[2], 10냥은 3전(錢), 100냥은 3냥이 될 것이오.

高 85정(定)은 4,250냥이니까 중개료와 세금은 각각 126냥 5전(錢)이[3] 되겠소.

牙 중개료와 세금 둘 다 계산되었습니다.

客 나의 이 계약서는 언제 세금을 지불하는가[4]?

牙 그건 쉬운 일입니다. 동행 가운데 한 사람을 나를 따라오게 하여 저쪽[5]에 가면 그걸로 됩니다. 아니면 당신들은 모두 여기에 있어요. 내가 세금을 지불하고 당신들에게 가져오겠소[6].

....

[1] 원문 '八十五定'의 85정(定)은 제64화에서 중개인의 조언으로 5정을 더하여 90정으로 낙찰이 되었는데 저자가 깜빡 잊었던 것으로 보인다.

[2] 원문의 '一兩三分'은 "1량(100분)에 3분(分)의 세금을 징수한다는 것"이다. 『원전장(元典章)』「호부(戶部)」(권8) '과정·계본(課程·契本)'의 '계본세전(契本稅錢)'조에 "商稅는 30分에 대하여 1分을 징수함"이라는 규정이 있어 당시 세금이 대체로 30분의 1이었음을 알 수 있다.

[3] 원문 '一百三十六兩五錢'의 '1백 36냥 5전'은 원래 '1백 27냥 5전'이 되어야 옳다. 저자가 착각한 것이고 아니면 주인공인 고려인이 계산을 잘못했거나 10냥을 속인 셈이 될 것이다.

[4] 원문 '稅得了'는 "세금을 내고, 수속을 마치는 것"을 말한다.

[5] 원문은 '那裏'이고 "저 쪽"이란 뜻이 된다. 여기서 '那裏'는 말 시장(馬市)에 있던 '大都稅(宣)課提擧司'일 것인데 중개인이 확실하게 말하지 않는 것이 수상하다.

[6] 원대(元代)에 상품을 매매할 때에 세금을 납부하는 것에 대하여는 『원전장(元典章)』「호부(戶部)」(권8) '과정·계본(課程·契本)'의 '關防稅用契本'조에 "보통 諸人인 田宅, 人口, 頭疋을 典賣(전당 잡힘과 판매)하여 작성하는

제68화 牙稅錢

牙 咱每筭了牙稅錢者。體例裏, 買主管稅, 賣主管牙。你各自筭將牙稅錢來。

高 俺這八十五定[7]價錢裏, 該多少牙稅錢?

牙 你自筭。一兩三分[8], 十兩三錢, 一百兩該三兩。

高 八十五定鈔計四千二百五十兩。牙稅錢各該著一百二十六兩五錢。[9]

牙 牙稅錢都筭了也。

客 俺這馬契, 幾時稅得了?[10]

牙 那的不容易那? 你著一箇伴當根我去來, 到那裏[11]便了。更不時, 恁

....

文契(계약서)를 報하기 위해서는 務(稅務)에 가서, 稅를 投하여야 하며, 隨卽에 契本을 粘連하여 買主에게 給付함, 每本에 宝鈔 3錢을 납입함"이라는 규정이 있다. 이에 의하면 상거래가 성립되면 중개인이 세무서에 가서 세금을 납입함과 동시에 호부(戶部, 稅務署에 해당)가 발행한 '계본(契本)'(收入印紙와 같음)을 사서 계약서에 붙이고 매주(買主)에게 주기로 되어 있다. '계본(契本)'의 값은 당초에는 中統鈔 3전(錢)이었으나 후일에는 그 다섯 배에 해당하는 至元鈔 3전(錢)으로 올랐다. 그런데 중개인이 세무서의 관리와 결탁하여 이 '계본(契本)'을 붙이지 않고 넘어가는 등 여러 가지 부정행위를 저지르므로 정부는 '契本'을 붙이지 않는 경우는 脫稅로 간주하고 처벌하였으나 효과는 별로 없었다고 『元典章』의 前揭 부분에 나와 있다. 이 마계(馬契)의 경우 중개인은 마시(馬市)에 있는 세무서 '대도세과제거사(大都稅課提擧司)'에 가서 위에서 언급한 소정의 수속을 밟아야 했다. '大都稅課提擧司'는 至大 元年(1308)에 '대도선과제거사(大都宣課提擧司)'로 개칭되었다(『元史』권85 '百官'조). 그러나 중개인이 손님 중의 한 사람과 같이 가도 된다고 하다가 바로 또 자기 혼자 가려고 한 것을 보면 아무래도 무슨 부정을 저지를 작정이었던 것 같다.

[7] '八十五定'은 주1 참조.
[8] '一兩三分'은 주2 참조.
[9] '一百二十六兩五錢'은 주3 참조.
[10] '稅得了'는 주4 참조.
[11] '那裏'는 주5 참조.

都則這裏有者。我去稅了，送將來與恁。

飜老 제68화 該多少牙稅錢?

牙 咱們筭了牙稅錢着。舊例買主管稅、賣主管牙錢。你各自筭將牙稅錢來。

高 我這一百零五兩、該多少牙稅錢?

牙 你自筭。一兩該三分、十兩該三錢。

高 一百零五兩、牙稅錢該三兩一錢五分。

牙 牙稅錢都筭了。

客 我這馬契、幾時稅了?

牙 這的有甚麼難? 你着一箇火伴跟我去來、到那裏便了。更不時、你都只這裏等候着。我去稅了、送將來與你。

飜老 제68화 즈름삽, 글월 벗긼 갑

牙 우리 즈름삽, 글월 벗긼 갑둘 혜져. 舊例에는 살 님재 글월 벗긼 갑슬 ᄀᆞ슴알오, 풀 님재 즈룺 갑슬 ᄀᆞ슴마ᄂᆞ니, 네 각각 즈름 갑과 글웘 갑둘 혜라.

高 우리 이 一百 ᄯᆞᆫ 닷 량애 牙錢 稅錢이 언메나 ᄒᆞ뇨?

牙 네 혜라. 흔 량애 세 푼식이오, 열 량애 세 돈 시기면,

高 一百 ᄯᆞᆫ 닷 량애, 牙錢稅錢애 석 량 흔 돈 닷 분이 드ᄂᆞ소니,

牙 牙錢稅錢을 다 혜어다.

客 우리 이 물 글워를 어느 제 벗기려뇨?

牙 이거시 므슴 어려운 고디 잇ᄂᆞ뇨? 네 흔 벋ᄒᆞ야 날 조차 가, 뎨 가면 곧 그제어니ᄯᅡ나. ᄯᅩ 그리 몯ᄒᆞ거든 너희 다 그저 예셔 기들우라. 내 가 벗겨 보내여 너 주마.

제69화 이 말은 물러주게.

客 내가 미처 보지 못하였지만 이 말은 원래 병이 들었소.

牙 무슨 병이 들었단 말이오?

客 이보시오, 콧속에 고름이 흐르고 있지요. 이 말은 고름병에[1] 걸린 말이요. 내 어찌 사 가지고 끌고 갈 수 있겠소? 만일 다투지 않고 데려가면 나머지 말들에게로 미치어 모두 감염돼 버릴 것이오.

牙 그럼 당신은 다시 무를 생각이오?

客 나는 정말[2] 필요 없소.

牙 당신이 이미 필요 없다고 한다면 계약서에 명백히 쓰여 있어요. "말의 좋고 나쁨에 대하여는 산 사람이 스스로 보았음으로 먼저 무르자는 사람은 벌금 10량의 보초를 받음"이라고. '관청의 일은 도장으로 믿고 사적인 것은 약속에 의거함'이란 말처럼[3] 당신은 벌금 10량을 판 사람에게 지불하고[4] 무르면 되는 거요. 무엇 때문에 성을 내시오[5]?

客 그럼 당신 이 말의 계약서를 내놓으시오. 저쪽 사람들에게 말하여 원래 정한 값에서 10량의 보초를 빼어[6] 벌금으로 하고 그것으로 계약을

[1] 원문 '瘮馬'의 '瘮'은 '嗉'이라고도 쓴다. 『철경록(輟耕錄)』(권23) '嗉'에는 "보통 六畜이 勞傷하여, 콧속에 항상 고름 물이 흐르는 것을 嗉病이라 함"이라고 기록하고 있으며 〈老覽〉에서도 이것을 인용하였다.

[2] 원문 '是索'은 '索是'의 잘못으로 보인다. 『호두패(虎頭牌)』 「잡극(雜劇)」 1折에 "索是遠路風塵 – 정말로 遠路에 수고했습니다 –"라는 대사를 비롯하여, 원곡(元曲) 등에서는 '索是'가 '정말로'라는 뜻으로 널리 사용되었다.

[3] 원문 '官憑印信, 私憑要約'은 당시의 속담일 것이다. '要約'은 약속을 가리킨다.

[4] 원문 '罰下他'의 '他'에는 지시성(指示性)이 없다. 여기서는 "벌금으로 내다"의 뜻으로 보인다.

[5] 원문 '煩惱'는 "고민하다"가 아니라 오히려 "성내는 것, 화를 내는 것"을 말한다.

[6] 원문 '除了十兩鈔'는 계약을 파기한 말의 대금 5정에서 10량을 벌금으로 제하고 나머지 잔액을 매주(賣主)로부터 받아서 산 사람에게 돌려준다는 뜻이다.

파기하게 해주시오.

이 말은 물러주었소. 모두 5정(定)의[7] 가격이라 당신이 중개료와 세금으로 각각 7량 5전을 아까 가져갔으니 당신은 그것을 돌려주시오.

牙 그럽시다. 당신에게 돌려주겠소. 당신들 모두 여기에 계시오. 나는 세금 내러 갔다 올 테요.

客 무엇 때문에 당신을 기다리나? 나는 말을 끌고 숙소에 돌아가서 말먹이 준비나 할 것이오[8]. 당신이 세금 내는 일이 끝나면 내일 내 숙소로 계약서를 가져오시오. 그럼 각자 헤어집시다.

제69화 你更待悔交那?

客 俺不曾好生覰。這箇馬元來有病。

牙 有甚麼病?

客 兀的鼻子裏擺膿有。是瘵馬[9]。俺怎麼敢買將去? 不爭將去時, 連其餘的馬都染的壞了。

牙 這般的, 你更待悔交那?

客 我是索[10]不要。

牙 你既不要時, 契上明白寫著, 「如馬 好歹買主自見」。先悔的罰鈔十兩。官憑印信, 私憑要約[11]。你罰下他[12]十兩鈔與他賣主, 悔交去便是。索甚麼煩惱[13]?

客 那般者, 你攋出這箇馬契來, 問他每元定價錢內中, 除了十兩鈔[14]做

----

[7] '5정(定)'은 말 한 마리에 해당하는 값이다. 즉, 여러 말 중에서 한 마리만 물리는 것이다.

[8] 원문 '兌付'는 '對付'라고도 쓴다. "대응하는 것, 준비하는 것"이란 의미가 있다.

[9] '瘵馬'는 주1 참조.

[10] '是索'은 주2 참조.

[11] '官憑印信, 私憑要約'는 주3 참조.

[12] '罰下他'의 '他'에 대하여는 주4 참조.

[13] '煩惱'는 주4 참조.

罰鈔, 毀了文契者。

這箇馬悔交了也。該著五定價錢。你要過的牙稅錢各該著七兩五錢, 你却廻將來。

牙 那般者, 迴與你。你都這裏有者, 我稅契去。

窑 索甚麼等你? 俺赶著馬, 下處兌付[15]草料去。你稅了契時, 到明日俺下處送來。相別散了。

飜老 제69화 **這們的你要番悔?**

窑 我不曾好生看。這箇馬元來有病。那鼻子裏流鱷、是瘰馬。我怎麼敢買將去。不爭將去時、連其餘的馬 都染的壞了。

牙 這們的你要番悔?

窑 我委實不要

牙 你旣不要時、契上明白寫着、'如馬好歹、買主自見'。先悔的罰銀五兩。官憑印信、私憑要約。你罰下銀五兩與他賣主、悔將去便是。不須惱懆。

窑 這們時、你拿出這箇馬契來、問他們元定價錢內中、除了五兩銀子 做番悔錢、扯了文契着。

這箇馬悔了、該着八兩銀價錢。你要過的牙錢通該着一錢二分、你却迴將來。

牙 那們時、迴與你。你都這裏等候着、我稅契去。

窑 要甚麼等你? 我赶着馬、下處兌付草料去。你稅了契時、到明日 我下處送來。相別散了。

飜老 제69화 **네 므르고져 호노괴여?**

窑 내 일즉 ㄱ장 보디 아니호니, 이 ㅁ리 본더 병이 잇고나. 뎌 고해 고 흐르ㄴ니 고 내ㄴ ㅁ리로고나. 내 엇디 사 가져 가리오? 므더니 너겨 가져 가면 다른 물조차 다 뎐염호야 히야디리로다.

牙 이러면 네 므르고져 호노괴여?

窑 내 진실로 아니 호리라.

牙 네 ㅎ마 마다호면 글워릐 명빅이 썻ㄴ니, "호다가 ㅁ리 됴흠 구주므란 살 님재

제 보고, 몬져 프르져 ᄒᆞᄂᆞ니론 은 닷량 벌ᄒᆞ져" ᄒᆞ얏ᄂᆞ니, 구의엔 인을 밋고 아ᄅᆞ매ᄂᆞᆫ 긔약을 미들 거시니, 네 은 닷 량을 벌로 내여 뎌 ᄑᆞᄂᆞᆫ 님자 주고 믈러 가면 곧 그제어니ᄯᆞ나. 구틔야 노ᄒᆞ야 말라.

客 이러면 네 이 ᄆᆞᆯ 글월 내여다가 뎌 사ᄅᆞᆷᄃᆞ려 무러, 처엄의 뎡ᄒᆞᆫ 갑새셔 닷 냥 은을 더러 내여 프르ᄂᆞᆫ 갑새 혜오 글월 의혀 ᄇᆞ리라.

이 ᄆᆞᆯ 믈러다. 은 여듧 냥 갑시 들어든 네 바다 잇ᄂᆞᆫ 즈름갑도 모도와 ᄒᆞᆫ 돈 두 푼이로소니 ᄯᅩ 믈러 오라.

牙 그러면 도로 내여 너 주마. 네 다 예셔 기들우라. 우리 글월 벗기라 가노라.

客 므스므려 너 기들우료? 우리 ᄆᆞᆯ 모라 햐츄에 草料 쟝망ᄒᆞ라 가노라. 네 글월 벗겨든 릭실 우리 햐츄로 보내여라. 서르 여희여 나니라.

제70화 양(羊)을 팔러 탁주(涿州)로

漢 당신의 이 인삼과 옷감은 아직 처분하지 못했으니까 아마도 잠시 동안
은 여기에 머물겠지? 나는 따로 장사할 것이 아무것도 없으니 당신이
옷감을 팔 때까지 양을 사서 탁주(涿州)[1] 쪽으로 팔러 가겠네. 돌아와
서 다른 물품을 사는 의논을 하는 것이 어떨까?

高 그렇게 해도 또 좋겠지요. 당신이 양을 사러 간다면 같이 갑시다. 나도
그냥 놀면서 구경도 하고 값을 보기도 합시다.

[거리에 나서니 어떤 상인이 한 떼의 양을 몰아 오고 있다.]

漢 여보시오 친구, 당신은 이 양을 팔 것이오?

客 물론 파는 거지요. 당신이 사려고 하면 값을 의논합시다.

제70화 涿州賣羊

漢 你這人蔘布疋不曾發落, 敢有些時住裏. 我別無甚買賣. 比及恁賣
布的其間, 我買些羊, 到涿州[2]地面賣去, 走一遭迴來, 咱每商量別買
行貨如何?

高 那般者, 也好. 你買羊時, 咱每一處去來. 我也閑看價錢去.

[到街上立地的其間, 一箇客人赶著一羣羊過來]

漢 伴當, 你這羊賣麼?

客 可知賣裏. 你要買時, 咱每商量.

....

[1] '탁주(涿州)'는 직예순천부(直隸順天府)를 말한다. 진대(奏代)에는 상곡군(上
谷郡), 위진(魏晉) 시대에는 범양군(范陽郡)이 있었고 원대(元代)에는 탁주
로(涿州路)를 두었다(〈老覽〉). 북경(北京)에서 서남(西南) 쪽으로 약 50킬로
떨어진 곳에 있는 도시로써 원대(元代)의 역로(驛路)가 이곳에서 남쪽의
산동(山東) 방면으로 가는 길과, 서쪽의 산서(山西) 방면으로 가는 길로
갈라진다.
[2] '涿州'는 주1 참조.

飜老 제70화 涿州賣羊

漢 你這人蔘布疋不曾發落、還有些時住裏。我別沒甚買賣。比及你賣布的其間、我買些羊、到涿州地面賣去、走一遭迴來、咱們商量別買貨物如何?

高 這們時也好。你買羊時、咱們一處去來。我也閑看價錢去。

[到街上立地其間、一箇客人赶着一群羊過來]

漢 大哥、你這羊賣麼?

客 可知賣裏。你要買時、咱們商量。

飜老 제70화 탁주(涿州) 짜해 양 풀라 가다.

漢 네 이 人蔘과 뵛필돌홀 일즉 디처 아니ᄒ야 잇ᄂ녀? 당시예 져그나 이시면 머믈로고나. 내 별히 아ᄆ란 홍졍 업스니, 네 뵈 풀 굴와 그 ᄉ이예 내 양 사 涿州짜해 가 풀라 가 ᄒ 디위 ᄃ녀오리라. 우리 다티 살 홍졍ᄀᄉᄆᆯ 의논호ᄃ 엇더ᄒ니오?

高 이러면 ᄯ 됴토다. 네 양 사거든 우리 ᄒᆫ디 가져 나도 놀며 갑 보라 가져.

[거리예 가 셔실 ᄉ이예 ᄒᆫ 나그내 ᄒᆫ 물 양 모라 디나가더니]

漢 큰형님! 네 이 양을 풀다?

客 그리어니 풀리라. 너옷 사고져커든 우리 의논ᄒ져.

제71화 밑지고 양을 팔다.

漢 이 뿔이 있는 숫양[1], 거세(去勢)하지 않은 숫양[2], 불깐 양[3], 어린 숫양[4], 어린 암컷 양[5], 모두 해서 얼만가요?

客 전부 합쳐서 6정(定)을 주시오.

漢 기껏 이 정도의 양으로 그렇게 비싼 값을 받으면 정말 좋은 면양(綿羊)은 얼마에 팔거요?

客 "부르는 값은 거짓, 지불하는 값이 진짜"이잖소[6]. 당신은 얼마나 내겠소?

漢 당신이 그렇게 엄청난 값을 부르니 내가 얼마나 지불해야 옳겠소?

客 당신 말도 맞습니다. 그렇다면 반정(半定)을 깎아주겠소. 자, 어떠시오?

漢 반정(半定)쯤이라면 깍지 않아도 되겠소. 난 정당한 값이라면 한 마디로 돈을 낸다오. 자 4정(定)을 당신 줄 테니 그걸로 좋다면 팔고, 수긍하지 못하면 끌고 가시오.

客 4정(定)은 안 됩니다. 반정(半定)만 더 쓰시면 내가 팔겠소.

漢 그렇게 못 내겠소. 받으면 좋고 안 그러면 그만두소.

客 나는 성질이 급해요. 좋은 돈이나 주시오. 벌써 해도 져 가는데 당신에게 밑지고[7] 팔지요.

....

[1] 원문 '羝羊'은 싸우기를 좋아하는 숫양, 또는 뿔이 있는 거세(去勢)한 양을 말한다〈老覽〉.

[2] 원문 '騍胡羊'은 "뿔이 있는 거세(去勢)하지 않은 양"을 말한다〈老覽〉.

[3] 원문 '羯羊'은 "거세한 숫양, 불깐 숫양"을 말한다.

[4] 원문은 '羖羅羔兒'로 "갓 태어난 수컷 양"이다.

[5] 원문 '母羖羅'는 "갓 태어난 암컷의 양"을 말한다〈老覽〉.

[6] 원문은 '索的是虛, 還的是實'로서 "부르는 값은 거짓, 지불하는 값이 진짜"란 뜻으로 당시 쓰이던 속담인 것 같다. 『朴通事』(中)에도 '討的是虛, 還的是實'이라는 구절이 보인다.

[7] 원문 '賤合殺'의 '賤'은 "값이 싸다는 것"이고 '合'은 "斷合과 같이 값이 조정되는 것"을 가리키는 것으로 보인다. '殺'은 "정도가 심하다는 것"을 말함으로 "엄청나게 싼값으로 정해졌으나", 즉 "밑지고 팔게 되었으나"의 뜻이다.

[高麗人에게]

漢 잘 있게. 나는 양을 몰고 탁주(涿州)까지 팔러 가겠네. 뭐 금방 돌아올 거지만.

제71화 賤合殺賣與你

漢 這箇羝羊[8], 㺜胡羊[9], 羯羊[10], 羖𤞤羔兒[11], 母羖𤞤[12], 都通要多少 價錢?

客 我通要六定鈔.

漢 量這些羊索這般高價錢. 好綿羊却賣多少?

客 索的是虛, 還的是實[13]. 你與多少?

漢 你這般胡索價錢. 我那些箇還呵是?

客 你道的是者[14]. 那般者, 減了半定者. 你來,

漢 你休減了半定. 我老實價錢, 則一句兒還你. 我與你四定鈔. 肯時 賣. 你不肯時赶將去.

客 休四定. 你更添半定, 賣與你.

漢 添不得. 肯時肯, 不肯時罷.

客 我是快性, 撿好鈔來. 臨晚也, 賤合殺[15]賣與你.

漢 恁好坐的者. 我赶著羊到涿州賣了, 便迴來.

....

[8] '羝羊'은 주1 참조.

[9] '㺜胡羊'은 주2 참조.

[10] '羯羊'은 주3 참조.

[11] '羖𤞤羔兒'은 주4 참조.

[12] '母羖𤞤'은 주5 참조.

[13] '索的是虛, 還的是實'은 주6 참조.

[14] 이때의 '者'는 〈飜老〉와의 대응으로 보아 '衍'자로 보인다.

[15] '賤合殺'은 주7 참조.

飜老 제71화 我濫賤賣與你

漢 這箇羝羊、騍胡羊、羯羊、羖攊羔兒、母羖攊、共通要多少價錢?

客 我通要三兩銀子。

漢 量這些羊討這般大價錢。好綿羊却賣多少?

客 討的是虛、還的是實。你與多少?

漢 你這們胡討價錢 我還你多少的是

客 你說的是。這們、便我減了五錢着。你來。

漢 你休減了五錢。你說老實價錢、只一句兒話還你。我與你二兩銀。肯時便賣、你不肯時赶將去罷。

客 休要只說二兩。你再添五錢、賣與你。

漢 添不得。肯時肯、不肯時罷。

客 我是快性的、撿好銀子來。臨晚也、我濫賤賣與你。

漢 火伴、你再下處好去坐的着。我赶着羊到涿州賣了、便迴來。

飜老 제71화 내 네손디 디우 프라주마.

漢 이 수양, 아질게양, 악대양, 염쇼 삿기, 암염쇼, 모도와 언머만 갑새 풀오져 흐는다?

客 내 대되 석 량 은을 바도리라.

漢 혜어든 이맛감 양의 이런 큰 갑슬 바도려커시니, 됴흔 털 긴 양으란 또 언메예 풀고?

客 쇠오느닌 거줏 이리오 가프리사 진짓 갑시니 네 언메나 풀다?

漢 네 이리 간대로 갑슬 바도려커든 내 너를 언메나 주워사 올홀고?

客 네 닐움도 올타. 이러면 내 닷 돈만 더로마. 이바.

漢 네 닷 돈 덜어라 말오, 네 고디시근 갑슬 니르면 그저 흔 마래 너를 가포마. 내 너를 두 량 은만 주리니 즐기거든 곧 풀오, 네 말어든 모라 가져 가도 므던 흐다.

客 다믄 두 량만 니르디 말오, 네 또 닷 돈만 더흐야든 네게 프로마.

漢 더 주디 몯흐리로다. 즐기거든 즐기고 슬커든 마로디여.

客 나는 셩 샌론 사르미니 됴흔 은으로 골히여 가져 오라. 나죵애 다드라 내 네손디 디우 프라 주마.

漢 버다 네 또 하츄에 됴히 가 안자 이시라. 내 양 모라 涿州 가 풀오 즉재 도라오리라.

제72화 여러 가지 옷감

漢 내 지금 생각났는데, 이 양들도 팔러 가야 되고. 어차피 간다면 조금 돈의 여유가 있으니 이것을 놀리면 무엇할 것인가? 가는 김에 옷감도[1] 사 가지고 가세.

高 그럼 옷감 집에 거래하러 가보십시다.

[옷감 가게에서]

漢 이 다갈색(茶褐色)[2] 꽃무늬가 비쳐 보이는[3] 옷감, 아청색(鴉靑色)[4] 흉배(胸背)[5]가 있는 옷감, 상아(象牙) 색깔의 바탕에[6] 흉배(胸背)가 있는 천, 여섯 꽃무늬(六花)[7]가 비쳐 보이도록 금사로 무늬를 짜 넣은[8] 옷

....

[1] 원문 '段子'는 '緞子'라고도 쓴다. 한 벌의 길이로 재단(裁斷)한 '段疋'(옷감) 의 형태로 파는 것이 일반적이다. 견직물(絹織物)을 총칭하므로 '옷감'으로 번역하였다.

[2] 원문 '茶褐'은 『철경록(輟耕錄)』(권10)의 「채회법(采繪法)」에 복식(服飾)의 색채(色彩) 조합(調合)에 대하여 설명한 것이 있고 그 가운데 각종의 갈색 (褐色)의 명칭이 나열되어 있다. '다갈색(茶褐色)'은 '토황(土黃)'을 주로 하 여 '칠록(漆綠)', '연묵(煙墨)', '괴화(槐花)'를 합쳐서 낸 색깔이라고 한다.

[3] 원문 '暗花'는 "뚜렷이 안 보이게 한 모양", "비쳐 보이게 짠 모양"의 뜻이다. 『원사(元史)』(권78)「여복(輿服)」조에 "서인(庶人)이 자황(赭黃)을 입는 것 을 허용치 않으며, 오직 암화(暗花)의 저사(紵絲)·주(紬)·능(綾)·라(羅) ·모직물(毛織物)만을 입도록 허용함"이라는 규정이 있어 이것이 일반 서 민의 복장에 쓰이는 옷감임을 알 수 있다.

[4] '鴉靑'은 제10화 주5 참조.

[5] '胸背'는 가슴과 등 부분에 둥그렇게 용(龍) 등의 수를 놓은 옷감이다. 『원 사(元史)』(권105)에 "일반적으로 단필(段疋, 옷감)의 직조(織造)에 주신(周身, 体中을 말함)의 대룡(大龍)은 금하고, 흉배(胸背)의 소룡(小龍)은 금하지 말 라"라는 규정이 있었다고 기록하였다.

[6] 원문 '象牙底'의 '底'는 다른 데서는 '地'라고 쓰는데 바탕 모양을 가리킬 것이다. '象牙'는 제91화에 보이는 '象眼'의 잘못으로 보인다.

[7] '육화(六花) 무늬'의 옷감은 『원사(元史)』(권78)「여복(輿服)」조에 "직위(職 位)가 육품(六品), 칠품(七品)의 관리는 육화(六花) 무늬의 옷을 입고, 팔품 (八品), 구품(九品)의 관리는 사화(四花) 무늬를 입는다"라는 규정이 있어

감, 어깨에 걸치는 천[9], 비쳐 보이게 짠 모양의 화직(和織)과 화소(和素)[10], 빨간 깁의 생견(生絹), 붉은 비단 안감, 면주(綿紬)[11], 사주(絲紬), 금실로 짠 비단[12], 모직(毛織)으로 된 쓰개[13], 모직으로 된 상의(上衣), 기름 먹인 천(油布)[14], 귀부인용의 모자(帽子)[15], 마름질한 깁으로 된

....

옷의 꽃 모양에 따라 관리의 직위를 표시한 것을 알 수 있다. 여기서는 꽃 모양이 여섯이 있는 직물을 가리키는 것으로 보인다.

[8] 원문 '遍金荅子'의 '편금(遍金)'은 편지금(遍地金)을 말하는 것으로 일명 '금보지(金宝地)'라고도 한다. 금사(金糸)로 단자(緞子) 바탕 위에 큰 원의 꽃무늬를 짜는 것을 말하며 옷감의 바탕에 가득히 금이 깔린 것 같아서 이렇게 부른 것 같다. '荅子'는 『원사(元史)』(권78) 「여복(輿服)」조에 "三品의 職官은 金荅子를 입는다, 명부(命婦)의 의복이다. 四品, 五品은 金荅子를 입는다. 六品 이하는 오직 銷金을 입고, 또 金紗荅子를 허용한다"라는 기사가 있어 삼품 이상의 고위관리가 입는 옷의 천으로 금사를 넣어 무늬를 짠 옷을 말하는 것으로 보인다. 또한 천자(天子)의 질손복(質孫服, 몽고인의 正裝한 옷)을 말한 곳에 '紅金荅子暖帽·白金荅子暖帽'가 보인다. 역시 직물(織物) 무늬의 종류인 것 같다.

[9] 원문 '雲肩'은 "등에서 어깨로 걸치는 숄 같은 것"을 말한다. 『원사(元史)』(권78) 「여복(輿服)」 '의위복색(儀衛服色)'조에 "雲肩의 制는 四雲垂와 같고, 파란 녹색, 黃羅五色인데, 金을 박는다"라는 설명이 있다. 또한 宮女의 복장으로서는 『원사(元史)』(권71) 「예악(禮樂)」의 '악대(樂隊)'조에 婦女 20명이 "寬袖衣에 雲肩, 霞綬, 玉佩를 가함"이라고 있다.

[10] '和織·和素'는 다른 문헌에 보이지 않는다. 미상.

[11] '綿紬'는 풀솜으로 짠 올이 굵고 성긴 직물을 말한다. 『대금국지(大金國志)』(권39) 「男女冠服」조에 "富人은 春夏에 紵糸, 綿紬로 많이 衫을 만든다"라는 구절이 있다. 따라서 장삼(長衫)을 만드는 면주(綿紬) 옷감을 말하는 것으로 보인다.

[12] 원문 '鎖金'은 "금사(金糸)를 넣어 짠 비단"을 말한다.

[13] 원문 '披氈'는 "양모로 된 쓰개"를 말한다. 송(宋) 주거비(周去非)의 『영외대답(嶺外代答)』(권6) 「氈」조에 "西南의 蛮地에서는 綿羊을 기르고 있어서 위로는 '蛮王'으로부터 아래로는 '小蛮'에 이르기까지 하나도 '披氈'을 하지 않는 사람 없다"라는 구절이 있어 주로 서남(西南) 지방에 사는 소수민족의 복장으로서 "털로 된 모자"를 말한다.

[14] 원문 '油單'은 "기름을 바른 천"을 말한다. 습기나 비를 막기 위해 사용하는데 여기서는 짐 등을 싸기 위한 것인지 의복을 만들기 위한 옷감인지 알

허리 끈[16], 어두운 푸른색(鴉靑)・진한 녹색(鴨綠)・버드나무 푸른색
(柳靑)・심홍색(大紅)[17]・엷은 붉은 색(小紅)・살색의 붉은 색(肉紅)・
복숭화 빛깔의 붉은 색(桃紅)[18]・암적색(茜紅)・은갈색(銀褐色)[19]・아
황색(鵝黃色)[20]・금색(金色)・다갈색(茶褐色)・사향차갈색(麝香茶褐

....

수 없다.

[15] 원문 '罟罟'는 작위(爵位)가 있는 몽고족의 귀부인(貴婦人)만이 쓸 수 있었
던 길이가 높은 모자이다. 명(明) 엽자기(葉子奇)의 『초목자(草木子)』(권3,
下)에 "元朝의 后妃나 大臣의 正室은 다 姑姑를 쓰고 大袍를 입는다. 그
다음은 皮帽를 쓴다. 姑姑는 높이 2尺정도고, 紅色의 羅로 덮었다"라는
설명이 있다. '罟罟'는 '顧姑冠', '故姑'를 표기한 것으로 『흑달사략(黑韃事
略)』에는 '故故'로 표기되었으며 『몽달비록(蒙韃備錄)』, 『장춘진인서유기
(長春眞人西遊記)』에도 그 이름이 보인다.

[16] 원문 '腰線'은 허리를 감는 일종의 띠를 말한다. 『흑달사략(黑韃事略)』에는
"紅이나 紫色의 帛을 실로 꼬아서 허리 위에 옆으로 맨 것을 '腰線'이라고
하고, 말 위에서 허리를 꽉 매어서 채색을 눈에 띄게 하여 보기 좋게 하기
위한 것"이란 설명이 있다. 화각본(和刻本) 『사림광기(事林廣記)』「庚集」
(권10) '至元譯語・衣服門' 조에 "腰線・不嗔"이란 설명이 있다. '不嗔'은
蒙古語의 'bu-čin, büčin'의 음차로 보이고, 허리띠를 가리킨다. 『초목(草
木子)』(권3, 下)에 「의복(衣服)」조에 "貴者는 渾金의 선을 사용하여 納失失
로 하고, 혹은 腰線의 通袖襴, 같은 데에 北人의 華麗 옷에는 帽가 그
맨 위 부분을 金으로 하여, 襖는 그 허리를 선으로 함"이란 기사가 있다.
또는 『명집례(明集礼)』(권39) 「각기관복(刻期冠服)」에 "腰線襖子"라는 구
절이 있고 『朴通事』(中)에는 '大紅腰線'을 만드는 장면이 있다.

[17] 원문 '大紅'의 "진한 붉은 색"은 당시 표준적인 붉은 색으로 명(明) 송은성
(宋応星)의 『천공개물(天工開物)』(권3)에 "大紅色은 紅花餠 一味를 사용
하여, 烏梅水로 달이고 또 碱水로 몇 번 헹군다, 또한 稻藁灰로 맑은 물
(碱)을 대신해도 功用은 같다. 헹구면 헹굴수록 색깔은 선명해진다"라는
설명이 있다.

[18] 원문 '桃紅'은 "복숭아 빛의 붉은 색"을 말한다. 도색(桃色). 『철경록(輟耕
錄)』(권11)에도 보인다.

[19] 원문 '銀褐'의 색깔을 내는 방법에 대하여 『철경록(輟耕錄)』(권11)에 "銀褐
은 '粉'을 사용하여 흰 색을 내고 '藤黃'을 넣고 섞어 갈색을 낸다"라는
설명이 있다.

[20] '鵝黃'은 거위(鵝鳥)의 물갈퀴와 같은 선명한 누른색을 말한다. 『천공개물

色)[21]·주침차갈색(酒浸茶褐色), 보라 빛의 저사(紵絲)[22], 빨간 허리끈의 겹옷(紅腰線襖子)······.

제72화 各樣各色緞子

漢 我恰尋思來, 這幾箇羊也當走一遭. 既待去, 也餘剩有些鈔裏, 閑放怎麼? 一就買段子[23]將去.

高 咱每鋪裏商量去來.

漢 這茶褐[24]暗花[25], 鴉靑[26]胸背[27], 象牙底[28]兒胸背, 六花[29]·暗花·遍金荅子[30], 雲肩[31], 暗花, 和織, 和素[32], 紅綾生絹, 紅裏絹, 綿紬[33], 絲紬, 銷金[34]段子, 披氊[35], 氊衫, 油單[36], 罟罟[37], 裁帛腰線[38], 鴉

··················

(天工開物)』(권3)에 "鵝黃色은 노란 움(黃蘗)을 삶아 염색하고 청대(靛)의 물로 위를 덮는다"라는 설명이 있다.

[21] '麝香茶褐'은 "사향의 갈색(麝香褐)"을 가리킨다. 『철경록(輟耕錄)』(권1)1에 "土黃·檀子를 사용하고 煙墨을 넣어 섞는다"라고 그 제법이 적혀 있다.

[22] '紵絲'는 정교한 모양으로 짠 직물의 일종이다. 『격지경언(格知鏡言)』(권27) 「刻絲」조에 의하면 "'紵'는 '織'의 음이 변한 것이어서 '注絲'라고 쓰기도 한다"는 설명이 있다. 또한, 송(宋) 오자목(吳自牧)의 『몽양록(夢粱綠)』(권18)에서는 "紵絲란 染絲를 갖고 여러 가지 색깔로 짠 것. 織金, 閃褐, 間道 등이 있음"이라는 설명이 있다. 전술한 「至元譯語」, 「人事門」 조에 "紵絲匠, 禿魯哥兀蘭"이란 설명이 있다. 여기서 '禿魯哥'란 몽고어의 'türgä, turga'의 음차이고 직물(織物)을 가리킨다. 그리고 〈飜老〉에 있는 후반의 대화하는 장면이 〈原老〉에는 없다.

[23] '段子'는 주1 참조.

[24] '茶褐'은 주2 참조.

[25] '暗花'는 주3 참조.

[26] '鴉靑'은 주4 참조.

[27] '胸背'는 주5 참조.

[28] '象牙底'는 주6 참조.

[29] '六花'는 주7 참조.

[30] '遍金荅子'은 주8 참조.

[31] '雲肩'은 주9 참조.

[32] '和織·和素'는 주10 참조.

[33] '綿紬'는 주11 참조.

靑, 鴨綠, 柳靑, 大紅[39], 小紅, 肉紅, 桃紅[40], 茜紅, 銀褐[41], 鵝黃[42], 金色, 茶褐, 麝香茶褐[43], 酒浸茶褐, 紫紵絲[44], 紅腰線襪子……

飜老 제72화 你要甚麼綾子?

漢 我恰尋思來、這幾箇羊也當走一遭。既要去時、我有些餘剩的銀子、閑放着怎麼? 一發買段子將去。

高 咱們鋪裏商量去來。

漢 賣段子的大哥、你那天靑胸背、柳靑膝欄、鴨綠界地雲、鸚哥綠寶相花、黑綠天花嵌八寶、草綠蜂赶梅、栢枝綠四季花、蔥白骨朶雲、桃紅雲肩、大紅織金、銀紅西蕃連、肉紅纏枝牡丹、閃黃筆 管花、鵝黃四雲、柳黃穿花鳳、麝香褐膝欄、艾褐王堶墙、密褐光素、鷹背褐海馬、茶褐暗花、這們的紵絲和紗羅都有麼。

主 客人、你要南京的那杭州的那蘇州的那?

漢 大哥、南京的顏色好又光細、只是不耐穿。杭州的經緯相等。蘇州的十分澆薄、又有粉飾不牢壯。你有好綾子麼?

主 你要甚麼綾子?

漢 我要官綾子。那嘉興綾子不好。

主 客官、你要絹子麼?我有好山東大官絹、謙涼絹、易州絹、倭絹、蘇州絹、水光絹、白絲絹。

漢 我只要大官絹、白絲絹、蘇州絹、水光絹。其餘的都不要。

主 你有好絲麼?

漢 我多要些。

---

[34] '鎖金'은 주12 참조.
[35] '披氈'은 주13 참조.
[36] '油單'은 주14 참조.
[37] '罟罟'는 주15 참조.
[38] '腰線'은 주16 참조.
[39] '大紅'은 주17 참조.
[40] '桃紅'은 주18 참조.
[41] '銀褐'은 주19 참조.
[42] '鵝黃'은 주20 참조.
[43] '麝香茶褐'은 주21 참조.
[44] '紵糸'는 주22 참조.

主 要甚麽絲?

漢 我要白湖州絲、花拘絲、那定州絲不要。

飜老 제72화 네 므슴 고로를 과ᄒᆞᄂᆞᆫ다?

漢 내 앗가 ᄉᆡᆼ각호니, 이 아니 여러 양도 ᄒᆞᆫ 디위 마가 ᄃᆞᆫ닐 거시니, ᄒᆞ마 가려ᄒᆞᆫ 거니, 내게 나믄 은이 이시니, 힘히미 두워 므슴 ᄒᆞ료? 이믜셔 비단 사 가지고 가쟈.

高 우리 ᄑᆞ에 헤아리라 가져.

漢 비단 ᄑᆞᄂᆞᆫ 큰형님! 네 그 텬청비쳇 흉븨ᄒᆞᆫ 비단과 류청비쳇 무릅도리로 문ᄒᆞᆫ 비단, 야투루비쳇 벽드르헤 운문ᄒᆞ욘 비단, 연초록비체 보샹화문ᄒᆞ욘 비단, 연야투루비체 텬화의 팔보 ᄢᅦᄒᆞᆫ 문앳 비단, 초록비체 버리 믹화 버므러 잇ᄂᆞᆫ 문읫 비단, 디튼 초록비체 ᄉᆞ계화문ᄒᆞᆫ 비단, 옥ᄉᆡᆨ비체 굴근 ᄠᅴ구룸문ᄒᆞ욘 비단, 도홍비체 엇게예 구룸문ᄒᆞ고 년뒨 쇼화문ᄒᆞᆫ 비단, 다홍비체 금 드려 ᄧᆞᆫ 비단, 은홍비체 효근 ᄭᅩᆺ곳 문ᄒᆞᆫ 비단, 슉홍비체 너출모란문ᄒᆞᆫ 비단, 연류황비체 불곳문ᄒᆞᆫ 비단, 디튼 류황비체 ᄉᆞ운문ᄒᆞᆫ 비단, 노ᄅᆞᆫ비체 쳔화봉문ᄒᆞ욘 비단, 샤향비쳇 스란문 비단, ᄡᅮᆨ비체 벽드르문 비단, 노ᄅᆞᆫ 차할 뮌비단, 매 둥비쳇 차할 ᄒᆡ마문 비단, 감찰 스뮌 문 비단, 이런 비단과 사와 로왜 다 잇ᄂᆞ녀?

主 나그내여, 네 南京치를 과ᄒᆞᄂᆞ녀, 杭州치를 과ᄒᆞᄂᆞ녀, 蘇州치를 과ᄒᆞᄂᆞ녀?

漢 큰형님, 남경치ᄂᆞᆫ 므리 됴코 ᄯᅩ 빗나고 ᄀᆞᄂᆞᆯ어니와, 다믄 오래 닙디 몯ᄒᆞᆯ 거시오, 杭州치ᄂᆞᆫ ᄂᆞᆯ씨 ᄒᆞᆫ가지오, 蘇州치ᄂᆞᆫ ᄀᆞ장 ᄋᆞᆲ고 ᄯᅩ 푼ᄌᆞ 머겻고 굳디 아니ᄒᆞ니라. 네 됴ᄒᆞᆫ 고로 잇ᄂᆞ녀?

主 네 므슴 고로를 과ᄒᆞᄂᆞᆫ다?

漢 내 구의나깃 고로를 과ᄒᆞ노라. 뎌 嘉興의셔 난 고로ᄂᆞᆫ 됴티 아니ᄒᆞ니라.

主 나그내여, 네 깁 과ᄒᆞᆯ다? 내게 됴ᄒᆞᆫ 山東셔 난 큰 구의나깃 깁과 얼믠 깁과 易州셔 난 조븐 깁과 예 깁과 蘇州ㅅ깁과 제므레 미론 흰 깁과 ᄒᆡᆫ ᄉᆡᆼ깁과 잇다.

漢 내 다믄 大官絹과 白絲絹과 蘇州絹과 水光絹과을 과ᄒᆞ노라. 주그 나므니ᄂᆞᆫ 다 마다. 네 됴ᄒᆞᆫ 실 잇ᄂᆞ녀? 내 마니 ᄒᆞ고져 ᄒᆞ노라.

主 므슴 시를 과ᄒᆞᄂᆞᆫ다?

漢 내 ᄒᆡᆫ ᄀᆞ장 ᄀᆞᄂᆞᆫ 湖州셔 난 실와 굵고 곳 다ᄅᆞᆫ 실과를 ᄒᆞ고져 ᄒᆞ노라.그 定州셔 난 실란 마다.

제73화 買段子(1)-옷감의 가격

③ 이들 옷감은 이제 모두 보셨습니다. 그러면 어느 것을 정말로[1] 사실 생각입니까?

③ 다른 것은 필요 없소. 어두운 청색에 금색의 흉배(胸背)[2]가 있는 천과 이 화직(和織), 화소(和素)를 주시오. 솔직히 말하지만, 내가 스스로 입을 것이 아니라, 다른 땅에 가져가 팔아서 돈 벌 생각이라오. 그러니까 실제로 파는 값을 말하시오.

③ 금색의 흉배(胸背)가 있는 옷감은 3정(定)이고, 화직(和織)은 90량(兩), 화소(和素)는 50량(兩)입니다.

③ 당신 그런 엉터리로 부르지 마시게. 그러면 당신네 장사가 아주 안될 것이네. 나는 풋내기가[3] 아니야. 내가 이 옷감들의 시가는 다 알고 있소. 이 금을 넣은 흉배가 있는 천은 질이 떨어지는 금(金)으로[4] 만들었고 강남(江南)에서 온 것이야. 그것을 3정(定)이나 달라고 한다면 이 성안에서[5] 진짜 금(金)은 얼마로 파는 것이오?

③ 이것저것 말할 필요가 없겠군요. 당신이 시가를 아신다니 얼마를 주실

---

[1] 원문 '端的'은 "정말로, 결국"의 뜻이다. 여기서는 어느 것을 정말로 사겠는 가의 의미이다.

[2] 원문 '鴉青金胸背'의 '胸背'는 제72화 주5 참조. '金'은 〈飜老〉처럼 '織金'이라고 하는 것이 옳을 것 같다.

[3] 원문 '利家'는 "풋내기"를 말한다. 보통은 '戾家'라고 쓴다. '行家'(전문가)의 반대말이다. 『문씨정운관첩(文氏停雲館帖)』(제4권) 발(跋)에 "단지 이것이 行家이고, 利家가 아님"(明 孫鑛 『書畫題跋』 卷2 上)이라는 구절이 있다.

[4] 원문은 '草金'으로 '草'는 "조잡하다"는 뜻이 있다. 금(金)은 "黃金을 上, 白金을 中, 赤金을 下로 하다"(『通典』 권8 「錢幣」)라는 규정이 있기 때문에 '草金'은 '赤金'에 해당될 것이다.

[5] 원문 '服地'는 "대도의 성문 안"을 말한다. 원대(元代)에서는 대도(大都)를 중심으로 한 북방(北方)의 중앙정부(中央政府) 직할지역(直轄地域)을 '腹裏'라고 하였다. '服地'는 '江南'에 대비하여 말하고 있다는 점과 〈飜老〉에서 '南京'으로 바꾼 점, 그리고 다음 조에서 '外路'에 대하여 말하고 있는 점에서 미루어 '腹裏'와 같은 뜻으로 보인다.

생각인가요?

漢 저 금색 흉배가 있는 옷감은 2정(定), 화직(和織)은 70냥(兩), 화소(和素)는 40냥(兩), 이것이 정당한 값일세. 그걸로 좋다면 사고 싫다면 다른 데에 물으러 갈 거요.

主 시가를 아신다면 쓸데없는 말을 할 필요도 없네요. 좋은 지폐를 골라서 주십시오. 팔겠습니다.

漢 됐네, 이 옷감은 샀어.

제73화 買段子(1)-你待買甚麼段子?

主 這段疋你都看了也。你端的[6]待買甚麼段子?

漢 別箇不要。鴉靑金胸背[7]段子和這和織, 和素。俺老實對你說, 俺自穿的不是[8], 要將投鄉外轉賣, 覓些利錢去。你老實索價錢。

主 這金胸背三定, 和織九十兩, 和素五十兩。

漢 你休這般胡索, 倒隔了你買賣。俺不是利家[9], 這段子價錢俺都知道。這金胸背是草金[10], 江南來的, 你索三定呵, 這服地[11]眞金的却賣多少也?

主 不索多說。你旣知道價錢, 你與多少價錢?

漢 這金胸背兩定, 和織七十兩, 和素四十兩, 是實實的價錢。你肯時我買, 不肯時俺別處商量去。

主 旣你知道價錢, 索甚麼多說? 撿好鈔來, 賣與你。

漢 這段子買了也。

....

[6] '端的'은 주1 참조.
[7] '鴉靑金胸背'는 주2 참조.
[8] '自穿的不是'는 원래 '不是自穿的'이라고 해야 된다. '~的不是', '~的不是有'라는 어법은 『원전장(元典章)』 등의 몽고어 직역체(直譯体) 문장, 즉 한아언어에도 보인다.
[9] '利家'는 주3 참조.
[10] '草金'은 주4 참조.
[11] '服地'는 주5 참조.

飜老 제73화 買段子(1)-你要買甚麼段子?

主 這段疋綾絹紗羅等項、你都看了。你端的要買甚麼段子?

漢 別箇不要。只要深靑織金胸背段子。我老實對你說、不是我自穿的、要拿去別處轉賣、尋些利錢的。你老實討價錢。

主 這織金胸背要七兩。

漢 你休這般胡討、倒悞了你買賣。我不是利家。這段子價錢我都知道。這織金胸背是蘇州來的草段子、你討七兩時、這南京來的 淸水織金絨段子却賣多少?

主 不須多說。你與多少價錢?

漢 這織金胸背與你五兩、是實實的價錢。你肯時我買、不肯時我別處商量去。

主 你旣知道價錢、要甚麼多說? 揀好銀子來、賣與你。

漢 這段子買了也。

飜老 제73화 買段子(1)-네 므슴 비단 ᄒᆞ고져 ᄒᆞᄂᆞᆫ다?

主 이 비단과 고로와 깁과 사와 로돌햇 것돌흘 네 다 보와니, 네 졍히 므슴 비단 ᄒᆞ고져 ᄒᆞᄂᆞᆫ다?

漢 녀느 거슨 마다. 다ᄆᆞᆫ 디튼 야쳥 직금흉븨ᄒᆞᆫ 비단 ᄒᆞ고져 ᄒᆞ노니, 내 고디시기 너ᄃᆞ려 닐오마. 내 니부려 ᄒᆞᄂᆞᆫ 주리 아니라 다ᄅᆞᆫ 디 가져가 옴겨 ᄑᆞ라 니쳔 얻고져 ᄒᆞ노니, 네 고디시기 갑슬 바다라.

主 이 직금흉븨예 닐굽 량을 바도리라.

漢 네 이리 간대로 바도려 ᄒᆞ디 말라. 도릭혀 네 훙졍 머믈울 거시라. 내 훙졍바치 아니라도 이 비단갑슬 내 다 아노라. 이 직금흉븨 비다ᄂᆞᆫ 蘇州셔 온 사오나온 비다니로소니 네 닐굽 량을 바도려 ᄒᆞ거시니, 이 南京의셔 온 푼즛긔 업슨 직금ᄒᆞᆫ ᄀᆞᄂᆞ 됴ᄒᆞᆫ 비단의란 ᄯᅩ 언메예 풀다?

主 구틔여 말 한 양 말라. 네 ᄒᆞ마 갑슬 알어니 네 언머를 줄다?

漢 이 직금흉븨 비단을 너를 닷 량만 주미와 이 진짓 비디니, 네 즐기거든 내 사고, 즐기디 아니커든 내 다ᄅᆞᆫ 디 의론ᄒᆞ라 가리라.

主 네 ᄒᆞ마 갑슬 알어니 므스므라 말 한 양 ᄒᆞᄂᆞ뇨? 됴ᄒᆞᆫ 은 글히여 가져오라. 네손디 ᄑᆞ로마.

漢 이 비단 사다.

제74화 買段子(2)-옷감의 치수

漢 우리 좀 더 흥정을 합시다. 이 보라색 직물의[1] 옷감은 몇 자 정도의 기리오?[2] 겹옷 상의한 벌을 만들 수 있겠소?

匡 손님 무슨 말씀을 하십니까? 넉넉히 7발은[3] 됩니다. 관척(官尺)으로는[4] 2장(丈) 8촌(寸)이고, 재의척(裁衣尺)으로는[5] 2장(丈) 5촌(寸)이니 당신정도의 키라면 상의 허리부분에 가는 주름을[6] 넣은 옷도 충분히

......

[1] 원문은 '紫紵糸'인데 '紵糸'에 대하여는 제72화 주22 참조.

[2] 원문의 '到'는 여기에서 "얼마정도의 기리에 도달하고 있는가?"라는 의미로 쓰인 것으로 보인다.

[3] 원문 '托'은 양쪽 팔(손)을 좌우로 편 길이, 약 넉 자(尺, 130cm)이며 본문에서도 나오지만 키에 따라서 약간 변화가 있는 것 같다. 『원전장(元典章)』 「공부(工部)」(권1) '단필절경준제(段疋折耕准除)'의 조에 "직조 단필 내에(織造段疋內에) 저사(紵糸) 6발(托)마다 정사(正糸) 40량을 사용하여 생정사(生淨糸) 36량을 얻고, 8발은 정사 50량을 사용하여 생정사(生淨糸) 47량 7전(錢)을 얻음"이란 기사가 있고, 또 같은 '금치비박단백(禁治紕薄段帛)'조에 의하면 당시 시판(市販)의 단필(段疋)은 길이 5발 반 이상, 폭은 관척(官尺)으로 1尺 6寸으로 하도록 정해져 있었다.

[4] '官尺'은 "관에서 제조한 자"를 말한다. 원대(元代)의 도량형제도(度量衡制度)는 송대(宋代)의 그것을 이어받고 있다. 송(宋)에서는 옷감의 길이를 재는 자는 재정을 담당하는 관아인 삼사(三司)의 태부사(太府寺)가 제조하고 있어서 '태부포백척(太府布帛尺)'이라고 불리었다(宋 蔡元定 『律呂新書』). 출토된 실물에 의하면, 일척(一尺)의 길이는 31.2cm이다(『文物』1966년 5期 '武漢市十里舖北宋墓出土漆器等文物', 山田慶兒·淺原達郞 譯 『中國古代度量衡図集』, みすず書房, 1985, 62쪽 참조). 여기서의 관척(官尺)도 태부포백척(太府布帛尺)을 가리킬 것이다.

[5] '裁衣尺'은 "옷감 장수들이 사용하는 자"를 말한다. 명(明) 주재육(朱載堉)의 『악율전서(樂律全書)』(권22)「심도편(審度編)」에 의하면, 당시의 관척(官尺)에는 '裁衣尺(鈔尺), 營造尺(曲尺), 量地尺(銅尺)'의 세 종류가 있었는데 재의척(裁衣尺)의 실제 길이는 출토 실물에 의하면 길이가 34.5cm이다(『中國古代度量衡図集』 62쪽). 여기에 있는 '官尺으로 2丈 8, 裁衣尺으로 2丈 5'의 비율에 거의 해당한다. 그렇다면 이 시대에 관척(官尺)으로는 송대(宋代) 이래의 태부포백척(太府布帛尺)이 사용되고, 그것과는 별도로 명대(明代)에도 전승된 재의척(裁衣尺)이 민간에서는 병용되었던 것을 알 수 있다.

만들 수 있겠습니다. 만일 주름이 없는 옷이라면[7] 남을 겁니다.

漢 펴보시오. 재어봅시다. 어디가 넉넉한 7발인가? 겨우 7발이 될까 말까가 아닌가?

囯 당신처럼 키가 크신 분은 한 발(1托)이 다른 분보다 길잖아요.

漢 이 옷감의 산지(産地)는 어디요?

囯 당신, 스스로 물품을 잘 안다고 하시면서 그렇지도 않은 모양이군요. 이 옷감은 딴 데에 서[8] 들어온 것은 아닙니다. 대도 문안의[9] 것이란 말입죠. 잘 보십시오. 조금도 가짜가[10] 들어가 있지 않은 완전하고 순수한[11] 옷감이 아닙니까.

漢 그래서 값은 얼마인가?

囯 이 옷감의 값을 모르는 사람이 있을까요? 값을 매길 것도 없습니다. 만일 매기라고 하신다면 6定인데, 5定이 실제대로의 값이라 하겠지요. 자 지폐를 주십시오.

漢 이 옷감도 샀네.

....

[6] 원문 '細褶'은 '細摺'이라고도 쓴다. 옷의 허리 부분에 있는 가는 주름을 말한다. 『원사(元史)』(권78)「여복(輿服)」조에 "辮線襖의 制는 窄袖衫과 같고, 허리에 辮線細摺을 만든다"라는 제조법의 설명이 있고, 또 같은 장(권79)에 "궁정의 숙위병사(宿衛兵士)의 복장을 말하여, '紫袖細褶辮線襖'라고 한다"는 설명이 있다. 신강(新疆) 위글 자치구(自治區)의 원대(元代) 분묘(墳墓)에서 '黃色油絹織金錦邊襖'(길이 124cm)가 발견되었으나, 그것에는 허리 부분에 30의 '辮線'이 보인다고 한다(『文物』 1973년 10期 '塩湖古墓'). 가느다란 주름(〈老覽〉).

[7] 원문 '直身'은 주름이 없는 보통의 장의(長衣)를 말한다.

[8] 원문 '外路'는 대도(大都) 혹은 '성문 안(腹裏) 이외의 지방을 가리킨다. 宋代의 18路(〈老覽〉).

[9] 원문 '服地'는 대도시의 성문 안, 즉 중심지를 말한다. 제73화 주5 참조.

[10] 원문 '粉飾'은 가짜의 물품이다. 『원전장(元典章)』「공부(工部)」(권1) '禁治紕薄段帛'조에 시판(市販)의 단필(段疋)에 불량품이 많음을 말하고 '粉飾을 添加함'이라는 기사가 있다.

[11] 원문 '淸水'는 '순수하다'는 뜻이다. 앞의 장면과 같은 곳에서 '淸水夾密의 段疋임을 須要함'이라는 기사가 있다.

제74화 買段子(2)-到多少尺頭?

漢 咱每更商量, 這箇紫紵絲[12]段子, 到[13]多少尺頭? 句做一箇襖子麼?

主 你說甚麽話? 滿七托[14]有. 官尺[15]裏二丈八, 裁衣尺[16]裏二丈五. 你一般身材做襖子呵, 細褶[17]兒儘句也. 若做直身[18]襖子有剩.

漢 你打開, 我試托. 那裏滿七托? 剛剛的七托有.

主 你身材大的人, 一托比別人爭多.

漢 這段子地頭是那裏的?

主 你道是我識行貨, 却又不識. 這段子外路[19]的不是, 服地[20]段子有. 你仔細看, 沒些箇粉飾[21], 好清水[22]段子.

漢 索多少價錢?

主 這段子價錢誰不識? 索甚麽索價錢? 若索呵索六定, 老實價錢五定, 撿鈔來便是.

漢 這段子也買了也.

飜老 제74화 買段子(2)-有多少尺頭?

漢 咱們再商量、這箇柳靑紵絲、有多少尺頭? 勾做一箇襖子麼?

主 你說甚麽話? 滿七托有餘. 官尺裏二丈八、裁衣尺裏二丈五. 你一般身材做襖子時、細褶兒也儘勾了. 若做直身襖子、也有剩的.

漢 你打開、我托看. 那裏滿七托? 剛剛的七托少些.

....

[12] '紵絲'는 주1 참조.
[13] '到'는 주2 참조.
[14] '托'은 주3 참조.
[15] '官尺'은 주4 참조.
[16] '裁衣尺'은 주5 참조.
[17] '細褶'은 주6 참조.
[18] '直身'은 주7 참조.
[19] '外路'는 주8 참조.
[20] '服地'는 주9 참조.
[21] '粉飾'은 주10 참조.
[22] '淸水'는 주11 참조.

主 你身材大的人、托比別人爭多。

漢 這段子地頭是那裏的?

主 你說是我識貨物、却又不識。這段子是南京的、不是外路的。你仔細看、沒些箇粉飾、好淸水段子。

漢 要多少價錢?

主 這段子價錢誰不知道? 要甚麼討價錢? 若討時討五兩、老實價錢四兩、拿銀子來便是。

漢 這段子也買了。

飜老 제74회 買段子(2)-비단이 자히 언머고?

漢 우리 ᄯᅩ 의론ᄒᆞ져. 이 류쳥 비단이 자히 언머고? 흔 옷 ᄌᆞ래 지ᄉᆞᆯ가?

主 네 므슴 마ᄅᆞᆯ 니ᄅᆞᆫ다? ᄀᆞ독혼 닐굽 발 남즉ᄒᆞ니, 구윗 자호로ᄂᆞᆫ 스므 여듧 자히오, 바ᄂᆞ질 자호로ᄂᆞᆫ 스므 대 자히니, 너희 흔가짓 몸 얼구레ᄂᆞᆫ 옷 지스면 ᄀᆞᄂᆞᆫ 주룸도 유여ᄒᆞ고, ᄒᆞ다가 딕녕옷곳 지스면 나몰 주리 이시리라.

漢 네 펴라. 내 ᄇᆞᆯ마 보마. 어듸 닐굽 발 츠뇨? 계우 닐굽 발 난ᄇᆞ다.

主 네 몸 큰 사ᄅᆞ미 흔 발도 눔과 견조면 어머리 너므리라.

漢 이 비단이 미틔 치가 어듸 치고?

主 네 닐오ᄃᆡ 내 貨物 아노라 ᄒᆞ더 ᄯᅩ 모ᄅᆞᄂᆞᆫ다. 이 비단은 南京 치오 외방 치 아니니, 네 ᄌᆞ셔히 보라 잠깐도 푿긋긔 업고, 됴흔 淸水段子ㅣ라.

漢 갑슬 언메나 바둘다?

主 이 비단 갑슬 뉘 모ᄅᆞ료 ? 므스므려 갑슬 쬐오리오? 바둘디면 닷 량을 바도련마ᄅᆞᆫ 고든 갑슨 넉 량이니, 은을 가져 오면 곧 그제라.

漢 이 비단도 사다.

제75화 마구(馬具)를 사다.

国 당신은 이 안장, 재갈, 큰 밀치끈[1], 작은 밀치끈, 가슴끈, 말다래[2], 안장가지[3], 기러기 날개판(雁翅板)[4], 발걸이(鐙子)의 가죽 끈[5], 오랑(腹

....

[1] 원문 '大鞦', '小鞦'의 '鞦'는 "마소의 꼬리 밑의 밀치에 걸어 안장 또는 길마에 잡아매는 끈이다. 밀치끈." 그 '大, 小'가 무엇을 가리키는지는 분명하지 않다. 〈飜老〉에서는 '고둘개'로 언해하였는데 '고들개(靮)'는 말안장의 가슴걸이에 다는 방울, 또는 굴레의 턱 밑에 돌아가는 방울 달린 가죽 끈을 말한다. 마구(馬具)에 대하여는 〈飜老〉上에도 상세한 묘사가 있다.

[2] 원문 '𧄿'는 "말을 탄 사람의 옷에 진흙이 튀지 않도록 가죽 등으로 말배의 양쪽에 늘어뜨린 가리개"를 말한다. 고유어로 '말다래'라고 하며 한자어로는 '障泥'라고 한다.

[3] 원문 '鞍橋子'는 안장 앞뒤에 있는 돌기(突起)한 부분을 말한다. 〈飜老〉에서는 '기륵맛가지'로 언해하였다.

[4] 원문 '雁翅板'의 '翅'은 '翅'라고 쓰는 것이 옳다. 안장 밑에 끼는 판자, '鞍板'을 가리킬 것이다. 『흑달사략(黑韃事略)』에 "안장(鞍)의 기러기 날개(雁翅)는 앞은 竪하여 뒤는 평평하고, 고로 折旋해도 髀은 상처입지 않는다"라는 설명이 있다. 〈老覽〉의 '替子'에 대한 설명에서 "指甲替는 鞍의 兩雁翅 밑에 부착하여 장식으로 함"이라는 주석이 있어 말안장에 까는 기러기 날개판은 원래 두 장이 있었던 것을 알 수 있다. 〈飜老〉上에서도 안장을 묘사하는 곳에서 '雁翅板'이 나온다. 언해문 '두으리'는 새 등을 기르는 동그란 새장을 말한다. 아마도 기러기 날개 모양으로 보지 않고 새장 모양의 판자로 보아 이런 명칭이 있었던 것으로 보인다. 『명회전(明會典)』(권150)「안차(安車)」의 항목에 "전후의 車樔(창살) 및 雁翅板 밑의 轅二條는 모두 朱紅漆"이라는 설명이 있어, 마차에 말을 연결하는 轅을 설치할 때에도 유사한 판자를 붙인 것 같다. 화각본(和刻本)『사림광기(事林廣記)』「庚集」(권10) '지원역어(至元譯語)' '안마문(鞍馬門)'조에 "雁翅板, 窩塔孫"이라고 있다. '窩塔孫'은 몽고어 'qabdasu'의 음차 표기이고 "안장을 얹기 위한 판자"를 말한다.

[5] '등자(鐙)'는 안장(鞍裝)의 양쪽에 달린 발을 디디는 마구를 말한다. "등자의 가죽 끈"은 원문의 '鐙㣙皮'를 옮긴 것으로 '鐙皮'와 같다. 등자를 늘어뜨려서 매달기 위한 가죽 끈으로써 발의 위치에 따라서 길이를 조정할 수 있다. 명(明) 척계광(戚繼光)의 『연병실기(練兵實紀)』(권6)에 "보통 遠路를 갈 때에 또 꼭 鐙皮(등피)를 길게 하면 腿膝(퇴슬)은 酸疼(마비와 통증)을 일으키

帶), 굴레, 고삐[6], 엮은 고삐[7], 매어서 끄는 줄, 얼굴가리개[8], 재갈(馬銜)[9], 땀받이[10], 가죽 땀받이 장식, 가죽 땀받이를 모두 샀소이다.

제75화 馬具

主 你這鞍子, 轡頭, 大鞦, 小鞦[11], 攀胸, 黏[12], 鞍橋子[13], 鴈翅板[14], 鐙[15]徹皮, 肚帶, 籠頭, 牽控[16], 編繮[17], 繮繩, 兜頦[18], 閘口[19], 汗

....

지 않는다"라는 설명이 있다. '徹'은 '鞴'의 차자(借字). 『용감수감(龍龕手鑑)』에 "鞴, 鐙鞴 皮飾也"라는 해석이 있다. 등피(鐙皮)에 다는 장식을 가리킨다. 전술한 「지원역어(至元譯語)」 '안마문(鞍馬門)'에 "鐙鞴皮, 禿也速兒"라는 기사에서 '禿也速兒'는 몽고어 'huyāsur'의 음차 표기이고 "안장을 묶기 위한 가죽 끈"을 말한다.

[6] 원문 '牽控'은 말을 다루는 고삐를 말한다. 『동리집(東里集)』「속집(續集)」(권62)에 소재(所載)된 명(明) 양사기(楊士奇)의 '題趙松雪畫馬'에 "어찌 翻然하여 牽控을 끊지 않겠는가?"라는 구절이 있다.

[7] 원문 '編繮'의 언해 '다혼셕'은 "말을 타고 어거할 수 있도록 고삐와 연결한 줄", 즉 고삐 줄을 말한다.

[8] 원문 '兜頦'는 말의 얼굴 부위에 붙이는 금속제의 장식을 말한다.

[9] 원문 '閘口'는 말이 입에 물리는 재갈을 말한다, 마함(馬銜)이라고도 한다. 그런데 '閘口'는 水門을 가리키므로 그냥은 의미가 맞지 않는다. 그러나 馬銜을 '수작환(水嚼環)'이라고도 했고〈老覽〉 현대어에서는 '嚼口'라고 하므로 '閘'은 '嚼'의 借字임을 유추할 수 있다. 제30호 주2 참조.

[10] 원문 '汗替'의 '替'는 안장의 밑, 장니 위에 덮는 땀받이용 깔개. 옛날에는 '韂', 지금은 '鞍褥'이라고 한다. 혜림(慧琳)의 『일체경음의(一切經音義)』(권61)에 "韂, 鞍下氈替"라는 설명이 있다. 『통감(通鑑)』(권195)에 "虎皮를 韂로 함"이라는 풀이가 있어 가죽으로 만든 것도 있었던 것 같다. 『朴通事』(上)에도 皮汗替가 보이는데 '汗替'는 말의 등에 직접 깔아 땀받이를 하는 얇은 천, '皮替'는 '替子'위에 다는 장식, '替子'는 털의 부스러기를 안에 넣고 두껍게 한 것으로 '厚替'라고도 한다〈老覽〉.

[11] '大鞦, 小鞦'는 주1 참조.

[12] '黏'은 주2 참조.

[13] '鞍橋子'는 주3 참조.

[14] '鴈翅板'은 주4 참조.

[15] '鐙徹皮'는 주5 참조

[16] '牽控'은 주6 참조.

替^[20], 皮替, 替子, 全買了也。

飜老 **제75화** 馬具

主 你這鞍子、轡頭、鞦、攀胸、䩞、鞍橋子、鴈翅板、鐙靭皮、肚帶、接絡、籠頭、包糞、編纓、繮繩、兜頦、閘口、汗替、皮替、替子、都買了。

飜老 **제75화** 마구

主 네 기르매, 굴에, 고돌개, 가슴거리, 돌애, 기르맛가지, 두으리, 등피, 오랑, 셕, 바굴에, 믿마기, 다혼셕, 쥬리울, ᄌ가미, 마함, 쏨어치, 갓어치, ᄒ언어치, 다 사다.

[17] '編纓 '은 주7 참조.
[18] '兜頦'는 주8 참조.
[19] '閘口'는 주9 참조.
[20] '汗替'는 주10 참조.

제76화 활을 사다.

漢 그리고 또 활을 한 장[1] 사러 가세.

[활 파는 집에 가서 묻는다.]

漢 살만한[2] 좋은 활이 있소?

主 물론 있고말고요. 없으면 어떻게 장사를 합니까?

漢 당신 그 황화궁(黃樺弓)에[3] 활시위를 걸어 주시오. 시험 삼아 당겨 봅
시다. 궁력(弓力)이[4] 셀 것 같으면 사겠소.

主 활시위를 방금 걸었으니 천천히 당기세요.

漢 좋은 활이라면 아무리 당겨도 걱정 없겠지. 이 활짱이[5] 물러서 당기기
가 힘들고 탄력도[6] 안 좋은데.

主 이 활을 당신이 마음대로 헐뜯는군요. 이 활이 어디가 마음에 안 드십
니까? 마음대로 나무래 보시오. "헐뜯는 게 살 사람"이라고[7] 하든가.

....

[1] 활을 세는 단위는 장(張)이다. 중국어로부터의 차용이다.

[2] 원문 '賣的'은 "파는 사람"으로 해석하여, 주인을 부르는 말로 볼 수도 있지
만 동사 '有'가 뒤에 오므로 "살만한"으로 번역하였다.

[3] '黃樺弓'은 "노란 자작나무의 껍질을 활시울을 보호하기 위하여 붙인 활"을
말한다. 이 황화궁(黃樺弓)의 그림은 『무경총요(武經總要)』 「전집(前集)」
(권13) '기도(器圖)'와 『삼세도회(三才圖會)』 「기용(器用)」 (권6) 등에 보인다.

[4] 원문 '氣力'은 '궁력(弓力)' 즉 활의 발사력(發射力)을 말한다. 그 궁력(弓力)
의 측정법은 『천공개물(天工開物)』(15권) 「호시(弧矢)」조에 있는데 강한 것
은 120근(斤), 약한 것은 그 절반이라고 한다. 12근(斤)을 "一箇의 氣力"이
라고 하여 궁력의 기본 단위로 한다(朴覽) 下).

[5] 원문 '弓把'는 활의 중심부, 즉 활을 잡는 부분을 말하며 '弝'라고도 쓴다.
고유어로는 "활짱, 활의 본체"이라고 한다.

[6] 원문 '廻性'에 대하여는 명(明) 왕가옥(汪砢玉)의 『산호망(珊瑚網)』(권23) 하
(下)권에 "宝刀를 按하면 곧 휘어지고, 이것을 舍하면 곧 勁直함이 처음과
같도다. 世俗에서는 이것을 回性이라고 한다."라는 설명이 있다. 즉 탄력
(彈力)을 가리킨다.

[7] 『刪朴』(中)에 "駁彈的是買主 - 헐뜯는 게 살 사람 - "라는 구절이 있다.
원문 가운데 '褒彈'은 "헐뜯다"란 뜻이다. 〈朴覽〉(中)에 '褒'는 '包'로 하는

漢 그쪽 활은 자작나무 껍질을 어찌 안 붙였소?

主 손님, 잘 모르시는군요. 이 활은 가장 좋은 것이지만, 상등(上等)의 활에 만일 자작나무 껍질을 붙이면 사는 사람이 믿지를 않습니다. 먼저 손님에게 활 안쪽의 물소 뿔과[8] 등 뒤쪽에 붙인 쇠 힘줄을 보여서 값을 거래하고 나서 자작나무 껍질을 붙여도 늦지 않습니다.

漢 이 활의 활시위를 빼어주시오.[9] 활고자가[10] 조금 작고 활짱의 양끝도 짧아요[11].

이제 활도 샀구나[12].

....

것이 옳고, 북송(北宋)의 명재판관(名裁判官) 포증(包拯, 일명 포청천)이 자주 사람을 헐뜯었던 것에서 유래한 것이라고 하고 있다. 그러나 원래 '褒彈'은 칭찬하는 것과 헐뜯는 것을 모두 의미하는 말이었던 것이 '헐뜯다'는 의미로만 사용하게 된 것으로 보이며 〈朴覽〉의 설명은 속설(俗說)인 것 같다. 원대(元代)의 잡극(雜劇) 등에도 많은 용례가 있다.

 [8] 원문 '面子上角'은 활을 만들 때에 나무에다가 물소 뿔을 덧붙이는 것을 말한다. 이 시대의 활을 만드는 방법은 전술한 『천공개물(天工開物)』(권15) 「호시(弧矢)」 조에 자세하게 설명되었다. 이에 의하면 먼저 대나무(북방에서는 소나무)와 물소 뿔을 합하여 붙여서 본체를 만들고 양끝에 뽕나무를 연결한다(이 부분을 '弓'이라고 함). 그 맨 끝에 활시위를 걸기 위한 활고지를 새긴다(이 부분이 '拍子' 즉 '활고자'). 뿔이 안쪽으로 가도록 하고 활시위를 당길 때에 뒤쪽으로 탄력을 더하게 하기 위하여 소의 힘줄을 아교(阿膠)로 붙이고, 그 바깥쪽을 자작나무의 껍질로 붙여서 고정시킨다.

 [9] 원문 '卸下'는 활시위를 빼내는 것, 즉 활시위를 푸는 것을 말한다.

[10] 원문 '叩子'는 활시위를 걸 수 있도록 활짱의 양끝을 도려낸 부분을 말한다. '활고자'는 '叩子'에 활을 붙인 활(弓)+고자(叩子)로 보인다. 〈飜老〉에서는 '弰'라고 하고 언해는 '오늬'로 하였다. 이것은 화살의 뒤쪽에 활시위에 걸리도록 한 것을 말할 것이다.

[11] 원문 '稍兒'는 활 양끝의 뽕나무를 붙인 부분을 말한다. '稍' 또는 '弰'라고도 쓴다. 고유어로는 '활고재(弓稍)'라고 한다. 이 부분에는 자작나무 껍질을 붙이지 않는다. 『화관색전(花關索伝)』 「전집(前集)」에 "黃花(樺)弓, 稍長弝矩(短) — 황화궁은 '稍'가 길고 '弝'가 짧다"라는 기사가 있고, 『大唐秦王詞話』 제28회에 역시 "稍長靶短"이라는 대사가 있어, '弓稍'가 긴 것이 좋은 활로 생각되고 있었던 것 같다.

[12] 이 부분은 앞의 내용과 의미가 연결되지 않으므로 중간에 생략이 있거나

제76화 買弓

漢 更買一張[13]弓去。

[到賣弓的房子裏, 問道]

漢 賣的[14]好弓有麽?

主 可知有。無呵, 做甚麽買賣裏?

漢 你將這一張黃樺弓[15]上絃者。我試拽, 氣力[16]有呵, 我買。

主 新上了的弓, 慢慢的拽。

漢 是好弓呵, 怕甚麽拽? 這弓把[17]裏軟, 難拽, 沒迴性[18]有。

主 這弓你却是强褒彈[19]。兀的弓, 你更嫌甚麽? 由他說, 褒彈的是買的。

漢 這一張弓爲甚麽不樺了?

主 你不理會的。這弓最好。上等弓若樺了時, 買的人不委信。敎人看了面子上角[20]。背子上鋪的劧[21], 商量了價錢, 然後樺了也不遲裏。

漢 這弓卸下[22], 叩子[23]小些箇, 梢兒[24]短。

弓也買了也。

....

별도의 대화로 보아야 한다.

[13] '張'은 주1 참조.
[14] '賣的'은 주2 참조.
[15] '黃樺弓'은 주3 참조.
[16] '氣力'은 주4 참조.
[17] '弓把'의 '把'는 '鈀'라고도 쓴다. 주5 참조.
[18] '迴性'은 '回性'이라고도 하며 '탄력(彈力)'을 가리킨다. 주6 참조.
[19] '褒彈'은 '包彈'이라고도 쓴다. 주7 참조.
[20] '面子上角'은 주8 참조.
[21] '劧'은 '肋(筋)'의 借字이다.
[22] '卸下'는 주9 참조.
[23] '叩子'는 주10 참조.
[24] '稍兒'는 주11 참조.

飜老 제76화 買弓

漢 再買一張弓去。

[到賣弓的房子裏、問道]

漢 有賣的好弓麼?

主 可知有。沒時做甚麼買賣裏?

漢 你將這一張黃樺弓上弦着。我試扯、氣力有時、我買。

主 新上了的弓、慢慢的扯。

漢 是好弓時、怕甚麼扯?這弓弝裏軟、難扯、沒迴性。

主 這弓你却是胡包彈、的弓你還嫌甚麼?由他說、包彈的是買主。

漢 這一張弓爲甚麼不樺了?

主 你不理會的。這弓最好。上等弓若樺了時、買的人不信。教人看了面子
上的角、背子上鋪的肋、商量了價錢、然後樺了也不遲裏。

漢 這弓卸下、彊子小些箇、弰兒短。
弓也買了也。

飜老 제76화 활 사기

漢 쏘 활 ᄒᆞᆫ 댱 사라가져.

[활 ᄑᆞᆯ 지븨 가 무로ᄃᆡ]

漢 ᄑᆞᆯ 됴ᄒᆞᆫ 활 잇ᄂᆞ녀?

主 잇닷 마리사 니ᄅᆞ려. 업스면 므슴 흥졍ᄒᆞ리오?

漢 네 이 누른 봇 니핀 활 ᄒᆞᆫ 댱 가져다가 시울 연즈라. 내 혀 보져. 힘 잇거든
내 사리라.

主 ᄌᆞᆺ 연즌 화를 날회여 혀라.

漢 이 됴ᄒᆞᆫ 화리면 므슴 혀기를 져흘고? 이 화리 쥘동이 므르니 혀디 어렵다.
돌셩이 업다.

主 이 화를 네 쏘 간대로 ᄒᆞ나므라ᄂᆞ다. 이런 화를 네 다하 므스글 나므라ᄂᆞ다?
제 므슴조초 니ᄅᆞ나 마나 ᄒᆞ나므라ᄂᆞ니사 살 님재라.

漢 이 ᄒᆞᆫ 댱 화를 엇디 봇 아니 니폇ᄂᆞ뇨?

主 네 모ᄅᆞᄂᆞ다. 이 화리 ᄀᆞ장 됴ᄒᆞ니 上等엣 화리니 ᄒᆞ다가 봇 니피면 살
사ᄅᆞ미 믿디 아니홀 거실시, 사ᄅᆞ모로 ᄒᆞ야 面에 올인 쌀와 등 우희 ᄭᆞ론
힘 뵈오, 갑슬 의론ᄒᆞᆫ 후에 봇 니펴도 더듸디 아니커니ᄯᆞ나.

漢 이 활 브리우라. 오니 쟉고 고재 뎌ᄅᆞ다.
활도 사다.

제77화 활 시울을 사다.

🔲 파는 활 시울이 있다면 가져오시오. 사는 김에 하나 더 사서 그것도 여기서 활에 지워봅시다.

🔲 있고말고요. 손님께서 골라서 사십시오.

🔲 이쪽은 너무 가늘고, 이쪽은 너무 굵네[1]. 이 정도라면 적당하고 알맞을 것 같다.

활과 시울을 모두 샀다.

제77화 買弓弦

🔲 有賣的弓絃時將來, 俺一就買一條, 就這裏上了這弓者。

🔲 絃有。你自揀著買。

🔲 這的忒細, 這的却又麤俸[2]。似這一等兒著中, 恰好。

這弓和絃都買了也。

飜老 제77화 買弓弦

🔲 有賣的弓弦時將來、我一發買一條、就這裏上了這弓着。

🔲 弦有。你自揀着買。

🔲 這的忒細、這的却又麤俸。似這一等兒着中、恰好。這弓和弦都買了也。

飜老 제77화 활시울 사기

🔲 풀 활시울 잇거든 가져 오라. 내 이믜셔 ㅎ나 사 드듸여 예셔 화를 지후리라.

🔲 시울 잇다. 네 굴히여 사라.

🔲 이는 너므 ㄱ놀오 이는 쏘 굴고 둔박ᄒ다. 이 ᄒᆫ가짓 치ᄉᆞ 맛다. ᄒᆞ뭇시 됴타.

이 활와 시울와 다 사다.

---

[1] 원문 '麤俸'은 '粗笨', '粗㳇'이라고도 쓴다. "굵다"는 뜻이다.

[2] '麤俸'은 주1 참조.

제78화 화살을 사다.

漢 그리고 또 몇 개 화살도 사세.

主 이 비자화살(鈚子箭)[1], 호조전(虎爪箭)[2], 사슴뿔고두리살(鹿角樸頭)[3], 소리나는 고두리살(響樸頭)[4], 애엽전(艾葉箭)[5], 유엽전(柳葉箭)[6], 미침전(迷針箭)[7] 등이 있소이다. 이쪽 화살은 대나무고, 이쪽은 나무입니다.

....

[1] '비자전(鈚子箭)'은 "촉이 크고 긴 화살"을 말한다〈老朴集覽〉. 『수호전(水滸伝)』 제83회에 "雕翎鈚子箭"이 나온다.〈飜老〉의 언해 '셔보조'는 그저 '화살'이란 뜻이다.

[2] '호조전(虎爪箭)'은 호조형(虎爪形), 즉 호랑이 발톱과 같은 화살촉을 단 화살〈老朴集覽〉을 말한다.〈飜老〉의 언해에는 '거리살'이라고 하였다. 송(宋)의 『무경총요(武経總要)』「前集」(권13) '기도(器図)'와 『삼재도회(三才図繪)』「병기류(兵器類)」에 보이는 '철골려추전(鐵骨麗錐箭)'과 같은 것으로 보인다.

[3] '녹각박두(鹿角樸頭)'(사슴뿔고두리살)는 "사슴뿔로 둥글게 만든 화살촉을 단 연습용 화살"을 말한다. '樸頭'는 화살촉의 끝을 동그랗게 하여 연습용으로 쓰는 화살을 가리킨다.〈飜老〉의 언해에서 '樸頭'는 모두 '고도리'로 번역하였다. 고유어에서는 '고두리살'로 불렸던 것이다. 전술한 『무경총요(武経總要)』와 『삼재도회(三才図繪)』에 '목두박전(木頭樸箭)', 즉 나무로 촉을 박은 연습용 화살이 보인다.

[4] '향박두(響樸頭)'(소리나는 고두리살)는 날아갈 때에 소리가 나게 만든 순무 모양의 촉을 단 화살을 말한다. 『무경총요(武経總要)』, 『삼재도회(三才図繪)』에 '鳴髇箭, 鳴鈴飛号箭'이 있는데 이것이 모두 향박두(響樸頭)의 일종일 것이다.

[5] '애엽전(艾葉箭)'은 쑥 잎 모양의 톱날 같은 눈금이 있는 긴 화살촉을 단 화살〈老朴集覽〉을 말한다. 『무경총요(武経總要)』, 『삼재도회(三才図繪)』에 보이는 '烏龍鐵脊箭' 같은 것으로 보이지만 〈飜老〉에서는 '미상(未詳)'으로 하였다.

[6] '유엽전(柳葉箭)'은 버드나무 잎 모양의 뾰족하고 긴 화살촉을 단 화살을 말한다〈老朴集覽〉. 『조선사략(朝鮮史略)』(卷中)에 조선 태조(太祖) 이성계(李成桂)가 '유엽전(柳葉箭)'을 사용했다는 기록이 있다.

[7] '미침전(迷針箭)'은 바늘처럼 가늘고 뾰족한 '마미침(馬迷針)' 상태의 화살촉을 단 화살을 말한다고 한다〈老朴集覽〉. 여기서 '마미침(馬迷針)'은 정확하게 무엇을 말하는지 알 수 없다. 청(淸)의 『옹정주비(雍正朱批)』(권174-9)

漢 그리고 화살을 담아 넣는 전통(箭筒)과[8] 동개를[9] 삽시다.

부속품도[10] 모두 샀네.

제78화 買箭弓

漢 更買幾隻箭。

主 這鈚子[11], 虎瓜[12], 鹿角樸頭[13], 響樸頭[14], 艾葉[15], 柳葉[16], 迷針箭[17], 這箭竿是竹子的, 這的是木頭的。

漢 更買這箭胡蘆[18], 弓袋[19]。

這雜帶[20]都買了也。

에 "迷鍼箭頭 一万個를 私造함"이란 기사가 있는데 일종의 독화살(毒矢)로 보인다.

[8] 원문 '箭胡蘆'는 화살을 담아 넣는 항아리 모양의 전통(箭筒). 『무경총요(武経總要)』와 『삼재도회(三才図繪)』에 '弓箭胡蘆'가 보인다.

[9] 원문 '弓袋'는 "동개", 즉 활을 넣는 가죽제의 주머니를 말한다. 옛날에는 '弓衣'라고 하였다. '동개'는 가죽으로 만들며 활은 반만 들어가고 화살은 아랫도리만 들어가게 되었다.

[10] 원문 '雜帶'는 여러 가지 부속품을 말한다. 『원사(元史)』(권105) 「형법(刑法)」에 "보통 市造의 鞍轡箭鏃鞲屨 및 諸雜帶에 金을 써서 꾸미는 자 이것을 금함"이라는 규정이 있다.

[11] '鈚子'는 크고 긴 화살촉(〈老朴集覽〉)을 말한다. 주1 참조.

[12] '虎爪'는 호조형(虎爪形) 구(鉤)를 단 화살촉(〈老朴集覽〉)을 말한다. 주2를 참조.

[13] '鹿角樸頭'는 사슴뿔로 만든 고두리살을 말한다. 주3 참조.

[14] '響樸頭'는 주4 참조.

[15] '艾葉'은 주5 참조.

[16] '柳葉箭'은 주6 참조.

[17] '迷針箭'은 주7 참조.

[18] '箭胡蘆'는 전통(箭筒)을 말한다. 주8 참조.

[19] '弓袋'는 주9 참조.

[20] '雜帶'는 주10 참조.

飜老 제78화 買箭弓

漢 再買幾隻箭。

主 這鈚子、虎爪、鹿角樸頭、響樸頭、艾葉、柳葉、迷針箭、這箭榦是竹子的、這的是木頭的。

漢 再買這弓箭撒袋。
這般的都買了也。

飜老 제78화 화살 사져.

漢 쏘 여러 낫 살 사져.

主 이 셔보조, 거리살, 鹿角오로 밍ᄀᆞᆫ 고도리, 울 고도리, 未詳, 류엽젼, 未詳, 이 삿대ᄂᆞᆫ 대오 이ᄂᆞᆫ 남기로다.

漢 쏘 화살 녀흘 궁ᄃᆡ동개 사져.
여러 가짓 거슬 다 사다.

제79화 그릇 사기

漢 그리고 또 식기와 그릇을[1] 사세.

主 솥, 노구[2], 하엽과(荷葉鍋)[3], 여섯 귀가 있는 솥(六耳鍋)이[4] 있소이다.
자기(磁器) 접시[5], 나무 접시, 옻칠한 접시가 있고, 이것은 붉게 옻칠한
숟가락[6], 검게 옻칠한 숟가락, 구리로 만든 숟가락, 붉게 옻칠한 젓가
락, 구리로 만든 젓가락입니다. 다리가 셋인 받침대[7], 찜통이 있습니
다. 이 접시들은[8] 큰 접시와 작은 접시, 옻칠한 공기가 있습니다. 이
칠기(漆器)의 가구들은[9] 반이 천으로 감싼 것이 있고[10], 반은 아교(阿
膠)로 굳히어 고정시킨 것[11]. 조금 조잡한 물건도 있습니다만[12], 기타

....

[1] 원문 '什物'은 일상용구를 말한다. 여기서는 식기(食器)를 의미하는 것으로
보아(〈老朴集覽〉) '그릇'으로 번역한다.

[2] 원문 '鑼鍋'는 군중(軍中)에서 동라(銅鑼)와 솥을 겸하여 사용하게 만든 것
이다. 소위 중화과(中華鍋)를 말한다. 조선시대에 이 말이 그대로 차용되
어 '노구', 또는 '노구솥'으로 쓰였다.

[3] 원문의 '하엽과(荷葉鍋)'는 연잎 모양으로 벌어진 솥을 말하는 것으로 보
인다.

[4] 원문의 '육이과(六耳鍋)'의 '耳'는 솥에 달려있는 귀 모양의 손잡이를 말하는
데, 이러한 손잡이가 여섯 개 있는 솥을 말한다. 원(元) 왕보(王黼)의 『重修
宣和博古錄』(권19) '한수이복(漢獸耳鍑)'에 "지금 바로 솥에 六耳가 있듯이"
라는 구절이 있다.

[5] 원문 '磁楪子'의 '楪子'는 작은 접시를 말한다.

[6] 원문 '紅漆匙'는 붉은 칠을 한 숟가락이다. 몽고인과 여진인은 숟가락을
사용하지만 한인(漢人)은 이것을 사용하지 않는다(〈老朴集覽〉).

[7] 원문 '三脚'은 솥이나 시루(甑) 등을 얹는 다리가 셋의 받침대를 말한다.

[8] 원문 '盤子'는 큰 접시를 말한다.

[9] 원문 '家具'는 일용의 器具이다. 여기서는 특히 食器를 가리킨다.

[10] 원문 '通布裏'는 칠하지 않은 상태의 나무에 삼베를 붙이고 옻칠을 하는
기법이다. 明 黃成 『髹飾錄』에서는 '布漆'이라고 한다.

[11] 원문 '膠漆托'는 『輟耕錄』 권 30 '髹器'의 조의 漆器製造法에 의하면 먼저
소나무의 薄片을 아교로 붙여 木地(칠하기 전, 나뭇결 모양이 나오게 만든
것)를 만들고, 그것을 '漆工'(옻칠하는 장인)이 사서 칼로 형태를 가다듬어
소가죽의 아교와 生漆을 섞은 것이다. 틈을 메우고, 거기에 '膠漆'을 바른

천으로 감싼 물건은 주문품입니다[13]. 다른 것은 모두 보통 상품입니다.

제79화 買什物

漢 更買些椀子什物[14]。

主 鍋兒, 鑼鍋[15], 荷葉鍋[16], 六耳鍋[17]。磁楪子[18], 木楪子, 漆楪子。這
紅漆匙[19], 黑漆匙, 銅匙, 紅漆筋, 銅筋。三脚[20], 鐺兒。這盤子[21]是
大盤子, 小盤子, 漆椀。這漆器家具[22], 一半兒是通布裏[23]的, 一半兒
是膠漆托[24]的。更有些豹子生活[25], 其餘的通布裏的是主顧生
活[26]。其餘的都是市賣的。

....

다고 한다.

[12] 원문 '豹子生活'은 가짜 상품을 말한다. '粗惡品', '豹子'는 가짜품을 말하는
당시의 俗語이다. 『輟耕錄』 권 17 '哨遍'에 '豹子浮丘(사이비 仙人, 浮丘子)'
라는 말이 있다. 그리고 '殺狗勸夫' 雜劇 1折 【賺煞】에 '豹子的孟嘗君'(가
짜의 孟嘗君)을 비롯하여 元曲에도 예가 있다. '生活'은 手工芸品을 가리킨
다. 『輟耕錄』의 '紫器'에 漆工이 조악품을 만들고 팔 때에는 '膠漆'을 사용
하지 않고 '猪血厚糊'의 類를 사용하며 또 '疏筋'를 천 대신 사용하기 때문
에 망가지기 쉽다고 적혀 있다.

[13] 원문 '主顧生活'은 고객의 주문에 의해서 맞춘 고급품이다. '主顧'는 '단골
손님', '고객'이라는 뜻이다. 따라서 〈飜老〉의 언해문 "마초온 성녕이오"에
서 '마초온'의 문맥적 의미는 "단골손님의 주문으로 만들어 놓은"이 된다.

[14] '什物'은 주 1 참조.

[15] '鑼鍋'은 주2 참조.

[16] '荷葉鍋'은 주3 참조.

[17] '六耳鍋'는 주4 참조.

[18] '磁楪子'는 주5 참조.

[19] '紅漆匙'은 주6 참조.

[20] '三脚'은 주7 참조.

[21] '盤子'는 주8 참조.

[22] '家具'는 주9 참조.

[23] '通布裏'는 주10 참조.

[24] '膠漆托'에 대하여는 주11 참조

[25] '豹子生活'에 대하여는 주12 참조.

[26] '主顧生活'은 주13 참조.

飜老 제79화 買什物

漢 再買些椀子什物。

主 鍋兒、鑼鍋、荷葉鍋、兩耳鍋、磁楪子、木楪子、漆楪子、這紅漆匙、黑漆匙、銅匙、紅漆筯。三脚、甌兒、這盤子是大盤子、小盤子、漆椀、這漆器家火、一半兒是通布裏的、一半兒是膠漆的。再有些薄薄的生活、其餘的都是布裏的、是主顧生活。其餘的都是市賣的。

飜老 제79화 사발과 그릇 사기

漢 또 사발와 그릇 벼돌 사져.

主 가마, 노고, 너르쩐 가마, 두 녀긔 자블 귀 잇는 발아딘 가마, 츠긔 사 뎝시, 나모 뎝시, 옷칠흔 뎝시, 이 블근 칠흔 술, 거믄 칠흔 술, 놋술, 블근 칠흔 져. 아리 쇠, 시르, 이 반이 큰 반, 져근 반, 칠흔 사발, 이 칠흔 그릇 연장들, 바는 대되 뵈로 뿌니오, 바는 플 드리고 칠흔 거시라, 또 사오나온 셩녕 잇다. 그 나므니는 다 뵈 빠 잇느니, 이는 마초온 셩녕이오, 그 나므니는 다 져제 ᄑᆞ느니로다.

제80화 가족 연희

漢 오늘은 좋은 음식을 장만해서 우리의 여러 친척들을[1] 초대하여 한가롭게 앉아서[2] 이야기를 나눕시다.

할아버지[3], 할머니, 아버지, 어머니, 伯父님, 叔父님, 형님, 남동생, 누나, 여동생, 남자 조카(누이의 아들), 남자 조카(형제의 아들), 여자 조카(형제의 딸), 외삼촌, 사위, 외숙모와 또 숙모[4], 이모, 고모, 고모부, 이모부, 매형, 매제, 외손녀 사위[5], 고종사촌 형제, 친사촌 형제, 고모네 아들딸과 외숙부의 아들딸, 재종 형제자매, 사촌 형제(이모네 아들딸), 장인어른, 장모님, 아내의 백부님, 아내의 숙부님, 아내의 이모님, 고용하고 있는 하인들도 모두 불렀소이다.

문전 환영주도[6] 드셨고[7] 어서 집안에 들어와 앉으십시오.

....

[1] 원문은 '衆親眷'으로 여러 친척을 말한다. 제96화에서 "친척을 불러 연회를 열기로 하고"라는 대화로 보아 여기서 친척을 초대한 것은 중국인의 王으로 생각되지만, 요양(遼陽)에 거주하는 王의 親族이 大都에 이렇게 많이 있다는 것은 자연스럽지 못하다. 아마도 중국어의 복잡한 친족 호칭의 습득을 위해 특별히 이 과목이 마련된 것으로 보인다.

[2] 원문 '閑坐的'의 '坐的'은 '坐地'라고도 쓰면 "앉는 것"이란 뜻이다. 여기서는 앉아서 이야기하는 것도 함의하고 있을 것이다. 〈飜老〉의 언해문은 "앉아서 이야기하자"로 되었다.

[3] 원문 '翁翁'은 할아버지, 즉 조부(祖父)를 말한다. 조부를 '翁翁'이라고 하는 것은 송대(宋代)의 말이고 명대(明代)에는 '公公'이라고 하였다.

[4] 원문 '妗子·嬭母'에 대하여는 송(宋) 장뢰(張耒)의 『명도잡지(明道雜志)』에 의하면 '妗'은 '舅母', '嬭'은 '世母'의 두 글자가 각각 줄인 것이라고 한다(〈老朴集覽〉). 여기서는 "妗子-외숙모, 嬭母-숙모, 작은 어머니"로 풀이 한다.

[5] 원문 '外甥女婿'는 외손녀의 사위를 말한다(〈老朴集覽〉). '外甥'에는 딸의 자식과 누이의 자식이란 두 가지의 의미가 있다. 여기서는 전자를 가리키는 것으로 외손녀(外孫女)의 남편을 가리킨다.

[6] 원문 "欄門盞兒都把"의 '欄門'은 혼례에 참가하는 하객들에게 문전에서 권하는 술을 말하는 것으로, 송(宋) 맹원로(孟元老)의 『동경몽화록(東京夢華錄)』(권5) '취부(娶婦)'에 의하면 혼례의 날에 신랑 집의 문에서 하인이나 가인(家人)이 신부에게 축의(祝儀)를 조르는 것을 '난문(欄門)'이라고 하였

[연회가 끝나고]

오늘은 그렇게 특별한 음식도 없는데, 친척 분들을 불렀습니다[8]. 술도 취할 만큼 못 드셨을 것이고, 요리도 배부르게 드시지는 못하셨을 터이지만, 부디 저를 나무라지 마십시오.

親 그런 말을 하지 말게. 당치않네. 자네한테 하루 종일 폐를 끼쳤네. 술도 취했고 배도 부르다네. 자네야말로 허물하지 말게.

제80화 親戚宴

漢 今日備辦了些箇茶飯, 請咱每衆親眷[9]閑坐的[10]。

翁翁[11], 婆婆, 父親, 母親, 伯伯, 叔叔, 哥哥, 兄弟, 姐姐, 姉妹, 外甥, 姪兒, 姪女, 舅舅, 女婿, 妳子 又嬭母[12], 姨姨, 姑姑, 姑夫, 姨夫, 姐夫, 妹夫, 外甥女婿[13], 叔伯哥哥兄弟, 姑舅哥哥兄弟, 房親哥哥兄弟, 兩姨哥哥兄弟, 親家翁, 親家母, 親家伯伯, 親家舅舅, 親家姨姨, 使喚的

....

다. 그 때에 술을 마시게 하는 것은 『금전기(金錢記)』 「잡극(雜劇)」 3折 '煞尾'에 "攔門慶賀酒"라는 구절이 있어서 알 수 있다. 다만 원(元) 민한경(閔漢卿)의 산곡(散曲) 「이십환두·야불라(二十換頭·也不羅)」에 "諸親眷을 聚集하여, 우선 一盞의 攔門을 권함"이란 구절은 신랑에 대해서 한 말이다. 여기서는 초대한 손님을 집안으로 들이기 전에 우선 문전(門前)에서 권하는 술을 가리킨다. 이러한 습관이 당시에 일반적인 것인지, 『老乞大』 편자(編者)의 오해에 의한 것인지, 또는 이 80화 자체가 원래 혼례의 연회에 대한 것이었는지는 확실하지 않다.

[7] 원문 '把盞'은 "잔을 잡다, 술을 마시다"의 뜻이다. 원대(元代) 잡극(雜劇)에 이러한 용례가 보인다.

[8] 원문은 '虛請'으로 이 말의 원 뜻은 허위의 보고로 급료 등을 부정하게 청구하는 것인데, 여기서는 특별한 음식도 없는데 손님을 초대하였다는 겸사(謙辭)로 쓰였다.

[9] '衆親眷'은 주1 참조.

[10] '閑坐的'은 주2 참조.

[11] '翁翁'은 주3 참조.

[12] '妳子·嬭母'은 주4 참조.

[13] '外甥女婿'은 주5 참조.

奴婢, 都請將來也。

欄門[14]盞兒都把了也[15]。 請屋裏坐的。

今日些小淡薄禮, 虛請[16]親眷。 酒也醉不得, 茶飯也飽不得。 休恠。

親 休這般說, 不當。 教恁盡一日生受。 酒也醉了, 茶飯也飽了也。 恁休恠。

飜老 제80화 親族宴

漢 今日備辦了些箇茶飯、請咱們衆親眷閑坐的。 公公、 婆婆、 父親、 母親、 伯伯、 叔叔、 哥哥、 兄弟、 姐姐、 妹子、 外甥、 姪兒、 姪女、 舅舅、 女婿、 姅子。 又嬭母、 姨姨、 姑姑、 姑夫、 姨夫、 姐夫、 妹夫、 外甥女婿、 叔伯哥哥兄弟、 姑舅哥哥兄弟、 房親哥哥兄弟、 兩姨哥哥兄弟、 親家公、 親家母、 親家伯伯、 親家舅舅、 親家姨姨、 使喚的奴婢、 都請將來。

欄門盞兒都把了。 請家裏坐的。

今日些小淡薄禮、 虛請親眷。 酒也醉不得、 茶飯也飽不得、 休怪。

親 休這般說、 不當。 教你一日辛苦。 我們酒也醉了、 茶飯也飽了。 你休怪。

飜老 제80화 모든 아ᅀᆞᆷ둘 쳥ᄒᆞ져.

漢 오ᄂᆞᆯ 차반 여투워 우리 모든 아ᅀᆞᆷ둘 쳥ᄒᆞ야 안자셔 말ᄒᆞ져.
하나비, 할미, 아비, 어미, 아비 동ᄉᆡᆼ 몯형, 아비 동ᄉᆡᆼ 아ᅀᆞ, 동ᄉᆡᆼ 형, 동ᄉᆡᆼ 아ᅀᆞ, 동ᄉᆡᆼ 몯누의, 동ᄉᆡᆼ 아ᅀᆞ 누의, 누의게 난 아ᄃᆞᆯ, 동ᄉᆡᆼ 형뎨의 난 아ᄃᆞᆯ, 동ᄉᆡᆼ 형뎨게 난 아ᄎᆞᆫ ᄯᆞᆯ, 어믜 오라비, 사회, 어믜 오라븨 겨집, 아ᅀᆞ 아자븨 겨집, 어믜 겨집 동ᄉᆡᆼ, 아비 동ᄉᆡᆼ 누의, 아비 동ᄉᆡᆼ 누의 남진, 어믜 겨집 동ᄉᆡᆼ의 남진, 몯 누의 남진, 아ᅀᆞ 누의 남진, ᄯᆞ러 사회, 동ᄉᆧ ᄉᆞ촌 형뎨, 아븨 누의, 어믜 오라비게 셔 난 형뎨, 륙촌 형뎨, 어믜 겨집 동ᄉᆡᆼ의게셔 난 형뎨, 사돈짓 아비, 사돈짓 어미, 사돈짓 아자비, 사돈짓 어믜 오라비,

---

[14] '欄門'은 주6 참조.
[15] '把盞'은 주7 참조.
[16] '虛請'은 주8 참조.

사돈짓 아즈미, 브리는 죵들 다 쳥ᄒᆞ야 오라.
ᄌᆞ와 문 들어든 슌비 ᄒᆞᆫ 잔곰 받ᄌᆞ오라. 쳥ᄒᆞᄂᆡ 지븨 드러 안ᄌᆞ쇼셔

오ᄂᆞᆯ 잠깐 담박ᄒᆞᆫ 이레 쇽졀 업시 아슴돌 쳥ᄒᆞ야, 수울도 취티 몯ᄒᆞ며 차반도 비브르디 몯ᄒᆞ샤이다. 허믈 마ᄅᆞ쇼셔.

親 이리 니ᄅᆞ시디 마ᄅᆞ쇼셔. 당티 몯ᄒᆞ야이다. 너를 ᄒᆞ야 홀롤 내내 슈고ᄒᆞ게 ᄒᆞ과이다. 우리ᄂᆞᆫ 수울도 취ᄒᆞ며 차반도 비브르과이다. 네 허믈 마ᄅᆞ쇼셔.

제81화 수레 곳간에서

[이 회화는 누가 한 것인지 확실하지 않다. 주인공 일행은 수레를 가지고 있지 않으므로(제52화), 주인공들의 것이라고 보기 어렵고 그들이 묵고 있는 곳은 '수렛방(車房)' 이어서(제58화) 그곳에서 주어들은 말을 중심으로 제81화는 만들어진 것으로 보인다. -역주자 주]

甲 이제는 섣달이니[1] 날씨가 춥구나. 주어온 말똥을[2] 가져와서 불을 때어 손발을 따뜻하게 하자.

乙 말똥을 주워서 바구니 속에 담아 놓았으니 가져오세요. 딴 사람들이 가져가지 못하도록.

甲 이 수레는 바퀴의 바깥 살이[3] 부러졌네. 살을 가져오게.

乙 아까운 일입니다. 나중에 튼튼히 고쳐놔야지요. 굴대(車軸), 굴대 구멍의 덧방쇠[4], 차축의 철 덮개[5], 수레 앞을 받치는 나무[6]와 뒤를 받치

....

[1] 원문 '蠟月'은 음력 12월, 즉 섣달을 말한다. 주인공들은 7월말이나 8월초에 대도(大都)에 도착했을 것이므로 대도에 온지 벌써 4개월이 지난 것이 된다.

[2] 원문 '糞'은 "마소의 똥"을 말한다. 원대(元代)의 대도(大都)에서는 난방(煖房)할 때에 석탄이나 장작을 사용하였으나 그것은 매우 고가(高価)이었고 소나 말의 똥을 대신 사용하기도 하였다. 이것을 주어다가 때면 돈이 들지 않았다. 『분아귀(盆兒鬼)』 「잡극(雜劇)」 3折의 대사에 "俺去時節灶窩裏理着些牛糞火兒 - 나는 나갈 때에 灶(아궁이)에 소똥(牛糞)의 불을 묻어두었다 -"라는 구절이 있다. 〈刪朴〉〈下〉에는 난방에 석탄을 사용하는 장면이 있다.

[3] 원문 '車綱子'의 '綱'은 〈飜老〉의 '網'이 옳지만, 보다 정확하게는 '輞'이라고 써야 한다. 차륜(車輪)의 바깥 살을 말한다.

[4] 원문 '車釧'은 바퀴 통의 바깥을 덮는 철로 된 테(〈老朴集覽〉). 옛날에는 '輨'이라고 했다. '車釧'은 그 속칭이다(『訓蒙字會』 中).

[5] 원문 '車諫'의 '諫'은 〈飜老〉처럼 '鐗'이라고 쓰는 것이 옳다. 차축과 바퀴 통 사이에 끼어 넣어 바퀴통과 차축이 서로 마멸(磨滅)하는 것을 방지하기 위해 덮는 철을 말한다(〈老朴集覽〉). 『석명(釋名)』에 "鐗은 間이다. 間은 釭과 軸 사이를 相摩하지 않게 함"이라는 설명이 있다. '車諫'과 '車鐗'의

는 나무[7], 수레의 좌석[8], 수레를 끄는 채[9], 고삐는 모두 괜찮소이다.

甲 누각 올린 수레[10], 짐 넣는 창고 같은 수레[11], 노새가 끄는 큰 수레[12], 당나귀가 끄는 작은 짐수레[13], 우유를 실어 나르는 통수레[14], 사람이

· ·

고대의 실물에 대하여는 "中國古獨輈馬車的結構"(『文物』 1985년 8期) 참조.

[6] 원문 '車頭'는 『명회전(明會典)』(권160) 「車輛」조에 우차(牛車)를 만드는 기재(器材)로서 '車頭二箇'가 보인다. 자세한 것은 알 수 없다. 번역은 〈飜老〉의 언해에 의하여 "수레 앞을 받치는 나무"로 하였다.

[7] 원문 '車梯'는 사륜차(四輪車)를 말한다. 앞의 두 바퀴가 높고, 뒤의 이륜(二輪)이 낮은 등산용의 차를 말하는 것이다(『묵자(墨子)』 「경설(經說)」上). 명(明) 갈근(葛昕)의 『集玉山房集』(권8) 「賈中葵巾丞」에 "双車도 또한 梯를 사용하려고 함"이란 구절과 "双輪車 만일 공히 車梯를 얻지 못하면"이라는 구절을 보면 이륜차(二輪車)를 사륜차(四輪車)처럼 사용하기 위한 도구인 것 같기도 하다. 우리말 풀이는 〈飜老〉의 언해문에 의한다.

[8] 원문 '車廂'은 마차에서 사람이 타도록 방처럼 만든 부분을 말한다.

[9] 원문 '車轅'은 마소가 수레를 끌게 하기 위하여 수레의 양옆에 길게 나온 나무를 말한다. 보통 '끌채'라고 한다.

[10] 원문 '樓子車'는 '누차(樓車)'를 가리킬 것이다. 위를 누각처럼 만들어 눈비를 가릴 수 있게 만든 수레로 보인다.

[11] 원문 '庫車'는 몽고인들이 옷 같은 물건을 실어 나르거나 갈무리하기 위하여 만든 창고 같은 수레이다(〈老朴集覽〉). 명(明) 주기(周祈)의 『명의고(名義考)』(권12) 「치중(輜重)」에 "소위 庫車는 『字林』에 衣物을 載하는 車"라는 설명이 있다.

[12] 원문은 '驢騾大車'다. 수레에 대여섯 마리의 노새를 매어 평지에서만 짐을 나르게 만든 큰 수레를 말한다(〈老朴集覽〉). 『명회전(明會典)』 「사례(事例)」에 "民間에서 驢騾車를 사용하여 物貨를 裝載하는 자는 每輛에 鈔二百貫을 납입하게 함"이라는 조세(租稅) 규정이 있다.

[13] 원문은 '驢駕轅車'다. 이것은 당나귀가 끄는 바퀴 두 개의 작은 짐수레를 말한다. 원(元) 왕정(王禎)의 『농서(農書)』(권3) 「분양편(糞壤篇)」에 "驢駕双輪小車 一輛으로 諸處에 積糞을 搬運함"이라고는 구절이 있어 농사를 짓기 위하여 여기에 분뇨를 실어 나르기도 하였음을 알 수 있다.

[14] 원문 '馬妳子車'의 '馬妳子'는 말 젓(馬乳)을 가리키므로 "말 젓을 실어 나르는 차를 말한다. 『철경록(輟耕錄)』(권9) 「續演雅發揮(속연아발휘)」에 북방의 명물(名物)을 들면서 "玄玉漿은 바로 馬妳子"라고 하였다. 말 젓 등의 우유를 운반하도록 통 모양으로 만든 수레로 보인다.

타는 수레[15], 모두 제대로 집안에 넣고 비나 눈에 젖지 않도록 하게.

제81화 車子

🈁 如今正是臘月[16], 天氣寒冷。拾來的糞[17]將來, 熰著些火者, 熱手脚。

🈁 糞拾在籠子裏頭。收將來, 休敎別人將去了。

🈁 這車子折了車綱子[18], 輻條將來。

🈁 可惜了, 咱每後頭不備牢那, 車軸, 車釧[19], 車諫[20], 車頭[21], 車梯[22], 車廂[23], 車轅[24], 繩索都好有。

🈁 樓子車[25], 庫車[26], **驢騾大車**[27], **驢駕轅車**[28], 馬妳子車[29], 坐車兒[30], 都好生房子裏放者。休敎兩雪濕了。

飜老 제81화 車房

🈁 如今正是臘月、天氣寒冷。拾來的糞將來、熰着些火、熱手脚。

----

[15] 원문 '坐車'는 사람이 탈 수 있도록 자리를 만든 작은 수레를 말한다. 주로 부인들이 타고 다녔다.
[16] '臘月'은 주1 참조.
[17] '糞'은 주2 참조.
[18] '車綱子'은 주3 참조.
[19] '車釧'은 주4 참조.
[20] '車諫'은 주5 참조.
[21] '車頭'는 주6 참조.
[22] '車梯'는 주7 참조.
[23] '車廂'은 주8 참조.
[24] '車轅'은 주9 참조.
[25] '樓子車'는 주10 참조.
[26] '庫車'는 주11 참조.
[27] '驢騾大車'는 주12 참조.
[28] '驢駕轅車'는 주13 참조.
[29] '馬妳子車'는 주14 참조.
[30] '坐車'는 주15 참조.

乙 糞拾在筐子裏頭。收進來、休敎別人將去了。

甲 這車子折了車網子、輻條將來。

乙 可惜了、咱們後頭不修理那、車軸、車釧、車鐗、車頭、車梯、車廂、車轅、繩索都好。

甲 樓子車、庫車、驢騾大車、坐車兒、都好生房子裏放着。休敎雨雪濕了。

飜老 제81화 수레

甲 이제는 정히 섯드리니 하늘도 칩다. 주어 온 물똥 가져다가 블 무희워 손발 데워지라.

乙 물똥이 주어 광조리 안해 다마 잇느니 거두워 드려오고, 다룬 사룸 가져 가게 말라.

甲 이 술위 술윗 바횟 밧돌이 히여디도다. 살돌 가져오라.

乙 앗가올셔. 우리 후에 아니 슈리 ᄒ려? 술윗통, 술윗통앳 구믓 부리 돌이로 바가 잇는 쇠, 술윗통 구무 안히 달티 아니케 기조치로 바가 잇는 쇠, 술윗 앏 괴오는 나모, 술위 뒤 괴오는 나모, 술윗 두 녁 란간, 술윗 ᄂᆞᆺ, 바들 다 됴ᄒᆞ야 잇다.

甲 집 흔 술위, 자븐 것 넌는 술위, 나귀 노새 메우는 큰 술위, 트는 술위, 다 됴히 지븨 드려 노하 두고 눈비예 젓게 말라.

제82화 활쏘기 내기

[이 장면은 아마도 주인공들이 대도(大都)에서 사람들이 활쏘기 내기를 하는 것을 보고 그 장면을 이 과목으로 한 것으로 보인다. 따라서 주인공을 갑(甲), 을(乙)로 한다. -역자 주]

甲 이렇게 추우니 우리 멀리 과녁을[1] 세워 활쏘기 내기라도 하세. 양한 마리를 걸겠네.

乙 우리 여섯 사람이[2] 세 전통(箭筒)의 9대 화살로[3] 충분히 쏠 겁니다. 그러면 그쪽부터 쏘시오.

[甲쪽의 사람이 과녁을 맞혔다.]

甲 저쪽 사람이 크게 소리를 지르네[4]. 과녁에 맞았나 보이[5]. 잘 했어.

....

[1] 원문 '遠垜子'의 '垜子'는 표적을 가리킨다. 벽돌을 쌓아서 만들거나 또는 짚, 수숫대를 묶어 화살의 과녁을 만든다(《老朴集覽》). 활쏘기 시합에 대하여는 『의례(儀礼)』의 「향사례(鄕射礼)」에 자세한 설명이 있다. 원대(元代)에는 12월 하순에 몽고인 귀족들이 짚으로 만든 인형이나 개를 과녁으로하여 교대로 활을 쏘는 '사초구(射草狗)'라는 의식이 있었다(『元史』 권77 「祭祀」). 그리고 원(元) 웅몽상(熊夢祥)의 『석진지(析津志)』 「풍속·세기(風俗·歲紀)」에는 10월에 무관(武官)들이 행하는 '사포(射圃)'라는 행사에 왕세자가 세 개의 화살을 쏘아 높고 멀리 날아가게 하는 '개타장(開垜場)'이라는 의식이 있었다고 적고 있다.

[2] 원문이 '六箇人'으로 여섯 사람이 시합을 하는 것인데 세 사람씩 두 조로 갈라서 시합을 하는 것으로 보인다.

[3] 원문 '三棚兒'의 '棚'은 《飜老》의 '捌'이 옳다. '捌'은 화살을 넣는 통의 뚜껑을 가리키지만, 속된 말로는 세 개의 화살을 '一捌'이라고 하기 때문에 '三捌'은 9대의 화살을 말한다. 한 사람 당 3대씩이고 각 조 당 9대씩이 될 것이다.

[4] 원문 '人叫喚有'는 활 쏠 때에 과녁에 맞히었는지 상대방 조의 사람이 큰 소리로 알려 주는 것으로 보인다. 이 부분의 《飜老》은 원문의 차이가 있어서 의미가 다르다. 이것은 상대방 조가 끝나고, 이쪽이 쏘는 순서를 말하는 것으로 보인다.

[5] 원문 '大了也'의 '大了'가 원대(元代) 한어(漢語)에 "과녁에 맞히다"의 뜻이

[乙쪽의 사람이 실수로 잘못 쏘았다.]

乙 이번에 잘못 쏘았소. 조금 높이 쏘아보고[6] 활에서 손을 일찍 떼지 말고[7], 알맞게 쏘아요. 낮게 쏘면 화살이 중도에 땅에 떨어집니다.[8]

[乙쪽의 화살이 또 빗나갔기 때문에]

乙 어느 쪽이 이기든 지든 상관이 없네[9].

[甲 쪽이 계속 맞히니까]

甲 보게. 아직 이르지만[10], 이제 곧 화살 하나만 맞히면 그것으로 이쪽은 만점일세.

[마지막 화살을 맞혔기 때문에]

甲 이제 이겼네. 진편은 연회를 열고 한턱내게.

있는지는 분명하지 않다. 그러나 다음에 '拾好者'가 있어 이런 의미를 가졌을 가능성이 있다. 이렇게 해석했을 때에 비로소 전체 문맥이 잘 맞는다. 〈飜老〉에서도 이 부분을 "人叫喚大了 —사람들이 짓껄임을 크게 하다—"로 하여 문맥이 맞지 않는다.

[6] 원문의 '高射'에 대하여는 『사경(射経)』「보사병색(歩射病色)」에 "開弓勘手란 앞의 손이 너무 높고, 뒤의 손이 낮아서 수평을 이루지 못함을 말한다. 궁시(弓矢)의 앞뒤가 수평되지 못하면 화살은 똑바로 날아가지 않는다.

[7] 원문 '休小了'의 '小'는 '手小'를 말한다. 송(宋) 왕거(王琚)의 『사경(射経)』「보사병색(歩射病色)」에 "手小란 손을 斂定하여 활에서 일찍 손을 떼지 않는 것을 말함"이라는 설명이 있어, 활을 쏠 때에 늦게 화살을 놓으면 저절로 활 전체가 내려가고 얕게 쏘게 되어 화살은 과녁에 닿기 전에 떨어진다. 반대로 너무 일찍 놓으면 화살이 높이 떠서 과녁 위로 날라 가버린다. 乙의 동료가 너무 높이 쏘았으므로 '休小了'라고 한 것이다.

[8] 원문 '竄到'는 화살이 과녁에 닿기 전에 땅에 떨어져 버리는 것을 말하는 것으로 보인다. 〈飜老〉의 언해는 "흔들리면서 간다"라고 하였다.

[9] 원문 '由他'는 "운(運)에 맡기다, 어찌 되든 상관이 없다"의 뜻이다. 제32화 주2 참조.

[10] 원문의 "你覷未裏"의 '未裏'는 "아직"란 뜻이다. 甲이 연속해서 8대가 과녁에 맞았기 때문에 이제 하나가 더 남았지만 거의 이긴 것으로 본 것이다.

제82화 賭射箭

甲 似這般冷呵, 咱每遠垜子[11]放者射, 賭一箇羊。

乙 咱每六箇人[12], 三棚兒[13]箭句射也。那壁廂先射過來。

甲 人叫喚有[14], 大了也[15], 恰好者。

乙 射歪了也。高些箇射[16], 休小了[17]。低射呵竄到[18]也。

乙 誰贏誰輸由他[19]。

甲 你覷未裏[20], 暫霎兒更添一箇箭呵, 咱每滿也。

甲 已贏了也。輸了的做宴席者。

譯老 제82화 賭射箭

甲 似這般冷時、咱們遠垜子放着射、賭一箇羊。

乙 咱們六箇人、三捌兒箭勾射了。

甲 那邊先射過來。

乙 人叫喚大了。

甲 纔射的歪了。高些箇射、休小了。低射時竄到了。

乙 誰贏誰輸由他。

甲 你看、早裏、一會兒再添一枝箭時、咱們滿了。

甲 我贏了。輸了的做筵席着。

---

[11] '遠垜子'는 주1 참조.
[12] '六箇人'은 주2 참조.
[13] '三棚兒'는 주3 참조.
[14] '人叫喚有'는 주4 참조.
[15] '大了也'는 주5 참조.
[16] '高射'는 주6 참조.
[17] "休小了"의 '小'는 주7 참조.
[18] '竄到'는 주8 참조.
[19] '由他'는 주9 참조.
[20] '未裏'는 주10 참조.

飜老 제82화 활 쏘기 내기

甲 이리 치우니 우리 먼 솔 노하 두고 쏘아 흔 양 던져.

乙 우리 여슷 사름미 세 젼동 살로 유여히 쏘리로다.

甲 뎌녀기 몬져 쏘라.

乙 사름미 짓글휴믈 크게 ᄒᆞᄂᆞ다.

甲 앗가 쏘몰 기우로 ᄒᆞ야다. 놉ᄌᆞ시 쏘고 펴디게 말라. 놋가이 쏘면 근드거 가ᄂᆞ니라.

乙 뉘 이긔며 뉘 몯 이긔니오? 더뎌 두고셔.

甲 네 보라. 일엇다. 흔 디위 ᄯᅩ 살 ᄒᆞ나만 더으면 우리 ᄎᆞ리로다.

甲 내 이긔와다. 몯 이긔니ᄂᆞᆫ 이바디 ᄒᆞ라.

제83화 중국요리

甲 자, 중국요리를 만듭시다. 맨 처음은 수제비[1], 두 번째는 생선 탕, 셋째는 닭 탕, 넷째는 오연삼하과(五軟三下鍋)[2], 다섯째는 마른안주[3], 여섯째는 관폐(灌肺)와[4] 찐빵[5], 일곱째는 분갱(紛羹-탕 종류)[6]과 만두(饅

....

[1] 원문 '細紛'은 녹두(綠豆)의 전분(澱粉)으로 만든 일종의 수제비이다. 『동경 몽화록(東京夢華錄)』(권6)「십육일(十六日)」에 '과두세분(科斗細紛)'이란 음식 이름이 등장하는데, 그 형태는 '올챙이'와 같았다고 한다(中村喬;『宋代 の料理と食品』354쪽 참조). 〈飜老〉의 '団攛湯'은 언해에서는 '제법미상(製法未詳)'으로 되었으나 〈老朴集覽〉에 의하면 고기 경단이나 고기를 얇게 썬 것을 탕에 넣은 것, 또는 닭고기, 돼지 허파, 배를 아주 가늘게 썰어서 분피(紛皮)로 감싼 것을 넣은 탕이라고 한다.

[2] 원문은 '三下鍋'이다. 이것은 원(元) 홀사혜(忽思慧)의 『음선정요(飮膳正要)』 「취진이찬(聚珍異饌)」에 '삼하과(三下鍋)'가 있다. 그에 의하면 양(羊)의 족발을 '초과(草果)'(생강의 일종), '양강(良薑)'(山椒의 옛 이름)을 넣고 삶은 국물에 양의 뒷다리 고기로 만든 경단과 네모나게 썬 '기자(饅子)'(국수의 일종), 양의 발굽, 편식(扁食-만두)을 넣은 다음 후추, 소금, 식초로 맛을 낸 것이다. 〈飜老〉에서는 '오연삼하과(五軟三下鍋)'로 바뀌었는데 이 오연(五軟) 삼하과(三下鍋)는 〈飜朴〉上에도 보이며, 〈朴覽〉上의 해설에 의하면 "다섯 종류의 뼈가 없는 정육(精肉)을 얇게 썰어서 소금에 볶아 식초로 삶고 여기에 썬 파를 섞어서 먹는 것"이라고 하였다. 그러나 〈飜老〉의 언해문에는 '製法未詳'으로 되어있다.

[3] 원문은 '乾按酒'다. '안주(按酒)'가 술안주를 말한다면 '乾按酒'는 마른안주란 뜻일 것이다. 아마도 말린 고기나 생선 말린 것들을 말하는 것으로 보인다.

[4] 원문 '灌肺'의 '灌'은 그 속에 다른 조리품을 채운 요리를 말한다. '灌肺'는 『거가필용사류전집(居家必用事類全集)』「庚集」'음식류(飮食類)'에 의하면 "양의 심장이 달린 허파에 밀가루, 녹두가루, 생강 국물, 다진 깨, 다진 살구, 소금, 고기 국물 등을 섞어서 반죽한 것을 채워서 삶은 것"이라고 한다. 『동경몽화록(東京夢華錄)』, 『몽양록(夢粱錄)』 등에 빈번히 나타나는 송대(宋代)의 인기 요리의 하나였다.

[5] 원문 '蒸餠'은 "속이 들어 있지 않은 흰 빵류"를 말한다. 또 이것은 '취병(炊餠)'이라고도 하는데 고기나 야채를 넣고 싸서 먹는다. 〈飜老〉의 '투투멋(脫脫麻食)'은 앞에 든 『음선정요(飮膳正要)』「취진이찬(聚珍異饌)」에 '禿禿

頭)[7], 마지막으로 고기를 잘라 넣은[8] 물 마른 밥(水飯)으로[9] 끝을 내는 겁니다.

··

麻食, 係手撇麵'이란 설명이 있어 이것과는 다른 국수 종류임을 알 수 있다.

[6] 원문의 '紛羹'은 녹두를 갈아 만든 녹말로 가늘게 만든 국수가 들어간 탕 종류를 말한다. 이것도 또한 『동경몽화록(東京夢華錄)』, 『몽량록(夢粱錄)』 등에 빈번히 등장하는 음식 이름이다. 명(明) 호시(胡侍)의 『진주선(眞珠船)』(권5) 「紛羹」조에 "지금 사람들은 연회가 끝나면 꼭 분갱(紛羹)을 권하는 것은 그 연유가 아주 멀리 거슬러 올라간다. 송(宋) 진정민(陳正敏)의 『둔제한람(遯齊閑覽)』에 말하기를 태조(太祖)가 내연(內宴)에 명하여 먼저 분(紛)을 권하므로 두식(頭食)이라는 이름을 얻었다고 한다. 훗날 사람들이 연회가 끝나고 처음에 이 음식을 권하는 것은 대체로 그 맛을 잃게 되기 때문이다"라는 기사가 있다.

[7] 원문 '饅頭'는 "양고기 속을 넣은 만두, 羊肉饅頭"를 말한다. '饅頭'는 오늘날과 같이 고기 속을 넣은 것으로 현대 중국어의 '包子'에 해당된다. 여기서는 양육만두(羊肉饅頭)로서 양고기를 속으로 넣은 만두를 말한다. 〈飜老〉 및 〈飜朴〉上에서 '분탕(粉湯)과 만두(饅頭)'로 연을 끝내는 것은 『遯齊閑覽』의 기사에 부합되지만, 뒤의 '대육(擡肉)'이 다시 등장하는 것과는 모순이 된다.

[8] 원문은 '割肉'으로 이에 대하여는 명(明) 엽자기(葉子奇)의 『초목자(草木子)』 (권3,下)에 "北人의 茶飯은 開割을 중요시한다", 그리고 "湯食은 五가 아니면 七, 挈設을 割하여 散한다", " '挈設'은 대개 茶飯 중의 体薦(고기를 썰어서 상대에게 권함)이다. 호어(胡語-몽고어를 말함)로는 '설설(挈設)'이라고 한다. 상빈(上賓)에는 곧 양배피(羊背皮-양의 등 껍질), 마배피(馬背皮-말의 등껍질) 유(類)를 사용하고, 그 남은 손님(賓)에게는 앞다리 뒷다리(前手後手)의 유(類)를 사용함"이라는 기사가 있다. 즉 북쪽 사람(몽고인을 말함)의 연회에서는 마지막에 고기를 칼로 썰어 먹고는 끝을 보았던 모양인데 귀한 손님과 나머지 손님과 썰어 먹는 고기에 차이를 둔 것으로 보인다. 〈飜老〉와 〈刪朴〉에서는 이 부분을 삭제하여 중국풍의 식사로 만들었다. 또한 여기서 요리가 일곱 가지(七道)인 것도 『草木子』의 기사와 일치한다.

[9] 원문의 '水飯'은 "물에 말은 밥"을 말한다. 송(宋) 육유(陸游)의 『노학암필기(老學庵筆記)』(권2)에 실려 있는 금국(金國)의 사절(使節)을 대접하는 연회의 메뉴에서도 마지막에 '水飯'이 나온다. 그렇다면 여기서 '割肉水飯'은 '수반'에 썬 고기를 넣은 것으로 보인다. 『동경몽화록(東京夢華錄)』(권2)「음식과자(飮食果子)」에 '할육호병탕(割肉胡餅湯)'이 있다.

乙 야채나 과일이 갖추어져 있는지 점검해 봅시다. 준비가 잘 되었소, 안되었소?

甲 야채는[10] 오이, 가지, 파, 부추와 마늘, 무, 동과(冬瓜), 박, 겨자, 순무, 시금치[11], 다시마가[12] 있네.

술안주로는 기름에 튀긴 생선, 간(肝)과 곱창(大腸, 小腸), 머리, 발굽, 배, 뇌, 눈, 연골(軟骨), 귀가 있네.

과일은 대추, 곶감, 호두, 건포도, 용안(龍眼), 여지, 마른 은행, 수박, 참외, 귤, 석류, 배, 오얏, 잣, 단밤이 있네.

乙 고기는 다 익었겠지. 목 뼈, 등, 옆구리, 앞다리, 뒷다리, 가슴이 있지만 아니, 뒷다리가 하나 안 보이네.

甲 만두 속 만드는데 썼겠지.

乙 국도 요리도 모두 끝났네. 이제 해도 저물었으니 빨리 고기를 가져와서[13] 끝을 내도록 합시다.

甲 오늘 연회로 얼마나 술을 마셨나?

乙 30량 분의[14] 술을 마셔 버렸네.

甲 모두 합쳐 열 몇 명인데, 어찌 30량 분이나 되는 술을 마셨단 말인가?

乙 기껏 열 몇 명으로 모두 마실 수는 없겠지. 설마 아래 하인들이라고

---

[10] 원문 '藕菜'의 '藕'는 '연(蓮)'을 말하는데 여기서 '藕菜'는 야채를 총칭하는 것으로 보인다. 송(宋) 조훈(曹勛)의 『북수견문록(北狩見聞錄)』에 북방(北方)으로 연행되는 휘종(徽宗)이 상인들한테서 '취병우채(炊餠藕菜)의 類'를 받았다는 기사가 있다. 구운 떡과 야채를 말하는 것으로 볼 수 있다.

[11] 원문의 '赤根'은 〈飜老〉에서는 '시근치'로 언해되었다. 시금치를 말한다. 주25 참조.

[12] 원문의 '海帶'는 다시마를 말한다. 다만 『본초강목(本草綱目)』(권19)에는 '海帶'와 '다시마'를 별도로 들었음으로 여기서는 이들이 구별된 것으로 보인다. 다시마를 어떻게 먹었는지도 확실하지 않다.

[13] 원문 '擡肉'은 주7의 할육(割肉)의 '挈設'을 위하여 고기를 어깨에 메고 오는 것을 말한다. 〈飜老〉에서는 앞의 '割肉水飯' 부분을 삭제했기 때문에 이 말의 의미를 파악하지 못하였다.

[14] 제48화에서는 네 사람이 2량(兩)의 술을 마셨다.

마시지 않았다고는 할 수 없지 않은가?

甲 연회는 끝났네.

제83화 漢兒茶飯

甲 咱每做漢兒茶飯者。頭一道細粉[15], 第二道魚湯, 第三道雞兒湯, 第四道三下鍋[16], 第五道乾按酒[17], 第六道灌肺[18], 蒸餠[19], 第七道紛羹[20], 饅頭[21], 臨了割肉[22]水飯[23]打散。

乙 咱每點視這果子菜蔬, 看整齊那不整齊?

甲 這藕菜[24], 黃瓜, 茄子, 生葱, 薤蒜, 蘿蔔, 冬瓜, 胡蘆, 芥子, 蔓菁, 赤根[25], 海帶[26]。這按酒, 煎魚兒, 肝, 雙腸, 頭, 蹄, 肚兒, 腦子, 眼睛, 脆骨, 耳朵。這果子, 棗兒, 乾柿, 核桃, 乾葡萄, 龍眼, 荔枝, 乾杏, 西瓜, 甜瓜, 柑子, 石榴, 梨兒, 李子, 松子, 秒(炒)糖[27]蜜栗子。

乙 這肉都煮熟也。脖項骨, 背臂, 脇扇, 前膊, 後腿, 胸子, 却怎麼不見一

....

[15] '細紛'은 주1 참조.
[16] '三下鍋'는 주2 참조.
[17] '乾按酒'는 주3 참조.
[18] '灌肺'는 주4 참조.
[19] '蒸餠'은 속이 들어 있지 않는 흰 빵을 말한다. 〈飜老〉에서는 '투투맛'으로 언해되었는데 이것은 '脫脫麻食'의 언해로서 원래는 '禿禿麻食'이었으며 '증병(蒸餠)'과는 다른 국수류를 말한다. 주5 참조.
[20] '紛羹'은 만찬이 끝날 때쯤 먹는 가는 국수가 들어 있는 탕 종류이다. 〈飜老〉 및 〈飜朴〉上에서도 분탕(粉湯)과 만두(饅頭)로 만찬을 끝냈다. 주6 참조.
[21] '饅頭'는 주7 참조.
[22] '割肉'은 몽고인의 만찬에서 마지막에 고기를 썰어먹는 것을 말한다. 주8 참조.
[23] '水飯'은 만찬에서 마지막에 먹는 밥을 물에 섞은 음식이다. 주9 참조.
[24] '藕菜'는 모든 야채를 지칭하는 것으로 보인다. 주10 참조.
[25] '赤根'는 『본초강목(本草綱目)』(권27)에 보이는 '菠薐草'의 방언형으로 보인다. 주11 참조.
[26] '海帶'는 '다시마'를 말한다. 주12 참조.
[27] '秒糖'의 '秒'는 '炒'라고 써야한다. 볶는다는 뜻이며 아래의 '糖'에 이끌려서 '秒'라고 썼을 것이다.

箇後腿?

甲 饅頭餡兒裏使了也。

乙 湯水茶飯都了也。日頭落也。疾忙攞肉[28]阿散者。

甲 咱每今日宴席喫了多少酒?

乙 喫了三十兩[29]的酒。

甲 咱每通是十數箇人，怎麼喫三十兩的酒?

乙 且不則十數箇人喫。下頭伴當每徧不喫那?

甲 宴席散了也。

飜老 제83회 漢兒茶飯

甲 咱們做漢兒茶飯着。頭一道團攞湯、第二道鮮魚湯、第三道雞兒湯、第四道五軟三下鍋、第五道乾按酒、第六道灌肺、蒸餅、脫脫麻食、第七道粉湯、饅頭、打散。

乙 咱們點看這果子菜蔬、整齊麼不整齊?

甲 這藕菜：黃瓜、茄子、生葱、薤蒜、蘿蔔、冬瓜、胡蘆、芥子、蔓菁、赤根、海帶。這按酒：煎魚、羊雙腸、頭、蹄、肚兒、睛、脆骨、耳朵。這果子：棗兒、乾柿、核桃、乾葡萄、龍眼、荔支、杏子、西瓜、甛瓜、柑子、石榴、梨兒、李子、松子、炒糖蜜栗子。

乙 這肉都煮熟了。領項骨、背皮、肋扇、前膊、後腿、胸子、却怎麼不見一箇後腿?

甲 饅頭餡兒裏使了。

乙 湯水茶飯都完備了。日頭落了。疾忙攞肉時散着。

甲 咱們今日筵席喫了多少酒?

乙 喫了二兩銀的酒。

甲 咱們通是十數箇人、怎麼喫二兩銀的酒。

乙 也不只十數箇人喫。下頭伴當們偏不喫?

甲 這筵席散了。

---

[28] '攞肉'는 주7의 '설설(挈設)'과 관련이 있는 것으로 몽고인들이 연회의 마지막에 고기를 썰어먹는 풍속, 즉 '할육수반(割肉水飯)'을 위하여 고기를 어깨에 메고 오는 것을 말한다. 주8, 주13 참조.

[29] '三十兩'은 술의 양을 무게의 '량(兩)'으로 표시하였다.

飜老 제83화 漢兒의 차반

甲 漢兒의 차반 ᄒ져. 첫 ᄒᆞᆫ 도는 團撥湯/製法未詳, 둘재ᄂᆞᆫ 싱션탕, 셋재ᄂᆞᆫ 돍탕 製法未詳, 다ᄉᆞᆺ재ᄂᆞᆫ ᄆᆞ론 안쥬, 여슷재ᄂᆞᆫ 납폐 권ᄒᆞ니, 즁편, 투투멋, 닐굽재ᄂᆞᆫ 스면, 샹화, 각산홀 거시라.

乙 우리 이 과실와 ᄎᆞ소를 뎜고ᄒᆞ야 보져. 졍졔ᄒᆞᆫ가? 졍졔티 아니 ᄒᆞᆫ가?

甲 이 녇근 외, 가지, 파, 부ᄎᆡ, 마ᄂᆞᆯ, 댓무수, 동화, 박, 계ᄌᆞ, 쉿무수, 시근치, 다ᄉᆞ마. 이 안쥬ᄂᆞᆫ 믓고기 젼ᄒᆞ니, 양의 챵ᄌᆞ, 머리, 발, 양, 눈망울, 삭삭ᄒᆞᆫ ᄲᅧᆫ근, 귀. 이 과시ᄂᆞᆫ 대초, ᄆᆞ론 감, 당츄ᄌᆞ, ᄆᆞ론 보도, 룡안, 례지, 슬고, 슈박, 춤외, 감ᄌᆞ, 셕류, 비, 외엿, 잣, 사탕, ᄭᅮ레 조린 밤.

乙 이 고기 다 슬마 닉거다. 목쌔, 븨피, 녑발치, 앏엇게, 뒷다리, 흉ᄌᆞ, ᄯᅩ 엇디 ᄒᆞᆫ 뒷다리 업스뇨?

甲 샹홧 소해 쓰다.

乙 탕쇠와 차반이 다 ᄀᆞᆽ거다. 희 디ᄂᆞᆫ다. 섈리 대육 받ᄌᆞ와든 각산홀 거시라.

甲 우리 오ᄂᆞᆯ 이바디예 언멋 수를 머거뇨?

乙 은 두 량읫 수를 머거다.

甲 우리 대되 여라믄 사ᄅᆞ미 엇디 두 량 은읫 수를 머그뇨?

乙 ᄯᅩ 여라믄 사ᄅᆞ미 머글 ᄲᅮ니 아니라 아랫 번당은 독벼리 아니 머그려?

甲 이 이바디 각산ᄒᆞ야다.

제84화 무슨 병인가?

■漢 왠지 조금 머리가 아파서 어지럽네. 의원을[1] 청하여 맥을[2] 보고 무슨 병인지 봐달라고 해야겠소.

[의원이 말한다.]

■醫 당신은 맥이 강해졌다 약해졌다[3] 하는군요. 아마도 차가운 것을 먹고 탈이 난 것 같습니다.

■漢 어제 찬술을 너무 많이 먹었어요.

■醫 그러면 소화가 안 되기 때문에 머리가 아프고, 어지럽고, 식욕이 없는 가 봅니다. 내 이 약 가운데서 당신의 소화에 효과가 있는 약을 드릴 테니까 그것을 먹으면 나을 것입니다. 소비환(消痞丸)[4], 목향분기환(木香分氣丸)[5], 신궁환(神芎丸)[6], 빈랑환(檳榔丸)[7] 등의 몇 가지의 약 가운

---

[1] 원문 '太医'는 본래 궁중(宮中)의 의관(医官)을 가리키는데 송원대(宋元代)에서는 의사의 존칭으로 사용되었다. 명(明) 고기원(顧起元)의 『객좌췌어(客座贅語)』(권10)에는 홍무(洪武) 26년(1393)에 의사를 '太医·大夫·郎中'이라고 칭하는 것을 금했다는 기사가 있다. 그리고 여기서 병든 것은 漢人인 王客으로 보인다(제96화 참조).

[2] 원문 '脈息'은 원래 맥(脈)과 호흡(呼吸)을 가리키지만 구어(口語)에서는 맥(脈)을 의미한다.

[3] 원문은 '浮沈'이다. 〈老朴集覽〉의 설명에 의하면 원문의 '浮沈'은 '부맥(浮脈)'과 '침맥(沈脈)'을 말한다. 먼저 '부맥(浮脈)'은 맥이 강하여 만지기만 하면 알 수 있는 것을 말하고 반대로 '침맥(沈脈)'은 맥이 약하여 맥을 짚을 때에 세게 누르지 않으면 알 수 없는 것을 말한다. 맥이 강해지기도 하고 약해지기도 한다는 것은 맥이 흐트러져 있다는 의미다. 〈老朴集覽〉의 이 부분의 설명은 『철경록(輟耕錄)』(권19) '맥(脈)'에서 인용한 것이다.

[4] 원문 '消痞丸'은 송(宋) 진사문(陳師文)의 『태평혜민화제국방(太平惠民和劑局方)』(권10)에 "비전(秘伝) 신선소비환(神仙消痞丸)은 소아(小兒)의 모든 비질(痞疾)을 낫게 한다. 모두 한온(寒溫)이 조절되지 못하여, 유포절(乳哺節)을 잃거나 혹은 생냉(生冷)의 과자(菓子), 점식(粘食) 등의 음식을 담(啖)하고, 비위미약(脾胃微弱)하여 소화(消化)하지 못함에 인(因)한다"라는 설명이 있어 그 효능을 알 수 있다.

데 음식에 체한 것을 고치는 적당한[8] 약을 먹는 것이 **좋습니다**. 빈랑환(檳榔丸)을 한번 들어보세요. 식후에 먹되 매번 30알씩을 생강 다린 물에 드시오. 먹고 나면 내장이 움직입니다. 한 두 번 내장이 움직이면 식욕도 생길 것입니다. 그렇게 되면 우선 묽은 죽을 드셔서 체력을 보충하고 그 다음에 식사를 하는 것이 좋을 것입니다.

[다음 날, 의원이 와서 묻는다.]

🔲 조금 차도가[9] 있습니까?

🔲 오늘 아침은 죽을 좀 먹었습니다. 조금 좋아진 것[10] 같습니다. 내일이

....

[5] '木香分氣丸'의 '목향(木香)'은 국화과(菊花科)의 다년초(多年草). 그 뿌리를 말린 것은 건위제(健胃劑)로 사용된다. 『태평혜민화제국방(太平惠民和劑局方)』(권3)에 "목향분기환(木香分氣丸)은 모든 기역(氣逆), 심흉만민(心胸滿悶), 복협허창(腹脇虛脹), 음식불소(飲食不消), 건구(乾嘔)를 낫게 한다"라는 설명이 있어 건위(健胃) 하는 소화제임을 알 수 있다.

[6] '神芎丸'에 대하여는 송(宋) 양사영(楊士瀛)의 『인제직지(仁齊直指)』(권15)에 "신궁환(神芎丸)은 모든 열증(熱症)을 낫게 하고, 상복(常服)하면 보양(保養)한다. 담음(痰飲 – 가래 걸림)을 제거하여 주식(酒食)을 소화 시킨다"라는 효능에 대한 설명이 있다. 조선의 『동의보감(東医宝鑑)』「잡병편(雜病篇)」(권1)의 '하약(下藥)'조에 '신궁도수환(神芎導水丸)'이란 약명(藥名)이 보인다. '芎'은 천궁(川芎), 또는 궁궁이를 말하는 것으로 뿌리를 약용(藥用)으로 사용하는데 혈액순환을 돕는 약재로 쓰인다.

[7] '檳榔丸'은 빈랑수(檳榔樹)의 열매로 만든 약이다. 빈랑수는 야자과(椰子科)의 알렉카족에 속하는 상록수(常綠樹)로 높게 자란다. 주로 열대 아시아에서 재배되며 그 열매에는 강한 자극성이 있어서 기호품(嗜好品) 또는 약품으로 사용된다. 금(金) 장원소(張元素) 『병기기의보명집(病機氣宜保命集)』(卷中) '내상론(內傷論)'에 소화불량의 증상이 가벼운 경우는 '빈랑환(檳榔丸)'을 주로 사용한다고 하였으며 "매복(每服) 십오환(十五丸)에서 이십환(二十丸)에 이르는 것을 미음(米飲)과 함께 삼킨다. 생강탕도 또한 좋다"라는 복용하는 방법을 적어놓았다.

[8] 원문은 '堪中'이며 "적당한"으로 풀이하였다. 『원사(元史)』(권101) 「병지(兵志)」에 "감중(堪中)의 상호(上戸)를 골라 응당(応当)하게 함"이라는 기사가 있다. 주로 관청의 문서 등에서 사용되는 용어이다.

[9] 원문의 '較'는 차도가 있는 것을 말하며 몸이 좋아지는 것을 말한다.

라도 나으면 의원님께 깊은 감사의 인사를 드리겠습니다.

제84화 甚麽病?

漢 我有些腦痛頭眩, 請大醫[11]來胗候脉息[12], 看甚麽病。

[大醫說]

太 你脉息浮沉[13], 你敢傷著冷物來。

漢 我昨日冷酒多喫來。

太 那般呵, 消化不得上頭, 腦痛頭眩, 不思飮食。我這藥裏頭與你箇剋化的藥餌, 喫了便敎無事。消痞丸[14], 木香分氣丸[15], 神穹丸[16], 檳榔丸[17], 這幾等藥裏頭堪中[18]服可治飮食停滯, 則喫一服檳榔丸, 食後每服三十丸, 生薑湯送下, 喫了時, 便動臟腑。動一兩行時, 便思量飯喫。先喫些薄粥補一補, 然後喫茶飯。

[明日大醫來問]

太 你較[19]些箇麽?

漢 今日早晨纔喫了些粥, 較爭[20]些箇也。明日病疴了時, 大醫根底重重的酬謝也。

....

[10] 원문 '爭'은 역시 '차(差)'와 같고, 여기서는 병상이 좋아지는 것을 말한다. 『서상기(西廂記)』「사본사절(四本四折)」에 "猶自較爭些"라는 구절이 있다. 제5화 주10 참조.
[11] '太醫'는 주1 참조.
[12] '脈息'은 口語에서 맥(脈)을 의미한다. 주2 참조.
[13] '浮沉'은 맥이 흐트러진 것을 말한다. 주3 참조.
[14] '消痞丸'은 주4 참조.
[15] '木香分氣丸'은 주5 참조.
[16] '神芎丸'은 주6 참조.
[17] '檳榔丸'은 주7을 참조.
[18] '堪中'은 "적당한"이란 뜻이다. 주8 참조.
[19] '較'는 주9 참조.
[20] '爭'은 주10 참조.

飜老 제84화 看甚麼病

漢 我有些腦痛頭眩、請太醫來診候脉息、看甚麼病。

[太醫說]

太 你脉息浮沉、你敢傷着冷物來。

漢 我昨日冷酒多喫了。

太 那般時、消化不得、因此上腦痛頭眩、不思飲食。我這藥裏頭、與你些剋化的藥餌、喫了便教無事。消痞丸、木香分氣丸、神芎丸、檳榔丸、這幾等藥裏頭、堪服治飲食停滯、只喫一服檳榔丸、食後喫、每服三十丸、生薑湯送下、喫了時、便動臟腑。動一兩次時、便思量飯喫。先喫些薄粥補一補、然後喫茶飯。

[明日太醫來問]

太 你好些箇麼?

漢 今日早晨纔喫些粥、較好些了。明日病痊疴了時、太醫上重重的酬謝。

飜老 제84화 므슴 병고?

漢 내 져기 디고리 앏프며 머리도 어즐ᄒ예라. 의원 쳥ᄒ야다가 믹 자펴 보아지라. 므슴 병고 보라.

[의원이 닐오듸]

太 네 믹이 부ᄒ락 팀ᄒ락 ᄒᄂ다. 네 링므레 샹흔 둣ᄒ다.

漢 내 어제 츤 수울 만히 머고라.

太 그러면 스디 아니ᄒ여셔 이런 젼ᄎ로 디고리 앏프고 머리 어즐ᄒ고 음식 스랑 아니ᄒ오니라. 내 이 약 듕에 너를 쇼화ᄒ올 약을 주리니, 머그면 곧 ᄒ야곰 일업스리라. 藥名, 藥名, 藥名, 藥名, 이 여러 등 약 듕에 음식 머믄 것 고틸 거슬 머검즉 ᄒ니 오직 檳榔丸 흔 복만 머글 거시니, 食後에 머구듸 민 흔 복애 셜흔 환식 ᄒ야 싱앙 달힌 므레 ᄂ리우라. 머그면 쟝ㅂ위 동ᄒ야 흔두 번 동ᄒ면 곧 밥 먹고져 ᄒ야 스랑ᄒ리라. 몬져 몰근 죽 머거 보긔 흔 후에 음식 머그라.

[이튿날 의원이 와 무로듸]

太 네 져그나 됴커녀?

漢 오늘 아ᄎᆞᆷ ᄀᆺ 죽 머구니 져기 됴흐애라. 린실 병이 다 됴커든 의원ᄭᅴ 만히 은혜 갑고 샤례ᄒ리이다.

제5장

사람 사는 도리

이 장은 지금까지의 회화체 문장과는 달리, 산문체 문장으로 되었으며 내용도 여행 중에 일어나는 장면이 아니라 일종의 처세(處世)의 방법을 가르치는 것으로 바뀌었다. 따라서 회화체로 이어지던 이야기의 전개가 일시적으로 중단되었다. 아마도 원래에는 없었던 부분을 나중에 삽입하였을 가능성이 높다.

譯註 原本老乞大

제85화 인생을 즐기자.

우리는 해마다 달마다 날마다 유쾌하게 인생을 즐기고 춘하추동(春夏秋冬) 하루라도 무의미하게 버려서는 안 된다. 사람이란 것은 오늘 죽을지 내일 죽을지 모르는 것이니 건강할[1] 때에 즐기지 않으면 참으로 어리석은 사람이라고 아니 할 수 없다. 죽은 후에는 아무 것도 가지 못하고 자기 마음대로 못하는 것이다. 잘 달리는 말도 남들이 타고[2], 좋은 옷도 다른 사람이 입으며 예쁜 마누라도 남한테 가버리니 살아 있을 때에 어찌 즐기지 않을 수가 있겠는가?

제85화 每日快活

咱每每年每月每日快活, 春夏秋冬一日也休撒了。咱人今 日死的明日死的不理會得。安樂[3]時不快活呵, 眞箇呆人也。死的後頭, 不揀甚麼都做不得主張有。好行的馬[4]別人騎也, 好襖子別人穿也, 好媳婦別人根底去也, 活時節著甚麼來由不受用?

....

飜老 제85화 每日快活

....

咱們每年每月每日快活、春夏秋冬一日也不要撒了。咱人今日死的 明

....

[1] 원문은 '安樂'인데 제1화 주18에서 밝힌 바와 같이 '몸이 건강한 것'하다는 의미로 원대(元代)에 많이 사용되던 말이다. 즉 원곡(元曲)에 자주 등장하는 시(詩)에 "꽃은 다시 피는 날 있어도, 사람에게는 다시 오는 소년은 없다. 황금(黃金)을 귀하다고 하지 마라. 안락(安樂)이 가장 좋은 돈(錢)의 가치가 있다"라고 한다.

[2] 원문 '好行的馬'는 돈황(敦煌)에서 발견된 唐(당) 王梵志(왕범지)의 詩 '三惡道'(地獄)에 "沈淪하면 집안에 사람 있음을 알지 못하고, 옷이 있어도 입지 못하며, 말이 있어도 타지 못한다."라고 하면서 現世의 허무함을 설파하였다. 대체로 현세에 집착을 갖지 말라고 하는 것과는 달리 여기서는 살아 있을 때에 즐기라고 말하는 것으로 보인다.

[3] '安樂'은 주1 참조.

[4] '好行的馬'는 주2 참조.

日死的不理會得。安樂時不快活時、眞箇呆人。死的後頭、不揀甚麼都
做不得主張。好行的馬別人騎了、好襖子別人穿了、好媳婦 別人取了、
活時節着甚麼來由不受用?

翻老 제85회 우리 날마다 즐기세.

우리 히마다 둘마다 날마다 즐기고 春夏秋冬애 흐라도 더디디 마져. 우
리 사라미 오늘 주글 동 릭실 주글 동 모르는 거시니 편안흔 저긔 즐기디
아니흐면 진짓 어린 사르미어닛든. 주근 후에는 아모 것도 굴히디 몯흐야
다 쥬변 몯홀 거시니, 됴히 걷던 물도 다르니 투며, 됴흔 옷도 다르니 니브
며, 됴흔 겨집도 다르니 얻느니, 사라신 저긔 므슴 젼추로 쓰디 아니흐료?

제86화 성실하면 성공하고 속이면 실패한다.

대개 아이란 것은 어렸을 때부터 제대로 가르치고 어른이 되면 벼슬아치한테 보내어 일하게 하라. 제가 복이 있으면[1] 벼슬아치가 될 수도 있다. 만일 가르쳐도 입신(立身)하지 못하고 제대로 된 어른이 되지 못한다면 그것도 제 운명일 뿐이로다. 우리는 부모로서 마음을 다하여서 남에게 뒤떨어지지 않게 할 것이다. 너의 아이들이 만일 어른이 되면 세 갈래의 길에서(三條道)[2] 한가운데를 가게 하여라. 남의 것을 탐내지 말고 남의 것은 부러진 바늘이라도 줍지 않도록 하며 다른 사람이 옳으니 그르니 따지지 말도록 하여라. 만일 이러한 마음가짐으로 살아간다면 어떤 때에도 잘 자란 사람다울 것이다. 격언(格言)에 "성실함은 항상 잘 되며 속임수는 항상 실패한다."[3]는 말도 있지 않는가? 도둑질하지 말고 거짓말하지 말며 간사하거나 빤질거리지 말고 게으름을 피워서는 안 된다. 벼슬아치 앞에서 열심히 하지 않으면 하루라도 제대로 된 삶은 영위할 수가 없는 법이다.

제86화 老實常在, 脫空常敗

大槩人的孩兒, 從小來好教道的成人呵, 官人前面行也者。他有福

[1] 원문의 '福分'에 대해서 〈飜老〉의 언해에서는 '복과 분'이라고 하였으나 '福分'이 합쳐서 '타고난 행운', '복'이란 뜻을 나타낸다.

[2] 원문의 '三條道'는 삼차로(三叉路)를 말하고 "三條道兒中間裏行者"는 그 한가운데 길로 가는 것을 말한다. 즉 정도(正道)를 가라는 것이다. 『임풍자(任風子)』「雜劇」2折에 주인공이 '삼조로(三條路)' 중에서 "어느 길을 가야 하느냐'고 물으니 선인(仙人)인 마단양(馬丹陽)이 "헤매지 말고 正道를 가거라"라고 대답하는 장면이 나온다.

[3] 원문 '老實常在, 脫空常敗'는 또 '老實的終須在, 脫空的終須敗'라고도 하며 "성실한 것은 끝내 좋으며 속임수는 끝내 실패한다"는 뜻으로 원대(元代)에 널리 쓰이던 격언이었다. 원대(元代) 잡극(雜劇)의 『옥호춘(玉壺春)』(3折), 『호접몽(蝴蝶夢)』(4折), 『쟁보은(爭報恩)』(2折), 『포장합(抱妝盒)』(2折) 등에 이 구절이 上·下句 따로따로 대사에 나타난다. '脫空'은 "속임수, 엉터리"란 뜻이다.

分[4]呵，官人也做也者。若教道他不立身成不得人，也是他的命也者。咱每爲父母心盡了，不曾落後。你這小孩兒若成人呵，三條道[5]兒中間裏行者，別人東西休愛者，別人折針也休拿者，別人是非休說者。若依著這般在意行呵，不揀幾時成得人也者。常言道 "老實常在，脫空常敗"[6]。休做賊說謊，休奸滑懶惰。官人每前面出不得氣力行呵，一日也做不得人有。

飜老 제86화 老實常在 脫空常敗

大檗人的孩兒、從小來好教道的成人時、官人前面行着。他有福分時、官人也做了。若教道他不立身成不得人、也是他的命也。咱們盡了爲父母的心、不曾落後、你這小孩兒若成人時、三條路兒中間裏行着、別人東西休愛、別人折針也休拿、別人是非休說。依着這般用心行時、不揀幾時 成得人了。常言道 '老實常在、脫空常敗'。休做賊說謊、休姦猾懶惰。官人們前面出不得氣力行時、一日也做不得人。

飜老 제86화 고디시그니는 당샹 잇고 섭섭ᄒ니난 당샹 패ᄒᆫ다.

대개 ᄒ디 사ᄅᆞ미 ᄌᆞ식이 져믄 적브터 됴히 ᄀᆞᄅ쳐 사ᄅᆞᆷ 도의면 관원 앏픠 ᄃᆞ니다가, 져옷 복과 분곳 이시면 관원도 도의리라. ᄒ다가 져를 ᄀᆞᄅ쳐도 립신 몯ᄒ고 사ᄅᆞᆷ 도의디 몯ᄒ면 그도 제 명이어니ᄯ나. 우리는 부모 도의여 잇는 ᄆᆞᅀᆞ믈 다 ᄒᆞ야, ᄂᆞ믜게 뼈디디 말 거시라. 네 이 아ᄒᆡᄃᆞᆯ히 ᄒ다가 사ᄅᆞᆷ곳 도의면 세 가롯 길헤 가온디 ᄃᆞ닐 거시라. 다ᄅᆞᆫ 사ᄅᆞ미 거슬 ᄉᆞ랑티 말며, ᄂᆞ믜 것근 바ᄂᆞᆯ도 가지디 말며, ᄂᆞ믜 올ᄒ니 외니 니ᄅᆞ디 말라. 이다이 용심ᄒᆞ야 ᄃᆞ니면 아모 제라 업시 사ᄅᆞᆷ 도의리라. 샹녜 말ᄉᆞ매 닐오디 "고디시그니는 댱샹 잇고 섭섭ᄒ니는 댱샹 패ᄒᆫ다" ᄒᄂ니라. 도즉ᄒ기와 거즈말 니ᄅᆞ기 말며 간곡ᄒ고 아니 완츨ᄒ고 게으르기ᄃᆞᆯ 말라. 관원 앏픠 힘내 뼈 ᄃᆞ니디 아니ᄒ면, ᄒᆞᄅ도 사ᄅᆞᆷ 도의디 몯ᄒ리라.

---

[4] '福分'은 주1 참조.
[5] '三條道'는 주2 참조.
[6] "老實常在, 脫空常敗"는 주3 참조.

제87화 친구 사귀기

　　친구 사이에서는 자기 장점을 말하지 말고 자랑하지 말며 남의 단점을 비웃지 마라. 몽고사람들의 예를 들어 말하면 "당신은 정말 대단해"[1]라고 말하는 것은 좋아도 자기가 유능하다고[2] 말해서는 안 된다. 배는 물에서 나오면 육지로는 다닐 수 없으니까 뭍에서는 수레로 실어 나르는 것이다. 한 손으로 쳐서는 소리를 낼 수가 없으며 발 하나로는 걸을 수가 없는 것이다. 우리는 서로 양보하고[3], 서로 도우면서[4] 살아가는 것이 좋다. 그리고 친구의 좋은 점과 나쁜 점을 모두 서로 짊어지고 가는 것이다. 어떤 사람에게 좋은 점이 있으면 널리 자랑하여 말하고, 어떤 사람에게 나쁜 점이 있으면 숨겨 주는 것이다. 속담에도 "악한 것을 덮고, 착한 것을 들어낸다."[5]라는 말이 있다. 만일에 남의 미덕을 덮어두고, 남의 잘못을 들어내는 일이 있다면 그것이 가장 나쁜 짓이다.

제87화 掩惡揚善

　　伴當其間, 自家能處休說, 休自誇。別人落處休笑。達達家比喩說你了不得[6], 我傻儸[7]有, 那言語休說者。舡投水裏出來, 旱地裏行不得, 車子載著有。車子水裏去呵, 水裏行不得, 舡裏載著有。一箇手

---

[1] 원문의 '了不得'은 정도가 심함을 말하는데 여기서는 "유능하다"의 뜻으로 쓰인 것 같다. '了得'이라고 긍정형으로 말해도 의미는 같다.
[2] 원문의 '傻儸'는 "유능한, 총명한", 때로는 "교활한" 모습을 말한다. '嘍囉'라고도 쓰는데 "유능하다, 교활하다"의 뜻이다.
[3] 원문의 '將就'는 참고 양보한다는 의미이다. '遷就'라고도 쓴다.
[4] 원문의 '附帶'는 몸에 지니는 것을 말하는데, 여기서는 문맥으로 볼 때에 서로 돕는 것을 말하는 것으로 보인다.
[5] 원문의 '掩惡揚善'이란 말은 『춘추좌전(春秋左伝)』「희공(僖公)」 원년 두예(杜預)의 주에 나타난다.
[6] '了不得'은 주1 참조.
[7] '傻儸'는 주2 참조.

打呵響不得有。一箇脚行呵去不得有。咱每人厮將就[8]厮附帶[9]行
呵好有。更伴當每好的歹的都厮負荷著行。人有好處揚說者，人有
歹處掩藏者。常言道「掩惡揚善[10]」。若是掩人德，揚人非，最是歹
句當有。

飜老 제87화 隱惡揚善

火伴中間、自家能處休說、休自誇。別人落處休笑。船是從水裏出、
旱地裏行不得、須要車子載著。車子水裏去時、水裏行不得、須用船裏
載著。一箇手打時響不得。一箇脚行時去不得。咱們人厮將就厮附帶行
時好。又這火伴們好的歹的都厮扶助著行。人有好處揚說著、人有歹處
掩藏著。常言道、'隱惡揚善'。若是隱人的德、揚人的非、最是歹勾
當。

飜老 제87화 버듸 스시

　버듸 스시예 내 어딘 곧 니르디 말며, 내 몸 쟈랑 말며, 느믜 딘 곧 웃디
말라. 비는 므레셔조차 니고 무틔는 든니디 몯ᄒᆞ야 모로매 술위로 시르며,
술위는 므레 가면 므레 든니디 몯ᄒᆞ야 모로매 비로ᅀᅡ 싣ᄂᆞ니라. ᄒᆞᆫ 소ᄂᆞᆯ
티면 소리 나디 아니ᄒᆞ고, ᄒᆞᆫ 발로 거르면 가디 몯ᄒᆞᄂᆞ니라. 우리 사ᄅᆞ미
서르 둘우며 서르 더브사라 든니면 됴커니ᄯᅡᄂ. ᄯᅩ 이 벋돌히 됴ᄒᆞ니 구즈
니 다 서르 잡드러 든니며, 사ᄅᆞ미 됴ᄒᆞᆫ 곧 잇거든 펴 내여 니르며, 사ᄅᆞ미
사오나온 고디 잇거든 ᄞᅴ려 갈믈디니라. 샹녯 말ᄉᆞ매 닐오디 "사오나온 일
란 그ᄉᆡ고 됴ᄒᆞᆫ 일란 펴 낼 거시라" ᄒᆞᄂᆞ니라. ᄒᆞ다가 사ᄅᆞ미 어딘 일란
그ᄉᆡ고 사오나온 일란 펴 내요미 ᄀᆞ장 사오나온 이리라.

---

[8] '將就'는 주3 참조.
[9] '附帶'는 주4 참조.
[10] '掩惡揚善'은 주5 참조.

제88화 상전 섬기기

　　우리 아랫사람들이란 자는[1] 상전을 따라 다닐 때에 여기저기 말 내리는 곳에[2] 상전의 말을 이끌어다가[3] 잘 매어둔다. 살찐 말은 시원한 바람을 쐬게 하고, 여윈 말은 안장을 떼어내고 발을 묶어 풀밭에 놓아 주어 풀을 뜯어먹게 한다. 천막을 빠르게 치고, 요와 이불[4] 등을 정돈하여 장방에[5] 들여 놓아라. 안장과 재갈은 자기가 자는 방에 두고, 위에 담요(안롱)를 덮어두어라. 그렇게 한 후에 노구를[6] 안치고 빨리 식사를 만드는데 고기가 익었으면 건져내고 식사가 끝나면 공기나 그릇을 간수하여라. 상전이 쉬실 때에는 다른 하인에게 보살필 수 있도록 지키게 하라. 이렇게 조심해서 다녀야만 아랫사람이[7] 상전

---

[1] 원문 '奴婢的人'은 "남의 밑에서 종사하는 사람, 하인"이란 뜻으로 '奴婢'와는 다르다. 여기서는 "아랫사람"으로 풀이하였다. 주7 참조.

[2] 원문 '下馬處'는 "말에서 내리는 곳"이라는 의미보다는 숙박하기 위하여 머무는 것을 말하는 것으로 보인다. 특히 북방민족들이 지방을 여행할 때에 천막을 치고 야영하기 위하여 말을 세워 내리는 것을 말하는 것 같다. 벼슬아치가 부임(赴任)하는 것도 '하마(下馬)'라고 한다.

[3] 원문 '牽控拿者'는 "말의 고삐를 잡아 이끌어 가는 것"을 말한다.

[4] 원문의 '鋪陳'은 "나란히 늘어놓는다"는 뜻인데, 여기서는 요, 이불 등의 침구(寢具)를 정리함을 말한다. 『연환계(連環計)』 「雜劇」 3折에 "포진(鋪陳)을 수습(收拾)하여 나는 부인(夫人)과 헐식(歇息, 쉬다)하자"라는 구절이 있다.

[5] 원문 '房子'는 '방'이란 의미지만 여기서는 천막 속의 방, 즉 '장방(帳房)'을 말한다.

[6] 원문 '鑼鍋'는 이미 우리말의 외래어가 되어 '노구'가 그대로 사용되었다. 야영할 때에 쓰는 솥을 말한다. 제79화 주2를 참조.

[7] 원문 '在下人'은 관인(官人) 가운데 윗사람을 섬겨야 할 아랫사람이다. 『주자어류(朱子語類)』(권62)의 『중용(中庸)』을 둘러싼 의론 가운데 "앞서 南軒 上殿의 文字를 보니, 대개 人主를 扶持한다는 心術을 말씀하시기를, 또한 在下人의 心術이 마땅히 필요하며 그래야 비로소 扶持함을 얻을 수 있다"라는 설명이 있는 것을 비롯하여 송대(宋代) 이후의 많은 경서(経書) 해석에 이 말이 사용되는 것이 주목된다. 여기서 "人主를 扶持"한다는 '扶持(부

을[8] 섬기는[9] 도리가 되는 법이다.

제88화 做奴婢

咱每做奴婢的人[10], 根著官人每行呵, 這裏那裏下馬處,[11] 將官人的馬牽控拿者[12]。好生絟著。肥馬涼者, 瘦馬鞍子摘了, 絆了脚, 草地裏撒了, 敎咽草。布帳子疾忙打起者。鋪陳[13]整頓者。房子[14]裏搬入去者。鞍子, 彎頭自己睡臥房子裏放者。上頭著披氈蓋者。那的之後, 鑼鍋[15]安了者。疾忙茶飯做者。肉熟也撈出來。茶飯喫了呵, 椀子家具收拾者。官人每睡了時, 敎一箇件當伺候者。若這般謹愼行呵, 便是在下人[16]扶侍[17]官長[18]的道理。

. . . .

飜老 제88화 做奴婢

. . . .

咱們做奴婢的人、跟着官人們行時、這裏那裏下馬處、將官人的馬牽着、好生絟着。肥馬涼着、瘦馬鞍子摘了、絆了脚、草地裏撒了、敎喫草。布帳子疾忙打起着。鋪陳整頓着。房子裏搬入去着。鞍子、彎頭自己睡臥房子裏放着。上頭着披氈盖着。那的之後、鑼鍋安了着。疾忙茶

. . . .

지)'는 '扶侍'와 같은 뜻으로 "섬기다"는 뜻이다. 주9 참조.
 [8] 원문 '官長'은 고위직의 관인(官人)을 말하는데 '長官'이라고도 쓴다. 元代에는 皇帝가 몽고인으로 官을 임명하고 官이 현지에 가서 漢族으로 吏를 임명하는 '官吏' 제도를 가졌다(『吏學指南』, 여기서는 상전으로 풀이).
 [9] 원문 '扶侍'는 "섬기다"는 뜻으로 '伏侍', '伏事', '服事'라고도 쓴다. '扶持'도 같은 뜻이다.
[10] '奴婢的人'은 주1 참조.
[11] '下馬處'는 주2 참조.
[12] '牽控拿者'는 "말의 고삐를 잡고 이끌어 가다"의 뜻. 주3과 제75화 주6 참조.
[13] '鋪陳'은 주4 참조.
[14] '房子'는 주5 참조.
[15] '鑼鍋'는 주6 참조.
[16] '在下人'은 주7 참조.
[17] '扶侍'는 주9 참조.
[18] '官長'은 주8 참조.

飯做着。肉熟了撈出來。茶飯喫了時、椀子家具收拾了。官人們睡了時、敎一箇火伴伺候着。若這般謹愼行時、便是在下人扶侍官長的道理。

飜老 제88화 아랫 사ᄅᆞ미 노연 셤기ᄂᆞᆫ 일

우리 죵 도의여 잇ᄂᆞᆫ 사ᄅᆞᆫ 노연네 조차 ᄃᆞ닐 제, 여긔 뎌긔 ᄆᆞᆯ 브린 디 노여늬 ᄆᆞᆯ롤 잇거다가 됴히 미오, 술진 ᄆᆞᆯ란 서늘케 ᄒᆞ고, 여윈 ᄆᆞᆯ란 기르마 밧기고, 발 지달 쓰고, 기ᄂᆞᆫ ᄯᅡ해 노하 ᄒᆞ야곰 플 먹게 ᄒᆞ고, 뵈 댱을 ᄲᆞᆯ리 틱고, 딜애 그즈니 ᄶᅵᆯ오, 방의 올마 들오, 기르마와 굴에란 내자ᄂᆞᆫ 방의 노코, 우희 안롱으로 둡고, 그리ᄒᆞᆫ 후에 노고 안치고, ᄲᆞᆯ리 차반 밍ᄀᆞᆯ오, 고기 닉거든 건뎌 내오, 차반 머거든 사발와 그릇 벼ᄅᆞᆯ 간슈ᄒᆞ고, 노연둘히 자거든 ᄒᆞᆫ 동모 ᄒᆞ야 보슓펴 딕후ᄒᆞ게 ᄒᆞ라. 만이레 이리 조심ᄒᆞ야 ᄃᆞ니면 곧 이 아랫 사ᄅᆞ미 노연 셤기ᄂᆞᆫ 이리어니ᄯᆞ나.

제89화 친구는 서로 돕고

우리가 친구로 사귀어[1] 다니려면 "너는 나쁘고 나는 좋다"라는 말은 하지 마라. 친구의 체면을[2] 잃게 하지 마라. 아주 친하고 사이좋게 지내려면 같은 부모에서 태어난 형제처럼 상대를 대하여 신경을 쓰는[3] 법이다. 친구가 만일 난처하게 되어 수중에 용돈이[4] 없으면 자기 돈을[5] 아낌없이 친구에게 빌려주고 쓰게 해라. 친구가 만일 운이 나빠 관청의 소송에[6] 휘말리었다면 여러 친구들이 모두 제일 먼저 도와주어라. 만일 도와주지 않으면 남들한테 욕을 먹지 않을 수 있겠는가? 만일 병들었다면 모르는 척을 하지 말고, 의사를 불러 약을 먹게 하여 치료해 주어라. 아침 일찍부터 저녁 늦게까지 떠나지 말고 약을 다려 주거나 뜨거운 물을 끓여주어 돌봐주어라. 만일 그렇게 돌봐주면[7] 설사 열(十)의 심한 병이라도 다섯(五) 정도의 병으로 가벼워질 것이다. 친구가 병들었는데 모르는 척하고 돌봐주지 않으면 그 병자는 친구의 정분이 없다고 생각하고 슬퍼하여 설사 다섯 정도의 병이라도 열 정도로 나빠질 것이다.

....

[1] 원문 '結相識'의 '相識'은 "아는 사람, 친구"의 뜻으로 이 구절은 "친구를 사귀다"로 해석할 수 있다.
[2] 원문의 '面皮'는 "얼굴, 체면"의 뜻으로 쓰였다. 제47화 주6 참조.
[3] 원문의 '顧盼'는 "걱정하다, 마음을 쓰다"의 뜻이다. '顧盼'이라고 쓰는 것이 옳지만 '盼'는 자주 '盻' 대신에 사용된다. "걱정하다"의 뜻이다.
[4] 원문 '盤纏'은 "생활비, 여비" 등의 용돈을 말한다. 제9화 주5 참조.
[5] 원문 '錢物'은 '돈'을 말한다. 제20화 주3 참조.
[6] 원문 '官司口舌'의 '官司'는 관청을 말하고 '口舌'은 "말다툼, 소동"을 의미함으로 관청의 소송을 말한다. 보통 관재수(官災數)가 있다고 말하는 경우로 보인다.
[7] 원문 '覰當'의 '覰'는 "보다, 돌보다"의 의미를 가졌고 '當'은 의미가 없는 접미사이다. 이 어휘는 원(元)대의 잡극(雜劇)에 자주 사용되었다. 다음에 오는 '照覰'도 같은 뜻이다.

제89화 接濟朋友

咱每結相識[8]行呵, 休說那你歹我好, 朋友的面皮[9]休敎羞了. 親
熱和順行呵, 便是一箇父母生來的弟兄[10]一般斯相待斯顧盼[11]著
行. 朋友每若困中無盤纏[12]呵, 自己錢物[13]休愛惜, 接濟朋友敎使
者. 朋友若不幸遭著官司口舌[14]呵, 衆朋友每向前救濟者. 若不救
呵, 傍人不唾罵那甚麼? 有些病疾呵, 休迴避. 與請大醫[15]下藥看治
者. 早起晚夕休離了, 煎湯煮水問候者. 若這般斯覰當[16]呵, 便有十
分病也減了五分. 朋友有些病疾, 迴避著不照覰, 那病人想著沒朋友
情分, 悽惶呵, 縱有五分病添做十分也者.

飜老 제89화 接濟朋友

咱們結相識行時、休說你歹我好、朋友的面皮休敎羞了. 親熱和順行
時、便是一箇父母生的弟兄一般、相待相顧盼着行. 朋友們若困中沒盤
纏時、自己錢物休愛惜、接濟朋友們使着. 朋友若不幸遭着官司口舌
時、衆朋友們向前救濟着. 若不救時、傍人要唾罵. 有些病疾時、休迴
避、請太醫下藥看治着. 早起晚夕休離了、煎湯煮水 問候着. 若這般相
看時、便有十分病也減了五分. 朋友有些病疾、你不照覰他、那病人想
着沒朋友的情分、悽惶時、縱有五分病添做十分了.

飜老 제89화 벋 지어 돈룔디면

우리 벋 지서 돈룔디면 너 사오나오니 나 어디로니 니르디 말며, 벋븨의

---

[8] 주1 참조.
[9] 주2 참조.
[10] '弟兄'은 '형제(兄弟)'이다. 제12화 주4 참조.
[11] '顧盼'는 주3 참조.
[12] '盤纏'은 주4 참조.
[13] '錢物'은 주5 참조.
[14] '官司口舌'은 주6 참조.
[15] '太医'는 제84화 주1 참조.
[16] '覰當'과 다음 행 '照覰'는 "돌보다"의 뜻이다. 주7 참조.

눗갓 붓그리게 말라. 스랑ᄒ고 화동ᄒ야 ᄃ니면 곧 ᄒᆫ 부모의게 난 형뎨와 ᄒᆞᆫ가지니, 서르 디졉ᄒ며 서르 보솔펴 ᄃ니라. 번둘히 ᄒ다가 어려온 제 ᄈᆞᆯ 것 업슨 저긔, 내 쳔 앗기디 말오 번둘ᄒᆯ 주워 쓰게 ᄒ라. 버디 ᄒ다가 됴티 몯ᄒ야 구위죵과 구셔렛 일글 맛나 잇거든, 모든 번둘히 나ᅀᅡ가 구졔 ᄒ라. ᄒ다가 구티 아니ᄒ면 겨팃 사롬이 춤 받고 ᄭᅮ지즈리라. 병ᄒ야 잇거든 에도디 말오, 의원 쳥ᄒ야 약 뻐 보솔펴 고티며, 아춤 나조히 ᄠᅥ나디 말오, ᄐ 달히며 믈 더이며 병중 무르라. 이러ᄐ시 서르 간슈ᄒ면, 곧 열 분 만ᄒᆫ 병이라도 닷 분이나 딜리라. 버디 병ᄒ야 잇거든 네 보솔피디 아니 ᄒ면, 뎌 병ᄒᆞ니 녀교디 버딘 ᄠᅳ디 업세라 ᄒ야 슬허ᄒ면, 비록 오 분 만ᄒᆫ 병이라도 [닷 분만 병이라도][17] 더어 열 분이 도의여 가ᄂᆞ니라.

---

[17] 〈飜老〉에 이 부분은 원문이 없다.

제90화 버린 자식(1)-방탕한 생활

　　우리가 세상사람 중에 사나이로서 살아가자면 자기 조상의 명성을[1] 훼손해서는 안 된다. 모든 일을 근신(勤愼)하여 행하면 훌륭한 사나이가 된다. 부모의 명성을 더럽히면[2] 남들이 욕할 것이다. 부모가 살아 계실 때에 집안의 법도나 명성도 훌륭하고, 논밭과 큰집도[3] 있을 것이며, 크고 작은 가축도[4] 있었을 것이고, 부리는 일꾼[5] 노비(奴婢)

[1] 원본의 '名聽'은 〈飜老〉의 '名聲'과 같은 뜻이지만, 때로는 다른 의미로도 쓰인다. 원(元)의 한아언어(漢兒言語) 자료에서도 이 말의 사용이 더러 보이는데 원(元) 관운석(貫雲石)의 『직해효경(孝経直解)』에 "身己上有好的名聽, …身己不落在夕名聽裏"(자신의 몸에는 항상 좋은 평판이 있고, 나쁜 평판으로 떨어지는 일이 없다)에서는 '평판'의 의미가 있고 『계차청전(啓箚靑錢)』 「전집(前集)」(권10) '문답기담(問答綺談)'에 "久聞哥的名聽, 無便根隨-형의 명성은 오래도록 듣고 있었습니다만, 가까워질 기회가 없었습니다-"라는 예에서는 '명성'으로도 사용되었음을 알 수 있다.

[2] 원문 '辱磨'는 "부끄럽게 하다"는 뜻이나 여기서 문맥에 맞추어 "더럽히다"로 번역한다. 雜劇 등의 資料에서는 '辱沒', '辱抹', '辱莫' 등 여러 가지로 쓴다.

[3] 원문 '物業'은 주로 부동산을 말한다. 『죽오청금(竹塢聽琴)』「잡극(雜劇)」 '설자(楔子)'에 "家私裏外, 田産物業"이란 구절이 있다. 여기서 '家私'는 '가계(家計)'와 같으며 가재(家財), 즉 동산(動産)을 말한다면 '物業'은 부동산을 가리킨다. 여기서는 "논밭과 집"으로 해석하였다.

[4] 원문 '孳畜頭匹'의 '孳畜'은 가축(家畜), 주로 작은 가축을 말한다. 원(元) 서원서(徐元瑞)의 『이학지남(吏學指南)』 '양천자산(良賤孳産)'에 이 말의 뜻이 설명되었다. 또 '頭匹'은 말, 소와 같은 큰 가축을 말한다. 『이학지남(吏學指南)』 '양천자산(良賤孳産)'에 "頭疋(匹과 같음)은 우양(牛羊)의 유(類)를 두(頭)라고 하여, 타마(駝馬-낙타나 말)의 유(類)를 필(疋)이라고 함"이라는 설명이 있다(정광·정승혜·양오진, 2002).

[5] 원문 '人口'는 전술한 『이학지남(吏學指南)』 '양천자산(良賤孳産)'에 "동거(同居)하는 가속(家屬)을 인(人)이라 하고 부리는 구천(驅賤)을 구(口)라고 함"이란 설명이 있어 동거하는 식객이나 하인들을 모두 의미하는 것으로 되었지만(정광·정승혜·양오진, 2002), 여기서는 노복(奴僕)의 의미로 사용한 것 같다. 왜냐하면 제95화에서 몰락한 주인이 인구(人口)를 판다는 구절이 있어 사고 팔 수 있는 종을 의미하는 것으로 보아야 할 것이다.

도[6] 있었을 것이나, 부모가 돌아가시고 나서는 남아 있는 자손들이 가업(家業)에[7] 힘쓰지 않고, 아첨이나 잘 하고[8] 게을러서 놀기 좋아하는 나쁜 놈들과[9] 친구가 되어서[10] 매일 찻집이나 술집을 드나들고 기생집에서 돈을 헛되게 쓰고 있다. 친척들이나 동네 노인들[11], 시골 노인들이[12] 충고하여 말하기를 "그대는 어찌 깨닫지 못하고 눈이 뒤집혀 마음을 잃었는가?"라고 하면 대꾸하기를 "쓴다고 하지만 쓰는 것은 내 돈이고, 없앤다고 하지만 없애는 것도 내 돈이오, 당신들이 무슨 상관이오?"라고 한다. 그래서 다들 두 번 다시 아무 소리를 안 하고, 그 아이가 돈 버리는 것을 그대로 놔둔다. 매일 십여 명의 아첨 잘 하는 놈의 처와 아이가 그 집에서 먹고 입는 것은 모두 이 바보가

....

[6] '奴婢'는 전술한 『이학지남(吏學指南)』 '양천자산(良賤孳産)'조에 "노비(奴婢), 지금은 구구(驅口)라고 통칭함"이라는 기사가 있어 구구(驅口)의 의미로 사용되었음을 알 수 있다. '구구(驅口)'는 전쟁 중에 포로가 되어 노예가 된 남녀를 말한다. 제39화 주8 참조. 여기서는 人口 奴婢가 복합어가 되어 가복(家僕)의 의미로 쓰인 것으로 보인다.

[7] 원문 '營生'은 "생업(生業), 가업(家業)"을 말한다.

[8] 원문 '幫閑'은 "남의 비위를 잘 맞추는 남자"를 말한다.

[9] 원문 "潑男女"의 '潑'은 '발천(潑賤)'이라고도 하는데 "아무런 쓸모가 없다, 천하다"라는 뜻으로 남에게 욕할 때에 쓰는 말이다. '男女'는 원래 아이를 뜻하였는데 훗날에 고용인의 자칭이 되었다가 사람을 욕하는 말로 바뀌었다.

[10] 원문 '狐朋狗党'은 "나쁜 노름 친구"를 말한다. '狐群狗党'이라고도 하며 원(元)의 잡극(雜劇)에는 다수의 예가 있다. 다만 여기서는 동사로 사용하여 "나쁜 친구를 사귀다"는 뜻이 되었다.

[11] 원문 "街坊老的每"의 '街坊'은 "근처, 동내, 또는 근방에 사는 사람"을 말한다. 제12화 주3 참조.

[12] 원문 "莊院老的每"의 '莊院'은 시골에 있는 큰 저택을 말하므로 "시골 장원에 있는 노인들"이란 뜻이 된다. 따라서 원래 의미가 거기서 일하는 노인, 혹은 소작(小作)의 노인들이 만류했다는 말로 추측된다. 원대(元代) 희곡 『남녀단원(兒女団圓)』「잡극(雜劇)」1折에 시골 부자가 첩을 자기 집에 두지 못하기 때문에 '莊院人家'에 숨겨두려고 했다는 장면이 있으나 이것은 소작인의 집을 말한다.

쓴 돈이다. 말을 탈 때에도 50정(定)이나[13] 하는 잘 달리는 말을 타고, 안장은 유행하는 나무에 조각한 안교(鞍橋)이고[14], 그 위를 비단으로 감싸서[15] 모두 합하여 50정(定)의 보초(寶鈔)를 쓴다.

제90화 執迷着心(1)-狐朋狗黨

咱每世上人, 做男兒行呵, 自己祖上名聽[16]休壞了。凡事要謹愼行呵, 卓立男兒人。父母名聽辱磨[17]了呵, 別人唾罵也。父母在生時, 家法名聽好來, 田産物業[18]有來, 孳畜頭匹[19]有來, 人口[20]奴婢[21]有來。爺娘亡沒之後, 落後下的孩兒每不務營生[22], 敎些幇閑[23]的潑男女[24], 狐朋狗黨[25], 每日穿茶房入酒肆, 妓女人家胡使錢。衆親眷,

----

[13] 원문 '五十錠'은 중통초 '50정(定)'을 말하는 것으로 당시 가격으로는 태마(駄馬) 10마리의 값이다. 제62, 63화 참조.

[14] 원문 "鏨木轎子"의 '轎子'는 '안교자(鞍橋子)'를 가리키는데 말안장의 앞뒤에 튀어나온 부분을 말한다. 제75화 주3 참조. 따라서 "鏨木轎子"는 나무에 조각을 붙인 안장을 말하는 것으로 보인다. 〈飜老〉에서는 "은 입ᄉᆞᄒᆞᆫ 스겨넷 됴ᄒᆞᆫ 기르마ㅡ은(銀)을 입사(入絲)하여 새겨 넣은 좋은 안장ㅡ" 으로 번역하였다.

[15] 원문 "上頭打角"의 '打角'에 대하여 송(宋) 유창시(劉昌詩)의 『호포필기(芦浦筆記)』(권3)에 "包裏를 打角이라고 함"이란 설명이 있고 원(元)의 『비서감지(秘書監志)』(권3)에서는 서적을 넣는 버드나무 상자(고리, 柳箱) 등을 '打角物件'이라고 하였다. 이로 보아 '打角'은 "포장하는 것"이란 뜻으로 보이고 따라서 '上頭打角'은 "안장의 위를 명주 등으로 감싸는 것"이 아닐까 하나 자세한 것은 알 수 없다.

[16] '名聽'은 주1 참조.

[17] '辱磨'은 주2 참조.

[18] '物業'은 주3 참조.

[19] '孳畜頭匹'은 주4 참조.

[20] '人口'는 주5 참조.

[21] '奴婢'는 주6 참조.

[22] '營生'은 주7 참조.

[23] '幇閑'은 주8 참조.

[24] '潑男女'의 '潑'은 주9 참조.

[25] '狐朋狗党'은 주10 참조.

街坊[26]老的每, 莊院[27]老的每, 勸道「你爲甚麼省不得, 執迷著心?」
迴言道「使呵使了我的錢。壞呵壞了我的家私。干恁甚麼事?」因那
上頭, 衆人再不曾勸, 信著他胡使錢。每日十數箇幇閑的, 家裏媳婦
孩兒, 喫的, 穿的都是這呆厮的錢。騎馬呵, 五十錠[28]的好竄行
馬[29]。鞍子是時行的鑿木轎子[30], 上頭打角[31], 通使五十錠鈔。

飜老 제90화 執迷着心(1)-狐朋狗黨

咱們世上人、做男兒行時、自己祖上的名聲休壞了。凡事要謹愼行
時、卓立的男子。父母的名聲辱磨了時、別人唾罵也。父母在生時、家
法名聲好來、田産家計有來、孳畜頭口有來、人口奴婢有來。爺孃亡沒
之後、落後下的孩兒們不務營生、敎些幇閑的潑男女、狐朋狗黨、每日
穿茶房入酒肆、妓女人家胡使錢。衆親眷、街坊老的們、勸說、'你爲甚
麼省不得、執迷着心?' 迴言道、'使時使了我的錢、壞時壞了我的家私、
干你甚麼事?' 因此上、衆人再不曾勸他、隨着他胡使錢。每日十數箇幇
閑的、家裏媳婦孩兒、喫的、穿的都是這呆厮的錢。騎的馬、三十兩一
疋好驢行馬。鞍子是時樣減銀事件的好鞍轡、通使四十兩銀。

飜老 제90화 버린 자식(1)-여스 번 지스며 가히와 물 지셔

우리 세샹앳 사름미 남지 드외여 돈닐딘댄, 내 조샹 명셩을 흐야브리디
말오, 믈읫 이룰 조심흐야 둔니면 어딘 남지어니쓰나. 부못 명셩을 더러이
면 느미 춤 받고 구지즈리라. 부뫼 사라 겨신 저긔 家庭엣 법령과 명셩이
됴흐며 던디 가산도 이시며, 기른논 효근 즘싱과 굴근 즘싱도 이시며, 더브
릿는 사름며 죵돌도 잇다가, 부뫼 업스신 후에 훗즈식둘히 사롤 일 일우
기 힘쓰디 아니흐고 노룻흐며 홍뚱여 놀며, 보피흐는 남진 겨집돌흐야 여스
번 지스며 가히와 물 지셔 미실 차 프는 지븨 뻬 나둘며, 술 프는 져제와

----

[26] '街坊老的每'는 주11 참조.
[27] '莊院老的每'는 주12 참조.
[28] '五十錠'은 주13 참조.
[29] '竄行馬'는 "빨리 달리는 말"이다. 제61화 주24 참조.
[30] '鑿木轎子'는 주14 참조.
[31] '上頭打角'는 주15 참조.

녀기의 지븨 드러가 간대로 쳔 쓰거든, 모든 아슴과 이웃짓 늘그니둘히 말
여 닐오디 "네 엇디 씨드라 숡피디 몯흐는다?" 흐야든 므슴몰 어리워 가지고
셔 디답흐요디 "뻐도 내 쳔 쓰며 흐야ᄇ려도 내 짓 거슬 흐야ᄇ리느니 네게
므스 이리 브트뇨?" 이러홀시 모든 사ᄅ미 노의여 말이디 아니흐니 제 므슴
으로 쳔 간대로 뿌디, 미실 여라믄 노룻바치 지빗 겨집과 아히의 머글 것
니블 거시 다 이 어린 노믜 쳔이라. 투는 ᄆ론 은 셜흔 량 ᄡ온 흔 피리 ᄀ장
건는 ᄆ리오, 기르마는 시톄옛 은 입ᄉ흐욘 ᄉ겨넷 됴흔 기르마 굴에둘히
대되 마순 량 은 뻐 잇고.

제91화 버린 자식(2)-사철의 사치한 옷

옷을 입을라치면 사철 따라 옷을 입는데 날마다 한 벌은 벗고 한
벌은 갈아입는다. 봄에는 좋은 보라색 비단에[1] 수를 넣은 소매가 없는
겉옷에[2] 허리에는 빨간 허리띠로[3] 조여 맨 하얀 비단 더그레를 입고
매화 무늬의 비단으로 만든 겉옷에[4] 하얀 깁의 단삼(單衫)을 입는다.
여름이 되면 좋은 극세(極細) 모시의 적삼에 위에 수를 넣은 형갈색(荊
褐色)의 비단으로[5] 만든 소매가 없는 겉옷이나 하얀 깁으로 만든 도포
를 입는다. 가을이 되면 깁으로 된 의상(衣裳)이다. 겨울이 되면 비스듬
한 무늬가 있는 솜을 넣은 옷과 같은 무늬를 넣은 명주 도포, 전신에
금룡(金龍)의 수를 넣은[6] 도포, 다갈색(茶褐色) 파도 모양 무늬 바탕에

....

[1] 원문 '紫羅'는 "보라색의 비단옷"을 말한다. 『원사(元史)』(권78) 「여복지(輿
服志)」의 규정을 보면 오품(五品) 이상의 문무(文武) 관원(官員)이 '보라색
의 비단옷'(紫羅服)을 입도록 되었다.

[2] 원문 '搭胡'는 '搭護 · 笞忽 · 笞胡 · 荅胡' 등으로도 쓰는데 "소매 없는 겉
옷"을 말한다. 『사림광기(事林廣記)』 「경집(庚集)」(권10) '지원역어 · 의복
문(至元譯語 · 衣服門)'에 '番皮 · 荅胡'라는 단어가 있다. 원래는 가죽옷을
가리키는 몽고어 'daqu'의 음차(音借) 표기지만, 원대 희곡 『생금각(生金
閣)』 「잡극(雜劇)」 3折에 '綿搭護'라는 어휘가 있는 것처럼 이 말이 중국에
들어가서 다른 소재(素材)로 된 옷도 가리키게 되었다. 〈朴覽〉上에서는
'比甲, 背子'(둘 다 소매가 없는 조끼류의 윗옷)의 속칭을 '搭護'라고 하였다.
자세한 것은 『원명희곡중적몽고어(元明戲曲中的蒙古語)』(方齡貴, 漢語大詞
典出版社, 1991)의 15쪽을 참조.

[3] 원문 '腰線'은 허리를 감는 일종의 띠이다. 제72화의 주16에 의하면 『흑달
사략(黑韃事略)』에 붉은 색이나 보라색의 깁을 실로 꼬아서 허리 위에 옆
으로 맨 것을 '요선(腰線)'이라 한다고 하며 "말 위에서 허리를 꼭 매어
색깔을 맞추어 눈에 띄게 하기 위한 것"이라고 설명하였다.

[4] 원문 '搭搭五兒'는 다른 자료에서 찾을 수 없어 미상이나 역시 '搭護'와
같은 겉옷으로 보인다.

[5] 원문 "荊褐紗"의 '荊褐'은 『철경록(輟耕錄)』(권11) 「사상비결(寫像秘訣)」
에 "荊褐은 粉을 사용하여 槐花, 螺靑, 土黃을 標合함"이라는 설명이 있
다. 아마도 황갈색의 비단을 말하는 것으로 보인다.

네 잎의 꽃을 새겨 넣은 도포, 상감을 입힌[7] 무늬 바탕에 아청색(鴉靑色)의 여섯 꽃무늬를 새긴 도포, 어깨에 걸치는 소매가 없는 겉옷[8], 암적색(暗赤色) 모직으로 된 적삼과 쪽빛의 비단 바지, 대추 빛 갈색의 모시로 짠 세 겹의 비갸옷[9], 하얀 깁으로 된 저고리, 은갈색(銀褐色) 비단에 넓은 주름이 있는 철릭[10], 흑갈색(黑褐色) 비단으로 된 열린 옷깃의 도포, 순금[11] 탑자(搭子)의 겉옷. 이렇게 사철에 맞추어 옷을 입는다.

....

[6] 원문은 '纏身金龍'으로 "전신에 금으로 된 용의 무늬를 넣은 것"인데 『원사(元史)』(권105)에 "대체로 단필(段疋)의 직조(織造)에 주신(周身)의 대룡(大龍)을 넣은 것은 금함"이라는 구절이 있다. 여기서의 '전신금룡(纏身金龍)'이 만일 '周身大龍'과 같은 것이라면 법으로 금지된 호화로운 옷이다.

[7] 원문 '象眼'은 "옷감, 종이 등에 무늬를 봉박아 새겨 넣는 것"을 말한다. 상감(象嵌). 원(元) 척보지(戚輔之)의 『패초헌객담(佩楚軒客談)』(『설부(說郛)』 권27 수록)에 "촉나라 때에 열 가지 모양의 비단 이름을 드는 가운데 사자무리를 무늬로 봉박아 넣은 것이 있다(蜀時製十樣錦 名有獅團象眼)"는 구절이 있다.

[8] 원문 '雲肩'은 제72화 주9를 참조. 여기서 원문 '雲肩搭胡'가 솔과 같은 소매가 없는 옷인지, 아니면 서로 다른 옷을 가리키는지는 명확하지 않다.

[9] 원문 '三襠'의 '襠'은 앞치마, 또는 옷의 옆구리 아래 부분을 말한다. 그것이 삼 겹으로 된 것인지는 알 수 없다. 『송사(宋史)』(권143) 「'의위(儀衛)'의 '전정입장·췌관(殿庭立仗·輦官)'조에 "紫羅裏夾三襠"이란 구절이 있고, 같은 책(권144) 「황후의위(皇后儀衛)」의 '견경췌관(肩擎輦官)'조에 "紫羅表夾三襠"이라는 구절이 있으나 무엇을 말하는 것인지 현재로는 알 수 없다. 〈飜老〉에서는 '紵絲比甲'으로 바뀌었고 "비단 비게"로 번역되었다. 비갸옷은 말을 탈 때에 입는 치마와 같은 승마복이다.

[10] 원문 '板褶兒'에 대하여 〈飜老〉의 번역에서는 "너븐 주름 텬릭－넓은 주름이 있는 철릭 옷"으로 번역하였다. 다른 자료에서는 보이지 않음으로 〈飜老〉와 같이 한다.

[11] 원문 '渾金'은 순금(純金)을 말한다. 『원사(元史)』(권78) 「복색등제(服色等第)」에 "관직이 1품(一品)이나 2품인 사람은 혼금화(渾金花) 무늬의 옷을 입고, 3품, 4품인 관원은 금탑자(金搭子)를 입는다". 또 "명부(命婦)의 의복은 1품부터 3품에 이르기까지 혼금(渾金)의 옷을 입고, 4품, 5품은 금탑자(金搭子)의 옷을 입는다"라는 구절이 있다.

제91화 執迷着心(2)-按四時穿衣服

穿衣服呵, 按四時穿衣服, 每日出套換套有。春間好紫羅[12]繡搭胡[13], 白羅紅腰線[14]襖子, 梅花羅搭搭五兒[15], 白羅衫兒。到夏間好極細毛施布布衫, 上頭繡荊褐[16]紗搭胡, 白紗搭搭五兒。

到秋間是羅衣裳。到冬間斜紋紵絲[17]襖子, 斜紋絲紬襖子, 纏身金龍[18]襖子, 茶褐[19]水波紋地兒四花[20]襖子, 象眼[21]地兒鴉靑[22]六花[23]襖子, 雲肩[24]搭胡, 茜紅毛衫, 藍紵絲袴兒, 棗褐紵絲三襠[25], 白絹汗衫, 銀褐[26]紵絲板褶兒[27]短襖子, 黑褐紵絲開襟襖子, 渾金[28]搭子搭搭五兒。這般按四時穿衣裳。

飜老 제91화 執迷着心(2)-按四時穿衣服

穿衣服時、按四時穿衣服、每日脫套換套。春間好靑羅曳撤、白羅大搭胡、柳綠羅細摺兒。到夏間好極細的毛施布布衫、上頭繡銀條紗搭胡、鴨綠紗直身。到秋間是羅衣裳。到冬間界地紵絲襖子、綠紬襖子、

....

[12] '紫羅'는 "보라색 비단 옷"을 말한다. 주1 참조.
[13] '搭胡'는 주2 참조.
[14] '腰線'은 주3, 제72화 주6 참조.
[15] '搭搭五兒'는 주4 참조.
[16] '荊褐紗'는 주5 참조.
[17] '紵絲'는 제72화 주22 참조.
[18] '纏身金龍'은 주6 참조.
[19] '茶褐'은 제72화 주2 참조.
[20] '四花'는 제72화 주7 참조.
[21] '象眼'은 주7 참조.
[22] '鴉靑'은 제7화 주5 참조.
[23] '六花'는 제72화 주7 참조.
[24] '雲肩'은 주8 참조.
[25] '三襠'은 주9 참조.
[26] '銀褐'은 제72화 주9 참조.
[27] '板褶兒'는 주10 참조.
[28] '渾金'은 주11 참조.

織金膝欄襖子、茶褐水波浪地兒四花襖子、靑六雲襖子、茜紅氈叚藍綾子袴兒、白絹汗衫、銀褐紵絲板摺兒短襖子、黑綠紵絲比甲。這般按四時穿衣裳。

飜老 제91화 버린 자식(2)-亽졀조초 옷 니보더

옷 니블딘댄 亽졀조초 옷 니보더, 날마다 혼 볼 밧고 혼 볼 フ라닙ᄂᆞ니, 보미ᄂᆞᆫ 됴흔 야쳥 로 이삭더녕에 흰 로 큰 더그레예 픈류쳥 로 フᄂᆞᆫ 주룸 텬릭이오, 녀름 다둗거든 フ장 フᄂᆞᆫ 모시뵈 젹삼애 우희ᄂᆞᆫ 제 실로 슈질 노흔 흰 뮌 더그레 야투로 사 딕령이오, フ술히 다둗거든 로 오시오, 겨스리 다둗거든 벽드르문엣 비단 핟옷과 초록 면듀 핟옷과 금으로 ᄧᅡ 시란흔 핟옷과 감차할 믈셜 바탕애 亽화문흔 비단 핟옷과 야쳥비쳬 구름 여슷곰문 둔 비단 핟옷과 곡도송 믈 드린 블근비쳬 털조쳐 드려 ᄯᅵᆫ 비단과 람 고로와로 희욘 고의예 빅 깁 한삼과 부회여흔 비쳇 비단 너븐 주룸 텬릭과 뎌른 핟져구리와 희무로 비단 비게와 ᄒᆞ야, 이러ᄐᆞ시 亽졀조초 옷돌 닙더라.

제92화 버린 자식(3)-사철의 호화스런 띠

　　허리띠[1] 또한 사철에 따라 바꾸어 맨다. 봄에는 금(金)으로 만든 띠를 띄고 여름에는 옥(玉)으로 된 띠를 띄는데 제일 나쁜 것이라야 채옥(菜玉)의[2] 띠이고 제일 좋은 것은 양지옥(羊脂玉)의[3] 띠이다. 가을에는 감철(減鐵)의[4] 띠를 매는데, 보통의 것이 아니라, 모두 예쁜 꽃 모양이 있는 것이다. 겨울은 서각(犀角-코뿔소 뿔)의 띠를 매는데, 종안(綜眼)이[5] 있는 것이고 긴 털이 있는 검은 소의 것은[6] 쓰지를 않았

----

[1] 원문 '繫腰'는 허리띠를 말하는 금·원대(金·元代)의 말이다. 『초목자(草木子)』(권3)에 "모자(帽子)와 계요(繫腰)는 원(元)의 옷"이라는 구절이 있다.

[2] 원문 '菜玉'은 『격고요론(格古要論)』(卷中)「옥기(玉器)」에 "채옥(菜玉)은 푸른 것(靑)이나, 녹(綠) 색이 아니라 색깔이 채엽(菜葉)과 같아 옥(玉) 중에서 최저(最低)의 것"이라는 설명이 있다.

[3] 원문 '羊脂玉'은 백옥(白玉)의 일종으로 색깔이 반투명(半透明)하여 양(羊)의 비게(脂)와 같기 때문에 이런 이름이 붙은 것이다.

[4] 원문 '鍼鐵'의 '鍼'은 '減'의 잘못이다. '감철(減鐵)'은 "가벼운 쇠"란 의미로 철을 제련(製鍊)하는 방법의 하나다. 원대(元代) 이전의 자료에는 나타나지 않으며 구체적으로 어떤 방법으로 제련된 쇠인지는 알 수 없다. 『원사(元史)』(권78)「여복(輿服)」조에 "허리띠(繫腰)는 오품(五品) 이하에게는 은(銀) 및 감철(減鐵)의 사용을 허용함", 또한 같은 책(권90)「백관(百官)」조에 '감철국(減鐵局)'이 있으며 "어용(御用) 및 제궁저(諸宮邸)의 계요(繫腰)를 만들었다"라는 기사가 있다. 원(元) 공재(孔齊)『지정직기(至正直記)』(권4)「감철위패(減鐵爲佩)」에서는 "감철(減鐵)은 여진(女眞)의 유제(遺制)이고, 허리띠로 사용하면 무거워서 녹이 나기 쉽다"고 기록하여 주로 허리띠의 장식에 많이 사용되었음을 알 수 있다.

[5] 원문 '綜眼'은 코뿔소 뿔을 비쳐 보이게 짠 모양을 말한다. 전술한 『격고요론(格古要論)』(卷中)「서각(犀角)」조에 "그 무늬(紋)는 어자(漁子-魚卵을 가리킴)와 닮았으며 이것을 속문(粟紋)이라고 한다. 모든 속문(粟紋) 가운데는 눈(眼)이 있는데 이것을 속명(粟明)이라고 한다"라는 설명이 있다. '종안(綜眼)'이란 이 '속명(粟明)'을 가리키는 것으로 보인다. 이와 같이 무늬가 비쳐 보이게 짜서 모양이 확실하게 만든 것을 '통서대(通犀帶)'라고 하며 가장 고급품이었다.

[6] 원문 '毛犀'는 『본초강목(本草綱目)』(권51) 上「이우(犛牛)」조에 "그 몸에는

다[7].

제92회 執迷着心(3)-繫腰

繫腰[8]呵，也按四季。春裏繫金繫腰。夏裏繫玉繫腰，最低的是菜玉[9]，最高的是羊脂玉[10]。秋裏繫鍼鐵[11]，尋常的不是，有玲瓏花樣的。冬裏繫犀繫腰，有綜眼[12]的，更毛犀[13]不要[14]。

飜老 제92회 執迷着心(3)-繫腰

繫腰時、也按四季、春裏繫金條環。夏裏繫玉鉤子、最低的是菜玉、最高的是羊脂玉。秋裏繫減金鉤子、尋常的不用、都是玲瓏花樣的。冬裏繫金廂寶石鬧裝、又繫有鬏眼的烏犀繫腰。

飜老 제92회 버린 자식(3)-씌도 또 ᄉᆞ졀조초 ᄒᆞ요디

씌도 또 ᄉᆞ졀조초 ᄒᆞ요디, 보미는 금토환 씌오, 녀르메는 옥으로 ᄒᆞᆫ 쎗 그테 갈갈이 ᄒᆞ니 씌요디 ᄀᆞ장 사오나와ᅀᅡ 치옥이오 ᄀᆞ장 노프니는 양지옥이오, ᄀᆞᅀᆞᆯ히는 금으로 입ᄉᆞᄒᆞ욘 구ᄌᆞ씌 씌ᄂᆞ니 샹햇 거슨 ᄡᅳ디 아니코 다 셜픠에 곳 사ᄭᅩᆫ 거시리라. 겨ᅀᆞ리어든 금으로 각 식 보셕에 젼메워 워즈런ᄌᆞ러니 ᄭᅮ민 씌를 씌며 또 ᄎᆞᆼᄭᅡ무 잇ᄂᆞᆫ 烏犀角으로 밍근 씌를 씌엿고.

아주 긴 털이 있고 체격은 각서(角犀)와 같으나 모서(毛犀)라고 함"이라는 설명이 있다. 여기서는 "긴 털의 검은 소"라고 풀이하였다.

[7] 이 부분의 원문은 "更毛犀不要-또 털 많은 검은 소의 것은 쓰지 않고-"이며 〈飜老〉에서는 "又繫有鬏眼的烏犀繫腰-또 ᄎᆞᆼᄭᅡ무 잇ᄂᆞᆫ 烏犀角으로 밍근 씌를 씌엿고"라고 하여 완전히 다르다. 성종(成宗)조 때에 산개(刪改)할 때에 이 부분을 다르게 고친 것으로 보인다.
[8] '繫腰'는 주1 참조.
[9] '菜玉'은 주2 참조.
[10] '羊脂玉'은 주3 참조.
[11] '鍼鐵'은 주4 참조.
[12] '綜眼'은 주5 참조.
[13] '毛犀'은 주6 참조.
[14] '更毛犀不要'는 주7 참조.

제93화 버린 자식(4)-멋쟁이 모자

　머리 위에 쓰는 모자는[1] 좋은 수달의 털로 짠 것이며 담비[2] 가죽의
차양(遮陽)을[3] 달고 호박(琥珀)의 구슬로[4] 장식한 끈을 매었다. 서역에
서 나는 해바라기 꽃[5] 형태의 금으로 장식한 구슬을 모자 꼭지에[6]

....

[1] 원문의 '帽子'는 『흑달사략(黑韃事略)』에 의하면 몽고인의 남자가 쓰는 것
　　을 말하며, "겨울에는 모자(帽), 여름에는 갓(笠)"이라고 하였다. 그리고
　　『사림광기(事林廣記)』(至順刊本)「후집(後集)」(권10) '복식류(服飾類)'에 "모
　　자(帽子)는 또한 외국의 것에 의존한다. 혹은 금수(禽獸)의 피모(皮毛), 우
　　마(牛馬)의 꼬리 및 종모등죽(棕毛藤竹)으로 모자를 만들고, 혹은 견백소금
　　직금(絹帛銷金織金)으로도 이것을 만든다. 지금은 속통용(俗通用)함"이란
　　설명이 있다.
[2] 원문 '貂鼠(초서)'는 족제비과에 속하는 담비로서 『석진지집일(析津志輯佚)』
　　「물산(物産)」조에 '초서(貂鼠)'의 류(類)를 말하여, 제일 좋은 '은서(銀鼠)'는
　　매년 남성(南城)의 '초서국(貂鼠局)'에서 수납하였다고 한다. 이보다 못한
　　'청서(靑鼠)'로 만든 '탑호(搭護)'는 '은서(銀鼠)' 또는 '수달(水獺)'로 테두리를
　　친다고 한다.
[3] '차양(遮陽)'은 모자의 앞이나 둘레에 달린 '챙'을 말한다. 원문 '簷兒'는 모
　　자의 차양이다. 『초목자(草木子)』(권3) 하(下)권에 "관민(官民) 모두 모자를
　　쓰고, 그 차양은 혹은 둥그렇거나, 혹은 앞은 둥그렇지만 뒤는 모난(前圓後
　　方) 모양, 혹은 누자(樓子)의 형태가 있다"라는 설명이 있다. 또한 원 세조
　　(世祖) 쿠빌라이 칸의 소예순성황후(昭睿順聖皇后)가 "햇빛으로 눈이 부실
　　것이다"라는 남편의 말을 받아들여서 모자 앞에 차양을 달았더니 당시
　　사람들이 모두 그것을 흉내 내었다는 기사(記事)가 『원사(元史)』(권114)에
　　보인다.
[4] 원문 '珠兒'는 『원전장(元典章)·신집(新集)」「형부(刑部)·제도(諸盜)」의
　　'革閑弓手祇候奪騙錢物'조 '종모(棕帽)' 上에 '紅瑪瑙珠子一串'이 달려 있다
　　는 기사(記事)가 있다. 구슬을 끈으로 꿰어서 모자 꼭대기에서 매다는 장
　　식품을 말한다.
[5] 원문 '西番蓮'은 『장물지(長物志)』(권2) '규화(葵花)'조에 "일명 '향일(向日)'
　　이라고 하며 별명은 '서번연(西番蓮)'이라고 한다"라는 설명이 있어 '西番蓮'
　　이 '해바라기'를 말하는 것임을 알 수 있다. 다만 『격치경원(格致鏡原)』(권
　　72)에서는 '하화(荷花)'의 일종이라 하였다. 『원사(元史)』(권71)「예악지(禮
　　樂志)」에 "악대(樂隊) 중의 한 사람이 '보현상(普賢像)'으로 분장(扮裝)하여

달았는데 이러한 모자 하나를 만드는데[7] 돈이 20정(定)이나 든다. 또 소꼬리 총으로 홑겹으로 짜서 만든[8] 삿갓에[9] 옥구슬로 장식한 끈에 양지옥(羊脂玉)을 그 꼭대기에 달았으며[10], 이러한 삿갓을 만드는데 돈이 30정(定)이나 든다. 또한 꽃이 비쳐 보이게 짠 비단으로 만든 모자, 운남(雲南)에서 짠 모직으로[11] 만든 매[12] 모양의 모자, 푸른 모직물로 바리때 모양의 삿갓을 만든 것이나, 담비 가죽으로 차양을 두른 모자가 있다. 모자 꼭대기에는 모두 금(金)으로 된 장식이 있다. 또

....

"서번연화(西番蓮花)를 執함"이라는 구절이 있어 불가(佛家)에서 쓰는 연꽃을 말하는 것으로도 보인다.

[6] 원문의 '金頂子'에 대하여는 『초목자(草木子)』(권3) 하(下)에 "북쪽 사람들이 화려한 옷을 입을 때에는 모자는 그 꼭대기를 금(金)으로 함"이란 설명이 있다. '정자(頂子)'는 중세국어에 '딩즈'로 차용되었으며 "모자의 꼭지"를 말한다.

[7] 원문 '結裹'는 옷 등을 만드는 일을 말한다. 〈飜朴〉上에 "한 쌍의 '호슬(護膝)'을 5, 6 은자(銀子)로는 '결과(結裹)'하지 못한다"라는 구절이 있다.

[8] 원문 '單挑'의 '挑'에는 "수를 짜 넣다"라는 의미가 있어 여기서는 소꼬리로 삿갓을 짜는 방법을 가리킨다고 생각되지만 확실하게는 알 수 없다.

[9] 원문 '笠'은 '갓'을 말한다. 『사림광기(事林廣記)』(至順刊本) 「後集」(권10) '복식류(服飾類)'에 "삿갓(笠子)은 옛날에는 외국에서 왔다고 하지만 지금은 세속(世俗)에서 모두 이것을 쓴다. 소꼬리 총, 말꼬리, 즉 말총으로 이것을 만들기도 하고 혹은 총(棕) 나무 실로 만들기도 하며 혹은 조라(皁羅 - 비단), 조사(皁紗 - 깁)의 유(類)로 이것을 만든다"라는 기사가 있다.

[10] 원문 '羊脂玉頂子'에 대하여는 〈飜朴〉上에 "上等의 玲瓏한 羊脂玉頂兒"라는 구절이 있다.

[11] 원문 '雲南氈'은 중국 운남(雲南)에서 짠 모직물을 말한다. 중국 최남부에 위치한 운남성(雲南省)은 원대(元代)에 처음으로 중국의 영토가 되었다. 그곳에 사는 소수민족의 특산 중에 모직물(毛織物)이 있었던 것은 제72화 주13를 참조하고 〈刪朴〉中에도 "雲南氈大帽"라는 구절이 있다.

[12] 원문 '海靑'은 '海東靑'이며 흑룡강(黑龍江) 일대에 서식하는 매를 가리킨다. 또한 그 모양으로 만든 소매가 큰 몽고인이 입는 옷을 '해청의(海靑衣)'라고 하였다는 기사가 정사초(鄭思肖)의 『심사(心史)』 「대의략서(大義略叙)」에 보인다. 여기서도 모자의 형태를 말한 것일지는 확실하지 않다. 〈飜老〉에 보이는 '천청(天靑)'은 붉은 기를 띤 흑색(黑色)을 말한다.

빨간 마노(瑪瑙)의 구슬 장식을 달았다[13].

제93화 執迷着心(4)-戴帽子

頭上戴的帽子[14], 好水獺毛氈兒, 貂鼠[15]皮簷兒[16], 琥珀珠兒[17], 西番蓮[18]金頂子[19], 這般一箇帽子結褁[20]二十錠鈔。又有單桃[21]牛尾笠[22]子, 玉珠兒羊脂玉頂子[23], 這般笠子通結褁三十錠鈔有。又有裁帛暗花紵絲帽兒, 雲南氈[24]海靑[25]帽兒, 靑氈鉢笠兒, 又有貂鼠簷兒皮帽, 上頭都有金頂子, 又有紅瑪瑙珠兒[26]。

飜老 제93화 執迷着心(4)-帽子

頭上戴的好貂鼠、皮披肩、好纏楼金頂大帽子、這一箇帽子結褁四兩銀子。又有紵絲剛叉帽兒、羊脂玉頂子、這一箇帽子結褁三兩銀子。又有天靑紵絲帽兒、雲南氈帽兒、又有貂鼠皮狐帽、上頭都有金頂子。

[13] 원문 '紅瑪瑙珠兒'의 '珠兒'에 대하여는 주4를 참조. '瑪瑙'는 단석이라고 부르는 보석의 하나로 『지정직기(至正直記)』(권3) 「마노전사(瑪瑙纏糸)」에 "마노홍(瑪瑙紅)은 그다지 돈(錢)의 가치가 없다"라는 평가가 있어 보석으로 최고급품은 아닌 것으로 보인다.
[14] '帽子'는 주1 참조.
[15] '貂鼠'는 주2 참조.
[16] '遮陽'은 주3 참조.
[17] '珠兒'는 주4 참조.
[18] '西番蓮'은 주5 참조.
[19] '金頂子'는 주6 참조.
[20] '結褁'은 주7 참조.
[21] '單挑'는 주8 참조.
[22] '笠'은 주9 참조.
[23] '羊脂玉頂子'는 주10 참조.
[24] '雲南氈'은 주11 참조.
[25] '海靑'은 주12 참조.
[26] '紅瑪瑙珠兒'의 '珠兒'는 주4를 참조하고 '紅瑪瑙'에 대하여는 주13을 참조.

飜老 **제93회** 버린 자식(4)-머리예 슨 거슨

　　머리예 슨 거슨 됴흔 돈피 슈염이오, 됴흔 춍나못 실로 밋고 금딩즈 브틴 갇이니, 이 흔 가디 녁 량 은 드러ᄾᅡ 밍ᄀ라 내엿고, 쏘 비단으로 드르 두 녁 가르 ᄣᅡ 돌마기 ᄃ론 갇애 양지옥 딩즈 브텨시니, 이 흔 갇은 석 량 은으로 드러ᄾᅡ 밍ᄀ라 내엿고, 쏘 텬쳥비쳇 비단갇과 운남의셔 흔 시욱갇과 쏘 돈피텉갇과이 우희 다 금딩즈 잇더라.

제94화 버린 자식(5)-사철의 좋은 신발

　　신발을 신으려면 봄에는 운남(雲南)에서 나는 양(羊)의 가죽으로[1] 만든 신을 신는다. 위에 다시 꽃 모양을 바느질하여 붙인 것이다. 여름에는 자주색 사피(斜皮) 가죽의[2] 네 귀퉁이를 깎아 낸[3] 신발, 금(金)실을 넣은 검은 사피(斜皮) 가죽신을 신는다. 겨울이 되면 하얀 사피(斜皮)의 가죽신, 진짜 가죽의 구두를 신는다. 털로 짠 양말은[4] 상등의 부드러운 털로 된 양말을 신는데 모두 얼음 같은 청색의[5] 비단 실로 테두리를 친다. 한 켤레의 가죽신 위에는 모두 붉은 융(絨)으로 된 신발

....

[1] 원문 '㹠皮'는 양(羊)의 가죽을 말한다. 양의 가죽에 붙은 털을 모두 없애고 부드럽게 될 때까지 삶은 것이다. 둥그란 모양으로 되어 있어 구두를 만들어 신으면 보기에 좋다. 사서(辭書)에는 이 글자는 없었고(《朴覽》上), 〈飜老〉의 같은 곳에서는 여름에 신는 신으로 '㹠皮靴'(면피 화)가 있다.

[2] 원문의 '斜皮'는 "짐승의 날가죽에서 털과 기름을 뽑고 부드럽게 무두질한 고급가죽"을 말하며 원대(元代)에는 이러한 가죽을 제조하는 관서(官署)도 있었다. 『원사(元史)』(권90) 「백관(百官)」조에 "사피국(斜皮局)은 매세(每歲) 내부각읍(內府各色)의 야마피과(野馬皮胯)를 숙조(熟造)함을 장(掌)함"이라고 하여 사피국(斜皮局)이 있었음을 알려준다. 여기서 '사피(斜皮)'는 역시 일종의 무두질한 양가죽일 것이다. 『명회전(明會典)』(권68)「賜駙馬冠帶衣服」에 "斜皮靴一双"이란 구절이 있어 사피화(斜皮靴)가 매우 고급 신발이었음을 알 수 있다. 또한 서민(庶民)의 신발에는 무늬를 넣은 것이 금지되어 있었다(『元史·輿服』).

[3] 원문 '刻子'는 "깎아내다, 파내다"는 뜻이다. 구두의 네 귀퉁이를 깎아내는 것은 통풍을 좋게 하기 위해서일 것이다.

[4] 원문 '氈襪'은 털로 짠 양말이다. 『원사(元史)』(권78)의 「社稷祭服」에 "자주빛의 모시 실로 테두리를 친 전말(氈襪)"이란 말이 있는데 이것이 여기에 나오는 양말과 거의 같은 것을 가리키는 것으로 보인다.

[5] 원문 '氷藍'에 대하여는 금(金) 유중이(劉仲伊)의 '완계사(浣溪紗)'(『中州樂府』)에 "첩체(貼体)의 궁나(宮羅) 겹의(袂衣)를 시험적으로 입어보고, 빙람(氷藍)은 교천(嬌淺)하여 동지(東池)를 물들게 함"이라는 구절이 있다. 또 『비아(埤雅)』(권17)에 "청(靑)은 남(藍)에서 나오지만 남(藍)보다도 파랗다. 얼음은(水)은 물로 만들어진 것이지만, 물보다 춥다. 그리하여 설자(說者)는 이것으로 빙람(氷藍)이라고 함"이라는 설명이 있다.

끈이[6] 달려 있고 아래는 모두 이중으로 된 깨끗한 신창이다. 위에 실로 꿰맨 곳은 초로 굳혔으며 송곳은[7] 가늘고 실은 굵어서, 꿰맨 것이 각별히 튼튼하고 보기에도 좋다.

제94화 執迷着心(5)-穿靴

穿靴阿, 春間穿雲南狹皮[8]靴, 上頭更縫上花樣。夏間穿紫斜皮[9]四乖頭刻子[10]靴, 夾金線黑斜皮靴, 到冬間穿白斜皮靴, 眞皮靴。氈襪[11]阿, 穿好絨毛襪子, 都敎氷藍[12]紵絲緣口子。一對靴上都有紅絨鴈瓜[13], 那靴底都是兩層淨底, 上的線蠟打了, 錐兒[14]細線麤, 上的分外的牢壯好看。

飜老 제94화 執迷着心(5)-穿靴

穿靴時、春間穿皂麂皮靴、上頭縫着倒提雲。夏間穿狹皮靴。到冬間穿嵌金線藍條子白麂皮靴。氈襪穿好絨毛襪子、都使大紅紵絲緣口子。一對靴上都有紅絨鴈爪、那靴底都是兩層淨底、上的線蠟打了、錐兒細線鹿、上的分外的牢壯好看。

飜老 제94화 버린 자식(5)-휘롤 시놀댄

휘롤 시놀단댄 봄 ᄉᆞᅀᅵᄂᆞᆫ 거믄 기ᄌᆞ피 휘 시노디 우희 구룸 갓고로 드리

----

[6] 원문 '鴈爪'는 "구두 끈"(〈老朴集覽〉)을 말한다. 기러기(雁)의 발가락처럼 세 갈래로 갈라진 것 같기 때문이다.
[7] 원문 '錐兒'는 『원전장(元典章)』「刑部」(권3) '제악·불의(諸惡·不義)' '전처(前妻)의 아녀(兒女)를 소낙(燒烙)함'의 조에 "鐵의 鞋錐"라는 구절이 보여 가죽을 꿰매는 전용(專用)의 송곳이 있었음을 알 수 있다.
[8] '狹皮'는 주1 참조.
[9] '斜皮'는 주2 참조.
[10] '刻子'는 주3 참조.
[11] '氈襪'은 주4 참조.
[12] '氷藍'은 주5 참조.
[13] '鴈爪'는 주6 참조.
[14] 錐兒'는 주7 참조.

옛게 호와 잇고, 녀름 스싀는 뎐피 훠 신고, 겨스렌 람비단 가품에 금션 조처 빅 기주피 훠 시노딕, 시욱 쳥은 됴흔 ᄀᆞ눌오 보드라온 터리로 미론 쳥 시너 이쇼딕, 다 다홍 비단오로 깃 드라 이시니, 흔 쌍 훠예 다 블근 실로 고 드라 잇더라. 뎌 훠 챵이 다 두 충 조흔 챵애 호와 잇는 시른 밀텨 잇고, 솔오즌 ᄀᆞ롤오 노흔 굴그니 호와 잇는 양이 분외로 구드니, 보니 됴터라.

제95화 버린 자식(6)-방탕아의 말로

밥을 먹는 것도 입에 맞는 것으로 가려서 먹는다[1]. 아침에 일어나면 머리를 빗고 얼굴을 씻은 후에 우선은 술을 깨기 위하여 해장국(醒酒湯)을[2] 먹거나, 혹은 조금 간식을[3] 먹는다. 그 다음에 밀가루로 떡(餅)을 만들고 양고기를 볶아 먹거나 또는 양의 등심과 안심을 맨 물에 삶아서[4] 먹는다. 다 먹은 다음에 양젖을 넣은 죽을[5] 먹는다. 그리고

....

[1] 원문 '揀口'는 편식(偏食)하는 것을 말한다. 『양주몽(揚州夢)』「잡극(雜劇)」2折「살미(煞尾)」곡(曲)에 "자미진수(滋味珍饈)가 있어서 간구아(揀口兒-편식하는 아이)에 공(供)함"이라는 대사가 있다.

[2] 원문의 '醒酒湯'은 전날 술을 과음(過飮)하여 머리가 아프고 몸이 나른할 때에 먹는 시큼한 국으로 우리의 해장국에 해당한다. 뼈를 삶은 국물에 얇게 썬 고기와 짧게 자른 국수를 넣고 후추, 식초, 파를 넣어 시큼하게 만든 탕이다(〈老朴集覽〉). 『도성기승(都城紀勝)』 및 『몽양록(夢粱錄)』(권19)의 「사사육국(四司六局)」조에 '향약국(香藥局)'이 관장하는 약으로 '성주탕약(醒酒湯藥)'이 보인다.

[3] 원문에는 '点心'으로 되었다. '点心'은 〈老朴集覽〉에 『철경록(輟耕錄)』(권17)의 기사를 인용하여 "지금의 아침 식사 전후, 그리고 오전, 오후, 저녁 식사 전에 가볍게 먹는 것을 '点心'이라고 한다. 그리고 지금은 속된 말로 작은 만두(饅頭)를 '점심포아(点心包兒)'라고 부른다"라고 기술하였다. 실제로 〈飜老〉에서는 이 부분을 "或是些点心-혹 효근 상화 먹고-"라고 번역하여 '작은 만두'를 먹는다고 해석하였다. 여기서는 '간식'으로 번역한다.

[4] 원문 '白煮'는 다른 향신료를 넣지 않고 맨 물에 삶는 것을 말한다. 닭의 백숙(白熟)과도 같은 것이다.

[5] 원문 '酪解粥'은 '낙죽(酪粥)'과 같은 것으로 보인다. 소나 양의 젖으로 끓인 죽을 낙죽(酪粥)이라고 하는데 여기서는 아마도 양젖으로 끓인 것을 말할 것이다. 송(宋) 매요신(梅堯臣)의 '조경순학사(刁景純學士)'을 북쪽의 사자로 보냄'이란 시(詩)(『宛陵集』권50)에 "아침에 낙죽(酪粥)을 공(供)하여 빙완(氷椀-얼음 사발)이 생기도다"라는 구절이 있어, 북방(北方) 유목민(遊牧民)의 음식임을 알 수 있다. 『진주조미(陳州糶米)』「잡극(雜劇)」3折에 '낙해죽(落解粥)'이 나오지만 이것은 맛이 순한 죽을 말하는 것으로 낙죽과는 다른 것이다.

나서 안장 없은 말을 타고, 하인을 데리고 몇 명의 왈짜들에게 부추김을 당하여 먼저 큰 요릿집에 들어가서 2,30량 정도의 술과 고기를 먹는다. 거나하게 취한 기분으로 음심(淫心)을 내어 홍등가(紅燈街)로[6] 들어간다. 거기에 가면 현자(弦子)를[7] 연주하는 바람잡이들에게[8] 희롱당하며 아첨으로 계속해서 '도련님[9], 나으리[10]'라고 부르면서 일찍부터 돈을 쓰기 시작하게 한다[11]. 그 돈은 왈짜들의 시키는 대로 쓰기 때문에 본인은 매우 잘 난 체 하고[12] 정면에 앉아 멋쟁이 행세를 하지

....

[6] 원문에는 '座子人家'로 되었다. 다른 용례가 없으므로 어떤 곳을 말하는지 명확하지 않으나 〈飜老〉에서는 "唱的人家裏去ㅡ놀애 브르는 사ᄅ믜 지븨 가ㅡ"로 되어 있어 가기(歌妓)가 있는 집으로 보인다. '座子'은 좌석을 말하므로 당시에 기루(妓樓)의 속칭(俗稱)일 수도 있다. 여기서는 일단 홍등가(紅灯街)로 번역한다.

[7] 원문 '絃子'는 〈飜老〉에서는 '弦子'이다. '弦子'는 '삼현자(三弦子)'라고도 불리며 일본의 사미센(三味線)과 같은 악기다. 목이 가늘고 길며 공명을 일으키는 향동(響胴)은 둥그렇고 짧다. 세 개의 현(弦)을 켜서 연주하는 월금(月琴)을 닮은 악기이다〈老朴集覽〉.

[8] 원문 '謊廝'는 "거짓말쟁이"란 의미로 원곡(元曲) 등에 많이 쓰인다. 『철괴이(鐵拐李)』「잡극(雜劇)」 2折에 보인다. 여기서는 호객(呼客)꾼으로 이해하고 '바람잡이'로 번역하였다.

[9] 원문 '舍人'은 원래 관직명(官職名)이지만 원대(元代)에는 귀족이나 부자의 자제(子弟)를 부르는 말로도 쓰였다.

[10] 원문 '郞中'도 원래 관직명(官職名)이지만, 원대(元代)에서는 의사나 약(藥)을 파는 사람을 부르는 말로 사용되었다. 여기서는 '나으리' 정도의 의미로 보인다.

[11] 원문 '開手'는 "시작하는 것"을 말한다. 〈飜老〉에서는 이 부분을 "仮意兒叫 幾聲ㅡ거즛 여러적 브르지죠더, 舍人公子 早開手使錢也ㅡ샤ᅟᅵᆫ 공ᄌ하 일즈시 손 여러 천량 내여 쓰쇼셔 ᄒᆞ야든ㅡ"과 같이 '손 여러'로 직역하였다. 그러나 이것은 말 그대로 "손을 여는 것"이 아니라 "어떤 일을 시작하다, 일에 착수하다"라는 뜻이다. 따라서 이 부분을 "일찌감치 돈을 내어 쓰기 시작한다"로 풀이하였다.

[12] 원문 '粧孤'는 "벼슬아치 또는 부자인 척하고 가장하거나 뽐내는 태도를 취하는 것"을 말한다〈老朴集覽〉. "장고('粧孤')'의 '孤'는 '고로(孤老)'의 준말이며 원대(元代)의 연극 등에서 관리를 가리키는 일종의 은어(隱語)였다.

만 그 놈들은 돈을 가져다가 마음대로 뿌리게 하고 그 반은 몰래 챙겨
서 제 놈의 마누라와 아이를 양육하기도 한다. 하루 놀고 저녁에 나오
면 적어도 5, 6정(定)의 돈을 쓰는 셈이 된다. 나중에는 재산이 점점
없어져서 집안의 종이나[13] 가축, 가구, 금은의 식기까지 모두 팔아버
리고, 논과 밭, 저택도 저당 잡힌다. 몸에 입을 것이 없고 입에 먹을
것이 없다. 그래도 그 왈짜패 놈들은[14] 다시는 한 놈도 상대하지[15]
않는다. 이제 와서는 벼슬아치를 따라가 마부가 되어, 겨우 밥과 옷을
얻을 수 있는 꼬락서니가 되고 만 것이다.

제95화 執迷着心(6)-幇閑男女

喫飯呵, 揀口[16]兒喫。淸早晨起來, 梳頭洗面了, 先喫些箇醒酒
湯[17], 或是些點心[18], 然後打餠煮羊肉, 或白煮[19]著羊腰節胸子。喫
了時, 喫些酪解粥[20]。騎著鞍馬, 引著僕奴, 著幾箇幇閑的般弄著, 先
投大酒館裏坐下。二三十兩酒肉喫了時, 酒帶羊酣, 引動斜心, 座子
人家[21]裏去, 到那裏教那彈絃子[22]的謊廝[23]每, 捉弄著假意兒叫幾箇
舍人[24]郞中[25], 早開手[26]使錢也。那錢物則由那幇閑的人支使, 他則

홍등가(紅灯街)에서 큰 부자인 체하는 말로 이 말이 쓰인 예가 잡극(雜劇),
　　산곡(散曲) 등에 보인다.
[13] 원문 '人口'는 "집안의 종, 즉 가복(家僕)"을 말한다. 제90화 주5 참조.
[14] 원문의 '男女'는 여기서는 "욕할 때 쓰는 말"이다. 제90화 주9 참조.
[15] 원문 '俅保'는 '瞅睬'라고도 쓰고, 또 '瞅問', '理睬' 등으로 쓰이며 "상대하다,
　　상종하다"의 뜻이다(〈老乞〉下4 앞).
[16] '揀口'는 주1 참조.
[17] '醒酒湯'은 주2 참조
[18] '点心'은 주3 참조.
[19] '白煮'는 주4 참조.
[20] '酪解粥'은 주5 참조.
[21] '座子人家'는 주6 참조.
[22] '弦子'는 주7 참조.
[23] '謊廝'는 주8 참조.
[24] '舍人'은 주9 참조.

粧孤[27], 正面兒坐著做好漢。那廝每將著鈔破使了, 中間剋落了一半兒, 養活媳婦, 孩兒。一箇日頭比及到晚出來呵, 至少使五六定鈔。後頭使的家私漸漸的消乏了, 人口[28], 頭疋, 家財, 金銀器皿都盡賣了, 田産房舍也典當了。身上穿的也沒, 口裏喫的也沒, 那幫閑的男女[29], 更沒一箇肯偢保[30]的。如今根着官人把馬, 且得衣飯行有。

飜老 제95화 執迷着心(6)-幫閑的那廝們

喫飯時、揀口兒喫。清早晨起來、梳頭洗面了、先喫些箇醒酒湯、或是些點心、然後打餅熬羊肉、或白煮着羊腰節胸子、喫了時、騎着鞍馬、引着伴儅、着幾箇幫閑的盤弄着、先投大酒肆裏坐下、一二兩酒肉喫了時、酒帶半酣、引動淫心、唱的人家裏去。到那裏、教那彈絃子的謊廝們捉弄着、假意兒叫幾聲 '舍人公子' 早開手使錢也。那錢物只由那幫閑的人支使、他只粧孤、正面兒坐着做好漢。那廝們將着銀子花使了、中間剋落了一半兒、養活他媳婦、孩兒。一箇日頭比及到晚出來時、至少使三四兩銀子。後來使的家私漸漸的消乏了、人口、頭疋、家財、金銀器皿都盡賣了、田産、房舍也典儅了。身上穿的也沒、口裏喫的也沒、幫閑的那廝們、更沒一箇肯偢保的。如今跟着官人拿馬、且得暖衣飽飯。

飜老 제95화 버린 자식(6)-후에 지븨 쁠 거시 졈졈 업서

밥 머글 제는 이베 머검즉 ᄒ니로 골ᄒ야 먹더라. 일 아ᄎ민 니러나 머리 빗고 ᄂᆺ 싯고, 몬져 술 ᄭᆡ오는 약 먹고, 혹 효근 샹화 먹고, 후에 ᄣᅥᆨ 밍ᄀᆞᆯ며 양슉 고으며 혹 믠 므레 양의 존둥과 흉슈 ᄉᆞᆯ마 먹고, 물 ᄐᆞ고 번당 드리고, 여러 노룻바치로 ᄒᆞ놀이거든, 몬져 큰 수울 져제 가 안자셔 흔두 량앳 술 고기를 먹고, 수울 반만 취ᄒᆞ야 가지고, 음심 내여 놀애 브르는 사ᄅᆞᆷ의 지븨 가려니 가 뎌 三絃子 ᄠᅳ고, 거즛말 ᄒᆞ는 놈들ᄒᆞᆯ ᄒᆞ야 ᄒᆞ놀이며셔, 거즛 여러

---

[25] '郎中'은 주10 참조.
[26] '開手'는 주11 참조.
[27] '粧孤'는 주12 참조.
[28] '人口'는 주13 참조.
[29] '男女'는 주14 참조.
[30] '偢保'는 주15 참조.

적 브르지죠더, "샤신 공즈하 일즈시 손 여러 천량 내여 쓰쇼셔" 흐야든 그
쳔이 뎌 노룻흐는 노미 무숨대로 쓰거든, 저는 얼운다이 졍면 좌애 안자, 어딘
남신인 양으로 흐고 잇거든, 뎌 놈둘흔 은 가져셔 간대로 쓰고, 듕간애 반이나
그려내여 제 겨집과 아히 이받느니, 흔 나래 나죄 도의도록 나올 저긔 다드란
그장 져거사 서너 량 은을 쓰느니, 후에 지븨 쁠 거시 졈졈 업서, 사룸 · 무쇼 ·
가지 · 금은긔명을 다 프느외며, 던디며 집둘 볼모 드리니, 모매 니블 것도
업스며, 이베 머글 것도 업스니, 노룻흐던 그 놈둘히 노의여 흐나토 긔수흐리
업서, 이제 관원 조차 돈녀 무롤 자바, 아직 아므려나 옷 덥고져 밥 비브르고져
흐느니라.

제6장

고국을 향하여

이 장면은 중국인 왕객(王客)이 탁주(涿州)로 장사하러 떠나고 그 사이에 고려인들은 가져온 물품 중에 아직 처분을 하지 못한 인삼과 모시, 베를 팔면서 귀국할 때에 가져갈 물품을 고른다. 마침 그 때에 탁주(涿州)에서 돌아온 왕객의 도움으로 고국에 돌아가서 팔 물건을 구입하고 마지막으로 중국인 친구 왕씨(王氏)에게 하직을 고하면서 대단원의 막을 내린다.

譯註 原本老乞大

제96화 이제 탁주(涿州)로

漢 나는 이 상품들을[1] 사서, 탁주(涿州)로 팔러 갈 작정이었는데, 요새 며칠 친척을 불러 연회를 열기도 하고, 병 때문에 연기를 해서 가지 못했네. 자, 이제 가겠소.

친구들이여, 당신들은 뒤에 남아있으니 잘들 있어요. 나도 저쪽에 갔다가 상품을 구입하여 바로 돌아오리다.

高 조심해서 갔다 오시오. 나는 인삼과 모시, 삼베를 팔면서 며칠이라도 상관없이 당신이 오기를 기다리겠소. 우리가 돌아갈 때에 가져갈 상품을 사는데 의논하고 싶으니 당신은 꼭 일찍 오시오.

제96화 涿州賣去

漢 我買這行貨[2], 待 州賣去。這幾日爲請親眷筵會, 又爲病疾耽閣, 不曾去的。我如今去也。

伴當, 恁落後好坐的者, 我到那裏, 賣了行貨便來。

高 你好去者。俺賣了這人蔘, 毛施, 帖裏布時, 不揀幾日, 好歹等你來。
咱商量買迴去的行貨。你是必早來。

飜老 제96화 涿州賣去

漢 我買這貨物、要涿州賣去。這幾日爲請親眷筵席、又爲病疾耽閣、不曾去的。我如今去也。

火伴、你落後好坐的着。我到那裏、賣了貨物便來。

高 你好去着。我賣了這人蔘、毛施布時、不揀幾日、好歹等你來。咱商量買迴去的貨物。你是必早來。

....

[1] 원문 '行貨'는 "여러 가지 상품"을 말한다. 여기서는 제70~79화에서 한인(漢人)이 샀던 양(羊), 옷감 등을 말한다.

[2] '行貨'는 주1 참조.

飜老 제96화 涿州로 풀라 가다

漢 내 이 황호앳 것들 사 涿州로 풀라 가려 ᄒ다니, 요조ᅀᅳᆷ 아ᅀᅳᆷ 쳥ᄒ야 이바디 ᄒ노라 ᄒ며, ᄯᅩ 볋오로 머므러 가디 몯ᄒ얏다니, 내 이제 가노라.
동뫼야 너는 ᄣᅥ디여셔 됴히 안잣거라. 내 뎌긔 가 황호 ᄑᆞᆯ오 즉재 오마.

高 네 됴히 니거라. 내 이 신ᅀᅮᆷ 모시뵈 ᄑᆞᆯ면 아모 나리라 업시 모로매 너를 기들워ᅀᅡ 우리 도라 갈 황호 사기를 의론ᄒ리니, 네 모로매 일즈시 오나라.

제97화 인삼을 팔다.

[여관 주인이 몇 사람의 상인(商人)을[1] 데리고 인삼의 값을 매긴다.][2]

舖 이 인삼은 좋은가 나쁜가? 본 볼 삼을 가져오시오. 내 보리다.

高 이 인삼은 신라삼(新羅蔘)이외다[3].

舖 그저 그런 정도인데.

高 당신 무슨 말씀을 하시오? 이 인삼은 제일 좋은 것이오. 뭐가 그저 그렇다고 하시는 거요.

[중개인이 말한다.]

牙 당신들 두 분이 좋고 나쁨을[4] 놓고 말다툼할[5] 필요가 없소. 지금 시가는 한 근(斤)에 25량(兩)이니 흥정할 여지도 없소이다.

舖 당신의 이 인삼들은 무게가 얼마이오?

高 내 이 인삼들은 110근(斤)입니다. 당신이 달아보면 어떻소?

舖 내 저울에는 제대로[6] 관아의 공인(公印)이[7] 찍혀 있소이다. 누가 민가

....

[1] 원문 '舖家'는 "객인(客人 — 가게를 갖고 있지 않은 상인, 즉 행상인)"에 대하여 점포(店鋪)를 갖고 있는 상인(商人)을 말한다.

[2] 〈飜老〉에서는 이 부분도 대화의 장면으로 상정하고 "店主人家 — 뎜쥬신하 / 引着幾箇鋪家來-젼 사룸 여러홀 드려 오라/ 商量人蔘価錢 — 신슴쌉 의론호겨"로 풀이하였다.

[3] 원문 '新羅蔘'은 "고려인삼의 일종"이다. 신라삼에 대하여는 제56화 주2를 참조할 것.

[4] 원문 '高低'는 "좋고 나쁨"의 뜻이다. 『동서상(董西廂)』(권1) 「풍취하엽(風吹荷葉)」에 "好弱高低且按捺 — 좋고 나쁨은 일단 놔두고 —"라는 예가 있다. 제7화 주6 참조.

[5] 원문 '折辨'의 '辨'은 '辯'이라고 써야 올바른 것이지만 통용된다. "말다툼하다, 또는 변명(辨明)하다"의 뜻을 갖는데 여기서는 '말다툼하다'로 보아야 할 것이다.

[6] 원문 '放著'는 "제대로 있다"는 뜻이다. 원대(元代)의 잡극(雜劇) 등에서는 '現放著'로 나타난다.

[7] 원문 '印子'는 "저울에 찍힌 관아의 공인(公認)을 표시하는 인장(印章)"을 말한다. 『원전장(元典章)』 「형부(刑部)」(권19) '잡금(雜禁)'의 '곡두칭척아인

의 엉터리[8] 저울을 쓴단 말이오?

🔲 값은 이미 정해졌으나 나는 상등(上等)으로 쓸 수 있는 좋은 지폐로[9] 받고 싶소. 현금으로 내고 외상은 안 됩니다.

🔲 무슨 말씀을 하시오? 보초(寶鈔)는 좋은 지폐를 주겠지만, 상품을 사는 데 바로 지불하는 법이 어디 있소. 며칠은 기다리시오.

....

(斛斗秤尺牙人)'조에 민간의 저울 등이 법대로 되어 있지 않기 때문에 관제(官製)의 것과 같은 것을 만들어, "교감균평(較勘均平)하여 일체(一體)에 인낙(印烙)을 정리(釘裏)하고 본가(本價)를 정립(定立)함"이라는 구절이 있는데 이 때의 '印烙'이 바로 이 '印子'에 해당될 것이다. 원대(元代)의 동추(銅權 ─ 저울의 分銅)의 출토품은 다수 알려져 있으며,『중국고대도량형도집(中國古代度量衡圖集)』에도 두 예가 수록되었다. 그 중에서 내몽고에서 출토된 것에는 한자로 '元貞 元年 大都路造', '三十五斤秤'라는 제조 연대와 제조지, 그리고 저울의 크기를 새겨놓았고, 파스파 문자로 '斤半錘', 위글, 몽골, 페르시아 文字로 각각 '三十五斤秤', '斤半錘'라고 음각(陰刻)되고 있다. 원정(元貞) 원년(元年)은 서기 1295년이며 이 분동(分銅)에 의하면 한 근(斤)은 585.5그램으로 환산된다.

[8] 원문 '私秤'은 "민간인이 제멋대로 만든 저울"을 말한다.『원전장(元典章)』「형부(刑部)」(권19) '잡금(雜禁)'의 '금사곡두칙척(禁私斛斗秤尺)'에 사칭(私秤)의 제조를 금지하는 금령(禁令)이 보인다.

[9] 원문 '擇鈔'는 "쓸 수 있는 지폐"를 말한다. 원(元)의『남대비요(南臺備要)』「정치초법(整治鈔法)」에 지폐(寶鈔)의 교환을 담당하는 행용고(行用庫)의 관리가 "분별없이 요초(料鈔), 택초(擇鈔), 시초(市鈔)의 등급을 나누고, 자주 공묵(工墨)을 취하여 접도(接到)함"이라는 구절이 있는데 이것은 관리가 부정하게 교환하기 위하여 제멋대로 만든 지폐의 등급이 있음을 알 수 있다. '택초(擇鈔)'는 '料鈔(요초 ─ 새 돈)'와 '昏鈔(혼초), 爛鈔(난초 ─ 너덜너덜하게 해진 못 쓰는 지폐)'의 중간쯤 되는 지폐를 말하는 것으로 보인다. 문자대로 읽는다면 "골라낸 지폐"라는 뜻인데 해진 지폐 중에서 쓸 수 있는 것을 골랐다는 의미로 이런 이름이 붙은 것 같다.『원전장(元典章)』「호부(戶部)」(권6) '초법(鈔法)'의 '관백분명즉편수수(貫伯分明卽便授受)'의 조에 "금후, 보초(寶鈔)를 행사(行使)할 때에 변난파쇄(邊欄破碎)해도 또 관백분명(貫伯分明)함이 있으면 바로 수수(授受)함"이라는 구절이 있어, 비록 찢어진 곳이 있어도 액면(額面)의 문자가 분명히 보이는 것을 '택초(擇鈔)'라고 한 것이 아닌가 한다. 해제 참조.

牙 둘 다 말다툼은 그만두시오. 열흘 이내에 돈을 주면 되지요.

高 그렇다면 중개인 말대로 합시다.

客 이 인삼을 달아보니 딱 100근이외다. 당신이 110근이라고 했는데, 나머지 10근은 어디에 있습니까?

高 내가 집에서 달았을 때에는 110근이었소. 당신의 저울은 크니까 그래서 10근 줄었나 봅니다.

客 이 저울이 크다고? 저 인삼들은 당신이 달았을 때에는 물기가 있었던 것이 지금은 말라서 10근이 준 것이오.

牙 이 인삼을 다섯으로 나누어서 한 사람 당 20근씩 가집시다. 한 근이 25량이니까 20근은 500량이고 보초로 10정(定)이니 모두 합해서 50정(定)이 됩니다.

제97화 賣人蔘

[店主人家引著幾箇鋪家[10]來, 商量人蔘價錢]

客 這蔘是好那夕? 將些攘蔘來我看。

高 這蔘是新羅蔘[11]有。

客 也著中。

高 你說甚麽話? 這蔘絕高有, 怎麽做的著中?

[牙家道]

牙 索甚恁兩家折辨[12]高低[13]? 如今時價二十五兩一斤, 有甚商量?

客 你這蔘多少斤重?

高 俺這蔘一百一十斤, 恁枰如何?

客 俺枰放著[14]印子[15]裏, 誰敢使私枰[16]?

[10] '鋪家'는 주1 참조.
[11] '新羅蔘'은 주3 참조.
[12] '折辨'은 주5 참조.
[13] '高低'는 주4 참조.

高 這價錢一定也。俺則要上等擇鈔[17], 見鈔不賒也。

客 怎那般說? 鈔呵, 與你好鈔, 買行貨的那裏將便與鈔裏? 湏索限幾日。

牙 你兩家休爭。限十箇日頭還足價錢。

高 那般者, 依著牙家話。

客 這蔘稱了, 勾得一百斤。恁說一百一十斤, 那一十斤却在那裏?

高 俺家裏稱了一百一十斤。怎這枰大的上頭, 折了十斤也。

客 那裏枰大? 這蔘恁稱時節有些濕來, 如今乾了, 爲那上頭, 折了這十斤。

牙 這蔘做了五分兒分了, 一箇人二十斤家, 每一斤二十五兩, 二十斤該五百兩, 是十定, 通計五十定。

飜老 제97화 賣人蔘

[店主人家引着幾箇鋪家來商量人蔘價錢]

客 這蔘是好麼? 將些樣蔘來我看。

高 這蔘是新羅蔘也。

客 着中。

高 你說甚麼話?這蔘絶高、怎麼做着中的看?

[牙家說]

牙 你兩家不須折辨高低。如今時價五錢一斤、有甚麼商量?

客 你這蔘多少斤重?

高 我這蔘一百一十斤、你稱如何?

客 我的是官稱、放着印子裏、誰敢使私稱?

高 這價錢一定。我只要上等官銀、見要銀子、不賒。

客 怎那般說? 銀子與你好的、買貨物的、那裏便與見銀?湏要限幾日。

牙 你兩家休爭。限十箇日頭還足價錢。

高 這般時、依着牙家話。

[14] '放著'는 주6 참조.
[15] '印子'은 주7 참조.
[16] '私秤'은 주8 참조.
[17] '擇鈔'는 주9 참조.

客 這蔘稱了、只有一百斤。你說一百一十斤、那一十斤却在那裏?

高 我家裏稱了一百一十斤、你這稱大、因此上、折了十斤。

客 那裏稱大? 這蔘你來時節有些濕、如今乾了、因此上、折了這十斤。

牙 這蔘做了五分兒分了、一箇人二十斤家、每一斤五錢、二十斤該十兩、通計五十兩。

髷老 제97화 신숨삽 의론ᄒ져.

[뎜쥬신하, 젼 사ᄅᆷ 여러흘 드려 오라. 신숨삽 의론ᄒ져.]

客 이 심이 됴ᄒᆞ냐? 본 볼 심 가져 오라. 내 보와지라.

高 이 심은 新羅ㅅ 심이라.

客 듕품이로다.

高 네 므슴 마를 니ᄅᆞᆫ다? 이 심이 ᄀᆞ장 됴ᄒᆞ니 엇디 듕품으로 보ᄂᆞᆫ다?

[야즈 닐오ᄃᆡ]

牙 너희 둘히 굿 구틔여 됴홈 구좀 분간ᄒᆞ거라 말라. 이제 시개 닷 도내 ᄒᆞᆫ 근시기니 므슴 혜아료미 이시리오?

客 네 이 심이 몃 근 므긔오?

高 내 이 심이 일빅 열 근이라. 네 저우리 엇더ᄒᆞ뇨?

客 내 해 구윗저우리라. 인 텻ᄂᆞ니 뉘 아롬 저울 브리료?

高 이갑시 일뎡커다. 내 샹등엣 됴ᄒᆞᆫ 은을 바도ᄃᆡ, 얇픠셔 즉재 은을 받고, 드리오디 아니 ᄒᆞ리라.

客 엇디 그리 니ᄅᆞᄂᆞ뇨? 은은 너를 됴ᄒᆞ니 주마커니와, 황호 살 사ᄅᆞ미 어듸가 얇픠셔 즉재 은을 다 주리오? 모로매 여러날 그슴ᄒᆞ져.

牙 너희 둘히 싯구디 말오, 열흘만 그슴ᄒᆞ야셔 갑술 ᄎᆞ게 가폴 거시라.

高 이러커든 야즈의 마를 조차 ᄒᆞ져.

客 이 심을 ᄃᆞ라 ᄒᆞ니, 다믄 일빅 근이로다. 네 닐오ᄃᆡ 일빅 열 근이라 ᄒᆞ더니, 그 열 근은 긔 어디 잇ᄂᆞ뇨?

高 내 지븨셔 ᄃᆞ니 일빅 열 근이러니, 네 이 저우리 크니, 이런 젼ᄎᆞ로 열 근이 ᄭᆞᆫ도다.

客 어듸 저우리 클고? 이 심이 네 올 저긔 저저 잇다가 이제 ᄆᆞᄅᆞ니, 이런 젼ᄎᆞ로 이 열 근이 ᄭᆞᆫ도다.

高 이 심을 다숫 모긔 ᄂᆞᆫ호와, ᄒᆞ나히 스므 근식 ᄒᆞ야, 미 ᄒᆞᆫ 근에 닷 돈식 ᄒᆞ고, 스믈 근에 열 량식 ᄒᆞ면, 대되 혜니 쉰 량이로다.

제98화 모시, 베를 팔다.

[여관 주인이 다시 모시와 베를 사려는 상인(商人)을 몇 명 데려오다.]

客 당신의 이 모시 옷감 11세(十一綜)의 값, 9세(九綜)의[1] 값은 얼마요?

高 11세의 것은 상등(上等)의 좋은 옷감이라 3정(定) 반(半)이며, 깎지는 못합니다. 9세의 것은 중등(中等)의 것이라 2정(定) 반(半)입니다.

客 이 삼베 옷감은 질이 좋은 것이 얼마고 나쁜 것은 얼마이오?

高 삼베 옷감의 좋은 것은 2정(定)이고 이쪽의 조금 질이 떨어지는 것은 60냥(兩)이요.

客 당신, 엉터리 같은 값을 터무니없이 부르지 말아요. 이 옷감들에는 사실 시장에서 정해진 가격이 있단 말이오. 내가 사려는 것은 한 두 필을 사서 자기가 옷을 해 입으려는 것이 아니라 모두 한꺼번에 사서 돈을 벌자고 하는 노릇이오. 시장의 제값대로 한다면 바로 사주겠소. [시가로 보면] 모시 옷감은 좋은 것이 3정(定)이고 나쁜 것은 2정(定)이오. 삼베 옷감은 좋은 것이 70냥(兩)이고, 나쁜 것이 1정(定)이오. 외상으로 사지는 않을 것이고 한 번에 좋은 지폐로 지불할 것이외다.

[중개인이 말한다.]

牙 이 사람들이 내겠다는 값이 정당한 값입니다. 당신네 상인들은 동쪽에서[2] 이제 막 왔으니 실제로[3] 거래되는 가격을 모르시는가 봅니다.

....

[1] '종(綜)'은 옷감을 짤 때에 세로로 넣은 실의 수를 말하며 여기서는 '세'로 번역한다. 베틀로 실을 교차시켜 옷감을 짤 때에는 미리 틀에 세로로 매어 놓은 실과 북에 실을 담아 가로로 짜 넣는 실이 있는데 아마도 '종(綜)'은 세로로 들어가는 실의 수효를 말하는 것으로 보인다. 모시 베를 짜기 위해 사용한 실의 양을 말하는 것으로 많은 것일수록 상품(上品)일 것이다. 제10화 주7 참조.

[2] 원문 "直東新來"의 '直'은 방향을 표시하는 접두어이다. 여기서는 제8화 주17에서 말한 대로 '直東'이 요동(遼東)이나 고려 방면을 말하는 것으로 보이는데 〈飜老〉에서는 이 부분을 "遼東新來 — 료동으로셔 처엄 오니"와 같이 요동(遼東)으로 바꾸었다. 제8화 주17 참조.

당신들은 의심하거나 망설이지 말고 흥정을 끝내시오.

🔲 그렇다면 값은 당신들의 말대로 합시다. 다만 내 말도 들어주어야 흥정이 이루어지지, 그렇지 않으면 나는 팔지 않을 것이요. 헌 돈이나 찢어진 지폐는[4] 필요 없어요.

🔲 당신은 전부 제일 좋은 새 지폐로[5] 지불하라고 하지만, 새 지폐로 교환하기 위해서는 매 1냥(兩)마다 3푼(分)의 수수료를[6] 관아에 납입해야 하는 것이오. 암거래로[7] 바꾸려면 5푼(分)의 수수료를 내도 새

....

[3] 원문 '直實' 보통 성격이 곧고 성실한 것을 말한다. 여기서는 '저실(著實)'과 같고 "실제로"라는 의미로 쓰인 것 같다.

[4] 원문 '澤鈔(택초─헌 지폐 가운데 쓸 만한 돈을 고른 것), 爛鈔(난초─너덜너덜하게 해진 못 쓰는 지폐)'에 대하여는 제97화 주9 참조.

[5] 원문 '一等料鈔'의 '料鈔'는 새 지폐를 말한다. 즉 "제일 좋은 새 지폐"를 말한다. 제97화 주9를 참조할 것.

[6] 원문 '工墨'은 낡은 지폐를 교초고(交鈔庫)에서 새로운 지폐로 교환해 줄 때에 받는 수수료를 말한다. 『원사(元史)』(권93) 「食貨」에 "대개 초(鈔)의 혼란(昏爛)한 자(者)는 지원(至元, 中統의 잘못) 2년에 관(官)에 위탁하여 교초고(交鈔庫)에 가서 신초(新鈔)로 도환(倒換)하게 하는데 공묵(工墨) 30문(文)을 제(除)함. 지원(至元) 3년에 감(減)하여 20문(文)으로 하였으나 지원(至元) 22년에 다시 증(增)하여 원래대로 함"이란 기사가 있다. 30문(文)은 바로 3푼(分)이다. 다만 교초고(交鈔庫)에서의 교환에는 일정의 한도액(限度額)이 있었으며 또한 교초고를 열고 닫는 시간도 일정하지 않고 관리의 부정도 있었기 때문에 지폐를 교환하는데 많은 불편이 있었다.

[7] 원문 '私下'는 관청에서 정식으로 헌 지폐를 교환하지 않고 사사로이 새 돈으로 바꾸는 암거래 루트를 말한다. 『원전장(元典章)』「호부(戶部)」(권6) '초법・잡례(鈔法・雜例)'의 '行用寶鈔不得私准折'조에 "만일 중통혼초(中統昏鈔)가 있으면 객여매매(客旅買賣)하는 사람이 선례대로 고(庫)에 가서 도환(倒換─교환)하여야 하고 다시는 사적으로 상준절행사(相准折行使)하지 못함"이라는 기사가 있어 당시 보초의 신・구폐 교환에 암거래가 있었음을 알 수 있다. 또 『남대비요(南臺備要)』의 「정치초법(整治鈔法)」에 "행용고(行用庫)의 관리가 민간의 암상인과 결탁하여 대도(大都)의 순승문(順承門)이나 양시각(羊市角)과 같이 사람이 많이 모이는 곳에서 '공공연히 도환(倒換)'하고 있으며, 그 수수료는 관에서 정한 것의 두 배, 즉 6푼(分)이었으나 그래도 모두들 다투어 교환한다"고 기술되었다.

돈을 주지 않는 다오. 당신처럼 전부 새 지폐를 내라고 하면 나만이 손해를 보는 셈이오.

얼마나 손해를 본다는 말씀이오? 좋거든 거래를 마치고 싫다면 당신은 딴 데 가서 사시오.

그렇다면 모두 새 지폐를 드리겠소.

제98화 賣毛施布

[更店主人家引將幾箇買毛施, 帖裏布的客人來]

恁這毛施布十一綜[8]的價錢, 九綜的價錢索多少?

十一綜的是上等好布, 三定半, 沒商量。九綜的是中等的, 兩定半。

這帖裏布好的多少價錢? 低的多少價錢?

帖裏布這一等好的兩錠, 這一等較低的六十兩。

恁休胡索價錢。這布如今見有行市, 俺買呵, 買一兩箇自穿的不是, 一發買將去要覓些利錢。俺依著如今價錢, 一句兒還恁。這毛施布高的三錠, 低的兩錠。這帖裏布高的七十兩, 低的一錠。俺不賒恁的。一撥兒與好鈔。

[牙家道]

他每還的價錢是著實的價錢。恁客人每直東新來, 不理會得直實[9]價錢。恁休疑惑, 成交了者。

那般者, 價錢呵依著恁。依的俺時成交, 依不得時, 俺不賣。鈔呵, 擇鈔, 爛鈔都不要。

你則要一等料鈔時, 每兩官除工墨[10]三分, 私下[11]五分家出工墨也倒不出料鈔來。似恁這般都要料鈔時, 虧著俺。

....

[8] '綜'은 주1과 제10화 주7 참조.
[9] '直實'은 주3 참조.
[10] '工墨'은 주6 참조.
[11] '私下'는 주7 참조.

高 待虧恁多少? 肯時成交, 不肯時恁別處買去。

客 那般者, 與恁料鈔買。

飜老 제98화 賣毛施布

[又店主人家 引將幾箇買毛施布的客人來]

客 你這毛施布細的價錢、麤的價錢要多少?

高 細的上等好布、要一兩二錢。麤的要八錢。

客 這黃布好的多少價錢?低的多少價錢賣?

高 這一等好的一兩。這一等較低些的七錢家。

客 你休胡討價錢、這布如今見有時價。我買時、不是買自穿的、一發買將
去、要覓些利錢。我依着如今的價錢、還你。這毛施布高的一兩、低的
六錢。這黃布高的九錢、低的五錢。我不賒你的、一頓兒還你好銀子。

[牙家說]

牙 他們還的價錢是着實的。你客人們遼東新來、不理會得這着實的價錢。
你休疑惑、成交了罷。

高 這們時、價錢依着你。銀子依的我時成交、依不得我時、我不賣。我這
低銀子都不要。你只饋我一樣的好銀子。

客 似你這般都要官銀時、虧着我。

高 待虧你多少? 肯時成交、不肯時你別處買去。

客 這們時、與你這好銀子買。

飜老 제98화 모시뵈 폴다.

[또 뎜 쥬신하! 여러 모시뵈 살 나그내 혀오라.]

客 네 이 모시뵈 ᄀᆞᄂᆞᆫ옛 갑과 굴그니옛 갑슬 언머옴 받고져 ᄒᆞᄂᆞᆫ다?

高 ᄀᆞᄂᆞᆫ 샹둥엣 됴ᄒᆞᆫ 뵈ᄂᆞᆫ ᄒᆞᆫ 량 두 돈 받고, 굴그니ᄂᆞᆫ 여듧 돈 받고져 ᄒᆞ노라.

客 이 가믄 뵈예 됴ᄒᆞ니ᄂᆞᆫ 갑시 언메며, 사오나오니ᄂᆞᆫ 갑슬 언머예 폴다?

高 이 ᄒᆞᆫ 둥엣 됴ᄒᆞ니ᄂᆞᆫ ᄒᆞᆫ 량이오, 이 ᄒᆞᆫ 둥엣 져기 ᄂᆞᆽᄒᆞ니ᄂᆞᆫ 닐굽 돈식이라.

客 네 간대로 값 뫼오디 마라. 이뵈 이제 번드기 시개 잇ᄂᆞ니, 내 사도 사 내
니블 거시 아니라, 홈ᄭᅴ 사 가져 가 리쳔 얻고져 ᄒᆞ노라. 내 이젯 갑소로
조차 너를 주리라. 이 모시뵈 됴ᄒᆞ니ᄂᆞᆫ ᄒᆞᆫ 량이오, ᄂᆞᆽᄒᆞ니ᄂᆞᆫ 엿 돈이오,
이 황뵈 됴ᄒᆞ니ᄂᆞᆫ 아홉 돈이오, ᄂᆞᆽᄒᆞ니ᄂᆞᆫ 닷 돈식 ᄒᆞ야 내 네 것 드리우디
아니코 홈ᄢᅴ 너를 됴ᄒᆞᆫ 은 주리라.

[야지 닐오딕]

牙 뎌의 주려 ᄒᆞ는 갑시 올ᄒᆞ니, 너 나그내돌ᄒᆞᆫ 료동으로셔 처엄 오니 이 바ᄅᆞᆫ 갑술 아디 몯ᄒᆞᄂᆞ니, 네 의심 말오 홍졍 ᄆᆞ초미 ᄆᆞᆫ둔ᄒᆞ다.

高 이러ᄒᆞ면 갑스란 너 조초려니와, 은으란 내 말 드러 ᄒᆞ면 홍졍 못고, 내 말 좃디 몯홀 쟈기면 내 아니 ᄑᆞ로리라. 내 이 사오나온 은으란 다 마다. 네 나ᄅᆞᆯ ᄒᆞᆫ가짓 됴ᄒᆞᆫ 은을 다고려.

客 네 이러ᄐᆞ시 다 구의나깃 은으로 바ᄃᆞ면 내게 셜웨라.

高 네게 언매나 셜우리오? 즐기거든 홍졍 못고, 슬커든 네 다ᄅᆞᆫ ᄃᆡ 사라 가라.

客 이러ᄒᆞ면 너ᄅᆞᆯ 이 됴ᄒᆞᆫ 은을 주고 사려니와.

제99화 옷감의 치수가 달라요.

🔲 당신의 이 베는 길이가 가지각색이오. 제대로 50자(尺)가 되는 것도 있지만 겨우 40자(尺)밖에 안 되는 것도 있고, 또 48자(尺)의 것도 있소 이다.

🔲 치수가 같지 않은 것은 이 베가 지방에서[1] 짜 온 것이라 그렇소이다. 내 또한 끝자락을[2] 잘라 내지도 않았습니다. 양쪽 끝에 확실히 도장이 찍혀 있습니다.

🔲 저쪽의 베는 씨(세로로 된 실)와 날(가로로 된 실)이[3] 모두 같고 어란(魚卵) 의 무늬를 홀치기로 염색한 비단(魚子纈)과[4] 같이 매끄럽고 좋은데, 이쪽은 씨와 날이 가지런하지 못하고 짬도 조잡하여 매우 나쁩니다.

🔲 사는 사람은 이것저것 트집을 잡으니[5] 살 사람이 바로 나타나기 어려

....

[1] 원문 '地頭'는 "자신이 사는 곳, 그 地方"을 말한다. 여기서는 고려(高麗)의 각지에서 베를 짤 때에 그 규격(規格)이 지방마다 다름을 말하고 있는 것으로 보인다.

[2] 원문의 '稍子'는 "말단(末端)"을 말한다. '초(稍)'는 '초(梢)'라고 쓰는 것이 옳지만, 이 두자는 통용(通用)된다. 아마도 이 시대에는 베의 양끝에 도장 을 찍어 잘라내는 부정(不正)을 방지한 것으로 보인다.

[3] 원문 '經緯'는 베의 세로 실과 가로 실을 말하는 것으로 고어에 '씨날'을 말한다. 〈飜老〉에서의 이부분은 "似這一等経緯不等 —이 흔가지는 시놀 히 곧디 아니ᄒᆞ고—"로 되어 있어 '經緯'가 '시놀'로 언해되었다.

[4] 원문 '魚子'는 견직물(絹織物)의 이름으로 '어자힐(魚子纈)'을 말한다. '힐 (纈)'은 무늬를 홀치기로 염색한 것으로 말하므로 아마도 이것은 어란(魚 卵) 모양의 무늬를 염색한 비단을 말하는 것으로 보인다. 당(唐) 단성식(段 成式)의 '조비경(嘲飛卿)' 시(詩)에 "원컨대 질은 붉은 색의 어란(魚子深紅)을 염색한(纈) 비단으로 옷을 마르고(裁) 얇은 푸른색의 잠자리(蜻蜓淺碧) 무 늬를 가진 깁(綾)을 구(求)하다"라는 구절이 있다. 송(宋) 엽정규(葉廷珪)의 『해록쇄사(海錄碎事)』(권5)에 "어자힐(魚子纈), 수파초(水波鈔)는 의복(衣 服)의 아름다움(美)을 말함"이란 해설이 있다.

[5] 원문 '褒彈'은 "헐뜯다, 트집을 잡다"의 뜻이다. 〈刪朴〉 中에서도 "駁彈的 是買主—헐뜯는 게 사는 사람—"이라는 예가 있다. 〈朴覽〉 中에는 "'포 (褒)'는 '포(包)'로 하는 것이 옳고, 북송(北宋)의 명판관 포증(包拯)이 자주

운 것이오.

客 저쪽과 같은 베는 폭이 넓고 좋은데, 이쪽의 몇 개는 아주 좁소이다.

高 좁아서 무엇이 문제가 되오? 모두 똑같이 잘 팔릴 것이오.

客 당신 그게 무슨 말이오? 넓으면 옷을 만들고도 남는 부분이 있으니 역시 팔기가 쉽지만 좁은 것은 옷을 만드는 데도 부족합니다. 만일[6] 부족하면 다시 똑같은 베의 자투리가 필요하니까 또 5냥(兩)의 돈을 써야 해요. 그러니까 살 사람이 적게 됩니다.

牙 어찌 그런 차이가 있겠소?[7] 벌써 샀지 않아요, 쓸데없이[8] 말다툼할 필요가 있어요? 계산을 하고 그에게 돈을 주시오.

제99화 長短不等

客 恁這布裏頭長短不等。有勾五十尺的, 有麼則到四十尺的, 更有四十八尺。

高 長短不等呵, 是地頭[9]織來的。俺又不曾打了稍子[10]。兩頭放者印記裏。

客 似這一箇布, 經緯[11]都一般, 便是魚子[12]兒也似匀淨好有。似這一

....

　　사람을 헐뜯었던 것에서 온 말"이라는 설명이 있다. 제76화 주7 참조.
　[6] 원문 '不爭'은 "만일에 ~하면"의 뜻이 있다.
　[7] 원문 '怎做爭甚麼有'의 이 구절은 확실한 의미를 알 수가 없으나 대화의 내용으로 보아 폭이 좁은 베로 옷을 만들었을 때에 모자라는 부분을 다시 살만큼 폭이 넓은 것과 좁은 베의 차이가 있을까 하는 의미에서 "어찌 그런 차이가 나겠는가?"라고 해석하였다
　[8] 원문 '閑廝誕'의 '閑'은 "헛되다"의 뜻이다. '誕'의 의미는 불명확하다. 『동소진(凍蘇秦)』 '雜劇'(3折) 「목양관(牧羊關)」 등에 "상대방에게 말로 시비를 걸고 대들다"라는 의미의 '廝挺'이란 말이 보인다. '誕'은 '挺'의 잘못일 수도 있다.
　[9] '地頭'는 주1 참조.
　[10] '稍子'는 주2 참조.
　[11] '經緯'는 주3 참조.
　[12] '魚子'는 주4 참조.

等, 經緯不等, 織的又鬆, 哏不好有。

<ruby>高</ruby> 買的人多少褒彈[13], 急切難著主兒。

<ruby>客</ruby> 似這等布寬呵好, 這幾箇布哏窄有。

<ruby>高</ruby> 窄呵偏爭甚麼? 也一般賣了。

<ruby>客</ruby> 恁怎說郡等言語? 寬呵, 做出衣裳餘剩, 又容易賣。窄呵做衣裳不勾。不爭[14]少些箇, 又索這一等的布零截, 又使五兩鈔。爲這上, 買的人少。

<ruby>牙</ruby> 怎做爭甚麼有[15]? 買也買了也。索甚麼閑厮誕[16]? 筭了價錢撿與他鈔。

飜老 제99화 長短不等

<ruby>客</ruby> 你這布裏頭長短不等。有勾五十尺的、也有四十尺的、也有四十八尺的。

<ruby>高</ruby> 長短不等、這布都是地頭織來的。我又不曾剪了稍子。兩頭放着印記裏。

<ruby>客</ruby> 似這一箇布、經緯都一般、便是魚子兒也似勻淨的。似這一等、經緯不等、織的又鬆、却不好。

<ruby>高</ruby> 買的人多少包彈、急且難着主兒。

<ruby>客</ruby> 似這等布寬時好、這幾箇布忒窄。

<ruby>高</ruby> 窄時偏爭甚麼?也一般賣了。

<ruby>客</ruby> 你怎麼說那等的話? 寬時、做衣裳有餘剩、又容易賣。窄時做衣裳不勾。若少些時、又要這一等的布零截、又使一錢銀。爲這上、買的人少。

<ruby>牙</ruby> 要甚麼閑講?筭了價錢、看了銀子。

---

[13] '褒彈'은 주5 참조.
[14] '不爭'은 주6 참조.
[15] '怎做爭甚麼有'는 주7 참조.
[16] '閑厮誕'은 주8 참조.

翻老 제99화 댱단이 콛디 아니ᄒᆞ니.

客 네 이 볏 둛에 댱단이 콛디 아니ᄒᆞ니, 유여ᄒᆞᆫ 쉰 자도 이시며, ᄯᅩ 마ᅀᆞᆫ 쟈도 이시며, ᄯᅩ 마ᅀᆞᆫ 여듧 자도 이시니,

高 기리 콛디 아니타. 이 뵈 다 미터셔 ᄡᅡ오고, 내 ᄯᅩ 글 버히디 아니ᄒᆞ엿고, 두 그데 보람 두워 잇ᄂᆞ니라.

客 이 ᄀᆞ튼 ᄒᆞᆫ 뵈ᄂᆞᆫ 시눌히 다 ᄀᆞᄐᆞ여, 곧 고기 알ᄀᆞ티 고ᄅᆞ고 굿굿다커니와, 이 ᄒᆞᆫ가지ᄂᆞᆫ 시눌히 콛디 아니ᄒᆞ고, ᄲᅩᆷ도 ᄯᅩ 얼믜오 ᄯᅩ 됴티 아니타.

高 살 사ᄅᆞ미ᅀᅡ 그ᄂ댜면 ᄒᆞ나므라려. 과ᄀᆞ리 넘쟈 어도미 어려오니라.

客 이 둥엣 뵈ᄂᆞᆫ 너브니 됴타커니와, 이 여러 뵈ᄂᆞᆫ 너므 좁다.

高 조ᄇᆞᆫ들 별히 므스거시 ᄲᅥ디료? ᄯᅩ ᄒᆞᆫ가지로 풀 거시라

客 네 엇디 그런 말 니ᄅᆞᄂᆞᆫ다? 너브면 옷 지ᅀᅮ매 유여ᄒᆞ며 ᄯᅩ 수이 풀 거시어니와, 조ᄇᆞ면 옷 지ᅀᅮ매도 ᄌᆞ라디 몯ᄒᆞ며 ᄒᆞ다가 나ᄇᆞ면, ᄯᅩ 이 ᄒᆞᆫ가짓 뵈 ᄲᅡ니 언노라 ᄒᆞ면, ᄯᅩ ᄒᆞᆫ 돈 은을 ᄡᅳ느니 이런 젼ᄎᆞ로 살 사ᄅᆞ미 져그니라.

牙 므슴 쇽졀 업시 겻고료? 갑술 혜오 은 보져.

제100화 모시, 베의 값

客 당신이 중개인이오? 당신이 계산해 주시오. 얼마나 합니까?

牙 상등(上等)의 모시가 100필(疋)인데 한 필이 2정(定) 반(半)이니 250정(定)입니다. 하등(下等)은 30필(疋)인데 한 필이 2정(定)이니 합계가 60정(定)이 됩니다.

客 모두 새 지폐로 주어야 옳지만 정말로 그렇게 많은 새 돈은 없습니다. 아마도[1] 새 지폐는 300정밖에 없는 것 같습니다. 나머지 10정은 헌 지폐[2] 중에서 나은 것을 드리겠으니 어떻습니까?

牙 상인 손님, 좀 생각해보시오. 이렇게 큰 거래에서 약간의 새 지폐 때문에 다투어서야 되겠습니까? 헌 돈이라도 좋은 것은 새 지폐와 똑같이 사용할 수 있습니다.

高 그러면 당신 말대로 합시다. 헌 돈이라도 좋은 것을 주시오.

客 돈은 모두 지불했으니 나는 모시 베를 헤아려 가져가겠소.

제100화 毛施布價

客 你是牙家, 你籌了者。該多少[3]?

牙 上等毛施布一百疋, 每疋兩定半, 該二百五十定。低的三十疋, 每疋兩定, 計六十定。

客 都與料鈔, 是委實沒若干料鈔。敢則[4]到的三百定料鈔, 那零一十定與恁上等擇鈔[5]如何?

....

[1] 원문 '敢則'의 '敢'은 '多敢'이라고도 쓰이는데, "대개, 아마도"의 뜻을 갖는다. '則'은 '只'(다만)와 같다.

[2] 원문 '上等擇鈔'의 '擇鈔'는 "헌 지폐 가운데 쓸 만한 것으로 고른 돈"이란 뜻임으로 '上等擇鈔'는 "헌 돈 가운데 좀 나은 지폐"를 말한다. '擇鈔'에 대하여는 제97화 주9 참조.

[3] '你籌了者。該多少'는 도치되었다. 원래대로라면 "該多少, 你籌了者."이어야 한다. 의미를 강조하기 위한 표현방법이다.

[4] '敢則'은 주1 참조.

牙 客人覰，偌多交易，索甚麼爭這些箇料鈔？好擇鈔也與料鈔一般使
　有。

高 那般者，依著恁。將好擇鈔來。

客 這鈔都撿了也。俺數將布去。

飜老 제100화 毛施布價

客 你是牙家、你筭了着。該多少？

牙 上等毛施布一百疋、每疋一兩、共該一百兩。低的三十四、每疋六錢、
　共通一十八兩。

高 都與好銀子是。

客 委實沒許多好銀子。敢只到的九十兩、那零的二十八兩、與你靑絲如何？

牙 客人看、這偌多交易、要甚麼爭競？這些箇銀子是好靑絲。比官銀一般
　使。

高 這們時、依着你。將好靑絲來。

客 這銀子都看了。我數將布去。

飜老 제100화 모시 뵈는 언메나 홀 것고?

客 네 아지어니 네 혜라. 언메나 홀 것고?

牙 샹둥엣 모시뵈 일빅 피론 미 흔 피레 흔 량시기면 대되 일빅 량이오, 느즛ㅎ
　니 셜흔 피론 미 흔 피레 엿 돈시기면 대되 열 여듧 량이로소니.

高 다 됴흔 은을 주워사 올ㅎ니라.

客 진실로 뎌리도록 만히 됴흔 은이 업세라. 아흔 량이 왓는 둣ㅎ다. 그 ᄯᆞ니
　스므 여듧 량이란 너롤 구품 은을 주디 엇더ㅎ뇨?

牙 나그내여 보라. 이리도록 만흔 훙졍애 므스므려 싯구ᄂᆞ뇨? 이 은이 됴흔
　구품이니 구의나깃 은 굴와 흔가지로 뿔 거시라.

高 이러ㅎ면 너롤 조차 호리라. 됴흔 구품 은 가져 오라.

客 이 은 다 보과라. 나는 뵈 혜여 가져 가노라.

제101화 지폐는 진짜인가?

高 당신 잠깐 기다리시오. 이 지폐가 진짜인지 가짜인지[1] 우리 고려 사람에게는 알 수가 없소이다. 당신이 사용한 것이라는 증거로 도장을 찍어주면 안 되겠소? 중개인 아저씨도 같이 보시오. 나중에 못 쓰게 되면 내가 중개인 아저씨에게 물어서 물리려고 합니다.

牙 아니 되오. "당면하여 점검하고 개수를 보았다면 문을 나서서는 바꿀 수는 없노라"라는 말도 모르시오?

高 뭐요? 당신들과 같이 매매에 매우 익숙한 사람은 나처럼 아주 생소한 사람들 앞에서 자주 속인단 말이오. 당신이 표를 하여 주면 모두 믿을 수 있소이다[2]. 이 50정(定)을 한 묶음으로 하면 모두 아홉 다발이오[3].

高 저 상인들이 모시 베를 가져갔네. 인삼의 대금도 다 받았고, 이것으로 가져온 물품을 모두 처분하였구나[4].

제101화 鈔的眞假

高 你且住者。這鈔裏頭眞假[5]俺高麗人不識有。恁都使了記號印兒者。牙家眼同看了者。後頭使不得時, 俺則問牙家換。

································

[1] 원문 '眞假'는 원대의 지폐인 보초(寶鈔)가 진짜인지 가짜인지를 말하는 것이다. 고려 상인이 위조지폐를 걱정하여 중개인에게 보증을 구하는 이야기는 제65화에도 보인다.
[2] 원문 '把穩'은 "확실히 신뢰할 수 있다"는 뜻이다. 『자치통감(資治通鑑)』(권 63) 호삼성(胡三省)의 주에 "지뢰(持牢)는 아직도 남쪽 사람들이 쓰고있는 '파은(把穩)'이라는 말과 같다"라는 설명이 있어 아마도 남방(南方)의 말인 것 같다.
[3] 원문은 '九束'이다. 50정(定) 묶음이 9다발(束)이면 450정이 된다. 이 가운데 310정은 모시의 값이기 때문에 나머지 140정이 삼베의 대금이 될 것인데 제100화의 대화에서는 삼베의 대금에 대한 회화가 빠졌다.
[4] 원문 '行貨都發落了'의 '발락(發落)'은 이어(吏語)로써 "처리하다, 처분하다"의 뜻이다. 제66화 주2 참조.
[5] '眞假'는 주1 참조.

牙 却不「當面撿點見數, 出門不管退換」也。

高 怎道? 恁這等慣做買賣的人, 俺一等不慣的人根低多有過瞞有。恁使
著記號者, 大家把穩[6]。這五十錠做一束, 兀的是九束[7]。那幾箇客
人將布子去了。咱每人蔘價錢也都收拾了。行貨都發落了[8]也。

···

翻老 제101화 銀子的眞假

高 你且住着。這銀子裏頭眞的假的、我高麗人不識。你都使了記號着。牙
家眼同看了着。後頭使不得時、我只問牙家換。

牙 却不 '當面看了見數、出門不管退換'。

高 怎麼說? 你這們慣做買賣的人、我一等不慣的人根前多有欺瞞。你使着
記號着、大家把穩。這一百兩做一包、這的是一百一十八兩。那幾箇客
人將布子去了。咱們人蔘價錢也都收拾了、貨物都發落了。

···

翻老 제101화 이 은(銀)은 진짓 것?

高 네 아직 날회라. 이 읏 듕에서 진짓 거신 동 거줏 거신 동 우리 高麗ㅅ
사롬이 아디 몯ᄒ노니, 네 다 보람 두고 야즈와 보ᄂᆞ 디 홈믜 보라. 후에
쓰디 몯ᄒ거든 내 야즈ᄃ려 무러 밧고리라.

牙 또 아니 면당ᄒᆞ야셔 잇는 수를 볼 거시디위 문의 나면 ᄆᆞ르기ᄅᆞᆯ 알라 몯홀
거시라.

高 므스기라 니ᄅᆞᄂᆞᆫ다? 네 이러ᄐᆞ시 흥졍ᄒᆞ기 니근 사ᄅᆞ미 우리 ᄒᆞᆫ가짓 닉디
몯ᄒᆞᆫ 사ᄅᆞᆷ의게 만히 소기ᄂᆞ니, 네 보람 두어사 대되 편안ᄒᆞ리라. 이 일ᄇᆡᆨ
량이란 ᄒᆞᆫ ᄡᅮ매 밍ᄀᆞ라. 이ᄂᆞ 일ᄇᆡᆨ 열 여듧 량이로다. 뎌 여러 나그내 뵈
가져 니거다. 우리 신슘갑도 다 간슈ᄒᆞ져. 황회ᄉᆞ 다 디쳐ᄒᆞ야다 커니와.

···

[6] '把穩'은 주2 참조.
[7] '九束'은 주3 참조.
[8] "行貨都發落了"의 '發落'은 주4 참조.

제102화 귀국해 팔 물품(1)-가짜는 좋고 진짜는 싫다

高 어떤 상품을 사서 돌아가면 좋을까?

[상의하고 있을 때에 탁주(涿州)에 장사를 하러 갔었던 한인(漢人) 상인(商人)이 도착해서 서로 만나다.]

高 잘 지냈소? 장사는 잘 되었소?

漢 형들 덕분에 조금은 벌었네. 당신들의 물품은 모두 팔았는가, 못 팔았는가?

高 우리 물품도 모두 팔렸소. 마침 돌아가서 팔 물건을 사려고 기다리는 중이오. 하나 잘 생각이 정해지지 않던 참에 형님이 마침 잘 돌아왔소.

漢 그대는 특별히 무엇을 살 생각이었나?

高 저는 무엇을 가져가면 좋을지[1] 알 수가 있어야지요.[2] 형님, 당신이 나에게 적당한 것을 찾아주시오[3].

漢 내가 전에 얻어듣기로는 고려 땅에서[4] 팔리는 물품으로는 너무[5] 좋은 것이 오히려 안 팔리고 조악(粗惡)한[6] 물건이 반대로 살 사람이 빨리 생긴다고 하데.

高 그래요. 형님 말씀이 옳습니다. 우리네 저쪽에서는 좋은 물건과 나쁜 물건의 구별이 안 가서 그냥 싼 물건을 사는 겁니다.

漢 그거야말로 "가짜는 좋고 진짜는 싫다"[7]란 말에 맞는 셈일세.

....

[1] 원문 "甚麽中"의 '中'은 "~하는 데에 적당하다, ~하는 데 좋다"는 뜻이다. 〈飜老〉의 "甚麽好"의 '好'와 같은 의미이다.

[2] 원문 '知他'는 "알 수 있겠는가"라는 뜻이다. 제1화 주14 참조.

[3] 원문 '排布'는 "나란히 늘어놓고 배치함"이란 뜻이 있다. 여기서는 "몇 개를 찾다"의 뜻으로 보인다.

[4] 원문 '田地'는 "~땅에"란 뜻이다. 제4화 주5, 제8화 주1 참조.

[5] 원문 '底似'는 "대단히, 상당히"란 뜻이다. 제15화의 주8, 제19화 주4 참조.

[6] 원문 '豹子'는 "가짜 물건, 조악품(粗惡品)"을 말하는 원대(元代)의 속어(俗語)이다. 제79화 주12 참조.

[7] 원문 '宜假不宜眞'은 "가짜를 좋아하고 진짜를 싫어한다"라는 뜻으로 원대

제102화 買廻貨(1)-宜假不宜眞

高 咱每買些甚麼行貨廻去呵好?

[商量其間, 涿州買賣去來的伴當到來相見]

高 好麼? 好麼? 賣買稱意麼?

漢 托著哥哥每福陰裏, 也有些利錢. 你的行貨都賣了那不曾?

高 俺行貨都賣了也. 正待買廻去的行貨, 尋思不定, 恰好你來到.

漢 你待買甚麼行貨?

高 俺知他[8]甚麼中[9]將去. 哥哥你與俺排布[10]者.

漢 我曾打聽得高麗田地[11]裏賣的行貨, 底似[12]十分好的倒賣不得, 則宜豹子[13]行貨, 倒著主兒快.

高 可知哥哥你說的哏是有. 俺那裏好的歹的不識, 則揀賤的買.

漢 正是「宜假不宜眞[14]」.

飜老 제102화 買廻貨(1)-宜假不宜眞

高 咱們買些甚麼廻貨去時好?

[商量其間、涿州買賣去來的火伴到來相見]

高 好麼?好麼? 買賣稱意麼?

....

(元代)에 유행한 성어(成語)다. 원래는 도교(道敎)의 일파(一派)인 전진교(全眞敎)에서 특별히 추앙을 받는 전설적인 선인(仙人) 여동빈(呂洞賓)의 작(作)으로 알려진 시(詩)에 "흙을 반죽하여 香으로 爲함은 事에 因하여, 世間은 假를 좋아하고, 眞을 좋아하지 않는다"(宋 趙與時『賓退錄』권1, 또는『全唐詩』권 858)를 비롯하여『선화유사(宣和遺事)』「전집(前集)」,『황량몽(黃粱夢)』「잡극(雜劇)」1折 '일반아(一半兒)' 등에서도 볼 수 있다.

[8] '知他'는 주2 참조.
[9] '甚麼中'은 주1 참조.
[10] '排布'는 주3 참조.
[11] '田地'는 주4, 제4화 주5 참조.
[12] '底似'는 주5 참조.
[13] '豹子'는 주6 참조.
[14] '宜假不宜眞'은 주7 참조.

漢 托着哥哥們福陰裏、也有些利錢。你的貨物都賣了不曾?

高 我貨物都賣了。正要買迴去的貨物、尋思不定、恰好你來到。

漢 你要買甚麼貨物?

高 我知他甚麼好拿去。大哥你與我擺布着。

漢 我曾打聽得高麗地面裏賣的貨物、十分好的、倒賣不得、只宜將就的貨物、倒着主兒快。

高 可知大哥你說的正是。我那裏好的歹的不識、只揀賤的買。

漢 正是'宜假不宜眞'。

飜老 **제102화** 도라 가 쁠 황호(1)
　　　　-거즛 거슨 맛당ᄒ고 진짓 거슨 맛당티 아니ᄒ다.

高 우리 져그나 므슴 도라가 쁠 황호를 사 가ᄉᆞ 됴홀고?

[의론홀 저긔 涿州에 흥졍 녀러 온 동뫼 오나ᄂᆞᆯ 서르 보고]

高 이대, 이대, 흥졍이 쁘데 마즈녀?

漢 형돌히 덕분 니버 ᄯᅩ 리쳔 어도라. 네 황호 다 ᄑᆞ냐? 몯 ᄒᆞ얏ᄂᆞ녀?

高 우리 황호 다 풀오, 졍히 도라갈 황호 사려 ᄒᆞ야, 혜아림 일뎡티 몯ᄒᆞ얏더니, 마치 됴히 네 올셔.

漢 네 므슴 황호 사려 ᄒᆞ는다?

高 내 몰래라. 므스거시 가져 가디 됴홀고?

漢 형아 날ᄃᆞ려 긔걸ᄒᆞ야라. 내 아러 드로디 高麗ㅅ싸해 ᄑᆞ는 황회 ᄀᆞ장 됴ᄒᆞ 거슨 도ᄅᆞ혀 ᄑᆞ디 몯ᄒᆞ고, 다ᄆᆞᆫ 둘워 쁠 황회ᅀᅡ 맛당ᄒᆞ야, 도ᄅᆞ혀 님자 어도미 샌ᄅᆞ다 ᄒᆞᄂᆞ다 그리어니.

高 형아 네 닐오미 졍히 올타. 우리 뎌긔는 됴ᄒᆞᆫ 것 구즌 것 모ᄅᆞ고, 다ᄆᆞᆫ 쳔ᄒᆞᆫ 거슬 골와 사ᄂᆞ니.

漢 졍히 거즛 거슨 맛당ᄒᆞ고 진짓 거슨 맛당티 아니ᄒᆞ니라.

제103화 귀국해 팔 물품(2)-자그만 물품을 사다.(1)

漢 자네들 데리고 여러 가지 자그만 물품을 사러 가세.

高 모자의 빨간 술이[1] 100개, 유리구슬로[2] 만든 갓끈 500목, 마노구슬(瑪瑙珠)의 갓끈 100목, 호박구슬(琥珀珠)의 갓끈 100목, 옥(玉)으로 만든 갓끈 100목, 향료구슬(香料珠)의[3] 갓끈 100목, 수정구슬(水晶珠)의 갓끈 100목, 산호구슬(珊瑚珠)의 갓끈 100목, 큰바늘 100쌈, 작은 바늘 100쌈, 푸른색의 정패(頂牌)가[4] 100벌, 족집게 100개, 소목(蘇木)이[5] 100근

....

[1] 원문 '紅纓'은 "빨간 술"을 말한다. 여기서는 모자 위에 단 '상모'를 말하는 것으로 보인다. 명(明)의 『예부지고(禮部志稿)』(권21) 「연집(宴集)」에 무인(舞人)의 복장을 말하여 "白捲簷氈帽에 塗金의 帽頂, 一撒의 紅纓"이라는 구절이 있어 모자 위에 붉은 술을 단 것을 홍영(紅纓)이라고 한 것임을 알 수 있다. 『수호전(水滸傳)』 제3회에도 사진(史進)의 차림을 말하여 "머리에는 하얀 범양전대모(范陽氈大帽)를 쓰고 위에 일찰(一撒)의 홍영(紅纓)이 달려있어"라고 하였다.

[2] 원문 '燒珠兒'의 '燒珠'는 "구운 구슬"을 말한다. 〈노박집람〉에 "燒珠－《音義》云: 구은구슬. 一說消子珠兒. 今按, 燒字審母, 消字心母, 其音稍似. 而深淺不同, 消作燒爲是. －소주(燒珠)는 『음의(音義)』에서 말하기를 '구은 구슬'이라고 한다. 일설에는 '소자주(消子珠)'라고도 한다. 그러나 지금 생각해 보면 '소(燒)'자의 'ㅅ'은 [정치음(正齒音)의] '심모(審母-ㅅ)'이고 '소(消)'자의 'ㅅ'은 [치두음(齒頭音)의] '심모(心母-ㅅ)'이어서 발음이 조금 비슷하고 깊고 얕음만 같지 않다. 그러니 소(消)가 소(燒)가 된 것이다－"(〈老覽〉下)라는 설명으로 보아 '유리 구슬'을 말하는 것으로 보인다. 〈老朴集覽〉의 '消子'는 '硝子'의 잘못일 것이다. 명(明) 고렴(高濂)의 『준생팔전(遵生八牋)』(권8) '염주(念珠)'에 "서번초자소주(西番硝子燒珠)"라는 구절이 있어 원래의 '초자(硝子)'가 '소자(消子)'로 바뀐 것임을 알 수 있다. '珠兒'에 대하여는 제93화 주4 참조.

[3] 원문 '香串'은 "향료(香料)로 만든 작은 구슬을 꿴 것"을 말한다. '향주(香珠)'라고도 한다. 원(元) 오징(吳澄)의 '제국문충공신도비(齊國文忠公神道碑)'(『吳文正集』 권64)에 '향관대(香串帶)'가 보인다.

[4] 원문 '靑頂牌'의 '頂牌'는 분명히 알 수는 없지만 『명사(明史)』(권67) '여복(輿服)'조에 남만(南蠻)의 춤을 추는 악인(樂)人의 복장을 기술한 것 중에 "泥金의 頂牌"라는 구절이 있어서 장신구의 일종임을 알 수 있다. 〈飜老〉

(斤), 털모자 100개, 끝이 뾰족한 종려(棕櫚) 나무 껍질 모자가[6] 100개, 호박(琥珀)으로 만든 정자(頂子)[7] 100벌, 모자를 잡아매는 술이[8] 100벌, 동그란 종려(棕櫚) 나무껍질 모자가 100개, 종려(棕櫚) 껍질 섬유로 짜서 만든 모자가 100개, 향기 나는 바르는 분이 100갑, 붉은 면연지(綿臙脂)가[9] 100근, 밀납(蠟)에 든 연지가 100근, 원료 분이[10] 100근, 소의 뿔로 만든 작은 함이[11] 100개, 사슴뿔로 만든 작은 함[12]이 100개, 수

....

에서는 이 구절이 빠졌다.

[5] 원문 '蘇木'은 다목(붉은 빛의 나무, 약재나 염료로 쓰임)의 붉은 속살을 말한다. 파혈(破血)의 효험(效驗)이 있어 통경재 및 외과약(外科藥)으로 쓰인다.

[6] 원문 '椶帽'는 종려(棕櫚) 나무의 껍질(樹皮)에서 뽑은 섬유(纖維)로 짠 모자를 말한다. 〈飜朴〉上에 '결종모(結椶帽)'라고 있으며(〈朴覽〉上 9; 1-2)에 '종(椶)'이란 나무에 대하여, 그리고 이 나무껍질로 모자를 짜는 방법에 대하여 설명하였다.

[7] 원문 '頂子'는 '모자의 꼭지'를 말한다. 〈飜老〉의 언해에 '딩즈'라고 하였다. 이에 대하여는 제93화 주6을 참조.

[8] 원문 '壓纓兒'의 '압영(壓纓)'은 '명(明) 왕세정(王世貞)'의 『엄산당별집(弇山堂別集)』(권77) '북부지상(北部之賞)'에 "金嵌寶石絨氎帽一頂, 金鈒大鵬壓纓"이라는 구절에 출현하지만 구체적으로 무엇을 지칭하는지 분명하지 않다. 아마도 모자가 바람에 벗겨지지 않도록 붙잡아 매는 끈으로 보인다.

[9] 원문 '綿臙脂'에 대하여는 『철경록(輟耕錄)』(권11) '채회법(采繪法)'에 홍색(紅色)의 일종으로 '면연지(綿臙脂)'가 보인다. 또 『예부지고(禮部志稿)』(권20)에 황제(皇帝)의 혼례(婚禮) 때에 교환하는 예물로서 "綿臙脂百個, 蠟臙脂二兩"이 등재되었다. 『천공개물(天工開物)』(권3) '연지(燕脂)'조에 "燕脂의 古造法은 紫礦(자광, 식물명)으로 綿을 염색하는 자를 上으로 함"이란 기사가 있어 원래는 사면(絲綿)을 염색하기 위한 것으로 보인다.

[10] 원문 '粉'은 앞에 든 '향차분(香搽粉)'이 상품으로 포장된 완성품인 데 대하여 이쪽은 원료를 말하는 것으로 보인다.

[11] 원문 '牛角盒'에 대하여는 명(明) 주왕(周王, 朱橚)의 『보제방(普濟方)』(권392) '小兒의 脾積을 치유함' 조에 "마늘과 '香白芷'를 가루로 하여 '蠟臙脂'에 섞은 膏藥을 배꼽에 바르고, 남아일 경우는 '牛角盒'의 上蓋, 여아일 경우는 下蓋를 덮는다"는 기사가 있다. 약 등을 넣기 위한 상자로 보인다.

[12] 원문 '鹿頂盒'은 '사슴뿔로 만든 작은 함'을 말한다. 송(宋) 주욱(朱彧)의 『평주가담(萍州可談)』(권2)에 북쪽 땅의 사슴은 중국의 것보다 배 이상 큰 것이 있고, 이 사슴의 뿔을 뿌리에 가깝게 고리와 같이 자르면 속이 공동

놓는 바늘이 100쌈, 대추나무로 만든 얼레빗이[13] 100개, 황양목(黃楊木)으로 만든 얼레빗이 100개, 큰 참빗이[14] 100개, 서캐를 빗어 빼내는 참빗이[15] 100개, 무두질한 양가죽으로[16] 만든 바늘 통(針筒)이 100개, 크고 작은칼이 100벌, 이중 칼집의[17] 칼이 100자루, 여러 가지 용도로 사용할 수 있는 칼이[18] 10자루, 종이 자르는 가느다란 칼이 10벌, 여자가 사용하는 호신용 단도가[19] 10개, 다섯 가지 도구가 들어간 칼이[20] 10벌, 장기(將棋)가 10세트, 바둑 10벌, 쌍육 10벌, 다갈색 무늬를 봉박아 넣은[21] 옷감으로 만든 검은 띠가[22] 100개, 자주색 명주로 짠

(空洞)으로 비어 물건을 둘 수 있어 이것을 '녹정합(鹿頂合)'이라고 한다는 기사가 있다. '合'은 '盒'과 같다.
[13] 고대의 빗에는 얼레빗과 참빗 등 여러 가지가 있다. 원문 소자(梳子)는 '얼레빗'으로 번역하고 '대비자(大笓子)'는 "큰 참빗"으로 번역한다.
[14] 원문 '笓子'의 '笓'는 '篦'의 본자(本字)다. 머리의 비듬 등을 제거하기 위한 '소자(梳子)', 즉 얼레빗보다 촘촘하게 박힌 빗으로 '참빗'을 말한다.
[15] 원문 '蟣笓子'의 '蟣'는 "서캐"를 말한다. 따라서 "서캐를 빗어 빼내는 참빗"으로 번역하였다.
[16] 원문 '斜皮'는 "무두질한 가죽"인데 고급구두를 만드는데 사용하는 좋은 양가죽을 말한다. 제94화 주2 참조.
[17] 원문 '雙鞘'는 "쌍으로 된 칼집"을 말한다. 원(元) 장지환(張之翰)의 『서엄집(西嚴集)』(권8)「사위진경죽편(謝魏晉卿竹鞭)」에 "三春의 花柳는 雙鞘의 밖, 萬里의 關山은 한 줌의 邊"이라는 구절이 있으나 무엇을 말함인지는 불명확하다. 〈飜老〉의 언해에는 '쌍가풀(=쌍 거풀)흔 갈'로 되어 있어 "이중 칼집"으로 번역하였다.
[18] 원문 '雜使刀子'는 "여러 가지 용도의 칼"이란 뜻이겠지만, '잡사(雜使)'는 또 잡역부(雜役夫)의 뜻도 있기 때문에 그들이 사용하는 칼이란 뜻일 수도 있다.
[19] 원문 '裙刀'는 "여성의 호신용 단도"를 말한다. 『곡강지(曲江池)』「잡극(雜劇)」4折에 '압의(壓衣)의 군도(裙刀)'라는 여자 주인공이 자해(自害)하는 장면이 있다. 〈飜老〉에서는 "치맛 허리예 출 갈"로 언해하였다.
[20] 원문 '五事兒'는 알 수 없으나 〈飜老〉의 언해문에 "연장 다숫 드려 밍근 갈"이란 언해에 따라 "다섯 가지 도구"로 번역하였다.
[21] 원문 '茶褐象眼地兒'의 '茶褐象眼'은 "다갈색의 무늬를 상감(象嵌)한 것"을 말하므로 이 구절은 "다갈색의 무늬를 봉박아 새겨 넣은 옷감"으로 번역한

끈 모양의 띠기[23] 100개, 마구리를 맬 수 있는 배낭이[24] 100개, 머리 깎는 칼이 100개, 가위가 100개, 송곳 100개, 큰 저울 30벌과 작은 저울[25] 10벌을 샀소. 저 큰 저울과 작은저울은 관아에서 만든 것으로 저울대, 저울추, 눈금[26], 저울의 갈고리가[27] 모두 달려 있네.

제103화 買廻貨(2)-買些零碎行貨(1)

漢 我引著恁買些零碎行貨。

高 紅纓[28]一百顆, 燒珠[29]兒五百串, 瑪瑙珠兒一百串, 琥珀珠兒一百串, 玉珠兒一百串, 香串[30]珠兒一百串, 水精珠兒一百串, 珊瑚珠兒一百串, 大針一百裹, 小針一百裹, 青頂牌[31]兒一百副, 錫兒一百箇, 蘇

　　다. '茶褐'은 제72화 주2를, '象眼'은 제91화 주7을 참조.
[22] 원문 '鸞帶'는 "검은 비단으로 만든 큰 띠, 선비가 즐겨 사용하는 띠로서 짜서 만든 것도 있다"(〈老覽〉下 4-1).
[23] 원문 '紫條'의 '條'는 "명주로 짠 끈 모양의 띠"를 말한다.
[24] 원문 '合鉢'은 〈飜老〉처럼 '荷包'라고 쓰는 것이 보통이다. 작은 물건을 넣어 허리나 등에 매다는 주머니 모양의 배낭을 말한다. 『초목자(草木子)』(권3) 下에 몽고어로 장관(長官)을 의미하는 '다르하치'(達魯花赤)를 설명하면서 "達魯花는 또 華言의 荷包上의 壓口揲子와 같다"라고 하였는데 이때의 '壓口揲子'는 배낭의 입구를 묶는 끈일 것이다. '合鉢'이라고 쓴 예도 원(元) 양우(楊瑀) 『산거신화(山居新話)』(권2) 등에 보인다.
[25] 원문 '等子十連'의 '等子'는 금은(金銀)이나 약(藥) 등과 같이 소량의 것을 달기 위하여 소형으로 만든 정밀한 저울을 말한다. '等'을 '戥'이라고도 쓴다. 또한 '連'은 저울을 세는 수량사(數量詞)이다.
[26] 원문 '毫星'은 저울대나 자에 표시된 별 모양의 눈금을 말한다. 『문헌통고(文獻通考)』(권33) 「도량형(度量衡)」, 『송사(宋史)』(권68) 「율력지(律曆志)」에 자세히 설명되었다.
[27] 원문 '鉤子'는 "갈고리"를 말하는 것으로 저울에 물건을 매달기 위해 붙어 있는 고리를 말한다.
[28] '紅纓'은 "붉은 상모"를 말한다. 주1을 참조.
[29] '燒珠'는 "구운 유리 구슬"을 말하는 것으로 주2를 참조. '珠兒'에 대하여는 제93화 주4 참조.
[30] '香串'은 "향료구슬을 꿴 것"을 말한다. 주3 참조.

木[32]一百斤, 氈帽兒一百箇, 桃夫椶帽[33]兒一百箇, 琥珀頂子[34]一百
副, 壓縫兒[35]一百副, 圓椶帽兒一百箇, 織結椶帽兒一百箇, 香搽粉一
百貼, 綿臙脂[36]一百斤, 蠟臙脂一百斤, 粉[37]一百斤, 牛角盒[38]兒一百
箇, 鹿頂盒[39]兒一百箇, 繡針一百裹, 棗木梳子一百箇, 黃楊木梳子[40]
一百箇, 大笓子[41]一百箇, 蟣笓子[42]一百箇, 斜皮[43]針筒兒一百箇, 大
小刀子一百副, 雙鞘[44]刀子一十把, 雜使刀子[45]一十把, 割紙細刀子
一十把, 裙刀[46]子一十把, 五事[47]兒十副, 象棊十副, 大碁十副, 雙六
十副, 茶褐[48]象眼[49]地兒欒帶[50]一百條, 紫條[51]兒一百條, 壓口合
鉢[52]一百箇, 剃頭刀子一百箇, 剪子一百把, 錐兒一百箇, 枰三十連, 等
子[53]十連。那枰等子都是官做的, 枰竿, 枰錘, 毫星[54], 枰鉤子都有。

[31] '頂牌'는 장신구의 일종이다. 주4 참조.
[32] '蘇木'은 주5 참조.
[33] '椶帽'는 종려(棕櫚)의 나무껍질로 짜서 만든 모자이다. 주6 참조.
[34] '頂子'는 주7 참조.
[35] '壓縫兒'은 주8 참조.
[36] '綿臙脂'는 주9 참조.
[37] '粉'은 주10 참조.
[38] '牛角盒'은 소의 뿔로 만든 작은 상자이다. 주11을 참조.
[39] '鹿頂盒'은 "사슴의 뿔로 만든 작은 상자"를 말한다. 주12를 참조.
[40] '梳子'는 주13 참조.
[41] '笓子'는 주14 참조.
[42] '蟣笓子'는 주15 참조.
[43] '斜皮'는 주16과 제94화 주2 참조.
[44] '雙鞘'는 주17 참조.
[45] '雜使刀子'는 주18을 참조.
[46] '裙刀'는 주19 참조.
[47] '五事'는 주20 참조.
[48] '茶褐'은 주21과 제72화 주2 참조.
[49] '象眼'은 주21과 제91화 주7 참조.
[50] '欒帶'는 주22 참조.
[51] '紫條'는 주23 참조.
[52] '合鉢'은 주24 참조.
[53] '等子'는 주25 참조.
[54] '毫星'은 주26 참조.

飜老 제103회 買廻貨(2)-買些零碎的貨物(1)

漢 我引着你 買些零碎的貨物。

高 紅纓一百斤、燒珠兒五百串、瑪瑙珠兒一百串、琥珀珠兒一百串、玉珠兒一百串、香串珠兒一百串。水精珠兒一百串、珊瑚珠兒一百串、大針一百帖、小針一百帖、鑷兒一百把、蘇木一百斤、氈帽兒一百箇、桃尖棱帽兒一百箇、琥珀頂子一百副、結棱帽兒一百箇、面粉一百匣、綿臙脂一百箇、蠟臙脂一百斤、牛角盒兒一百箇、鹿角盒兒一百箇、繡針一百帖、棗木梳子一百箇、黃楊木梳子一百箇、大筅子一百箇、密筅子一百箇、斜皮針筒兒一百箇、大小刀子共一百副、雙鞘刀子一十把、雜使刀子一十把、割紙細刀子一十把、裙刀子一十把、五事兒十副、象棊十副、大碁十副、雙六十副、茶褐 帶一百條、紫條兒一百條、壓口荷包一百箇、剃頭刀子一百把、剪子一百把、錐兒一百箇、秤三十連、等子十連。那秤等子都是官做的、秤竿、秤錘、毫星、秤鈎子、[55] 都有。

飜老 제103회 도라 가 쁠 황호(2)-뎌근 황호 사리라.(1)

漢 내 너 드리고 흑 뎌근 황호 사리라.

高 상모 일빅 근, 구운 구술 갇긴 오빅 목, 마노 갇긴 일빅 목, 호박 갇긴 일빅 목, 옥 갇긴 일빅 목, 향쥬 갇긴 일빅 목, 슈졍 갇긴 일빅 목, 산호 갇긴 일빅 목, 큰 바늘 일빅 뿜, 셰침 일빅 뿜, 죡졉게 일빅 낫, 다목 일빅 근, 시욱 간 일빅 낫, 쏘론흔 총갇 일빅 낫, 호박 딍즈 일빅 볼, 총갇 일빅 낫, 분 일빅 하슈, 소옴 미론 디 드린 연지 일빅 낫, 미레 든 연지 일빅 근, 쇠쌀로 흔 면함즈 일빅 낫, 로각으로 흔 면함즈 일빅 낫, 슈 쓰는 바늘 일빅 뿜, 대쵸나모 얼에빗 일빅 낫, 황양목 얼에빗 일빅 낫, 굴근 춈빗 일빅 낫, 최최흔 춈빗 일빅 낫, 셔피로 흔 바늘통 일빅낫, 굴근 하근 갈 뫼화 일빅 볼, 쳥가폴 흔 갈 열 즈르, 이러뎌러흔 보로 쁠 갈 열 즈르, 죠희 버힐 マ는 갈 열 즈르, 치맛 허리예 출 갈 열 즈르, 연장 다슷 드려 밍근 갈 열 볼, 쟝긔 열 부, 바독 열 부, 솽륙 열 부, 감차할 런더 일빅 됴, 즈디 셰토 일빅 됴, 단개흔 느뭇 일빅 낫, 머리 갓는 갈 일빅 즈르, マ새 일빅 즈르, 솔옷 일빅 낫, 큰 져울 셜흔 무르, 햐근 져울 열 무르. 뎌 큰 져울, 져근 져울돌히 다 구의예셔 밍マ니오 져욼 대, 져욼 드림, 져욼 눈, 져우렛 갈궁쇠 다 잇다.

[55] '鈎子'는 주27 참조.

제104화 돌아가 팔 물품(3)-자그만 물품을 사다.(2)

高 또 다시 굵은 무명을 100필, 순금을[1] 넣어 짠 무늬 없는 비단을 100필, 질 나쁜 금을[2] 넣어 짠 비단을 100필을 사겠소. 그리고 또 어린아이들을 위하여 작은 방울이 100개, 말의 턱 아래 가슴걸이[3] 100개, 감철(減鐵)로[4] 만든 허리띠에 매다는 고리를[5] 100개 사겠소. 거기다가 책을 사렵니다. 『사서(四書)』의[6] 일부는 모두 회암(晦庵 — 朱子의 호)의 집주본(集註本)입니다[7]. 그리고 다시 『모시(毛詩)』[8], 『상서(尙書)』[9], 『주역

....

[1] 원문 '渾金'은 "순금(純金)"을 말한다. 제91화 주11 참조.

[2] 원문 '草金'의 '草'는 "조잡하다, 질이 떨어지다"의 뜻을 가졌으므로 여기서는 '질이 나쁜'으로 해석하였다. '草金'에 대하여는 제73화 주4를 참조.

[3] 원문 '馬纓'은 "말의 가슴에 달아두는 장식의 술"을 말한다. 당(唐) 한유(韓愈)의 「석정연구(石鼎聯句)」에 "烈士의 膽은 원만함이 戰馬의 纓과 같도다"라는 구절이 있어 장식의 술이 둥그런 형태를 하고 있음을 알 수 있다.

[4] 원문 '鍼鐵'의 '鍼'은 '減'이 옳다. "가벼운 쇠"란 의미로 제련된 쇠를 말하는 것으로 보인다. 제92화 주4 참조.

[5] 원문 '條環'은 허리띠에 매다는 고리를 말한다. 허리띠에 주머니 등을 달게 하기 위한 것이다. 원(元) 방회(方回) 『속고금고(續古今攷)』(권25) 「새인조수(璽印組綬)」에 "사대부(士大夫), 서민(民庶)이 옥(玉)으로 된 조환(條環)을 귀하게 여기며, … 칠보(七寶)의 비도(篦刀), 편대(便袋), 피혁(皮革)의 주머니를 잡패(雜佩)하여 없는 것이 없지만 모두 고제(古制)는 아님"이라는 구절이 있다.

[6] 원문 '四書'는 『대학(大學)』, 『논어(論語)』, 『맹자(孟子)』, 『중용(中庸)』을 말한다. 북송(北宋)의 정이(程頤)가 『예기(禮記)』 가운데 『대학(大學)』과 『중용(中庸)』을 떼어내어 『논어(論語)』, 『맹자(孟子)』에 배치하고 『오경(五經)』보다 먼저 읽어야 할 것으로 정하였다. 이어서 남송(南宋)의 주희(朱熹)가 그 주석(註釋)을 썼던 때부터 주자학(朱子學)의 가장 중요한 경전(經典)으로 사서(四書)가 인식되어 원대(元代) 이후는 과거(科擧) 시험과목으로 『오경(五經)』과 더불어 사서(四書)가 등장하였다.

[7] 원문의 '晦庵集注'는 주희(朱熹)의 『사서집주(四書集注)』를 말한다. 즉, 『대학장구(大學章句)』, 『중용장구(中庸章句)』, 『논어집주(論語集注)』, 『맹자집주(孟子集注)』 등의 주자(朱子)가 사서(四書)를 주석(註釋)한 것을 지칭하는 것이다. '회암(晦庵)'은 주희(朱熹)의 아호(雅號)다. 중국에서 원(元)의 황경

(周易)』[10], 『예기(礼記)』[11], 『오자서(五子書)』[12], 『한문유문(韓文柳文)』

[13], 『동파시(東坡詩)』[14], 『연원시학압운(淵源詩學押韻)』[15], 『군신고사

(皇慶) 3년(1314)에 과거(科擧)가 부활하였고 『사서(四書)』가 시험과목이 되었는데 그에 대한 해석은 朱子의 『사서집주(四書集注)』에 의거할 것으로 정하였다.

[8] 원문 '毛詩'는 『오경(五經)』의 하나인 『시경(詩經)』을 가리킨다. 한대(漢代)에 모형(毛亨)이 텍스트를 정하였기 때문에 이렇게 부른다. 원대(元代)에는 주자(朱子)의 『시집전(詩集傳)』이 주로 사용되었으며 과거시험에 있어서의 해석도 그것에 의할 것으로 정하였다.

[9] 원문 '尙書'는 『오경(五經)』의 하나인 『서경(書經)』을 가리킨다. 원대(元代)에서는 주자(朱子)의 제자인 채침(蔡沈)의 『서집전(書集傳)』이 과거에 사용되었다.

[10] 원문 '周易'은 『오경(五經)』의 하나인 『역경(易經)』을 가리킨다. 주대(周代)에 만들어졌다고 보기 때문에 이렇게 부른다. 원대(元代)에서는 정이(程頤)의 『역전(易傳)』과 주자(朱子)의 『주역본의(周易本義)』, 또는 이 둘을 합친 『정주이선생주역전의(程朱二先生周易傳義)』가 과거에 사용되었다.

[11] 원문 '禮記'는 『오경(五經)』의 하나이다. 원대(元代)의 과거에서는 고주소(古注疏), 즉 한(漢)의 정현주(鄭玄注), 당(唐)의 공영달소(孔穎達疏)가 사용되었으나 오징(吳澄)의 『예기찬언(禮記纂言)』 등의 주석서가 나왔다. 덧붙여 말하면 여기서는 『오경(五經)』 가운데 『춘추(春秋)』가 빠졌다.

[12] 원문 '五子書'는 제자(諸子)의 서(書)를 다섯 종(種)으로 나누어 모아 놓은 것을 말한다. 『찬도호주오자(纂圖互註五子)』(『노자(老子)』, 『장자(莊子)』, 『열자(列子)』, 『순자(荀子)』, 『양자법언(揚子法言)』, 또는 『장자(莊子)』나 『순자(荀子)』 대신에 『중설(中說)』이 들어간 것), 『오자서(五子書)』(『죽자(鬻子)』, 『갈관자(鶡冠子)』, 『자화자(子華子)』, 『이문자(伊文子)』, 『공손용자(公孫龍子)』) 등이 알려져 있으나, 현존의 텍스트는 모두 명대(明代)의 간행본이다. 다만 남송(南宋)의 경정(景定) 元年(1260)에 간행된 『육자서(六子書)』에는 『노자(老子)』, 『장자(莊子)』, 『열자(列子)』, 『순자(荀子)』, 『양자법언(揚子法言)』, 『문중자(文中子)』(『중설(中說)』)가 들어 있으며, 그 중의 오종(五種)을 원대(元代)에 선택하여 간행하였을 가능성은 있다.

[13] 원문 '韓文柳文'은 당(唐)의 한유(韓愈)와 유종원(柳宗元)의 문집(文集)을 말한다. 남송(南宋)의 건안(建安－지금의 福建省 北部)의 출판업자인 위중거(魏仲擧)가 간행한 『五百家註音辯昌黎先生文集』과 같이 한문(韓文)과 유문(柳文)을 한 질로 모아놓은 것을 가리킬 것이다.

[14] 원문 '東坡詩'는 송(宋) 소식(蘇軾)의 시집이다. '동파(東坡)'는 소식(蘇軾)의

(君臣故事)』[16], 『자치통감(資治通鑑)』[17], 『한원신서(翰院新書)』[18], 『표제소학(標題小學)』[19], 『정관정요(貞觀政要)』[20], 『삼국지평화(三國志評

.... 호(號)이다. 소동파의 시집으로는 남송(南宋)의 왕십붕(王十朋)의 이름을 관(冠)하는 『왕장원집백가주분류동파선생시(王狀元集百家註分類東坡先生詩)』에 원초(元初)의 유진옹(劉辰翁)이 비점(批點)을 매긴 책이 유명하며 원간본(元刊本)이 많이 남아 있다.

[15] 원문의 '淵源詩學押韻'은 원(元) 엄의(嚴毅)가 편집한 『시학집성압운연해(詩學集成押韻淵海)』를 가리킬 것이다. '源'은 아마도 '海'의 잘못인 것 같다. 원(元) 지원(至元) 6년(1340)의 채씨매헌간본(蔡氏梅軒刊本)이 북경(北京) 도서관 등에 소장되었다. 시(詩)에 사용하는 어휘를 운(韻)의 순서로 배열하여 작시(作詩)하는데 쓰도록 편찬된 사전이다. 〈飜老〉의 '시학대성(詩學大成)'은 원(元) 임정(林楨)이 편집한 『연신사비시학대성(聯新事備詩學大成)』을 말하는 것이 아닌가 한다. 다만 '압운(押韻)'의 두 글자가 놓인 위치가 문법적으로 맞지 않다.

[16] 원문의 '君臣故事'는 군신(君臣) 간의 일화(逸話)를 모아서 교훈으로 삼게 한 책을 말한다. 송(宋) 하송(夏竦)의 『문장집(文莊集)』原序에 "어명(御命)이 있어 제유(諸儒)에게 군신고사(君臣故事)를 수집하게 함"이란 구절이 있는 것을 통하여 이 책의 제작 경위를 알 수 있다. 이러한 종류의 서적은 몇 번이나 편찬되었을 것이지만 현재 알려진 것으로는 일본의 남북(南北)시대의 오산판(五山版) 『分類合璧圖像句解君臣故事』가 있다. 이에 대하여는 가와세 이치바(川瀬一馬)의 『오산판 연구(五山版の研究)』에 의하면 원간본(元刊本), 혹은 조선판(朝鮮版)의 복각(覆刻)이라고 한다. 이 책은 상반부에 삽화(揷花)가 있고 하반부(下半部)에 원문이 들어있다.

[17] 원문 '資治通鑑'은 송(宋)의 사마광(司馬光)이 지은 역사서를 말한다. 주(周)의 위렬왕(威烈王)부터 오대(五代) 후주(後周)의 세종(世宗)까지 1361년에 이르는 역사를 편년체(編年體)로 썼다. 전체 294권이나 되는 대작인데 일개 상인(商人)이 살 물건으로는 적당하지 않다. 아마도 그 축소판, 예를 들어 주자(朱子)의 『資治道鑑綱目』 등일 것이다.

[18] 원문 '翰院新書'의 '院'은 '苑'의 잘못이다. 서간문 작성시에 필요한 모범문례(模範文例)나 기타의 생활지식을 테마별로 분류한 책이다. 원(元) 원통(元統) 2년(1334)에 간행된 『신편한원신서(新編翰苑新書)』가 북경(北京) 도서관 등에 소장되었다.

[19] 원문 '標題小學'의 『小學』에 대하여는 제2화 주15 참조. 북경도서관 소장의 원간본(元刊本) 『표제주소소학집성(標題注疏小學集成)』이 이에 해당되는 것으로 보인다.

話)』[21]를 한 부씩 사겠소.

漢 이들 물품을 모두 샀구나.

제104화 買廻貨(3)-買零碎行貨(2)

高 更買些麤木綿一百匹, 渾金[22]和素段子一百匹, 草金[23]段子一百匹。
更有小孩兒每小鈴兒一百箇, 馬纓[24]頰[25]一百顆, 鍼鐵[26]絛環[27]一百
箇。更買些文書。一部四書[28], 都是晦庵集註[29]。又買一部毛詩[30],
尙書[31], 周易[32], 禮記[33], 五子書[34], 韓文柳文[35], 東坡詩[36], 淵源詩

....

[20] 원문 '貞觀政要'는 당(唐) 오긍(吳兢)이 편찬한 정치서로서 唐 太宗의 치적
(治績)을 기술한 것이다. 원(元)의 과직(戈直)이 제가(諸家)의 주(註)를 모은
'집론(集論)'이 붙은 텍스트가 널리 알려졌다. 이 책은 금원대(金元代)에 중
요한 서적이었고 여진어, 몽고어로 번역된 것이 『금사(金史)』(권 99)와 『원
사(元史)』(권24)에 기록되었으며 몽고어 번역이 출판되었다는 기사가 『원
사(元史)』(권36)에 보인다.

[21] 원문 '三國志評話'는 중국의 삼국시대를 소재로 한 소설로서 현재 알 수
있는 한 가장 이른 시기의 책이다. 뒤에 나온 『삼국지연의(三國志演義)』와
는 내용이 많이 다르다. 일본의 국립공문서관(國立公文書館) 내각문고(內閣
文庫)에 원(元)의 지치년간(至治年間, 1321-23)에 건안(建安)의 우씨(虞氏)가
간행한 『지치신간전상평화삼국지(至治新刊全相平話三國志)』 3권이 소장
되었다고 한다. 이 책도 위에는 그림이고 아래는 본문이 들어있는 삽회본
(揷繪本)이다. '平(評)話'는 강당(講談)에 기원을 둔 역사소설을 말한다.

[22] '渾金'은 주1과 제91화 주11 참조.

[23] '草金'은 주2와 제73화 주4 참조.

[24] '馬纓'은 주3 참조.

[25] '頰'는 아래턱을 가리키는데 語順이 잘 맞지 않는다.

[26] '鍼鐵'에서 '鍼'은 '鍼'이 옳다. 주4와 제92화 주4 참조.

[27] '絛環'은 주5 참조.

[28] '四書'는 주6 참조.

[29] '晦庵集注'는 주7 참조.

[30] '毛詩'는 주8 참조.

[31] '尙書'는 주9 참조.

[32] '周易'은 주10 참조.

[33] '禮記'는 주11 참조.

學押韻[37], 君臣故事[38], 資治通鑑[39], 翰院新書[40], 標題小學[41], 貞觀政要[42], 三國志評話[43]。

漢 這些行貨都買了也。

飜老 제104화 買廻貨(3)-買些零碎的貨物(2)

高 再買些麤木綿一百疋、織金和素段子一百疋、花樣段子一百疋。更有小孩兒們小鈴兒一百箇、馬纓一百顆、減鐵條環一百箇、更買些文書。一部四書、都是晦庵集註。又買一部毛詩、尙書、周易、禮記、五子書、韓文柳文、東坡詩、詩學大成押韻、君臣故事、資治通鑑、翰院新書、標題小學、貞觀政要、三國誌評話、這些貨物都買了也。

飜老 제104화 도라 가 쁠 황호(3)-뎌근 황호 사다.(2)

高 쏘 굴근 무면 일빅 필와, 금으로 뽀니와 밋 믠비단 일빅 필와, 화둔 비단 일빅 필와, 쏘 아히둘히 효근 방올 일빅 낫과, 물 솟동 일빅 낫과, 쇠예 입스흔 토환 일빅 나출 사고, 쏘 칙 흔 볼 사더, 四書ᄅᆞᆫ 다 晦庵 주 내시니ᄅᆞᆯ ᄒᆞ져. 쏘 흔볼 모시, 샹셔, 쥬역, 례긔, 오ᄌᆞ셔, 한문류문, 동파시, 시혹대셩압운, 군신고ᄉᆞ, ᄌᆞ티통감, 한원신셔, 표뎨쇼혹, 뎡관졍요, 삼국지 평화 사져. 이 황호둘 다 사다.

---

[34] '五子書'는 주12 참조.
[35] '韓文柳文'은 주13 참조.
[36] '東坡詩'는 주14 참조.
[37] '淵源詩學押韻'은 주15 참조.
[38] '君臣故事'는 주16 참조.
[39] '資治通鑑'은 주17 참조.
[40] '翰院新書'는 주18 참조.
[41] '標題小學'은 주19 참조.
[42] '貞觀政要'는 주20 참조.
[43] '三國志評話'는 주21 참조.

제105화 귀국할 길일(吉日)은?

高 자, 우리들 좋은 날을 골라서 돌아가세. 내가 한번 점치러 가볼까 하네. 이 근처에 계신 오호(五虎) 선생님이라는 점쟁이가 있어서 잘 맞춘다고 하니 거기로 점치러 가보세.

[그 점쟁이 가게에 도착하여 앉아서 점쟁이에게 묻는다.]

高 내 운수를 보아주시오.

五 당신이 태어난 생년, 생월, 생일과 생시를 말씀하시게.

高 나는 소띠이고[1], 금년이 40입니다. 7월 17일, 인시(寅時)에[2] 태어났소이다.

五 당신의 팔자는[3] 참으로 좋네. 일생 동안 입을 것과 먹을 것이[4] 부족하지 않고[5] 가난하게 살 일도 없다네. 관운(官運)은 없으나, 장사는 잘 될 것일세. 집에 있어도 밖으로 나가도 모두 순조로울 것이오[6]. 금년

---

[1] 원문 '屬牛'는 "소띠에 속하다"는 뜻이다. 〈老乞大〉가 편찬된 것은 원대(元代) 말기(末期)이며 충목왕 2년(丙戌, 1346)에 중국을 여행한 고려인의 저작으로 추정되기 때문에(졸저, 2002) 주인공이 소띠로서 40세라면 대덕(大德) 5년(1301, 辛丑)생이 된다. 편찬자가 자신과 비슷한 나이의 주인공을 설정한 것으로 보인다. 그러나 제49화에서는 주인공이 32살로 나타나므로 여기서의 화자는 사촌형의 김(金)이거나 또는 제49화에서 주인공이 나이를 거짓으로 불렀을 가능성이 있다.

[2] 원문 '寅時'는 오전 3시부터 5시까지를 말한다.

[3] 원문 '八字'는 生年, 月, 日, 時의 각각 干支 二字씩, 합쳐서 八字라고 한다.

[4] 원문 '衣祿'은 의복(衣服)의 운(運)이란 말이지만 보다 넓게는 의식(衣食) 전반을 가리킨다. 요(遼) 야율순(耶律純)의 『성명총괄(星命總括)』(권上)에 "삼합공조(三合拱照)하면 一生 衣祿이 모자라지 않다"라는 구절이 있다. 야율순(耶律純)의 자서(自序)에 의하면 고려(高麗)에 사신(使臣)으로도 가고 고려의 국사(國師)로부터 '道德星命의 學'을 전수(傳授)받았다고 한다.

[5] 원문 '不小'의 '小'는 〈韃老〉에서와 같이 '少'라고 하는 것이 옳다. "부족하게 되는 것"을 말한다.

[6] 원문 '出入通達'은 주로 여행의 무사함을 말하는데 장사에서의 번창을 의미하기도 한다. 『설인귀(薛仁貴)』「잡극(雜劇)」4折 '신수령(新水令)'에 "甚

부터 대운(大運)이 작용하니까 병술(丙戌)년 이후에는[7] 재산이 많이 모아져서 예전보다 몇 배가 될 것일세.

高 그렇다면 우리는 가까운 시일 내에 고향에 돌아갈 예정입니다. 어떤 날이 좋겠습니까?

五 우선 기다리시게. 좋은 날을 골라 주겠네. 갑을병정무기경신임계(甲乙丙丁戊己庚辛壬癸)는 천간(天干)이고 자축인묘진사오미신유술해(子丑寅卯辰巳午未申酉戌亥)는 지지(地支)일세. 건제만평정집파위성수개폐(建除滿平定執破危成收開閉)하면[8] 당신은 25일에 떠나시게. 인시(寅時)에 동쪽으로 희신(喜神)을[9] 맞이하러 가면 대길(大吉)할 걸세. 두 냥 반의 복채를 놓고 가시게.

[각각 헤어진다.]

....

的是出入通達－무엇이 '출입통달(出入通達)'이란 말인가"라는 구절이 있고『분아귀(盆兒鬼)』「잡극(雜劇)」 1折 '작도기(鵲踏枝)'에 "單注着買賣和合, 出入通達－장사 번성, 출입통달(出入通達) 틀림없다－"란 대사가 있다.

[7] 원문의 '大運'은 10년을 단위로 하는 운세를 말하고 각각 간지명(干支名)을 붙인다. 그 계산 방법은 생년의 천간(天干)이 음양(陰陽)에 따라 순행(順行)과 역행(逆行)이 결정되며 거기에 태어난 월일(月日)을 기초로 계산하여 운세가 결정된다. 자세한 것을 〈老朴集覽〉(〈老覽〉 下 4-1)에서『오행정기(五行精紀)』를 인용하여 설명하고 있다.『오행정기(五行精紀)』는 송(宋) 진진손(陳振孫)의『직제서록해제(直齊書錄解題)』(권12)에 "『오행정기(五行精紀)』 34권, 청강향공진사(淸江鄕貢進士) 요중(廖中) 찬(撰), 주(周) 익공(益公)이 이를 위하여 서(序)하였는데 제가삼명(諸家三命)의 설(說)을 모음"이라고 하였다. 이 책은 현재 전해지지 않는다. 다만 거의 같은 것이 송(宋) 왕정광(王廷光) 등이 주석(註釋)한『낙록자부주(珞琭子賦注)』(권上)에 게재되었다.

[8] 원문 '建除…'는 十二支와의 대응에 따라 吉凶을 점치는 '建除法'을 말한다.『准南子・天文訓』에 보인다.

[9] 원문의 '喜神'에 대하여 〈老朴集覽〉은 明의『便民圖纂』을 인용하여, '甲己寅卯는 喜, 乙庚辰戌은 强. 丙辛申酉는 上, 戊癸巳亥는 良, 丁壬午未는 好, 此是喜神의 方'이라고 말한다.『居家必用事類全集』「丙集」에도 '喜神을 찾는 方'이라고 있다.

제105화 筭卦

高 俺揀箇好日頭迴去。我一就待筭一卦去。這裏有五虎先生, 最筭的好有。咱每那裏筭去來,

[到那卦鋪裏坐定, 問先生道]

高 與俺看命。

五 你道將年月日生時來。

高 我是屬牛[10]兒的, 今年四十[11]也。七月十七日寅時[12]生。

五 你這八字[13]哏好。一世不小[14]衣祿[15], 不受貧。官分呵沒, 宜做買賣, 出入通達[16]。今年交大運[17], 丙戌已後財帛大聚, 强如已前數倍。

高 這般呵, 我待近日迴程, 幾日好?

五 且住。我與你選箇好日頭。甲乙丙丁戊己庚辛壬癸是天干, 子丑寅卯辰巳午未申酉戌亥是地支。建除[18]滿平定執破危成收開閉, 你則這二十五日起去, 寅時往東迎喜神[19]去, 大吉利。二兩半卦錢留下者。

[各自散了]

....

[10] '屬牛'는 牛年을 말한다. 주1 참조.
[11] '四十'에 대하여는 주1 참조.
[12] '寅時'는 주2 참조.
[13] '八字'는 주3 참조.
[14] '小'는 주5 참조.
[15] '衣祿'은 주4 참조.
[16] '出入通達'은 주6 참조.
[17] '大運'은 주7 참조.
[18] '建除…'는 주8 참조.
[19] '喜神'은 주9 참조.

飜老 **제105화** 筭卦

高 我揀箇好日頭迴去。我一發待筭一卦去。這裏有五虎先生、最筭的好。咱們那裏筭去來。

[到那卦鋪裏坐定、問先生]

高 你與我看命。

五 你說將年月日生時來。

高 我是屬牛兒的、今年四十也。七月十七日寅時生。

五 你這八字十分好。一生不少衣祿、不受貧。官星沒有、只宜做買賣、出入通達。今年交大運、丙戌巳後財帛大聚、强如巳前數倍。

高 這們時、我待近日迴程、幾日好?

五 且住。我與你選箇好日頭。甲乙丙丁戊己庚辛壬癸是天千、子丑寅卯辰巳午未申酉戌亥是地支。建除滿平定執破危成收開閉、你只這二十五日起去、寅時往東迎喜神云、大吉利。五分卦錢留下着。

[各自散了]

飜老 **제105화** 츄명ᄒ라 가다.

高 우리 됴ᄒᆞᆫ 날 ᄀᆯᄒᆡ여 도라가져. 내 이믜셔 음양ᄒᆞ야 가고져 ᄒᆞ노라. 여긔 잇는 오호 션싱이 ᄀᆞ장 츄명 잘 ᄒᆞᄂᆞ니 우리 뎌긔 츄명ᄒᆞ라 가져.

[뎌 츄명ᄒᆞᄂᆞᆫ 져재 가 안자셔 션싱ᄃᆞ려 무로ᄃᆡ]

高 네 날 위ᄒᆞ야 폴ᄌ 보고려.

五 네 난 ᄒᆡ, 둘, 날, ᄣᅢ 니ᄅᆞ라.

高 내 쇼 ᄒᆡ로니 올히 마ᅀᅳ니오, 칠월 열 닐웻 날 인시예 나라.

五 네 이 팔지 ᄀᆞ장 됴타. 일싱애 옷 밥이 낟ᄇᆡ디 아니ᄒᆞ고 간난티 아니 ᄒᆞ려니와 벼슬ᄒᆞᆯ 셩슈는 업다. 오직 흥졍호미 맛당ᄒᆞ고 나ᄃᆞ리 홈도 훤츨타. 올히 대운이 병술에 다ᄃᆞ라 이시니, 이후애ᄂᆞᆫ 쳔량이 만히 모다 이젼 수 두고셔 더으리로다.

高 이러ᄒᆞ면 내 요ᄉᆞ이 도로 가고쟈 ᄒᆞ니 며춋 나리 됴ᄒᆞᆫ고?

五 아직 날회라. 내 너 위ᄒᆞ야 됴ᄒᆞᆫ 날 ᄀᆯᄒᆡ요마. 갑을병뎡무긔경신읶계ᄂᆞᆫ 텬간이오, ᄌᆞ튝인묘진ᄉᆞ오미신유슐ᄒᆡᄂᆞᆫ 디지라. 건뎨만평 뎡집파위 셩슈 긔폐예, 네 이 스므 닷쇗날 나가ᄃᆡ, 인시예 동향ᄒᆞ야 喜神 마자 가면 대길ᄒᆞ리라. 음양 갑슬 은 닷 분만 두라.

[각산ᄒᆞ야다.]

제106화 또 만나요.

[25일이 되어 떠나게 되어 한인(漢人) 동행에게 작별 인사를 하고 이때까지 함께 사용한 돈과[1] 비용을[2] 적은 대로 모두 명백하게 정산하였다.]

髙 형님, 우리는 돌아갑니다. 잘 있으시오. 우리가 당신께 여러 가지 폐를 끼쳤으나 당신은 부디 허물하지 마시오. 사람은 사해(四海)가 모두 형제입니다[3]. 이 몇 개월 동안 같이 동행을 했으나 얼굴을 붉힌 일도 없었어요. 이것으로 헤어지지만 후에 다시 못 만나리라 말하지 마십시오. 산(山)도 만날 날이 있는 법입니다[4]. 다음에 만났을 때에도 사이 좋은 형제가 아니 되면 어찌 합니까?

제106화 再見

[至二十五日起程, 辭別那漢兒伴當。已前盤纏[5]了的火帳[6]都籌計明白]

髙 哥哥, 俺每迴去也, 你好坐的者。俺多多的定害恁, 恁休恠。咱每爲

....

[1] 원문 '盤纏'은 "여비, 여행 중 생활비"를 말한다. 이에 대하여는 제9화 주5 참조.

[2] 원문 '火帳'의 '火'는 "동행, 또는 합치는 것"을 말한다. 따라서 '화장(火帳)'은 "동행끼리 합쳐서 적은 장부"를 말하는데 여기서는 그 금액을 가리킨다. 제17화 이래로 고려 상인들이 대주고 있던 왕객(王客), 즉 같이 동행한 한인 상인의 비용을 '火帳'에 적은 대로 모두 정산한 것이 된다.

[3] 원문 '四海皆兄弟'는 『논어(論語)』「안연편(顔淵編)」에 공자(孔子)의 제자(弟子)인 자하(子夏)가 한 말로서 "四海之內皆兄弟也 ─사해 안은 모두 형제로다─"라는 구절에서 온 것이다.

[4] 원문 '山也有相逢'은 산처럼 不動한 것도 天變地異 등으로 인하여 반드시 두 산이 하나가 될 날이 있다는 것으로, 再會를 期할 때의 상투(常套)적 표현(表現)이다. 『金錢記』雜劇 2折「煞尾」에 '山也有相逢石也穿 ─산도 만나고, 돌도 꿰뚫게 된다─'이라고 있고, 또 『董西廂』권 8에 '故人靑山喜重期 ─故人과 靑山은 겹쳐 期함을 기뻐함─'이라고 있는 것도 같은 발상(發想)이다.

[5] '盤纏'은 주1과 제9화 주5, 제89화 주4 참조.

[6] '火帳'은 주2 참조.

人四海皆兄弟[7], 咱每這般做了數月伴當呵, 不曾面赤。如今辭別了, 休道後頭再不廝見。山也有相逢[8]的日頭, 今後再廝見呵, 不是好兄弟[9]那甚麼?

飜老 제106화 再見

[到二十五日起程、辭別那漢兒火伴。已前盤纏了的火帳都算計明白]

高 大哥、我們廻去也、你好坐的着。我多多的定害你、你休怪。咱們爲人四海皆兄弟、咱們這般做了數月火伴、不會面赤。如今辭別了、休說後頭再不廝見。山也有相逢的日頭、今後再廝見時、不是好弟兄那甚麼?

飜老 제106화 우리 도라 가노소라. 네 됴히 잇거라.

[스므 닷쐣 나리어든 출힝ᄒ져. 뎌 강남 동모의게 하딕ᄒ져. 이젼에 쓰고 더근 것들 다 명빅이 혜져.]

高 큰형아! 우리 도라 가노소라. 네 됴히 잇거라. 우리 네거긔 만히 해자ᄒ희와라. 네 허믈 말라. 우리 사ᄅᆞ미 ᄃᆞ외여셔 ᄉᆞ히 다 형뎨어니ᄯᆞ나. 우리 이러 ᄐᆞ시 두어 ᄃᆞᆯ 동모 지셔셔 ᄂᆞᆺ 블기디 아니ᄒᆞ고, 이제 여희여 가 노니 후에 다시 서르 몯 보리라 ᄒᆞ야 니ᄅᆞ디 말라. 뫼토 서ᄅᆞ 맛볼 나리 잇ᄂᆞ니 일록 후에 다시 서ᄅᆞ 보면 됴ᄒᆞᆫ 형뎨 아녀 므스 거시리오?

---

[7] '四海皆兄弟'는 주3 참조.
[8] '山也有相逢'는 주4 참조.
[9] 주4 참조. '好兄弟'에서 '兄弟'는 동생의 뜻이 아니라, '四海皆兄弟'의 '兄弟'일 것이다.

해제 {원본}『노걸대』

譯註 原本老乞大

1. 서론 緖論

  '노걸대(老乞大)'는 고려말에 편찬된 중국의 한어(漢語) 학습 교재다. 여기서 한어(漢語)라고 하는 것은 '漢兒言語(한아언어)'의준 말이며 중국의 요(遼), 금(金), 원대(元代)에 형성된 중국의 북방어(北方語)로서 이 세 나라 시대에 중요한 도시로 발전한 북경(北京)의 토어(土語)를 말하는 것이다. 이 언어는 원(元), 명(明), 청대(淸代)를 거쳐 오늘날 보통화(普通話)로서 중국의 표준어가 되었다.

  한반도에는 오래 전부터 중국어와 중국 문자, 즉 한문과 한자가 유입되었으나 주로 중국의 남방어(南方語)에 기반을 둔 오어(吳語)가 많았으며 원대(元代) 중국과의 교류에 의하여 비로소 북방 한어(漢語)를 학습하기 시작하였다. 전통적으로 중국의 언어와 문자를 학습하는 데는 〈천자문(千字文)〉, 〈소학(小學)〉 등의 훈몽(訓蒙) 교과서와 사서(四書) 삼경(三經) 등의 유학(儒學) 경전(經典)이 교재로 사용되었지만 이들 교재로 학습한 중국어는 문어(文語)이어서 실제로 구어(口語)로서 사용되는 일상회화와는 차이가 있었다.

  중국과의 교류에 대하여 비교적 상세한 기록을 남긴 고려시대를 보면 이와 같은 중국어의 구어를 학습하기 위하여 한문도감(漢文都監) 등의 관서(官署)를 두었고 후일 북방어인 한어(漢語)가 중요한 언어로 등장하자 이를 학습하기 위한 한어도감(漢語都監)을 두었다. 그리고 역시 원대(元代)에 새롭게 중요한 문어(文語)로 등장한 행정관청의 이문(吏文)을 학습하기 위하여 이학도감(吏學都監)을 두기에 이르렀다. 이렇게 우리 선조들은 원(元) 이후에 발달한 북경 주위의 구어(口語)와 문어(文語) 학습에 온 힘을 기울였던 것이다.

  이러한 중국어의 학습은 원(元)의 지배를 받기 시작한 고려말(高麗末)에 이르러 더욱 성행하였다. 왜냐하면 원(元)과 고려와의 교섭이 점차 빈번(頻

繁)해졌기 때문이다. 강화도(江華島)로 천도(遷都)하면서 28년간이나 원(元)의 침략에 맞서서 싸웠으나 고려 고종(高宗) 46년(1259)에 원(元)에 항복한 고려는 원(元)으로부터 정치적, 군사적인 압력에 고통을 겪었다. 그러나 충렬왕(忠烈王)이 원 세조(世祖), 즉 쿠빌라이 칸(忽必烈汗)의 황녀(皇女)와 결혼한 다음부터 고려는 원(元)과의 관계가 식민지라기보다는 부마국(駙馬國)의 관계로 발전하였으며 두 나라의 인적(人的), 물적(物的)인 교류가 빈번하게 되었다.

원(元)과 고려(高麗), 양국의 교류가 활발해지면서 고려에서는 원(元)의 표준어인 한어(漢語)에 대한 통역의 필요성이 증대되었다. 전술한 한어도감(漢語都監)은 미천한 계급의 설인(舌人 – 역관을 얕잡아 부르는 말)을 양성하는 곳이어서 귀족의 자제들은 그곳에 입속(入屬)하여 중국어를 학습하기를 꺼려하였으므로 충렬왕 2년(1276)에 새로 통문관(通文館)을 설치하여 궁중의 학관(學官)이나 40세 미만의 하급 관리들에게 한어(漢語)를 교육시켰다. 후일 통문관은 사역원(司譯院)이라고 개칭하여 이곳에서 한어, 몽고어를 교육하였는데 조선조에서도 계속하여 일본어와 여진어를 추가하여 교육하였다. 사역원은 실로 600여 년을 계속하여 외국어를 교육하는 기관으로 존속하였으며 이러한 예는 세계 어느 곳에서도 그 예를 찾아볼 수 없다.

〈노걸대(老乞大)〉는 〈박통사(朴通事)〉와 함께 이러한 외국어 교육기관에서 사용하던 한어 교과서이었다. 고려시대의 한어도감이나 통문관, 사역원에서 이것을 한어 교재로서 사용했다는 기록은 없으나 조선조에서는 건국(建國) 초기부터 사역원에서 〈노걸대〉를 〈박통사〉와 더불어 중국어 교재로서 사용하였고 그 곳에서 통사과(通事科), 역과(譯科) 등의 한어 시험 문제를 출제할 것임을 〈조선왕조실록〉이나 『경국대전(經國大典)』 등에 명기하였다. 또 이러한 한어 교재를 민간인이 편찬하여 사용하였다고 보기는 어렵다.

'노걸대(老乞大)'의 '乞大'는 'Kitai', 또는 'Kitat'을 한자로 표기한 것으로 원래 이 말은 10세기 초부터 200여년에 걸쳐 몽골, 구만주(舊滿洲) 및 북중국의 일부를 영유하여 국가를 건설한 요(遼, 916-1125)의 몽골계 민족, 즉 거란인(契丹人)을 가리킨다. 거란(契丹)의 'Kitan'은 복수형이고 'Kitai, Kitat'는 단수형이다. 이 명칭은 요(遼)가 여진족의 금(金)에 의하여 멸망한 후에도 북중국 및 그 주민을 가리키는 호칭으로 널리 사용되었으며 이윽고 몽골인이 여진족의 금(金)을 멸망시키고 영토를 확대하여 원(元)을 세운 다음에는 중국 및 중국인의 대명사가 되었다.

『원조비사(元朝秘史)』,『화이역어(華夷譯語)』 등 후세 자료에서 북방 중국인(漢人, 漢兒)을 가리키는 '乞塔・乞臺・奇塔' 등의 표기는 모두 '乞大'처럼 'Kitai, Kitat'의 음차(音借) 표기이다. 또한 이 말은 서쪽의 터키어, 페르시아어 등에 전달되어 서방 세계에서 중국어를 가리키는 말이 되었으며 현재 러시아어에서는 중국을 키타이 'Китай'라고 한다든지 또 영어에서는 중국을 '캐테이(Cathay)'로 부르는 것이 이 말에서 연유된 것이다.

다음으로 '老'는 영어의 'old'와 같이 중국어에서도 애칭 혹은 경칭으로 사용된다. 예를 들어 왕(王)이란 중국인을 '老王'이라고 부르는 경우, 그리고 스승(師)을 '老師(선생님)'이라고 하는 경우의 '老'라고 생각된다. 그 외에는 몽골어에서 '진실한'이란 뜻의 'lab'이 변화된 것이라는 설도 있지만 여기서는 현대 중국어에서 북경(北京)을 잘 아는 사람을 '노북경(老北京)'이라고 부르는 것처럼 이 '노걸대(老乞大)'는 중국 사정에 훤한 '중국통(中國通)'이란 뜻으로 일단 이해하고자 한다. 그것은 이 책의 내용과도 잘 어울리기 때문이다. 필자는 졸고 Chung(2002)에서 〈老乞大, *Lao Qida*〉를 "*Mr. Cathayan*"으로 영역하여 발표한 일이 있다.

이 책의 편찬은 그 동안 여러 가지 억측이 있었으나 고려 말, 다음에 더 상세한 편찬경위를 소개하겠지만 필자는 원(元)의 지정(至正) 병술(丙戌, 1346) 경에 중국을 여행한 고려인 역관에 의하여 1350년 경에 저술되었고 이후 사역원(司譯院) 등에서 한어 교재로 사용된 것으로 보았다. 그러나 현재 전해지는 〈노걸대〉는 조선 성종(成宗) 14년(1483)에 한인(漢人) 갈귀(葛貴) 등이 명대(明代) 관화(官話)로 고치고 내용의 일부를 줄이거나 늘린 것이다. 이런 작업을 산개(刪改)라고 하였는데 필자는 이러한 개정본을 {산개(刪改)}〈노걸대(老乞大)〉, 또는 〈노걸대〉의 '刪改本'으로 불렀다.

후에 다시 이것을 조선 영조(英祖) 37년(1761)에 김창조(金昌祚)·변헌(邊憲) 등이 청대(淸代) 만다린으로 새롭게 해석한 『노걸대신석(老乞大新釋)』이 있고 이것이 지나치게 비속한 언어를 반영한다고 하여 조선 정조(正祖) 19년(1795)에 이수(李洙) 등이 신석(新釋)본을 다시 아어(雅語)로 수정하여 중간한 『중간노걸대(重刊老乞大)』가 있다. 그렇지만 그동안 가장 오래된 〈노걸대〉로서 널리 이용된 것은 중종(中宗) 10년(1515) 경에 최세진(崔世珍)이 번역한 것으로 알려진 {번역}『노걸대』(이하 〈飜老〉로 약칭)로서 상·하 2권 2책의 목판본이며 모두 1970년대에 발굴된 것이다.

〈노걸대〉는 초급 한어 교재이었으며 이보다 고급 교재로서 〈박통사(朴通事)〉가 있었다. 이 〈박통사〉도 〈노걸대〉와 같은 시기에 한인(漢人) 갈귀(葛貴) 등에 의하여 산개(刪改)되었고 역시 〈飜老〉와 비슷한 시기에 최세진에 의하여 조선어로 번역되어 을해자(乙亥字)로 인간(印刊)되었다. 그 복각본(覆刻本) 상권이 오늘날 전해져 국회도서관에 소장되어 있다. 이 〈飜老〉 그 상·하 2권과 현전하는 {번역}『박통사』상(이하 〈飜朴〉으로 약칭)은 얼마 전까지 가장 오래된 〈노걸대〉·〈박통사〉의 번역본으로 널리 애용되었다. 그 이유는 최세진의 번역이 단순히 한어 본문의 언해만이 아니라 한자 하나하나의 발음을 한글로 표기하였기 때문이다.

그런데 1998년에 고려 말에 편찬되어 원대(元代) 북경지역의 한아언어(漢兒言語)를 반영하는 {원본(原本)}『노걸대(老乞大)』가 필자에 의하여 발굴되어 세상에 알려져 이웃한 일본을 비롯하여 중국에서 대단한 반응을 불러 일으켰다. 필자는 최근에 발표한 몇몇 논문에서 이 책이 〈노걸대〉의 원본(原本)임을 주장하였고 중국 북경(北京)에서 필자의 해제를 붙인 영인본을 간행하면서도 이 사실을 강조하였다(鄭光主編, 2002). 이 책이 간행되고 난 다음에 이에 대한 연구가 활발하게 진행되어 최근에 많은 연구논문이 중국과 일본에서 속출하였다. {원본}『노걸대』의 발굴로 인하여 기대되는 연구 분야는 대체로 다음과 같다.

첫째로 중국어 학습 교재로서 〈노걸대〉 류의 교재 편찬과 그 후대의 수정본(修訂本)을 체계적으로 정리할 수 있다. 이에 대하여는 '〈노걸대〉의 편찬과 수정본의 간행'이란 제목의 제3장에서 상론될 것이다. 둘째는 {원본}『노걸대』를 통하여 원(元)과 고려의 교역(交易)에 대하여 많은 새로운 사실을 알 수 있다. 특히 이 책이 만들어진 당시의 원대(元代) 물가를 어느 정도 추정할 수 있는데 이 책이 주로 상고(商賈)들이 물건을 파고 사는 것을 대화의 주제로 삼았기 때문이다. 이에 대하여는 제4장 '원(元)과 고려의 통상(通商)'에서 좀 더 구체적으로 고찰할 것이다.

셋째는 원대(元代) 공용어(公用語)의 진면목을 살펴볼 수 있다. 그 동안 원대에 사용된 언어에 대하여 중국어의 역사에서 여러 가지 가설만이 난무하였지 정확하게 밝혀진 바가 없다. 특히 『효경직해(孝經直解)』, 『원전장(元典章)』 등에 보이는 원대 한어(漢語)가 그 동안 몽문직역체(蒙文直譯體)로 알려져 왔는데 이 〈노걸대〉의 원문을 통하여 이 언어들은 문어(文語)로서 당시 일상회화에 사용되는 구어(口語)의 한아언어(漢兒言語)를 바탕으로 한 구어체(口語體)임을 확인할 수 있게 되었다. 한때 일본의 일부 학자들에 의하여 〈노걸대〉의 원본이 몽문직역체의 문장으로 되었다는 주장이 있었다. 그러나 그것은 잘못된 것으로 〈노걸대〉는 문어(文語)를 학습하는 교재가 아니라 살아있는 구어(口語)를 학습하는 교재였기 때문이다. 이에 대하여는 제5장 {원본}『노걸대』의 한어(漢語)에서 상론될 것이다.

이 밖에 이 자료를 통하여 중국 원대(元代)의 의식주(衣食住)에 관련된 여러 생활상이나 당시의 풍속과 상품의 매매 등의 사회 모습을 살펴볼 수 있다. 〈노걸대〉는 14세기에 고려 상인이 중국을 여행하면서 실제로

부딪히는 여러 가지 사건을 당시 사용되는 생생한 대화체의 구어(口語)로
기록한 여행기(旅行記)이기 때문이다.

2. 한반도韓半島에서 중국어의 교육과 교재

한반도에서 중국과의 접촉은 매우 오랜 전통을 갖고 있으며 아울러 그
언어와 문자의 유입(流入)도 아주 이른 시기부터 시작되었다. 세월이 흐름
에 따라 점차 중국과의 교섭이 잦아지면서 상당한 수준의 중국어와 문자
가 한반도에서도 수용되게 되었다. 다음에서 이에 대하여 좀 더 구체적으
로 고찰하기로 한다.

2.1 고대시대의 한자 유입(流入)과 한문(漢文) 교육

한반도에서 중국인과의 직접적인 접촉은 멀리 고조선(古朝鮮)의 위만(衛
滿)조선까지 거슬러 올라갈 수 있다. 물론 기자(箕子)조선의 지배층도 중국
인이었을 가능성은 없지 않으나 이의 뒤를 이은 위만조선의 지배층은 분
명히 중국인으로 보인다. 즉, 중국에서 진(秦)이 망하고 한(漢)이 일어나자
옛 연(燕)나라 노관(盧綰)의 부하 위만(衛滿)이 유민 1,000여명을 이끌고 동
쪽에 와서 기자(箕子)조선의 준(準)왕을 축출하고 세운 위만조선은 3대 우
거왕(右渠王) 때에 한(漢) 무제(武帝) 3년(108 B.C.)에 한(漢)의 침입을 받아
멸망하기까지 80여 년간 계속되었다(『史記』「魏志」'東夷傳, 『三國遺事』 권1
衛滿朝鮮).

따라서 위만조선의 지배층은 중국 연(燕)나라 유민(流民)이었을 가능성
이 높으며 그렇다면 이들은 중국어를 사용한 것으로 보아야 할 것이다.
그러나 위만조선의 피지배층은 한반도의 원주민들로서 교착적(膠着的) 문
법구조를 가진 언어를 사용한 것으로 추정되며 이 언어는 고대 한국어의

전신이었다. 따라서 이 시대 한반도에서는 지배층과 백성의 언어가 서로 달랐으며 지배층의 영향으로 피지배층에서도 한자를 접하게 되었을 것인 데 이런 현상은 한사군(漢四郡) 시대에도 계속되었다.

전한(前漢)의 무제(武帝)가 위만조선을 멸망시키고 그 영토에 낙랑(樂浪)·진번(眞番)·임둔(臨屯)·현토(玄菟)의 네 군현(郡縣)을 설치하여 통치한 한사군 시대(108 B.C.~313 A.D.)에는 지배층이 한(漢)에서 파견된 관리들이었으므로 중국어와 한문을 사용하였을 것이며 이렇게 중국어와 함께 한반도에 유입된 한문은 수세기에 걸쳐 지배층의 문어(文語)로 자리를 잡았고 한자(漢字)는 통치문자(統治文字)로서 널리 사용되게 되었다. 어느 정도의 세월이 흐른 다음에는 한문의 문자인 한자가 일반 백성들 사이에서도 사용되기에 이르렀는데 이로부터 한반도에 건국된 모든 고대국가에서 한자는 통치문자로 쓰이게 되었다. 실제로 우리 선조들은 아주 이른 시기부터 중국으로부터 전래된 한자를 접하게 되어 이 문자를 사용하여 왔던 것이다.

한반도의 역사에서 가장 오래된 고대국가인 부여(夫餘)와 삼한(三韓)에서는 많은 인명(人名)과 지명(地名), 관직명(官職名)이 한자로 전사(轉寫)되어 고대의 내외 사적에 전해지며 고구려, 백제, 신라에서도 국초부터 한문으로 기록을 남겼다. 또 이러한 기록을 근거로 하여 고구려와 백제, 신라에서는 자국의 역사를 찬술(撰述)하였다는 기사가 있다. 이때에 한문으로 무엇을 기록한다는 것은 당시의 우리말을 중국어로 번역하여 한자로 기록한다는 뜻이 된다. 따라서 삼국시대의 고구려, 백제, 신라는 많은 학교를 설치하고 중국어와 한문을 교육하였으며 그 교재로 유교의 경전을 사용한 것으로 보인다.

이와 같은 한문의 보급은 급기야 한자의 발음과 뜻을 빌어 고유어를 표기하는 차자 표기 방법을 고안하게 되었다. 즉 당시의 언어를 중국어로 번역하여 한문으로 표기하는 것이 아니라 한자를 표기수단으로 하여 그대로 기록하는 방법이 바로 차자 표기인 것이다. 이러한 표기방법을 고안한 것은 당시 삼국의 언어를 중국어로 번역하여 기록하는 한문표기에 강한 거부감을 느꼈기 때문이다. 도 이러한 차자 표기의 발달은 한자가 더 이상 외국문자가 아니라 자국의 문자로 인식하는 결과를 가져오기도 하였다. 실제로 고구려, 백제, 신라에서는 이두와 구결을 발달시켜 어느 정도 자국의 언어를 한문으로 번역하지 않고 그대로 기록할 수가 있었던 것이다(졸고:2003a).

오래 전부터 한반도에 유입된 한자는 자형과 더불어 유입될 당시의 중국어 발음을 갖고 들어왔으나 그 발음은 국어와 함께 사용되면서 우리말의 음운체계에 맞추어 변질되어 정착된다. 이렇게 정착된 한국 한자음을 동음(東音)이라고 부르는데 한자의 이 발음이 어떻게 이루어졌는가를 밝혀주는 연구는 아직 완성된 것이 없다. 동음의 정체를 밝히기 위하여 한자가 어느 시대의 어떤 중국어의 발음을 기반으로 하여 형성되었는가가 고찰되어야 한다(졸고:2003b).

그러나 모든 한자가 하나의 중국어 발음을 갖고 일시에 유입되었다고 보기는 어렵다. 중국어의 여러 방언에서 발음을 가져왔을 가능성이 있으며 또 시대적으로 여러 차례로 나누어 들어왔을 가능성이 크다. 동음의 형성에 대하여는 별도의 기회에 의견을 발표하기로 하고 여기에서는 졸고(2003b)에서 주장한 것처럼 동음이 중국의 중고음(中古音), 즉 수(隋)·당(唐)의 〈절운(切韻)〉계 운서음(韻書音)을 기반으로 하여 성립한 것으로 보려고 한다. 그렇다면 한반도의 동음은 중국의 송대(宋代)를 거쳐 원대(元代)에 이르러 형성된 근고음(近古音)과는 매우 다르게 되었고 더욱이 명대(明代)에 정착된 관화음(官話音), 즉 근대음(近代音)과는 전혀 통하지 않게 되었다.

2.2 중국 북방의 코이네(공통어)로서 한아언어(漢兒言語)

주지하는 바와 같이 한반도에서는 한문 교육은 바로 중국어 학습으로 이어졌으나 훗날 한자의 발음이 중국어음과 국어음, 즉 동음이 달라지면서 중국인과의 접촉에서 따로 중국어의 구어(口語)를 별도로 학습하지 않으면 안 되었다. 다시 말하면 한반도에서는 삼국시대나 통일신라시대, 그리고 고려 전기까지는 한문 교육을 통하여 중국어 학습이 이루어졌다. 예를 들어 『동인문선(東人文選)』의 최해(崔瀣)에 의하면 신라말기에는 신라에서 한문을 학습하고 당(唐)의 빈공과(賓貢科)에 응시하여 급제한 신라인이 56명에 이른다고 하였다[1]. 또 오대(五代) 때에는 후량(後梁)과 후당(後唐)에서 신라인 31명이 등과(登科)하였으며 송(宋)의 빈공과에도 고려인의 급제자를 내었다는 기사가 있다(『增補文獻備考』 권184, 選擧考).

이러한 사실은 신라에서의 한문 교육이 당시 중국어의 발음, 즉 장안(長安)의 발음을 기초로 한 통어(通語)의[2] 교육이었음을 말하며 고려시대에는 송(宋)의 수도(首都)인 개봉(開封) 발음에 근거를 둔 것으로 보이는 화중(華中)·화북(華北)의 중원아음(中原雅音), 또는 중주지음(中州之音)을 학습한 것으로 보아야 할 것이다. 그러나 수(隋)·당(唐)·송대(宋代)의 공용어는 전술한 바와 같이 춘추(春秋) 전국(戰國)시대의 공통어였던 아언(雅言)의 전통에 따라 일상생활에 사용되는 구어(口語)라기보다는 문어(文語)에 가까운 고관화(古官話)이었다. 따라서 신라와 고려에서의 漢文교육은 바로 중국에서 통용되는 공용어의 교육이었다.

그러나 원(元)의 건국으로 중국의 공용어는 구어에 기반을 둔 북방계 언어로 교체되었는데 이 언어는 그 동안 문어에 근거한 고관화(古官話)와는 크게 달랐다. 즉, 고려 희종(熙宗) 2년(1206)에 몽고의 테무진(鐵木鎭)이

....

[1] 최해(崔瀣)의 『동인문선(東人文選)』에 당(唐)의 장경년간(長慶年間, 821~824.)에 신라인 김운경(金雲卿)이 당의 빈공과에 '두사(杜師)'란 제목으로 급제하여 예방(礼榜)에 오른 후에 당말(唐末)까지 56인의 급제자를 내었다고 한다(졸저, 1990:54).

[2] 당(唐)의 장안(長安) 발음을 기반으로 한 당대(唐代) 공용어를 말함. 범통어(凡通語)라고도 한다.

모든 몽고족을 아우르고 스텝(steppe ; 시베리아의 초원지대)을 정복하여 대제국을 건설하였다. 칭기즈 칸(成吉思汗)의 후예인 오고타이 칸(窩潤臺汗), 즉 후일 원(元)의 태종(太宗)이 금(金)을 병합(倂合)하여 중국을 넘보게 되었고 5대 쿠빌라이 칸(忽必烈汗), 즉 원(元) 세조(世祖)는 지금의 북경(北京)인 연경(燕京)에 도읍을 정하고 이름을 대도(大都)라 하였으며 남송(南宋)을 멸(滅)하여 중원을 통일하였다. 원이 도읍을 북경으로 정함에 따라 원대에는 북경어(北京語)를 기반으로 하는 중국 북방의 언어가 중원의 공용어로 등장하였다. 그러나 이 언어는 수(隋)·당(唐)의 공용어였던 통어(通語), 또는 범통어(凡通語)와는 매우 달라서 고려에서 종래의 한문 교육을 통하여 습득한 중국의 고관화로서는 중국인과의 접촉에서 소통하기가 어려웠다.

　북경은 요(遼), 금(金) 왕조의 중요한 도시로서 원대 이전에 이미 중원 북방의 정치, 경제, 문화의 중심지로 등장하였으며 원의 중국 통일로 중원 전체의 수도(首都)로 발전하였다. 그러나 이 지역은 교착어를 사용하는 북방민족에 의하여 점령되어 오랜 시일을 지냈기 때문에 중국어와 이들 언어가 혼합된 독특한 중국어가 사용되었으며 이 언어는 원(元) 이전에 중국 대륙의 공용어이었던 아언(雅言), 또는 후대의 통어(通語), 또는 범통어(凡通語), 그리고 송대(宋代)의 중원아음(中原雅音)과도 매우 다른 새로운 언어이었다. 특히 원대 북경어는 요(遼), 금(金) 이후 북방민족의 언어, 특히 몽고어가 많이 혼효(混淆)된 일종의 크레올이었으며 종래 중국의 공용어인 오어(吳語)에 대하여 이러한 북방어를 '한아언어(漢兒言語)', 즉 한어(漢語)라고 불렀던 것이다.

　'한아언어(漢兒言語)'의 '한아(漢兒)'는 중국 주변의 이민족(異民族), 특히 북방의 유목민족(遊牧民族)이 중국인을 가르키는 말로서 같은 의미의 '한인(漢人)'에 비하여 구어적인 말투로 사용되었는데 이미 남북조(南北朝) 시대의 문헌에 나타난다. 주지하는 바와 같이 중국의 북방지역은 역사적으로 유목민족의 침략을 자주 받았고 때로는 장기간에 걸쳐 그들의 지배를 받

기도 하였다. 특히 이들은 요(遼), 금(金), 원(元)의 3대에 걸쳐 중국의 북방
지역에 군림(君臨)하였기 때문에 각 민족 간의 융합(融合)이 이루어졌고
'한아(漢兒)'라는 명칭이 의미하는 범위도 차례로 넓어져 원대(元代)에는 한
민족(漢民族) 및 중국화(中國化)한 거란인(契丹人), 여진인(女眞人), 그리고 고
려인까지를 포함하는 중국 북방 주민(住民) 전체를 지칭하도록 변화하였
다. 이와 같은 민족이 융합된 상황 아래에서 '한아(漢兒)'들이 공통어로 사
용한 언어가 바로 한아언어(漢兒言語)이었던 것이다. 말하자면 한어(漢語)
는 중국 북방민족의 코이네, 즉 공통어이었던 것이다.

　이 한아언어는 고립적(孤立的)인 문법구조의 중국어도 아니고 교착적(膠
着的)인 몽골어나, 거란어(契丹語), 여진어도 아닌 변칙적인 언어였다. 그것
은 중국어가 형태 유형적으로 몽골어나 계단(契丹)어, 여진어와 달리 고립
적인 문법구조를 가졌으며 중국어와 다른 언어와는 문법구조가 기본적으
로 달랐다. 한국어와 같이 교착적 문법구조를 가진 언어를 모어(母語)로
하는 사람이 중국어를 배워서 사용할 때에 모어(母語)의 영향으로 문법
형태부를 삽입하는 경향이 있는데 그 가장 좋은 예가 국어의 구결(口訣),
즉 토(吐)라고 할 수 있다. 한아언어에 나타나는 특징적인 문장종결의 '有'
와 여격의 '根底' 등은 바로 국어의 구결에 해당하는 형태부의 삽입과 같다.

　뿐만 아니라 어순(語順)에 있어서도 'S(주어)+V(서술어)+O(목적어)'의 중국
어에 비하여 'S(주어)+O(목적어)+V(서술어)'의 한국어, 몽골어 등과 같은 문법
구조의 상이(相異)로 인하여 한어에서는 어순의 변화를 보인다. 예를 들면
"俺自穿的不是"(제73화, 〈飜老〉에서는 "不是我穿的"), "外路的不是"(제74화, 〈飜
老〉에서는 "不是外路的")과 같은 어순의 도치(倒置)가 생긴다. 이것은 몽골어,
또는 거란(契丹)어, 여진어의 문법에 영향을 받은 문체라고 할 수 있다.

　북송(北宋)의 말기 선화(宣和) 7년(1125)에 금(金) 태종(太宗)의 즉위식(卽位
式)에 축하 사절로 파견된 허항종(許亢宗)의 여행기록인 「허봉사행정록(許
奉使行程錄)」에는 옛날 요(遼)의 황용부(黃龍府, 하얼빈에서 남서쪽으로 약 100키

로 떨어진 곳) 부근을 지날 때의 이야기로 거란(契丹)이 강성했을 때에 이 부근에 여러 민족을 이주시켰기 때문에 여러 나라의 풍속이 섞어졌고 서로 말이 통하지 않았으나 '호언한어(胡言漢語)'를 써서 비로소 의사가 소통되었다는 기사가 적혀있다(『삼조북맹회편(三朝北盟會編)』권20, 金文京 외:2002에서 재인용). 이것은 '한어(漢語)'가 중원의 중국어와 다르게 교착적 문법구조에 맞춘 호언한어, 즉 엉터리 중국어이었으며 이 지역에서 일종의 코이네로 사용되었음을 추측하기에 어렵지 않다.

2.3 문어(文語)로서 몽문직역체와 이문(吏文)

남송(南宋) 시대에 금(金)의 사절(使節)로 남경(南京)에 온 홍매(洪邁, 1123~1201)는 거란(契丹)의 어린이들이 한시(漢詩)를 읽을 때에 어순을 바꿔서 읽는데 예를 들면 퇴고(推敲)란 술어로 유명한 당(唐) 가도(賈島)의 '題李凝幽居'의 "鳥宿池中樹, 僧敲月下門"이란 시(詩)를 마치 우리의 임신서기석(壬申誓記石)의 한자처럼 "月明裏和尙門子打, 水底裏樹上鴉坐 - 달 밝은 가운데 스님이 문을 두드리고 물밑의 나무 위에 갈가마귀가 앉았다-"라고 읽는다고 증언하였다(『夷堅志』 「丙志」 권18 '契丹誦詩'조, 淸格爾泰, 1997에서 재인용). 이것은 원래 거란(契丹)의 언어일 수도 있으나 아무튼 이 시를 금대(金代)의 중국어 구어(口語)를 써서 변칙적인 어순으로 읽은 것이다. 실제로 요(遼), 금(金) 시대에 공통어로서 사용된 '한어(漢語)'는 교착적인 문법구조의 동북아 제 민족의 언어와 고립적인 중국어가 혼합된 크레올(Creole)의 언어이었을 것으로 보인다.

남송(南宋)의 사람이 '한인(漢人)', '한아(漢兒)'라고 부를 때에는 반드시 북방에 있는 금(金)의 치하에 있는 중국인을 가리키는 것이기 때문에 한어(漢語)는 중국의 북방에서 사용되는 언어를 말한다. 이 언어가 남송인(南宋人)에게는 이상하게 들린 것 같다. 남송의 저명한 철학자인 육구연(陸九淵, 1139~93)은 그의 『상산어록(象山語錄)』(卷下)이나 선승(禪僧)의 전기집의 하나인 『오정회원(五灯會元)』(卷16)의 「황벽지인선사(黃檗志因禪師)」조 등에서 "엉터리, 이상한"말이란 의미로 '호언한어(胡言漢語)'라는 말투가 있다고 하였다(金文京 외, 2002). 이것을 보면 이때에 이미 이러한 한어가 널리 유포되었음을 증언하는 것이다.

금(金)의 왕족들은 한어(漢語)를 말할 수 있었으나 몽골의 왕족이나 귀족들은 일반적으로 한어를 이해하지 못하였고 그것을 배울 생각도 없었던 것으로 보인다. 그러므로 칸(汗)의 말을 번역하여 기록할 필요가 생겼는데 그 때에 엉터리 중국어인 한아언어(漢兒言語)를 사용하는 것이 가장 정확하고 편리하였을 것이다. 만일 정규 중국어나 문어(文語)로 번역하려면 의역(意譯)을 하지 않으면 안 되어서 의미가 통하지 않을 수가 있을 뿐 아니라 읽는 사람들도 대부분 거란인(契丹人)이거나 여진인(女眞人), 즉 북방의 한인(漢人)들이었기 때문에 읽고 이해하기가 어렵고 오히려 한어가 더 잘 통할 수 있었다. 이렇게 하여 한아언어(漢兒言語)는 구어로부터 문장어로 된 것이며 '몽문직역체(蒙文直譯體)'라는 한문(漢文)이 바로 그것이다. 다음에 언급할 원(元) 태종(太宗)의 성지(聖旨) 비문(碑文)도 이 한아언어에 기반을 둔 몽문직역체로 기록되었다.

이와 같이 몽문직역체는 원대(元代)에 갑자기 나타난 것처럼 보이지만 그 배후에는 구어(口語)로서 요(遼), 금(金)을 거쳐 발달한 한아언어가 있었던 것이다. 구어에 기초를 두지 않은 전혀 인공적인 문어(文語)가 있을 수는 없다. 또 어떤 언어라도 그것이 형성되기 위하여 그에 상응하는 시간이 필요하다. 몽문직역체도 원 세조(世祖)의 중통(中統)년간 이후 현저한 정형화(定型化) 이루어져 문어로서의 성격이 강해졌으며 이 문체는 행정이나 법률 용어에 많이 쓰였기 때문에 후대에 이문(吏文)이라고도 불렸다.

문어로서 몽문직역체, 즉 이문의 자료는 많이 남아있지만 구어로서의 한아언어는 남아있는 것이 별로 없어서 이에 대한 인식이 없었는데 이번에 발견된 〈노걸대〉의 원본은 살아있는 생생한 한어를 잘 보여준다는 의미에서 매우 중요한 자료라고 아니할 수 없다. 다만 한아언어가 원대에 구어로서 사용되었음을 보여주는 또 하나의 자료로는 『신편사문류요계답 청전(新編事文類要啓剳靑錢)』(泰定 元年, 1324 重刊本)으로서 출판 당시 많이 쓰이던 편지의 모범 문례집(文例集)으로 남방의 복건(福建) 지방의 건안(建安)에서 간행된 것이지만 권10의 「통서문(通敍文)·문답기담(問答綺談)」의 것은 편지문체가 아니고 분명히 회화체 문장이다(金文京 외, 2002).

예를 들면 모두(冒頭)에 "敢問哥的高姓─감히 형의 높은 성을 묻습니다─" 라든지 "那般者-그렇게 하십시오-", "官人根底─당신에게─" 등의 예문은 〈노걸대〉의 회화에 많이 나오는 것이며 한아언어, 또는 몽문직역체의 특징적인 문체라고 할 수 있다. 특히 "久聞哥的名廳─전부터 형의 이름을 듣고 있었습니다─"에 나오는 '名廳'이란 단어는 중국어에서는 참으로 이상한 말인데 이 말이 〈노걸대〉의 원본에 보이며(제90화)[3] 또 『효경직해(孝經直解)』에도 나타난다.

이러한 사실로 보아 한아언어, 그리고 몽문직역체와 같은 원대 북방의 구어와 문어에 대한 지식이 남방의 인사(人士)들에게도 필요하게 되었음을 알 수 있으며 이것은 이 언어가 원대(元代)에 이미 공통어로서 전 중국에서 사용되었음을 말하는 것이다.

2.4 사역원(司譯院)의 설치와 한어(漢語) 교육

고려와 원(元)과의 접촉은 고종 18년(1231)에 몽고군(蒙古軍)의 침입으로 시작된다. 여러 차례에 걸친 몽골의 침입으로 고려는 드디어 원에 무릎을 꿇고 부마국(駙馬國)으로서 80년에 가깝도록 원의 간섭을 받았다. 이러한 원과의 밀접한 접촉에서 고려는 몽고어와 더불어 중국어의 한어 학습이 절실하게 필요하게 되었다. 고려에서의 중국어 교육은 한문도감(漢文都監)

....
[3] 〈飜老〉에서는 '名聲'이란 통상적인 말로 바꿨다.

에서 이루어졌으나 충렬왕 2년(1276)에 통문관(通文館)을 설치하여 전술한 한어와 몽고어를 교육하였다.

이것은 원(元)의 새로운 교육제도에 의거한 것으로 보인다. 원의 서울인 대도(大都)의 지리지(地理誌)인『석진지(析津志)』에 몽골의 제2대 한(汗)인 태종(太宗) 오고타이(窩闊臺)가 1233년에 발표한 성지(聖旨)의 비문(碑文)이 실려 있는데 그 내용은 연경(燕京 – 大都의 구칭)에 '사교독(四敎讀)'이라는 학교를 설치하고 그곳에서 몽골인 피샤치(必闍赤 – 書記官)의 자제들 18명과 중국인 자제 22명을 함께 기거(起居)시키면서 몽골인 자제에게는 "한아언어(漢兒言語)와 문서(文書)"를, 그리고 중국인 자제에게는 몽고어와 궁술(弓術)을 배우게 하도록 명령하였다는 것이다(金文京 외, 2002). 〈노걸대〉 원본의 주인공이 다니던 학교가 고려인과 중국인이 거의 반반씩이라는 대화 내용은〈제5화〉 사교독(四敎讀)의 경우와 유사하다.

이러한 언어교육의 학교가 원(元)에는 많이 설치되었던 것으로 보이며 고려말기에는 역관(譯官)들이 원(元)에 유학하여 몽골어와 한아언어를 배웠던 것으로 보인다.『태종실록』태종 12년(1412) 10월조에 의사(醫師), 악인(樂人), 역관(譯官)을 중국에 파견하여 학습시키고자 하는 진언(進言)이 있었고 그에 대하여 태종은 "지금의 황제(明의 永樂帝)는 의심이 많아서 본조(本朝, 조선을 말함)의 사람이 오면 반드시 내수(內豎 – 환관을 말함)를 시켜서 암찰(暗察)할 것이니 원과 조선이 혼일(混一)하던 시대와는 다르다. 운운"이라 하면서 듣지 않았다는 기사가 있다. 이를 보면 고려말기에는 역관을 유학시키어 언어를 배우게 하였음을 알 수 있다.

이러한 사실은 〈노걸대〉에서도 확인할 수 있는데 특히 재미있는 것은 이 책의 주인공의 중국 유학(留學)이 부모의 요청에 의하여 이루어진 것이라는 점이다〈제4화〉.『세종실록』세종 15년(1433) 9월조에 고려 공민왕(恭愍王) 21년(1372)에 고려가 유학생을 남경에 파견하려고 한 것에 대하여 명(明)의 태조(太祖)가 답을 하는 성지(聖旨)가 인용되었다. 거기에서 태조는 고려의 자제가 부모를 떠나는 것이 좋지 않으므로 만일 부모된 자가 자제를 입학시키고자 원한다면 자식이 된 자는 부모의 명을 듣고 와서 공부할 수 있으니 고려 국왕이 그들을 보내도 좋다고 말하였다는 기사가 있다. 이것은 물론 명 태조가 조선의 유학생을 받아들이지 않으려는 구실(口實)로 한 말이었지만 〈노걸대〉의 주인공이 부모의 명으로 유학을 가기로 했다는 사실을 상기하게 된다.

조선시대의 몽고어, 왜어(倭語), 여진어 또는 만주어와 함께 한어(漢語, 중국어)를 교육하는 제도는 고려의 것을 계승하여 발전시킨 것이다. 고려의 전신이었던 태봉(泰封)의 궁예(弓裔)는 사대(史臺)를 두어 제방(諸方)의 역어(譯語)를 담당하게 하였으며[4] 고려가 건국한 뒤에도 역어의 교육은 계속되었다. 고려의 후기에는 통문관을 설치하여 한어를 비롯한 외국어의 국가적인 교육이 실시되었으며 이것이 후일 사역원(司譯院)으로 개명(改名)되어 역어(譯語)를 관장하였다. 즉 『고려사(高麗史)』(卷76) 「백관지(百官志)」1 '통문관(通文館)'조에

通文館 忠烈王二年始置之 令禁內學官等參外年未四十者習漢語 時舌人多起微賤 傳語之間多不以實 懷奸濟私 參文學事金坵建議置之 後置司譯院以掌譯語 - 통문관은 충렬왕 2년에 처음으로 설치하여 금내학관 등 참외로 나이가 40미만인 자에게 한어를 학습시켰다. 그 때에는 설인(역관을 말함-필자 주)들이 미천한 신분에서 나와서 통역을 할 때에 사실대로 하지 않고 간사하게 사사로운 일로 전하는 경우가 많았다. 참문학사 김구가 건의하여 설치하였고 후에 사역원을 두어 역어를 관장하게 하였다 -

이라 하여 충렬왕 2年(1276)에 참문학사(參文學事) 김구(金坵)의 건의로 통문관(通文館)을 처음 설치하고 금내학관(禁內學官)[5]중에서 참외(參外)로[6] 40

....

[4] 『三國史記』(卷46) '弓裔所制官號'條에 "史台掌習諸譯語" 라는 기록과 同卷50 「列傳」 '弓裔'條에 "又置史台 掌習諸譯語"라는 기사 참조.

세 미만인 자에게 한어를 학습하게 하였음을 알 수 있다.

　이와는 별도로 고려에서는 한문도감(漢文都監)을 두어 전통적인 중국어를 학습시켰고 공양왕(恭讓王) 때에는 이를 한어도감(漢語都監)으로 개칭하고[7] 한어 교육을 전담시켰으며 통문관의 후신인 사역원에서는 한어보다는 이문(吏文) 교육에 치중한 것으로 보인다. 즉『고려사(高麗史)』(권77)「백관(百官)」2 '제사도감각색(諸司都監各色)' '십학(十學)'조에

　　恭讓王元年置十學 敎授官分隷 禮學于成均館 樂學于典儀寺 兵學于軍候所 律學于典法司 字學于典校寺 醫學于典醫寺 風水陰陽等學于書雲觀 吏學于司譯院 — 공양왕 원년에 십학을 두고 교수관을 나누어 예학은 성균관에, 악학은 전의시에, 병학은 군후소에, 율학은 전법사에, 자학은 전교시에, 의학은 전의시에, 풍수음양학은 서운관에, 이학은 사역원에 소속시켰다 —

이라 하여 공양왕(恭讓王) 원년(1389)에 예학(禮學), 악학(樂學), 병학(兵學), 율학(律學), 자학(字學), 의학(醫學), 풍수음양학(風水陰陽學), 이학(吏學)의 십학(十學)을 두고[8] 교수관(敎授官)을 각사(各司)에 분예(分隷), 즉 나누어 소

....

[5] 禁內學官은 秘書, 史館, 翰林, 寶文閣, 御書, 同文院의 文官을 말하며 式目, 都兵馬, 迎送을 합하여 禁內九官이라 하였다.『高麗史』(卷76)「志」卷第31 '百官'二 '通文館'조 참조.

[6] '참외(參外)'는 6품 이하의 하급관리, 즉 참하(參下)를 말하는 것으로 보인다. 고려와 조선조에서는 관리의 계급을 크게 6품 이상의 참상관(參上官)과 6품 이하의 참하(參下)로 나누어 구별하였다.

[7]『高麗史』(卷77)「志」卷第31 '百官'二 '諸司都監各色'조에 "漢文都監 恭讓王三年改漢語都監 爲漢文置 敎授官"이란 기록 참조

[8]『高麗史』의 十學은 成均館 等 八司에 나누어져 있고 風水陰陽學을 둘로 나누어도 九學에 불과하다. 이에 대해서「增補文獻備考」에서도 "臣謹按麗史十學敎授分隷于各司 而所臚列者 只是八司 雖以風水陰陽分爲二學 猶不滿十學之數 可疑"라 하여 같은 의문을 가졌는데 역학(譯學)이 빠진 것이 아닌가 한다.

속시켰는데 이학(吏學)은 사역원(司譯院)이 담당하였다고 하였다. 이학(吏學)을 이문(吏文)의 교육으로 본다면 이문이란 중국에 보내는 사대문서(事大文書)에 사용된 독특한 한문체로 원대의 공문서에 널리 사용된 것이다. 즉 원대의 『대원통제(大元通制)』, 『지정조격(至正條格)』, 『원전장(元典章)』 등에 사용한 한어 문장은 전술한 바와 같이 고문(古文)이나 백화문(白話文)과는 다른 엉터리 구어(口語)인 한어에 근거하여 발생한 문어(文語)로서 몽문직역체(蒙文直譯體)라고도 하며 주로 행정 문서에 사용되었기 때문에 이문(吏文)이라고도[9] 한다.

고려에서는 국초부터 문서감(文書監)을 두고 사대교린(事大交隣)의 문서를 관장하도록 하였으며 후일 이것이 문서응봉사(文書應奉司)로 개칭되어 조선시대에 승문원(承文院)의 기원이 되었다. 또 별도로 충혜왕(忠惠王) 원년(1340)에 이학도감(吏學都監)을 두고 이문(吏文)을 교육하였으나,[10] 사역원에서도 이문에 대한 지식이 필요할 때가 있었으므로 이문의 교육이 여기서도 실시되었다. 고려에서는 사역원이 통문관의 전통을 이어받아 단순한 역관(譯官)의 양성이 아니라 금내학관(禁內學官)에게 한어를 교육하기 위하여 시작된 것이므로 한문(古文)과 이문(實用文) 그리고 한어(會話)까지

....

[9] 元의 이문(吏文)은 朝鮮의 이문(吏文)과 혼동됨으로 한이문(漢吏文)이라 부르기도 한다.

[10] 『增補文獻備考』(卷221) 「職官考」 '承文院'條에 "高麗置文書監進色 掌事大交隣文書 有別監 後改稱文書應奉司 有使副使判官 皆以他官兼 本朝國初仍麗制 太宗九年改置知事僉知事 檢討官 校理修撰官書記 而各有權知 十年改置承文院 置判事知事僉知事各一員 校理副校理正字副正字各二員 十五年增置博士 著作各二員(下略)(30a 8~35a 10行)"라고 한 記錄으로 承文院의 前身이 高麗의 文書監進色임을 알 수 있고 또 『高麗史』에 의하면 忠惠王 元年(1340)에 吏學都監을 두고 忠穆王 4年(1348)에 永山君 張沆, 僉議參理 金允藏 等 判事 7人과 副使 3人, 判官 3人, 綠事 4人을 두어 吏學을 振興시켰음을 알 수 있다. 『高麗史』(卷37) 「世家」 卷第37 '忠穆王 四年'條와 『高麗史』(卷77) 「志」 第31 '百官'二 '諸司都監各色'條 참조.

할 수 있는 외교관의 양성이 그 목적이었던 것으로 보인다. 반면에 단순한 통역을 담당하는 설인(舌人)은 한어도감(漢語都監)에서 배출되었을 것이다.

이와 같은 사역원의 전통은 조선의 건국 초에 그대로 계승되었다. 조선 태조(太祖) 2년(1393) 9월에 사역원을 설치하고[11] 화언(華言-중국어)을 이습(肄習)하게 하였는데 이때에도 역어(譯語)와 이문(吏文)을 동시에 교육한 것으로 보인다. 『태조실록(太祖實錄)』(卷6) 태조 3년 11월 을묘(乙卯)조의 기사에

司譯院提調偰長壽等上書言 臣等竊聞 治國以人才爲本 而人才以敎養爲先 故學校之設乃爲政之要也 我國家世事中國 言語文字不可不習 是以肇國之初 特設本院 置祿官及敎官敎授生徒 倚習中國言語音訓文字體式 上以盡事大之誠 下以期易俗之效 (下略) (低線筆者)－사역원 제조 설장수 등이 임금에게 말하기를 "신들이 듣기에 나라를 다스림에 있어서는 인재가 근본이 된다고 하였으며 인재는 교양이 먼저입니다. 그러므로 학교를 설치하는 것은 정사에서 중요한 일입니다. 우리나라가 대대로 중국을 섬겨서 (중국의) 언어와 문자를 학습하지 않을 수 없습니다. 이로써 처음 나라를 세울 때에 특히 본원을 설치하여 녹관과 교관, 교수, 생도를 두어 중국의 언어와 음훈, 문자, 체식을 배우게 하였습니다. 위로는 사대의 성의를 다하고 아래로는 쉽게 효과를 보기 위함이었습니다."고 하다. (하략)－

라 하여 사역원에서 중국의 언어, 음훈(音訓), 문자, 체식(體式)을 비습(俾習)시켰음을 알 수 있는데 이때의 체식(體式)은 이문(吏文)의 독특한 여러 문장 형식을 가르치는 것으로 보아야 할 것이다.

사역원이 설치된 태조 2년 10월에 '병학(兵學), 율학(律學), 자학(字學), 역학(譯學), 의학(醫學), 산학(算學)'의 六學을 두어[12] 양가자제(良家子弟)로

[11] 『太祖實錄』(卷4) '太祖 2年 9月辛酉'條에 "置司譯院 俾習華言"이란 기사 참조.
[12] 『太祖實錄』(卷2) 太祖 2年 10月 己亥條에 "設六學 令良家子弟俾習 一兵

하여금 이들을 학습하게 하였으며, 이 중 역학(譯學)의 교육은 이보다 1개
월 전에 설치된 사역원에서 담당하였을 것으로 보인다. 태종 6년(1406)에
는 상술한 육학(六學) 이외에 하륜(河倫)의 계(啓)에 의하여 '유학(儒學), 이
학(吏學), 음양풍수(陰陽風水), 악학(樂學)'의 사학(四學)을 추가하여 십학(十
學)을 설치하였는데 이것은 고려 공양왕 때의 십학(十學, 실은 8학)에 역학(譯
學)과 산학(算學)이 추가된 것이며 태조조의 육학(六學)에 비하면 병학(兵學)
이 무학(武學)으로 명칭만 바뀌었을 뿐이다.[13] 태종조의 십학에 추가된
이학(吏學)도 초기에는 사역원에서 교육되었을 것이나 태종 10년(1410)에
승문원(承文院)이 설치되자 이학은 승문원에서 교육된 것으로 보인다. 즉
『반계수록(磻溪隨錄)』(권15) 「직관지제(職官之制)」上 '승문원(承文院)'조에

掌事大交隣文書及通習漢語吏文(中略) 文官五品以下 每冬會本院 講
漢語(二書)或吏文 皆定所業 吏文則無過二十人 漢語勿限數 五分以上賞
加一階 不通者降一階 其無故不參者罷職(下略) ─ [승문원은] 사대교린의
문서를 관장하고 한어와 이문을 학습한다. 문관 5품 이하는 매 겨울 본원에
서 모여 한어(2서─ 〈노걸대〉, 〈박통사〉를 말함─ 필자 주) 혹은 이문을 강
한다. 모두 소업을 정하여 이문은 20인이 넘지 않게 하고 한어는 제한된
숫자가 없다. 5분 이상의 점수를 받은 자는 품계를 하나 올리고 불통자는
품계를 하나 내린다. 연고 없이 불참한 자는 파직한다. (하략) ─

라는 기사가 있어 승문원에서 한어와 이문을 오품(五品) 이하의 문관에게

學, 二律學, 三字學, 四譯學, 五醫學, 六算學"이란 기사 참조.
[13]『太宗實錄』(卷12) 太宗 6年 11月 '辛未'조에 "置十學 從左政承河崙之啓也
一曰儒 二曰武 三曰吏 四曰譯 五曰陰陽風水 六曰醫 七曰字 八曰律 九
曰算 十曰樂 各置提調官 其儒學只試具任三館七品以下 餘九學勿論時
散自四品以下 四仲月考試 第其考下以憑黜陟"라는 기사가 있어 太宗조
의 十學이 儒, 武, 吏, 驛, 陰陽風水, 醫, 字, 律, 算, 樂을 말하며 儒學은
三館의 7品 이하에게, 그리고 나머지 九學은 4品 이하에게 考試하여 黜陟
의 근거로 삼았음을 알 수 있다.

교육하였음을 알 수 있다[14].

세종(世宗)조에는 '유학(儒學), 무학(武學), 한이학(漢吏學), 자학(字學), 역학(譯學), 음양학(陰陽學), 의학(醫學), 악학(樂學), 산학(算學), 율학(律學)'의 십학(十學)이 완비되었다. 이때에도 역학은 사역원에서, 이학(吏學)은 승문원이 중심이 되어 교육을 하였으나 사역원에서도 이문(吏文)을, 승문원에서도 한어를 교육하였다는 기록이 보인다[15]. 또 이문을 시험한 한이과(漢吏科)와 한어를 시험한 통사과(通事科)에서도 구어인 한어와 문어인 이문이 서로 교체되어 출제된다는 기록이 실록에 전해지므로 사역원에서도 이문의 교육이 있었고 승문원에서도 〈노걸대〉, 〈박통사〉를 통한 한어의 교육이 있었음을 알 수 있다.

그러나 『경국대전(經國大典)』에서는 한이과가 없어지고 역과(譯科) 한학

....

[14] 『經國大典』(卷1) 「吏典」 '正三品衙門' '承文院'조에 "承文院掌事大交隣文書 並用文官(中略) 吏文習讀官 二十員(下略)"이라는 기사와 同 「禮典」 '奬勸'조에 "承文院官員 每旬提調講所讀書 詩, 書, 四書, 魯齋大學, 直解小學, 成齋孝經, 少微通鑑, 前後漢書, 吏學指南, 忠義直言, 童子習, 大元通制, 至正條格, 御制大誥, 朴通事, 老乞大, 吏文謄錄"이라 하여 經史類(詩, 書, 四書, 魯齋大學, 直解小學, 成齋孝經, 少微通鑑, 前後漢書)와 譯語類(朴通事, 老乞大) 이외에 '吏學指南, 忠義直言, 童子習, 大元通制, 至正條格, 御制大誥, 吏文謄錄' 등의 吏學類가 揭載되었다. 또 同 '勸奬' '寫字'조에 "漢語吏文寫字特異者雖犯罪作散 除重犯私罪外仍仕 — 한어 이문에 뛰어난 자는 비록 범죄를 저질러 관직에서 물러나게 되었더라도 중범이나 사죄를 제외하고는 그대로 계속 근무하게 한다—"라는 기사가 있어 承文院에서 吏文의 교육에 얼마나 힘썼는가를 알 수 있다.

[15] 『世宗實錄』(卷47) 世宗 12年 庚戌 3月 戊午 '諸學取才'조에 詳定所에서 정한 吏學과 譯學漢訓의 經書 및 諸藝數目이 등재되었는데 吏學은 經史類 이외에 〈朴通事〉, 〈老乞大〉의 漢語가 포함되었다. 또 具允明의 『典律通補』(1786) 「禮典」 '漢語吏文'조에 "漢語吏文 文臣令槐院抄二十九歲以下人習漢語 三十九歲以下人習吏文 並四十九許頉本院褒貶 坐起三處(中略) 考講三處 (下略)'이라 하여 承文院의 文臣들로 하여금 39세 이하는 吏文을 학습하게 하였음을 알 수 있다.

(漢學)만이 남게 되어 역관 양성을 위한 한어 교육이 사역원의 임무가 되었고 이학은 점차 문신(文臣)의 여기(餘技)로서 승문원에서 이를 교육하게 된 것이다[16]. 중종(中宗)조에 일시 한이과(漢吏科)가 설치되었으나 조선시대를 통하여 『경국대전』의 보수성은 매우 강해서 대전(大典)에 등재되지 못한 제도는 연속되기 어려운 탓인지 조선 후기에는 역과 한학만이 존속되었다.

사역원은 한어 교육이 중심을 이루었으며 태조 2년 9월에 사역원을 설치할 때에 한어를 배우는 한학(漢學)과 몽고어의 몽학(蒙學)이 있었고 태종 15년에 일본어를 배우는 왜학(倭學)이 추가로 병치(並置)되었다[17]. 『경국대전』에서는 여진어를 배우는 여진학(女眞學)이 첨가되어 사역원의 사학(四學)이 완비된다. 사역원 사학에서는 한어, 몽고어, 일본어, 여진어가 교육되었으며 여진학은 현종(顯宗) 8년(康熙丁未, 1667)에 만주어를 교육하는 청학(淸學)으로 바뀌었다(졸저, 1989). 사역원은 조선을 통하여 상술한 외국어를 교육하고 역관을 관리하여 외교 관계의 실무를 맡아왔으며 이러한 제도는 갑오경장(甲午更張, 1894)까지 계속되었다.

사역원의 사학(四學)에서는 각기 학습교재를 개발하여 사용하였는데 초기에는 해당국의 동몽(童蒙) 교과서를 수입하여 사용하였으나 임진·병자 양란 이후에는 사역원에서 자체적으로 편찬하여 사용하였으며 조선 후기에는 이때의 것을 수정하거나 개편, 보완하여 사용하였다. 그런데 중국어

----

[16] 『磻溪隨錄』(卷25) '續編 言語'조에 "四學及各州縣學 每三朔一講漢語(中略) 若我莊憲大王一新百度 有意於是 就設承文院 令文官始出身者必讀 漢語吏文 又撰四聲通攷以卞其音 又今凡百名物皆稱以漢語 至今尙有傳 習者"라는 기사가 있어 世宗조에 文官에서 出身을 시작한 사람들에게 반드시 漢語와 吏文을 읽게 하였는데 漢文에 익숙한 文臣들은 吏文을 쉽게 이해할 수 있었던 것으로 보인다.

[17] 太祖 2年에 設置된 司譯院에서는 漢學과 蒙學이 교육되었던 것으로 보인다. 졸고(1987b)참조.

학습서로서 사역원이 설치된 초창기부터 애용되던 두 개의 회화·강독 교재가 있었으니 그것이 바로 〈노걸대〉, 〈박통사〉이었던 것이다.

3. 〈노걸대〉의 편찬과 수정본의 간행

〈노걸대〉의 편찬과 후대에 수정본의 간행에 대해서는 졸저(2002)에서 자세하게 논급하였다. 이제 그것을 중심으로 〈노걸대〉의 각 이본에 대하여 고찰하고자 한다.

한어 학습서인 〈노걸대〉, 〈박통사〉(이하 〈老朴〉으로 약칭)의 제 이본은 한어 원문만을 기재한 하어언본(漢語本)과 이를 훈민정음으로 번역, 또는 언해한 번역(飜譯)·언해본(諺解本)으로 나누어 생각할 수 있다. 물론 후자는 훈민정음 창제 이후에 편찬된 것으로써 가장 오래된 것은 중종(中宗) 조 최세진(崔世珍)의 번역본(飜譯本)으로 소급될 수 있다. 그러나 전자의 한어 본은 〈노박(老朴)〉의 저작이 고려 말로 거슬러 올라감으로써 원간본은 적어도 고려 말이나 조선 초기에 간행된 것으로 보아야 한다.

먼저 〈노박〉의 저작에 대하여 살펴보기로 한다. 〈노박〉의 원본이 편찬된 시기에 대하여는 아직 정확하게 알려진 바가 없고 또 아무런 기록도 갖고 있지 않다. 그러나 이번에 발견된 [원본]『노걸대』(이하 〈原老〉로 약칭)의 본문에 "伴當恁從那裏來 俺從高麗王京來 如今那裏去 俺往大都去(〈原老〉 1앞2~3행)[18]라는 구절이 있어 '고려(高麗)'라든지 원(元)의 '대도(大都)'라는 국명(國名)과 지명(地名)으로 보아 고려 후기(後期), 즉 원대(元代)에

---

[18] 중종조 최세진의 번역본에서는 이 부분이 "我從高麗王京來 — 내 高麗 王京으로셔브터 오라 —"(〈飜譯老〉上 1앞 2~3행)이고 영조 37년(1761)의 간기를 갖고 있는 〈老乞大新釋〉에서는 이 부분이 "我朝鮮王京來"와 같이 '朝鮮'으로 바꿔었다.

만들어진 것으로 볼 수 있다.

또 본문에 "如今朝廷一統天下 世間用著的是漢兒言語"(〈原老〉2앞 5~6
행)라는 구절의 '一統天下'가 몽고의 쿠빌라이 칸(忽必烈汗), 즉 원 세조(世
祖)가 남송(南宋)을 멸망시키고 중원(中原)을 통일한 것으로 본다면 〈노걸
대〉의 마지막 부분에 고려 상인(商人)들이 귀국하는 길일(吉日)을 선택하러
점술가 오호(五虎)선생을 찾아가 운세를 본 이야기로 "今年交大運丙戌,
已後財帛大聚, 强如已前數倍. (〈原老〉 39 뒤 2~3행)이란 말에 나오는 '병
술(丙戌)'을 원(元) 순제(順帝)의 지정(至正) 병술(丙戌, 고려 忠穆王 2年, 1346)로
볼 수 있으며 그렇다면 이때에 중국을 여행한 누군가에 의해서 〈노걸대〉
는 저작되었을 것이다. 최근 〈노걸대〉, 〈박통사〉의 본문에 나오는 물가를
비교하여 1350년경에 편찬된 것으로 추정하고 있다.

뿐만 아니라 〈노걸대〉와 자매관계에 있는 〈박통사〉의 경우에는 이 책
의 편찬시기를 가늠할 수 있는 몇 가지 증거를 남겨놓았다. 즉, 최세진의
{번역}『박통사』(이하 〈飜朴〉으로 약칭, 上 74앞 9행~75뒤 1행))에

南城永寧寺裏 聽說佛法去來 南城 永寧寺 — 뎌레 블웝 니르는 양 드르라
    가져
一箇見性得道的高麗和尙 — 흔 見性得道흔 고렷 화샹이
法名喚步虛 — 즁의 일후믈 블로더 보헤라 ᄒᆞᄂᆞ니
到江南地面石屋法名的和尙根底 — 강남 짜해 石屋이라 ᄒᆞ논 일홈엣 즁
    의 손더 가니
作與頌字 — 숑을 지서주니
光反照 — 그 숑애 두르신 부톄 광명을 도른혀샤 보허 즁의 모매 비취여시놀
大發明得悟 拜他爲師傅 — ᄀᆞ장 훤츠리 볼가 ᄭᆡ드로믈 어더 그를 절ᄒᆞ야
    스승사마
得傳衣鉢 來到這永寧寺裏 — 法衣法鉢를 뎐슈ᄒᆞ야 도라와 이 永寧寺애 와
皇帝聖旨裏 開場說法裏 — 황뎻 성지로 법셕 시작ᄒᆞ야 셜웝ᄒᆞ리라

이라는 기사 가운데 고려승(高麗僧) '步虛和尙'이란 이름이 나온다[19]. 민영규(1966)에서는 이 '步虛'를 고려의 명승 '普愚'로 보고 그가 원(元)의 연경(燕京)에 머문 것은 지정(至正) 7년(丙戌, 1346)의 일로서 이때로부터 멀지 않은 시기에 〈박통사〉는 집필된 것으로 보았다(졸고, 1995). 〈노걸대〉와 〈박통사〉가 모두 지정(至正) 병술(丙戌)에 일어난 일을 내용으로 하고 있어 이와 비슷한 시대에 이 두 책의 교재를 저작한 저자들이 중국을 여행한 일을 줄거리로 하여 〈노박〉이란 한어의 교재로서 저작된 것이 아닌가 한다.

다음으로 〈老朴〉의 간행에 대하여 살펴보기로 한다. '노걸대', '박통사' 등 조선 시대에 유명하였던 한어(漢語) 역학서(譯學書)의 간행에 대한 기사는 세종(世宗) 때에 처음으로 나타나기 시작한다. 『세종실록』(卷20) 세종 5년 8월 조에 "禮曹據司譯院牒呈啓 老乞大 朴通事 前後漢 直解孝經 等 書 緣無板本 讀者傳寫誦習 請令鑄字所印出 從之 — 예조가 사역원의 계첩에 의거하여 계하기를 '〈노걸대〉, 〈박통사〉, 〈전후한〉, 〈직해효경〉 등의 책이 책판이 없기 때문에 읽고자 하는 사람들이 베끼거나 암송하여 배웁니다. 주자소에서 인출하여 주실 것을 청합니다'라고 하다. 그대로 따르다 —"라는 기사가 있다. 또한 『세종실록』(卷64) 세종 18년 8월(43앞) 조에는 "頒鑄字所印老乞大朴通事于承文院司譯院 此二書譯中國語之書也 — 주자소에서 노걸대·박통사를 인쇄하여 승문원과 사역원에 하사하

[19] 〈노박집람〉(〈老覽〉(15뒤)에는 이 步虛和尙에 대하여 "步虛 俗姓洪氏 高麗 洪州人 法名普愚 初名普虛 號太古和尙 有求法於天下之志 至正丙戌春 入燕都 聞南朝有臨濟正脈 不斷可往印可 蓋指臨濟直下雪嵓嫡孫石屋和尙淸珙也 遂往湖州 霞霧山天湖庵謁和尙 嗣法傳衣 還大都 時適丁太子令辰十二月二十四日奉傳聖旨住持永寧禪寺 開堂演法..."이란 해설을 붙였는데 이에 의하면 보허는 고려 명승 태고화상 보우(1301-1382)이며 그가 元의 大都(지금의 北京)에 체류한 것은 지정 6년(1346)에서 지정 8년(1348)의 일로서 〈박통사〉는 이 시기에 중국을 여행한 고려인이 지은 것으로 볼 수 있다. 같은 기사가 〈박통사언해〉(상 65a 8 - 65b 2)에도 협주로 부재되었다.

다. 이 두 책은 중국어를 번역한 책이다—"라 하여 〈老乞大〉와 〈朴通事〉
를 인쇄하여 승문원(承文院)과 사역원(司譯院)에 배부하였다는 기사도 보인
다. 이상의 두 기록으로 미루어 세종(世宗) 때에 이미 〈老朴〉의 두 한학서
(漢學書)들이 활자로 인쇄되었음을 알 수 있다.

최근에 정광 외(1999)에서 소개된 소위 '구본노걸대(舊本老乞大)'는 조선
태종 조에 간행한 것으로 보이며 고려 시대에 한아언어(漢兒言語)를 학습
하기 위하여 편찬된 원간본으로 추정된다. 〈노박〉의 원간본인 구본은 본
문의 한어가 모두 조선 성종 조에 산개(刪改)된 것이다. 따라서 이후에
간행된 것은 모두 이의 개정본이 될 것이다. 이제 〈노박〉의 한어본과 번
역·언해본 각각의 이본에 대하여 고찰하기로 한다.

3.1 한어본(漢語本) 〈노걸대〉의 변천

먼저 〈노박〉의 한어본 가운데 〈노걸대〉의 변천에 대하여 살펴보기로
한다. 한어(漢語)만의 〈노걸대〉는 이번에 원간본에 해당하는 구본이 발견
되었음으로 대체로 {原本}『老乞大』, {刪改}〈老乞大〉, 〈老乞大新釋〉, 〈重
刊老乞大〉의 순서로 변천한 것으로 볼 수 있다.

첫째 현전하는 {원본}『노걸대』는 〈노걸대〉의 원간본이거나 그의 복각
본, 또는 그의 중간 목판본으로 원대(元代) 한아언어(漢兒言語)를 반영하며
고려 말에 편찬된 것이다. 이것은 조선 성종(成宗) 조에 산개되기 이전의
한어 〈노걸대〉를 말한다. 편찬자는 아마도 고려인으로서 중국에 유학한
일이 있는 유식한 역관(譯官)으로 추정되었다. 〈原老〉로서는 원대 한아언
어를 반영하며 고려 말에 편찬된 것을 조선 초기에 목판본으로 간행한
판본이 현전한다.

이것은 조선 성종(成宗) 조에 수정되기 이전의 〈노걸대〉를 말하며 여기
에 반영된 한어(漢語)는 졸고(1995) 등에서 추정한 바와 같이 수(隋)·당
(唐)·송대(宋代)의 표준어였던 통어(通語)가 아니라 몽고어(蒙古語)의 영향

을 받은 원대(元代) 북방지역에서 공용어로 쓰인 한아언어이었다. 또 이것은 중종(中宗) 조에 최세진(崔世珍)이 〈老朴〉을 번역할 때에 저본(底本)으로 삼은 {산개(刪改)}〈노걸대(老乞大)〉와 상당한 차이를 보인다. 그 양자의 차이를 최세진이 비교하여 「노박집람(老朴集覽)』에 상세히 기재하였다. 여기서는 산개(刪改) 이전의 〈노걸대〉를 '舊本'이라 하였다. 이 〈原老〉에 대한 서지 사항을 정광 외(1999)에서 정리하면 다음과 같다.

{原本}『老乞大』: 개인소장
　　著者未詳, 刊年未詳, 1책(40張). 木板本 31.0 × 18.8㎝,
　　四周雙邊. 半葉匡郭 : 25.1 × 15.5㎝, 有界, 10行 21字.
　　版心 : 上下大黑口 上下內向黑魚尾. 表題 : 老乞大.

둘째 {산개}〈노걸대〉(이하 〈刪老〉로 약칭)는 성종 14년(1483)에 한인(漢人) 갈귀(葛貴)가 〈노걸대〉의 구본, 즉 〈原老〉를 수정한 것이다. 〈老朴〉의 수정에 대하여는 「성종실록(成宗實錄)』(卷122) 성종(成宗) 11년(1480) 10月 을축(乙丑) 조의 기사(記事)에

御書講 侍讀官李昌臣啓曰 前者承命質正漢語於頭目戴敬 敬見老乞大朴通事曰 此乃元朝時語也 與今華語頓異 多有未解處 卽以時語改數節 皆可解讀 請令能漢語者盡改之 曩者領中樞李邊與高靈府院君申叔舟 以華語作爲一書 名曰訓世評話 其元本在承文院 上曰其速刊行 且選其能漢語者 刪改老乞大朴通事 - 임금과의 주강(書講)에서 시독관 이창신이 계하여 아뢰기를 "지난번에 명을 받고 한어를 두목 대경에게 질정하였더니 대경이 〈노걸대〉와 〈박통사〉를 보고 '이것은 원 나라 때의 말임으로 지금의 중국말과는 매우 달라서 이해하지 못할 데가 많습니다'고 하고 즉시 지금의 말로 두어 구절을 고치니 모두 해독할 수 있었습니다. 청하건대 한어에 능한 자로 하여금 모두 고치게 하소서. 그리고 전에 중추부 영사 이변과 고령부원군 신숙주가 중국어로 책을 하나 지어 이름을 〈훈세평화〉라고 하였으며 그 원본이 승문원에 있습니다" 하니 임금이 말하기를 "속히 간행

하라. 그리고 또 한어에 능한 자를 선발하여 〈노걸대〉와 〈박통사〉를 산개
하라" 하시다.

라는 기사가 있어 성종 11년(1480)에 〈노걸대〉·〈박통사〉를 산개(刪改)하
도록 명하였음을 알 수 있다. 또 성종(成宗) 14년(1483) 9월 경술(庚戌) 조의
기사에

    先是命迎接都監郎廳房貴和從頭目葛貴 校正老乞大朴通事 至是又欲
質直解小學 貴曰頭目金廣妒我 疑副使聽讒 故我欲先還 恐難讎校 若使
人謝改正朴通事老乞大之意 以回副使之心 則我亦保全矣－이에 앞서 임
금이 영접도감의 낭청인 방귀화에게 명하여 두목 갈귀에게 가서 〈노걸대〉
〈박통사〉를 교정하게 하였는데 이때에 이르러 또 〈직해소학〉을 질정하려
고 하니 갈귀가 말하기를 "두목 김광이 나를 투기하여 부사가 참소하는
말을 들을까 의심스러워서 먼저 돌아가려 하니 (〈직해소학〉을) 교정하기가
어려울 듯합니다. 만약에 사람을 시켜서 〈박통사〉와 〈노걸대〉를 교정한
뜻을 사례하게 하여 부사의 마음을 돌릴 수 있다면 나도 또한 보전할 수
있을 것입니다"라고 하다.

라는 기사가 있어 성종 11년에 이창신(李昌臣)의 계청(啓請)에 의하여 "한어
에 능한 자를 선발하여 〈노걸대〉·〈박통사〉를 산개하라(上曰且選其能漢語
者 刪改老乞大朴通事)"라는 성종의 명이 있었고 이에 따라 〈老朴〉을 수정하
기 시작하였으며 3년 후인 성종 14년(1483)에 갈귀(葛貴)가 〈老朴〉 원본의
불분명한 부분을 삭제하고 수정하는 등 산개(刪改)하여 당시 한어로 개정
하였음을 알 수 있다.

    원대(元代)에 유행한 북경(北京)의 한아언어(漢兒言語)는 명대(明代) 초기
까지 이 지역에서 사용되다가 점차 '관화(官話)'로 대체되었다. 이에 대하
여는 조선 성종 조에 조선 역관들에 의해서도 이미 알고 있던 사실로서
전술한 『성종실록(成宗實錄)』 성종 14년(1483) 9월 조에 "頭目葛貴見直解

小學曰 反譯甚好 而間有古語不合時用 且不是官話 無人認聽—두목 갈귀가 〈직해소학〉을 보고 번역은 잘 되었으나 간혹 옛말이 있어 사용에 맞지 않으며 또 관화가 아니어서 들어도 아는 사람이 없다—"라는 기사가 있다. 이미 당시에 중국에서는 관화(官話)가[20] 통용되고 있음을 증언하는 것이다. 따라서 이때의 산개(刪改)는 원대 한아언어를 명대(明代)의 관화(官話)로 바꾼 것임을 알 수 있다.

이 산개본(刪改本)은 임진왜란 이전에 간행한 것과 이후의 간본이 있다. 즉, 규장각(奎章閣)에 소장된 3종의 〈노걸대〉(奎 5158, 奎 6293, 奎 6294)와 산기문고(山氣文庫)에 소장된 두 종류(甲寅字 覆刻본과 숙종 29년의 목판본), 그리고 성암고서 박물관, 영남대, 계명대 등에 소장되어 있는 〈노걸대〉가 현재 알려져 있다. 필자가 조사한 이 〈刪老〉의 서지사항은 다음과 같다.

{刪改}〈老乞大〉
임란이전본 : 奎章閣本 奎 5158, 山氣文庫 소장본
著者未詳, 刊年未詳, 1책(48張), 木版本(甲寅字 飜刻本) 29.6 × 20.3cm.
四周單邊. 半葉匡郭 : 24.2 × 16.6cm, 有界, 10行 17字.
版心 : 上下黑口 上下黑魚尾, 表題 : 華語.
印 : 奎 5158 [弘文館][21]
임란이후본 : 奎章閣本 奎 6293, 奎 6294, 山氣文庫본[22]
著者未詳, 刊年未詳, 1책(48張), 木版本(寫字生體字의 飜刻本) 29.6 × 20.3cm.
四周單邊. 半葉匡郭 : 24.2 × 16.6 cm, 有界, 10行 17字.
印 : 奎 6293, 6394[23] 모두 [侍講院]

[20] 아마도 南京 官話를 말할 것이다.
[21] 甲寅字 飜刻本의 〈노걸대〉(奎 5158)는 제 6, 8, 18, 45葉의 4葉이 補寫되었다.
[22] 山氣文庫의 목판본 가운데 임란 이후 판본은 숙종 29년(1703)의 간기가 있음.

셋째 〈노걸대신석〉(이하 〈新老〉로 약칭)은 영조(英祖) 37년(1761)에 김창조 (金昌祚)와 변헌(邊憲) 등이 산개본(刪改本)을 수정한 것으로 권두(卷頭)에 '노걸대신석서(老乞大新釋序)'가 있다. 당시 사역원(司譯院) 제거(提擧)이었던 홍계희(洪啓禧)가 쓴 이 서문(序文)에 다음과 같은 기사가 있어 〈노박〉의 신석에 대하여 구체적인 사실을 알 수 있는데 원문과 그 전문 해석을 정광·윤세영(1998:78~79)에서 옮겨보면 다음과 같다.

(전략)及庚辰銜命赴燕 遂以命賤臣焉 時譯士邊憲在行 以善華語名 賤臣請專屬於憲 及至燕館逐條改證別其同異 務令適乎時便於俗 而古本亦不可刪沒 故幷錄之 蓋存羊之意也 書成名之曰老乞大新釋 承上命也 旣又以朴通事新釋 分屬金昌祚之意 筵稟蒙允 自此諸書幷有新釋 可以無礙於通話 (중략)上之三十七年辛巳八月下澣 崇祿大夫行議政府左參贊兼弘文館提學 洪啓禧謹書 — 경진년에 명을 받들고 연경에 감에 이르러 드디어 그 일을 천신(홍계희 지신을 낮추어 말함 — 역자 주)에게 명하였다. 이때에 역관 변헌(邊憲)이 사행 중에 있었는데 중국어를 잘 한다고 이름이 나서 변헌을 내 전속으로 청했다. 연경의 연관(玉河館을 말함)에 도착하여 [노걸대를] 조목에 따라 증거에 의하여 개정하고 그 같고 틀림을 구별하였다. 시의에 맞고 속어에 편리하도록 힘썼다. 그러나 고본을 역시 산몰(교정하여 잘라냄 — 역자 주)할 수 없어 모두 함께 기록하였으니 존양의 뜻(存羊之意 — 舊例와 虛禮를 일부러 버리지 않고 그대로 두는 것 — 필자 주)을 나타낸 것이다. 책이 이루어져 이름을 '노걸대신석'이라 하였으니 임금의 명을 받든 것이다. 얼마 후에 또 '박통사신석'을 김창조의 재량에 위임하였으니 경연에서 임금에게 고하여 허락을 얻었다. 이로부터 모든 책(역서를 말함)에 '신석'이 있게 되었으며 통화하는데 막힘이 없게 되었다. 영조 37년 신사년 8월 하한에 숭록대부 행 의정부 좌참찬 겸 홍문관 제학 홍계희가 삼가 쓰다 —

이 서문에 의하면 영조 37년(1761)의 부연사행(赴燕使行, 중국 燕京에 가는

[23] 〈노걸대〉(奎 6294)는 중국 臺灣 聯經出版事業公司에서 影印하여 출판함.

사행-필자 주)의 임무를 수행한 바 있는 의정부(議政府) 좌참찬(左參贊) 홍계
희(洪啓禧)의 청에 의하여 한어 역관 변헌(邊憲) 등이 '구본노걸대(舊本老乞
大)', 즉 전술한 〈刪老〉를 새로 수정한 것이 있음을 알 수 있다. 변헌은
북경의 옥하관(玉河館)에서 중국인에 질문하여 그 동안의 〈노걸대〉를 조
목조목 개증(改證)하고 구본의 이동(異同)을 구별하였으며 '老乞大新釋'이
란 이름으로 간행하였음을 알 수 있다. 그리고 이 〈노걸대〉의 신걱(新釋)
은 김창조(金昌祚) 등이 〈박통사〉를 신석하여 간행한 것에 이끌린 것으로
보인다. 그러나 본문의 내용 및 항목(項目)은 구본과 차이가 없고 다만
언어만이 구본에 비하여 대폭 수정되었다. 아마도 〈노걸대〉의 구본(舊本),
즉 〈刪老〉를 중국인에게 한마디씩 질정(質正)한 것으로 보인다.

　이 책에 기록된 중국어는 〈刪老〉와 『중간노걸대(重刊老乞大)』(이하 〈重
老〉로 약칭)의 중간에 위치하며 언어에서도 시대적 차이를 보이고 있다.
홍계희(洪啓禧)의 서(序)에는 변헌(邊憲)만이 나타났으나 〈刪老〉(奎 4871)에
는 검찰관(檢察官)에 김창조(金昌祚), 변헌(邊憲), 그리고 교정관(校正官)에
이천식(李天植)외 6인, 그리고 서사관(書寫官)에 조동수(趙東洙) 외 3인의 이
름이 이 책의 권미(卷尾)에 각인되었다. 권수서명은 '老乞大新釋'이며 현재
연세대와 서울대 규장각(奎章閣) 등에 소장되어 있고 연세대본이 초간본(初
刊本)으로 알려졌다.

　〈老乞大新釋〉
　奎章閣本 奎 4871, 4872
　　邊憲(朝鮮) 등 撰. 1761년(英祖 37) 1冊(51張) 木版本 32 × 21.3cm.
　　四周雙邊. 半葉匡郭 : 22.7 × 16cm, 有界, 10行 20字.
　　版心 : 上花紋魚尾.
　　表題 : 老乞大新釋. 版心題 : 老乞大新釋.
　　序 : 上之三十七年辛巳(1761년) 洪啓禧 序
　　奎 4871 卷末 : 檢察官-金昌祚, 邊憲

校正官－李天培, 李命說, 李寅昇, 李性恭, 金鼎德, 李泰昌, 丁好信
書寫官－趙東洙, 李彦瑱, 鄭德純, 李煐
印 : 奎 4871 [承華淸宮]
紙質 : 奎 4872은 上級의 楮紙.

연세대본

邊憲(朝鮮) 등 撰. 1761년(英祖 37) 1冊(46張) 木版本
四周雙邊. 半葉匡郭 : 23.5 × 17cm, 有界, 10行 20字.
版心 : 上花紋魚尾.
表題 : 老乞大新釋. 版心題 : 老乞大新釋.
序 : 上之三十七年辛巳(1761년) 洪啓禧 序

넷째 〈重老〉(1795 : 正祖 19년)는 〈新老〉를 개수(改修) · 중간(重刊)한 책으
로, 정조(正祖) 조에 사역원에서 이수(李洙) 등이 명을 받들어 교수(校讐)
중간(重刊)한 것이다. 이 중간에 참여한 사람이 판본(版本)의 말미(末尾)에
기록되어 있으며 검찰관(檢察官)에 이수(李洙) 외 6인, 교정관(校整官)에 홍
택복(洪宅福) 외 9인, 서사관(書寫官)에 최함(崔瑊) 외 9인, 감인관(監印官)에
장수(張壽) 등의 이름이 게재(揭載)되었다. 출간연대(出刊年代)는 권말(卷末)
에 '乙卯仲秋 本院重刊'이라는 간기(刊記)가 있어 정조(正祖) 을묘(乙卯,
1795)에 중간되었음을 알 수 있다. 이 판본(版本)은 그 후의 언해본(諺解本)
과 같이 가장 많이 남아있으며 본문의 한어(漢語)도 가장 새롭고 잘 선택되
었다.

다만 중간본의 한어는 중국인에게 질정(質正)은 했을지 모르나 중국인
이 직접 수정(修正)한 말이 아니므로 이 말이 중국어의 표준어, 즉 북경
만다린(Mandarin)라고 보기는 어렵다. 이 중간본(重刊本)은 신석본(新釋本)과
비교하면 말은 매우 다르지만 각 항목별 내용은 큰 차이가 없고 항목수도
111항에 걸친 대화체로 구성되어 동일하다. 현재 서울대 규장각과 가람 ·
일사문고, 연세대, 국립중앙도서관 등에 여러 이본이 소장되어 있다. 여기

서는 가장 대표적인 규장각본만을 소개한다.

〈重刊老乞大〉
　奎章閣本 奎 932, 2052, 3173, 3186, 3799, 4968-70 / 5198, 5563, 7852
　　　李洙(朝鮮) 등 正祖 受命撰. 1795년(正祖 19), 1冊(46張).
　　　木版本 35.1 × 23.6cm. 四周雙邊. 半郭 22.2 × 16.5cm, 10行 20字.
　　　版心 : 上花紋魚尾.
　　　卷末 : 校檢官, 校正官, 書寫官, 監印官(等 諸臣銜名).
　　　刊記 : 乙卯仲秋本院(司譯院) 重刊.
　　　印 : [摛文院](朱文方印, 奎 932), [弘文館](朱文長方印, 奎 3173)[24]

　　졸고(2001)에서는 현전하는 한어본 〈老乞大〉를 정리하여 다음 4종으로 나누었다. 그리고 이 각각의 한어 원문의제1권 첫 구절을 비교하면 다음과 같은 차이가 발견된다고 하였다.

　　〈原老〉(1346경)　伴当恁從那裏來 俺從高麗王京來 如今那裏去 俺往大都去
　　〈刪老〉(1483)　大哥你從那裏來 我從高麗王京來 如今那裏去 我往北京去
　　〈新老〉(1761)　阿哥你打那裏來 我從朝鮮王京來 如今那裏去 我往北京去
　　〈重老〉(1795)　大哥你從那裏來 我從朝鮮王京來 如今那裏去 我往北京去

3.2 번역 · 언해본 〈노걸대〉

　　다음으로 〈노걸대〉의 번역 · 언해에 대하여 고찰하고자 한다. 먼저 역학서의 '번역(飜譯)'이란 의미는 내용의 번역(translation)보다는 발음의 전사(transcription)에 중점을 둔다. 원래 '번역(飜譯)'의 의미가 범어(梵語)로 된 불경(佛經)을 한자로 전사하는 것을 가리켰던 때문이다. 즉 범자(梵字)로 쓰

[24] 奎 932에는 사역원 과시(科試) 추첨번호가 기입되었고 부분적으로 한자음이 표음된 것으로 보아 사역원에서 실제로 사용된 것임을 알 수 있다. 奎 2052도 한자음이 일부 기입되었음.

인 불경(佛經) 범어(梵語)의 음의(音義)를 한자로 전사하는 것을 번역이라 불러왔다. 〈노걸대〉의 한어(漢語)를 훈민정음으로 번역하는 것도 한자의 발음과 그 뜻을 밝혀 적는 것을 의미한다. 따라서 초기의 한글 번역은 한글, 즉 훈민정음으로 한어의 발음과 뜻을 적는 것이었다. 후대에는 내용의 풀이에 중점을 두어 '언해(諺解)'란 이름으로 간행이 된다.

〈노걸대〉의 한글 번역도 같은 과정을 겪는다. 즉 한어본 〈노걸대〉는 훈민정음 창제 이후에 번역, 또는 언해되었는데 현전하는 가장 오래된 번역본은 중종조 최세진(崔世珍)이 번역한 것으로 알려진 [번역(飜譯)]『노걸대(老乞大)』(1515년경)로서 전술한 〈노걸대〉의 산개본을 저본으로 하여 발음을 붙이고 뜻을 풀이하였다. 최세진의 〈老朴集覽〉에 의하면 산개본을 번역할 때에 구본(舊本), 즉 원본(原本)도 함께 참고한 것으로 밝혀졌다 (졸고, 2000).

다음으로는 〈노걸대언해〉와 그 중간본들이 있고 한어본의 신석본(新釋本)이 간행되자 이를 언해한 〈노걸대신석언해〉가 간행되었고 이어서 〈중간노걸대〉도 역시 〈중간노걸대언해〉를 간행하게 된다. 따라서 〈노걸대〉의 언해는 [번역]〈노걸대〉, 〈노걸대언해〉, 〈노걸대신석언해〉, 〈중간노걸대언해〉가 간행되었고 그 각각에 여러 이본(異本)이 존재한다.

첫째 [번역]〈노걸대〉에 대하여 살펴보기로 한다. 최세진의 번역으로 추정되는 〈飜老〉 상·하권이 1970년대에 발견되어 학계에 소개되었다. 그러나 서(序)와 발(跋)이 없어 누구의 저작인지 분명하지 않고 다만 중종조 최세진이 〈노걸대〉와 〈박통사〉를 번역하였고 그 번역의 범례를 "번역노걸대박통사범례(飜譯老乞大朴通事凡例)"(이하 '飜譯凡例'로 약칭함)라는 이름으로 그가 편찬한 『사성통해(四聲通解)』(1517)의 말미(末尾)에 부재하였기 때문에 〈노걸대〉에 한자음을 정음으로 표음하고 본문을 당시 우리말로 언해한 것이 있음을 알 수 있다. 보통은 이에 의거하여 현전하는 〈노걸대〉의 언해본을 최세진의 번역본으로 간주한 것이 학계의 정설이다[25].

둘째 〈노걸대언해〉(이하 〈老諺〉으로 약칭)는 임진왜란 이후인 현종(顯宗) 11년 경술(庚戌, 1670)에 당시 사역원 도제조(都提調)이었던 좌의정 정태화 (鄭太和)의 계청(啓請)으로 사역원의 역관(譯官)들에 의하여 다시 언해된 것이며 여기서는 최세진의 한어음(漢語音) 주음(注音)도 부분적으로 수정되었다. 현종 조에 간행된 〈老諺〉과 숙종(肅宗)조에 간행된 『박통사언해』는 모두 왜란과 호란 이후에 간행된 {산개}〈노걸대〉・〈박통사〉(이하 〈刪改老 朴〉으로 약칭)의 언해로서 최세진의 번역본이 두 차례의 전란에 인멸(湮滅) 되었지만 그가 〈刪改老朴〉을 번역할 때에 저술한 〈老朴集覽〉을 참고하여 언해한 것이다. 따라서 최세진의 번역본과는 직접적인 관계가 없으며 중국어의 발음 표기와 언해가 전혀 새롭게 이루어졌다.

이 〈老諺〉는 그 후 여러 차례 개편되었으며 한어의 주음(注音)도 부분적으로 수정되었으나 중국어 원문은 그대로 〈刪老〉의 것을 유지하면서 100 여년을 사역원에서 한어 교재로 사용되었다. 따라서 많은 서로 다른 판본 (板本)이 존재한다. 영조 때에 〈刪改老朴〉의 중국어가 청대(淸代) 만다린으로 신석(新釋)되기 직전인 영조 21년(1745)에 신성연(申聖淵)・변익(卞熿) 등이 〈老諺〉을 수정하여 평양 삼영(監營)에서 중간(重刊)하였다. 이것이 평양 감영 간판의 〈老諺〉이며 전(前) 사역원(司譯院) 정(正)인 변익(卞熿)의 서문 (乙丑 仲秋 上澣)이 있어 그 간행 경위를 자세히 알 수 있다.

셋째 『신석노걸대언해(新釋老乞大諺解)』(이하 〈新老諺〉으로 약칭)는 영조 37년(1761)에 『노걸대신석』이 편찬되었는데 이것을 언해한 것이다. 홍계 희(洪啓禧)의 서문(上 37년 辛巳 팔월 下澣)에 의하면 홍계희가 북경에 갔을

----

[25] 〈飜老〉의 상권 1책은 故白舜在씨가 고서점에서 購得하여 소장했던 것으로 故 南広祐 박사의 해제를 붙여 1972년에 중앙대학교 대학원에서 영인되었다. 또 하권 1책은 古書博物館의 趙炳舜씨가 수집하여 誠庵文庫에 소장한 것으로 1975년 역시 남광우 박사의 해제와 더불어 인하대학교부설 인문과학연구소에서 影印되어 연구자들이 손쉽게 이용할 수 있게 되었다.

때 역사(譯士-역관) 변헌(邊憲)에게 〈노걸대〉를 수정하게 하고 이미 수정된 〈박통사신석〉과 더불어 김창조(金昌祚) 등이 간행하였음을 알 수 있다. 이 〈노박〉의 신석은 〈刪改老朴〉의 한어(漢語)를 수정한 것이다. 한어 원문이 바뀌자 이에 대한 언해가 영조 39년에 이루어져서 〈新老諺〉(상권이 미국 컬럼비아대학 동아언어문화과 소장)이 간행되었다.

넷째 『중간노걸대언해(重刊老乞大諺解)』(이하 〈重老諺〉으로 약칭)는 정조(正祖)조에 이수(李洙) 등에 의하여 다시 원문인 한어가 교정된 『중간노걸대(重刊老乞大)』(奎章閣 등에 소장)가 곧 다시 우리말로 언해된 것이다. 이 〈重老諺〉(奎章閣 등에 다수 소장)은 한어본과 거의 동시에 간행되었다.

따라서 〈노걸대〉의 언해본으로는 〈刪老〉를 훈민정음으로 발음 표기하고 뜻을 풀이한 중종조 최세진의 {번역(飜譯)}『노걸대(老乞大)』(1515년경)를 시작으로 하여 〈노박〉의 난해어(難解語)·난해구(難解句)를 풀이한 〈老朴集覽〉이 있고 이어서 현종 11년(1670)에 이담명(李聃命) 등이 서문을 붙이고 교서관(校書館)에서 간행한 『노걸대언해(老乞大諺解)』가 있으며 이를 다시 수정하여 영조 21년(1745)에 신성연(申聖淵)·변익(卞熤) 등이 평양 감영에서 중간한 『노걸대언해(老乞大諺解)』도 있다. 그리고 영조 39년(1763)에 김창조(金昌祚), 변헌(邊憲) 등이 신석하여 언해한 『신석노걸대언해(新釋老乞大諺解)』가 있으며, 끝으로 정조 19년(1795)에 이수 등이 중간하여 언해한 『중간노걸대언해(重刊老乞大諺解)』가 현전하고 있다.

지금까지 거론된 〈노걸대〉의 여러 이본들을 정리하면 다음과 같다.

類形	書名	刊行(추정)年代	版式		版心	소장처	비고
			行 및 字數				
漢語本	老乞大 (不分單卷)	조선 태조 ~태종	10行 21字		黑口	대구 개인소장	목판본
	上 同, 刪改本	(壬亂 이전)	10行 17字		白口	山氣文庫	甲寅字 覆刻本
	上 同, 刪改本	(上 同)	10行 17字		大黑口	奎章閣	木版本
	上 同, 刪改本	(上 同)	10行 17字		大黑口	嶺南大	판식이 다름
	上 同, 刪改本	(壬亂 이후)	10行 17字		大黑口	奎章閣, 嶺南大, 啓明大	목판본
	老乞大新釋	英祖 37(1761)	10行 20字		花紋魚尾	奎章閣(4871등), 연세대	목판본
	重刊老乞大	正祖 19(1795)	10行 20字		花紋魚尾	奎章閣(4869 등)	목판본
飜譯本	老乞大, 刪改 (上·下)	壬亂 이전 (中宗12, 1517?)	9行 字數不同		花紋魚尾	上; 白淳在 下; 趙炳舜	목판본
諺解本	老乞大諺解, 刪改 (上·下)	憲宗 11(1670)	10行 19字		花紋魚尾	奎章閣(1528 외)	戊申字 활자본
	上 同, 刪改	英祖 21(1745)	上 同		花紋魚尾	奎章閣(2303)	箕營간판 목판본
	老乞大新釋諺解 (上·下)	英祖 39(1763)	上 同		花紋魚尾	上 콜럼비아대 東亞言語文化科	목판본
	重刊老乞大諺解 (上·下)	正祖 19(1795)	上 同		上 黑口 細 花紋魚尾	奎章閣 등 여러곳	목판본

4. 원元과 고려의 통상通商

4.1 원(元)과의 교역(交易)

　고려와 원이 인적(人的)이나 물적(物的)으로 서로 빈번한 교류가 있었음을 앞에서 살펴보았다. 이러한 교류에 필요한 것은 의사소통을 전달하는 통역이 필요하게 되었는데 당시 '설인(舌人)'이라고 불리는 통역은 미천한 신분의 인물이 담당하였으나 통문관이 설치되고 여기에서 우수한 역관들이 배출하면서 민간인으로부터 관리로 이전되었다. 이들은 원(元)으로 가는 부경사행(赴京使行)의 수행원으로 따라 가면서 교역을 하게 되었는데 이때에 원(元)으로 가져가는 상품은 주로 고려인삼(高麗人蔘)과 모시, 베 등이었으며 말을 수출하기도 하였다.

고려에서는 국왕(國王) 자신도 사적으로 원과 무역을 하였다는 기록이 있다. 예를 들면 『고려사(高麗史)』(권36) 「세가(世家)」 충목왕(忠穆王) 2년 (1346) 병술(丙戌)조에 의하면 "밤에 왕이 상인들에게 내탕(內帑)에 있는 보물을 맡기여 원나라에 가서 판매하게 하였으며 동시에 그에게 장군의 벼슬을 주었다"라는 기사가 있다. 이러한 중국과의 무역은 명(明)이 건국한 다음에도 계속된 것 같은데 공양왕 3년(1391)에 세자(世子)가 명에 입조(入朝)할 때에 다수의 상인(商人)을 동반하였다는 기록도 있다(『고려사(高麗史)』 권46).

이러한 상인이 존재한다는 것 당시 민간 무역도 활발하게 이루어졌음을 말하는 것이다. 『고려사(高麗史)』(권46) 「세가(世家) 제46」 공양왕 3년 5월 기유(己酉)조에

> 군자(軍資) 안노생(安魯生)을 서북면 찰방(察訪) 별감(別監)으로 임명하여 중국과의 통상을 금지하였다. 그 전에는 상인들이 말, 소, 금은(金銀), 모시, 삼베(麻布) 등을 갖고 몰래 요양(遼陽)이나 심양(瀋陽)으로 가서 파는 자가 많았다. 나라에서 금하기는 하였으나 명백한 명령이 없었고 변방의 관리들도 엄하게 금하지 않아서 왕래하면서 장사하는 사람들이 연락부절 하였다. 안노생이 가서 주모자 10여명의 목을 베고 나머지는 모두 형장을 쳐서 수군(水軍)에 복역시키고 상품을 몰수하였다. 주와 군의 관리로서 이를 금하지 못한 자들은 형장을 쳤더니 규율이 강화되고 국경지대가 엄숙하게 되어 다시는 금지령을 위반하는 자가 없게 되었다(하략).

라는 기사가 있다. '그 전'이라는 것이 어느 시대를 말하는 것인지는 알 수 없으나 〈노걸대〉에서 볼 수 있는 중국과의 무역이 공사(公私)간에 성행하였음을 말한다.

『원사(元史)』(권103) 「형법(刑法)」조에 고려인이 말을 구입하는 것을 금지하였다는 구절이 있고 『고려사(高麗史)』(권27) '원종(元宗)' 13년(1272) 3월조에 중국과는 말과 병기(兵器)의 교역을 금지한다는 구절이 있으니 이를 반대로 이해하면 이들 상품에 대한 상당한 상행위(商行爲)가 있음을 말하는 것이 된다. 졸저(1988)에 의하면 조선시대의 역관(譯官)들은 사행(使行)을 수행(隨行)하면서 정식으로 제한된 무역을 할 수 있으며 이것은 국경 부근에서 성행하던 밀무역과는 비교도 안될 만큼 다량의 상품을 교역하였음을 지적하였다. 역관을 비롯한 사행의 수행원이 중요한 임무는 무역이었으며 1년에 여러 차례, 그것도 수백 명씩 사행을 수행하는 것은 무역이라는 중요한 일이 있었기 때문이다. 이들은 공무역(公貿易)의 형식으로 상품을 수출하고 수입하였는데 그 중심 역할을 역시 의사소통이 자유로운 역관(譯官)들이었으며 그로 인하여 조선시대의 유명한 부자들은 대부분 역관이었다.

〈노걸대〉의 주인공인 고려 상인은 언뜻 보면 민간상인으로 보이지만 반드시 그런 것 같지는 않다. 우선 주인공은 1년 전에도 원과의 교역을 위하여 중국에 온 일이 있으며(제11화) 매년 정기적으로 원과 고려를 왕래하는 무역(貿易) 상인이었던 것으로 보인다. 거기다가 종형제(從兄弟) 2명을 동반하고 대도(大都)에도 친척의 상인(商人)이 체재하고 있었으므로(제55화) 일족이 제휴(提携)해서 교역에 종사했다고 추정된다. 그러나 그가 국경(國境)인 압록강(鴨綠江)을 건너기 위해 문인(文引, 증명서)을 가지고 있었다는 점(제40화)으로 볼 때에 고려 조정(朝廷)이 인정한 무역(貿易) 상인(商人)으로 보인다.

『고려사』(권136)의 「열전(列傳)」(제49) 우왕(禑王) 12년(1386) 7월조에 정몽주(鄭夢周)가 황제의 교서를 받아왔으며 그 내용이 실려 있는데 그 교서에는

당신들은 전일 한(漢), 당(唐) 시절에 중국에 와서 교역을 핑계하고 정탐

을 하였으며 또 많은 공산품을 매매하였는데 근래에 와서 교역하자는 것도 선의는 아닌 것 같다. 또 다시 와서 전과 같이 몰래 교역을 하면 잡아서 용서하지 않겠다. 현재 우리도 포목, 비단, 주단 등의 물건을 갖고 탐라(耽羅) 지방에 가서 말을 구매하고 있다. 그러나 그 곳으로 가지 못하게 하는 것은 당신네들도 잘 알고 있을 것이다. 그러므로 당신네 그 곳 사람들도 명백한 노인(路引)을 가져와서 교역을 한다면 수로(水路)나 육로(陸路)를 막론하고 장사를 하도록 방임할 것이다. 요양(遼陽), 산동(山東). 금성(金城), 태창(太倉)을 물론이요 섬서(陝西), 사천(四川)까지 가서 매매하여도 괜찮다.(하략)

이라 하여 명나라 사람들에게 제주에서 말을 살 수 있게 해 준다면 고려 상인들도 공식적인 출입국 허가서인 '노인(路引)'을 갖고 있다면 중국의 특정지역에서 무역을 허가하겠다는 뜻이다. 아마도 원대(元代)에는 이러한 정식 허가서가 있으면 자유롭게 교역이 가능하였던 것으로 〈노걸대〉의 주인공은 고려의 조정에서 발급한 무역 허가증(許可證)을 얻은 상인으로 보인다. 뿐만 아니라 중국에 유학한 일이 있는 것으로 보아 원래 역관이었을 것으로 추정된다.

역관들의 주요업무가 무역에 있었으므로 그들의 외국어 학습교재도 그와 관련된 것이 중심을 이루게 되었는데 그 중에서 가장 유명한 것이 바로 〈노걸대〉이었다.

4.2 원(元)의 화폐(貨幣)와 물가

중국에서 매매에 사용된 화폐는 보초(寶鈔)라는 지폐인 것이 이번에 발굴된 〈노걸대〉의 원본에서 분명해졌다. 중국의 원대(元代)에는 특이하게도 동전(銅錢)을 사용하지 않고 '보초(寶鈔), 초(鈔)'라고 불리는 지폐(紙幣)를 사용하였는데 이에 대하여는 마에다씨 前田直典(1973)에서 자세히 밝히고 있다. 이 연구에 의하면 중통(中統) 원년(1260)에 액면가(額面價)가 10문

(文), 20문, 30문, 50문, 100문, 200문, 300문, 500문, 1관(貫, 1000문), 2관의 10종류 중통초(中統鈔)를 발행(發行)하였으며 '관(貫), 문(文)' 등의 지폐의 액면에 써 있을 뿐이고 실제로 부르기는 원래 은(銀)의 중냥 단위인 '정(錠, 定으로도 씀), 냥(兩), 전(錢), 분(分)'이 사용되었다. 1분(分)은 10문(文), 1전(錢)은 100문(文), 1냥(兩)은 1관(貫), 1정(錠, 定)은 50냥이었다.

〈노걸대〉의 원본에는 모두 중통초(中統鈔)의 단위로 상행위가 이루어졌으며 원(元)의 지원(至元) 24년(1287)에는 지폐가치가 하락(下落)하여 지원초(至元鈔)가 발행되었다. 이에 따라 중통초는 5분에 1로 평가 절하되었고 지대(至大) 2년(1309)에는 역시 지대초(至大鈔)가 발행되어 지원초(至元鈔)도 5분에 1로 하락하였다. 그러나 지원초, 지대초가 발행된 다음에도 실제 거래에서는 모두 중통초의 단위로 계산되어 통용되었다. 그리고 지대초(至大鈔)가 발행된 지 4년 후인 지대(至大) 4년에 폐지되었으므로 결국 지원초(至元鈔)가 그 5배인 중통초의 수자(數字)에 의하여 통용된 셈이다.

〈노걸대〉의 주인공은 2냥 반으로 쌀을 사려고 하는 장면(제41회), 또 잔돈으로 받은 1냥 반의 지폐에 대하여 트집을 잡는 장면(제47회)이 있고 2냥 반의 술값으로서 2냥 반짜리 지폐를 내고 5전의 거스름을 받으려고 하다가 그 지폐가 나쁘다고 트집을 잡혀서 할 수 없이 1냥 반과 5전짜리 돈으로 지불하는 장면(제50회)이 있지만 실제로는 2냥 반(2관500문)이나 1냥 반(1관500문)의 액면가를 가진 보초(寶鈔), 즉 지폐는 존재하지 않기 때문에 이것은 500문과 300문의 지원초(至元鈔)를 각각 5배의 중통초 가격으로 말한 것이라고 보아야 할 것이다. 따라서 5전(500문)짜리 보초도 실제로는 1전(100문)짜리 지원초이었을 것이며 이것은 당시 지원초가 중통초의 가격으로 일반인에게 유통되었음을 증명하는 구체적 자료가 될 것이다.

당시의 지폐는 지질(紙質)이 나빠서 유통되는 사이에 종이가 닳아서 누더기같이 되는 경우도 있고 인쇄된 액면(額面)이 지워져서 명료하게 보이지 않게 되는 경우가 많았다. 여기에서 당연히 헌 지폐와 새 지폐의 차이가 생기게 마련인데 닳아서 글자가 안보이거나 종이가 누더기 같이 된 지폐를 '난초(爛鈔), 혼초(昏鈔)'라고 하였다. 반면에 새 지폐를 '요초(料鈔)' 라고 하였는데 지폐를 관리하는 '교초고(交鈔庫)'[26]에서 난초, 혼초를 수수 료(工墨錢)를 받고 요초로 교환하여 주었다. 이때의 수수료는 중통(中統) 2년(1261)에는 1냥에 대하여 30문이었고 지원(至元) 2년(1265)에는 20문으로 내렸으나 동 22년(1285)에는 다시 30문이 되었다. 그러나 이러한 신구(新舊) 지폐의 교환은 매끄럽게 수행되지 못한 것 같다. 그리하여 뒷거래 교환이 횡행하였고 또 장사를 할 때에 지폐의 질을 갖고 적지 않은 분란이 있었는 데 그런 정황(情況)이 〈노걸대〉의 원본에 구체적으로 나타난다(제98화 등).

지폐에 관하여 이 원본(原本)에서 알 수 있는 것은 '난초, 혼초'와 '요초' 의 중간 단계로 '택초(擇鈔)'가 있었다는 사실이다(제97, 98화). 이 '택초(擇鈔)' 에 대하여는「남대비요(南臺備要)」(『英樂大典』권 2,611)「정치초법(整治鈔法)」 조에 행용고(行用庫)의 고간(庫官), 고자(庫子) 등의 관리들이 사고라고 칭하 고 일부러 정해진 대로 교환을 하지 않고 멋대로 '요초(料鈔), 택초(擇鈔), 시초(市鈔)' 등의 등급을 매겨 공묵전(工墨錢), 즉 수수료를 지나치게 받았 다는 기록이 있는데 원래는 관리들이 부정을 저지르기 위하여 마음대로 결정한 등급이지만 그것이 민간인들에게도 그대로 전달되어 그런 구분을 하게 된 것임을 원본을 통하여 확인할 수가 있다.

〈노걸대〉의 원본 이후로는 성종조의 산개본을 위시하여 지폐를 사용하 는 장면이 모두 은(銀)을 쓰는 것으로 바뀌었다. 그러나 이를 산개(刪改)할 때에 제대로 고치지 못하여 부자연스런 곳이 몇 군데 보이는데 예를 들면 제50화에서 술값으로 낸 1냥 반짜리 지폐에 트집을 잡는 주인공이 "오늘 아침 밥 먹은 데서 거스름돈으로 받은 지폐라니까"라고 하는 장면이 〈飜 老〉에서도 지폐를 은자(銀子)로 바꾼 것 이외에는 같은 대화를 나누어 "오

....
[26] 교초고(交鈔庫)는 '行用交鈔庫, 行用庫, 倒鈔庫'라고도 한다.

늘 아츠미 밥 먹던 디셔 팀 바다 가져온 은이라"라고 하였으나 제47화에서는 아침밥을 먹고 나서 거스름을 받는 장면이 삭제되어 이 말이 무슨 내용인지 알 수 없게 되었다.

원대(元代)의 지폐에 관한 여러 제도에 대하여 『원전장(元典章)』이나 『남대비요(南臺備要)』 등의 법령집(法令集)을 통하여 상세히 알 수 있으나 지폐가 여항(閭巷)에서 실제로 어떻게 사용되었는지를 이 〈노걸대〉의 원본에 의해서 확인할 수 있다. 이것은 말을 매매할 때에 작성한 계약서(契約書)(제67화)라든지 계약에 필요한 중개료(仲介料)와 세금, 더욱이 계약서를 관청에 가져가서 등기(登記)할 때에 일어나는 거간꾼의 부정 등을 기술한 것(제68화) 등을 생각하면 이 〈노걸대〉의 원본은 원대 경제사(經濟史)를 연구하는 데는 단연 일급의 자료가 아닐 수 없다. 뿐만 아니라 지폐에 의하여 나타나는 여러 가지 상품의 구체적 가격이 도대체 어느 시대의 물가를 반영하고 있는가 하는 복잡한 문제가 있다.

이에 대하여 이미 후나다 요시유키(船田善之)씨의 훌륭한 연구가 발표되었다. 후나다씨는 〈노걸대〉의 원본을 이용하여 당시 각종 물가를 고찰하고 대체로 13세기말부터 14세기 전반의 원대 물가로 보았다. 이것은 필자가 1340년경에 고려의 개경(開京)에서 원의 대도(大都)까지 여행했던 고려인의 저작이라는 추정을 뒷받침하는 것으로 신빙성이 크다고 할 것이다. 이 船田善之(2001:17~20)의 논문에 의거하여 〈노걸대〉 원본과 산개본의 각종 물가를 비교하면 다음과 같다.

順番	原本 品目	原本 價格	原本 價格(兩鈔)	場所	葉	話	刪改本 品目	刪改本 價格	刪改本 價格(兩鈔)	換算比率 原本/刪改本	調整
1	좋은 말	5정 이상	250	大都	3a	제7화	좋은 타는 말	15냥(兩) 이상	15	16.67	
2	부룅말	4정 이상	200	大都	3a	〃	부룅 타는말	10냥 이상	10	20.00	
3	겁질 1량	6냥	6	大都	3a	〃	겁질 1량	8분(分) 은자	0.08	75.00	
4	좁쌀 1량	5냥	5	大都	3a	〃	좁쌀 1량	5분 은자(銀子)	0.05	100.00	
5	밀가루 13근	10냥	10	大都	3a	〃	밀가루 10근	1전(錢) 은자	0.1	100.00	76.92
6	양고기 1근	2냥반	2.5	大都	3a	〃	양고기 1근	2분 은자	0.02	125.00	
7	매 일받 먹은 말꼴/6멉에 매 국시 5되, 꼴 1단	5냥	5	任路	3b	제9화	매 일받 먹은 말꼴/6멉에 매 국시 5되, 꼴 1단	2전 은자	0.2	25.00	
8	매일 밤 먹은 말꼴/귀한 곳	6.7냥	6-7	任路	3b	〃	매일 밤 먹은 말꼴/귀한 곳	3,4전 은자	0.3~0.4	20.00~17.50	
9	상동/흔한 곳	4.5냥	4-5	任路	3b	〃	흔한 곳	2전 은자	0.2	20.00~14.00	
10	얇은 명주/인에 문흥 색 물드린 것	17냥	17	任路	4a	〃	작은 명주 / 안에 문흥 색 물드린 것	3전	0.3	56.67	
11	비단 매 1필/이청색과 문흥색 물드린 것	25냥	25	高唐	4a	〃	비단 매 1필/ 이청색과 문흥색 물드린 것	2냥가(家)	2	12.50	
12	물드린 명주 매 1필	3냥	3	高唐	4a	〃	물드린 명주 매 1필	2전	0.2	15.00	
13	이청색 물감을 드린 비단 매 1필	5냥	5	高唐	4a	〃	이청색 물감을 드린 비단 매 1필	3전	0.3	16.67	
14	문흥색 물드린 비단	3냥	3	高唐	4a	〃	문흥색 물드린 비단	2전	0.2	15.00	
15	솜 매 1근	1냥 2전반	1.25	高唐	4a	〃	솜 매 1근	6전 은자	0.6	2.08	33.33
16	명주 1필/다섯 새 베 3필	30냥	30	王京	4b	〃	명주 1필/기는 베 2필	접은자(折銀) 1냥 2전	1.2	25.00	16.67
17	이청색 비단 1필/베 6필	60냥	60	王京	4b	〃	이청색 비단 1필/베 6필	접은자 3냥 6전	3.6	16.67	
18	문흥색 비단 1필/베 5필	50냥	50	王京	4b	〃	문흥색 비단 1필/베 5필	접은자(折銀子) 3냥	3	16.67	
19	솜 4냥/베 1필	10냥	10	王京	4b	〃	솜 4냥/베 1필	접은자 6전	0.6	16.67	
20	검은 콩 1말	2냥반	2.5	任路	5b	제13화	검은 콩 1말	50개전(箇錢)	0.05	50.00	26.00
21	꼴 1단	1냥	1	任路	5b	〃	꼴 1단	10개전	0.01	100.00	52.00
22	오늘 잡은 돼지고기 1근	1냥반	1.5	任路	6b	제15화	오늘 잡은 돼지고기 1근	20개전	0.02	75.00	39.00

	品目	價格	價格(兩鈔)	場所	集	話	品目	價格	價格(兩鈔)	原本/刪改本	調整
23	밀가루 매 1근	7전반	0.75	住路	7a	〃	밀가루 매 1근	10개전	0.01	75.00	39.00
24	밀가루 3근	2냥2전반	2.25	住路	7a	〃	밀가루 3근	30개전	0.03	75.00	39.00
25	돼지고기 1근	1냥반	1.5	住路	7a	〃	돼지고기 1근	20개전	0.02	75.00	39.00
26	매 1인 밥값(연료비)	1냥	1	住路	7a	〃	매 1인 밥값(연료비)	10개전	0.01	100.00	52.00
27	4인의 밥값(연료비)	4냥	4	住路	7a	〃	4인의 밥값(연료비)	40개전	0.04	100.00	52.00
28	검은 콩/매 1말	2냥반	2.5	住路	7a	〃	검은 콩/매 1말	50개전	0.05	50.00	26.00
29	검은 콩 6말	15냥	15	住路	7a	〃	검은 콩 6말	300개전	0.3	50.00	26.00
30	말꼴 매 1묶음	1냥	1	住路	7a	〃	말꼴 매 1묶음	10개전	0.01	100.00	52.00
31	말꼴 11묶음	11냥	11	住路	7a	〃	말꼴 11묶음	110전	0.11	100.00	52.00
32	합계(국수 3근, 저육 1근, 4인의 밥값, 검은 콩 6말, 말 꼴 11묶음)	33냥 7전반	33.75	住路	7a	〃	합계(국수 3근, 저육 1근, 4인의 밥값, 검은 콩 6말, 말 꼴 11묶음)	500개전	0.5	67.50	35.10
33	우수리	3냥 7전반	3.75	住路	7a	〃	-	-	0.05	75.00	39.00
34	지불 액(합계-우수리)	30냥	30	住路	7a	제17회	지불 액	450개전	0.45	66.67	34.67
35	죽 쑬 쌀 3되	2냥반	2.5	住路	15b	제41회	죽 쑬 쌀 3되	100개전	0.1	25.00	13.00
36	쌀 1말	10냥	10	住路	15b	〃	쌀 1말	100개전	0.1	100.00	52.00
37	4인분 양고기	1냥반	1.5	夏店	17b	제47회	4인분 양고기	30개전	0.03	50.00	26.00
38	구은 떡	2냥	2	夏店	17b	〃	구은 떡	20개전	0.02	100.00	52.00
39	합계(양고기, 구운떡)	3냥반	3.5	夏店	17b	〃	합계(양고기, 구운 떡)	50개전	0.05	70.00	36.40
40	지불한 돈	5냥짜리	5	夏店	17b	〃			-	-	
41	거스름 액수	1냥반	1.5	夏店	17b	〃	-		-	-	
42	받은 거스름 지폐	1냥반짜리	1.5	夏店	17b	〃	-		-	-	
43	술값	2냥	2	夏店	17b	제48회	술값	20개전	0.02	100.00	52.00
44	지불한 지폐	2냥반짜리	2.5	夏店	18b	제50회	지불한 은자	5푼 은자	0.05	50.00	50.00
45	거스름	5전	0.5	夏店	18b	〃	거스름	6개전	0.006	83.33	43.33
46	지난 해 인삼 1근	15냥	15	大都	20b	제56회	지난 해 인삼 1근	3전	0.3	50.00	

	品目	價格	價格(兩鈔)	場所	集	話	品目	價格	價格(兩鈔)	原本/刪改本	調整
47	올 해의 인삼값은 좋아서 팔려면 1근에	보정	25	大都	20b	〃	올 해의 인삼값은 좋아서 팔려면 1근에	5전	0.5	50.00	
48		120정	6000	大都	22b-23a	제62화	팔 사람이 본 값 15필	140냥 은자	140	42.86	
49	팔 사람이 좋은 값 5필	50정	2500	大都	23a	〃	팔 사람이 좋은 값 5필	60냥	60	41.67	
50	팔 사람이 나쁜 값 10필	70정	3500	大都	23a	〃	팔 사람의 나쁜 값 10필	80냥	80	43.75	
51	중개인이 본 좋은 값 5필	7정x5필 =35정	1750	大都	23b	제63화	중개인이 본 좋은 값 5필	8냥 은자*5=40냥	40	43.75	
52	중개인의 나쁜 값 10필	5정x10필 =50정	2500	大都	23b	〃	중개인의 나쁜 값 10필	6냥 은자*10=60냥	60	41.67	
53	중개인의 15필 가격	85정	4250	大都	23b	〃	중개인의 15필 가격	(100냥)	100	42.50	
54	홍정해서 올린 금액	5정	250	大都	23b	제64화	홍정해서 올린 금액	5냥	5	50.00	
55	중개인이 홍정한 15필	90정	4500	大都	23b	〃	중개인이 홍정한 15필	105냥	105	42.86	
56	묽은 색 가세한 값 1필	7정	350	大都	24b	제67화	묽은 색 가세한 값 1필	백은(白銀) 12냥	12	29.17	
57	물렀을 때 벌금	10냥(중통초)	10	大都	24b	〃	물렀을 때 벌금	관은(官銀) 5냥	5	2.00	
58	고려인이 받은 돈	85정	4250	大都	25a	제68화	고려인이 받은 돈	105냥	105	40.48	
59	세금과 중개료	1냥에 3분, 10냥에 3전, 100냥에 3냥	3/100	大都	25a	〃	세금과 중개료	1냥에 3분, 10냥에 3전, 100냥에 3냥	3/100	-	
60	85정 보초의 환산	4250냥	4250	大都	25a	〃	-	-	-	-	
61	세금과 중개료	126냥 5전	126.5	大都	25a	〃	세금과 중개료	3냥 1전 5분	3.15	40.16	40.48
62	올린 벌금	보초 10냥	10	大都	25b	제69화	올린 벌금	은 5냥	5	2.00	
63	낸 벌금	10냥의 초	10	大都	25b	〃	낸 벌금	5냥 은자	5	2.00	
64	전체에서 뺀 금액	5정	250	大都	25b	〃	전체에서 뺀 금액	8냥 은자	8	31.25	
65	새로 계산하여 감한 세금과 중개료	7냥 5전	7.5	大都	25b	〃	새로 계산하여 감한 세금과 중개료	1전 2분	0.12	62.50	31.25
66	팔 사람의 양 가격	6정	300	大都	26a	제71화	팔 사람의 양 가격	3냥 은자	3	100.00	

番	品目	價格	價格(兩鈔)	場所	葉	話	品目	價格	價格(兩鈔)	原本/刪改本	調整
67	깎아 준 액수	반전	25	大都	26a	〃	깎아 준 액수	5전	0.5	50.00	
68	더 깎은 액수	반전	25	大都	26a	〃	더 깎은 액수	5전	0.5	50.00	
69	실제로 산 금액	4정	200	大都	26a		실제로 산 금액	2냥은(兩銀)	2	100.00	
70	이정 금색 홍배의 전	3정	150	大都	27a	제73화	짙은 푸른 금직 홍배 전	7냥	7	21.43	
71	화직(和織)의 전	90냥	90	大都	27a	〃	-	-	-	-	
72	화소(和素)의 전	50냥	50	大都	27a	〃	-	-	-	-	
73	이청색 금 홍배 전의 깎은 값	2정	100	大都	27a	〃	짙은 푸른 금직 홍배전의 깎은 값	5냥	5	20.00	
74	깎은 화직(和織)의 전	70냥	70	大都	27a	〃	-	-	-		
75	깎은 화소(和素)의 전	40냥	40	大都	27a	〃	-	-	-		
76	부른 비단 값	6정	300	大都	27b	〃	부른 비단 값	5냥	5	60.00	
77	작은 비단 값	5정	250	大都	27b	〃	작은 비단 값	4냥	4	62.50	
78	연화에서 마신 술값	30냥	30	大都	30a	〃	연화에서 마신 술값	2냥은	2	15.00	
79	잘 달리는 말	50정	2500	大都	33a	제90화	잘 달리는 말 1필	30냥	30	83.33	
80	비단으로 싼 안장	50정	2500	大都	33a		은장식의 좋은 안장	40냥은	40	62.50	
81	수달피에 호박을 단 호화스런 모자	20정	1000	大都	33b	제93화	초사피에 금장자를 단 호화스런 모자	4냥 은자	4	250.00	
82	양저옥의 호화스런 셋갓	30정	1500	大都	34a		양저옥의 호화스런 셋갓	3냥 은자	3	500.00	
83	요릿집에서 술과 고기	2.30냥	20~30	大都	34b	제95화	요릿집에서 술과 고기	1. 2냥	1~2	15,00~20,00	
84	하루의 유흥비	5.6정	250~300	大都	34b	〃	하루의 유흥비	3. 4냥 은자	3~4	75,00~83,00	
85	좋은 인삼 1근의 시가	25냥	25	大都	35a-35b	제97화	좋은 인삼 1근의 시가	5전	0.5	50.00	
86	1근당 인삼 20근	500냥=10정	500	大都	35b	〃	1근당 인삼 20근	10냥	10	50.00	
87	5인의 인삼값	50정	2500	大都	35b	〃	5인의 인삼값	50냥	50	50.00	
88	11세의 상등 모시 1필	3정반	175	大都	36a	제98화	상등 가는 모시 1필	1냥 2전	1.2	145.83	

	品目	價格	價格(兩鈔)	場所	葉	話	品目	價格	價格(兩鈔)	原本/刪改本	調整
89	9새의 중등 모시 1필	2정반	125	大都	36a	〃	중등 모시 1필	8전	0.8	156.25	
90	삼베 좋은 것 1필	2정	100	大都	36a	〃	누런 베 좋은 것 1필	2냥	2	50.00	
91	삼베 낮은 것 1필	60냥	60	大都	36a	〃	누런 베 낮은 것 1필	7전가(家)	0.7	85.71	
92	모시 비싼 것	3정	150	大都	36a	〃	모시 비싼 것	1냥	1	150.00	
93	모시 싼 것	2정	100	大都	36a	〃	모시 싼 것	6전	0.6	166.67	
94	삼베 비싼 것	70냥	70	大都	36a	〃	누런 베 비싼 것	9전	0.9	77.78	
95	삼베 싼 것	1정	50	大都	36a	〃	누런 베 싼 것	5전	0.5	100.00	
96	상등 모시 매 1필	2정반	125	大都	37a	제100화	상등 모시 매 1필	1냥	1	125.00	
97	상등 모시 100필	250정	12500	大都	37a	〃	상등 모시 100필	100냥	100	125.00	
98	모시 선 것 매 1필	2정	100	大都	37a	〃	모시 선 것 매 1필	6전	0.6	166.67	
99	모시 선 것 30필	60정	3000	大都	37a	〃	모시 선 것 30필	18냥	18	166.67	
100	가지고 있는 새 지폐	300정	15000	大都	37a	〃	가지고 있는 좋은 은자	90냥	90	166.67	
101	나머지 헌 지폐	10정	500	大都	37a	100	나머지 구믈 은자	28냥	28	17.86	
102	도 묶음의 1 다발	50정씩	2500	大都	37b	제101화	받은 도 1제미	100냥	100	25.00	
103	받은 도 9 다발	450정	22500	大都	37b	〃	받은 도 제미	118냥	118	190.68	
104	접친 복제	2냥반	2.5	大都	37b	제105화	접친 복제	5분	0.05	50.00	

<표1> <原老>와 <刪老>의 물가 비교표

이 외에도 은(垠)과 중통초(中統鈔)의 환산 비율을 前田直典(1973:133)에 의하여 표로 한 것을 역시 船田善之(2001:21)에서 재인용하면 다음과 같다.

西曆	원대(元代) 연호(年號)	銀 1냥에 대한 중통초(兩)	비고
1260년	중통(中統) 1	2냥(兩)	
1265년	지원(至元) 2	2냥	
1270년	지원(至元) 7	2냥	
1275년	지원(至元)12	2냥	
1280년	지원(至元)17	2냥	
1285년	지원(至元)22	2냥	
1290년	지원(至元)27	10냥	
1295년	원정(元貞) 1	10냥	
1300년	대덕(大德) 4	10냥	
1305년	대덕(大德) 9	20냥	*大德 10년
1310년	지대(至大) 3	25냥	
1315년	연우(延祐) 2	25냥	
1320년	연우(延祐) 7	40냥	
1325년	태정(泰定) 2		
1330년	지순(至順) 1	25냥	
1335년	지원(至元) 1		
1340년	지원(至元) 6		
1345년	지정(至正) 5	30냥	

<표 2> 은(銀)과 중통초(中統鈔)의 비율

이상 이 〈原老〉가 원대(元代)의 물가에 대하여 매우 구체적인 정보를 제공하고 있음을 알 수 있다. 최근의 연구에 의하면 〈노걸대〉〈박통사〉의 물가를 비교한 결과 이 두 책이 1350년대 원(元)의 물가를 반영한 것으로 알려졌다.

5.〔원본〕『노걸대』의 장면 설정과 한어漢語

　　앞에서 〈노걸대〉의 원본은 원대(元代) 경제사를 비롯하여 여러 가지 서민들의 생활상을 알려주는 귀중한 자료임을 살펴보았다. 다음으로 〈노걸대〉의 원본이 어떠한 내용으로 구성되었으며 그 책에 반영된 중국어는 어느 시대의 어떤 방언인가에 대하여 고찰하고자 한다.

5.1 〈노걸대〉의 내용과 장면 설정

　　〈노걸대〉는 앞에서 언급한 바와 같이 중국어 학습에서 회화 강독 교재로 사용된 것이다. 이 책의 편찬은 중국을 여행하는 사람들에게 필요한 중국어의 대화(對話)를 장면별(場面別)로 배열하였다. 주인공인 고려 상인이 중국을 여행하면서 부딪친 여러 장면에서 실제로 사용한 대화를 중심으로 한 것이다. 즉 〈노걸대〉는 중국을 여행한 고려 상인(商人)과 함께 동행한 중국 상인이 현지에서 주고받은 중국인과의 대화가 중심이 되었다. 따라서 중국을 여행하면서 차례로 여러 개의 장면을 정하고 그 때에 이루어진 대화를 보여주어 실제로 유사한 상황에서 중국인과 만났을 때에 필요한 회화를 익히도록 한 것이다.

　　〈노걸대〉 원본의 장면(場面) 설정(設定)은 저자가 의식적으로 한 것이 아니고 중국으로 고려의 화물(貨物)을 팔러 가는 고려 상인 세 명과 그들과 동행이 되어 북경까지 함께 간 중국 상인과의 대화를 그들이 거쳐 가는 여정(旅程)에 맞추어서 전개시킨 것이다. 따라서 실제로 당시에 통용되는 중국의 한아언어(漢兒言語)를 학습하는 회화교재였던 것이다. 이것은 조선 성종(成宗) 조에 교정한 〔산개(刪改)〕〈노걸대(老乞大)〉에서도 같았으며 이를 저본(底本)으로 하여 훈민정음으로 발음을 달고 내용을 풀이한 〔번역(飜譯)〕『노걸대(老乞大)』나 『노걸대언해(老乞大諺解)』에서도 같았다. 이러한 장면별 대화의 적절한 배치는 〈박통사〉에서도 그대로 답습되었고 후대의 다른 역학서(譯學書)에서도 모방되었다. 예를 들면 왜학서(倭學書)인 『첩해신어(捷解新語)』에서는 강우성(康遇聖)이 지은 원본(原本)에서 〈노걸대〉와 같은 방법으로 장면을 나누고 대화를 배열하였으며 〈노걸대〉와 같이 단락을 나누거나 제목을 붙이지는 않았다. 그러나 후대의 개수본(改修本)에서는 처음부터 각 대화의 장면을 나누고 그에 제목을 붙였다[27].

〈노걸대〉의 장면 분석은 〈刪老〉에서 시도되었고 정식으로 장면이 바뀐 것을 표시한 것은 교서관본(校書館本) 〈老諺〉이었다. 여기서는 장면이 바뀔 경우 4엽 화문(花紋) 어미(魚尾)를 중간에 넣어 표시하였는데 모두 107화 분류하였다. 졸저(2006)에서는 이에 근거하여 〈刪老〉를 저본으로 하여 번역한 〈飜老〉의 장면을 106화로 나누었는데 여기에 옮겨 보면 다음과 같다.

제1장 만남

제1화 你從那裏來?	제2화 你誰根底學文書來?	제3화 甚麼工課?
제4화 學他漢兒文書怎麼?	제5화 你的師傅是甚麼人?	제6화 做火伴去?
제7화 京裏價錢	제8화 那裏宿去	제9화 草料多少錢?
제10화 綾絹綿子多少價錢?	제11화 前後住了多少時?	제12화 三箇火伴

제2장 瓦店에서

제13화 草料多少	제14화 切草料	제15화 打火
제16화 炒肉	제17화 盤纏	제18화 磣馬草, 鋪藁薦

[27] 〈捷解新語〉는 아마도 조선시대 司訳院이 일본 対馬藩에서 보내는 倭人들을 접대할 때, 그리고 朝鮮에서 통신사를 일본의 江戸幕府에 派遣할 때의 여러 상황을 순서대로 상정하고 그 때 사용할 일본어를 학습시킬 목적으로 편찬된 것이다. 개수본에서는 이러한 여러 상황을 몇 개로 나누어 節目을 정하고 대화를 배치하였다. 이러한 節目의 규정은 조선 사역원에서 왜인들을 맞이하거나 通信를 파견할 때에 일어나는 일의 순서에 맞춘 것으로 보인다. 왜냐하면 『改修捷解新語』의 장면 분석의 節目이 『增訂交隣志』에 규정된 왜인 접대의 行事例와 유사하기 때문이다. 이에 대하여는 정승혜(2001) 참조.

제6장 고국을 향하여

　이 장면 분석은 〈노걸대〉가 주인공인 고려 상인이 친척 2인과 함께 중국으로 장사를 떠났는데 중로에서 중국인 왕씨를 만나서 같이 여행을 하는 내용을 먼저 크게 다섯 단원으로 나누고 그 장면에 따라 나누어 본 것이다. 첫째 단원 '만남'은 주인공과 그 일행이 요양성(遼陽城)에 사는 중국인 상인 왕씨(王氏)를 만나서 서로 인사를 나누고 함께 길을 떠나는 것을 12장면으로 나눈 것이다. 그리고 중간 기착지인 와점(瓦店)에까지 가는 이야기가 제2장 '瓦店(와점)에서'이며 그 이후에 민박을 하면서 하점(夏店)까지, 그리고 북경(北京)에 도착하는 이야기를 제3장 '자, 大都(대도)로!'로 묶었다.

　제4장 '北京(북경)에서의 장사와 생활'은 북경에 도착하여 여관을 잡고 먼저 북경에 와 있는 친척을 방문하여 편지를 전달하는 것으로 시작하여 북경에서의 생활을 그린 단원이다. 특히 중국인 왕씨를 중심으로 그가 친척을 모아 연회를 하고 술을 너무 마시어 병이 났던 일, 활쏘기 시합 등 그와 함께 북경의 여러 생활을 대화로 엮었다. 왕씨는 고려 상인들이 가져온 물건의 값을 알아보는 동안 탁주(涿州)에 가서 장사를 더 하기 위하여 물건을 사고 그가 돌아온 다음에 돌아갈 물건을 사기로 한다. 〈노걸대〉에서 가장 중요한 대목이라고 할 수 있다.

　제5장 '사람 사는 도리'는 어떤 방탕아를 예로 하여 하여 그가 어떻게 가산(家産)을 탕진하고 방탕의 길을 가고 있는지, 그리고 그것을 통해서 인간의 도리가 무엇인지를 교훈적으로 말하고 있다. 따라서 여행을 하거나 물건을 사고팔고 하는 〈노걸대〉의 전체 내용으로 보아 이 단원은 매우

이질적인 부분이다. 그러나 이 방탕아의 옷차림을 통하여 당시 유행하던 옷, 모자, 띠, 신발, 음식 등을 배울 수 있다. 〈노걸대〉가 학교 교과서임과 동시에 당시의 언어생활을 그대로 다룬 교재임을 다시 깨우쳐주는 부분이라고 할 수 있다.

제6장 '고국을 향하여'는 고려 상인들이 탁주(涿州)에서 돌아온 왕씨의 도움으로 가져온 물건을 팔고 돌아갈 물건을 사는 장면들이 연속되었다. 끝으로 돌아갈 길일(吉日)을 점치고 왕씨와 헤어지는 것을 끝으로 끝이 난다. 고려 상인 주인공과 중국 상인 왕씨의 우정을 생각하면서 코끝이 시큰하다. 그런데 이러한 장면의 분석은 앞서 말한 것처럼 처음부터 있었던 것이 아니고 현재로는 산기문고 소장의 가정본(嘉靖本) 〈노걸대〉가 가장 처음으로 보인다.

5.1.1 산기(山氣)문고의 가정본(嘉靖本)의 장면 분석이 현전하는 〈노걸대〉의 여러 이본 가운데서 가장 오래된 것으로 가정본(嘉靖本) 〈노걸대〉[28]에서는 장면이 바뀔 경우 꺾쇠(ㄱ)로 표시하였다. 이러한 장면 분석 표시의 방법은 후대에 〈노걸대〉를 학습하는 거의 모든 학습자에게 공통된 것이어서 규장각(奎章閣) 소장본에서도 홍문관(弘文館) 구장본(舊藏本, 규5158)과 시강원(侍講院) 구장본(규 6293)이 장면이 바뀔 때마다 모두 남필(藍筆)로 꺾쇠(ㄱ)표시를 하였다.

이것은 역시 산기문고에 소장된 한어본 〈노걸대〉의 강희본(康熙本)[29]

......

[28] 현전하는 〈冊老〉로 고(故) 이겸로(李謙魯) 옹(翁)의 구장본인 산기(山氣)문고 소장본과 규장각의 홍문관(弘文館) 구장본(규5158), 시강원(侍講院) 구장본(6293)이 널리 알려졌다. 그러나 규장각 소장본은 임란 이후의 판본이나 산기문고본은 비록 후자의 2책과 동판이나 임란 이전의 판본으로 보이고 권미에 책주(冊主)가 가정(嘉靖) 28년 기유(己酉)라는 낙서가 있어 그 이전의 판본으로 간주하며 이로 인하여 '가정본(嘉靖本)'이란 별명을 얻었다.
[29] 권미(卷尾)에 "康熙四十二年四月 日開板"(1703)이란 간기가 있어 이 책에서는 '강희본(康熙本)'으로 부르고자 한다.

과 다음에 언급될 현종(顯宗) 조의 교서관(校書館) 언해본에서는 107과로
나누어서 비교가 된다. 가정본(嘉靖本)에서는 모두 93군데에 꺽쇠 표시를
하여 여기서는 93장면으로 구분한 것으로 보이는데 이를 다음에 정리하여
보면 다음과 같다.

1과 大哥 你從那裏來(1앞 2행) ~ 知他 那話怎敢說 天可憐見 身己安樂時
也到(1앞 10행)

2과 你是高麗人 却怎麼漢兒言語說的好? (1앞 10행) ~ 講小學論語孟子
(1뒤 8행)

3과 說書罷又做甚麼工課(1뒤 8행) ~ 定然喫打三下(2앞 9행)

4과 你是高麗人 學他漢兒文書怎麼?(2앞 9행) ~ 因此上 些少理會的
(2뒤 9행)

5과 你的師傅是甚麼人?(2뒤 9행) ~ 高麗小廝們較好些(3앞 6행)

6과 大哥 你如今那裏去?(3앞 6행) ~ 你旣賣馬去時 咱們恰好做火伴去
(3뒤 4행)

7과 哥哥 曾知得 京裏馬價如何?(3뒤 4행) ~ 我年時在京裏來 價錢都一般
(4앞 1행)

8과 咱們今夜那裏宿去(4앞 2행) ~ 我年時也在那裏下來 十分便當(4뒤 4행)

9과 你這幾箇頭口 ~ 通該多少錢?(4뒤 5행) ~ 通該多少錢(5앞 6행)

10과 你那綾絹縣子 ~ 到王京多少價錢賣(5앞 6행) ~ 也尋了加五利錢
(5뒤 6행)

11과 你自來 到京裏 ~ 前後住了多少時?(5뒤 6행) ~ 又買了這些馬幷毛施布
來了(6앞 1행)

12과 這三箇火伴 ~ 姓甚麼(6앞 1행) ~ 姑舅兩姨更那裏問(6뒤 1행)

13과 咱們閑話且休說(6뒤 1행) ~ 我只是這般說(7앞 3행)

14과 我共通十一箇馬(7앞 3행) ~ 自然熟了(7뒤 2행)

15과 客人們 你打火那不打火?(7뒤 2행) ~ 炒將來着(7뒤 9행)

16과 主人家 ~ 敎一箇自炒肉(7뒤 10행) ~ 我也了了(8앞 8행)

17과 主人家 ~ 盤纏通該多少?(8앞 8행) ~ 我都與他(8뒤 9행)

18과 火伴你將料撈出來(8뒤 9행) ~ 我整理睡處(9앞 10행)

19과 主人家 ~ 我明日五更頭早行(9앞 10행) ~ 小心些還好(10앞 1행)

20과 我這裏前年六月裏 有一箇客人(10앞 10행)~今年就牢裏死了
(10앞 10행)

21과 年時又有一箇客人(10앞 10행)~那賊往西走馬去了(10뒤 9행)[30]
捕盜官襲將去(10뒤 9행)~說的是 依着你 天明時行(11앞 6행)

22과 安置安置 客人們好睡着(11앞 6행)~不要你敎(11뒤 4행)

23과 咱們輪着起來 勤喂馬(11뒤 4행)~飮去來(12앞 2행)[31]・咱們都去了
時(12앞 2행)~咱們三箇去來(12앞 9행)

24과 這衚衕窄~咱們做兩遭兒牽(12앞 9행)~從今日理會得了(12뒤 7행)

25과 你高麗地面裏沒井阿怎麼?(12뒤 7행)~一般打水(13앞 6행)

26과 你牽迴這馬去(13앞 6행)~咱睡去來(13뒤 3행)

27과 火伴們起來(13뒤 3행)~這的捱十年也壞不得(13뒤 10행)

28과 日頭這般高了(13뒤 10행)~別的都投這人家問去來(14앞 5행)

29과 主人家哥(14앞 5행)~自己貪盃惜醉人(14뒤 8행)

30과 你外頭還有火伴麼?(14뒤 8행)~收拾椀楪着(15앞 5행)

31과 客人們 有一箇看着馬的 不曾來喫飯(15앞 5행)~萬里要傳名(15뒤 3행)

32과 主人家哥~大哥貴姓?(15뒤 4행)~我偏背你(15뒤 7행)

33과 那箇人家~椀楪將去(15뒤 8행)~休怪着(16앞 7행)

34과 日頭却又這早晚也(16앞 7행)~我兩箇問去(16뒤 1행)[32]
拜揖 主人家哥~尋箇宿處(16뒤 1행)~便怎麼敢容留安下(16뒤 9행)

35과 主人家哥~現將印信文引(16뒤 9행)~宿不得(17앞 6행)[33]
你可憐見~着我宿一夜(17앞 8행)~怎麼敢留你宿?(17뒤 7행)

36과 主人家 你說那裏話?(17뒤 7행)~我只在車房裏宿(18앞 8행)

37과 主人家哥~敢說麼?(18앞 8행)~煮粥胡亂充飢(19앞 1행)

38과 客人們~也都與茶飯喫(19앞 1행)~好好 多謝多謝(19앞 9행)

....

[30] 〈노걸대〉의 康熙本과 顯宗朝의 언해본에서는 여기서 장면이 바뀐다고
보아 표시(花紋黑四角, 혹은 黑魚尾)를 두었다. 순서에 의하면 22회가 시작
된다.
[31] 역시 위의 두 책에서는 여기서 장면이 바뀐다고 보았다. 제25장면이 시작
된다.
[32] 앞에 두 책에서는 역시 여기서 장면이 바뀐 것으로 보았다. 37장면이 시작함.
[33] 역시 앞의 두 책에서는 여기서 장면이 바뀐 것으로 보았음. 39장면 시작함.

....

[34] 역시 앞의 두 책에서는 여기서 장면이 바뀐 것으로 보았다. 51장면이
　　시작됨.

[35] 역시 앞의 두 책에서는 여기서 장면이 바뀐 것으로 보았다. 63장면이
　　시작됨.

63과　我不曾好生看(30뒤 2행)～相別散了(31앞 5행)

64과　你這人蔘布疋(31앞 5행)～咱們商量(31뒤 2행)[36]

　　　這箇羝羊(31뒤 2행)～我濫賤賣與你(32앞 2행)[37]

65과　火伴～到涿州賣了便迴來(32앞 2행)～大哥 ～又有粉飾不牢壯

(32뒤 6행)[38]

66과　你有好綾子麼?(32뒤 6행)～那定州絲不要(33앞 2행)[39]

67과　這段疋綾絹紗羅等項 你都看了(33앞 2행)～這段子買了也(33뒤 4행)

68과　咱們再商量(33뒤 4행)～這段子也買了(34앞 5행)[40]

69과　你這鞍子(34앞 5행)～都買了(34앞 8행)[41]

　　　再買一張弓去(34앞 8행)～弓也買了也(34뒤 8행)[42]

　　　有賣的弓弦時將來(34뒤 8행)～這弓和弦 都買了也(35앞 2행)

70과　再買幾隻箭(35앞 2행)～這般的都買了也(35앞 5행)[43]

　　　再買些椀子什物(35앞 5행)～其餘的都是市賣的(35뒤 1행)

71과　今日備辦了些箇茶飯(35뒤 1행)～茶飯也飽了 你休怪(36앞 1행)

72과　如今正是臘月～熱手脚(36앞 1행)～休敎雨雪濕了(36앞 8행)

73과　似這般冷時～賭一箇羊(36앞 8행)～做筵席着(36뒤 3행)[44]

----

[36] 앞의 두 책은 여기에서도 장면을 바꿨다.

[37] 嘉靖本에서는 여기에서 장면을 바꾼 것으로 보고 꺽쇠를 쳤으나 앞의 두 책에서는 다음의 한 대화 "火伴 你再下處好去坐的着 我赶着羊 到涿州賣了便迴來"까지 넣어서 같은 장면으로 하였다.

[38] 앞의 두 책도 여기서 장면을 바꾼 것으로 보았다. 그러나 이 대화는 비단 파는 상점에서 계속되는 것이다.

[39] 앞의 두 책에서도 이곳에서 장면을 바꾼 것으로 보았다. 그러나 이것도 비단 상점에서 계속되는 대화로 보인다.

[40] 이 꺽쇠는 검은 색으로 된 것뿐이고 붉은 색의 꺽쇠는 없다. 아마도 또 한사람이 이 책으로 공부할 때에는 이 장면은 분석되지 않은 것 같다.

[41] 앞의 두 책은 여기서 장면이 바뀐 것으로 보고 표시하였다. 졸저(2006)에서는 제75화 馬具에 해당함.

[42] 앞의 두 책은 여기서 장면이 바뀐 것으로 보았다. 졸저(2006)에서는 제76화 買弓임.

[43] 앞의 두 책은 여기서 장면이 바뀐 것으로 하였다. 졸저(2006)에서는 제78화 買箭弓임.

[44] 앞의 두 책은 여기서 장면이 바뀐 것으로 하였다. 졸저(2006)에서는 제82화

咱們做漢兒茶飯着(36뒤 3행)~這筵席散了(37앞 8행)

74과 我有些腦痛頭眩(37앞 9행)~太醫上重重的酬謝(37뒤 10행)

75과 咱們每年每月每日快活(37뒤 10행)~活時節 着甚麼來由不受用?

(38앞 5행)

76과 大槩人的孩兒(38앞 5행)~一日也做不得人(38뒤 5행)[45]

火伴中間 自家能處休說(38앞 5행)~最是歹勾當(39앞 2행)

77과 咱們做奴婢的人(39앞 3행)~扶侍官長的道理(39뒤 2행)

78과 咱們結相識行時(39뒤 2행)~添做十分了(40앞 3행)

79과 咱們世上人(40앞 3행)~通使四十兩銀(40뒤 6행)

80과 穿衣服呵(40뒤 6행)~這般按四時穿衣裳(41앞 4행)

81과 繫腰時(41앞 5행)~又繫有鴉眼的烏犀繫腰(41앞 9행)[46]

頭上戴的好貂鼠皮披肩(41앞 9행)~上頭都有金頂子(41뒤 3행)

82과 穿靴時(41뒤 3행)~上的分外的牢壯 好看(41앞 9행)

83과 喫飯時(41앞 9행)~且得暖衣飽飯(42뒤 5행)

84과 我買這貨物 要涿州賣去(42뒤 5행)~你是必早來(42뒤 10행)

85과 店主人家~商量人蔘價錢(42뒤 10행)~通計五十兩(43뒤 6행)

86과 又店主人家 引將幾箇買毛施布的客人來(43뒤 7행)~這們時 與你這好
銀子買(44뒤 3행)

87과 你這布裏頭 長短不等(44뒤 3행)~筭了價錢 看了銀子(45앞 4행)

88과 你是牙家 你筭了着(45앞 4행)~我數將布去(45뒤 2행)[47]

你且住着 這銀子裏頭(45뒤 2행)~貨物都發落了(45뒤 10행)

89과 咱們買些甚麼迴貨去時好?(45뒤 10행)~正是宜假不宜眞(46앞 10행)

90과 我引着你 買些零碎的貨物(46앞 10행)~秤鉤子 都有(47앞 7행)

91과 再買些麤木縣一百疋(47앞 8행)~這些貨物 都買了也(47뒤 5행)

....

賭射箭임.

[45] 앞의 두 책은 여기서 장면을 바꿨다. 졸저(2006)에서는 제86화 老實常在
脫空常敗임.

[46] 앞의 두 책은 여기서 장면을 바꾼 것으로 보았다. 졸저(2006)에서는 제92화
繫腰임.

[47] 앞의 두 책은 여기서 장면을 바꾼 것으로 보았다. 졸저(2006)에서는 제98화
賣毛施布임.

92과 我揀箇好日頭迴去(47뒤 5행)~各自散了(48앞 8행)
93과 到二十五日起程(48앞 8행)~今後再廝見時 不是好弟兄那甚麿

(48뒤 4행) 끝

그러나 〈노걸대〉에서 장면별 대화의 구분은 현종(顯宗)조에 간행된 『노걸대언해』에서 정식으로 구분된다. 역시 규장각 소장본인 이 책은(奎2044) 내사본(內賜本)으로 『통문관지(通文館志)』(권8) '서적(書籍)'조에 "內賜老乞大諺解{二本 康熙庚戌陽坡鄭相國啓 令芸閣鑄字印行}"({ }안은 夾註. 이하 같음)라는 기사가 있어 강희(康熙) 경술(庚戌, 1670)에 교서관(校書館)에서 간행된 것임을 알 수 있다. 이 책은 안병희(1994:11)에 의하면 현재 경북(慶北) 칠곡(漆谷)의 이돈주(李敦柱)씨가 소장한 것이 있다고 한다. 그러나 필자는 대구가톨릭대학교에 소장된 〈老諺〉, 『박통사언해』에 내사기가 붙어 있고 그 내사기(內賜記)에 "康熙十四年正月二十九日 內賜承政院仮注書李聃命 老乞大諺解一件"이라는 기사가 있어 이 책이 강희(康熙) 14년(乙卯, 1675)에 이담명(李聃命)에게 내사(內賜)된 것임을 알 수 있다. 아마도 간행된 5년 후에 이 〈노걸대〉의 편집을 주도한 이담명 자신에게 이 책이 내사된 것으로 볼 수 있다. 안병희(1994)에서 본 〈老諺〉은 대구가톨릭대학에 기증된 것으로 보인다. 여기서는 이것을 교서관본 『노걸대언해』(이하 교서관본 〈老諺〉이라 약칭)라고 부르고자 한다.

5.1.2 교서관본(校書館本) 〈老諺〉에서는 각 정면의 대화를 나누어 표시하였다. 비록 『개수첩해신어』처럼 각 장면의 제목은 붙이지 않았으나 새로운 장면의 대화가 시작하는 곳에는 이엽화문(二葉花紋)이 들어있는 어미(魚尾)를 붙여 표시하였다.[48] 이 〈老諺〉에서는 상권(上卷)의 54장면. 그리

[48] 이것은 미국 콜럼비아대학 東亞言語文化科에 소장된 『老乞大諺解』上과 漆谷의 소장본을 조사한 안병희(1994:12)에서 "(전략)그 밖에 이 책에서 체재가 달라진 사실은 각 課를 시작할 곳에 二葉花文魚尾를 두어서 학습에

고 하권(下卷)의 53장면으로 모두 107장면으로 나누어 모든 대화를 구분하여 표시하였다. 그리고 평양 감영(監營)에서 중간한 〈老諺〉도 같은 방법으로 각 장면의 대화를 구분하여 표시하였다. 그리고 위에서 언급한 한어본 〈노걸대〉의 강희본(康熙本)도 유사하다.

〈노걸대〉의 장면 분석에서 가정본(嘉靖本)의 93화와 졸저(2006)의 106화, 그리고 강희본(康熙本) 및 교서관(校書館) 언해본의 107화의 차이는 장면을 분석하는 시각의 차이에 의한다. 먼저 졸저(2006)의 106화와 강희본(康熙本)·교서관본(校書館本)의 차이는 전혀 72화에 대한 인식의 차이에 의한 것이다. 즉 '제4장 북경에서의 생활과 장사'의 '제72화 你要甚麼綾子?'는 북경(北京)의 비단 상점에서 중국 상인 왕씨가 탁주(涿州)에 가져가 팔 비단을 사는 장면이다. 즉 그가 탁주에 가서 팔려고 양(羊)을 사고 남은 돈으로 비단을 사서 장사를 하려고 상점에 간 것이다.

졸저(2006)에서는 한 상점에서 일어나 일로 비단을 사는 장면이므로 한 장면으로 하였고 교서관본(校書館本)과 강희본(康熙本) 등에서는 이를 두 장면으로 나누어 보았다. 이해를 돕기 위하여 이 장면을 모두 옮겨 보면 다음과 같다.

漢 我怡尋思來、這幾箇羊也、當走一遭。既要去時、我有些餘剩的銀子、閑放着怎麼?
一發買段子將去。
髙 咱們鋪裏商量去來。
漢 賣段子的大哥、你那天靑胸背、柳靑膝欄、鴨綠界地雲、鸚哥綠寶相花、黑綠天花嵌八寶、草綠蜂赶梅、栢枝綠四季花、葱白骨朶雲、桃紅雲肩、大紅織金、銀紅西蕃蓮、肉紅纏枝牡丹、

편의를 도모한 점이다. 行은 바뀌지 않았으나 課의 구분이 되기 때문이다. 다만 각 권의 처음은 魚尾가 없어도 課의 시작이 분명하여 바로 本文으로 시작된다. 이렇게 나눈 課는 권상이 54, 권하가 53으로 모두 107課가 된다."라는 지적을 참고.

閃黃筆管花、鵝黃四雲、柳黃穿花鳳、麝香褐膝欄、艾褐王塼墻、密褐光素、鷹背褐海馬、茶褐暗花、這們的紵絲和紗羅都有麼?

主 客人、你要南京的那? 杭州的那? 蘇州的那?

漢 大哥、南京的顏色好又光細、只是不耐穿。杭州的經緯相等。蘇州的十分澆薄、又有粉飾不牢壯。

一你有好綾子麼?

主 你要甚麼綾子?

漢 我要官綾子。那嘉興綾子不好。[49]

主 客官、你要絹子麼? 我有好山東大官絹、謙涼絹、易州絹、倭絹、蘇州絹、水光絹、白絲絹。

漢 我只要大官絹、白絲絹、蘇州絹、水光絹。其餘的都不要。

你有好絲麼? 我多要些?[50]

主 要甚麼絲?

漢 我要白湖州絲、花拘絲、那定州絲不要。

이 장면은 〈原老〉에서는 없었고 〈飜老〉에서만 보이는 부분이므로 〈刪改本〉에서 추가된 것이다. 이에 대한 졸저(2006)의 해석을 옮겨 보면 다음과 같다.

제72화 당신 무슨 비단을 사려는고?

[중국인] 내 지금 생각났는데, 이 몇 마리 양들도 한참 동안 팔러 가야 되고,

....

[49] 金文京 外(2002)에서는 〈飜老〉 제72화의 "那嘉興綾子不好"를 상점 주인의 대화로 하고 묻는 말로 보았다. 그러나 교서관 언해본에서는 이것을 왕씨의 대화에 넣어서 "뎌 嘉興綾은 됴치 아니ᄒᆞ니라"로 언해하였다. 졸저(2006)에서도 언해본에 따랐다.

[50] 金文京 外(2002:235)에서는 이 부분을 "主 你要好絲麼? 漢 我多要些."로 대화를 나누었다. '有'를 '要'로 잘못 보면서 전체 대화를 착각한 것이다. 앞의 대화 "我只要大官絹"도 "我只有大官絹"로 잘못 읽었다. 필자도 이 책에 관여하였지만 이런 잘못은 참으로 이해하기 어렵다. 아마도 일본에서 잘못된 번역본을 참고한 것으로 보인다.

어차피 간다면 나한테 남은 돈이 있으니 심심하게 두어서 무엇 하겠나? 이제 비단 사 가지고 가세.

[고려인] 그럼 옷감 집에 거래하러 가 보십시다.

[옷감 가게에서]

[중국인] 비단 파는 주인아저씨! 당신 집에 하늘색의 흉배가 있는 비단과 유청색(柳靑色)의 스란비단, 초록색의 벽돌에 구름무늬를 놓은 비단, 연초록빛의 보상화(寶相花)를 무늬로 한 비단, 검은 초록빛의 천화(天花)의 팔보(八寶)를 상감한 비단, 초록빛의 벌이 매화(梅花)에 걸려있는 무늬의 비단, 짙은 초록색에 네 계절의 꽃을 무늬로 한 비단, 옥색빛의 굵은 떼구름을 무늬로 한 비단, 도홍빛의 어깨걸이에 구름무늬를 한 비단, 짙은 붉은색에 금실을 드려서 짠 비단, 은홍(銀紅)빛에 작은 연꽃을 무늬로 한 비단, 살코기 빛깔의 넝쿨 모란꽃을 무늬로 한 비단, 연 유황(硫黃)빛의 붓꽃을 무늬로 한 비단, 짙은 유황(硫黃)빛의 네 구름을 무늬로 한 비단, 노란빛에 천화봉(穿花鳳)을 무늬로 한 비단, 사향(麝香) 갈색(褐色)의 스란 무늬 비단, 쑥빛의 벽돌을 무늬로 한 비단, 노란 다갈색(茶褐色)의 맨 무늬 비단, 매의 등 색깔에 다갈색 해마(海馬) 무늬의 비단, 다갈색에 스며든 무늬가 있는 비단, 이런 비단과 사(紗)와 로(羅)가 다 있는가?

[점주인] 손님! 당신은 남경(南京)의 것을 찾으십니까? 항주(杭州)의 것을 찾으시나요? 아니면 소주(蘇州)의 것을 찾으십니까?

[중국인] 주인아저씨, 남경 것은 물이 좋고 또 빛나고 가늘지만 다만 오래 입지 못할 것이고 항주(杭州) 것은 날줄과 씨줄이 똑같고 소주(蘇州) 것은 제일 엷고 또 풀을 먹였고 튼튼치 않습니다.

당신네 가게에 좋은 비단 있는가?

[점주인] 손님이 무슨 비단을 찾으십니까?

[중국인] 나는 관청에서 낸 비단을 찾습니다. 저기 가흥(嘉興)에서 난 비단은 좋지 않아요.

[점주인] 손님! 당신은 비단을 찾으십니까? 내게 좋은 산동(山東)에서 난 관청의 비단과 성글게 짠 비단과 이주(易州)에서 난 좁은 비단과 일본 비단, 소주(蘇州) 비단, 제 물에 하얀 비단과 하얀 생 비단이 있습니다.

[중국인] 나는 다만 대관비단(大官絹)과 흰 실 비단(白絲絹), 소주비단(蘇州絹), 제 물에 하얀 비단(水光絹)을 찾습니다. 그 나머지는 모두 싫습니다.

당신네 가게에 좋은 실이 있어요? 내가 많이 사려고 합니다.

[점주인] 무슨 실을 찾으십니까?

[중국인] 내가 하얗고 제일 가느다란 호주(湖州)에서 난 실과 굵고 꽃을 단 실을 사고자 합니다. 정주(定州)에서 난 실은 싫습니다.

이 해석을 보면 상점 주인과 왕씨(王氏)가 비단을 사기 위하여 흥정을 하고 있는 것임을 알 수 있고 그 가운데 사용된 "你有好綾子麽? (당신네 가게에 좋은 비단 있는가?)"는 당연히 북경의 비단 상점에 비단을 사러 온 왕씨의 대화로 보아야 할 것이다. 그리고 역시 상점 안에서 비단을 사는 장면이므로 굳이 이것을 분리할 필요는 없는 것 같다. 그러나 〈노걸대〉 산개본(刪改本)의 장면 분석은 앞에서 살펴본 바와 같이 대화가 추가된 것이어서 분량이 많아져 둘로 나뉘게 되었고 이러한 교서관(校書館) 언해 본의 107화 장면 분석이 일반화 되어 이 장면을 두 개로 나누게 되었으며 이렇게 하여 만들어진 107화는 강희본(康熙本) 등의 한어본에도 준용(準用) 하게 되었다.

5.1.3 조선 영조(英祖) 39년(1763)에 김창조(金昌祚), 변헌(邊憲) 등이 〈노 걸대〉를 신석(新釋)하여 언해한 『신석노걸대언해(新釋老乞大諺解)』(이하 〈新 老諺〉으로 약칭)에서는 역시 각 장면별로 대화를 구분하여 한 장면이 끝나 면 1자를 낮추어 고본(古本), 즉 상술한 〈老諺〉의 원문과 한자발음(우측음 만)을 옮겨 실었다[51]. 따라서 새로운 장면은 새로운 行으로 시작되었고

....

[51] 이러한 사실은 〈新老〉의 권두에 부재된 홍계희(洪啓禧)의 서문에 "而古本 亦不可刪沒 故并錄之 蓋存羊之意也 書成名之曰老乞大新釋 — 그러나 고본을 역시 산몰(교정하여 잘라냄 — 필자 주)할 수 없어 모두 함께 기록하였 으니 존양의 뜻(存羊之意-舊例와 虛禮를 일부러 버리지 않고 그대로 두는 것-필 자 주)을 나타낸 것이다. 책이 이루어져 이름을 '노걸대신석'이라 하였다 —"라는 기사에 언급한 바와 같다.

한 어구(語句)가 끝나면 그 뜻을 풀이하고 끝에 ㄴ으로 표시하였는데 이것은 고본의 원문과 구별하기 위한 것이었다.

이 신석본(新釋本)에서는 '高麗'가 '朝鮮'으로, 그리고 '漢兒人, 漢兒言語'도 '中國人, 官話'로 바뀌었다.[52] 또 다섯 장면을 늘여서 모두 111장면으로 하였는데 이러한 장면의 확장과 새 장면을 새 행으로 시작하는 방법은 정조(正祖) 19년(1795)에 이수(李洙)·변헌(邊憲) 등이 중간하여 언해한『중간노걸대언해(重刊老乞大諺解)』에도 그대로 답습되었다.

『중간노걸대』는『노걸대신석』이 지나치게 속어(俗語)를 반영하였기 때문에 이를 다시 아어체(雅語體)로 바꾼 것이다(졸고:2002). 그리하여『산개노걸대』로 되돌아 간 표현도 많이 있지만 그 외에 장면의 구성이나 새 장면의 구분은 전혀『노걸대신석언해』와 유사하다. 〈노걸대〉류의 중국어 교재로서는 최후로 편찬된『중간노걸대』와 그 언해는『노걸대신석』과 그 언해와 같이 모두 111장면으로 구성되었다.

현전하는 최후의 판본(版本)인『중간노걸대언해(重刊老乞大諺解)』의 111화를 장면별로 구별하고 각 대화의 주제를 붙여보면 다음과 같다.

제1장 주인공 조선 상인과[53] 동행인 중국 상인과의 만남

제1화 어디서 왔소?	제2화 무슨 글을 공부하였소?
제3화 어떻게 배우는가?	제4화 무엇 하러 한어를 배우나?
제5화 스승은 어떤 사람?	제6화 성은 무엇입니까?
제7화 서울의 물가	제8화 오늘밤은 어디서 묵어요?
제9화 말먹이 값은 얼마?	제10화 비단과 무명 값

제11화 왕경(漢城)과 서울(北京)은 얼마나 먼가?

제12화 동행인 셋은 누구?

[52] 안병희(1994:17)에 의하면 〈노걸대〉의 신석언해본은 古本, 즉 교서관본 〈老諺〉를 다시 옮겼기 때문에 분량이 늘어나서 3권이 되었다고 한다.

[53] 앞에서 언급한 대로『노걸대신석』부터는 高麗가 朝鮮으로 바뀌었다. 重刊本에서도 조선으로 되었음으로 여기서는 朝鮮 商人으로 한다.

원본과 산개본의 본문은 이러한 대화를 장면별로 구분하지 않고 그대로 이어서 수록하였다. 그리고 산개본을 번역하고 언해한 〈飜老〉에서도 대화의 장면 구별은 없었으며 다만 내용상으로 구별할 수가 있었다. 졸저 (2006)에서는 전술한 바와 같이 교서관본 〈老諺〉의 장면 분석에 따라서 모두 106화로 나누었다. 이것은 앞에서 언급한 『중간노걸대언해』의 111화와 차이가 나는데 그것은 『노걸대신석』과 『중간노걸대』에서 몇 장면을 추가하였기 때문에 달라진 것이다. 즉 신석본과 중간본은 제73화, 제82화를 추가하였고 제83화를 셋으로 늘려서 제85·86·87화를 추가하여 모두 5화를 늘였다. 그리하여 모두 111화가 된 것이며 따라서 신석본(新釋本)과 중간본(重刊本)은 원본(原本)의 106화에다가 제72화, 82화, 85화, 86화, 87화를 추가한 것이다.

5.2 한아언어(漢兒言語)의 {원본}『노걸대』

위에서 〈노걸대〉는 고려 말에 원대(元代)의 한아언어를 반영한 {원본}『노걸대』가 있고 조선 성종(成宗) 때에 이를 산개(刪改)한 {산개}〈노걸대〉가 있으며 이를 다신 신석한 『노걸대신석(老乞大新釋)』과 이를 다시 수정한 『중간노걸대(重刊老乞大)』가 있다. 그렇다면 이들의 한어(漢語)는 어떠한 차이가 있을까? 먼저 {원본}〈노걸대〉의 한어(漢語)는 어떠한 언어이었을까? 먼저 지금까지 알려진 성종(成宗)조의 산개본과 {원본}『노걸대(老乞大)』와의 차이를 살펴보기로 한다. 여기서 〈原老〉는 졸저(2002)에서의 본문을, 그리고 〈刪老〉는 산기문고 소장의 가정본(嘉靖本)의 본문을 비교한 것이다.

5.2.1 {원본(原本)}『노걸대(老乞大)』와 {번역(飜譯)}『노걸대(老乞大)』의 차이

오늘날 가장 오래된 〈노걸대〉의 번역·언해본으로 알려진 최세진의 〈飜老〉는 성종 조에 수정한 개정본으로서 거기에 원문으로 사용된 한어는 영조조의 개수본인 『노걸대신석』이 나오기까지 실로 280년간 사역원에서 교육하는 북경관화(北京官話)의 교재였다. 그러나 새로 발견된 〈原老〉는 가정본(嘉靖本)의 〈刪老〉보다 앞선 한어교재로서 성종(成宗) 조의 개정을 입지 않은 것이다. 따라서 〈原老〉에 반영된 중국어는 〈刪老〉보다 앞선 시기의 중국어를 보여줄 것으로 기대된다. 이제 양자를 비교하여 그 차이를 밝히고 이러한 차이가 어떻게 하여 일어났는지를 살펴보고자 한다. 먼저 〈原老〉와 〈刪老〉의 한어를 비교하여 그 중요한 차이를 도표로 그리면 다음과 같다.

品詞		〈原老〉	葉數	〈刪老〉	葉數	備考
名詞	大都		1앞, 1앞	北京	상1앞, 상1뒤	역; 北京
			3뒤	京	상10뒤	역; 셔울
			24뒤	京城	하16앞	역; 셔울
			5앞	京都	상15앞	역; 셔울
	順承門		3뒤	順城門	상11앞	역; 같음
	東京城		13앞	遼東城	상44뒤	역; 遼東잣
	遼陽城		24앞		하15뒤	위와 같음
	中統鈔		24뒤	白銀	하16뒤	역; 같음
			24뒤	官銀	하17앞	역; 구의나깃 은
	乖驏馬		22뒤	劣馬	하9앞	역; 갈외는 몰
	伴當		1앞	大哥	상1앞	역; 큰 형님
			1앞	火伴	상1뒤	역; 벋
	僕奴		34뒤	伴當	하53뒤	역; 번당
	田地		2앞	地面	상5뒤	역; 짷
	這壁		21뒤	這邊	하6앞	역; 이 녀긔
	那壁		3뒤	那邊	상10앞	역; 뎌 녀긔
	東壁		19앞	東邊	상67앞	역; 동녀 겨틔
	南壁		20뒤	없음		
	帖落		9뒤, 10뒤	洒子	상31뒤, 상35뒤	역; 드레
人稱代名詞	俺		1앞	我	상1앞	역; 내
			5앞	我一們	상16뒤	역; 우리
			12앞	我們	상42앞	역; 우리
	恁		1앞	你	상1앞	역; 네
指示代名詞	兀那		5뒤	那	상7앞	역; 뎌
	兀的		7뒤	這的	상25앞	역; 이
			7뒤	這	상25앞	역; 이
	阿的		11뒤	這的	상39앞	역; 이거시
疑問代名詞	怎生		1뒤, 7뒤	怎的	상3뒤, 상25앞	역; 엇디
			15앞	怎麼	상52뒤	역; 상동
名詞接尾辭	每		2앞, 9앞	們	상5뒤, 상7앞	뜻; 복수

品詞	<原老>	葉數	<刪老>	葉數	備考
動詞	道	1앞, 3뒤	說	상2앞, 11앞	역; 니르다
	過	6앞	切	상19뒤	역; 사후다(썰다)
	虛見	9앞, 22앞	看	상30뒤, 하8앞	역; 보다
	索	9앞, 12뒤	要	상30뒤, 상44앞	뜻; -하려고 하다
	濶踐	12뒤	攪擾	상44앞	뜻; 폐를 끼치다
	儘教	15뒤, 18앞	龍龍	상55앞, 상63뒤	뜻; 그대로 두다
	將	16앞	拿	상56앞	뜻; 가지다
	戰張	15앞	纏張	상52앞	뜻; 귀찮게하다
	褒彈	28앞, 36뒤	包彈	하31앞 하,62앞	뜻; 나무라다
	邀	16뒤	赶	상58앞	뜻; 몰다
	爨	17앞, 17뒤	炒	상61앞, 상61앞	뜻; 볶다
	供	20앞	走	상69뒤	뜻; 걷다
	評	23앞	算	하11앞	뜻; 계산하다
	有	25앞,뒤	等候	하18앞, 하20앞	뜻; 기다리다
形容詞	爭	2뒤, 30뒤	好	상7뒤, 하41앞	뜻; 어질다, 좋다
	生受	30앞	辛苦	하35앞	역; 슈고후게
		15뒤	艱難	상54앞	뜻; 어렵다
	細	10뒤	少	상35앞	역; 쟉다
	小	39뒤		하71앞	역; 위와 같음
	乖	15뒤	利害	상55앞	역; 모딜다
副詞	哏	2앞, 22앞	十分	상7앞, 하8뒤	역; ᄀ장
		11뒤	忒	상39앞	역; 너므
	把似	2뒤	好歹	상7뒤	역; 모로매
	底似	6뒤	十分	상21앞, 상26앞	역; ᄀ장(너무)
	更	16앞, 20앞	又	상56앞, 상70앞	역; ᄯᅩ
		12앞 ,19앞	還	상42앞, 상67앞	역; 그려도, ᄯᅩ
		20뒤	再	하2앞	역; ᄯᅩ
	演裏	13뒤, 17앞	還	상46앞, 상60앞	역; 당시론(아직)
	則	3뒤	只	상10앞	역; 그저
	索	25앞	委實	하19앞	역; 진실로
	厮	32앞, 32뒤	相	하46뒤, 하47앞	역; 서르
	猶自	23뒤	還	하12뒤	역; 다하(역시)
前置詞	投	19뒤, 20앞	往	169뒤, 하1앞	뜻; -로 향하여
	投	31뒤	從	하43뒤	뜻; -로부터
後置詞	行	1뒤	上	상2뒤	뜻; -에게/-에게서
		1뒤, 1뒤	前	상3앞, 상3뒤	뜻; -앞에
	根底	30뒤	上	하41앞	뜻; -에게
		37뒤	根前	하65앞	뜻; 위와 같음
	上頭	15앞, 15앞	因此上	상51뒤, 상53앞	역; 젼ᄎ로
	呵	1앞, 3앞	時	상2앞, 상6앞	역; -후면
助詞	也	6뒤, 7뒤		상22앞, 상25앞	역; -라, -다
	了也	8앞, 11앞	了	상26앞, 상37앞	역; -니, -다
		3뒤, 31앞		상10앞, 하42뒤	역; -라
	也者	31앞	也	42뒤	역; (-닛두)나
		31앞	着	하42앞	역; -다가
	者	6앞, 6앞		상20앞, 상20뒤	역; -라

品詞	〈原老〉	葉數	〈刪老〉	葉數	備考
	那	1앞	了	상1뒤	역; -가?
		18뒤, 21앞, 35앞	麽	상66앞, 하3뒤, 하56뒤	역; -다?, -녀?, -나?
		5뒤, 10뒤	阿	상17뒤, 상36앞	역; -가?, -오?
量詞	盞	21뒤, 22앞	杯, 盃	하6뒤, 하7앞	역; 잔
	裏	38앞	帖	하67뒤	역; 씀
	帖	38뒤	匣	하67뒤	역; 하ᄉ, 뜻; 갑
	行	30뒤	次	하40뒤	역; 번

이상의 〈刪老〉와 차이가 나는 〈原老〉의 어휘에 대하여 예를 들어 설명하고자 한다.

1) 명사의 차이

먼저 〈原老〉와 〈刪老〉에서 보이는 차이 가운데 명사에서 보이는 차이를 찾아 그러한 차이가 생긴 이유를 살펴보기로 한다.

① 大都 〉 北京, 京, 京城, 京都

〈原老〉의 '大都'는 〈刪老〉에서 '北京, 京, 京城, 京都'로 교체되었다. 예를 들면 다음과 같다.

大都 〉 北京
俺往大都去(〈原老〉 1앞)
我往北京去 내 北京 향ᄒ야 가노라(〈飜老〉 上 1앞)

您這月盡頭到的大都那(〈原老〉 1앞)
你這月盡頭 到的北京麽 네 이ᄃᆞᆯ 그믐믜 北京의 갈가(〈飜老〉 上 2앞)

大都 〉 京
這裏到大都有幾程地(〈原老〉 3뒤)
這裏到京裏有幾程地 예셔 셔울 가매 몃 즘겟 길히 잇는고(〈飜老〉 上 10뒤)

大都 〉京城
憑大都管牙人羊市角頭街北住坐馬二作牙人(〈原老〉 24뒤)
憑京城牙家羊市角頭街北住坐張三作中人 셔울 즈름ᄒᆞᄂᆞᆫ 羊市 져젯거릿
　북녁의셔 사는 張三을 의빙ᄒᆞ야(〈飜老〉 下 16앞)

大都 〉京都
將馬和布子到大都賣了(〈原老〉 5앞)
將馬和布子 到大都賣了 ᄆᆞᆯ와 뵈 가져 셔울 가 다 ᄑᆞᆯ오(〈飜老〉 上 15앞)

　'대도(大都)'는 지금의 북경(北京)을 말한다. 북경의 지명은 역사적으로
많은 변천을 겪어 왔다. 일찍 당대(唐代)에는 유주(幽州)라 불렸고 후진대
(後晉代, 936)에 고조(高祖, 石敬瑭)가 연운십육주(燕雲十六州)를 거란(契丹)에
떼어 주자 거란이 석진부(析津府, 지금의 북경)를 남경(南京)으로 정하고 요
(遼) 나라 오경(五京)의 하나로 삼았다. 이때부터 북경 지역은 중원(中原)
한족(漢族)의 지배권에서 벗어나게 되었고 외족(外族)의 언어와 밀접한 접
촉을 가지게 되었으며 중원 지역의 오어(吳語)와는 오히려 소원하게 되었
다[54]. 금(金) 나라가 요(遼) 나라를 멸하고 남경(南京)을 연경(燕京)으로 개
칭하였다. 서기 1153년에 해릉왕(海陵王)이 상경(上京, 지금의 黑龍江省 阿城
縣 남쪽)에서 이곳으로 수도를 옮기면서 중도(中都)라 하였다. 역사적으로
는 처음으로 이곳이 수도로 정해진 것이다. 몽골의 쿠빌라이 칸(忽必烈汗)
때 다시 연경(燕京)이라 부르다가 지원(至元) 원년(1264)에 다시 중도(中都)
라 불렀고 몽골이 금나라를 멸망시킨 다음 해(1272)에는 대도(大都)로 고치
었다.
　그 후 명(明)의 홍무(洪武) 원년(1368)에는 대도로(大都路)를 북평부(北平

---

[54] 北京語의 형성 과정을 보면 북방의 소수민족인 契丹, 女眞, 蒙古, 滿族
　등이 장기간 北京官話區를 지배하였다. 이들은 모두 알타이어족에 속하
　는데 그들의 언어가 북경어의 형성과 발전에 적지 않은 영향을 끼쳤을
　것으로 추정된다(林燾, 1987:168).

府)로 고치었고 영락(永樂) 원년(1403)에 순천부(順天府)를 설치하면서 북경 (北京)이라 고치었다. 명대(明代) 이후에는 이곳을 '대도(大都)'라고 부른 일 이 없다. 따라서 〈原老〉에서 모두 북경을 '대도(大都)'로 표시한 것은 이 자료가 원대(元代)에 편찬된 것임을 말한다. 한편 성종 조에 명대(明代) 관 화(官話)로 개정된 〈老朴〉에서도 '大都'가 한 곳 남아있으며 '셔울'로 언해 되었다.[55] 이것은 〈박통사〉의 인신매매계약서(人身賣買契約書)에 나오는 대목인데 수정하는 과정에 '大都'를 미처 수정하지 못한 것으로 보인다.

② 順承門 〉 順城門

〈原老〉의 '順承門'은 원대 북경 성문(城門)의 이름이며 〈飜老〉에서 '順 城門'으로 바뀌었다. 이것은 명대(明代)에 북경의 성문(城門) 이름을 바꾼 것이다. 그리하여 〈原老〉와 〈飜老〉의 예문이 다음과 같이 다르게 되었다.

咱每則投順承門關店裏下去來(〈原老〉 3뒤)
咱們往順城門官店裏下去來 – 우리 順城門 윗뎜에 가 브리엿져
(〈飜老〉 上 11앞)

在順承門關店街北一箇車房裏下著有(〈原老〉 21뒤)
在順城門官店街北一箇車房裏下着 – 順城門官店 거릿 븍녁 흔 술윗지븨
브리여 잇노라(〈飜老〉 下5뒤)

이 예를 보면 〈原老〉에서는 '순승문(順承門)'이 〈刪老〉에서는 '순성문(順 城門)'으로 바뀐 것을 알 수 있다. 북경 성문(城門)에 관하여는 〈박통사〉와 그 언해에 보다 자세한 내용이 나온다.

....

[55] 해당 부분을 옮겨보면 "大都某村住人錢小馬 셔울 아모 촌의 사는 사롬 錢小馬ㅣ(〈朴諺〉 中 9 뒤)"과 같다.

北京外羅城 有九座門 南有正陽門宣武門崇文門 東有朝陽門東直門 北有安定門德承門 西有阜城門西直門 這門裡頭 舊名正陽是午門 宣武是順城門 崇文是哈噠門 朝陽是齊華門 阜城是平則門 — 北京外 羅城에 九座門이 이시니 南에 正陽門·宣武門·崇文門이 잇고 東에 朝陽門·東直門이 잇고 北에 安定門·德勝門이 잇고 西에 阜城門·西直門이 이시니 이 門ㅅ듕에 녜 일홈이 正陽은 이 午門이오 宣武는 이 順城門이오 崇文은 이 合噠門이오 朝陽은 이 齊華門이오 阜城은 이 平則門이니라

(〈朴諺〉下 49뒤, 50 앞)

이상의 북경 밖 나성(羅城)에 대한 설명에서 북경의 성문의 이름이 나열되었는데 모두 명대(明代)의 명칭이고 구명(舊名 — 녜 일홈)이라고 한 것 가운데 '順城, 齊華, 平則' 등은 『원사(元史)』 「지리지(地理志)」와 『남촌철경록(南村輟耕錄)』(권21)의 '궁궐제도(宮闕制度)' 조에서 원대(元代)의 명칭으로 기록되어 있다. 이 두 문헌에서는 '順城(순성)'이 '順承(순승)'으로, '齊華(제화)'가 '齊化(제화)'로 되어 있으며(朱德熙, 1958:72) 이것은 〈原老〉의 명칭과 일치하다.

③ 東京城, 遼陽城 〉 遼東城

〈原老〉의 '東京城(동경성)·遼陽城(요양성)'은 〈刪老〉에서는 모두 '遼東城(요동성)'으로 바뀌었다.

小人姓王 在東京城裏閣北街東住(〈原老〉13앞)
小人姓王 在遼東城裏住 小人의 셩은 王개로니 遼東 잣 안해셔 사노라

(〈飜老〉上 44뒤)

我在遼陽城裏住(〈原老〉24앞)
我在遼東城裏住 내 遼東 잣 안해셔 사노라(〈飜老〉下 15뒤)

이상의 예문에 나오는 지명은 모두 현재 요양시(遼陽市) 일대를 지칭하는 것으로 보인다. 이 지역은 역사적으로 연(燕) 나라 때는 '요동군(遼東郡)'이었고 서진(西晉) 시대에는 '요동국(遼東國)'이었으며 거란(契丹)의 천현(天顯) 13년(938)에 이곳에 '요양부(遼陽府)'를 설치하였다. 요대(遼代)에는 이를 '동경도(東京道)'라 하였으며 금대(金代)에는 '동경로(東京路)'로 바꾸었고 원대(元代)에는 '요양로(遼陽路)'로 개명하였다. 명대(明代) 홍무(洪武) 4년(1371)에 '정요도위(定遼都衛)'를 설치하였고 홍무 8年(1375)에 이를 '요동도사(遼東都司)'로 고치었다. 따라서 '동경(東京)'과 '요양(遼陽)'은 원대(元代)의 지명이고 요동(遼東)은 명대(明代)의 지명임을 알 수 있으며 이에 대하여 〈노박집람(老朴集覽)〉에서도 다음과 같이 기술하고 있다.

遼陽; ≪遼誌≫云: 舜分冀東北爲幽州, 卽今廣寧以西之地, 靑東北爲營州, 卽今廣寧以東之地, 周武王封箕子於朝鮮是其地也. 卽古肅愼氏地, 遼置遼陽路, 元改爲東京路, 尋復遼陽路, 今置遼東都指揮使司. — 요양(遼陽):「요지(遼誌)」에 의하면 순(舜) 나라 때 기주(冀州)의 동북부을 갈라서 유주(幽州)를 설치하였는데 바로 지금의 광녕(廣寧) 서쪽 지역이다. 그리고 청주(靑州) 동북 지역에 영주(營州)를 설치하였는데 곧 지금의 광녕(廣寧) 동쪽 지역이다. 주(周) 무왕(武王)이 기자(箕子)를 조선(朝鮮)에 봉한 곳이 바로 이곳으로서 고대(古代) 숙신씨(肅愼氏)의 지역이다. 요(遼) 나라 때 요양로(遼陽路)를 설치하였고 원(元) 나라 때 동경로(東京路)로 고치었다가 다시 요양로(遼陽路)로 회복되었다. 현재는 요동도지휘사사(遼東都指揮使司)를 설치하였다(〈朴覽〉上 4앞).

이 외에도 〈原老〉에는 '직동(直東)', '직남(直南)'과 같은 말도 나타나는데 〈飜老〉에서는 각기 '요동(遼東)'과 '산동(山東)'으로 표시되었다.

④ 中統鈔 〉白銀, 官銀

〈原老〉의 화폐 명칭인 '중통초(中統鈔)'가 〈刪老〉에서는 '백은(白銀), 관은(官銀)'으로 바뀌었다. 예를 들면 다음과 같다.

兩言議定價錢 中統鈔七定(〈原老〉 24뒤)
兩言議定 時值價錢 白銀十二兩 두 녁 말로 의뎡ᄒ야 시딕갑스로 시푼은
열두 량애 ᄒ야 (〈飜老〉 下 16뒤)

如先悔的罰中統鈔一十兩(〈原老〉 24뒤)
如先悔的 罰官銀五兩 ᄒ다가 몬져 므르리란 구의나깃 은 닷 량을 벌로
내여(〈飜老〉 下 17앞)

'중통(中統)'은 원 세조(忽必烈汗)의 연호(1260~1263)다. 세조는 1264년에
연호(年號)를 다시 지원(至元)으로 고쳤으며 지원 16년(1279)에는 남송(南宋)
을 멸하고 중국을 통일한 다음 국호를 원(元)이라 하였다. '중통초(中統鈔)'
는 원 세조 중통(中統) 연간에 제조된 지폐의 이름이다. 이에 관하여는
〈老朴集覽〉에도 언급되었다. 즉,

전초(錢鈔): '전(錢)'은 '금백(金帛)'의 이름이다. 고대에는 '천(泉)'이라 하였
으나 후대에는 주조(鑄造)한 것을 '전(錢)'이라고 하였다. 옛날에는 천재
(天災)를 입으면 조정에서 재해의 경중에 따라 돈을 나누어줌으로써 백
성의 어려움을 구제하였다. 왕조(王朝)가 다름에 따라 주조한 돈의 무게
는 각기 다르다. '초(鈔)'는 지폐(楮幣)이다. [지폐는] 촉(蜀)의 '교자(交子)'
로부터 시작되었는데 당대(唐代)에는 '비전(飛錢)'이 있었고 원대(元代)에
이르러는 '중통원보(中統元寶)'가 있었다. '교초(交鈔)'는 유통되는 '보초
(寶鈔)'의 이름이다"(〈朴覽〉 上 13 앞).[56]

....
[56] 원문을 옮겨보면 "錢鈔; 錢者金帛之名. 古曰泉, 後鑄而曰錢. 古者天降災
戾, 於是乎量資幣權輕重以救民困, 代各鑄錢輕重不一. 鈔楮幣也, 始於
蜀之交子唐之飛錢, 至元朝有中統元寶, 交鈔通行寶鈔之名."과 같다.

이라 하여 '중통초(中統鈔)'가 원대의 지폐 명칭이었음을 알 수 있다. 물론 이 돈은 명대(明代)에는 사용될 수가 없었으며 따라서 〈刪老〉에서는 "백은 (白銀), 관은(官銀)" 등의 명대 화폐로 바뀌게 된 것이다.

⑤ 乖驕馬 〉 劣馬

〈原老〉의 '괴교마(乖驕馬)'가 〈刪老〉에서는 '열마(劣馬)'로 교체되었다. 예를 들면 다음과 같다.

懷駒馬, 環眼馬 乖驕馬 (〈原老〉 22 뒤)
懷駒馬, 環眼馬 劣馬 삿기빈, 물, 골회눈이, 굴외는 물 (〈飜老〉 下 9 앞)

이 예에서 '괴교마(乖驕馬)'는 "불량한 말 또는 다루기 어려운 말"이라는 의미로서 현대 북경어에서는 사용되지 않으며 같은 의미의 열마(劣馬)는 지금도 여전히 사용되고 있다. 이 용어에 대해서는 〈老朴集覽〉에서 자세히 설명하고 있다. 여기서는 '열마(劣馬)'에 대한 해석을 하면서 구본(舊本)에서는 '乖驕馬'라고 하였음을 분명히 밝히고 있다.

> 劣馬; 劣作跞, 是蹶跞, 跳踉貌. 漢人謂不馴難御之馬曰劣馬. ≪舊本≫作乖驕馬, 亦謂不循軌度也. – 劣馬: '劣'은 '跞'과 같은 글자로서 뒷발질하고 날뛰는 모양을 의미한다. 한인(漢人)들은 온순하지 않고 부리기 어려운 말을 '열마(劣馬)'라고 한다. 구본(舊本)에서는 '괴교마(乖驕馬)'라고 하였다. 궤도에서 벗어나는 것을 의미하기도 한다. – 〈老覽〉 下 1 앞.

⑥ 伴當 〉 大哥, 火伴

먼저 '伴當 〉 大哥'를 살펴보면 '반당(伴當)'은 '옆에 데리고 다니는 하인' 또는 '동료'를 가리키던 말로서 현대 중국어에서는 사용되지 않는다. '대가 (大哥)'는 본래 '맏형'이라는 뜻으로서 동년배의 남자에 대한 존칭으로 지금도 두루 사용되고 있다. 이 용어는 노걸대의 첫 구절에 나오는 말로서 현존본 노걸대 중에서는 〈新老〉에서 '阿哥'로 고쳐진 것 외에 모두 '大哥'로 시작이 되었다.

그러나 새로 발견된 노걸대에서는 '伴當'으로 되어 있어 우리의 주목을 끌고 있다. '伴當'에 대하여 〈老朴集覽〉에서는 "伴當; ≪質問≫云 : 軍職官, 跟隨儀從人謂之伴當, 三日一換. 當去聲.(〈朴集 上〉 14뒤)ー반당(伴當)은 「질문(質問)」에 의하면 군직관(軍職官)으로서 수행하는 사람을 '伴當'이라 하는데 3일(日)에 한번 씩 교체한다고 한다. '當'은 去聲이다ー"라고 설명되었다. 이 예를 각기 〈原老〉와 〈飜老〉에서 찾아보면 다음과 같다.

　伴當 您從那裏來(〈原老〉 1앞)
　大哥 你從那裏來 큰형님 네 어드러로셔브터 온다(〈飜老〉 上 1앞)

다음으로 '伴當 〉 火伴'을 살펴보기로 한다. '火伴'은 '伙伴'이라고도 하는데 옛 병제(兵制)에서 열 명이 한 조를 이루어 취사를 한 데서 생겨난 말로서, '동료'의 뜻으로 지금도 사용되고 있다. 이 예를 〈原老〉와 〈飜老〉에서 찾아보면 다음과 같다.

　俺有一箇伴當落後了來(〈原老〉 1앞)
　我有一箇火伴 落後了來 내 흔 버디 뗘디여 올식(〈飜老〉 上 1뒤)

⑦ 僕奴 〉 伴當

흥미로운 것은 〈飜老〉에서도 '伴當'이 사용된 용례를 찾아 볼 수 있는데 이상의 예문과는 달리 〈原老〉에서는 '노복(奴僕)'의 의미로 사용되었다. 예를 들면 다음과 같다.

　騎著鞍馬 引著僕奴(〈原老〉 34-2)

騎着鞍馬 引着伴當 물 트고 번당 드리고(〈飜老〉下 53-2)

이상과 같은 현상은 〈飜老〉를 간행할 당시 '伴當'이 '하인'의 의미 외에 '동료'(벗)의 의미로는 이미 사용되지 않고 있었음을 짐작할 수 있다.

⑧ 田地 〉 地面

〈原老〉에서는 '田地'가 '地域'(地區)의 의미로 사용되었으나 현대 중국어 에서는 '田畓'의 의미로만 사용되고 '地域'의 의미로는 '地面'이 사용되고 있으며 이것은 이미 〈飜老〉에서도 같은 뜻을 가졌다.

咱高麗言語只是高麗田地裏行的(〈原老〉2앞)
我高麗言語 只是高麗地面裏行的 우리 이 高麗ㅅ말소믄 다믄 高麗ㅅ짜
　　해만 쓰는 거시오(〈飜老〉上 5 뒤)

過的義州漢兒田地裏來都是漢兒言語(〈原老〉2앞)
過的義州 漢兒田地裏來 都是漢兒言語 義州 디나 中朝 짜해 오면 다 漢語
　　ᄒᆞᄂᆞ니(〈飜老〉上 5뒤)

⑨ 一壁 〉 一邊

〈原老〉에서는 '一壁'이 "一쪽"(녁)의 의미로 사용되었는데 현대어에서 는 '벽'의 의미로만 사용되고 "一쪽"의 의미로는 〈飜老〉와 같이 '邊'을 사용하고 있다. 예를 들면 다음과 같다.

㉮ 這壁 〉 這邊(이 녁)
　　到東京這壁廂厮合著(〈原老〉21뒤)
　　到遼東這邊合將他來 遼東 이녀긔 와 모다 오라(〈飜老〉下 6앞)

㉯ 那壁 〉 那邊(뎌 녁)

到那壁有二十里地無人家(〈原老〉 3뒤)

那邊有二十里地 沒人家 뎌 녀긔 △십 릿 짜해 人家ㅣ 업스니라

(〈飜老〉 上 10앞)

㈐ 東壁 〉 東邊(동녁)

兀的東壁上有箇稍房子空者裏 你看去(〈原老〉 19앞)

那東邊上有一間空房子 你看去 뎌 동녁 겨틔 흔 간 뷘 방 잇ᄂᆞ니 네
보라 가라(〈飜老〉 上 67앞)

㈑ 南壁 〉 南邊(남녁)

兀那西南角上芭子門南壁小板門兒便是(〈原老〉 20 뒤)

那西南角上芭籬門南邊小板門兒便是 뎌 西南모해 바ᄌᆞ문 남녁 죠고맷
널문이 긔라(〈飜老〉 하 1 뒤)

⑩ 帖落 〉 洒子에 대하여는 '5.3 {원본(原本)}『노걸대(老乞大)』의 원대(元
代) 한어(漢語)'에서 상론하겠으므로 여기서는 생략한다.

⑪ 명사 접미사 每 〉 們

명사의 복수접미사로 〈原老〉에는 예에서 볼 수 있는 것과 같이 '每'였으
나 〈飜老〉 등 후대의 한학서에서는 '們'으로 바뀌었다. 〈原老〉의 '每'에
대하여는 이미 〈老朴集覽〉에서 "每; 本音上聲, 頻也. 每年, 每一箇. 又平
聲, 等輩也. 我每·咱每·俺每 우리, 恁每·你每 너희. 今俗喜用們字(
〈單〉 1 앞)―'매(每)'는 본음이 상성(上聲)이고 "빈번하다"이다. [예를 들면]
'每年―해마다', '每一箇―하나씩'과 같다. 또는 평성(平聲)으로 읽으면 등
배(等輩. 같은 무리)'와 같은 의미를 나타낸다. [예를 들면] 我每(우리들), 咱每
(우리들, 청자 포함), 俺每(우리들). 恁每(당신들), 你每(너희들) 등과 같다. 지금
은 일반적으로 '們'자를 즐겨 쓴다―"라고 하여 '每'가 복수접미사로 쓰였
음을 말하고 그의 신본(新本), 즉 산개(刪改)본에서는 이미 '每'가 '們'으로

바뀌었음을 증언하고 있다. 실제로 〈原老〉와 〈飜老〉에서는 다음과 같이
교체되었다.

別人將咱每做甚麼人看(〈原老〉2앞)
別人將咱們 做甚麼人看 다른 사르미 우리를다가 므슴 사르몰 사마 보리오
(〈飜老〉 上 5 뒤)

漢兒小廝每 哏頑(〈原老〉 2 앞)
漢兒小廝們 十分頑 漢兒 아히둘히 ᄀ장 굴외거니와(〈飜老〉 上 7 앞)

俺這馬每不曾飮水裏(〈原老〉 9 앞)
我這馬們不曾飮水裏 우리 이 물둘히 믈 아니 머것더니(〈飜老〉 上 31 앞)

복수의 의미로 '們'이 사용되기 시작한 것은 송대(宋代)부터였으며 '懣
(滿), 瞞, 門(們)' 등의 형태로 나타난다. 원대(元代)에 이르러서도 '們'이 부
분적으로 사용되었으나 대부분은 '每'로 바뀌었다. 그러다가 명대(明代) 중
엽부터 다시 '們'의 사용이 많아지기 시작하였다. 이처럼 송(宋)·원(元)·
명대(明代)에는 '們 〉 每 〉 們'의 형태로 반복되는 과정을 거쳤으며 그 원인
에 대해서는 정확히 밝혀지지 않고 있다. 주목되는 것은 원대에 이르러
북방계 관화(官話)가 표준어로 되면서 '每'가 통용되었지만 남방계 관화(官
話)에서는 여전히 '們'을 사용하였으며 원대 이후에는 또한 북방계 관화에
서 '每'가 점차 사라지게 되었다는 것이다(呂叔湘, 1985:54).

2) 대명사의 차이
〈原老〉와 〈刪老〉에서 대명사도 많은 차이를 보이고 있다. 우선 인칭대
명사에서 '가. 俺 〉 我, 나. 俺 〉 我們, 다. 恁 〉 你'의 변화가 있었고 지시
대명사에서 '가. 兀那 〉 那, 나. 兀的 〉 這的 〉 這, 다. 阿的 〉 這的'의
차이가 보이며 의문 대명사로서 '怎生 〉 怎的'이 있다. 이에 대하여서도

다음 '5.3 {원본(原本)}『노걸대(老乞大)』의 원대(元代) 한어(漢語)'에서 상론하겠으므로 여기서는 생략하겠다.

3) 동사의 차이

동사의 사용에서도 〈原老〉와 〈飜老〉는 현저한 차이를 발견할 수 있다. 따라서 수정의 폭 또한 적지 않았음을 알 수 있다. 그 용례들을 살펴 보면 〈飜老〉의 것은 현대 북경어와 거의 일치하나 〈原老〉의 것은 현재 문어(文語)나 고어체(古語體)에서만 일부 사용되는 것을 제외하고는 전혀 사용되지 않는 것들이 많다. 예를 들어 보자.

① 道 〉 說
〈原老〉의 '道(말하다)'는 〈刪老〉에서 '說'로 바뀌었다.

　那話怎敢道(〈原老〉 1앞)
　那話怎敢說 그 마를 엇디 니르리오(〈飜老〉上 2앞)

　你道的是(〈原老〉 3 뒤)
　你說的是 네 닐오미 올타(〈飜老〉上 11앞)

② 過 〉 切
'過(썰다)'는 '切'로 교체되었다.

　這伴當你過的草忒粗(〈原老〉 6 앞)
　這火伴你切的草忒粗 이 버다 네 사ᄒ 논 딥피 너므 굵다(〈飜老〉上 19 뒤)

③ 覷 〉 看
'覷(보다)'는 '看'으로 교체되었다. 〈原老〉에서 '覷'는 4번 등장하는데 〈原

老)의 '25 앞과 '37 앞'에 보이는 예는 생략하고 2개의 예만을 들기로 한다.

　覷那射著的弓手(〈原老〉 9 앞)
　看那射着的弓手　그 살마즌 弓手를 보니(〈飜老〉 上 30 뒤)

　我覷了也(〈原老〉 22 앞)
　我看了也　내 보과라(〈飜老〉 下 8 앞)

　④ 索 〉 要

　'索(－하려고 하다)'는 '要'로 바뀌었다. '索'에 대하여는 〈老朴集覽〉에 "索;
求也. 索價錢 갑 받다. 又鄕習傳解曰빈 쇠오다. 亦通, 又須也. 不索, 今皆
罕用.(〈單〉 4-2)－색(索)은 '구하다'라는 뜻이다. [예를 들면] '索價錢-갑을
받다' 등과 같다. 또 본국에서 전습(傳習)되는 해석에는 '빈 쇠오다(값을 부르
다)'와도 통한다. 또는 '해야 한다'이다. '不索(해서는 안된다)'은 이제는 모두
잘 쓰지 않는다－"라고 하여 이때에 이미 잘 쓰지 않음을 말하고 있다.
이러한 예는 〈原老〉에 모두 5번 등장하지만 '11 뒤, 19 뒤, 25 뒤'의 예는
생략하고 앞에 두 예를 들면 다음과 같다.

　咱每又無甚忙勾當 索甚麼早行(〈原老〉 9 앞)
　咱們又沒甚麼忙勾當 要甚麼早行 우리 아무란 밧븐 일 업거니 므스므려
　　　일 녀리오(〈飜老〉上 30 뒤)

　也索投人家尋飯喫裏(〈原老〉 12 뒤)
　也要投人家尋飯喫裏 쏘 人家로 드러가 밥 어더 머글 거시니
　　　　　　　　　　　　　　　　　　　　　(〈飜老〉 上 44 앞)

　⑤ 濁踐 〉 攪擾
　'濁踐(폐를 끼치다)'는 '攪擾'로 바뀌었다.

主人家哥 小人這裏溺踐了 姓也不曾問(〈原老〉 12 뒤)
主人家哥 小人這裏攪擾了 姓也不曾問 쥬신 형님 小人이 예 와 널이亽오
더 셩도 묻줍디 아니ᄒ얏다니(〈飜老〉 上 44 앞)

⑥ 儘敎 〉 罷罷

'儘敎(그리 하자/내버려 두다)'(7 앞, 20 앞, 18 뒤)는 모두 '罷罷'로 바뀌었다.
이에 대하여는 역시 〈老朴集覽〉에 "儘; 讓也, 任也. 儘他 제게 다와두라,
儘讓 뎌긔 미다. 又縱令也, 儘敎 므던타. 又儘一儘 지긔우다. 又儘船 빗
ᄀ장(〈單〉 5 앞)—儘은 '양보하다', '맡기다'이다. 儘他는 '그에게 맡기다',
儘讓는 '양보하다'. 또는 '방임하다'이다. 儘敎는 '무던하다', 또 儘一儘'은
'지졉게 하다', 또 儘船은 '뱃가장(배고물)이다'—"라는 설명이 있어 그 뜻을
짐작할 수 있다.

恁與俺做些箇粥如何 儘敎(〈原老〉 15 뒤)
你與我做些箇粥如何 罷罷 네 나를 져기 죽 쑤워 주디 엇더ᄒ뇨? 두워 두워
                                                    (〈飜老〉 上 55 앞)

客人每熱喫那凉喫 儘敎 休旋去 俺則凉喫(〈原老〉 18 앞)
客人們 熱喫那凉喫 罷罷 休旋去 我只凉喫 나그내네 더위 머글다? ᄎ니
    머글다? 두워 두워 데우라 가디 말라 우리 ᄎ니 머구리라
                                                    (〈飜老〉 上 63 뒤)

⑦ 將 〉 拿

'將(가지다)'은 '拿'로 교체되었다.

敎小孩兒將些箇燈來(〈原老〉 16 앞)
敎小孩兒 拿箇燈來 아희 ᄒ야 둥잔ᄲᆯ 가져 오게 ᄒ고라
                                                    (〈飜老〉 上 56 앞)

主人家的東西 休錯將去(〈原老〉 16 뒤)
主人家的東西 休錯拿了去 쥬싄짓 거스란 그르 자바가디 말라

(〈飜老〉 上 58 뒤)

⑧ 戰張 〉 纏張

‘戰張’은 ‘纏張’로 바뀌었다. 〈老朴集覽〉에서는 “纏張;《音義》云: 纏去聲, 纏張猶言雜談. 舊本書作戰張.(〈老覽〉 上 2뒤)－‘纏張’은「음의(音義)」에 의하면 ‘纏’은 거성(去聲)으로 발음한다. ‘纏張’은 ‘잡담(雜談)’과 같은 의미이다. 원본에서는 ‘戰張’으로 표기하였다－”라는 기사가 있어 〈原老〉에서 ‘戰張’으로 사용되었음을 알 수 있다.

休則管的戰張(〈原老〉 15앞)
休只管的纏張 술이여 힐후디 말라(〈飜老〉 上 52앞)

⑨ 褒彈 〉 包彈

‘褒彈(흠잡다)’는 ‘包彈’로 바뀌었다. 이에 대하여 〈老朴集覽〉에서는 “褒彈; 褒作包是[57].《事文類聚》云: 包彈者, 以包孝肅公多所抨彈, 故云耳. 今按, 包孝肅公名拯, 性剛直不撓, 其所彈劾不避權勢, 故時人呼爲包閻羅. 日關節不到有閻羅包老.(〈朴覽〉 中 7-2)－포탄(褒彈)의 ‘褒’는 ‘包’로 하는 것이 옳은 것이다. 『사문유취(事文類聚)』에 의하면 ‘포탄(包彈)’은 포효숙(包孝肅) 공(公)[58]이 탄핵(彈劾)을 많이 하였기에 일컫는 말이다. 지금 생각

....

[57] 〈朴諺〉 中(37-2)의 夾註에는 “駁作包是”로 되어 있고 〈老諺〉 下(28 앞, 58 앞)에서는 세 번, 〈朴諺〉 中(37-2)에서는 두 번 사용되었는데 모두 ‘駁彈’으로 되어 있다. 이것은 〈朴諺〉 이전의 〈老朴〉에서 漢語文이 서로 일치하지 않은 극히 드문 용례에 속한다.
[58] 包拯은 北宋 시기 사람으로서 仁宗 때 監察御史를 지내었다. 開封府 知事로 부임되었을 때 청렴하고 권세에 아부하지 않으며 엄하게 법을 집행하기로 소문이 났다. 일명 ‘包靑天’이라고도 부른다.

하건대 포효숙(包孝肅) 공은 이름이 증(拯)인데 성격이 강직하여 탄핵하는데 권세를 피하지 않았으므로 당시 사람들은 '포염라(包閻羅)'라고 불렀고 '염라(閻羅) 포로(包老)가 있는 곳에는 비리가 통하지 않는다'고 말하였다 ―"라고 하여 포탄(襃彈)이 포탄(包彈)으로 바뀌었음을 알 수 있다.

　這弓你却是强襃彈(〈原老〉 28 앞)
　這弓你却是胡包彈 이 화를 네 쏘 간대로 흐나므라ᄂ다(〈飜老〉 下 31 앞)

　織的又鬆哏不好有 買的人多少襃彈(〈原老〉 36 뒤)
　織的又鬆 却不好 買的人 多少包彈 뽐도 쏘 얼믜오 쏘 됴티 아니타 살
　　사롬이사 그믄뎌믄 흐나므라려 (〈飜老〉 下 62 앞)

⑩ 邀 〉 赶
'邀(몰다)'는 〈刪老〉에서 '赶'로 교체되었다.

　你邀過馬來 在一處者(〈原老〉 16 뒤)
　你赶過馬來 在一處着 네 몰둘 모라다가 흔 더 잇게 흐라(〈飜老〉 上 58 앞)

⑪ 爨 〉 炒
'爨(볶다)'은 '炒'로 바뀌었다.

　咱每買些燒餅 爨些肉喫了 過去(〈原老〉 17 앞)
　咱們買些燒餅 炒些肉喫了 過去 우리 쇼빙 사고 고기 봇가 먹고 디나 가져
　　　　　　　　　　　　　　　　　　　　　　　(〈飜老〉 上 61 앞)

　俺四箇人爨著一兩半羊肉(〈原老〉 17-2)
　我四箇人炒着三十箇錢的羊肉 우리 네 사ᄅ미 돈 셜혼나챗 양의 고기 봇
　　고(〈飜老〉 上 61 뒤)

⑫ 供 〉 走

'供(걷다)'은 '走'로 바뀌었다.

  咱這馬每路上來每日供路子生受(〈原老〉 20 앞)
  咱這馬們路上來 每日走路子辛苦 우리 이 물둘히 길헤 오노라 미실 길
     둔녀 슈구ㅎ고(〈飜老〉 上 69 뒤)

⑬ 評 〉 第

'評(계산하다)'은 '第'으로 바뀌었다. 예를 들면 다음과 같다.

  這五箇好馬十箇歹馬恁評多少(〈原老〉 23 앞)
  這五箇好馬 十箇歹馬 你第多少 이 다숫 됴흔 말와 열 사오나온 물게 네
     언메나 곰혜는다(〈飜老〉 下 11 앞)

⑭ 有 〉 等候

'有(기다리다)'는 '等候'로 바뀌었다.

  恁都則這裏有者(〈原老〉 25 앞)
  你都只這裏等候着 너희 다 그저 예셔 기들우라(〈飜老〉 下 18 뒤)

  你都這裏有者(〈原老〉 25 뒤)
  你都這裏等候着 네 다 예셔 기들우라(〈飜老〉 下 20 뒤)

 4) 형용사
  형용사의 사용에 있어서도 〈飜老〉의 것은 현대어와 거의 일치하나 〈原
老〉에서는 현대중국어에서 전혀 사용되지 않는 다른 표현들, '爭, 生受,
細, 乖' 등을 사용하고 있음을 발견할 수 있다.

① 爭 〉 好

'爭(좋다)'은 '好'로 바뀌었다.

高麗小廝每較爭些箇(〈原老〉 2 뒤)
高麗小廝們較好些 高麗ㅅ 아히둘흔 져기 어디니라(〈飜老〉 上 7 뒤)

今日早晨纔喫了些粥 較爭些箇也(〈原老〉 30 뒤)
今日早晨 纔喫些粥 較好些了 오늘 아ᄎ미 ᄌ 죽 머구니 져기 됴ᄒ애라
(〈飜老〉 下 41 앞)

② 生受 〉 艱難, 辛苦

'生受'(15 뒤)는 '艱難(어렵다)', 또 다른 '生受'(20 앞, 21 뒤, 30 앞)는 '辛苦(수고하다)'로 바뀌었다.

㉮ 生受 〉 艱難
其實來今年生受(〈原老〉 15 뒤)
其實今年艱難 진실로 올히 간난ᄒ애라(〈飜老〉 上 54 앞)

㉯ 生受 〉 辛苦
教恁盡一日生受(〈原老〉 30 앞)
教你一日辛苦 너를 ᄒ야 홀롤 내내 슈고ᄒ게 ᄒ과이다
(〈飜老〉 下 35 앞)

③ 細, 小 〉 少

'細'와 '小'는 '少(적다)'로 바뀌었다.

㉮ 細 〉 少
這箇馬喫水細(〈原老〉 10 뒤)
這箇馬喫水少 이 ᄆᆞᆯ 믈 머기 쟉다(〈飜老〉 上 35 앞)

⑭ 小 〉 少

這水小 再打上一帖落者(〈原老〉 10 뒤)
這水少 再打上一洒子着 이 므리 쟉다 쏘 흔 드레만 기르라

(〈飜老〉 上 35 앞)

一世不小衣祿不受貧(〈原老〉 39 뒤)
一生不少衣祿不受貧 일싱애 옷 밥이 낟브디 아니ᄒ고

(〈飜老〉 下 71 앞)

④ 乖 〉 利害(厲害)

'乖(사납다)'는 '利害(厲害)'로 바뀌었다.

更恁這狗每乖(〈原老〉 15 뒤)
又你這狗子利害 쏘 네 이 가히 모디니(〈飜老〉 上 55 앞)

5) 부사

부사에서도 다른 표현들이 보인다.

① 哏 〉 十分, 忒

〈原老〉에서 발견되는 부사 '哏'은 〈刪老〉에서는 '十分, 忒' 등으로 바뀌었다. 원래 부사 '哏'에 대하여는 〈老朴集覽〉에 "哏; 極也, 哏好 ᄀ장 됴타. 今不用. 音흔, 匣母.(〈單〉 5 뒤) ― '哏'은 '매우'라는 뜻이다. '哏好'는 '가장 좋다'라는 뜻이다. 지금은 사용하지 않는다. 발음은 '흔'이고 갑모(匣母)이 다―"라는 설명이 있어 최세진 당시에 이미 사용되지 않았으나 그 뜻은 '매우', 또는 '가장'이었음을 알 수 있다. 또 太田辰夫(1991:211)에 의하면 '哏'은 정도 부사로서 '매우'의 뜻을 가졌으며 원대에 몽고인과 접촉이 많은 북방 한인(漢人)들 사이에 사용되던 속어라고 한다. 『원전장(元典章)』과 원곡(元曲)에서 이 부사의 사용을 발견할 수 있으며 그 후에는 '狠'으로

표기되다가 또 '很'으로 표기되었으며 현대어에서도 사용되고 있다.

   ㉮ 哏(가장) 〉十分

     漢兒小厮每哏頑(〈原老〉2 앞)

     漢兒小厮們 十分頑 漢兒 아히둘히 ㄱ장 굴외거니와(〈飜老〉上 7 앞)

     哏老有(〈原老〉22 앞)

     十分老了 ㄱ장 늙도다(〈飜老〉下 8 뒤)

   ㉯ 哏(너무) 〉 忒

     這橋梁橋柱比在前哏牢壯(〈原老〉11 뒤)

     這橋梁橋柱 比在前忒牢壯 이 ᄃ릿보와 기동둘히 아리 치와 견조면 너

       므 굳다(〈飜老〉上 39 앞)

   ② 把似(어쨌든) 〉 好歹

   부사 '把似'는 '好歹'으로 바뀌었다.

     你把似拖帶俺做伴當去不好那(〈原老〉2 뒤)

     你好歹拖帶我 做火伴去 네 모로매 나를 ᄃ려 번지어 가고려

                                   (〈飜老〉上 7 뒤)

   ③ 底似(너무) 〉 十分

   부사 '底似'는 '十分'으로 바뀌었다. 〈老朴集覽〉에서는 "底似; ㄱ장, 又
너므. 今不用.(〈累〉2 앞)－ '底似'는 '가장', 또는 '너무'의 뜻이다. 현재는
사용하지 않는다. －"라는 설명이 있고 또 "哏似; 上同, 今不用.(〈累〉2 앞)
－哏似'도 위와 같다. 현재는 사용하지 않는다. －"라는 설명이 있어 '哏
似'도 같은 뜻을 가졌으나 당시에 이미 사용되지 않았음을 알 수 있다.
'哏似'는 〈原老〉에서도 보이지 않는데 예를 들면 다음과 같다.

休要底似肥的(〈原老〉 6 뒤)

休要十分肥的 ᄀᆞ장 술지니란 말오(〈飜老〉上 21 앞)

你底似的休早行(〈原老〉 8 앞)

你十分休要早行 네 ᄀᆞ장 일 가기 말라(〈飜老〉上 26 뒤)

④ 更 〉 又, 還, 再

〈原老〉의 부사 '更(또, 다시)'은 '又, 還, 再'로 바뀌었다.

㉮ 更 〉 又(또)

人喫的也沒 更那裏將馬的草料來(〈原老〉 16 앞)

人喫的也沒 又那裏將馬的草料來 사름 머글 것도 업슨디 ᄯᅩ 어듸 가몰
　　머글 콩딥 가져오료(〈飜老〉上 56 앞)

俺更有人蔘毛施帖裏布(〈原老〉 20 앞)

我又有人蔘毛施布 내 ᄯᅩ 人蔘과 모시뵈 이셰라(〈飜老〉上 70 앞)

㉯ 更 〉 還(또)

恁外頭更有伴當麼(〈原老〉 12 앞)

你外頭還有火伴麼 네 밧긔 그려도 버디 잇ᄂᆞ녀(〈飜老〉上 42 앞)(12 앞)

後頭更有幾箇伴當 赶著幾箇馬來也(〈原老〉 19 앞)

後頭還有幾箇火伴 赶着幾匹馬來也 뒤헤 ᄯᅩ 여러 버디 여러 ᄆᆞᆯ 모라
　　오ᄂᆞ니(〈飜老〉上 67 앞)

㉰ 更 〉 再(또)

更有甚麼行貨(〈原老〉 20 뒤)

再有甚麼貨物 ᄯᅩ 므슴 쳔 잇ᄂᆞ뇨(〈飜老〉上 2 앞)(28 뒤)

⑤ 演裏 〉還

'演裏'는 '還(당시론, 아직)'으로 바뀌었다.

這裏到夏店演裏有十里來地(〈原老〉 13 뒤)
這裏到夏店 還有十里來地 에셔 夏店에 가매 당시론 十里ㅅ 짜히 이시니

(〈飜老〉 上 46 앞)

這裏到那裏演裏有七八里路(〈原老〉 17 앞)
這裏到那裏 還有七八里路 예셔 뎌 가매 당시론 칠파릿 길히 잇고나

(〈飜老〉 上 60 앞)

⑥ 則 〉只

'則'은 '只(그저)'로 바뀌었다.

或早或晚則那裏宿去(〈原老〉 3 뒤)
或早或晚 只那裏宿去 혹 이르거나 혹 늦거낫 듕에 그저 뎨 가 자고 가져

(〈飜老〉 上 10 앞)

⑦ 索 〉委實

'索'은 '委實(진실로)'로 바뀌었다.

我是索不要(〈原老〉 25 앞)
我委實不要 내 진실로 아니 호리라(〈飜老〉 下 19 앞)

⑧ 厮 〉相

'厮'는 '相(서로)'로 바뀌었다.

便是一箇父母生來的弟兄一般 厮相待厮顧盼著行(〈原老〉 32 앞)

便是一箇父母生的弟兄一般 相待相顧盼着行 곧 ᄒᆞᆫ 부모의게 난 형뎨와 ᄒᆞᆫ가지니 서르 딕졉ᄒᆞ며 서르 보슬펴 ᄃᆞ니라(〈飜老〉下 46 뒤)

若這般厮虛見當呵 便有十分病也減了五分(〈原老〉32 뒤)
若這般相看時 便有十分病也減了五分 이러ᄐᆞ시 서르 간슈ᄒᆞ면 곧 열 분 만ᄒᆞᆫ 병이라도 닷 분이나 덜리라(〈飜老〉下 47 앞)

⑨ 猶自 〉 還
'猶自'는 '還(역시)'로 바뀌었다.

這馬恰纔牙人定來的價錢 猶自虧著俺有(〈原老〉23 뒤)
這馬恰纔牙人定來的價錢 還虧着我了 이 ᄆᆞ리 앗가 즈르미 일뎡ᄒᆞᆫ 갑시 다하 내게 셜웨라(〈飜老〉下 12 뒤)

6) 전치사

〈原老〉의 전치사들이 〈刪老〉에서 바뀐 것이 있다. 예를 들면 전치사 '投'는 '往'(−로 향하여), 또는 '從'(−로부터)으로 변하였다.

① 投 〉 往

전치사 '投'가 '往(−로 향하여)'로 바뀌었다.

也不索你將投市上去(〈原老〉19 뒤)
也不須你將往市上去 ᄯᅩ 굿 네 가져 져제 가디 말오(〈飜老〉上 69 뒤)

恰纔出去了 投羊市角頭去了(〈原老〉20 앞)
恰纔出去了 往羊市角頭去了 앗가 갓 나가니 羊 져제 가니라
(〈飜老〉下 1 앞)

② 投 〉 從

'投'는 '從(-셔조차, -로부터)'로도 변하였다.

　　肛投水裏出來 旱地裏行不得 車子載著有(〈原老〉31 뒤)
　　船是從水裏出 旱地裏行不得 須要車子載著 빈는 므레셔조차 니고 무틔는
　　　돈니디 몯ᄒ야 모로매 술위로 시르며(〈飜老〉下 43 뒤)

7) 후치사

　〈原老〉의 후치사도 〈飜老〉에서 변한 것이 있다. 그 예를 살펴보면 다음과 같다.

① 行 〉 上

　〈原老〉에서 후치사 '行'은 〈飜老〉에서 '上'(-에게/-에게서), '前'(-앞에)으로 변하였다.

㉮ 行 〉 上(-에게/-에게서)
　　到學裏師傅行受了生文書(〈原老〉1 뒤)
　　到學裏 師傅上受了文書 학당의 가 스승님끠 글 듣줍고(〈飜老〉上 2 뒤)

　　將那頑學生師傅行呈著(〈原老〉2 뒤)
　　將那頑學生 師傅上禀了 굴외는 學生을다가 스승님끠 숣고(〈飜老〉上 7 앞)

㉯ 行 〉 前(-앞에)
　　吟詩罷師傅行講書(〈原老〉1 뒤)
　　吟詩罷師傅前講書 글 잎피 묏고 스승님 앒픠 글 강ᄒ노라(〈飜老〉上 3 앞)

　　到晚師傅行撤簽背念書(〈原老〉1 뒤)
　　到晚師傅前撤簽背念書 나죄 다듣거든 스승님 앒픠셔 사술 ᄲᅢ혀 글 외오기

ᄒᆞ야(〈飜老〉上 3 뒤)

〈原老〉에서는 [산개(刪改)]〈老朴〉에서 찾아 볼 수 없는 후치사 형태인 '行'이 사용된 것을 발견할 수 있다. '行'은 『원조비사(元朝秘史)』에서 활발히 사용되었는데 몽고어의 여러 가지 격 형태와 엄격한 대응을 하고 있는 것으로 분석된다. 즉 대격(-yi/-i), 여격(-a/e), 위격(-dür/-dur), 탈격(-ača/-eče), 속격(-yin, -un/-ün)의 형태로 사용된 용례를 『원조비사(元朝秘史)』의 대역문 (對譯文)에서 찾아 볼 수 있다(余志鴻, 1992:4).[59] 그리고 이러한 형태는 현대 한어의 일부 방언에서 그 흔적을 찾아 볼 수 있다. 예를 余志鴻(1988:60)에 서 들면 다음과 같다.

定襄話(山西)
他行你別想討上便意
(你別想從他那兒討上便意－너는 그에게서 이익을 챙기려 하지말라－)
你行我可不敢說謊
(我可不敢對你說謊－나는 너에게 감히 거짓말을 할 수 없다－)

② 根底 〉 上, 根前
원대 북경어에서는 몽고어의 영향으로 '根底'가 여격과 탈격으로 사용 되었는데 〈原老〉에서 후치사로 '根底'가 보이며 이것은 〈刪老〉에서 '上, 根前'으로 바뀌었다. 예를 들어 살펴보면 다음과 같다.

㋑ 根底 〉 上(－에게)
明日病疴了時 大醫根底 重重的酬謝也(〈原老〉 30 뒤)
明日病痊疴了時 太醫上重重的酬謝 러실 병이 다 됴커든 의원끠 만히 은

----

[59] 余志鴻(1987)에서는 몽고어 격조사의 로마자 표기를 翰. C. 斯垂特의 『蒙 古秘史的語言』(Street:1957)의 것을 그대로 답습하였으나 본고에서는 Poppe (1954)의 것에 따르기로 한다.

혜 갑고 샤례호리이다〈飜老〉下 41 앞)

ⓐ 根底 〉 根前(- 에게)[60]

俺一等不慣的人根前 多有過瞞有(〈原老〉 37 뒤)

我一等不慣的人根前 多有欺瞞 우리 흔가짓 닉디 몯흔 사룸의게 만히 소기ᄂ니(〈飜老〉 下 65 앞)

ⓑ 根底 〉 根底(-에게서)[61]

你誰根底學文書來(原老 1 앞)

你誰根底學文書來 네 뉘손디 글 비혼다(〈飜老〉 上 2 뒤)

이상 예문에서 사용된 '根底', '根前'은 모두 격의 의미를 나타내는 후치사의 형태로서 몽고어의 영향을 받은 북경어로 보인다. 몽고어에서는 후치사가 여격과 탈격의 역할을 하는데 『원조비사(元朝秘史)』의 몽고어 대역문에서는 '阿察'(-ača/-eče)을 '處'로, '迭/突兒'(-dur/-dür)를 '行'으로 표기하고 번역문(飜譯文)에서는 '根前' 또는 '根底'로 표현하였으며 이들은 각기 탈격, 여격, 위격 등의 의미를 나타내고 있다고 한다. 이것을 余志鴻(1992:7)에서 옮겨보면 다음과 같다.

注 音: 貼列　額蔑巴撒　勃端察兒　阿察　你刊可溫　脫列兀勒畢[62]

對譯文: 那　　婦人　再　(人名)　　處　一箇兒子　生　了

意譯文: 那婦人勃端察兒根前 再生一箇兒子(『원조비사(元朝秘史)』 41-923)

[60] '根前'에 대하여는 〈老朴集覽〉에도 설명이 있다. 즉 "根前 앏픠"의 설명 〈累〉(2 앞)은 '根前(앞에)'의 소재를 말하고 있으나 〈原老〉가 발견되어 이것이 몽고어의 영향을 받은 '根底'의 변화형임을 알 수 있게 되었다.

[61] '根底'와 '根前'의 차이에 대하여 〈老朴集覽〉에서는 "根底 앏픠 比根前稍卑之稱〈累〉(2 앞) ―'根底'는 앞에 있는 '根前'보다 약간 속된 표현이다―"라고 하여 이 시대에 이미 '根底'는 俗語化하고 있음을 증언하고 있다.

[62] 『원조비사(元朝秘史)』 41-37.

注　音: Ciledü qośiun qucili-s qariju tergen-dür-iyen ire-küy-lüe[63]
對譯文: (人名) 山嘴　裏過　回着 車子 自的行　來　了　呵
意譯文: (人名) 轉過一箇山嘴 回來到他妻車子根前

(『원조비사(元朝秘史)』 55-928)

이러한 형태는 또한 전치사와 결합되어 '於~根前', '對~根前', '在~根前', '向~根底'와 같이 사용되기도 하였다.

③ 上頭 〉 因此上(-까닭에)

후치사 '上頭'는 '因此上(-까닭에)'으로 바뀌었다. 〈老朴集覽〉에 "上頭; 젼ᄎ로, 今不用.(〈累〉2 앞)-'上頭'는 '까닭으로'라는 의미로 현재는 사용하지 않는다-"라는 주석이나 "因此上; 猶言上頭.(〈累〉2 뒤)-'因此上'은 '上頭'(까닭으로)와 같은 의미이다-"라는 주석은 '上頭'와 '因此上'이 같은 의미였음을 말하고 있다. 〈原老〉와 〈刪老〉의 변화를 예를 들어 살펴보면 다음과 같다.

底似的漢兒言語說不得的上頭 不敢言語(〈原老〉15 앞)
他漢兒言語說不得的 因此上不敢說語 제 漢語를 니ᄅ디 몯홀시 이런 젼ᄎ로 말 니ᄅ디 몯ᄒᄂ니라(〈飜老〉上 51 뒤)

田禾不收的上頭 俺也旋糶旋喫裏(〈原老〉15 앞)
田禾不收的 因此上 我也旋糶旋喫裏 뎐회 거두디 몯ᄒ니 이런 젼ᄎ로 우리도 즉재 밧고와다가 즉재 먹ᄂ니(〈飜老〉上 53 앞)

'因此上'은 원인을 나타내는 접속사의 형태이며 '上頭'는 '上'에 '頭'가 첨가된 형태로서 원인을 나타낸다. 모두 몽고어의 영향을 받은 후치사의 형태로 분석된다. 『원조비사(元朝秘史)』의 대역문에는 '禿剌'(tula)로 대응

....

[63] 『원조비사(元朝秘史)』 55-55

472 譯註 原本老乞大

되는데 이를 余志鴻(1992:6)에서 옮겨보면 다음과 같다.

注 音: 騰格裏因　札阿隣　札阿黑三　兀格　黍貼昆　禿剌[64]
對譯文: 天的　　　神告　　告了的　　言語　　明白的　上頭
意譯文: 天告你的言語 明白的上頭(『원조비사(元朝秘史)』 206 앞(13)

④ 呵 〉 時(－면) 가정의 의미

후치사 '呵'는 '時'(－면)으로 교체되었다. 이에 대하여 〈老朴集覽〉에서
는 "時; 猶則也. 古本用呵字, 今本皆易用時字, 或用便字.(〈單〉 5 앞)－'時'
는 '則'과 같다. 옛 책에서는 '呵'자를 사용하였는데 이번 책에서는 모두
'時'자로 바꾸거나 또는 '便'자를 사용하였다－"[65]라고 하여 옛 책의 '呵'를
이번 책에서 '時'로 교체하였음을 밝히고 있어 〈原老〉에서는 '呵'였음을
알 수 있다. 이를 〈原老〉와 〈刪老〉에서 찾아보면 다음과 같다.

　　身已安樂呵 也到(〈原老〉 1 앞)

....
[64] 『원조비사(元朝秘史)』 206-567.
[65] 〈老朴集覽〉에는 '呵'에 대한 『음의(音義)』의 주석을 옮겨놓았다. 이를 인
　　용하면 "《音義》云: 原本內說的[呵]字, 不是常談, 如今秀才和朝官是有
　　說的. 那箇'俺'字是山西人說的 '恁'字也是官話, 不是常談, 都塗'弔'了改
　　寫的. 這們助語的'那·也·了·阿'等字, 都輕輕兒微微的說, 順帶過去了
　　罷, 若緊說了時不好聽. 南方人是蠻子, 山西人是豹子, 北京人是태子, 入
　　聲的字音是都說的不同.－『음의(音義)』에 의하면 원본(原本)에서 사용한
　　'呵'자는 일상용어가 아니라고 하였다. 현재는 공부를 많이 한 사람(秀才)
　　이나 조정의 관리 중에 그 말을 사용하는 사람들이 있다. 그 '俺'자는 산서
　　인(山西人)이 사용하는 말이며 '恁'자 역시 관화(官話)로서 일상용어가 아
　　니므로 모두 지워버리고 고쳐서 쓴 것이다. 어조사인 '那', '也', '了', '阿'
　　등의 글자들은 가볍게 발음하여 지나가야 하며 만일 발음을 분명히 할
　　경우 듣기가 좋지 않다. 남방인(南方人)은 '蠻子', 산서인(山西人)은 '豹子',
　　북경인(北京人)은 '태子'라고 하는데 이들은 입성자(入聲字)의 발음을 각기
　　다르게 한다－"라고 하였다.

身已安樂時 也到 모미 편안ᄒᆞ면 가리라(〈飜老〉 上 2 앞)

旣恁賣馬去呵 咱每恰好做伴當去(〈原老〉 3 앞)
你旣賣馬去時 咱們恰好做火伴去 네 ᄒᆞ마 ᄆᆞᆯ ᄑᆞᆯ라 가거니 우리 벋지ᅀᅥ 가미 마치 됴토다(〈飜老〉 上 8 앞)

상술한 바와 같이 〈老朴集覽〉의 〈單〉에 의하면 '呵'는 옛 책에서 사용되었으나 이번 책에서는 모두 '時'나 '便'으로 바꾸었다고 하였는데 이것은 〈原老〉와 〈刪老〉의 관계와 일치한다. '呵'는 어기조사(語氣助詞)로 분석될 수도 있겠으나 예문이 보여 주는 바와 같이 가정의 의미를 나타내는 후치사 형태로 보는 것이 더욱 타당할 것이다. 이것은 몽고어에서 그 흔적을 찾아 볼 수 있는데 『원조비사(元朝秘史)』에 의하면 '阿速'(-[b]asu/esü)의 대역문으로 '呵'가 사용되었고 가정의 의미를 나타내고 있으며 '[b]'는 모음 뒤에서만 사용된다(余志鴻, 1992:3).

8) 조사

〈原老〉의 조사 가운데 몇 개가 〈刪老〉에서는 다른 것으로 교체되었다. 그 가운데 중요한 것은 '有'(종결어미)의 생략을 들 수 있으나 이에 대하여는 '5.3 {원본}『노걸대(老乞大)』의 원대(元代) 한어(漢語)'에서 고찰할 것임으로 여기서는 생략한다.

① 也 〉 了(종결 어미)

종결어미 '也'가 모두 '了'로 교체되었다. 예를 찾아보면 다음과 같다.

燒動火 暫霎兒熟也(〈原老〉 6 뒤)
燒動火 一霎兒熟了 블 디더두면 아니 한 ᄉᆞᅀᅵ예 닉ᄂᆞ니라
(〈飜老〉 上 22 앞)

兀的燈來也(〈原老〉 7 뒤)
這的燈來了 이 블 오나다(〈飜老〉 上 25 앞)

그러나 '也'를 그대로 유지한 곳도 있다. 예외도 있음(7 앞)

② 了也 〉 了
종결어미로 쓰여진 '了也'의 '也'가 탈락하여 '了'만이 남은 경우도 있다.

早修起了也(〈原老〉 8 앞)
早修起了 불셔 고텨 잇나니(〈飜老〉 上 26 앞)

這馬都飮了也(〈原老〉 11 앞)
這馬都飮了 이 물둘 다 머겨다(〈飜老〉 上 37 앞)

③ 也者 〉 了, 也, 着
종결어미 '也者'도 '了'나 '也', '着'으로 교체되었다.

㉮ 也者 〉 了
更著五箇日頭到也者(〈原老〉 3 뒤)
再着五箇日頭到了 열닷쇄만 두면 가리라(〈飜老〉 上 10 앞)

他有福分呵 官人也做也者(〈原老〉 31 앞)
他有福分時 官人也做了 저옷 복과 분곳 이시면 관원도 도의리라
(〈飜老〉 下 42 뒤)

㉯ 也者 〉 也
不立身成不得人 也是他的命也者(〈原老〉 31 앞)
不立身成不得人 也是他的命也 립신 몯ᄒ고 사ᄅᆞᆷ 도의디 몯ᄒ면 그도
제명이어니ᄯᆞ나(〈飜老〉 下 42 뒤)

㉣ 也者 〉 着

    從小來好敎道的成人呵 官人前面行也者(〈原老〉 31 앞)

    從小來好敎道的成人時 官人前面行着 져믄 적브터 됴히 フ르쳐 사룸

        도의면 관원 앏픠 둔니다가(〈飜老〉 下 42 앞)

④ 者 〉 着

  종결어미 '者'는 '着(종결 어미)'로 교체되었다. 이에 대하여는 '5.3 [원본] 『노걸대(老乞大)』의 원대(元代) 한어(漢語)'에서 상술됨으로 여기서는 생략 하기로 한다.

⑤ 那 〉 了, 麼, 阿

  〈原老〉의 조사 '那'는 〈飜老〉에서 '了, 麼, 阿'로 교체되었다. 이에 대하여 살펴보면 다음과 같다.

㉠ 那 〉 了(19 뒤, 21 앞)

    那伴當如今赶上來那不曾(〈原老〉 1 앞)

    那火伴如今赶上來了不曾 그 버디 이제 미처 올가 몯올가

                                    (〈飜老〉 上 1 뒤)

㉡ 那 〉 麼

    使不得呵 你肯要那(〈原老〉 18 뒤)

    使不得時 你肯要麼 쓰디 몯홀 거시면 네 즐겨 바둘다(〈飜老〉 上 66 앞)

    俺家裏書信有那沒(〈原老〉 21 앞)

    我家裏有書信麼 우리 지븨 유뮈 잇느녀(〈飜老〉 下 3 뒤)

    這參是好那夕(〈原老〉 35 앞)

    這參是好麼 이 삼이 됴흐냐(〈飜老〉 下 56 뒤)

㉣ 那 〉 阿[66]

你這店裏草料都有那沒(〈原老〉 5 뒤)

你這店裏草料都有阿沒 네 이 뎜에 콩딥 다 잇는가 업슨가

(〈飜老〉 上 17 뒤)

你高麗田地裏無井那怎麼(〈原老〉 10 뒤)

你高麗地面裏沒井阿怎麼 네 高麗ㅅ 싸해 우믈 업스녀 엇디오

(〈飜老〉 上 36 앞)

⑥ 來 〉 ○

〈原本〉의 '來'는 〈飜老〉에서 삭제되었다.

我夜來錯記了來(〈原老〉 17 앞)

我夜來錯記了 내 어제 그르 싱각ᄒ돗더라(〈飜老〉 上 59 뒤)

都忘了那裏記得來(〈原老〉 17 앞)

都忘了那裏記得 다 니즈니 어듸 싱각ᄒ야 이시리오(〈飜老〉 上 60 뒤)

9) 量詞

다음으로는 〈原老〉의 양사(量詞)가 일부 〈刪老〉에서 교체되었다. 이에 대하여 살펴보면 다음과 같다.

....

[66] 이에 대하여는 〈老朴集覽〉에 "那; 平聲, 音노, 推移也. 那一那 논힐후다. 上聲, 나, 何也. 那裏 어듸, 那箇 어늬. 又誰也. 那一箇 누고, 去聲 나, 那裏 彼處也, 那箇 뎌것. 又語助. 有那沒 잇ᄂᆞ녀 업스녀.(〈單〉 3 뒤)―'那'는 평성(平聲)으로는 발음이 '노'이며 '옮겨가다'의 뜻이다. [예를 들면] '那一那'는 '옮겨 놓다'라는 뜻이 된다. 상성(上聲)으로는 발음이 '나'이며 '무엇, 어디'라는 뜻이다. [예를 들면] "那裏 -어디, 那箇 -어느 것"과 같다. 또는 '누구'라는 뜻도 되니 "那一箇 - 누구"와 같다. 거성(去聲)으로는 음이 '나'이며 [예를 들면] "那裏 - 저기, 저곳"과 같다. 那箇'는 '저것', 또는 어조사이니 [예를 들면] "有那沒 -있느냐, 없느냐'와 같다―"라는 주석이 있다.

① 盞 〉 盃
'盞(잔)'은 '盃(배)'로 교체되었다.

　咱每聊且喫一盞酒(〈原老〉 21 뒤)
　咱們聊且喫一杯酒 우리 잠ㅅ간 흔 잔 먹져(〈飜老〉 下 6 뒤)

　一就和那親眷每一處喫一兩盞(〈原老〉 22 앞)
　一發和那親眷們 一處喫一兩盃 이믜셔 아숨돌조쳐 흔디셔 흔두 잔 수을
　머고리라(〈飜老〉 下 7 앞)

② 褁 〉 帖
'褁(척)'은 '帖'으로 교체되었다. 이에 대하여 〈老朴集覽〉에서는 "帖;
《音義》云: 十箇爲一帖.(〈老覽〉 下 4 앞)―'帖'은 『음의(音義)』에 의하면
'열 개'를 '一帖'이라고 한다―"라고 하여 '帖'이 수량사로서 '쌈'임을 알 수
있다.

　大針一百褁 小針一百褁(〈原老〉 38 앞)
　大針一百帖 小針一百帖 큰 바눌 일빅 쌈 세침 일빅 쌈(〈飜老〉 下 67 뒤)

③ 貼 〉 匣
'貼(첩)'도 '匣(갑)'으로 교체되었다.

　香搽粉一百貼(〈原老〉 38 뒤)
　面粉一百匣 분 일빅 하ᄉ(〈飜老〉 下 67 뒤)

④ 行 〉 次
'行'은 '次(번)'로 교체되었다. 예를 찾아보면 다음과 같다.

喫了時便動臟腑 動一兩行時(〈原老〉 30 뒤)

喫了時 便動臟腑 動一兩次時 머그면 장부 동ᄒᆞ야 흔두번 동ᄒᆞ면

(〈飜老〉 下 40 뒤)

10) 어순의 차이

이외에도 〈原老〉와 〈飜老〉 사이에는 어순(語順)에서 차이가 나는 것이 있다. 즉 수식어의 위치가 바뀐다든지 동사와 목적어의 위치가 바뀌는 현상이 있다. 먼저 수식어의 위치가 바뀐 예를 들면 다음과 같다(/가 바뀐 부분).

① 수식어의 도치

수식어가 〈原老〉와 〈飜老〉에서 서로 도치되었다.

爲那上遲了/來(〈原老〉 1앞)

因此上 來的/遲了 이러 젼ᄎᆞ로 오미 더듸요라(〈飜老〉 上 1뒤)

休在路邊淨手/下 明日著人罵(〈原老〉 11앞)

休在路邊淨手 明日着人罵 길ᄭᆞ애셔 뒤보기 말라 너일 ᄂᆞ민 구지람 든ᄂᆞ 니라(〈飜老〉上37뒤)

您底似的/休多索(〈原老〉 23앞)

你不要/十分多討 네 ᄀᆞ장 너므 바도려 말라(〈飜老〉 下 11앞)

我送到/你外頭去(〈原老〉 22앞)

我送你/到外頭去 내 너 보내라 밧ᄭᅴ 가마(〈飜老〉 下7앞)

② 서술어와 목적어의 도치

다음으로 서술어와 목적어의 위치가 바뀌었는데 예를 들어 살펴보면 다음과 같다.

俺家裏書信/有那沒 書信/有(〈原老〉21앞)
我家裏有/書信麼 有/書信 우리 지븨 유뮈 잇ᄂᆞ녀 유뮈 잇다(〈飜老〉下3뒤)

賣的好弓/有麼(〈原老〉27뒤)
有/賣的好弓麼 풀 됴흔 활 잇ᄂᆞ녀(〈飜老〉下 30뒤)

旣待去也 餘剩/有些鈔裏 閑放怎麼(〈原老〉26뒤)
旣要去時 我有些/餘剩的銀子 閑放着怎麼 ᄒᆞ마 가려 ᄒᆞ거니 내게 나믄
  은이 이시니 힘히미 두워 므슴 ᄒᆞ료(〈飜老〉下23뒤)

俺自穿的/不是 要將投鄉外轉賣(〈原老〉26뒤)
不是/我自穿的 要拿去別處轉賣 내 니부려 하ᄂᆞᆫ 주리 아니라 다ᄅᆞᆫ 디 가져
  가 옴겨 ᄑᆞ라(〈飜老〉下27앞)

俺買呵 買一兩箇自穿的/不是 一發買將去 要覓些利錢(〈原老〉36앞)
我買時 不是/買自穿的 一發買將去 要覓些利錢 내 사도 사 내 니블 거시
  아니라 흠믜 사 가져가 리쳔 언고져 ᄒᆞ뇨라(〈飜老〉下59뒤)

恁這馬是一主兒那 是各自的 一主兒的/不是 這四箇伴當是四箇主兒
  (〈原老〉24앞)
你這馬是一箇主兒的那 是各自的 (생략) 這馬是四箇主兒的 네 이 ᄆᆞ리
  흔 님자가 이 각각 치가 이 ᄆᆞ리 네 님자읫 거시니(〈飜老〉下15앞)

咱每爲父母心/盡了 不曾落後(〈原老〉31앞)
咱們盡了/爲父母的心 不曾落後 우리ᄂᆞᆫ 부모 도의여 잇ᄂᆞᆫ ᄆᆞᅀᆞᄆᆞᆯ 다 ᄒᆞ야
  ᄂᆞ미게 뼈디디 말 거시라(〈飜老〉下42뒤)

원대(元代)의 언어는 원나라 때에 대도(大都)를 중심으로 하여 사용되던
구어체 한어(漢語)로서 몽고어의 성분이 다분히 섞여 있는 직역체(直譯体)
한어이며 중원(中原)을 중심으로 사용되던 순수한 한어와는 많은 차이가

있는 것으로 보인다. 따라서 이러한 한어는 이른바 Pidgin English식 한어라고 할 수 있으며 그 특징을 〈노걸대〉에서 잘 반영하여 주고 있다고 말할 수 있다(林燾, 1987:168).

11) 削除·修訂

〈原老〉와 〈冊老〉 사이에는 원문이 완전히 삭제된 부분도 있고 대폭적으로 수정한 부분도 있다. 산개(刪改, 잘라내어 고치다)란 이름이 그래서 붙은 것이다. 고친 부분은 앞에서 논의하였으므로 여기서는 삭제만 고찰한다.

① 삭제

〈原老〉에 있었던 부분이 〈冊老〉에서는 완전히 삭제된 것이 있다.[67] 다음 〈原老〉의 예와 그에 해당하는 〈飜老〉의 예를 비교하여 보면 이러한 사실을 알 수 있다.

> 가. 俺這八十五定價錢裏 該多少牙稅錢 你自筭 一兩三分 十兩三錢 一百
> 兩該三兩 八十五定鈔計四千二百五十兩 牙稅錢各該著一百二十六兩
> 五錢(〈原老〉 25 앞)
> 我這一百零五兩 該多少牙稅錢 你自筭 一兩該三分 十兩該三錢 一百
> 零五兩 牙稅錢該三兩一錢五分(〈飜老〉 下 18앞)
>
> 나. 咱每鋪裏商量去來 這茶褐暗花鴉靑胸背 象牙底兒胸背 六花暗花遍

---

[67] 예를 들면 다음 부분은 〈冊老〉에서 완전히 삭제되었다.
① 兀的五兩鈔貼一兩半來 這一兩半沒些眉眼使的麽 好鈔有 你將去 這
鈔大都做料鈔使(〈原老〉 17뒤)
② 兀的一箇一兩半一箇五錢將去 這一兩半也昏你却休諕(〈原老〉 18뒤)
③ 達達家比喩說你了不得我傻儸有 那言語休說者(〈原老〉 31뒤)
④ 你則要一等料鈔時 每兩官除工墨三分 私下五分家出工墨也倒不出料
鈔來(〈原老〉 36뒤)

金荅子雲肩 暗花和織和素 紅綾生絹 紅裏絹綿 紬絲紬銷金段子披氈 氈 杉油單罟罟 裁帛腰線 鴉靑鴨綠柳靑 大紅小紅肉紅桃紅茜紅 銀褐 鵝黃金色茶褐麝香茶褐酒浸茶褐紫紵絲紅腰線襖子　這段疋你都看了 也　你端的待買甚麼段子(〈原老〉 26뒤)

　　咱們鋪裏商量去來 賣段子的大哥 你那天靑胸背 柳靑膝欄 鴨綠界 地雲 鸚哥綠寶相花 黑綠天花嵌八寶 草綠蜂赶梅 栢枝綠四季花 葱白 骨朶雲 桃紅雲肩 大紅織金 銀紅西蕃蓮 肉紅纏枝牡丹 閃黃筆管花 鵝 黃四雲 柳黃穿花鳳 麝香褐膝欄 艾褐玉塼堦 密褐光素 鷹背褐海馬 茶 褐暗花 這們的紵絲和紗羅都有麼 客人你要南京的那杭州的那蘇州的 那 大哥南京的顏色好又光細 只是不耐穿 杭州的經緯相等 蘇州的十 分澆薄 又有粉飾不牢壯 你有好綾子麼 你要甚麼陵子 我要官綾子 那 嘉興綾子不好 客官你要絹子麼 我有好山東大官絹 謙涼絹 易州絹 倭 絹 蘇州絹 水光絹 白絲絹 我只要大官絹白絲絹蘇州絹水光絹 其餘的 都不要 你有好絲麼 我多要些 要甚麼絲 我要白湖州絲 花拘絲 那定州 絲不要這段疋綾絹紗羅等項 你都看了 你端的要買甚麼段子

　　　　　　　　　　　　　　　　　　　　　　(〈刪老〉 下 23뒤)

　이상의 몇 예를 보면 〈原老〉와 〈刪老〉가 상당한 차이가 있음을 알 수 있다. 이러한 차이는 〈原老〉가 원대(元代)에 만들어져 원대 북경어를 반영 하고 있으며 〈刪老〉의 한어는 후대의 수정을 거쳐 명대(明代) 북경어를 기반으로 하기 때문에 이러한 차이가 노정(露呈)된 것으로 볼 수 있다. 다음에는 〈原老〉의 한어가 얼마나 원대 북경어를 반영하고 있는지 살펴 보기로 한다.

5.3 {원본(原本)}『노걸대(老乞大)』의 원대(元代) 한어(漢語)

　앞에서 살펴 본 바에 의하면 새로 발견된 〈原老〉는 고려 말에 편찬된 것이고 따라서 원대 한어를 반영할 것으로 기대된다. 다음은 이 자료의 한어가 얼마나 원대 북경어를 반영하고 있는지 살펴보기 위하여 원대의 구어체 자료로 인정되는 『원전장(元典章)』[68]의 대화 부분과 『효경직해(孝

經直解)』[69]의 백화해석(白話解釋) 부분,『원조비사(元朝秘史)』[70], 그리고 최세진의 〈老朴集覽〉을 근거로 〈原老〉의 한어를 분석하기로 한다.

〈老朴〉과 관련된 여러 문헌 기록과 〈老朴集覽〉에는 '원조시어(元朝時語)', '원조언어(元朝言語)', '원시지어(元時之語)', '원시어(元時語)', '원조지어(元朝之語)', '원어(元語)' 등 원나라의 언어와 관련된 용어들이 자주 등장한다. 그리고 〈老朴集覽〉 범례에서 최세진은 〈老朴〉의 '原本'이 원래 모두 원대(元代)의 언어로 씌어졌다고 기술하고 있다. 즉 동 범례에 "질문이란 것은 중국에 들어가서 질문해 온 것이다. 양서(〈老朴〉을 말함)는 모두 원대의 언어로서 옛 것을 따르고 고치지 않은 것들은 오늘날에는 이해하기 어려운 것이다. 전후 질문에도 역시 틀리는 것이 있지만 잠시 한 때 수록하여 초학자들의 어려움을 덜어 주도록 하였다. 그리고 미처 질문(質問)을 하지 못한 것 가운데 크게 어려운 것은 감히 억지로 해석을 가하지 않고 사후의 정정에 맡기로 한다'라고 하여[71] 〈原老〉가 원래 원대의 한어이었

....

[68] 『元典章』은 原題가 『大元聖政國朝典章』이며 元 나라 朝廷에서 편찬한 것으로서 저자는 미상이다. 元 世祖 때(1279)부터 英宗 卽位(1321)까지 43년 동안의 政事律例를 기록하였는데 대부분 『元史』에 기록되어 있지 않은 내용들로서 元代의 정치, 경제, 법률, 풍속 등을 연구할 수 있는 귀중한 자료이다.

[69] 『孝經直解』는 원제가 『新刊全相成齊孝經直解』(1308)이며 원대(元代)의 관운석(貫雲石) (1286~1324)이 『孝經』을 구어체로 풀이한 것이다. 저자는 송(宋) 나라가 멸한 후 항주(杭州)에 이주한 위구르인으로서 이 자료는 원대의 언어를 연구하는 데 있어서 귀중한 자료로 인정되고 있다.

[70] 『元朝秘史』는 본래의 책이름이 『蒙古秘史』이고 몽고문으로 되어 있었는데 한어로 번역할 때 『원조비사(元朝秘史)』로 고쳤다. 저자는 미상이며 13세기 중엽에 편찬된 것으로 알려져 있다. 명(明)의 초기인 홍무(洪武) 연간에 한문으로 번역되었는데 563개 한자를 사용하여 음을 달고 그 오른편에 어휘 대역문(對譯文)을 표기하였으며 한 단락씩 구어체로 의역을 하였다.

[71] 원문은 "質問者, 入中朝質問以來也. 兩書皆元朝言語, 其沿舊未改者, 今難曉解. 前後質問, 亦有抵捂, 姑幷收. 以袪初學之碍, 間有未及質問, 大

으며 수정되지 않은 부분은 당시에 이미 해독하기 어려웠음을 말하고 있
다. 또 전술한 『성종실록(成宗實錄)』의 성종 11년 기사에 이창신(李昌臣)의
계(啓)에서도 "대경(戴敬)이 〈老朴〉을 보고 말하기를 이것은 원대의 언어
입니다. 지금의 중국어와 매우 다르고 알 수 없는 곳이 많이 있습니다(敬見
老乞大朴通事曰, 此乃元朝時語也. 與今華語頓異, 多有未解處)"라고 하여 개정 이
전의 〈老朴〉이 원대 한어임을 밝히고 있다.

〈老朴集覽〉에서도 '원본(原本)'의 한어에 대하여 원대의 언어임을 여러
차례 언급하였다. 그러나 〈老朴集覽〉의 이러한 지적은 이번에 발견된 〈原
老〉에서 모두 찾을 수 있는데 그 가운데 몇 개를 살펴보면 다음과 같다.

5.3.1 者 > 着

〈老朴集覽〉에서는 원본(原本)의 〈노걸대〉에 보이는 '者'를 신본(新本)에
서 '着'으로 교체하였음을 말하고 이는 전자가 원대 언어였기 때문이라고
하였다. 그 부분을 인용하면 다음과 같다.

者; 蒙古語謂諾辭曰者. 兩書舊本皆述元時之語, 故多有者字. 今俗不
用, 故新本易以着.(〈單〉6뒤) ─ '者', 몽고어에서 대답하는 말을 '者'라고 한
다. 양서의 옛 책(舊本)은 모두 원대어(元代語)로 기술하였으므로 '者'자가
많으나 지금은 일반적으로 사용되지 않는다. 그러므로 새 책(新本)에서는
'着'자로 바꾸었다 ─

이 설명은 옛 책(舊本), 즉 〈原本, 원책〉과 〈新本, 새 책〉, 즉 〈刪改本〉
에서 '者 〉 着'의 교체가 있었음을 밝히고 있다.[72] 실제로 〈原老〉에는
'者'가 문자의 끝에 온 경우가 있으며 이것은 〈刪老〉에서는 모두 '着'으로

....
有疑碍者, 不敢强解, 宜竢更質."이다.
[72] '著'는 그 새김이 '지을 저, 어조사 착'이고 '者'는 '놈 자'이며 '着'은 '나타날
저, 입을 착'이다.

바뀌었다. 그리고 〈原老〉에서는 '着'의 의미로 '著'도 사용되었는데 어중에서만 사용된 것이 '者'와 구별되며 〈刪老〉에서는 이 모두가 '着'으로 교체되었다.

你疾快做著五箇人的飯者(〈原老〉 6 앞)
你疾快做着五箇人的飯着 네 썰리 다섯 사ᄅᆞ미 밥 지ᅀᅳ라(〈飜老〉 上 20 앞)

俺五箇人打著三斤麵的餅者(〈原老〉 6 앞)
我五箇人 打着三斤麵的餅着 우리 다ᄉᆞᆺ 사ᄅᆞ미 서 근 ᄀᆞ릇 ᄠᅥᆨ ᄆᆡᆼᄀᆞᆯ라
(〈飜老〉 上 20 뒤)

這水小 再打上一帖落者(〈原老〉 10 뒤)
這水少 再打上一洒子着 이 므리 쟉다 ᄯᅩ ᄒᆞᆫ 드레만 기르라
(〈飜老〉 上 35 앞)

5.3.2 戰張 > 纏張

다음으로 〈原老〉의 '戰張'이 〈刪老〉에서는 '纏張'으로 바뀌었다. 이에 대하여는 〈老朴集覽〉에 "纏張;《音義》云: 纏, 去聲. 纏張猶言雜談. 舊本書作戰張. —'纏張'은 『음의(音義)』에 의하면 '纏'은 거성(去聲)으로 발음한다. '纏張'은 '잡담(雜談)'과 같은 의미이다. 원본(原本)에서는 '戰張'으로 표기하였다(〈老覽〉 上 2뒤)"라고 하여 〈原老〉의 '전장(戰張)'이 〈刪老〉에서 '전장(纏張)'으로 바뀌었으며 그 뜻이 '잡담(雜談)'임을 알 수 있다. 실제로 〈原老〉와 〈刪老〉에서는 다음과 같이 나타난다.

休則管的戰張(〈原老〉 15앞)
休只管的纏張 술이여 힐후디 말라(〈飜老〉 上 52앞)

5.3.3 帖落 〉 洒子

위의 예에 보이는 '帖落'도 몽고어로서 원대에 사용되었으나 명대(明代)에는 '洒子'로 교체되었고 오늘날에는 '弔桶'이라고 한다. '帖落'은 몽고어 'torho'의[73] 한자표음으로서 국어의 '드레(두레박)'가 이 말의 차용으로 보인다. 이에 대한 언급을 〈老朴集覽〉에서 찾으면 다음과 같다.

> 洒子; 汲水之器, 以柳枝編成者, 呼曰柳罐. 元語謂帖落. 洒音사, 上聲. (〈老覽〉上 2 앞) – '洒子'는 물을 긷는 도구이다. 버드나무가지로 엮은 것은 '유관(柳罐)'이라 하며 원대의 말로는 '첩락(帖落)'이라고 한다. '洒'는 음이 '사'이며 상성(上聲)이다 –

이 말은 원대어의 '帖落'이 당시에는 '洒子'임을 말하는데 전자는 〈原老〉에서, 그리고 후자는 〈刪老〉에서 다음과 같이 나타난다.

> 你收拾帖落井繩出來(〈原老〉 9뒤)
> 你收拾洒子井繩出來 네 드레와 줄 서러 내여 오고려(〈飜老〉 上 31 뒤)

> 我教與你 將帖落提起來(〈原老〉 10뒤)
> 我教與你 將洒子提起來 내 너ᄃ려 ᄀᄅ츄마 드레를 드러(〈飜老〉 上 35 뒤)

5.3.4 觟口

'觟'는 '軀'의 통용자이며 따라서 '觟口'는 '觟軀口', '軀口', '驅戶', '驅' 등으로도 쓰인다. 송(宋)과 원(元)나라 때에 금군(金軍)과 몽군(蒙軍)은 전쟁

---

[73] 몽고어 'torho'는 명사로서 "수통(水桶), 연돌(煙突)" 등의 의미가 있고 동사로서는 "맞부딪치다, 걸리다"의 의미가 있다(일본 陸軍省 編, 1933:1265). 여기서는 '水桶'의 뜻으로 원대에 두레박으로 쓰인 물통을 말하는 것으로 보인다.

에서 포로로 잡은 한족(漢族) 사람들을 대부분 귀족들이 차지하였으며 대부분 이들을 강제로 농사일을 시키거나 기타 노역을 시키었는데 이들을 '구구(驅口)'라고 불렀다. 한족 포로들은 주인에게 공납(貢納)하는 외에 또 국가에다 세금을 바치고 부역을 맡아야 하였으므로 지위가 농노(農奴)와 유사하였고 일부는 귀족의 노예(奴隸)가 되었다. 이에 대하여 『남촌철경록(南村輟耕錄)』(권17)에서는 "今蒙古色目人之臧獲, 男曰奴, 女曰婢, 總曰驅口… 刑律: 私宰牛馬杖一百, 毆死驅口, 比常人減死一等, 杖一百七, 所以視奴婢與馬牛無異. — 이제 몽고인이 색목인를 잡아 얻으면 남자를 '奴'라 하고 여자를 '婢'라 하며 총칭하여 '驅口'라 한다. 형율(刑律)은 사사로이 마소를 잡으면 장 1백을 때리고 '驅口'를 때려죽이면 보통 사람에 비하여 '사일등(死一等)'을 감하고 장 107대를 때리니 이를 보면 노비와 마소가 다르지 않다"(『辭海』:1140, 上海辭書出版社)라고 하여 포로로 얻은 색목인(色目人)들을 말과 소처럼 다뤘음을 알 수 있다. 따라서 몽고인은 포로로 잡은 색목인들을 노예처럼 부렸으며 그 가운데 달아난 경우도 있을 것인데 〈原老〉에서는 그러한 예가 보인다. 그러나 〈飜老〉에서는 이미 그러한 습관이 없어졌고 노예를 가진 몽고인도 없었음으로 내용이 바뀌었다. 이를 두 책에서 찾아보면 다음과 같다.

那人每却是達達人家走出來的躯口(〈原老〉 14뒤)
那人們 却是達達人家走出來的 그 사름들히 쏘 다대사르미 도망호야 나가니어늘(〈飜老〉 上 50앞)

官司見著落根尋逃躯有(〈原老〉 14뒤)
官司見着落跟尋逃走的 구의 이제 저 호야 도망호니를 츄심호라호느니
(〈飜老〉 上 50앞)

이상 예문의 〈飜老〉에서는 '躯' 또는 '躯口'가 생략되었는데 이로 하여

의미의 해석이 전혀 달라졌음을 발견할 수 있다. 즉 첫 예문은 〈飜老〉에서 "그 사람들은 바로 타타르 사람으로 도망하여 나간 사람들이어서"로 되었으나 〈原老〉의 원문을 보면 "그 사람들은 바로 다대(타타르) 사람네 집에서 도망하여 나간 한인(漢人) 노예(奴隷, 駈口)들이어서"라고 해석된다.

원대(元代)에는 백성을 몽고인, 색목인(哈剌魯, 欽察, 唐兀, 畏吾兒, 回回 등), 한인(契丹, 女眞, 高麗 등), 남인(南宋遺民) 등 4 등급으로 나누어 민족 차별 정책을 실시하였다. 다대, 즉 달달(達達)은 '達旦', '韃靼', '塔塔兒' 등으로 부르기도 하는데 북방 유목 민족에 대한 총칭으로 사용되기도 하나 여기서는 몽고인을 지칭한 것으로 보아야 할 것이다.

5.3.5 有 > 削除

이 외에도 문장의 종결에 '有'가 사용된 것은 원대 한어의 영향임을 〈老朴集覽〉에서 밝히고 있다. 즉, 〈老朴集覽〉에 '漢兒人有'의 설명에서 "元時語必於言終用有字 如語助而實非語助 今俗不用 — 원대어에는 반드시 말이 끝나는 곳에 '有'자를 사용하는데 語助辭인 듯하나 실은 語助辭가 아니다. 지금은 세간에서 사용하지 않고 있다"(〈老覽〉 上 1앞)라고 하여 어조사(語助辭)처럼 사용되는 문장 종결어미의 '有'가 원대 언어에 있었으나 최세진 당시에는 더 이상 사용되지 않음을 알 수 있다. 실제로 〈飜老〉에서는 다음 한 곳에만 '有'가 문장의 종결어미로 사용되었다.

你的師傅是甚麼人? 是漢兒人有. — 네 스승이 엇던 사롬고? 이 한인이라—

(〈飜老〉 上 6뒤)[74]

·····

[74] 이 한곳에 남아있던 문장종결의 '有'도 英祖조의 〈新老〉에서는 없어진다. 예. 你的師傅是甚麼人 是漢人阿(〈新老〉 2뒤). 그리고 〈박통사〉의 경우에도 〈朴諺〉에 한 곳이 남아있는데 아마도 최세진의 번역에서 수정되지 않은 것이 〈飜朴〉에 남아 있었고 또 그것이 그대로 〈朴諺〉으로 이어진 것으로 보인다. 예. 西遊記熱鬧 悶時節好看有 — 西遊記는 워전즈런ᄒ니 답답

그러나 〈原老〉에서는 문장의 종결어미로 쓰인 '有'를 많이 발견할 수 있고 이들은 〈飜老〉에서는 모두 삭제되었다.

您是高麗人却怎麼漢兒言語說的好有(〈原老〉1앞)
你是高麗人 却怎麼漢兒言語說的好 너ᄂᆞᆫ 高麗ㅅ 사ᄅᆞ미어시니 ᄯᅩ 엇디
漢語 닐오미 잘ᄒᆞ나뇨 (〈飜老〉上2앞)

我也心裏那般想著有(〈原老〉3뒤)
我也心裏這般想着 나도 ᄆᆞ슴매 이리 너기노라(〈飜老〉上 11앞)

몽고어의 動詞 'bui(is), bolai(is), bülüge(was)'와 모든 동사의 정동사형(all finite forms of the verbs)인 'a-(to be)', 'bayi-(to be)', 그리고 동사 'bol-(to become)'은 모두 계사(繫辭, copula)로 쓰였다.[75] 따라서 〈原老〉에 쓰인 문장종결의 '有'는 몽고어의 'bui, bolai, büluge, a-, bayi-, bol-'가 문장의 끝에 쓰여 문장을 종결시키는 통사적 기능을 대신하는 것으로 몽고어의 영향을 받은 원대 북경어의 특징이라고 할 수 있다. 즉, 교착적 문법구조를 갖고 있는 몽고문어에서는 계사(繫辭)로서 문장을 종결시켰던 것이다. 예를 몽고문어(蒙古文語)에서 들어보면 다음과 같다.

ene ken bui "who is this?".
manu barši sayin bui "our teacher is good".

....

혼 제 보기 됴ᄒᆞ니라〈朴諺〉17앞). 그러나 이것도 물론 영조조의 신석에서는 없어진다. 예. 你不知這西遊記熱鬧得狠哩 ─ 네 아지 못ᄒᆞ다 이 西遊記 ᄀᆞ장 웨전즈런ᄒᆞ니 悶時節看看眞好解悶 ─ 힘힘혼 제 보면 진실로 解悶ᄒᆞ기 됴ᄒᆞ니라〈新朴諺〉3권 21앞).

[75] 이에 대하여는 Poppe(1954:157)의 "The Simple Copula "the verbs *bui* "is", *bolai* "is", *büluge* "was", and all finite forms of the verbs a-"to be", *bayi-* "to be", and *bol-* "to become" usually serve as copula."라는 설명을 참조.

ene morin qurdun bui "this horse is quick".

ĵobalang-un šiltaɣan anu nisvanis bui "the cause of sufferings is attachment to the world".

ene sayin bolai "this is good."

činu kereg yaɣun bülüge "what is your need?"

mongɣol ɣaĵar inu aɣudam yeke amui "Mongolia is vast and big."

manu köbegün sayin bayimui "our son is good."

tere inu sayin bolba "he became good." (Poppe, 1954:157)

또 『원전장(元典章)』, 『효경직해(孝經直解)』와 같은 몽문직역체의 원대 문헌에서 '有'가 사용된 용례가 있으며 그 가운데 몇 개를 들어보기로 한다.

> 『元典章』 '倚勢抹死縣尹' "那達魯花赤是甚麽人有, 姓崔的漢兒人有."
> 『孝經直解』 感應章 第十六: "祭奠呵 不忘了父母有, 小心行呵 不辱末了 祖上有."

志村良治(1995:384)에서는 入矢義高(1973)의 주장에 따라 원대 초기부터 사용되기 시작한 '有'가 확정적인 의미를 나타내는 데 쓰였다고 주장하였다. 다만 그 용례를 〈老朴〉에서 거의 찾아 볼 수 없었던 것은 아마 이 두 문헌이 원대 후기에 편찬되었기 때문일 것으로 보았다. 한편 太田辰夫 (1991:179)에서는 '有'자의 이러한 용법은 원대에서 명초(明初)에 걸친 자료들에서 많이 찾아 볼 수 있는데 실제 구어체(口語體)에서 사용되었던 것임에 틀림이 없다고 하였다. 그리고 원곡(元曲)에 이르러서는 더 이상 사용되지 않았으나 '一壁有者'(한 쪽에서 기다리고 있다)와 같은 관용어적 용법은 원곡에서도 찾아 볼 수 있으며 따라서 '有'는 어휘적 의미가 없는 문장말 종결어미였을 것으로 추정이 된다고 하였다. 〈原老〉에서는 문장말에 '有'가 대량으로 사용되었음을 발견할 수 있다. 이것은 〈老朴集覽〉의 해설과 같이 바로 원대의 언어임을 보여주는 유력한 근거라 할 수 있다. 그러나 최세진의 〈飜老〉에서 두 곳에 남아있는 것은 수정하는 과정에서 누락된 것으로 보아야 할 것이다.

〈原老〉에 보이는 예문들은 모두 대화 부분의 문장말에 '有'가 사용된 용례들이며 서법에 관계없이 두루 사용된 것으로 보인다. 한편 '有'를 어조사 외에 다른 성분으로 분석하기가 어려운 듯하며 이러한 용법은 몽고어의 직역체와 관련이 있는 것으로 짐작이 된다. 余志鴻(1988:32)에 의하면 원대 언어에서 항상 문장말에 사용되어 문장의 주요 동사와 관련이 되는 '有'는 시제를 나타내는 조사라고 주장하였다. 즉 『원조비사(元朝秘史)』의 경우를 살펴 보면 '有'는 '-UmU'에 대응되는데 다음과 같은 예문에서 보여주는 바에 의하면 과거에서 현재까지(미래까지 지속 가능한) 지속되는 시제를 나타낸다고 하였다.

　貼額周 阿木'載着有'(『원조비사(元朝秘史)』 101, 948)
　迭兒別魯 梅'顫動有'(『원조비사(元朝秘史)』 98, 947)
　莎那思塔 木'聽得有'(『원조비사(元朝秘史)』 101, 948)

余志鴻(1988)의 이러한 발언은 〈노걸대〉가 어쩌면 몽고어로 먼저 편찬되었고 그것을 원대(元代)의 한어(漢語)로 번역하여 만든 것이 아닌가 하는 의문을 갖게 한다. 실제로 고려 말의 통문관(通文館)과 그의 후신인 사역원은 초창기에 몽고어와 한어만을 교육하였다. 당연히 한어(漢語)와 몽고어의 교재가 필요하게 되었을 것이다. 또 『세종실록』의 상정소(詳定所)에서 정한 '제학취재(諸學取才)'의 경서(經書)와 기예(技藝)의 수목(數目)을 정하는 기사(세종 12년 3월 戊午조)에서 몽고어를 학습하는 교재로 '노걸대'가 있었음을 주목할 필요가 있다. 이것은 임진왜란 이후에 '한어노걸대(漢語老乞大)'를 당시 몽고어로 다시 번역한 현전하는 『蒙語老乞大』(첫 이름은

'新飜老乞大'였다)가 아니라 고려대로부터 전래한 몽고어의 노걸대가 있었음을 말하는 것으로 몽고어 학습교재로서 '노걸대'를 먼저 만들고 이를 원대 한어로 직역하여 한어 〈노걸대〉를 저작하였을 가능성도 없지 않다. 이것은 '노걸대'란 서명이 한어(漢語)로 된 책의 명칭으로 잘 맞지 않기 때문이다.

5.3.6 지시대명사의 변천

〈原老〉의 본문이 원대 한어를 반영하는 또 하나의 증거는 지시대명사(指示代名詞)의 사용에서 찾아볼 수 있다. 〈老朴〉에서는 지시대명사로서 '這'(이)와 '那'(그/저)를 기본으로 하여 여러 가지 형태의 지시 대명사(這的, 那的, 這些, 那些, 這裏, 那裏, 這邊, 那邊, 這般, 那般, 這等, 那等, 這樣, 那樣, 這們, 那們, 這早晚)들이 사용되었다. 그러나 〈原老〉에서는 '兀那, 兀的, 阿的'과 같은 이제까지의 〈老朴〉에서 볼 수 없는 형태의 지시대명사가 사용되었는데 이들은 훨씬 오래된 시기에 사용되던 형태들로 보인다.

우선 〈原老〉에 쓰인 '兀那'는 〈飜老〉 이후의 〈老朴〉에서 '那'로 바뀐 것이다. 예를 들면 다음과 같다.

1) 兀那 〉 那
兀那店子便是瓦店(〈原老〉 5뒤)
那店子便是瓦店 뎌 뎜이 곧 瓦店이니(〈飜老〉 上 7앞)

咱每則投兀那人家糴些米自做飯喫去來(〈原老〉 11뒤)
咱們只投那人家糴些米 自做飯喫去來 우리 그저 뎌 신가의 가 뿔 밧고와 손조 밥 지어 먹고 가져(〈飜老〉 上 39앞)

이어서 〈原老〉의 지시대명사 '兀的'는 〈飜老〉에서는 '這的'으로, 〈新老〉(『老乞大新釋』을 말함)에서는 '這'로 바뀌었다. 예를 들면 다음과 같다.

2) 兀的 〉 這的 〉 這
　兀的燈來也(〈原老〉 7뒤)
　這的燈來了 이 블 오나다(〈飜老〉 上 25앞)

　兀的三箇蒿薦與恁鋪(〈原老〉 7뒤)
　這的三箇藁薦與你鋪 이 세 지즑을 너 주어든 ᄭᆞ라스라(〈飜老〉 上 25뒤)
　這三領草薦與你們鋪罷(〈新老〉 8뒤)

또 〈原老〉에서는 '阿的'이란 지시대명사도 사용되었다. 이의 예를 들면 다음과 같다.

3) 阿的 〉 這的
　阿的涯十年也壞不得(〈原老〉 11뒤)
　這的捱十年也壞不得 이거시 십년을 디나도 히야디디 아니 흐리로다
(〈飜老〉 上 39앞)

이상 예문에서 1)의 '兀那'는 〈原老〉에서 지시대명사 '那' 앞에 '兀'이 첨부된 형태로 위에 든 것 외에도 많이 찾아볼 수 있다. 이것의 의미는 〈飜老〉의 예문이 보여주는 것과 같이 '那'의 의미와 다름이 없는 것으로 보인다. 그런데 이러한 형태는 기타 문헌에서 찾아보기 어렵고 呂叔湘(1985)에서도 다루지 않고 있는 것으로 보아 극히 드문 용례일 것으로 추측이 된다. 呂叔湘(1985:105, 248)에서는 의문을 나타내는 인칭 대명사 '誰'(누구) 앞에 '兀'이 첨부된 용어에 대한 분석에서 '誰'가 당대(唐代)에는 '阿誰'의 형태로 사용되다가 송원(宋元) 시기에는 '兀誰'로 사용되었고 원대(元代) 이후에는 다시 '誰' 형태로 변하였다고 지적하였다. 한편 '阿那'의 형태가 있는데 이 경우에는 의문을 나타내는 대명사 '哪'(어디)의 의미로 사용된 것이고 지시 대명사의 경우에는 '阿'가 첨부되지 않는다고 지적하였다. 그러나 필지의 생각으로는 이것도 몽고어의 영향을 받은 것으로 보인

다. 즉, 몽고문어에서 지시대명사로서 근칭(近稱)은 Poppe(1954:51)에 의하
면 "ene(this), 'ede(these), edeger(these), ele(this), önö or önüge(this)"가 있으
며 '兀那'는 이 가운데 가장 일반적인 근칭인 몽고문어의 'ene(this)'를 음차
한 것으로 몽고어가 혼입된 예의 하나로 볼 수 있지 않을까 한다.

2)의 '兀的 〉 這的 〉 這'는 〈原老〉의 '兀的'이 〈飜老〉에서는 '這的'으로,
그리고 〈新老〉에서는 '這'로 수정된 것이다. 한어의 지시대명사는 일반적
으로 두 가지 형태, 즉 '彼', '此' 또는 '這', '那'를 사용하나 몽고어에서는
상술한 近指(근지, 근칭을 말함)의 'ene, ede, edeger, ele'와 遠指(원지, 원칭을
말함)의 'tere, tede, tedeger' 외에도 또 'eyimü(如此), edüi(如此), edün(如此)'
과 'teyimü(如彼), tedüi(如彼), tedün(如彼)' 등의 형태가 있다. '兀的'은 몽고
문어의 'erde'의 음차로서 역시 몽고어의 지시대명사가 한어에 혼입된 예
가 아닐까 한다. 반면에 〈飜老〉의 '這的'은 몽고문어의 'tede or tere'의
음차표기로 보이며 〈新老〉에 이르러서 비로소 중국어의 지시대명사 '這'
로 돌아간 것으로 추측된다.[76]

3) 阿的 〉 這的의 변천은 진송(晉宋) 시대에 지시대명사의 근칭(近稱)으
로 사용되던 '阿堵'가 송원(宋元)시대에는 '阿的(底)', '兀的(底)'으로 변화되
었고(呂叔湘, 1985:241) 그것이 다시 '這的'의 형태로 사용되다가 현대어에서
는 〈新老〉에서 뽑은 예문과 같이 '這'의 형태로 변화된 것으로 보인다.
〈老朴集覽〉에서도 '阿的'에 대하여 "阿; 俗音하. 阿的猶言此也. 又語助辭
有阿沒 잇ᄂ녀 업스녀. 皆元朝之語—阿의 속음은 '하'이다. '阿的'은 '此'
(이것)와 같다. 또는 어조사이니 [예를 들면] "有阿沒—있느냐, 없느냐?"와

....

[76] 한어의 지시대명사에는 일반적으로 '피(彼), 차(此)', 또는 '저(這), 나(那)'와
    같은 두 가지 형태가 있는 것과는 달리 원대(元代) 한어(漢語)에서는 '저적
    (這的)', '나적(那的)', '올적(兀的)' 등 세 가지 형태를 사용하게 된 것은 알타
    이어 계통의 영향을 받았을 가능성이 있다고 주장한 연구논문이 있다(梅
    祖麟, 1984:122).

같다. 모두 元代語이다一〈單〉2앞〉"이라 하여 원대 언어임을 말하고 있으
며 아마도 'ede'의 음차표기로 볼 수 있을 것이다.

5.3.7 인칭대명사

〈原老〉에서는 1인칭으로 '俺'이 많이 사용되었고 2인칭으로는 '恁, 你'
가 쓰였다. 이들은 대체로 원대 북경어에서 발견되는 인칭대명사를 반영
하는 것으로 보인다. 인칭 대명사는 『원곡선(元曲選)』에서 무려 32종이나
사용되었고 『원조비사(元朝秘史)』에서 12종(我, 我每, 俺, 俺每, 咱, 咱每, 你,
你每, 恁, 恁每, 他, 他每[77]) 사용되었으며, 기존 〈老朴〉의 노걸대에서는 8종
(我, 我們, 咱, 咱們, 你, 你們, 他, 他們)만 사용되었다(太田辰夫, 1991:173). 그런데
〈原老〉에서는 〈老朴〉에 없는 '俺'과 '恁'이 사용되었고 또 복수를 나타내
는 접미사 '每'가 '們' 대신 사용되는 등 『원조비사(元朝秘史)』의 용법과 거
의 일치한 것으로 보인다.

1) 1인칭대명사

먼저 〈原老〉에서 사용된 1인칭의 '俺'은 〈飜老〉에서는 '我', 또는 그 복
수형인 '我一們', '我們'으로 나타난다. 이 각각에 대하여 살펴보기로 한다.

① 俺 〉 我
俺從高麗王京來(〈原老〉 1 앞)
我從高麗王京來 내 高麗 王京으로셔브터 오라(〈飜老〉 上 1 앞)

② 俺 〉 我一們
俺高麗體例親弟兄也不隔話(〈原老〉 5 앞)

....
[77] 일인칭 복수를 나타내는 '아매(我每)'는 청자를 포함하지 않고 '찰매(咱每)'
는 청자를 포함하며 '엄매(俺每)'는 청자를 포함하지 않는 방언적 표현이
다. 그리고 '임(恁)'은 존대를 나타내는 이인칭 용어이다.

我一們不會體例的人 親弟兄也不隔話 우리 흔가짓 스톄 모루는 사룸둘히
친동싱 형뎨도 말숨 즈슴 아니 ᄒᆞᄂᆞ니(〈飜老〉 上 16 뒤)

③ 俺 〉 我們

俺喫了時 與他將些去(〈原老〉 12 앞)

我們喫了時 與他將些去 우리 먹고 뎌 위ᄒᆞ야 져기 가져 가져
(〈飜老〉 上 42 앞)

2) 2인칭대명사

恁 〉 你

伴當恁從那裏來(〈原老〉 1 앞)

大哥 你從那裏來 큰형님 네 어드러로셔브터 온다(〈飜老〉 上 1 앞)

恁那衆學生內中多少漢兒人(〈原老〉 2 앞)

你那衆學生內中多少漢兒人 네 모든 션비 듕에 언메나 漢兒人이며
(〈飜老〉 上 6 뒤)

〈原老〉에서는 복수를 나타내는 경우 '每'가 빈번히 사용되었지만 '俺每'
와 '恁每'의 형태는 발견되지 않는다. 한편 '恁'과 '你'를 자주 섞어 사용한
것으로 보아 그 구분이 그리 엄하지 않았던 것으로 보인다.

恰待尋恁去來 你却來了(〈原老〉 19 뒤)

待要尋你去來 你却來了 ᄒᆞ마 너희 ᄎᆞᄌᆞ라 가려 ᄒᆞ다니 네 ᄯᅩ 오나다
(〈飜老〉 上 68 뒤)

6. 결어 結語

이상 필자가 '原本'이란 이름을 붙인 〈노걸대〉에 대하여 내용, 체재,

서지학적인 면에서 고찰하였다. 이 책은 고려 후기, 즉 원대(元代)의 지정 (至正) 병술(丙戌, 1346) 연간에 중국을 여행한 고려인에 의하여 작성되었고 1350년경에 편찬되어 통문관 등에서 한어(漢語) 교재로 사용한 것이다. 〈노걸대〉는 조선시대 초기에 활자로 간행되었다가 후일 목판본으로 인간 되어 사역원(司譯院)의 한어교재로 사용되었다. 그리고 1998년에 학계에 소개되어 이번 역주의 대본이 된 판본은 태종(太宗) 조에 목판본으로 간행 된 것으로 보인다(정광 · 남권희 · 梁伍鎭, 2000:10).

이번에 번역과 주석을 붙인 〈原老〉는 원대(元代) 북방민족의 공통어였 던 한아언어(漢兒言語)를 학습하기 위한 것이며 최세진이 번역할 때에 참 고한 〈구본(舊本)〉, 또는 〈원본(原本)〉으로서 〈노박집람(老朴集覽)〉에 '구본 (舊本), 또는 원본(原本)'이란 이름으로 여러 차례 인용되었다. 이 원본(原本) 은 후대에 적어도 3차례에 걸쳐 대대적인 수정이 이루어졌는데 제1차 수 정은 성종 14년(1483)에 명(明) 나라 사람 갈귀(葛貴) 등이 당시 명(明)의 표준어인 관화(官話)에 의거하여 분명하지 않은 부분을 잘라내고 관화(官 話)에 맞지 않는 부분을 고쳤는데 이를 필자는 '산개본(刪改本)'이라 불렀다. 최세진(崔世珍)이 중종(中宗)조에 번역한 것은 바로 이 〈산개본〉이었으며 임진왜란 이후에는 현종 11년(1670)에 언해되어 교서관에서 간행되었고 이를 다시 수정하여 영조 21년(1745)에 평양에서도 간행하였으며 그리고 영조 41년(1765)에도 다시 언해되어 간행되었다.

이 산개본도 명이 망하고 청(淸)이 중국을 지배하면서 만주어의 영향을 받은 새로운 표준어가 등장하게 되자 이를 북경 만다린이라고 하며 이 만다린으로 〈노걸대〉는 영조(英祖) 37년(1761)에 김창조(金昌祚)와 변헌(邊 憲) 등에 의하여 다시 수정되었다. 이렇게 수정된 〈노걸대〉는 『신석노걸 대(新釋老乞大)』라고 불렸는데 이를 영조 39(1763)에 언해하여 『신석노걸대 언해(新釋老乞大諺解)』라는 이름으로 평양에서 간행되었다. 그러나 이 〈新 老〉가 지나치게 상고(商賈)의 언어가 반영되어 이를 아어체(雅語體) 수정하기에 이르렀다. 정조(正祖) 19년(1795)에 이수(李洙) 등이 〈신석본〉을 수정하여 『중간노걸대(重刊老乞大)』를 편찬하였고 이어서 언해본과 함께 인간되었다.

이렇게 〈노걸대〉의 계보가 정리된 것은 원본(原本)이라 할 수 있는 최초의 것이 발굴되었기 때문이다. 따라서 원대(元代) 한아언어(漢兒言語)를 반영한 ｛원본｝『노걸대』와 명대(明代)의 관화(官話)를 반영한 ｛산개｝〈노걸대〉, 청대(淸代) 북경(北京) 만다린(Mandarin)을 반영한 『신석노걸대』, 그리고 이를 아어체(雅語体)로 바꾼 『중간노걸대』가 있으며 이들은 〈원본〉을 제외하고는 모두 한 차례 이상 언해되었다.

본 〈노걸대〉 원본의 소개와 그의 역주는 그런 의미에서 가치가 있을 것이다. 어쩌면 〈노걸대〉의 가장 원형을 보여주는 원본을 번역하고 주를 다는 것은 사역원 역관들이 650여년 전에 했어야 하는 언해 작업을 21세기에 들어와서 필자가 하는 것이다.

[참고문헌]

강신항(1974), "飜譯老乞大・朴通事의 音系,"『震檀學報』(震檀學會), 제38호.

_____(1978),『李朝時代의 譯學政策과 譯學書』, 탑출판사, 서울.

國史編纂委員會(1987),『國史館開館紀念 史料展示會 目錄 및 解題』, 國史編纂委員會, 서울.

金良洙(1985), "朝鮮後期譯官家門의 研究,"「白山學報」(白山學會), 제32호.

김완진(1966), "續添洪武正韻에 對하여,"『震檀學報』(震檀學會), 제29・30호.

金炫榮(1981), "朝鮮後期 中人의 家系와 經歷－譯官 川寧玄氏家 古文書의 分析－,"「韓國文化」제8호.

남광우(1972), "新發見인 崔世珍 著『飜譯老乞大』卷上을 보고,"『국어국문학』(국어국문학회), 제55~57호.

_____(1975), "飜譯老乞大 解題"『老乞大 下』(인하대학교 인문과학연구소 영인), 인하대학교 출판부, 서울.

민영규(1943), "老乞大について,"『大正大學學報』(일본 大正大學), 제36집.

_____(1964), "老乞大辮疑," "解題『清語老乞大』,"『人文科學』(연세대) 제5호.

_____(1966), "朴通事著作年代,"『東國史學』(동국대), 제9・10집.

宋俊浩(1981), "科擧制度를 通하여 본 中國과 韓國,"「科擧」－歷史學大會主題討論-, 歷史學會編, 一潮閣, 서울.

安秉禧(1988), "최세진의 '吏文諸書輯覽'에 대하여,"『周時經學報』(주시경연구소), 제1호. 탑출판사.

_____(1996), "老乞大와 그 諺解書의 異本",『인문논총』(서울大學校 人文學研究所), 제35집.

梁伍鎭(1995), "朴通事 製作年代 小攷,"『한국어학』(한국어학회) 제2집.

梁伍鎭(1998), "老乞大 朴通事 研究－漢語文에 보이는 語彙와 文法의 特徵을 中心으로－", 高麗大 대학원 박사학위 논문.

元永煥(1977), "朝鮮時代의 司譯院制度,"「南溪曹佐鎭博士華甲紀念論叢」(논문간행위원회)

유창균(1966),『동국정운연구』, 형설출판사, 서울.

_____(1974),『蒙古韻略과 四聲通攷의 연구』, 형설출판사, 서울.

유창돈(1960), "朴通事考究,"『인문과학』(연세대), 제5집.

이동림(1970),『동국정운연구』, 동국대학교 국어국문학연구실, 서울.

李洪烈(1967), "雜科試取에 對한 考察 －特히 燕山君 以後에 있어서의 醫・譯・籌學의 경우－,『白山學報』(白山學會), 제3호.

정광・남권희・梁伍鎭(1999), "元代 漢語『老乞大』－신발굴 역학서 자료『구본노걸대』의 한어를 중심으로－,『국어학』(국어학회), 제33호, pp.3-68.

鄭光·韓相權(1985), "司譯院과 司譯院譯學書의 變遷研究," 『德成女大 論文集』(덕성여대), 제14집. pp.169-234.

曺佐鎬(1958), "麗代의 科擧制度," 『歷史學報』(한국 역사학회), 제10호.

_____(1965), "科擧講經考," 『趙明基紀念佛敎史學論叢』(간행위원회)

졸　고(1971), "司譯院譯書의 외국어 표기법 연구 — 번역박통사를 중심으로—," 『국어연구』(국어연구회), 제25호.

_____(1974), "飜譯老乞大朴通事의 中國語音 표기연구", 『국어국문학』(국어국문학회), 제64호.

_____(1977), "최세진 연구 1 — 老乞大·朴通事의 飜譯을 중심으로—," 『덕성여대 논문집』(덕성여대) 제5·6합집. pp.77-98.

_____(1987a), "司譯院 譯科 淸學初試 答案紙에 대하여", 『韓國語學과 알타이語學』, 曉星女大出版部", 河陽. pp.471-493.

_____(1987b), "朝鮮語における譯科の蒙學とその蒙學書 — 來甲午式年試의 譯科初試の蒙學試券を中心として-," 『朝鮮學報』(日本朝鮮學會), 第124輯. pp.49-82.

_____(1987c), "朝鮮朝譯科漢學과 漢學書 -英·正祖代 譯科漢學試券을 중심으로-," 『震檀學報』(진단학회), 제63호. pp.33-72.

_____(1988), "譯科의 倭學과 倭學書 — 朝鮮朝 英祖 丁卯式年試 譯科倭學 玄啓根試券을 중심으로—," 『韓國學報』(一潮閣), 제50집. pp.200-265.

_____(1989), "譯學書의 刊板에 대하여", 『周時經學報』(周時經研究所) 제4집. pp.104-113

_____(1995), "飜譯『老乞大』解題", 『譯註飜譯老乞大』(국어사자료연구회 편), 태학사.

_____(1999), "新發見『老乞大』について," 日本大阪市立大學文學部, 中國學·朝鮮學敎室招請講演, 일본 大阪市立大學 講堂 日時:1999年 6월 6일 오후 2시-5시.

_____(2000), "최세진 生涯의 研究에 대한 再考와 反省," 『語文研究』(韓國語文敎育研究會), 제28권 1호.(통권 105호/49~61) pp.49-61.

_____(2002), "成三問의 학문과 조선전기의 譯學," 『語文研究』(韓國語文敎育研究會), 제30권 제3호, pp.259-289.

_____(2003a), "韓半島における漢字の受容と借字表記の變遷", 『日韓漢字·漢文受容に關する國際學術會議』主題講演, 2003년 7월 24-25일 日本 富山大學 人文學部, 日韓漢字·漢文受容研究會 주최.

_____(2003b), "朝鮮漢字音の成立と變遷", 日本 中國語學會 제53회 全國大會 심포지움 "漢字音研究の現在" 主題發表, 2003년 10月25日 일본 早稻田大學 大隈講堂, 일본 중국어학회 주최.

_____(2004), "朝鮮時代的漢語敎育与敎材-以〈老乞大〉爲例-" 〈國外漢語敎學動態〉

(北京外國語大學), 總第5期 pp.2-9

_____(2005), "申叔舟와 訓民正音 創製," 〈국제고려학회 서울지회 논문집〉(국제고려
학회), 제5호, pp.3~40

_____(2006), "吏文과 漢吏文", 〈口訣研究〉(口訣學會) 제16호 pp.27~69
이것의 일본어 번역 竹越孝 譯 "吏文と漢吏文", 『開篇 KAI PIAN』(東京:
好文出版社), Vol. 27(2008), PP.83-107

_____(2007a), "山氣文庫 소장 {刪改}〈老乞大〉에 대하여," 『語文研究』(韓國語文教育
研究會) 제35권 제1호 (통권 133호) pp.7~30

_____(2007b), "漢語 教材 〈노걸대〉의 장면 분석," 『國語學』(國語學會) 제49호 pp.235
~252

_____(2009), "訓民正音の字形の獨創性ー『蒙古字韻』のパスパ文字との比較を通し
てー『朝鮮學報』(일본 朝鮮學會) 第211輯(平成21年4月刊), pp.41~86

졸   저(1988), 『司譯院倭學研究』, 太學社, 서울.

_____(1990), 『朝鮮朝 譯科 試券 研究』, 성균관대학교 대동문화연구원, 서울.

_____(2002), 『譯學書 研究』, J&C, 서울.

_____(2004), 『역주 원본노걸대』, 김영사, 서울.

_____(2006), 『역주 번역노걸대와 노걸대언해』, 신구문화사, 서울.

崔承熙(1981), 『韓國古文書研究』, 韓國精神文化研究院, 성남.

韓㳆欣 外 4人(1986), 「譯註 經國大典ー註釋編ー」, 韓國精神文化研究院, 성남.

허   웅(1955), "傍點研究ー慶尙道 方言 성종와의 比較ー," 『東方學志』(동방학회), 제
2집.

羅錦堂(1978), "老乞大諺解・朴通事諺解 影印本 刊行 序文," 王必成(1978)의 序

梅祖麟(1984); "從語言史看幾本元雜劇賓白的寫作時期", 『語言學論叢』 第13輯, 北京
大學 中文系, 北京.

孫錫信(1992), "『老乞大』『朴通事』中的一些語法現象", 『近代漢語研究』, 商務印書館,
北京.

楊聯陞(1957), "老乞大朴通事裏的語法語彙", 『慶祝趙元任先生六十五歲論文集』 上
冊(中央研究院歷史語言研究所 集刊 第29本), 臺北 이 논문은 개고되어
王必成(1978)에 재록됨.

吕叔湘(1985), 『近代汉语指代词』, 学林出版社, 上海.

_____(1987), "『朴通事』里的指代詞", 『中國語文』 1987-6, 北京: 中國語文雜誌社.

余志鴻(1983), "元代漢語中的後置詞 '行'", 『語文研究』 1983-3, 北京.

_____(1992), "元代漢語的後置詞系統", 『民族語文』 1992-3, 北京.

李學智(1981), "老乞大一書編成經過之臆測", 『中韓關係史研討會發表論文』, 台北中
央研究院.

林 燾(1987), "北京官话溯源", 『中国语文』 1987-3, 中国语文杂志社, 北京.

王必成(1978), 『老乞大諺解・朴通事諺解』(影印本), 聯經出版事業公司, 臺北

劉公望(1987), "『老乞大』里的語氣助詞'也'", 『漢語學習』 1987-5.

蒋绍愚(1994), 『近代汉语研究概況』, 北京大学出版社. 北京

鄭光主編(2002), 鄭光・梁伍鎭・鄭丞惠: 『原本老乞大』[影印・解題・本文・幷音索引], 外研社, 2002, 北京.

丁邦新(1978), "影印本刊行 序文", 『老乞大諺解・朴通事諺解』(影印本), 聯經出版事業公司, 臺北.

程湘淸 編(1992), 『宋元明漢語研究』, 山東敎育出版社.

曹廣順(1995), 『近代漢語助詞』, 語文出版社. 北京.

朱德熙(1958), "『老乞大』『朴通事』書後", 『北京大學學報』 1958-2.

陳志强(1988), "『老乞大』 '將'的初探", 『廣西師院學報』 1988-1.

祝敏徹(1996), 『近代汉语句法史稿』, 中州古籍出版社。北京

胡明揚(1984), "『老乞大』 複句句式", 『語文研究』 1984-4, 中國語文雜誌社, 北京.

胡竹安 等(1992), 『近代汉语研究』, 商务印书馆, 北京.

入矢義高(1973), 陶山信男 "『朴通事諺解 老乞大諺解語彙索引』序", 采華書林.

小倉進平(1940), 『增訂朝鮮語學史』, 刀江書院, 東京.

太田辰夫(1953), "老乞大の言語について", 『中國語學研究會論集』 제1호.

_____(1954), "汉儿语言について", 『神戸外大論丛』 5-3.

_____(1991), 『漢語史通考』 中文版(日文原版: 1988), 重慶出版社.

_____(1987), 『中國語歷史文法』 中文版(日文原版: 1958), 北京大學出版社.

金文京 外(2002), 金文京・玄幸子・佐藤晴彦 譯註, 鄭光 解說, 『老乞大-朝鮮中世の中國語會話讀本-』, 東洋文庫 699, 平凡社, 東京.

田中謙二(1962), "元典章における蒙文直譯體の文章", 『東方學報』, 1962年 第32冊.

志村良治(1995), 『中國中世語法史研究』 中文版, 北京: 中華書局.

中村完(1961), "紹介『朴通事上』", 『朝鮮學報』(일본 朝鮮學會), 제18집.

日本 陸軍省 編(1933), 『蒙古語辭典』, 國書刊行會, 東京.

宮崎市定(1987), 『科擧史』, 平凡社, 東京.

前田直典(1973), 『元朝史の研究』, 東京大學出版會, 東京.

渡部薰太郎(1935), 『女眞語の新研究』, 大阪.

Chung(2003), Kwang Chung, "On Lao Qida("Mr. Cathayan"), a 14th Century Chinese Language Primer in Korea", Seminar for Spring 2003, Center for East Asian and Pacific Studies, Univ. of Illinois at Urbana-Champaign. 12Noon-1.00p, 17 Feb, 2003, Rm 101. International Studies Building, Univ. of Illinois at Urbana-Champaign.

Dyer(1983), Svetlana Rimsky-Korsakof Dyer: *Grammatical Analysis of the Lao Ch'i-ta -With an English Translation of the Chinese Teaxt*, Faculty of Asian Studies Monographs: New Series N0.3, Faculty of Asian Stduies, Australian National University, 1983, Canberra, I.II

Song(1978), Song, Ki-Joong: Mong Ô Yuhae—Categorical Explanation of Mongolian Language—, Unpublished Ph,D. dissertation, Inner Asian and Altaic Studies, Harvard Univ.

Poppe(1954), N. Poppe; *Grammar of Written Mongolian*, Otto Harrassowitz, Wiesbaden

Street(1957), John Charles Street; *The Language of the Secret History of the Mongols*. New Haven.

[원문 각주 색인]

역주자약력 **정 광**

서울대학교 문리과대학 국어국문학과 졸업
동 대학원 석사과정 수료, 문학박사(국민대)
서울대학교 문리과대학 조교, 육군사관학교, 경남대학교 전임강사,
덕성여자대학교에서 조교수, 부교수, 교수,
고려대학교 문과대학 교수로 정년퇴임하다.
현재 고려대학교 문과대학 명예교수.

한국어학회 회장, 한국 알타이학회 회장, 한국 구결학회 회장,
한국이중언어학회 회장, 국어사자료학회 회장을 역임.
현재 ISKS(국제고려학회) 본부 회장.

미국 뉴욕의 Columbia 대학의 방문학자,
미국 University of Illinois at Urbana-Champaign의 강의 교수,
일본 京都大學 문학부 초빙외국인학자, 早稻田대학 교환교수,
富山대학 초청강사, 동경외국어대학 초빙교수,
關西대학 東西學術研究所 초빙외국인 학자 등을 역임.

저서로는
『薩摩苗代川傳來の朝鮮歌謠』(京都:新村出記念財團, 1990), 『原本老乞大-解題‧原
本影印‧倂音索引-』(北京:外語敎學与硏究出版社, 2002), 『훈민정음의 사람들』(서울:
J&C, 2006), 『譯註 [번역]노걸대‧노걸대언해』(서울:신구문화사, 2005), 『몽고자운 연
구』(서울: 박문사, 2009) 등 30여권이 있고, 번역서로 『고구려어-일본을 대륙과 연
결시켜 주는 언어-』(서울: 고구려연구재단, 2006) 등이 있다.

譯註 原本老乞大

초판인쇄	2010년 9월 28일
초판발행	2010년 10월 15일

역 주 자 정 광

발 행 처 도서출판 박문사
책임편집 조성희
등록번호 제2009-11호

우편주소 (132-702) 서울시 도봉구 창동 624-1 현대홈시티 102-1206
대표전화 (02) 992 / 3253
전 송 (02) 991 / 1285
홈페이지 http://jncbms.co.kr
전자우편 bakmunsa@hanmail.net

ISBN 978-89-94024-45-5 93710   정 가 32,000원